中国语法思想史

ZHONGGUO YUFA SIXIANGSHI

林玉山 著

语文出版社
·北京·

图书在版编目(CIP)数据

中国语法思想史 / 林玉山著. —北京：语文出版社，2012（2013.10重印）
ISBN 978-7-80241-513-3

Ⅰ.①中… Ⅱ.①林… Ⅲ.①汉语－语法－思想史－中国 Ⅳ.①H14

中国版本图书馆CIP数据核字（2012）第144929号

责任编辑 傅雪梅
装帧设计 李建章
出　　版 语文出版社
地　　址 北京市东城区朝阳门内南小街51号 100010
电子信箱 ywcbsywp@163.com
排　　版 语文出版社照排室
印刷装订 北京鑫海达印刷有限公司
发　　行 语文出版社 新华书店经销
规　　格 787mm×1092mm
开　　本 1/16（异）
印　　张 33.25
字　　数 527千字
版　　次 2012年5月第1版
印　　次 2013年10月第2次印刷
印　　数 1,501-4,500
定　　价 68.00元

张　序

我自从当了教师，便想起孟子说的“人之患在好为人师”。于是提醒自己，不要自以为是，对别人不要妄加评论。一次偶然的机会，翻阅了顾炎武的《日知录》，读到了其中的“人之患在好为人序”，从此提笔写序时感到为难。

通常写序，都要评说论著的得失。一本巨著，作者从收集资料、拟定大纲，列动笔成书，要花费多年的精力。其中的亮点、优点、难点、特点、缺点，作者最能体会。杜甫《偶题》中说：“文章千古事，得失寸心知。”这里的“寸心”即区区之心，是自指。我很同意这种看法。论文章的得失，作者最有发言权。

有位哲学家把通常阅读的书分为三种，即尝试之书、咀嚼之书、消化之书。咀嚼之书是供欣赏的，主要指文学作品。至于论著，有供尝试的，大体实多于虚，有供消化的，一般虚多于实。这一本《中国语法思想史》是兼而有之，不但取材十分丰富，而且把各种学派以及许多学者的语法思想作了概括而明确的介绍。对于有兴趣了解汉语语法研究情况的读者，可以借此广为涉猎，扩大眼界。其中风味俱全，不妨各取所需。对于从事汉语语法教学和研究的读者，可以拿来作为参考资料。当然，必须有一个消化过程。

张斌

*2010*年春，时年九十

邢　序

林玉山先生的《中国语法思想史》，我有幸看过目录和部分初稿。撰写这一类型的专著，需要付出大量的时间和精力，更需要具有深厚的学术素养和驾驭问题的强劲能力。我由衷赞佩。我认为，能够写成这么个规模，写到这么个程度，实在很不容易。学术问题，包括对学者们学术成果的评价，学术思想的论析，学界不可能不存在分歧想法，然而，无论如何，不会影响这部专著的学术价值和实用价值。

玉山先生希望我能写篇序言，可是我感到自已缺乏足够的能力。好在上面有前辈张斌先生的序言。张先生是玉山先生攻读硕士学位时期的导师，张先生的学问为我们大家所敬仰，他所写的，才是名副其实的序言。现在，我只能就“中国语法思想史”这个话题，谈谈自己几点粗浅的认识，作为张先生序言的附缀。

中国语法思想史，是瞄准一个目标不懈前行的历史。就汉语语法而言，研究目标始终是汉语语法事实的客观规律性。汉语语法事实的客观规律性，在抽象程度上有不同的层级。抽象到最高的程度，是对汉语语法特点的本质面貌的认识；抽象到一定的程度，是对某类现象或某种事实的本质属性的反映。《马氏文通》于*1898*年问世，成就了作为一门科学的汉语语法学的第一个篇章。《马氏文通》之前的汉语语法研究，主要范围是一些虚词和若干句式，立足于学以致用，力求弄清楚相关的规律，以便准确理解古人著述；《马氏文通》出版后百余年来，汉语语法研究的面貌发生了很大的变化，但是，仍然坚持发扬优良传统。从《马氏文通》到《新著国语文法》，直到现当代的一系列重要著作，从来没有偏离过目标，这成了汉语语法研究的基本流向。

中国语法思想史，是在处理好理论与事实良性互动的过程中逐渐推进的历史。研究问题，理论与事实相辅相成，互助互促。好比人的双脚，左脚站稳了，右脚才能自如地跨出去；右脚站稳了，左脚才能自如地跨出去。一方面，理论引领事实分析，没有理论的引领，事实只是原料，零零散散，显示不出自身的价值。然而，另一方面，事实能生发理论，正如通常所说，理论不是天上掉下来的；事实又能完善理论，理论从提出到成熟，有赖于事实的自始至终的支撑；事实更能决定理论的高低优劣，通不过事实检验的理论，是苍白软弱的理论。理论具有时尚性和主观性，事实具有恒定性和客观性。同样的事实，研究起来可以采用不同的理论；不管是什么样的理论，研究工作是否取得理想的成果，都取决于对事实的观察是否细致、深入和周到。实事求是地说，一直到现在，汉语语法研究的两只脚都还相当细软。但是，学者们都已充分认识到，只有“事实发掘+理论创新”的循环往复，螺旋上升，研究工作才能越来越逼近目标。

中国语法思想史，是在处理好外来理论“引进”与“汉化”的历程中演变发展的历史。百余年来，没有外来理论的引进，便没有中国语言学的今天。对外来理论，我们永远尊重和欢迎。但是，国外理论的“引进”和“汉化”，应该是一个很长历程中先后衔接的两大阶段。“引进”，是先行阶段，重点在于把国外理论应用于汉语研究，举出若干汉语例子来略作演绎。而“汉化”，即中国化，即本土化，是后续阶段，重点在于让国外理论在汉语事实中定根生发，使国外理论溶入汉语研究的整体需求，从而建立起适合于汉语研究的理论和方法。要达到“汉化”目的，必须对汉语事实有全面而详细的了解。会说汉语的人，不一定都会研究汉语；研究汉语的人，不一定都能作出准确的结论。不管是谁，个人脑海中存放的语言信息总是有所局限的，不可能方方面面都能想到，林林总总全能顾及。如果不尽可能详细地了解客观语言事实，便有可能仓促断定，以偏概全。因此，要建立起中国品牌的创新型理论，固然需要强调“研究植根于汉语泥土”，想把外来理论富有成效地用于汉语实际，同样需要强调“研究植根于汉语泥土”。这一点，已经并且必将成为中国语法思想史的极为重要的发展线路。

中国语法思想史，又是一辈接一辈的学者追求形成自己风格特点的历史。学科的发展，需要一家之言和百花齐放的互补。一方面，要通过大力强调和提倡，催生“一家之言”。“一家之言”是学术发展的前导，是促成学科昌盛的基石。另一方面，要通过大力强调和提倡，促使“百花齐放”。任何一个学科领域，没有“一家之言”固然表明其处于低谷状态，如果仅有一种居于垄断地位的“一家之言”，也表明其远离成熟。如果说，形成“一家之言”是一种学术企求，那么，能够容忍“百花齐放”便是一种学术度量。一个学科领域，应该是一个百花园。百花中，任何色样的花，都是一个品种，都应受到尊重。近年来的研究状况表明，学者们已经或多或少地显示了各自的风格特点。不同的风格特点，孕育着不同的学术派别，一旦某种或某些风格特点得到充分的发展，学术派别就会形成，研究就会出现更加繁荣的局面，中国语法思想史就会成为世人瞩目的皇皇巨著。当然，这不是轻而易举的事。令人高兴的是，过去，一辈接一辈的学者已经从不同角度参与了中国语法思想史这部巨著的编撰，今后，在“一家之言+百家争鸣”思路的导引下，一辈接一辈的学者定会前赴后继地奋斗，决心铸造出一部烙下鲜明印记的具有中国人风格特点的中国语法思想史。

以上只是个人感悟的点点滴滴，不一定都说到了点子上。即使有的说到了点子上，也不一定准确贴切。但是有一点可以肯定：到目前为止，关于汉语语法研究史的专著已有几部问世，却还没有一部像林玉山先生这样突出“思想”二字的。我深信，玉山先生的思维指向，玉山先生所作的努力，将对汉语语法研究起到积极的推动作用。他的开创之功，定会载入史册。

邢福义

2009 年 *10* 月 *25* 日

于华中师范大学语言与语言教育研究中心

目　录

绪　论

一、语法、语法思想和中国语法思想史

中国语法思想史，是一个没有人研究过的课题，我首先想到的是，它的研究对象是什么呢？

什么叫语法呢？许多学者给过不同的定义。

“语法最普遍的定义是：对句子结构的研究。”（［英］戴维·克里斯特尔《剑桥语言百科全书》，中国社会科学出版社，1995，P140）

“研究词句构成方式和屈折方式的是形态学，也叫词法，研究如何把词组成短语或句子的是造句学，也叫句法。按传统说法，形态学和造句学合起来就是语法学，也叫语法。但是有人把‘语法’的意义扩大，除形态学、造句学外，还包括语音、语义，如乔姆斯基的‘生成语法’就是这样。”（《中国大百科全书·语言文字卷》，中国大百科全书出版社，1988，P484）

“语法这一术语在新的语言学理论中用于不同的研究范围：（1）指有关自然语言的形态和句法规则的知识和理论……”（［德］哈杜默德·布斯曼《语言学词典》，商务印书馆，2003，P188）

“‘语法’这个名词在不同的场合常常有不同的涵义。一般说‘语法是一种语言的词句组织规律’，这是‘语法’的第一个意义，不妨称之为‘语法一’。语言学家研究了一种语言的语法，写成论文，写成大本的书，管它叫‘某语语法’，这是‘语法’的另一个意义，不妨称之为‘语法二’。”（《吕叔湘选集》，东北师范大学出版社，2002，P45）

“语法就是族语的结构方式。……语法，就是把许多概念联结起来，用某一定的方式去表示事物的关系。”（王力《中国现代语法》，商务印书馆，1985，P1）

“汉语语法，是汉语各类各级语法实体的构成规则和组合规则的总

和。”（邢福义《汉语语法学》，东北师范大学出版社，1998，P3）

总结以上各家的说法，语法是词的构成和组词成句的结构规律及其所总结的理论。

那么什么是“语法思想”呢?

“语法思想”指的是语法学家对语法的认识，看法。它包括语法学家对语法是什么，语法的要素有哪些，词法、句法的具体内容是什么，语法的特点是什么等语法基本问题的观点，还包括语法学家在语法研究中所体现出来的语法研究目的、方法、理论，以及语法学家对前人时贤提出的语法研究中的一些重要问题的看法，等等。

现在，我们试着给中国语法思想史做个界定。

中国语法思想史是阐述中国语法思想发展的历史的一门学科。它阐述中国语法思想史的研究对象、历史分期、研究内容、研究特点等。它不但论述重要语法学家的语法思想，还要论述语法理论、语法流派的发展历史，探索中国语法思想史的发展因素等。

二、中国语法思想史的分期和主要特点

社会环境对语法思想产生了巨大的影响。中国语法思想发展的历史深刻地打上了时代的印记、社会的印记。社会历史时代的分期和中国语法思想发展历史的分期紧密吻合。

从先秦到1840年（古代），是中国语法思想史的萌芽期。这一时期，中国还没有语法学，也就谈不上有什么语法思想。漫漫几千年来，人们不知语法为何物，只有朦胧的语法意识，有了虚词的观念，也懂得分析句读、语病。整个古代，人们追求的是读书取士，通过科举考取功名，人们重视字词的解释，所以体现的是传统的语文学思想。到了明清时代，西方殖民势力来到了中国，为了传教，在思想上奴化国人，他们必须学习汉语，于是出现了一批西洋人写的汉语语法著作，西学东渐，用西方传统语法来描写汉语语法。

从1841年到1919年（近代），是中国语法思想史的发轫期。一批志士仁人，为了改变中国贫穷落后的面貌，认为研究语法，掌握了语法，可以节省文化学习的时间，来更好地研究科学，从而智民兴国，才有了语法学研究的冲动。由于我国无语法学，国人“无不

一一消磨于所以载道所以明理之文，而道无由载，理不暇明，以与夫达道明理之西人相角逐焉，其贤愚优劣有不待言矣”。“斯书也，因西文已有之规矩，于经籍中求其所同所不同者，曲证繁引以确知华文义例之所在，而后童蒙入塾能循是而学文焉，其成就之速必无逊于西人。”（《马氏文通·后序》）这一时期，西方传统语法思想在中国得到传播，马建忠于1898年出版了《马氏文通》，接着章士钊于1907年出版了《中等国文典》，胡以鲁于1913年出版了《国语学草创》。这些书都区分词类，分析句子结构，体现了传统语法思想，说明了中国语法思想的产生。

从1920年到1949年（现代），正是中国语法思想史的发展期。发展期的主要特点，一是对汉语语法的描写更加全面、细致，产生了黎锦熙、吕叔湘、王力、高名凯四大语法体系，各有特点，都有其独特的语法思想。二是语法理论的出现，没有一定的语法思想的发展，很难有语法理论的产生。何容写了《中国文法论》，对汉语语法的主要问题加以理论分析。王力写了《中国语法理论》，以对《中国现代语法》作理论说明。除了专门的理论著作外，不少语法著作带有浓厚的理论色彩，如胡适的《国语文法概论》、刘复的《中国文法通论》、陈承泽的《国文法草创》、高名凯的《汉语语法论》等。这些书在分析汉语语法时，都有大量的语法理论的说明，体现了著者较多的语法思想。三是较多地运用西方语法理论、方法来分析汉语语法问题。如黎锦熙运用纳氏菲尔德语法理论来创立句本位说，王力运用叶斯柏森的三品说来说明汉语词和词的关系，形成词品说。四是创立了初步的语法理论。如吕叔湘的句法结构转换思想、动词中心思想、补词说都和国外后起的语法理论，如美国乔姆斯基的转换生成学说、菲尔墨的格语法等有惊人的相似之处，只是吕氏没有后者那样全面、系统和深入而已。方光焘提出广义形态论，陈望道提出语法功能说，等等。

1950年到21世纪初（当代），是中国语法思想史的语法思想多元化时期。这一时期的总特点是语法思想的多元化。这个多元化时期又可以分为前期和后期。前期从中华人民共和国建立（1949）到1976年粉碎“四人帮”。教学语法思想体系的确立、“左倾”对语法思想的禁锢是其主要特征。建国初期，党和政府非常重视语言的规范，非常重视语法的普及。随着政治的解放，语法思想非常活跃，出版了各种各样的语法著作，后来形成了体现各家语法思想的教学语法思想体系——“暂拟汉语教学语法系统”。另一方面，中国和苏联建立了友好同盟。斯大林于1950年发表了《马克思主义和语言学问题》，中国语法思想受到斯大林语言学思想和苏联语法思想的影响。再一方面，对西方的语法理论、方法又大加批判，但西方语法理论、方法又有潜在的影响。人们不提西方的语言理论、方法，但用西方的语言理论、方法来研究、分析汉语语法，出现了较好的成果，如中国科学院语言研究所先是在《中国语文》（1952.7—1953.11）上连载《语法讲话》，1961年又由商务印书馆出单行本，书名更为《现代汉语语法讲话》。语法思想多元化初现端倪。反右派斗争，“左倾”思想抬头，西方语法思想受到了批判，许多学术问题被当做政治问题来对待。到了1966年到1976年的十年“文化大革命”，人们不敢想，不敢说，语法思想更是受到禁锢而停滞了。后期从1976年到2010年。粉碎“四人帮”后，推行改革开放的政策，西方的语法理论、方法被大量地介绍进来，语法学界思想解放，敢想敢说，真正出现了百花齐放、百家争鸣的大好局面，展现了语法思想多元化的格局。具体特点有：①单一的传统语法思想向多元语法思想发展，在外国语法理论影响下，引进并发展了结构主义语法思想、转换生成语法思想、语义语法思想、认知语法思想、汉语教学语法思想、三个平面语法思想，等等。②单一的传统语法思想也有了多元的因素，如传统语法思想也吸收了结构主义语法思想、转换生成语法思想的某些内容来分析汉语句子，出现了中心词分析法和层次分析法相结合的倾向。③同一类型的语法思想也有了多元的内容。如20世纪80年代兴起的三个平面语法思想有多种多样的形式，有多种多样的解说。有胡裕树、张斌、范晓的句法、语义、语用三个平面，有朱德熙的结构、语义和表达三个平面，有邢福义的语表、语里、语值的小三角和普通话、方言、古代汉语的大三角，邵敬敏提出语汇、句法、词用三平面，王维贤提出语言有句法、语义和语用三个平面，而句法分析中又有三个平面，即句法平面、句法语义平面、句法语义语用平面。有人还认为不止三个平面，把语音引进来，如音节、韵律对语法的影响等。④对同一问题有多元的看法。比如人们都重视语法本位的分析，但对这同一问题就有各种不同的看法，目前已有马建忠的词类本位说、黎锦熙的句本位说、朱德熙的词组本位说、徐通锵的字本位说、邢福义的小句中枢说、马庆株的复本位说、王洪君的字和短语双本位说、徐杰的原则本位说，等等。对汉语语法特点，语法学家也有各种不同的看法。⑤对语法分析有多种方法，前几个时期，语法分析方法比较单一，一般只有句子成分分析法即中心词分析法；本时期，语法分析多种多样，有层次分析法、变换分析法、语义特征分析法、配价分析法、语义属性分析法、空语类分析法、认知分析法、范畴分析法、语义指向分析法、三级成分分析法等。

20 世纪 80 年代中期以来，随着文化语言学中国潮的出现和三个平面语法理论的创立，中国学者提出三个平面语法理论、文化语法学、语义句法学的时候，配价语法、功能语法、生成语义学和认知语言学等欧美理论接踵而至，到了 90 年代终于实现了从一统走向多元化的历史性重大转折。

三、中国语法思想史发展的因素

中国语法思想史发展有许多因素，主要有：

1. 外来理论和中国化的矛盾运动

中国古代没有语法学，也就谈不上有什么语法思想，中国语法思想的产生、建立、发展，要借鉴外来语法理论，但如果照搬外国语法理论，只是外国的语法思想，也谈不上什么中国语法思想，所以中国语法思想的发展历史是外来理论和中国化的矛盾运动的过程。在中国语法思想史的发轫期，基本上是照搬外国语法理论，马建忠即说："各国皆有本国之葛朗玛，大旨相似。"（《马氏文通·例言》）但马建忠也将外来理论中国化，产生了中国的语法思想。"斯书也，因西文已有之规矩，于经籍中求其所同所不同者，曲证繁引以确知华文义例之所在"，（《马氏文通·后序》）所以对汉语词的分类基本上与西洋文法一样，但多分出一类"助词"。他还提出"词类通假说""位次说"。到了中国语法思想史的发展期，中国化就更深一步。吕叔湘、王力、高名凯等人的语法著作，虽然不能摆脱外国语法理论的羁绊，有时甚至拿自己所信奉的普通语言学的理论来套汉语的材料（如《中国文法要略》受叶斯柏森三品说的影响，把词分级；王力也采用了叶斯柏森三品说，用词品说来说明句子成分和词类的关系，王力还采用布龙菲尔德的理论，认为谓语往往是汉语句子里最主要的成分；高氏依靠了方德里叶斯的理论），但是模仿的痕迹明显减少了，中国化更深入了。吕叔湘《中国文法要略》下卷“表达论”，占全书70%的篇幅，以意念范畴为纲统摄语句组织形式，在语法研究中重视语义，书中对各种补词的研究，以动词为中心，分辨各种名词短语的语义功能，提出动态分析以小句为考察单位，提出语义指向分析，句子转换成短语，短语转换成句子的种种变形方式，是研究汉语句法结构变换关系的先驱，是外来理论中国化的先导。王力提出插入法、扩展法，称数法重视量词，对记号、情貌、系词的独特看法等，注重语法作用和意义相结合的观念，对副词语义指向的发现，提出意合法，等等，都表现了王力对外国语法理论中国化所做的贡献。到了中国语法思想史的多元化时期，中国化又更深了一步，这表现有三：一是能很好地运用外国理论，较好地解释汉语语法现象，如朱德熙、汤廷池运用转换生成语法理论对汉语语法的分析。二是能很好地借鉴外国理论，提出有中国特色的语法理论，如方光焘、胡裕树、张斌的广义形态论，赵元任提出汉语的主语是话题，提出零句组成句子，胡裕树、张斌、范晓的三个平面理论，胡明扬、马庆株的语义语法范畴，沈家煊引进认知语法并作了卓有成效的研究等。特别是三个平面语法理论的提出，标志着中国语法学步入了一个新的阶段，给整个语法研究带来了新的突破，使语法思想提升到一个新高度。三是能独立地提出一些分析汉语语法的理论、方法，如邢福义的小三角、大三角、小句中枢说，陆俭明的语法结构关系和语义结构关系说，马庆株提出语义功能语法、广义的语义论、语义解释变换、语法单位排列有序性理论、分布特征的可传递性和分布特征的数学推导法，邵敬敏、张伯江在功能语法理论方面，刘丹青在语言类型学方面，也都有自己的创造，等等。从历史考察，可以看出，外来理论和中国化的矛盾运动推动中国语法思想史的发展。我们必须注意借鉴外国理论，任何排斥外国理论的做法都是错误的，但外来理论又必须中国化，越深刻、越全面越好。

2. 事实挖掘和理论探讨的矛盾运动

语法事实的挖掘和在语法现象基础上的理论探讨的矛盾运动，是中国语法思想史发展的重要因素，没有对语法事实的细致观察和认真挖掘，语法理论的探讨也就失去了基础，更谈不上中国语法思想的发展。吕叔湘就极力提倡“要广泛地调查实际用例”（《汉语语法分析问题》，P7），“有问题就得求解决，解决的途径首先在于对实际用例多做调查。很多人一提到语法研究，往往只想到语法体系方面的大问题，忘了这个和那个词语的用法（在句子里的作用），这个和那个格式的用法（适用的场合）和变化（加减其中的成分，变换其中的次序，等等），忘了这些也都是语法研究的课题”（同上，P6）。吕叔湘还说：“以研究工作而论。‘实事’就是要掌握材料，材料要可靠，并且要尽可能全面。……‘求是’就是找出规律。”（引自邢福义《语法问题追踪集》，P387）邢福义也指出：“深化事实发掘。——没有对事实的清楚了解，理论的创建便成为空中楼阁。……从众多的事实中发掘出值得研究的事实；从值得研究的事实中发掘出规律性；从所得的规律中发掘理论问题，总结出研究思路和研究方法。”（《邢福义学术论著选·自序》）

马建忠、黎锦熙被人称为“模仿”的大师。即使这样，他们也有对汉语事实的挖掘，根据所挖掘的语法事实探讨语法理论，也有其独特的语法思想（参见第二章第一节，第三章第四节）。吕叔湘、王力更注重汉语语法事实的挖掘，又使中国语法思想向前发展一步（详见第三章第五、六节）。现当代的汉语语法事实，被挖掘得更多了，也都大大促进了中国语法思想的多元化（详见第四章、第五章）。

陆俭明指出：“这十年来，一方面由于坚持对语言事实具体而深入的挖掘，另一方面也由于在研究中有选择地吸收国外语言学理论和方法的同时，坚持根据汉语语法研究的实际加以变通、改造、适用，因此语法研究获得了可靠的成果。”（《八十年代中国语法研究》，商务印书馆，1993，P73）他总结这十年有价值的理论是：①词的语法功能是任何语言划分词类的本质依据（有关本观点主要参看朱德熙《语法讲义》3.1 和《语法答问》贰“词类”）。②汉语词类与句法成分是一对多对应（见朱德熙《语法答问》P12）。③汉语句子的构造原则同词组的构造原则基本上是一致的（参看朱德熙《语法答问》）。④汉语语法研究应以词组为本位（参看朱德熙《语法答问》陆“汉语语法体系”）。⑤在由实词和实词组合的句法结构中总是同时并存着两种结构关系：语法结构关系和语义结构关系（本观点参看陆俭明《汉语口语句法里的易位现象》第7，载《中国语文》1980年第1期；吕叔湘《狙公赋茅和语法分析》，载《语法研究和探索（二）》）。⑥关于黏合和组合的观点（本观点主要参看朱德熙《语法讲义》第8、3、9、2、10、7）。⑦关于指称和陈述的观点（本观点主要参看朱德熙《自指和转指：汉语名词化标记“的、者、所、之”的语法功能和语义功能》，载《方言》1983年第1期）。⑧关于自指和转指的观点（本观点主要参看朱德熙《自指和转指：汉语名词化标记“的、者、所、之”的语法功能和语义功能》）。⑨关于歧义指数的理论（本理论参看朱德熙《“的”字结构和判断句》，载《中国语文》1978年第1期、第2期）。⑩关于将横向的汉语方言之间的比较研究、纵向的古今汉语之间的比较研究与对标准语的研究相结合的理论方法。

上述理论和研究虽然仅指20世纪80年代的十年，但其精神实质却一直影响到21世纪初。其后，主要理论和观点有：①以信息论来理解句子（参看张斌《句子的理解策略》，《中国语文》1992年第4期）。②语法形式和语法意义的关系（胡明扬等人的许多文章）。③语法研究中的十大关系（范晓等人的许多文章）。④语法研究方法论（陈保亚、桂诗春、方经民等人的论著）。⑤关于语言的描写性研究和解释性研究问题（朱德熙、张斌、郑定欧等人的许多文章）。⑥语法研究的三个平面理论和两个三角学说（见本书专题论述）。⑦语法研究的三大范式：“形式主义”范式、“功能主义”范式和类型学范式（详见沈阳、张伯江、沈家煊、刘丹青等人的论著）。⑧配价与格理论（详见朱德熙、张国宪、沈阳、齐沪扬、邵敬敏、袁毓林等人的大量文章）。⑨语法化理论（参看沈家煊等人主编的《语法化与语法研究》几本论文集）。⑩认知语法（参看沈家煊、张伯江、石毓智、张国宪、袁毓林、张敏、李宇明、方经民等人的大量文章）。⑪汉语语法本位论（参看本书专题）。⑫语义语法和语义功能语法（参看本书专题）。这些理论和观点大大扩大了汉语语法研究的视野，标志着中国语法思想的多元化，越来越走向全面、成熟。

3. 继承和创新的矛盾运动

中国语法思想的发展，也是对先前语法思想的继承并加以创新的结果。没有继承，难以创新，光有继承，没有创新，谈不上发展，只有在不断地继承并创新的矛盾运动中，才能推动中国语法思想的发展。继承可以是中国的东西，也可以是外国的东西，但都必须加以创新，在创新中求发展。比如，马建忠的“句读说”“虚实说”，继承了传统语文学并有所创新，他的“词类通假说”“位次说”，继承了西洋语法并有所创新（详见第二章第一节）。胡以鲁关于意义的“三角关系”论，继承了奥格登和理查兹的“语义三角”的理论并有所创新。黎锦熙的图解法继承了 A. Read 和 B. Kellogg 的《实用语法》（1847）的图解法并有所创新。丁声树等人的《现代汉语语法讲话》的结构主义观继承了赵元任的《国语入门》所体现的美国结构主义思想并有所创新，以形式作为语法研究的出发点，从形式到意义，做到语法形式和语法意义的完美结合。方光焘继承了索绪尔的“语言是关系，不是实体”的学说并有所创新，提出了广义形态论，主张凭形态而建立范畴，集范畴而构成体系。胡裕树、张斌继承了广义形态论，建立了汉语词法理论。汤廷池继承了乔姆斯基的转换生成语法理论，研究了汉语的主语变形、主题变形、处置式变形和被动式变形等，创立了由深层结构变成表面结构的变形律。李葆嘉继承了平克（S-Pinker）的“语义引发句法获得”假说，进而创立语义语法学理论。沈阳继承了乔姆斯基的生成语法在 20 世纪 80 年代形成的管辖与约束理论（管约论、GB 理论），很好地研究了汉语句法中的重要现象，如空语类、移位、题元、同指约束等，多有建树。蒋严运用形式语用学的显义学说，推进了汉语的配价研究。袁毓林运用认知科学，服务于汉语的计算机处理。刘丹青继承语言类型学来研究汉语，在语序类型学、词类、形态范畴、关系结构和差比句等都有收获。蔡维天继承比较句法理论对汉语疑问、量化结构进行了很好的研究。崔希亮运用认知语言学理论对汉语位移事件进行了深入的研究。郭锐运用空间参照理论研究了汉语方位表达参照策略。张伯江、方梅继承了陈望道、吕叔湘、马泰休斯、韩礼德的功能观，创立了广义功能语法观。如此等等，难以尽举。正如陆俭明所指出的："我们在研究上，必须坚持'继承、借鉴、怀疑、假设、探索、求证'这12个字，这可以说是科学研究能有所突破的必由之路，也是汉语研究能有所突破的必由之路。"（刘丹青主编《语言学前沿与汉语研究·序》，上海教育出版社，2005）

中国语法思想今后将在外来理论和中国化的矛盾运动、事实挖掘和理论探讨的矛盾运动、继承和创新的矛盾运动的合力作用下，继续强劲地发展，更加多元化，更加全面，更加精密，必将走向世界，为全球学界人士所瞩目。

第一章　古代（先秦—1840年）：语法思想的萌芽期

虽然中国语法学建立于19世纪末，但语法意识的萌芽却是很早的。中国语文学有悠久的历史，训诂学特别兴盛。这必然会产生语法观念，因为训诂学是对整个具体的语言作出分析，这不光是单词和词义的问题，很多地方要涉及语法。例如远在公元前400年前后，《墨子·经说》中就已经把名称分为“达”“类”“私”三类，隐指通名、类名、个体名词三类。在中国，开始对语言的研究是和哲学问题的讨论纠缠在一起的，并且有不少重要的论述，如荀子的“约定俗成”，正确解释了名称与内容之间的关系。战国时期出现了一些讲解经书古籍的“传注”，如《春秋公羊传》《春秋穀梁传》等，其中涉及一些语法现象，有的解释已含有朦胧的语法观念，体现了对动词的自动、被动、及物、不及物等概念的认识。以后随着音韵、训诂、文字学的发展，出现一批有关专门著作，如《说文解字》《方言》《尔雅》《切韵》《经典释文》等，这些书虽然仍主要是释音、解义，但有时也不自觉地把一些共同的语法现象进行初步的归纳和整理，并逐渐提出了一些语法方面的专门术语。元明以后，特别是到了清代，朴学之风盛行，传统语文学的研究达到了空前的水平，清儒的研究已从个别词义的诠释发展到进行综合性论述，尤其在“虚字”研究方面的贡献最大。不仅对实词、虚词、动字、静字等有了新的理解，而且进一步提出了量词、形容词、代词等术语。尽管中国传统语文学研究有着长达一千多年的悠久历史，但是在《马氏文通》之前，系统的语法思想始终没能建立起来。

第一节　语法意识的萌芽

在一些解释经书古籍的“传注”中，有学者开始注意到某些词在句中的用法。如：

一、主动、被动的语法观念

《孟子·离娄下》："夫章子，岂不欲有夫妻子母之属哉？为得罪于父，不得近。出妻屏子，终身不养焉。"赵岐注："夫章子岂不欲身有夫妻之配，子有子母之属哉？但以身得罪于父，不得近父，故出去其妻，屏远其子，终身不为妻子所养也。"

这里实际上说明动词使用上的主动被动观念。

二、注意到语序和数词

《春秋·襄公二十三年》："秋，齐侯伐卫，遂伐晋。八月，叔孙豹帅师救晋，次于雍渝。"公羊传："曷为先言'救'而后言'次'？先通君命也。"何休注："恶其不通君命而专止次，故先通君命而言'救'。"

这里注意到语序问题，分析了《春秋》经文中"救"和"次"先后的不同。

三、修饰语的观念

《春秋·桓公三年》："有年。"

《春秋·桓公十六年》："大有年。"

公羊传："此其曰'有年'何？仅有年也。彼其曰'大有年'何？大丰年也。"

以上所说"有年"只是一般的丰收年，在"有年"前加上"大"字，就是大丰收年了。可见古人对"大"的修饰作用是有认识的，这可以说是关于附加语的一种初始的观念。

四、主语的观念

《春秋·僖公五年》："公及齐侯、宋公、陈侯、卫侯、郑伯、许男、曹伯会王世子于首戴。"公羊传："曷为殊会王世子？世子，贵也；世子犹世世子也。"

这里表明"公……曹伯"为主语，去会王世子。从而说明古人懂得主语、谓语的区别。

五、施受关系的初识

《春秋·僖公十九年》："梁亡。"公羊传："此未有伐者，其言'梁亡'何？自亡也。其自亡奈何？鱼烂而亡也。"

这里说明梁没有被人征伐而亡，是自己不治理国家而亡国，说明主语是施事。看来古人懂得主谓语间的施事受事关系。

六、名词单复数的初识

《春秋·宣公十五年》："夏五月，宋人及楚人平。"穀梁传："平者，成也，善其量力而反义也。人者，众辞也。平称众，上下欲之也。"

这里说明古人知道"人"有单数与多数的区别，可以看成是关于名词单数复数的最初的意识。

七、词类的初识

《春秋·桓公六年》："春正月，寔来。"穀梁传："寔来者，是来也。何谓是来？谓州公也。"

这里古人解释"寔"是"是"（"此、这"的意思），"是"是代替名词"州名"的代名词，这说明古人虽然没有"词类"这个名称，但能够分出一些词类的现象。

《尹文子·大道上》："名称者，别彼此而检虚实者也。……名贤不肖为亲疏，名善恶为赏罚。合彼我之一称而不别之，名之混者也。故曰：名称者不可不察也。""名有三种，法有四呈。一曰命物之名，方圆白黑是也。二曰毁誉之名，善恶贵贱是也。三曰况谓之名，贤愚爱憎是也。"

这里可以看出，古人对名词及其下位分类有了初步的认识。

八、词的转类

王筠《说文句读》卷二五："纺，网丝也。《玉篇》云'纺丝也'。按，'网'似借为动字。"

王氏在这里说明，"网"本是静字（名词），可转用为动字（动词），做"纺织"讲，已经有词的转类的语法初步认识。

九、歧义的初识

《汉书·刘辅传》："天人之所不予，必有祸而无福，市道皆共知之，朝廷莫肯壹言，臣窃伤心。"颜师古注："市道，市中之道也。一曰市人及行于道路者也。"

这里分析"市道"有两个句法结构，一是偏正结构，即"市中之道"，二是并列结构，即"市人"和"行于道路者"两者。这是古人对语法歧义结构的初步认识。

十、词的兼类的初识

《诗经·齐风·甫田》："无田甫田，维莠骄骄。"孔颖达正义："上'田'谓垦耕，下'田'谓土地。"

这里说明同样"田"字，由于词在句中结构地位的不同，因而类别也不同，前一个"田"是垦耕的意思，是动词，后一个"田"是土地的意思，是名词，说明古人有词的兼类的初步意识。

古人的语法意识的萌芽绝不止于上述 10 种，类似的例子数以百计，足以说明古人对语法已有了朦胧的认识，对汉语语法现象能够有比较正确的认识。但需要特别强调指出的是：这些解释只是说明古人已注意到一些语法现象，并且试图从词义训释角度予以说明，其中包含的语法观念是我们根据古人的注释分析出来的，并不表示当时他们已经具有清楚而明确的语法观念。

第二节　虚　词　观

一、对虚词的初步认识

早在周末，人们就开始注意到一些虚词的作用。如：

《春秋·宣公八年》："冬十月己丑葬我小君敬嬴，雨不克葬；庚寅日中而克葬。"穀梁传："而，缓辞也，足乎日之辞也。"

《春秋公羊传·隐公元年》："且如桓立。"注："且如，假设之辞。"

中国古代的语法研究颇具特色，系统的语法研究虽然迟迟未至，虚词的研究却十分发达，以致成为其主要标志。这主要有两方面的原因。

一方面，汉语没有词形变化，因此主要依靠虚词、语序以及意合等手段造句。虚词使用灵活频繁，功能丰富多样，在汉语组词造句、表情达意的过程中十分重要，无怪它在古代语文研究中占有重要地位。

另一方面，古人训释经籍，主要注重词语的意义，可是有些词语并无实在的意义，很不好解释。同时，这些虚词大都由实词虚化而来，因此倘不判定其为虚词，而仍作实词来注释，就不能达到通经的目的。所以，古人不得不把一部分精力转到虚词的研究上来。

汉、魏、晋时期，对单个的虚词进行解释，名称不一，有“辞”“词”“语助”“发声”等名目。如：

毛亨《诗诂训传》从词汇中找出助词一类，而称之为“辞”。如：

“不见子都，乃见狂且。”传：“且，辞也。”

许慎《说文解字》称为“词”，有时也叫做“语”。如：“只，语已词也。”“矣，语已词也。”“者，别事词也。”“曰，出气词也。”“宁，愿词也。”“各，异词也。”“皆，俱词也。”“哉，言之词也。”“乎，语之余也。”“吁，惊语也。”

郭璞《尔雅注》称为“辞”“发语辞”。如：“爰、粤、于、那、都、繇，於也。”注：“繇，辞也。”“谁昔，昔也。”注：“谁，发语辞。”

还有《方言》：“曾、訾，何也。湘潭之原，荆之南鄙，谓何为曾，或谓之訾。中夏何为也。”

郑玄在注《礼记》时提出“语助”的名称。如《礼记·檀弓上》“何居”注：“居，读为姬姓之姬，齐鲁之间语助也。”

在《玉篇》中也有“语助”的名称：“但，语辞也。”“夫，又音扶，语助也。”“呜呼，叹辞。”

二、对虚词的专门研究

南北朝以后，对虚词的认识更加深刻，将虚词分成若干类，并作总括性说明，同时对它们的语法意义，也说得比以前更详细明白了。

梁朝刘勰《文心雕龙》不仅是我国古代一部重要的文艺理论及作文

法著作，而且对虚词也进行过专门的论述。如《章句篇》说：“寻‘兮’字成句，乃语助余声，舜咏南风，用之久矣；而魏武弗好，岂不以无益文义耶？至于‘夫’‘惟’‘盖’‘故’者，发端之首唱；‘之’‘而’‘于’‘以’者，乃劄句之旧体；‘乎’‘哉’‘矣’‘也’，亦送末之常科。据事似闲，在用实切；巧者回运，弥缝文体，将令数句之外，得一字之助矣。”这段指出虚词在文中来回穿插弥缝，作用往往超出句子，大有益于文义。又根据其性质把虚词划分成“发端”“劄句”“送末”三类，较之前人显然是大大前进了一步。

唐代柳宗元《复杜温夫书》又把虚词研究向前推进一步，该文指出：“（吾）立言状物，未尝求过人，亦不能明辨生之才致，但见生用助字不当律令，唯以此奉答。所谓‘乎’‘欤’‘耶’‘哉’‘夫’者，疑辞也；‘矣’‘耳’‘焉’‘也’者，决辞也。今生则一之。宜考前闻人所使用与否言类且异，慎思之则一益也。”这段话中，第一次提出了“助字”这一语法术语，并且划分为“疑辞”“决辞”两类。这个观点为后来的《马氏文通》所继承。

唐初孔颖达《五经正义》对虚词用法的解释也是比较详明的。他说：“句义联字而言，……然‘字’之所用，或取以别义，‘关关雎鸠’之类也；或假辞以为助，‘者、乎、而、只、且’之类也。”（《诗·周南·关雎》疏）“取以别义”，就是义类；“假辞以为助”，就是语助类。

到了宋代，就明确提出了“实字”“虚字”的术语，这表明古人对语法的认识逐步深化，分类更为精细。如：“东坡教诸子作文，或辞多而意寡，或实字多、虚字少，皆批谕之。”（周辉《清波杂志》）

张炎在《词源》里说：“词之句语有二字、三字、四字至六字、七八字者，若堆叠实字，读且不通，况付之雪儿乎？合用虚字呼唤，单字如‘正、但、甚、任’之类，两字如‘莫是、还是、那堪’之类，此类虚字却要用之得其所，若使尽用虚字，句语又俗，必不质实，恐不无掩卷之诮。”把词分为“实”“虚”两类，是以汉语的特点为根据的。

陈骙在《文则》中论述了虚词的重要作用：“文有助辞，犹礼之有傧，乐之有相也。礼无傧则不行，乐无相则不谐，文无助则不顺。”陈氏注意到“文有数句用一类字，所以兆文势，广文义也。然皆有法”，并列举了“或法”“者法”“之谓法”等45种虚字的用法，并一一引古书例证。这是对虚字比较具体描写的专著，对后世研究颇有影响。

为了写诗作文，宋人又开始提出“死字”和“活字”、“动字”和“静字”的说法。活字多指动词、副词、介词、连词、助词等，相对而言死字则多指名词以及大部分形容词，这与实字和虚字的划分大体差不多。动字与静字之分，则动字多指动词，静字多指名词和形容词。

元朝以后，虚词研究进入了崭新的阶段。

元代以前，有关语法的论述都是零零星星散见于各种书籍之中。到了元代，出现了第一部专门研究虚字用法的专著：卢以纬《语助》。该书于1324年编成，收129个常用虚字。清代对虚字的研究更是硕果累累，例如张文炳《虚字注释》、朱孔彰《经传虚字义说》、课虚斋主人《虚字注释》、丁守存《四书虚字讲义》、谢鼎卿的《虚字阐义》、吕坚《虚字浅说》、邹丽中《虚字赋》等数十种。其中成就最高，影响最大、最有代表性的虚字专著是卢以纬《语助》、袁仁林《虚字说》、刘淇《助字辨略》以及王引之《经传释词》这四种。

和以前零散的虚字训释根本不同之处在于卢氏开始认识到语助在构句成文中的特殊作用，对这样的字进行了集中比较、归纳、整理，开创了虚字专论的新风，对后世的虚字研究影响颇为深远。

袁仁林《虚字说》全书共论述143个虚字，分为49则，最后有一篇带理论性的总结：虚字总说。袁氏把虚字分为五类：发语辞、转语辞、助语辞、疑辞和叹辞。该书吸收了《语助》的长处，也把意义相同或相近的虚字放在一起进行比较论述。同时在解释时也常常使用俗语，通俗易懂。

刘淇《助字辨略》按四声分为五卷。该书不仅收的虚字范围较广，而且用例丰富，引书来源广泛。刘氏把476个虚字详尽地分为30类。这样细致的分类，可谓集历代虚字研究之大成，但这种划分标准并不统一，有些分类不够妥当。

王引之《经传释词》收集160个虚字，从音韵学“通转”角度出发，把几个音同或音近而义也同的虚字归在一组进行讨论。该书在一个字条下面，按用法意义分别列举说明，说明时往往采用训释法和归纳法。由于王氏幼承家学，学问博大精深，音韵训诂更有造诣，又具有一定的语法观念，所以见解独特，学术水平历来被人称颂。

清代还有人把古代汉语虚词分成大类解释的。王鸣昌在《辨字诀》中把虚词分为起语辞、按语辞、转语辞、衬语辞、束语辞、叹语辞、歇语辞7类。

第三节 句 读 论

一、“句读”之名的由来

“句读”之名最早见于东汉。何休（129—182）的《春秋公羊传解诂·序》中说：“援引他经，失其句读，以无为有。”指有人在引用经文时，不知何处句读，随意乱摘，致使人们无法准确理解经文原意。也有人认为最早见于东汉高诱《淮南子叙》：“自诱之少，从故侍中同县卢君，受其句读。”王逸说他自己注释《天问》，是“稽之旧章，合之经传，以相发明，为了符验，章句决断，事事可晓”（《天问·序》）。这说明处理句读是解释古书的重要条件。考察整个汉语史，无论先秦、汉唐，还是后世，句读分析历来受到极大重视。虽然句读分析的目的是理解文意，但在长期句读分析中，人们对语言各级层次关系的认识越来越清晰，并逐步形成了一些相应的理论。

《礼记·学记》云：“古之教者，家有塾，党有庠，遂有序，国有学，比年入学，中年考校，一年视离经辨志，三年视敬业乐群，五年视博习亲师，七年视论学取友，谓之小成。九年知类通达，强立而不反，谓之大成。”东汉郑玄注：“离经，断句绝也。”唐代孔颖达疏：“离经谓离析经理，使章句断绝也。”这里的“离经辨志”应当是最初的章句，就是以句读符号钩识文章，从而使章、句、段等语言单位的层次明晰，便于学生理解。可见，早在先秦时代，各级学校的教学中已把文章的句读分析作为最基础的内容来对待，其被重视的程度可想而知。正是这种分章断句工作的反复进行，使人们对语言各级单位的认识逐渐地趋于理性。

二、句读的发展

到了汉代，章句被极度推崇，章句之学成为显学。从帝王到普通的读书人，都特别重视。这一时期出现了大量的章句著作，仅现存书目就有几十种之多。在章句大兴的学术氛围中，句读思想产生了。东汉王充《论衡·正说》："夫经之有篇也，犹有章句，有章句也，犹有文字也。文字有意以立句，句有数以连章，章有体以成篇，篇则章句之大者也。谓篇有所法，是谓章句复有所法也。"这里从字、句、章、篇的角度阐述了语言各层次间的组合关系，是句读分析工作经历了一千多年后的第一次理论概括，是汉语最早的语法思想。王充的思想对后世影响很大，此后的刘勰、孔颖达都没有脱离这条路线。《文心雕龙·章句》在王充的基础上有所创新，进一步说明了章和句的深层关系。

唐代高僧天台沙门湛然《法华文句记》："凡经文语绝处谓之句，语未绝而点之以便诵咏谓之读。"这是关于句读分别的最早记载。唐孔颖达在《春秋左传正义·昭公十年》里也指出："尚未能离经辨句，复何须注述大典！"认为句读失误，就不能离经辨句。宋代毛晃《增韵》亦曰："句读，凡经成文、语绝处谓之句，语未绝而点分谓之读。"任远认为句、读之分是从佛经翻译开始的。宋人沈括说："古人谓章句之学，谓分章摘句，即今之疏义是也。昔人有鄙章句之学者，以其不主于义理耳，今人或谬以诗赋声律为章句之学，误矣。然章句不明，亦所以害义理，如《易》云'终日乾乾'，两'乾'字当为两句，上'乾'知至至之，下'乾'知终终之也。……凡卦名而重言之，皆兼上下卦，如'来之坎坎'是也，先儒多以为连语，如'虩虩''哑哑'之类读之，此误分其句也。"（《梦溪笔谈》补笔一，7页）句读分别对句读理论意义重大，是汉语语法的一个分水岭。此后，句读理论在秉承传统的基础上，把句与读的研究作为重点，并在宋元时代取得辉煌成就。

朱熹重视句读之学，成果见于《四书集注》等书。其弟子黄干继承师业，批点四书，进一步明确了分辨句读的八条原则。集宋元句读理论研究之大成者当推元代程端礼，他在《实勉斋例》中对这八条规则逐一举例进行说明，并从批点的角度归纳句读的主要特征，实是当时句读之学的纲要。先看其句读例："句：举起纲；文义断。""读：者、也相应；文义未断；覆举上文；上反言而不正；上有呼下字；下有承上字。"这是句读分析的总原则，共八条。其中举起纲重在结构形式，纲目相合为句；文意断重在语句内容，语意断为句。"者、也相应，复举上文，上有呼下字，下有承上字"，这四条重在形式标志；"文义未断，上反言而不正"，这两条重在语句内容。这八大原则虽简明扼要，却不能完全概括汉语句读的各种情况，程端礼接着在“续补句读例”中列出二十条规则，他特别说明这是“以诸子门人以下诸儒所点修之”。程端礼的句读理论除分析句、读详细具体外，还有三点特别值得提出：第一是对句、读的多层面的分析。第二是对读的规律作总结。第三是对读作灵活的阐述。句读理论至此已有了一个较为完整、详尽的体系。

程端礼之后，在古书句读学方面有所创造的是清代武亿，其所著《经读考异》是专门就经典文献的句读进行考证的著作，而《句读叙述》则是关于句读理论的研究。武亿提出各家句读不一，是由于经师传授不同，这就使得句读成为一种学问。不过程端礼之后，汉语语法的研究把虚词作为重点，先后出现了《语助》《虚字说》《助字辨略》《经传释词》等语法著作。导致虚词语法研究兴盛的原因主要有二：一是以往的虚词研究已取得一定的成就，奠定了虚词语法研究的基础；二是唐以后，特别是程端礼的句读学研究搭建起了句法研究的框架。虚词研究虽与句读理论属不同的语法实践，但客观上虚词研究的成果进一步深化和丰富了句读理论。

三、句法分析

古人不但提出了句读的语法观，而且能够对文句进行句法分析。

《后汉书·光武帝纪赞》：“沉几先物。”注：“几者，动之微也；物，事也。沉深之几，先见于事也。”这里分析主谓结构，指出“沉几”是主语。

《尚书·多士》：“尔克敬，天惟畀矜尔。”传：“汝能敬行顺事，则为天所与，为天所怜。”这里分析述宾结构，通过句式变换说明“畀矜尔”的支配与被支配关系。

《尚书·大禹谟》：“作大禹皋陶谟。”传：“大禹谟九功，皋陶谟九德。”正义：“二篇皆是谟也，序以一‘谟’总二篇。”这里分析联合结构，“大禹”和“皋陶”是并列的。

《汉书·宋弘传》：“前在方外，仍统军实。”注：“军实，谓军之所资也。”这里分析偏正结构，加“之”字表示偏正结构关系。

与虚词研究所取得的成就相比，后期（主要是乾嘉学派时期）对句法研究实在还说不上是真正的研究。由于目的往往囿于训释古籍，所以只满足一字一句的得失，几乎没有从中总结出什么带规律性的东西来。略微值得提出来的只有三部书：王念孙《读书杂志》、王引之《经义述文》、俞樾《古书疑义举例》。他们的句法探讨集中体现在两个方面：一是凭借句子与句子比较，从中发现古籍中的脱文或衍文。另一方面是注意某些特殊句式（倒文、省文、对文、反语等）的运用，而对一般的常用句式则往往略而不顾。

但是必须指出，虽然只是对个别语法现象的分析，却也牵涉了许多方面。古人首先注意到句子有长有短，长的可以超过30个字，短的可以只有一两个字。如宋人陈骙认为文章中独字可以成句。我国历史上第一次提到独词句问题的就是他的《文则》。古人还注意到句的长短因时代而异，总的看来是古简今繁。我国自古重视语文教育，前人也时常谈到词语的搭配问题。例如袁枚在其《随园随笔》中就指出《礼记》和《汉书》在词语的运用上有毛病。还必须指出，我国古代虽然没有系统的语法学、句法学专著，但有些著作在中国语法学史上仍应占有一席之地，如一些文话、诗话、词话、曲话、札记、笔记等。《文则》和《古书疑义举例》就是其中的代表作。《文则》除主要研究作文法外，既谈词法又谈句法，是我国最早一部集中论述语法修辞的专著；《古书疑义举例》则创通条例，搜集前人关于词法和句法的研究成果至为丰富，可说是集汉唐以下文字、训诂、语法、校勘研究之大成的著作。至于专门的语法论文，古代也已经出现，宋代有王观国的《论“不”“弗”》，清代有黄以周的《释“是”》《释“既”》等。

该阶段由于对句法的科学定义、讨论范围都不太清楚，这些有关句法的思想是极不完善、不成系统的。

第四节　语法术语的提出

语法术语的提出，是中国古人语法观的体现，说明中国语法思想从朦胧走向明晰，但这还仅仅是萌芽而已，还不能说语法思想已经确立。

一、“语法”的提出

中国译经僧鸠摩罗什（344—413，一说350—409）所译《大智度论》卷四十四提出了“语法”这个术语：“问曰：‘何等是菩萨句义？’答曰：天竺语法。”（《大正藏》，25，380c）隋僧慧远（523—592）在《大乘义章》卷一里也沿用了这个术语：“《大智论·句义品》：天竺语法，众字成语，众语成句。字句语等，增减为异。”（《大正藏》，44，468c）

上面的“语法”，是中国学者在译文中出现的，古人认为：“发端曰言，答难曰语。”这里“语法”，指的是“与人交谈的方法”。到了孔颖达，就自主地提出了“语法”这个术语，说明古代学者对语法结构的认识从感性到理性的发展，这标志着孔氏语法观的树立。在《春秋左传正义·昭公二十年》中对“父不可弃，名不可废；尔其勉之，相从为愈”的正义：“‘勉’谓努力，‘尔其勉之’，令勉力报仇，比于相从俱死为愈也。病差谓之‘愈’，言其胜共死也。服虔云‘相从愈于共死’，则服意‘相从’，使员从其言也。语法，两人交互乃得称‘相’；独使员从己，语不得为‘相从’也。”孔氏认为，按语法标准，两人交互才能用“相”，独使伍员从伍尚自己，语句措辞不当说“相从”。孔氏的“语法”，借鉴于梵文语法，指的是语言的结构方式，即组词成句的规律。宋代王质的《诗总闻》和陈叔方的《颍川语小》也都有“语法”的术语：“语法如此，未必是地名也”（《诗总闻·邶风·式微三章》）、“特语法若此耳”（《诗总闻·魏风·纷沮洳三章》）、“语法之清空精到无以复加矣”（《颍川语小·卷上》）、“此八用‘且’字；而上下呼应，则用‘乎’之，语法尤紧”（《颍川语小·卷下》）。

二、“句法”的提出

隋僧慧远《大乘义章》一提出了“句法”这个术语：“摄字表法，说以为名；拘挛名字，共相属著，以成文硕。说之为句，直说音声，表法更足，合用字等？若直音声，不与字法和合相名，不成言语，与风铃等音声无别；要与字合方成言语。虽与字合得成言语，若当不与名法相应，不得以此表呼前法。良以与彼名法相应，故曰表法。虽得表法，若当不与句法相应，名字分散，不成文颂。良以与彼句法相应，摄字等得成文颂偈句差别。”（《大正藏》，44，468b）

这里的“句法”，指的是造句法、句子的结构之法，相当于“syntax”。

“句法”一语历代都有提及：

苏轼《次韵范淳父送秦少章》：“句法本黄子，二豪与揩磨。”

严羽《沧浪诗话·诗辩》：“（诗）用工有三：曰起结、曰句法、曰字眼。”

张炎《词源·卷下·句法》：“词中句法，要平妥精粹。……姜白石《扬州慢》云：‘二十四桥仍在，波心荡，冷月无声。’此皆平易中有句法。”

孙奕《示儿编（卷七）·句法同》：“黄鲁直《学优斋铭》曰：‘学哉身哉！身哉学哉！’句法使班孟坚《典引》曰‘唐哉皇哉！皇哉唐哉’；其祖出《益稷》曰‘臣哉邻哉！邻哉臣哉’。”

洪迈《容斋四笔（卷九）·作文句法》：“作文旨意句法，固有规仿前人，而音节铿亮不嫌于同者。”

王质《诗总闻·周南·桃夭三章》：“《诗》举物，多华而后实，实而后华；不然，亦以丰约别深浅。不惟记事，亦句法当尔。”

陈叔方《颍川语小·卷下》：“句法有正有奇，有呼有应。呼名者一唱一和，律吕相宣，以成文也。”

王若虚《滹南遗老集·诗话中》：“东坡，文中龙也；理妙万物，气吞九州，纵横奔放，若游戏然，莫可测其端倪。鲁直区区持斤斧准绳之说，随其后而与之争，至谓未知句法。东坡而未知句法，世岂复有诗人？”

上面所说的“句法”不是指语法学的句子结构分析，但是与之有密切关系，因为写文章，作诗词，必须注意句子的构造，句子结构的类型比较。

三、“文法”的提出

《十三经注疏·孟子·滕文公上》：“且志曰。”阮元校刊记：“此与《左传》‘且谚曰“匪宅是卜，惟邻是卜”’文法正同。依赵注，疑‘且’字下夺‘曰’字”。

王引之《经义述闻·仪礼·士相见礼·至下》：“‘始见于君，执贽，至下，容弥蹙。’郑注曰：‘下，君所也。’敖继公曰：‘至下，谓当带也。《曲礼》曰“凡孝者当心，提者当带”，此执物高下之节也。执贽当带，见至尊者之礼也。’引之谨按：君所不得谓之‘下’，郑说诚未安矣。敖云‘至下’为‘当带’，则是解‘至下’为极卑也。然但云极卑而不指其处，则安知不更下于带乎？恐古人无此不了之文法也。”

马瑞辰《毛诗传笺通释·大雅·桑柔》：“‘职凉善背’传：‘凉，薄也。’笺：‘凉，信也。’瑞辰按：‘职凉善背’与‘职竞用力’‘职盗为寇’文法相类，谓凉薄者善相欺背，从传训‘凉’为‘薄’是也。”

俞樾《诸子平议·吕氏春秋·顺说》：“其实人则甚不安，之二者，臣为大王无取焉。樾谨按：‘则’字衍文也，‘人’乃‘又’字之误。‘其实又甚不安’与上文‘其名又甚不荣’相对。‘之’字属下句，‘之二者’犹言此二者，与《庄子》‘之二虫’文法正同。《先识篇》曰‘之二国者，皆将亡’，《慎势篇》曰‘之二臣者，甚相憎也’，皆可为证。”

这里所说的“文法”，是指句子的结构方式，也就是语词的配置法则。同时，他们能够认真观察句子的结构规则并能看出句子结构规则的正误，这说明清人已经明确树立了文法观。例如俞樾《群经平议·礼记·昏义》：“‘敬慎重正而后亲之，礼之大体而所以成男女之别而立夫妇之义也。’樾谨按：‘礼之大体而’五字，衍文也。……不独于义不当，且以文法论，‘所以’上亦不当有‘而’字也。”

四、“语病”的提出

欧阳修《六一诗话》：“诗人贪求好句，而理有不通，亦语病也。如‘袖中谏草朝天去，头上宫花侍燕归’，诚为佳句矣；但进谏必以章疏，无直用稿草之理。唐人有‘姑苏台下寒山寺，夜半钟声到客船’，说者亦云‘句则佳矣’，其如三更不是打（一作‘撞’）钟时。如贾岛《哭僧》云‘写留行道影，焚却坐禅身’，时称烧杀活和尚，此犹可笑也。”

严羽《沧浪诗话·诗法》：“有语忌，有语病。语病易除，语忌难除。语病古人有之，为语忌则不可有。”

“语病”的提出，说明宋人语法规范观的确立，他们已经注意到文理不通的现象，并且运用语法规律来加以辨析指正。

语法思想的萌芽，为系统的语法思想的提出，打下了有力的基础。

第五节　西洋汉语语法思想的萌生

一、西洋语法学思想的回顾

外国语法学要比中国早产生两千多年。公元前 6 世纪以前在印度出现了古代文献吠陀，这使得很多人去从事语法研究，他们的成果大多已隐没。公元前 4 世纪，波尼尼著《梵语语法》。古希腊从名实之争到语源分析，从词汇语义到词性变化，又从词法形态学走向形态句法学，成就了西方的经典语法学。拉丁语法学走过了漫长的发展过程，思辨语法、经验语法、普遍唯理语法等，引领了世界语法学的发展方向。

15 世纪末，随着地理大发现和新航路的开辟，西方人冲进了闭关锁国的大明帝国传教。传教士苦于不谙中国的风土人情和语言文字，当务之急只能是学习官话。传教士采用罗马字母创制汉语拼音方案，运用西洋语法框架来分析汉语语法，也传播了西洋语法学思想。

二、西洋人写的汉语语法学著作

汉语语法学的最早著作不是《马氏文通》，而是西洋传教士写的汉语语法的著作。根据李葆嘉、姚小平的研究，多达数十种。1588 年，西班牙人胡安·柯伯（1546—1592）到达菲律宾马尼拉，并很快学会汉语，3 年后写成西班牙文的《中国语言文法》，是迄今已知最早的西洋汉语语法学著作，但已失传。其后的西洋汉语语法学著作有：[西]迪亚兹（1606—1646）《西班牙语—汉语语法》，1639，西班牙文；[西]莫拉雷斯（1597—1664）《华语官话文法》，1649 年前，西班牙文，失传；[西]弗朗西斯科·瓦罗（1627—1686）《官话文法》，1703，西班牙文；[意]卫匡国（1614—1661）《中国文法》，1654，拉丁文；[意]殷铎泽（1625—1696）《汉语文法》，1667；[法]傅尔蒙（1683—1745）《中国文典》，1728，原稿法文，后改写为拉丁文；[法]马若瑟（1666—1735）《汉语札记》，1728，拉丁文；[法]郭中传（1666—1741）《发语虚字》，未刊；[德]巴耶尔（1694—

1738）《中文博览》，1730，拉丁文；［英］马礼逊（1782—1834）《通用汉语之法》，1811，英文；［意］特勒斯《拿波里中国学院专业学校专用中文文法书》，1813，意大利文；［英］马士曼（1768—1837）《中国言法》，1814，英文；［英］马礼逊（1782—1834）《汉语语法》，1815，英文；［法］雷慕萨（1788—1832）《汉文启蒙》，1822，法文；［德］洪堡特（1767—1835）《论汉语的语法结构》，1826，德文；《论语法形式的通性与汉语的结构的特性》，1827，德文；［葡］江沙维（1781—1841）《汉字文法》，1829，葡萄牙文；［俄］比丘林（1777—1835）《汉文基础》，1830，俄文；［德］劳坦巴希《汉语文法：或与其他几种语言文法的比较》，1835，德文；［美］卫三畏（1812—1884）《拾级大成》，1842，英文；［德］郭实腊（1803—1851）《汉语文法札记》，1842，德文；［奥］恩德利歇（1804—1849）《汉语法文基础》，1845，德文；［英］托马斯（1809—1890）《汉语入门必读（广东话）》，1847，英文；［英］艾约瑟（1823—1905）《上海土话文法》，1853，英文；《官话口语语法》，1857，英文；［法］巴赞（1799—1863）《官话文法：汉语口语通则》，1856，法文；［德］肖特（1802—1889）《汉语讲授与自学课本》，1857，德文；［英］苏谋斯（1828—1891）《汉语手册：文法与读本》，1863，英文；［英］艾约瑟《中国官话文法》，1864，英文；［德］罗存德（1822—1893）《汉语文法》，1864，英文；［法］儒莲（1797—1873）《基于词位的汉语新句法》，1866，法文；［英］威妥玛（1818—1895）《语言自迩集》，1867，英文；［美］高第丕（1821—1902）、［中］张儒珍合编《文学书官话》，首本中文官话文法书，1869年刊于山东登州府；［英］翟理思（1845—1935）《汉语无师自明》，1872，英文；［法］培尼（1818—1907）《汉语口语文法和书面语文法》，1873—1876；［法］哥士耆（1818—1886）《中文教程》，1876；［美］贾斯伯（1844—1881）《中国北方白话文法研习：专为传教士设计》，1880，英文；［德］嘉贝兰（1840—1893）《汉文经纬》，1881，德文；［葡］伯多禄（1842—1912）《汉语文法练习》，1886；《汉语书写与会话教材》，1902—1903；［意］维塔勒《汉语文法：附范文、小字典及214部首》，1888，意大利文；［美］狄考文（1836—1908）《官话类编》，1892；《官话简明初级教程》，1901。

三、西洋汉语语法思想

西洋人撰写的汉语语法学所体现出来的语法思想，一是主要来源于所在国的语法学理论和框架，二是吸取了中国语文学的思想，特别是中国传统语言学的虚字观。主要表现为：

1. 汉语没有形态变化。弗・瓦罗、马若瑟、洪堡特、威妥玛等都认为汉语名词没有词尾变化和格变，汉语组词成句时并不利用语形语法范畴，汉语没有形态变化。马士曼在《中国言法》里指出："汉语完全不用屈折形式来表示名词的格、性、数以及动词的语态、人称。"

2. 虚字和词序是汉语语法的主要手段。弗雷莱、马若瑟、马士曼、嘉贝兰等都认为词序对句义起决定作用，强调词序在汉语表达中的基本作用，强调汉语的主要语法手段是词序和虚词，他们都用很多篇幅来研究汉语虚词。

3. 提出了汉语词类观。他们划分了汉语词类。弗・瓦罗分名、动、形、代、数、量、连、叹、介、副 10 类，另有 8 种特殊词类；高第丕与张儒珍根据语义和功能把汉语的词分为 15 类，将汉语量词独立成类。还有人提出了汉语词类二级划分法，如贾斯伯主张将汉语词类分为体词（死字）、谓词（话字）和小品词（虚字）三大类，再按照西方词类框架划分次类。他们认为划分词类，只能通过字词之间的组合和词在句法中的位置来辨析。

4. 汉语的字词功能观。卫匡国等认为汉语字词具有多功能性，基于组合的需要可以担任不同词类的功能。汉语虚字具有多重功能，如嘉贝兰认为，虚字具有句法—逻辑、心理—修辞、情态—作用等多种功能。

5. 提出语法研究方法观。马士曼在《中国言法》中指出，研究语法，一是对一种陌生的异族语言要持客观的眼光，二是要突出描写，三是立论一定要提供例证。

6. 提出了汉语句法观。有人提出汉语句法的规划。洪堡特认为，汉语句法主要是：起限定作用的字词出现在被限定的字词之前；被支配的字词出现在起支配作用的字词之后。嘉贝兰认为，相对稳定的词序规则是句法的基础，主语一般要在动词之前，宾语一般则要在动词之后，限定词在被限定词之前。他们还提出了汉语句法分析方法。威妥玛提出"句子纲目"说，所提人和事是"纲"，所述是非、有无、动作、承受是

“目”。高第丕与张儒珍将句子分为单句、双句和合句三种结构类型。瓦罗认为汉语有 4 种句子类型。

7. 汉语的语义语法观。嘉贝兰认为汉语词类划分以逻辑即语义规则为准。嘉斯伯认为，汉语组词成句依靠逻辑（语义）关系。嘉贝兰还提出了汉语心理主语说，分析了心理主语本来的句子成分，指出了心理主语的绝对位置，指出了汉语心理主语的性质，为汉语话题说研究打下了基础。

西洋汉语语法思想对中国语法思想的产生具有很好的推动和启迪作用。

第二章 近代（1841—1919 年）：语法思想的发轫期

第一节 马建忠的语法思想

一、生 平

马建忠（1845. 2. 9—1900. 8. 14），清末学者，学名马斯才，字眉叔，江苏丹徒（今镇江）人。少年时代一再随家迁徙，后定居于上海。受西方资本主义影响，为探求中外“得失之故”，他抛弃科举道路，专门研究西学。他精通英文、法文及希腊文、拉丁文。咸丰三年（1853 年）太平军攻克南京，马家避乱上海。马建忠进入外国人办的徐汇公学，学习法文和拉丁文等课程，同时准备举业。十年（1860 年），英法联军攻占北京，火烧圆明园，这刺激马建忠“舍其所学，而学所谓洋务者”。他进入耶稣会在上海设立的神学院做修士，继续学习法文、拉丁文、英文、希腊文等外语。经过十余年的刻苦努力，马建忠成了一位“善古文辞，尤精欧文，自英、法现行文字乃至希腊、拉丁古文，无不兼通”（《清史稿》卷 44）的学贯中西的新式人才。同治九年（1870 年），马建忠成为李鸿章的幕僚，随办洋务。光绪二年（1876 年），他被李鸿章保荐赴法国留学，兼任驻法公使郭嵩焘的翻译。五年（1879 年），得博士学位后回国，为李鸿章办洋务，曾去印度、朝鲜处理外交事务。并任轮船招商局会办、上海机器织布局总办。六年（1880 年）春，马建忠结束了在法国的留学，回到天津，重新在李鸿章幕下办理洋务。八年（1882 年），他受李鸿章派遣去朝鲜，协助朝鲜政府与美、英、法三国签订了商约。十六年（1890 年），马建忠撰写《富民说》，主张发展对外贸易、扶持民间工商业等措施以富民强国，并将《富民说》上呈李鸿章。不久，受李鸿章委派为上海机器织布局总办，旋因资金周转等问题去职回籍。二十一年（1895 年）马建忠与上海《时务报》主笔梁启超认识，并出版了《适可斋记言记行》，书中认为“讲富者以护商为本，求强者以得民心为要”。此后，马建忠一直埋首整理《马氏文通》一书，这是中国第一部较全面系统的语法著作。他还完成了九十五卷的《艺学统纂》。这是一部有关算、绘、矿、医、声、光、化、电等自然科学理论方面的著作。此书刊行于光绪二十六年（1900 年），署名“丹徒马建忠眉叔甫编辑”。同年，马建忠再度应李鸿章之召，襄理文案，8 月 14 日，因赶译长篇急电而猝然去世，终年 55 岁。

二、实用功利的语法思想的基础

马建忠生活的时代是清朝的道光至光绪年间。清廷腐败，国将不国。无数爱国的仁人志士纷纷寻求救国之路，马建忠也是其中杰出人物之一。他们开始探求富国强兵的道理，形成了一种教育救国、科学救国的思潮。这一思潮很快涉及语言文字问题的研究。马建忠在《马氏文通・后序》中说：“余观泰西，童子入学，循序而进，未及志学之年，而观书为文无不明习；而后视其性之所近，肆力于数度、格致、法律、性理诸学而专精焉，故其国无不学之人，而人各学有用之学。计吾国童年能读书者固少，读书而能文者又加少焉，能及时为文而以其余年讲道明理以备他日之用者，盖万无一焉。夫华文之点画结构，视西学之切音虽难，而华文之字法句法，视西文之部分类别，且可以先后倒置以达其意度波澜者则易。西文本难也而易学如彼，华文本易也而难学如此者，则以西文有一定之规矩，学者可循序渐进而知所止境，华文经籍虽亦有规矩隐寓其中，特无有为之比拟而揭示之。遂使结绳而后，积四千余载之智慧材力，无不一一消磨于所以载道所以明理之文，而道无由载，理不暇明，以与夫达明理之西人相角逐焉，其贤愚优劣有不待言矣。”马建忠认为中国之所以贫穷落后，有一个重要原因就是掌握与运用知识的载体汉字大不易，难就难在其规矩隐寓于浩如烟海的华文典籍之中。马建忠平生致力于使国家富强的事业，因此在语文方面，他想示人以容易了解容易学习的法则，以便缩短人民学习语文的年限，好腾出时间学习自然科学和社会科学等有用之学，免得在列强竞争的场合中显出贤愚优劣的不齐。显然，他研究语法是为了救亡图强，他语法思想的实用功利观是基于他强烈的爱国思想的，有他的牢固的政治基础的。于是，他殚精竭虑，努力撰写《文通》，积十余年探索之功，借鉴拉丁语法，将辛勤爬梳之古籍7000多条例句排比分析。归纳概括，第一次较系统全面揭示了古汉语语法规律，写成《马氏文通》，其目的是“知华文义例之所在，而后童蒙入塾能循是而学文焉，其成就之速必无逊于西人”（《后序》）。可见，马建忠语法思想的实用功利观是以他的爱国救亡的政治思想为基础的。

马建忠是清政府“洋务派”中的左翼，是近代资产阶级改良主义的先驱者之一。这种政治思想决定了他的语法思想。一方面，他对传统语文学给予激烈的批判，他认为：“今字形字声之最易变者，则载籍极博，转使学者无所适从矣；而会集众字以成文，其道终不变者，则古无传焉。”（《序》）所以他主张对语言的研究要根本解决问题，就要研究语言的语法。在马建忠看来，语法是“历千古而无或少变”的“贯乎其中”的“一成之律”，“所以集字成句成读之义”（《序》）。他认为，语言的研究决不能满足于一字一音之训诂。正是这种激进的改良主义政治态度决定了他在语言研究中首先看重语法。另一方面，又由于他毕竟是资产阶级改良派，所以在语法研究中对西洋语法情有独钟，只是根据中国语言的某些情况作出改良，不是打破西洋语法的框框，来建立有自己特色的独立的汉语语法。这是马建忠语法思想的改良观。

三、形而上学的语法思想

马建忠的世界观、方法论也给他的语法思想以重大的影响。他的哲学观是反对变革，主张改良；没有一分为二的辩证观，却有形而上学观。显然，他的语法思想是有他的哲学依据的。

马建忠认为无论何种民族，“天皆赋之以此心之所以能意，此意之所以能达之理”，认为语法也像思维一样，有某些普遍性，这在一定程度上体现了马建忠的普遍语法的思想。

马建忠语法思想的形而上学观则表现在他认为各国语法相似，各国语法不变或少变。他说：“各国皆有本国之葛郎玛，大旨相似，所异者音韵与字形耳。”（《例言》）“殊不知古先造字，点画音韵，千变万化，其赋以形而命以声者，原无不变之理，而所以形其形而声其声，以神其形声之用者，要有一成之律贯乎其中，历千古而无或少变。盖形与声之最易变者，就每字言之，而形声变而犹有不变者，就集字成句言之也。”（《序》）他认为：人种虽不同人类的思维是一样的，各国语法也是基本相同的；他用外国语法来律中国文字时，某些地方难免削足适履。而且，由于他存在“古是今非”的旧封建意识，影响了他的选材范围，仅局限于正统的经史书籍。此书大的作用只在证明古书中的语言合乎文法，它对于指导人们语言实践的目的没有达到。孙中山说：“中国向无文法之学……自《马氏文通》出后，中国学者，乃始知有是学。……然审其为用，不过证明中国古人之文章，无不暗合于文法。而文法之学，为中国学者求速成图进步不可少者而已；虽是为通文者之参考印证，而不能为初学者之津梁也。”（《孙中山选集》上卷，人民出版社，1956，P129）

马建忠语法思想的形而上学观还表现在他不能正视矛盾，很好地处理矛盾，经常合二为一，从而使《马氏文通》的矛盾之处很多。如“顿”的定义是：“顿者，集数字而成者也。盖起词、止词、司词之冗长者，因其冗长，文中必点断，使读时不至气促。”（章锡琛《马氏文通校注》，中华书局，1954，P35）后面又说：“顿者，所以便诵读，于句读之义无涉也。”（同上，P513）“读”的定义是：“凡有起语两词而辞意未全者曰‘读’。读之式不一：或用如句中起词者，或用如句中止词者，则与名代诸字无异；或兼附于起、止两词以表其已然者，则视同静字；或有状句中之动字者，则与状字同功。”（同上，P17）从上面看，“顿”是从便于诵读着眼，与句读的语法组织不相干。“读”是句中一个组成部分。两者该是不同的两套，各不相干。可是后面分析句子时，又将顿作为组成部分，与读并列。这样，马氏就自相矛盾了。又如“字”，有时指书写单位，有时指句法单位词，“义”有时指词汇意义，有时指类别意义，有时似指语法意义，致使新旧概念混为一谈。同一术语，用字也不统一，如既称“加词”，也称“加辞”“加语”；既称“断词”，也称“断语”“断辞”；既称“状字”，也称“状语”“状辞”“状词”等。同一组字或同一类格式解说也常矛盾。如“有”“无”“莫”“或”“多”在第二章说它们是约指代字；在第五章又称“无”“莫”为泛指代字，“有”“无”为同动字，在第六章又称“或”为状字。同一个例句“公语之故，且告之悔”，其中“故”和“悔”，在第五章是止词，到了第十章又变为转词了。对同一定义，前后也常有龃龉。马氏说：“凡名代诸字在句读中所序之位，曰‘次’。”（同上，P14）“所序之位”指什么呢？从书中可以看出作者所说的“所序之位”，有两种含义，一是词在句子中的地位，二是词在句法中的前后位置。比如作者谈到主次时说是“名代诸字为句读之起词者”，谈到宾次时说是“名代诸字为止词者”。如果把主次、宾次“所序之位”看成是词在句读中的先后位置，就是说主次是在动词前，宾次在动词后，也不能把主次、宾次都包括进去。特别是宾次，不但包括止词，而且包括司词、转词，宾次的位置更不是统统在动词之后。因此主次、宾次的“所序之位”只能从词在句子中的句法地位来理解，才能够完整。而谈到“正次”“偏次”“前次”“同次”时，作者大多数是以词在句法结构中的位置来说的，正如作者所说的：“数名连用而意有偏正者，偏者居先，谓之‘偏次’”；“正意位后，谓之‘正次’”（同上，P15）；“凡名代诸字，所指同而先后并置者，则先者曰‘前次’，后者曰‘同次’”（同上，P124）。所以正次、偏次、前次、同次的“所序之位”指的是词在句法结构的前后位置。作为一个定义，“所序之位”有两种不同的含义，互为矛盾，这是应该加以辩证的。

四、语法思想的来源

马建忠的语法思想至少有三个来源：一是对传统语文学的继承，二是对西洋语法的模仿，三是根据汉语语料研究得出的独到见解。

先讲讲对传统语文学继承所表现出来的语法思想。马建忠的“句读说”“虚实说”就是来自传统语文学。“句读”名称，汉代已出现，“实字”“虚字”等，宋人已广泛使用。《马氏文通·例言》中说：“构文之道，不外虚实两字，实字其体骨，虚字其神情也。”马建忠说：“凡字，有事理可解者，曰‘实字’。无解而惟以助实字之情态者，曰‘虚字’。”（同上，P1）马氏这种对实字、虚字的明确界说与划分，一直为现在语法学著作所沿用。但这也是对前人的继承。《诗经·周南·关雎》孔颖达“正义”说：“字之所用，或全取以制义，‘关关雎鸠’之类也；或假辞以为助，‘者’‘乎’‘而’‘只’‘且’之类也。……古人之韵不协耳，‘之’‘兮’‘矣’‘也’之类，本取以为辞，虽在句中不以为义。”这字之“为义”“不为义”，是马氏“有解”“无解”说的来源。王引之《经义述闻·通说下》“语辞误解以实义”说：“经典之文，字各有义；而字之为语词者，则无义之可言。”这是马氏实字、虚字的界说的依据。

现在谈谈模仿西洋语法来建立汉语的语法观。这主要表现在词类通假说和位次说。先谈词类通假说。马氏说：“字分九类，足类一切之字。无字无可归之类，亦类外无不归之字矣。”（同上，P8）这样看来，马氏是字有定类论者。可是书中又说：“字无定义，故无定类，而欲知其类，当先知上下之文义何如耳。”（同上，P9）那么，马氏又是字无定类论者了。为什么会有这种自相矛盾的说法呢？原来马氏讲“无字无可归之类”是拿孤立的字来讲的。以孤立的字作对象，拿意义作标准，自然会认为字有定类。可是字到了句子当中，有不同用途，这不同用途也赋予字以不同意义，所以才有“字无定义，故无定类”的说法。怎样把这两种矛盾的说法沟通呢？马氏用了词类通假的办法。所谓“词类通假”是“依义定类”“随义转类”。但是这里的两个“义”并不相同。“依义定类”的“义”是词汇意义，“随义定类”的“义”是结构意义。根据字的词汇意义并不一定能推断它的结构意义，根据字的结构意义也不一定能推断它的词汇意义。马氏的“词类通假”说，是在模仿西方语法遇到困难时采用的一种变通的办法。印欧语词有形态变化，根据不同形态可以判别不同的词类。汉语词类缺乏形态变化，马氏就根据字在句中所处的地位即在句中充当的成分所表达的意义来确定类别的。无怪乎名字用作表词就是静字，用作语词就是动字。而动字、静字用作起词就是名字。充当的句子成分不同，词也转类。其实，马氏没有看到汉语的一个重要特点，即汉语词一般在造句中的功能是多方面的，不是单一的。例如，名字可以作起词、止词、表词，也可以位于主次，也可以位于偏次。动字、静字可以作语词，也可以作起词、止词，它们可以位于偏次，也可以位于主次。完全没有必要因所处的位不同，把一个词假借为其他词类，马氏还说：“凡字有数义者，未能拘于一类，必须相其句中所处之位，乃可类焉。”（同上，P8）在这里，马氏简直无法确定其词类了。马氏说：“字无定义，故无定类。而欲知其类，当先知上下之文义何如耳。”（同上，P9）“夫字无定类，是惟作文者有以驱遣之耳。”（同上，P140）离开句子不能确定意义，意义不能确定就无法判定词类，因此汉语没有词类，这是以意义作为词的分类标准所必然要走入的死胡同。

再谈“位次说”。这也是模仿西洋语法的产物。“凡名代诸字在句读中所序之位曰‘次’”（同上，P14），就是相互关系的名代诸字在词组或句子中所处的不同地位，叫做“次”。马氏立了主次、宾次、正次、偏次、前次、同次6个次。《马氏文通》的“次”来源于西文的“格”。马氏说：“然而实字相关之义，有出乎主宾两次之外者。泰西文，若希腊辣丁，于主偏两次之外，更立四次，以尽实字相关之情变，故名代诸字各变六次。”（同上，P313）《文通》是模仿拉丁语法的，拉丁语法有6个格：主格、宾格、所有格、给与格、呼格、夺格（表示被动、住所等）。拉丁名词有格变，《文通》谈名词有“次”。马氏一方面承认“泰西文字，若希腊辣丁”“名代诸字各变六次”（同上，P313），有六种格变，通过格变表示词与词的相关之情变；另一方面也看到了“中国文字无变也”。（孙中山《建国方略·孙文学说》第三章《以作文为证》，载《孙中山选集》上卷，人民出版社，1956，P129），中国文字是没有形态变化的，“乃以介字济其穷”（章锡琛《马氏文通校注》，中华书局，1954，P313），用介词补救“连实词相关之义”（孙中山《建国方略·孙文学说》第三章《以作文为证》，载《孙中山选集》上卷，人民出版社，1956，P129），所以不存在什么格变问题。马氏立“次”意在说明“名代诸字位诸句读”“相涉之义”（章锡琛《马氏文通校注》，中华书局，1954，P14）。可见马氏并非把“次”当做“格”来处理。《文通》的“次”是句法的概念，而不是词法概念，和印欧表示词形变化的“格”完全不同。印欧语言的“格”，不但包括了名词与其他词的相互关系，而且还包含了表示此种关系的词的形体上的变化。而《文通》“次”的定义，只是说它表示名代诸词与其他词的相互关系。由于汉语的特点，在表示这种关系时不依靠词形变化，《文通》就是注意到名代诸词在句读中所序之位才立“次”的。《文通》的“次”在性质上不同于印欧语的“格”，在划分标准上，两者也不相等。主次至少包括印欧的主格、呼格，宾次比宾格范围更大，印欧语的给与格、夺格都属于宾次。总之，《文通》讲的“次”，是指实词相涉之义，也就是名词与动词、名词与名词、名词与其他实词之间的关系。这种关系是依靠句法手段表示的，与词形变化的格变不是一回事。

马氏对“次”所下的定义，是他的创造（不同于印欧“格”的定义），但在具体解说“次”时，却始终受拉丁语法的束缚。在拉丁语法里，静字也是有“次”的，静字作表词或修饰起词时都与起词“同次”，马氏也都一一照搬过来。这样，静字也是有“次”的，论“次”就超出了名代字的范围。因此弄得矛盾百出。马氏看到中国文字无变，所以立“次”时就只强调名代诸字在句读中所序之位，这就是他的发现。但在具体解说中，我们仍然看到这种模仿与创造的纠缠。比如对“宾次”的解说，按马氏创造的“次”的定义来看，应该是强调与动词相对的居于动字之后的名代诸字的。但马氏在解说“宾次”时，把介字之后的名代诸字看成是宾次，这样，就变成了名代诸字（实字）与介词（虚字）发生关系了，与“实字相关之情变”发生了矛盾，这是来自西洋的介字宾语的说法，但把介字看成与动字一样是很不合理的，甚至把没有介字的记时、地、价值、度量、里数诸名字置之于动字之后者，以及放在动字前面的言所事之缘由、或言所用之官、或状形似的名字都看成是宾次，更是离开“位次”观点十万八千里，都使得他的“次”的理论显得不完备了。对“同次”的解说，也有这种矛盾。表词与起词同次，“皆居主次”（同上，P106），这就是受西洋“次”一样“格”也一样的理论的影响，把“次”等同于“格”。其实，无论名字或静字作表词时，不论从位次和意义上来说，都很难与主次有什么相通的地方，把它看成主次，理论上也是很不完备的。再则，加词作为同次，也有动静字甚至一整句的，这也是与他的“次”的定义相矛盾的。这种矛盾也是来自模仿西洋文法。虽然英文文法没有同位格，但马氏为了便于论说实字相涉之义，立了同次，这是他的创造。但英文文法的同位语却不限于名代诸字，甚至有一句的，马氏也把同次的范围扩大到名代字以外甚至是句子，引起了“次”的理论上的矛盾。

马氏立“次”主要是为了便于论说。除了说明词组间的关系外，还可补充句子成分之不足，便于论说句子。汉语词序在语法中占据了重要的地位，所以马氏特别重视“所序之位”，要立“次”来加以说明。马氏的“位次”说固然表现了马氏模仿和创造的矛盾，但“位次”说在汉语句法学上还是有它的贡献的。很好地吸取正、反两个方面经验教训，对于发展我国语法学还是很有意义的。

五、语法规律观

《马氏文通》第一次确立了汉语的词类体系，提出了词类划分的标准，确定了汉语的词类，廓清了在词类问题上的混乱。在句法中，马氏论述了各种句法结构并设立了词（句子成分）、次（词组成分）、顿、读、句等名目。《马氏文通》不但全面论述了汉语语法体系，而且对汉语中各种语法现象及个别词的用法都进行非常细致的描写。在词类中他看到了“中国文字无变也”（同上，P412）汉语词类没有形态的这一最大特点，也看到了“华文所独”的助词，还看到了“以济中国文字无穷之变”的介词，而且介词和动词相通的特点是西文所没有的。他把华文所独的助字单列，首先提出汉语的静字（形容词）可以直接充当语词（谓语）的句型，不同于西文。他分析了汉语的存在句、记变句和议事论道句这三种特殊的无主句型。他发现古汉语疑问代词作宾语及否定句中代词作宾语时，其词序不同于一般，即宾语提于动词之前。他发现汉语主谓词组作谓语（即主谓谓语）的现象。马建忠之所以能发现汉语语法这么多特点，是基于他对汉语语言材料充分调查研究上。此书在撰写过程中，收集了“四书”、“三传”、《史记》、《汉书》、韩文、诸子、《国语》、《战国策》等40种古籍中的大量语言材料，书中引用的例子，当在7000条以上。这还是被马相伯大大删略后的例证数量。原稿的例证当有数万条。这也表明了马建忠的一个重要语法思想，研究语法，总结语法规律，必须注重语言事实的调查，掌握大量的语言材料。马建忠语法思想中的模仿和创新相较，应该说创新是主流。《马氏文通》的理论基础是普遍唯理语法观，正如他所说的“所以声其心而形其意者，皆有一定不易之律”（《文通·后序》）。

六、语法的研究方法

《马氏文通》所采用的研究方法也是多样的，且很有特点。主要有演绎法、归纳法、比较法、句型变换分析法、层次分析法等。他说：“博引旁征，互相比拟，因其当然以进求所同所异之所以然，而后著为典则，义训昭然”（《马氏文通·例言》），“此书系仿葛郎玛而作，后先次序皆有定程”（同上），“此书为古今来特创之书。凡事属创见者，未可徒托空言，必确有凭证而后能见信于人”（同上），“斯书也，因西文已有之规矩，于经籍中求其所同所不同者，曲证繁引以确知华文义例之所在，而后童蒙入塾能循是而学文焉”（《后序》）。这些讲的就是演绎法、归纳法、比较法。因限于篇幅，就不详细说明了。至于句型变换分析法、层次分析法，马氏没有理论说明，只是在分析句子结构时运用这两个方法。限于篇幅，这里也不加以举例说明了。

七、“共性原则”+“个性参项”

所谓“共性原则”是指各族语之间“共性”在某特定语族中居主体地位，是语法学家描写的主要方面。马氏说：“各国皆有本国之葛郎玛，大旨相似，所异者音韵与字形耳。”（《例言》）马氏强调语言之间的共性，尽管这是一种朦胧的、朴素的共性论。

马氏的“共性原则”思想可以从以下三方面来检讨。

1. 语言起源上的共性

> 荀卿子曰：“人之所以异于禽兽者，以其能群也。”夫曰群者，岂惟群其形乎哉！亦曰群其意耳。而所以群今人之意者，则有话；所以群古今人之意者，则惟字。……而亘古今，塞宇宙，其种之或黄、或白、或紫、或黑之钧是人也，天皆赋之以此心之所以能意，此意之所以能达之理。则常探讨画革旁行诸国语言之源流，若希腊、若拉丁之文词而属比之，见其字别种而句司字，所以声其心而形其意者，皆有一定不易之律，而因以律吾经籍子史诸书，其大纲盖无不同。（《文通·后序》）

可见，马氏认为虽人种各异，但“天皆赋之以心之所以能意”，而“此意之所以能达之理，则常探讨画革旁行诸国语言之源流……”，正因为语言都是“声其心而形其意”的，所以“其大纲盖无不同”。当然，马氏对语言的起源并未展开阐述，他的“声其心”也很模糊，我们无从知晓，他究竟想表称什么。大家知道，目前，语言学界对语言的起源有三种较有影响的说法，即拟声说、感叹说和节奏说，而马氏的“声其心”似乎都可以概括。

2. 语言功能上的共性

> 喜怒哀乐之未发，心至平也，有感而应，心斯波也，波斯不

平也。其感之轻者，心有主焉，于是因所感而成意。此诸字之所论也。感之猛者，心无主焉，于是随所感而为声。此叹字之所鸣也。叹字者，所以鸣心中猝然之感发，而为不及转念之声也。斯声也，人籁也，尽人所同，无间乎方言，无别乎古今，无区乎中外。迺旁考泰西，见今英法诸国之方言，上稽其罗马希腊之古语，其叹字大抵“哑”“呵”“哪”之类，开口声也；而中国伊古以来，其叹字不出“呼”“吁”“嗟”“咨”之音，闭口声也。然声有开闭之合分，而所以鸣其悖发之情则同。（《文通·叹字九之七》）

这段文字虽然是讨论叹字的，但有意无意地于字里行间也透露出作者的语言功能之见——传情达意，且虽然各语言的声音不同，但所有语言的基本功能是一致的，“无间乎方言，无别乎古今，无区乎中外”。这就是“然声有开闭之分，而所以鸣其悖发之情则同”。在马氏的时代，能有此认识是难能可贵的。

3. 语法单位、语法范畴、语法结构、语法体系上的共性

《文通》有四级语法单位：字、顿、读、句。分九个词类，在此基础上将句子分为单句和复句。单句分析句子成分：起词、语词、止词、加词、转词和司词。复句分为四种：“排句而意无轩轾者”、“叠句而意别深浅者”、“两商之句”和“反正之句”。

马氏注意到拉丁语的名词、代词有格变，于是《文通》设“位次”来说明名代诸字之间以及与其他实字的关系。“位次”说虽有一定的用途，如可以限制名代诸字随位转类（同一名字处于不同的位置只是“次”的不同，不必因位转类），还可以弥补语法概念上的不足，便于分析某些句法关系（如同位等），但位次与句子成分多有重复之处。

另外，由于拉丁语区分完成动词和不完成动词，《文通》便有坐动、散动的概念；由于拉丁语有表语，《文通》便立“表词”，由于拉丁语有关系代词，于是《文通》便有接读代字，等等。

下面我们再来分析马氏的“个性参项”的思想。

马氏于汉语之外，也特熟悉拉丁文法。据史料记载，他还精通英语、法语和古希腊语等西方语言，而这些语言的语法研究产生得很早，历数百年学者之不断研讨，其时已较为成熟。因而，马建忠对这些语言之间的不同之处在思想上应是有自觉的认识与感悟的。马氏在“序言”中所

说的“大旨相似”中的“大旨”之字除表范围的意义外，是否也暗含“质”的意味呢？英法之语言虽同属印欧语系，然细看起来，它们的相异之处不在少数，而从质（如语法范畴、语法结构等）上看，则基本相似。马氏始创中国语法学，舍细节殊异之末，求骨架相似之本恐怕在所难免。然中西语言毕竟有着较为本质的区别，于是马氏也就不得不兼及汉语的个性了。

拉丁语由于狭义形态丰富，因而拉丁语法中词法占有显赫地位，只要把词类、词的形态变化、词的功能等讲清楚了，剩下的句法内容也就不多了。可以说，拉丁语法是典型的词本位语法。与之相反，汉语是孤立语的典型代表，缺乏严格意义上的形态变化，语序和虚词是主要的语法手段，因而句法就相对显得重要。马氏感到汉语“字之在句读也必有其所”（《文通·例言》），并指出字词在句读中有先后之参差，“皆随其义以定其句中之位，而措之乃各得其当”（《文通·序》）。从这种认识出发，马氏在“例言”中明确指出：“是书本旨专论句读，而句读集字所成者也。惟字之在句读也必有其所，而字字相配必从其类，类别而后进论夫句读焉。”当然，虽然马氏在思想上有建立汉语自己的句本位语法的强烈愿望，但实际上碍于客观条件，《文通》还不能说是摆脱了词类本位的语法体系。

体系上，设立华文所独之“助字”，且“助字”所说精到，体现汉语造句的一大特点；汉语名代字无格变，因而注重分析介字（“中国文字无变也，乃以介字济其穷”）；以意义划分词类和以施受定主语宾语等，都体现出马氏对汉语个性的关注。

在具体结论或论述中，马氏更是以大量的语言事实为依据，总结了许多文言文的结构规律。如关于词语在句中的位置描写就可以找到许多精彩之处：“凡起词必先乎语词”，“语词而为表词也者，亦必后乎起词”（《马氏文通》，P30），“‘余’字用于主次与动字后宾次者居多。若偏次，有间以‘之’字者，而介字后宾次则罕见”，“询问代字凡在宾次，必先其所宾，其不先者仅矣。此不易之例也”（同上，P71），等等。“句读所集之字，各有定位，不可易也”，“至于逐字之部分类别，与夫字与字相配成句之义，且同一字也，有弁于句首者，有殿于句尾者，以及句读后先参差之所以然，塾师固昧然也”（《文通·序》）揭示了四种语法单位的序位规律。此外，“之”“其”用法的区分、助词“之”的使用规律、止词先于动字的规则（宾语前置）、起词省略条件（主语省略）等的观察也都很细致。

汉语区别于其他语言的个性很多，马氏注意到了一些，但就《文通》整体而言，这是不够的。这也大概就是人们批评《文通》削足适履、流于比附的缘由。我们认为对此应当用历史的眼光来看，这是《文通》的不足，也就是马氏语法思想上的偏颇，但我们应当宽容，不应苛求，因为马氏终究是个拓荒者。其实，就是我们今天也不能说对汉语的个性标记都弄清楚了。别的姑且不论，就连什么是汉语的本质特点依然让人无从回答。从传统观点的语序和虚词，到新时期的“分析性语言”“量词十分丰富”“结构简明”“对应性强”等特点以及随后的“汉语词类跟句法成分之间不存在简单对应关系”“汉语句子的构造原则跟词组的构造原则基本上是一致的”，再到“浓缩型语言”“简略型语言”“句子格式多样性”以及“语义型语言”“话题居显要位置的语言”等，不一而足。今天，我们也只能说，我们越来越接近于认识汉语的真实面目了。因此，我们不应仅以今日之论来衡量《文通》，来贬斥马氏的语法思想。

第二节　章士钊语法观

一、生　平

章士钊（1881—1973），字行严，湖南长沙人。曾留学日本，辛亥革命后任北京大学教授，后任民国政府教育总长，为“五四”时期甲寅派主帅，解放后任中央文史馆馆长。著有《中等国文典》（1907），《逻辑指要》（1943）和《柳文指要》（1971）等专著20余部，论文数百篇，诗词近五千首。

二、指出了语法学的重要意义和研究方法

《中等国文典》是章士钊平生唯一的语言学专著，它是章士钊在甲辰（1904）长沙起义后由“废学救国”转向“苦读救国”的产物。1906年章士钊在日本受下田氏所邀，到实践女校讲授国文。其时，他正学英

语，他认为国文应该以“法”驭之，因此在诠释国文之时，“辄案之西文规律”，成效斐然。从此他“益信教人治国文，文典之不可已”。因此常设想“以所授者，编之成轶，出为研求是学者之椎轮”。章士钊认为国文教学“不易辙以求其通，万无几幸”。所谓“易辙”即提倡语法教学，“当不外晰词性、制文律数者矣。而是数者，今之教育家尚未闻有议及此也”。章士钊也批评了时人对于语法学的一些错误观点：有人认为治国文，当先治小学（文字、训诂、音韵），而字类（语法）次之，章士钊则认为“苏氏父子，小学家所嗤为不识一字者也，而苏氏之文，以之陈述事理，自足肆应。通‘六书’者，其文自高，而为应用之文，固亦不必深闲雅话者也。今之教人者，于十五、二十之年，学课纷陈之际，律以苏、王，且虞其不洽；责为许、郑，不犹治丝而棼之乎？因此，初学尤宜先治语法，而小学次之”。现在看来，章士钊的这些论述都是难能可贵的。可以说他已经预感到了汉语言学走向近现代化的历史趋势，并且已经开始为迎合这一趋势着手准备。

三、“字”“词”区分观

章士钊对字和词关系的论述，结束了以往的混沌蒙昧状态，最先解决了语法学研究的一个首要课题。《马氏文通》是现代语言学的开山之作，但它没有首先区别字和词的概念，虽然马氏的“字”就是后人所说的“词”，“字无定类”就是“词无定类”，但因此造成的词义与词用的矛盾却是十分明显的。

而章士钊则指出：“一字可为一词，而一词不必为一字。泛论之则为字，而以文法规定之则为词，此字与词之区别也。”他第一次较好地论述了字和词的概念和关系。他设立了一个便捷安全的“字”、“词”区分标准：如果上升到语法的高度，在语法学里进行分析时，句子中那些具有独立意义（或功能）的单字或字的有机集合，只能称作“词”，而不再是“字”。（即“泛论之则为字，而以文法规定之则为词”。）他还明确提出了“短语者，谓有两词以上，而不能成句之语也”，“凡介词与名词相结合者谓之短语”。

四、规范语法学学术用语

规范的学术用语对于学术来说至关重要。语法学研究概莫能外。

而在汉语语法系统草创阶段，其学术用语极不统一，非常混乱。既然《马氏文通》混淆了字和词的区别，因此它所使用的如“名字、代字、静字、动字、状字、介字、连字、助字、叹字、次”等古奥玄僻的学术术语便带上了古董的色彩，仅具有文物价值，不可能为后人承袭沿用。章士钊是近代较好地论述字、词关系的第一人，因此在《中等国文典》里便第一次出现了名词、代名词、动词、形容词、副词、介词、接续词、助词、感叹词这一套九种与现代术语近乎一致的学术专词。

应该说，《马氏文通》较周详完备地论述了汉语词类，这在我国语法史上是没有先例的，它确实为后人对汉语词类的研究开拓了道路。章士钊正是基于《文通》，而又超越《文通》的。不难看出代名词与现在的代词已经接近，接续词与现代的连词差别也不太大，其他七种术语则与现在的常用术语在名称和定义上基本相同。其中，介词在《文通》里称“介字”，“马氏比照了泰西‘葛郎玛’的Preposition建立了这个词类，不名之为‘前置字’而名之为‘介字’，是有创新之功的”。需要特殊指出的是“形容词”“副词”则为章士钊首创。明确副词“乃附属于动词，而状其别动作之情态者也”，“副词于状动词之外，可别移以状形容词及其他副词”。由此可见，章士钊虽然是在前人的基础上创制了这一套术语，但这一套术语的使用，已经宣告了汉语语法学学术用语规范取得了质的飞跃。其中的大多数，被后来的学者袭用。

此外，章士钊还第一次参照西文把句型分为四类，并命名为“叙述句”“疑问句”“命令句”和“感叹句”，这与现今所用的陈述句、疑问句、祈使句、感叹句种数完全一致，名字、定义都很接近。值得一提的是，章士钊1907年第一个启用的这种句子的分类方法和种类的名称，当时乃至以后很长一段时间里，仅仅是一家之说。此前的《马氏文通》没有论及，此后的名称更是迭现纷呈，林林总总，如1942年吕叔湘先生把句子种类分为叙事句、表态句、判断句、有无句，不可否认吕先生的见解和主张自有其道理，但汉语语法学最终选择了章氏的分类方式，改造完善之而于今通用起来。

这些现在人们耳熟能详的语法术语，在《中等国文典》刚出版时并没有受到热烈的欢迎，人们认为章士钊“文法上的定名，骤难尽解，当别出说明书，以便教授”。但章“颇虑其赘”，表示了对自己标立的这套术语充满自信。章士钊在规范学术用语方面这些颇具匠心慧眼的发明创造，是他对汉语语法学杰出的贡献。

五、词类的分析观

因为章士钊对字和词已有较好的论述和把握，所以他在划分词的种类时，除从意义上分析以外，还根据字的多少把词分为“单字词”和“合字词”，这已经接触到词的结构。以《中等国文典》第二章为例：第一节按词的意义把名词分为固有名词、普通名词、集合名词、物质名词、抽象名词5种。第二节按词的结构把名词分为单字名词和合字名词，其中合字名词又分为双字同义名词（如规矩、文章）、双字相待名词（如主次、死生）、连字名词（如昭昭、昏昏）、名词短语4个小类。而此前的《马氏文通》仅分为公名（普通名词）、本名（专有名词）两种；此后的《新著国文法》（1924年）也只从意义上把名词分为特有名词、普遍名词和抽象名词三种。

前面我们已经述及单从意义上划分词类的缺陷。是章士钊第一次开拓了古汉语词类划分标准的范围，并且从下面要述及的章士钊在分词的小类时的尝试看，他的分类标准已经注意到了词所表达的语法意义及其在句子中的功能。

首先，章士钊重视词的语法意义。以《中等国文典》第二章名词为例，他说明了名词的几个小类同数量词结合有不同的特点。其次，章士钊还顾及了词的句子功能，即根据词在句子里和其他词的结合性来规定它的词类，指出固有名词作普通名词用时，可加数词；物质名词不能直接附以数词；抽象名词不能加数词，若用如普通名词，则可加数词。

章士钊关于动词的论述和分析也考虑到了动词的意义、语法结构和句法功能。按意义，动词分为自动词、他动词、不完全自动词、不完全他动词、被动词、双格动词、助动词等7小类，比《马氏文通》的内动字、外动字多出5种，比黎锦熙《新著国语文法》内动词、外动词、同动词、助动词多3种。章氏按语法结构把动词分为单字动词和合字动词，考虑到词的句法功能，又增加了假用动词和音变动词，此更为马氏和黎氏所无。假用动词里又细分出名词动用、形容词动用和副词动用三种情况。音变动词分两种：①借他词为动词，如“‘春风风人’‘夏雨雨人’之第二‘风’‘雨’二字乃假名词为动词者也”。②“同一动词而所用之处不同，乃异其音以为读若也”。如“一唱一和”中之“和”，“乃动词也，读若‘贺’”。章还单独列举了古汉语中的常见音变动词，如“度、射、远、好、要、间、从、降”等。

章士钊把代词按意义分为人称代名词、指示代名词和疑问代名词三种，排除了“接读代词”（马）和“联接代名词”（黎）。这与《汉语史稿》持论相同。

六、句子结构观

《文典》第一步先把句子分为主格（即主语）和宾辞（即谓语）两大部分，第二步再分出主格和宾辞的附加辞（即定语和状语），并按内部结构关系把宾辞又分出目的格（即宾语）和补足语（即补语），这样的析句法是先二分再多分，已初具传统语法的中心词分析法的雏形。

第三节　胡以鲁语法观

一、生　平

胡以鲁，浙江宁波人，字仰曾。在日本东京帝国大学攻读语言学时，胡以鲁接受了德国语言学家缪勒和丹麦语言学家叶斯泊森等人的影响，同时师从国学大师章太炎，具有深厚的国学基础。1914 年 9 月起在北京大学讲授语言学。所著《国语学草创》对 20 世纪 20～40 年代中国理论语言学的发展产生很大影响。

二、语言的缘起

胡以鲁认为言语是精神作用的产物。人对自然之声产生感应，所发感召之声便是语声发起的源头，但语声要成为真正的语言，需要经历感叹词、摹声词、发语词三个阶段。

感叹词阶段是语言的发起阶段。胡以鲁认为最早的语词源于感叹词，认为汉语在发生之初就有不同于西语的特点，“印度日耳曼 Indo-geman 语族所记传之叹声，大抵‘唉’‘呵’等开口之声，而吾国语则‘吁’‘呼’等闭口之声”。

感召之声尚未成为语言，所以感叹词阶段是“言语纪元前时期”。语言的进一步发展就是摹声词阶段。与感叹词不同，摹声词含有“表象”，即把自然物所发之声假借为物体表象。

由于模仿之声对于表达复杂的事物是有限的，于是发语词代之而起。“猿有啼声，不模仿之而呼之曰‘爰’，则呼者自发之声音，所谓发语词也”。发语词阶段以“自发之声音”为事物的特征，把声音与事物联结起来，是言语的“胚胎时期”。

三、语法书的框架观

胡以鲁认为，“语法书宜分音声、词品、词句三篇，而各宜为固有之说明，不必悬印度日耳曼语法之一格而强我以从也”，“第一音声篇叙述吾国语音声之特质、特征及其发展之由来。第二词品篇叙述吾国语词之本领及其应用上之品类。第三词句篇，语词得句而生话者也。其职务其意义皆定于句中之关系”。胡氏还对句法结构提出六条“法则”：“法一：题语（即主语）置第一位，说语（即谓语）或表语置第二位，有目语（即宾语）时则目语置第三位。”“法二：属语置于其所状词之前。”“法三：目语常置于最后。”“法四：介节词置于所介语词之前。”“法五：语助节词（即虚词）置于句读终结处。”“法六：助用词置于用词（即动词）之前。”（《国语学草创》，商务印书馆，1913，P64—65）这是首次提出句子的三个基本组成部分是主语、谓语、宾语。

四、语言的法则

胡以鲁认为语言有形式和实质二面，以语音为形式，以概念为实质，以联想为联结方成其为语言。划分语词的语法类别应该从概念入手，可将概念分为实质的概念和形式的概念两种，前者即实词，后者即虚词。根据印度的“胜论说”和密斯推利氏（Misteli）的观点，实质概念有三种不同的类别，即实体、性状、动作，所以实词可以相应地分为体词、状词、用词三种。实质概念如果虚化，就会流为形式，在语句中起联合思想的作用，按其作用不同可分为介节词和语助节词。此外，从语言发生的角度看，感叹词代表发声之独立形式，也可以看做是虚词的一种。

汉语的语法为“以心传心”之法，不能像西方语言学那样以名学范畴（即逻辑学）规定语词在句中的职能，应该从心理学角度进行分类，题语、说语、表语、目语、属语是汉语的五大句法成分。汉语的语法规则以虚词和语序为核心，它的一般法则是：①“题语+说语/表语+目语”是一般语序；②属语在所修饰的词语之前；③目语常在最后；④介节词在所介语词之前；⑤语助节词在句读终结处；⑥助用词在用词之前。

五、语言符号观

胡以鲁对中国古人所说的“言为心声”进行了语言学的解释，他认为言语是音表象和意表象的结合。所谓音表象是指“物体自发或反射之音声与物体相关联者也”。自然的音声是语言的物质基础，但只有当它与物体相关联时才能称之为言语的音表象。所谓意表象是指人对某事物的“全体的思想”。音表象和意表象通过心理活动联合起来构成言语。胡以鲁的“音表象”与索绪尔的“音响形象”十分接近。但是，胡以鲁把音表象和意表象的结合体只看作是名称，而没能更准确地认识语言的本质。

胡以鲁注意到了语言符号的任意性。首先，他认为“徽征”和言语是有区别的。从发生的角度看，摹声词是模仿物体自发之声或者“反射之声”，作为物体的表象，发声之中含有表象，因而具有徽征的性质。但是这种徽征不能算是言语，因为代表与被代表之间，仍有必然的关系。换句话说，符号不同于徽征，就在于代表与被代表之间没有必然的关系。进一步说，语词者，即“对于某事物之某思想而以某声音代表之谓也”。“然事物诸点之中何者得以代表事物之‘意景’，固无定也。表彰某思想当以某声音为代表，又无必也。”人们选择什么样的“意景”代表事物，或者选择什么样的声音表达意义，是说话者自由决定的。

其次，胡以鲁认为音义之间的自由代表关系，既是偶然的又是必然的。用声音代表概念虽然是偶然的，但是当其命名时，“当非全无关系而使音意之间贸然联结也。言语之产虽曰自然，然此所谓自然者，指精神动作而言，既有精神动作之动机，则对其联结之关系宁无心意作用于其间耶？亦必缘命名人当时之精神作用，取其关系于事物某方面之一点而使之联结者无疑也。此点见地之差，即各民族心意作用之差”。索绪尔也同样认为象征和符号是有差别的，象征的特点是：它永远不是完全任意的；它不是空洞的，它在能指和所指之间有一点自然联系的根基。索绪尔也强调任意性并不是指说话者有完全自由选择的权利，因为语言处在大众之中，符号一旦确立，个人必须服从社会规约。

六、意义的“三角关系”观

1923年，奥格登和理查兹在《意义的意义》中提出了“语义三角”的理论，认为在语音形式与所代表的事物之间，不存在直接的标志关系，而是通过词义间接地与事物发生标记与被标记的关系。这种“意义三元论”的观点在《国语学草创》中早已有所反映。

胡以鲁认为，语言发生之后，听觉的模仿和感情的模仿都不足以适应思想的发展，于是人们假借声音的表象，对事物的属性进行概括的反映。根据印度的“胜论说”，外界的事物大致可以分为实、德、业三种，三者不可分离。语言就是借用声音的表象，“模仿”德或者业，以表达说话人对事物的认识。德、业是独立于主体之外的事物表象，存在德、业一面中的某种特点，反映在人的思想中就是所谓的意表象。意表象和音表象通过心理作用联结在一起，所以音表象可以成为表实之名。正因为音表象是通过意表象起作用的，所以音表象和事物表象之间没有必然的关系。“盖语言者，对于实在事物之表象，假声音之表象以模仿其德业一面中之一面，借以表我对于此事物全体之思想耳。然而二面中模仿何者，全出于模仿者之自由。”可见胡以鲁在语词符号与事物的关系问题上，不是简单的“意义二元”者。

胡以鲁《国语学草创》是我国第一部语言学理论著作，意味着中国语言学研究开始全面走上科学的道路，标志着中国语法思想开始系统建立，这是继《马氏文通》出版后在中国语法思想史上又一件具有重要意义的大事。

第四节　传统语法思想的产生

传统语法是在亚里士多德逻辑学和拉丁语法的基础上自18世纪在欧洲发展起来的较古老的学校教学语法，其代表人物有K. F. Becker、F. Blatz、J. Ch. A. Heyse等。传统语法似乎没有严格的定义。人们使用这个名称，一般是指在研究古希腊语和拉丁语的基础上所形成并沿袭使用的语法术语、概念、规则和理论。按照这一体系，研究词的构成方式和屈折方式的是形态学，也叫词法；研究如何把词组成短语或句子的是造句学，也叫句法。形态学和造句学合起来就是语法学，也叫语法。这种语法已经在很长的一个历史时期内在西方国家形成了一种传统，所以习惯称之为传统语法。传统语法以早期的希腊、拉丁文法为基础，它注重语言的正误、文学精粹、使用拉丁模式，以及优先发展书面语言。它偏重于语法形式、结构和体系描写，是一种从形式到意义的语法。传统语法对语法的描写总是从词法到句法，从词法的名词、形容词、代词等到语气词、感叹词，从句法的词组、简单句到复杂句。张斌说："什么是传统语法？我们可以用一个简单的公式来说明：形态——范畴——系统。以形态为依据，归纳出语言材料的类别（词法范畴）和句子成分的类别（句法范畴），然后说明词类和句子成分之间的关系，这就构成语法系统。"（《汉语语法学》，上海教育出版社，2003，P37）

一、传统语法的特点

传统语法的特点之一是把语法分为形态学（词法）和造句法（句法）两大部分，同时注重词与句法成分的对应关系。传统语法的另一特点是以规则为纲，讲述各类词的变化及各类句子的解剖，不深究句子的真正含义，很少讲怎样把适当的词组成结构和句子。根据其他语言学家的说法，传统语法是书写语言的语法，它的最早源头是古希腊语法，是一种口头话语语法，其句法结构限制在话语修辞上，用来解释如何使话语交际有效。但是亚里士多德把语法的修辞转到了逻辑。从那时起，语法成为书面的语法。由于18世纪以及18世纪前英语语法基本上全盘套用拉丁语法，它们不但用传统拉丁语法探讨英语语法问题，而且完全在拉丁语条目的基础上制定英语语法条目，其目的在于规定人们去使用“正确”的英语，即用拉丁语来规范英语，因为19世纪以前的拉丁语被看成是欧洲语言的典范。但这种语法只是以过去的语言现象为依据，只是书面语，无法反映人们日常交际中所使用的丰富多彩的口头语言。所以，这种语法严重脱离了实际，许多语言学家对这种语法多有指摘：它没有说明语言中与它有关的许多基本规律；它以逻辑判断是非、不调查研究真正的语言习惯，未考虑语言的实际表现形式；它以过去的大作家的书面语为准，未考虑大多数人的口语；它以希腊、拉丁语法为蓝本，未考虑活生生的、不断变化的英语语法；它以讲词类、拼法、词形曲折为主，忽视了词汇、句法和句子的结构形式；它以分析句子为主，忽视了用词、短语构成句子的方法；它对语音、语调在句法中的作用未给予重视；它对定义和解释没有一贯的原则。长期以来，人们学语言都离不开传统语法。传统语法是帮助人们理解文章、学习外语、更好地掌握本民族语的方法，它是人们为学习、掌握某种语言而需要的语法，是实用性的语法。传统语法偏重于语法的静态研究，它把建立或描写一种语言的语法静态抽象体系当做语法研究的根本目的。

二、中国传统语法的产生

中国语法学的发展是非常缓慢的，直至清末的《马氏文通》问世，才建立了独立的汉语语法体系，西方的传统语法就成了中国的语法传统，它流传至今，贯穿汉语语法研究的整个过程。最早影响汉语语法学的，是西方的传统语法学。在中国，运用传统语法系统地分析汉语是从《马氏文通》开始的。《马氏文通》虽以传统语法为渊源，但与传统语法的分析标准和分析程序并不完全相同，因为传统语法的分析标准是以形态为主、功能为辅的，而汉语基本上没有形态变化，所以在汉语语法分析中就只能依靠意义和功能了。传统语法引入中国以后，语法学家结合汉语的特点不断对其加以改进和完善。

《马氏文通》全面地论述了古汉语语法，第一次确立了汉语的词类系统，书中首先将汉语的词分为实字和虚字两类，根据意义的不同，又将实字和虚字分为不同的类别。作者马建忠看到了汉语词类没有形态的这一最大特点，也看到了“华文所独”的助词、“以济中国文字无变之穷”的介词等。在句法中，马氏将句子成分分为起词、语词、止词、表词、司词、加词和转词，分析组成句子的三种结构单位顿、读、句，将复句分为四个类别。为了说明词组的关系，设立“次”的概念。马氏论句读，先从分析句和读的成分开始，对起词、语词、止词、转词等各作讨论，再进而论顿、读、句，分析了各类的读和句式。在句法结构上，他看到语序在汉语语法结构中的重要特点以及其他许多结构上的特点。他首先提出汉语的静字（形容词）可以直接充当语词（谓语）的句型，不同于西文。他分析了汉语的存在句、记变句和议事论道句这三种特殊的无主句型。他发现古汉语疑问代词作宾语时，其词序不同于一般，即宾语提于动词之前。他发现汉语主谓词组作谓语（即主谓谓语）的现象。

因此，马氏的语法观多受西方传统语法的影响。马建忠将汉语的词分为不同的类别，认为字有定类，但他又说“字无定义，故无定类”，这一论述又表明了字无定类，这显然自相矛盾。为了解决这一矛盾，马氏又用了“词类通假”的办法，实际上是“依义定类”“随类定类”。但是，这里的两个“义”并不相同。“依义定类”的“义”是词汇意义，“随义定类”的“义”是结构意义。根据字的词汇意义并不一定能推断它的结构意义，根据字的结构意义也不一定能推断它的词汇意义。因此，这一办法也没有解决词类与句子成分的矛盾。马氏的“词类通假”说，是在模仿西方语法遇到困难时采用的一种变通的办法，他囿于西洋传统语法（拉丁语法）的束缚。印欧语词有形态变化，根据不同形态可以判别不同的词类。汉语词类缺乏形态变化，马氏就根据字在句中充当的成分所表达的意义来确定类别的。马建忠的“位次说”，也是模仿西洋传统语法（拉丁语法）的产物。“凡名代诸字在句读中所序之位曰‘次’”，就是相互关系的名词诸字在词组或句子中所处的不同地位，叫做“次”。马氏立了主次、宾次、正次、偏次、前次、同次6个次。《马氏文通》的“次”来源于西文的“格”，拉丁语法有6个格：主格、宾格、所有格、给与格、呼格、夺格（表示被动、住所等）。拉丁名词有格变，但是《文通》的“次”在性质上不同于拉丁语法的“格”。《文通》的“次”的定义，只是说它表示名代诸词与其他词的相互关系。由于汉语的特点，在表示这种关系时不依靠词形变化，《文通》就是注意到名代诸词在句读中所序之位才立“次”的。主次至少包括印欧的主格、呼格，宾次比宾格范围更大，印欧语的给与格、夺格都属于宾次。总之，《文通》讲的“次”，是指实词相涉之义，也就是名词与动词、名词与名词、名词与其他实词之间的关系。创造这种关系是依靠句法手段表示的，与词形变化的格变不是一回事。马氏对“次”所下的定义，是他的，但在具体解说“次”时，却始终受拉丁语法的束缚。论“次”就超过了名代字的范围，因此弄得矛盾百出。

《马氏文通》是在模仿西方传统语法基础上建立起来的中国第一部系统的古汉语语法著作。它标志着中国传统语法思想的正式诞生。它第一次确立了汉语的词类系统，提出了词类划分的标准，确立了汉语的词类。它论述了汉语的句法系统并注重与句法成分的对应关系。在《马氏文通》语法体系中，完全体现了拉丁语法所表现出来的传统语法思想。在《马氏文通·序》中更体现了这种传统语法思想：“天下事之可学者各自不同，而其承用之名，亦各有主义而不能相混。……若非预为诠解，标其立义之所在而为之界说，阅者必洮洋而不知其所谓，故以正名冠焉。次论实字。凡字有义理可解者，皆曰实字，即其字所有之义而类之，或主之，或宾之，或先焉，或后焉，皆随其义以定其句中之位，而措之乃各得其当。次论虚字。凡字无义理可解而惟用以助辞气之不足者曰虚字。……字类既判，而联字分疆庶有定准，故以论句读终焉。”这说明马氏遵循传统语法的范式，先定规则，然后讲词法，然后讲句法。在《后序》中，马建忠直接说出自己的语法体系是来自希腊、拉丁语法即传统语法的：“则常探讨画革旁行诸国语言之源流，若希腊、若拉丁之文词而属比之，见其字别种而句司字，所以声其心而形其意者，皆有一定不易之律；而因以律吾经籍子史诸书，其大纲盖无不同。于是因所同以同夫所不同者。是则此编之所以成也。”他又说：“斯书也，因西文已有之规矩，于经籍中求其所同所不同者，曲证繁引以确知华文义例之所在。”（《马氏文通·后序》）

来裕恂的《汉文典》（商务印书馆，1902）、章士钊《中等国文典》（商务印书馆，1907）、刘金弟《文法会通》（1908）、胡以鲁《国语学草创》（商务印书馆，1913）、庄庆祥《共和国教科书文法要略》（1916）、吴明浩《中学文法要略》（1917）、俞明谦《国文典讲义》（商务印书馆，

1918）等书都是以《马氏文通》为范本，以规则为纲，讲述各类词的变化及各类句子的解剖，偏重于语法的静态研究，重视书面语，而忽视口语，所以仍然是传统语法思想的体现，与《马氏文通》所体现的传统语法思想是一脉相承的。

第三章　现代（1920—1949 年）：语法思想的发展期

第一节　胡适语法观

一、生　平

胡适（1891. 12. 17—1962. 2. 24），原名嗣穈，学名洪骍，字适之，安徽绩溪人，为白话文和五四文化的倡导者。胡适一生在哲学、文学、史学、古典文学考证诸方面都有成就，在语言文字方面也作过不少研究，有《胡适学术文集》（中华书局，1993）等。

二、代词观

在为创建文法学所作的具体努力之中，胡适的论文姊妹篇——《尔汝篇》（1917 年）与《吾我篇》（1917 年）是有着基础意义的代表性成果。这两篇文章指出，在古人笔下，“尔”与“汝”两字，“吾”与“我”两字，用法大有区别，学者不可不辨。《尔汝篇》讨论了“尔”“汝”两字的不同用法，总结出通则五条，并以否定语意表示，概括成为三点：第一，凡用“汝”之时，“汝”字所指，定是一人，决非众数。第二，称一人虽可用“尔”，而一人以上，决不用“汝”。第三，凡“尔”作“你的”“你们的”解时，决不可用“汝”代之。《吾我篇》讨论了“吾”“我”用法的不同，并且根据研究结果，概括出八条通则：第一，“吾”字用于主次。第二，“吾”字用于偏次，犹今言“我的”“我们的”，位于名词之前，以示其所属，单数为常，复数为变。第三，“吾”字用于偏次，位于代词“所”字之前。第四，“吾”字不可用于宾次。第五，“我”字用于宾次，为外动词之止词。第六，“我”字用于宾次，为介词之司词。第七，“我”字用于偏次之时，其所指者，复数为常，单数为变。第八，“我”字有时亦用于主次，以示故为区别或故为郑重之辞。胡适在这样的研究中，自觉地参照了西方语法学的规则，有效地解决了中国古籍中的不少具体问题，为后来中国语法学的创立作了成功的尝试，提供了宝贵的经验。

三、国语文法观

《国语文法概论》(1921 年) 是现代汉语语法学的一部较早、较系统的论著。整部论著分为三篇。第一篇“国语与国语文法”，论述了国语必备的两种资格以及北方方言所具备的实际条件，勾勒了中国语法学的发展轨迹，并探讨了中国语法学何以姗姗来迟而未能早早建立的原因。第二篇“国语的进化”，分析了古文变化为白话文的一些重要的语言语法现象，强调以语言应用能力的强化作为语言进化的标准，充分肯定古文变化为白话文是中国语文的进步，批判了误认白话文为古文退化的各种见解，扫除了现代语言学建设中的思想障碍。胡适以杜威的实用主义观点说明国语进化、文言退化的理由，驳斥“文字有进化，而语言转见退化”的观点，极力提倡国语。第三篇“文法的研究法”，着重强调了研究方法的重要性，提出三种“必不可少”的方法，即归纳的研究法、比较的研究法和历史的研究法，并且逐一举例演示了各种方法的具体步骤。如“历史研究法”就提出两条原则：1. 举例时应当注意每例发生的时代，每个时代的例排在一处；2. 先求每一个时代的通则，然后把各个时代的通则互相比较。从中国语法学的建设与发展来看，《国语文法概论》可以称作现代汉语语法学“草创时期”的一部奠基之作。尽管当时胡适未能实际着手现代语法的全面研究，更未整体推出现代汉语语法学的构建框架，但是毋庸置疑，他的工作业已为启动和推进全面的语法研究铺平了道路，为构建系统的中国现代语法学作了各种必要的准备。

四、“的”字观

胡适对“的”字用法极为重视，认为“的”字的文法变迁，“在文字史上乃是一种大事，其重要正如政治史上的朝代兴亡”(《三论“的”字》)。1919 年他连续发表三篇论文——《“的”字的用法》、《再论“的”字》和《三论“的”字》，引导了这一研究的深入。他的第一篇文章指出“的”字可代文言中的“者”字、“之”字、“所”字，并归纳出“的”字的九种用法。第二篇文章深入辨析其他人关于“的”字用法的讨论意见，进而主张在“的”字表示领属时可以改用“之”字，以便与表示修饰的情况相区别，为此又拟出“之”字用法三条细则。第三篇文章则集中阐述了他与陈独秀对于“的”字用法的相同意见和不同见解。除了这三篇论文，胡适还在演讲中多次论及“的”字的研究。胡适的研究及其见解，在当时是出类拔萃而主导潮流的，后来语法学的发展也足见其影响之深远。

第二节　陈承泽语法观

一、生　平

陈承泽（1885—1922），字慎侯，福建闽侯人。早年曾中乡举，后留学日本，学习法政、哲学。毕业归国后，曾任商务印书馆编译员和《民主报》等报编辑。他学识渊博，勤于探索，著述较多，《国文法草创》（商务印书馆，1982年，下引自该书的只注页码）是一部较好的语法著作，体现了他的主要语法观。

二、研究语法三原则

在研究法大纲中，陈承泽针对“近日通西文者，乃承袭外国文法，施诸汉文之研究”的不良风气，提出了研究中国文法应注意的三个原则：“其一，说明的，非创造的；其二，独立的，非模仿的；其三，实用的，非装饰的。”所谓“说明的，非创造的”，是说语法规律只能从语言现象中归纳出来，客观是什么样的就是什么样的，研究者“不能有所增减于其间”，也“不能强加以文法上之说明”。所谓“独立的非模仿的”是说汉语自身的特点，有自己的语法系统，研究汉语应从自身的特点下手，决不能模仿西方语法，否则会削足适履，扞格难通，比附不切，系统歧异，听任学者的任意解释。他指出：“自有《马氏文通》以来，研究国文法者，往往不能脱模仿之窠臼，今欲矫其弊，惟有从独立的研究下手耳。”吕叔湘在《重印〈国文法草创〉序》中解释，这三项原则实际就是：“第一：语法规律应该从语法现象归纳，不能凭语法学家的主观来制定；第二：一种语言有一种语言的语法，研究汉语的语法不可拿西方的语法来硬套；第三：理论必须联系实际。在这方面，陈氏特别指出几点：（一）不用语源的说明来代替语法的说明；（二）不把修辞上的特例当作语法上的通例；（三）不作无用的分类；（四）不以例外否定规律。”这些原则在今天看来仍有普遍的指导意义，陈承泽能在九十多年前就明确地提出来并加以阐述，不能不认为是他的远见卓识。

三、词类观

（一）字类系统问题。他认为《文通》以来的文法家仿效外文设9个字类“颇有冗赘与不足之处”，进而指出：1. 代字“似可无须独立为一类也，而作为名字中之一细类”（P167）。“代字本为名字之一种，外国文所以独立为一类而研究之者，以其有‘格’之变化，又有关系代字等，须加特别说明者耳。今吾国既无关系代字，而如‘格’之变化等形式上之特征，又为我国文之所无，似不如存其名目，而作为名字中之一细类，眉目较为清朗。代字在解剖国文时，虽亦重要，而在字论上，似可无须独立为一类也”（P16）。2. “助动字就性质上，与副字殆不能区别”（P16），不如一切径解为副字。他认为外国文中，助动字、副字形式上可分为两类，不至相混，而国文则无此形式之界。3. 动词中单列出一“关系自动字”，认为其在原则上与副语相伴者也（例如“子适卫”，“适”为关系自动字，“卫”为目的的副语）。（二）字类界划问题。陈氏所谓字类实际上是指词类。他提出划分的两条原则：1. 各字类在文位上不能辨别时，须另立一辨别标准；2. 各字类全体之总界，须足以吸收一切之字而无挂漏是也。（三）本用活用问题。认为“各字应归入之字类，必从其本用定之，而不从其活用定之”（P18）。陈氏认为“凡字一义只有一质而可有数用，从其本来之质而用之者，谓之本用”（同上），若明其本用，则活用自得类推。这种依其本用而非活用而定词类的方法，在审议上既格外分明，在记忆上尤能互相联络，在教学上也得扼要提示。他首先对词类活用进行了细致考察，反对马氏的“词无定类”和“词类通假”说，同时也承认词类和句子成分的对当关系。阐述活用种种情况：1. 排除“变义”“引申”“兼类”，这些都不是活用；2. 一个词用于“特定的文法”外，称为“活用”；3. 活用分为三种情况：（a）本用的活用（共九种），即文章上论字类之变异，于字性无所变动，如“白马之白也”的第二个“白”；（b）一般非本用的活用，也就是“不独文章论是那个字类生有变动，即于字性之说明上亦复生有变动者”，如“晚来天欲雪”的“雪”；（c）特别的非本用的活用（共四种），如“鸟不能白其羽”的“白”。陈承泽的“活用”论，对各类词的活用情况做了深入而又全面的研究，是很有独见的。他将词类系统中的活用现象跟兼类现象、变异现象加以区分，试图解决词类划分的许多复杂问题，不仅在中国语法学史上是空前的，而且直到今天还有启示作用。尤其是他在中国语法思想史上首次科学提出了“致动”与“意动”的概念。“他动字以外之字（属于体、相、用者）变为他动，而特含有‘致然’或‘以为然’之意者，含‘致然’之意时，谓之致动用，含‘以为然’之意时，谓之意动用。”（P73）并进一步指出：“致动主由动字转来，意动主由名字转来。象字之为致动、意动，在理论上盖属后起。然实际上象字之为致动，意动者最多。”（P73）这一创见具有重要意义。（四）引申顺序问题。主要讲一个字的本义和引申义用法的关系。陈承泽认为这些悬案如能解决，可以明确词的主要义与非主要义、主要用法与非主要用法的区别，可以明确词的各义与各活用的顺序和联系，可以得知词的通常用法与特别用法，等等。陈氏提出了新颖的见解。虽然他的“本用”与“活用”界限往往不易划清，有待进一步研究，认为代字应归入名字作为一小类、助动字就是副字的看法不一定正确，而且所定的类也是“义类”，但比起马建忠的“字无定类”说却是一巨大的进步。

四、句法结构观

对于字类系统，陈承泽不仅从意义上给字类下定义，并且还比较注重从字与字的结合关系上去说明该字类的语法功能。如“名字”，“此类之字，原则上除为‘主语’‘目的语’外，并得用为‘领语’或‘被领语’，又得以数象字修饰之”（P27），而“代名字之用法，与名字大略相同”，“其与名字异者，即不为被领语及罕受象字之修饰或限制耳”（P29）。又如“动字”，指出“此等之字，大多数得以表级度之限制副字副之”（P30）。再如“介字”，指出“介字在文章论中，须与其所系语合而成分子，非能独立而为句之分子。是以大部分之介字，常可略而不用，例如‘微雨自东来’，可略去‘自’字，而为‘微雨东来’，是也”（P48）。对汉语句法结构关系能有如此清晰明确的认识，确实大大超过了以前的语法学者取得的成就。

第三节　金兆梓语法观

一、生　平

金兆梓（1889—1975），字子敦，号芚盦，浙江省金华县人。1922年到上海，入中华书局编辑所任文史编辑。1929年，任教科图书部主任、编辑所副所长。1942年，任《新中华》杂志社社长、总编辑。1950年退休，迁居苏州，被选为苏州市人民代表、苏州市副市长。1958年回上海，被中华书局复聘为中华书局上海编辑所主任。同时被选为上海市政协委员，兼任上海市文史馆馆长。他在语法方面最重要的著作是《国文法之研究》（中华书局，1922年），体现了他的语法观。

二、文法的研究法

该书第二章“文法之研究法”中谈了历史的研究（即从语言的发展上去研究）、比较的研究（即结合古代方言材料和受外国语文影响的材料进行对比的研究）和普通的研究（属普通语言学范畴，研究文字现象之所以能成立的原理）三种主要的研究文法的方法。

三、语法与逻辑

该书第三章“名学的现象与文法的现象”，论述了逻辑同语法的关系，认为研究文法不能离开逻辑。他反对中国文法研究单纯模仿的习惯，反对语法研究中的翻译式，主张注重汉语语法的历史和习惯，应从中国语言文字的历史习惯中寻找出条理来，指出了汉语语法发展的趋势。他提出区分“体”和“相”两个重要的概念，很有特色。该书注重汉语语法的特点，有自己的独立研究主张，是中国革新派语法学早期代表性著作之一。

四、词句论

用紧缩句表达复句或近于复句的意义，在汉语里是常见的现象，可是语法著作中提到此现象的不多，金兆梓是较早注意到此现象的，他讲复句构造之种种：“复句有可以凝缩之法，如：‘子温而厉，威而不猛，恭而安。’原意实在是：‘子虽温却厉，虽威却不猛，虽恭却安。’明明是六子句的复句，给《论语》一凝炼，就变成三子句的复句了。”（该书，P75—76）

《国文法之研究》中之词品表：

- 词　品
  - 实　字
    - 体　词
      - 名　词：字之表体词及有体词之用者
      - 代名词：字之表标词而有代体词之用者
    - 相　词
      - 静　词：字之表定相词及有定相词之用者
      - 动　词：字之表动相词及有动相词之用者
    - 副　词
      - 副体词：字之表指点词之点明体词者
      - 副相词：字之表指点词之点明相词者
  - 虚　字
    - 提命虚字
    - 联系虚字
      - 系　词：联结主词与表词者
      - 联　词：为衡分式联系之用者
      - 介　词：为主从式联系之用者
    - 传吻虚字
    - 绝对虚字
  - 传感字

词品说表明了金兆梓的语法学思想。词品的分配，原是因词性的不同，文法家为便于说明起见，各就性质的同异，用归纳的方法，把他分配起来，以便说明的。文法概念是借用欧洲文字的。

1. 金兆梓认为，在中国文字的字形上，不能表词性的区别，而是靠位置来区别的。

2. 对于虚词字的分别。

（1）以名词为实字，而名词以外的是虚字，此为旧说。

（2）以为“字有事理可解者曰实字，无解而惟助实字之状态者曰虚字”。此系《马氏文通》对虚实字的界说。

（3）张守白的《国文法词性篇》认为虚实不必分别，这就忽视了虚实字的分别。

（4）杨树达《〈马氏文通〉刊误》主张三分为实字、半实半虚字、虚字词。金兆梓认为按此说以连字、介字为有解，而又与名、代、动、静、状不同，故别为半实半虚字，未免枝节，且仍以有解无解为区别，似不甚确当。因为词性的分别，不可拿有解无解来说，有解的字如“红绿”等静词，除开拿实物颜色来看，就别无可解，若解为一种颜色，那还和没有解一样；以所谓无解的字论，如“矣”字亦未尝不可拿“已”字来解，如“吾闻其语矣”即可作“吾已闻其语”解。

（5）金兆梓认为凡是表意义的最后独立单位的字，是实字；非表意义的最后独立单位，而且但用以提挈、联系，或收科意义的最后独立单位的是虚字。所以实字用与不用，与我们表达意思很有关系。构成意思要素的体词、相词固不必说，就是副词的用不用，与发表意思也是大有影响。

3. 将列入动词的是、为、系、即等字，另外提出别为联系虚字的系词。

4. 将普通列入静词的字如夫、此、是、兹、斯、凡等字别为副体词，因为此等字与静词根本上词性不同。这里便于副体词中又别析出一种提命虚字，因为副体词的标词和提命虚字，骤看去虽很相似而字形又毫无两样，但前者冠于名词之上，能令名词的性质有多少的变更，后者则用与不用，于意义上无大差别，如《史记·伯夷列传》“夫学者载籍极博”的“夫”字可用可不用。

5. 介词联词，和向来讲文法的所谓介词联词不同。他认为向来所谓介词是单表字与字的主从关系的，联词是表句与句联接的关系包括主从衡分的，而且又包括字与字衡分关系的。这里所列为介词，不论介字或介句，只要是表主从的关系，都叫他介词。如《孟子》“杀人以梃与刃”的“以”字是介词。联句的如“泉甘而土肥”，联字的如“美而艳”的“而”都是联词。金认为介词联词是主从连合与衡分连合的分别，不是字与句的分别，因为在复句中的子句，其作用不过等于简句中一个单字。

6. 提出传感字不加入文法的观点。

第四节　黎锦熙的语法思想

一、生　平

黎锦熙（1890. 2. 2—1978. 3. 27），字邵西，湖南省湘潭县人。自幼从塾师读经，1905 年考中清朝秀才。1911 年毕业于湖南优级师范史地部，此后长期在北京师范大学从事语文教学和研究工作，在语法学方面，著述颇丰，除《新著国语文法》（商务印书馆，1924）外，还有《比较文法》（北平著者书店，1933）、《中国语法与词类》（北师大出版社，1950）、《中国语法教程》（与刘世儒合作，天津大众书店，1952）、《汉语语法十八课》（与刘世儒合作，商务印书馆，1958）、《联合词组与联合复句》（与刘世儒合作，新知识出版社，1958）、《〈实践论〉语法图解》（江苏人民出版社，1958）、《汉语语法教材》（与刘世儒合作，商务印书馆，1957—1962，3 卷）等。他的语法思想体现在上述语法论著中，主要有：

二、句本位的语法观

“句本位”的语法观要点是什么呢？黎锦熙在《论“盖”“而”及文法的研究法》一文中曾经说：“先察句，定其位，次诠句，得其神。此之谓‘句本位’的文法。”（《国语周刊》217 期）后来他又明确地指出：“《新著国语文法》所谓‘句本位’，实际上是一种学科体系上的教学法名称——就是说，讲词类要在句子中讲，这词类才能获得生命，才不是‘静止’的标本，才不是‘解剖’下来的尸骨头。”（黎锦熙：《语法再研究——词类区分和名词问题》一文注解，载《中国语文》1960 年第 1 期）。

黎锦熙讲句本位，是针对西洋的词本位说的。这在《新著国语文法·引论》中有很精到的论述：“于是摹仿从前西文 grammar 的‘词类本位’的文法组织，非打破不可了；仅就九品词类，分别汇集一些法式和例证，弄成九个各不相关的单位，是文法书最不自然的组织，是研究文法最不自然的进程。……句子由最简单的到极繁复的形式，仿佛像一种有机物底生长；文学上段落篇章底研究，也不外乎引导学者去发现怎样并为什么把许多句子结合成群；各群之间，又是怎样的关系；因而发现对于模范的读物，要怎样效法才算最有价值：这也是研究上很自然的趋势。所以，句本位的文法，退而分析，便是词类底细目，进而综合，便成段落篇章底大观。”（P3）

黎锦熙主张句本位的语法观，在我国语法思想上是一大进步。我国古代研究语言，一向不重视句法，《马氏文通》虽然第一次开始了句法的研究，但还没有给予应有的重视，直到黎锦熙才第一次把句法提到主要的地位。这对于缺乏形态的汉语来说，是相当重要的。

句本位的语法观，主要包含如下几个方面：

1. “依句辨品，离句无品”的词法观

黎锦熙首先区分了“字”与“词”。他说：“字就是一个一个的单字。词就是说话的时候表示思想中一个观念的语词。有时一个字就是一个词，如‘人’‘马’‘红’‘来’等。有时要两个字以上组合起来才成功一个词。如‘鹦鹉’‘老头子’‘便宜’‘吩咐’等。文法中分别词类，是把词作单位，不问它是一个字或是几个字。”（《新著国语文法》，商务印书馆1956，P2—3；后引自该书的，只注页码）黎锦熙对词类的划分是以意义为标准的。“就语词在语言的组织上所表示的各种观念，分为若干种类，叫做‘词类’。”（P5）“词类是分别观念自身在言语中的品类和性质。”（P5）

黎氏将词分为名词、代名词、动词（同动词）、形容词、副词、介词、连词、助词、叹词九类。黎锦熙认为按词的意义分出来的九种类别是随他们在句中的位置职务而变更，没有严格的分界。这是“句本位”的分析，要拿句法来控制词类，所谓“凡词，依句辨品，离句无品”。（P29）“依句辨品”是“句本位”语法在划定词类上的基本理论。句本位强调句子是语法的基础，是语法的纲，词类是依附于句子的目，抓住句子，词类问题就能解决。既然按意义把孤立的词分了类，又依句辨品，就不承认词的分类了，原来分的词类就不作数了，违反了传统的语法。“依句辨品”的结果必然是“离句无品”，这就等于取消了词类。汉语的实词在有条件或无条件下都能充当各种句子成分，“依句辨品”又要依据在句子中的成分来辨定词类，一个词充当主语，是名词，到别句充当形附（定语），就转成了形容词，这就是“依句辨品”的第一步——转类；一个实词几乎六大成分都能充当，也就是忽而转成这个类忽而又转为那个类，因而“依句辨品”的第二步——无定类；一个词究竟是哪一类，只有到具体的句子才能确定，结果必然是“离句无品”，因而“依句辨品”的第三步——无类。

2. 确立短语这一语言单位

黎锦熙确立了短语这一级语言单位。他说：“两个以上的词组合起来，还没有成句的，叫做‘短语’，简称‘语’，旧时叫‘顿’或

‘读’。”（P4）在第一章“注5”中说：“短语也有很长的；因为‘语’是言语的通名，所以把这不成句的‘词的组合’叫‘短语’……相当于英文的 phrase。”（P4—5）他在第五章“注8”说：“凡是两个以上词类不同的词之组合，而不成句的，都可以称‘语’（即‘短语’的简称）。”他按短语在句中的作用分为名词短语、形容短语、副词短语三种。他也是根据“依句辨品”的观点来确定短语的词性，而不是从短语的内部结构来确定词性。“短语用作名词的，就叫做‘名词的短语’，简称‘名词语’。”（P79）如“种花是一件很快乐的事”，“种花”因为是作主语，所以就用作名词，是名词短语。

3. 中心词分析法

《新著国语文法》的析句方法是句子成分分析法即中心词分析法，它分析句子就是分析句子成分，要求一举找出全句的中心词，让其他成分分别依附于它们，将句子分为主要成分、连带成分、附加成分三种。主要成分有主语和述语，连带成分有宾语和补足语，附加成分有形容性附加语和副词性附加语。他分析句子也是凭意义，依施事、受事来确定主语、宾语。

黎锦熙把组成句子的六种成分作为“句本位”语法出发的重点，在汉语语法思想史上产生了相当深远的影响。这种析句法能分清句子的主干和枝叶，对确定句型、修改病句都有一定帮助。

4. 句本位的工具——图解法

黎锦熙认为“这‘图解辨别词品’的方法，是本书所独创的”，“图解法底用处，在于使学者直接地敏活地一眼看清复句中各分句底功用、分句中各短语底功用、短语中各词类底功用。画图析句，或主或从，关系明确；何位何职，功用了然”。（《引论》P4）图解法的目的，作者也说得很清楚：“是要使学者（1）从句子底‘文学的’次序上，透进一层，看出‘逻辑的’次序来；（2）因此便可了解‘文学的’次序真正是个什么；（3）并且明白：只要逻辑的关系保持得清楚，任凭文学的方面（即语言底习惯上）怎样移动变更，不能强加限制。”（《引论》P4）

图解法对语法分析的作用有三：

第一，能形象地反映语言的结构关系和主次成分的层次关系。汉语不同于屈折语，它非常重视语序。图解可以形象化地呈现其组织规律，反映语言的句法结构，表明成分的层次。图解的长横线，上方是骨干成分，下方是附加成分，主次分明（附加成分往往比中心词复杂，语义上有时比骨干成分还重要，但在语法形式上仍是附加成分），紧接双竖线的主语和述语是第一层，述语的连带成分是第二层，附加成分是第三层。

第二，能反映语言的逻辑本质。各种类型的变式句、省略句、被动句等，在图解上都有所表示，图解能帮助人们透过语言的言语次序看清语言的逻辑次序。

第三，各个词类在图解上都有所表示，各类词在各个成分上也都有各自的图象，词如何构成，如何变化，如何运用，都可以具体地、系统地在图解上一口气了解清楚，并且词类和句法成分基本上是对应的，表现在图解的一定位置，因而通过图解，可以看出句法成分和词类的关联性和一致性。

图解法可以帮助人们理解汉语特点，理解句子含义，对于直观教学和精密科研都有好处。只是《文法》中的图解式样符号线条纷繁，手续也多，不易掌握，后来黎先生又设计了一种“读书标记法”（加线法，1950），用固定的成分符号直接在句子各成分下面标出，经他的学生张拱贵、廖序东略作改造，被广泛运用至今。

图解法以词为中心图解辨别词品，对语法教学还是有好处的。黎锦熙说：“图解法，在英文为 Diagram，乃是西洋文法界近来很通行，很切实用的新法子。但这‘就图解辨别词品’的方法，却是本书所特创的，因为国语本有这个‘凡词，依靠结构，显示品类’的品质。”（P29）图解法对附加成分不再细分，不会弄得定定定、状状状之类，还是有好处的。但也有层次不清、主语述语概念不清、因讲求逻辑的层次而破坏了语序等问题。吕冀平对图解法的优缺点，曾评论说：“但是他设计的图解规则太繁复，而且有时同样的画法表示不同的关系，所以很难掌握。就我们的教学经验来看，如果把图解的手续简化，那末这套方法在进行句法分析，特别是长句分析时，最为有用。它清晰、醒目，犹如工业上的制图，在讨论句子结构时，双方只要把自己的理解用图解表示出来，就可以省去许多语言。如果要对很长的句子进行分析，那末这种图解法几乎成为唯一能够使用的手段，其他各种图示都不免黯然失色。……当然，图解法也有很大的缺点，那就是费时费力，一不慎画错了一个地方，往往又得重头再来。因此人们也不愿意经常使用它。但是如图所示，它确实能够把结构分析得细致入微，而且异常醒目，尽管有这样的缺点，比

较起来它还是句法教学里最值得使用的方法。”（《句法分析和句法教学》，《中国语文》1982 年第 1 期，P14—15）

三、位和散动

黎锦熙的“位”和“散动”也是他语法思想的重要内容。

现在先谈谈“位”。

“位”是“名词或代名词在句中的位置”。（P30）“位”是由西欧的“格”演化来的。“名代的位置，英文法叫做 case，可单称‘位’，或译为‘格’”（P30），但《新著国语文法》的“位”又不同于西欧的“格”，“在形态学方面，当时认为印欧语系的‘格变’基本上也就是从语言的结构成分出发的，我们汉语依靠结构成分来谈‘位’，其重要性简直可以比照他们形态学上的‘格’；但我们汉语在词形上实在缺少了这个‘格变’（现在才挖掘了一些，不够全面，不为定论），所以‘位’又不可以等同于他们的‘格’”（《比较文法》，科学出版社 1958 年，《校订重版后记》）。“本书专为解剖句法成分的方便而言位，与西文用处不同。”（P31）黎锦熙的“位”与马建忠的“次”也不同。“次”可以离开句子讲，“位”却不能离开句子来讲。因为“位”是和句子的成分联系在一起讲的。离开了句子，也无所谓什么句子，也谈不上位了，而“次”是名代诸字（这里字是词——引者注）在句读中所序之位，所以可以离开句子。

黎锦熙将实体词分为 7 个位：主位、呼位、宾位、副位、补位、领位、同位。主位：名词在主位的，就是一个句子的主语。呼位：呼位在句子的形式上，是离开句子而独立的；但是在说话的意义上，实在是叫他作这句话的真正主语。宾位：名词在宾位的，就是这句中述说词所带的宾语，其述说词必为外动。副位：凡名代用在介词之后的，除特别介词“的”字和以上所述“把”“连”等介词的特别用法以外，通常叫做在副位。在副位的名词，就是用作述语或非述语的动词的附加语的。补位：凡用作一切内动词与不完全内动词之补语的实体词，都叫做在补位。领位：凡实体词用作形容附加语的，都叫做领位。同位：两个或更多的名词同在一个位置，而又同指一事物的，叫做同位。黎氏还设有变式的主位、宾位、副位等。所谓变式，就是主位、宾位、副位的位置的倒装。

为什么要定“位”这个名目？黎锦熙以意义为标准，把孤立的词分一下类，然后又依句辨品，看词在句中的位置来定什么词。他把句子成分和词类的关系固定下来，如做主语的是名词、代名词，做述语的是动词，做形附的是形容词，做副附的是副词。而词和词类的关系都是变动的。这种词类通假，使词类定了后，句中又变成了其他词类。词类变化太多，词类与句子的联系就谈不上，为了使词类固定，黎氏就采用了“位”。

关于“位”，何容说：“实体词在句中的用法最多，六种成分之中倒有五种可以用实体词”，“实体词和别类词组合而成为词组（成句或不成句），它的地位最高，形容词常附加于实体词，动词则常接结于实体词，副词又常附加于动词或实体词”（《中国文法论》，开明书店 1949 年，P82—83）。所以黎锦熙在实体词中设位，将实体词的词性固定，不让它常常发生变化，那么其他词也可以不发生变化，这样，词类和句子成分的对应关系就可以固定，就便于解剖句法成分了。

前面说黎先生在汉语语法学中首创了“位”的学说，意在以“位”来究句法的殊异，各种职位的实体词，无论其位置如何变易，总可以从句意中看出它的职位。究“位”之在语法分析中的作用，它其实是分析语句的一套辅助术语，7 个位中有 5 个可以换成“语”的概念，主位就是主语，宾位就是宾语。“位”实质是在理论上多设了一个可以有但不是必须有的层次，所以何容建议说：“要是因为单有‘语’这套名目，不能说明‘在同位’和‘在呼位’两种为实体词所特有的用法，那也可以多添两种‘语’名，譬如叫‘叠语’和‘呼语’，——这种‘呼语’虽不在句的组织之内，也未尝不可仿照英文法里所谓 independent elements，叫独立的成分。”（同上）后来的语法书中“位”的内容果然消解到“语”中去了，替“呼位”立了一个“独立语”，替“同位”分别立了“同位语”、“外位成分”或“复指成分”。

现在再谈“散动”。

理解了实体词的 7 个位，对于“散动”也好理解了。如果说“位”使实体词的词类不乱变化，那么“散动”就是动词的词类固定，也不使它们乱变化了。

黎锦熙说：“凡句子，语意只是叙述一件事的，不怕动词多，实际上只能有一个是述语（主要动词），其余的都是不作述语的动词，就叫做

‘动词的散动式’，简称‘散动词’。”（P77）如“坐、立都不是”，“坐”“立”做主语，可以看成是名词，但也不让动词变词性，把“坐”“立”就看成是“散动”。因此，“散动”不但解决了动词不变的问题，而且也解决了哪个动词是主要动词的问题。

四、提倡用比较的方法研究语法

黎锦熙1933年将1930年出版的《文法会通》修订改为《比较文法》出版。这本著作突出地表现了黎锦熙的比较语法思想。

黎锦熙说：“拿‘实体词的七位’做个体系来支配《马氏文通》，审查它的例句，批判它的说法，同时比较现代汉语，比较部分的英语语法。”（《比较文法》，科学出版社1958年，《校订重版后记》）“所谓比较，重在异而不在同：同则因袭之，用不着一一比较；惟其异，才用得着比较，或大同而小异，或小同而大异，或同中有异，或异中有同。偶忆王船山《俟解》中有句话：‘不述其所同，而亦不失其所以异。’可借用为比较文法研究的原则。”（同上）

作者把汉语的实体词的用法归纳为“七位”，“词位”上讲明句法的基本结构，从句中的“词位”的次序移动讲明句子和词组的变式结构。主要是把古汉语和现代汉语作比较，也兼及外国语，如英语、日语。《比较文法》开创了比较语法研究的先例，对古汉语、外语和现代汉语在词位和句式的异同上做了比较精确的论述，对于学习汉语，是很有启发的。作者说：“教学上还是要用比较方法的，唯有比较才是方便善巧的教学方法。何况汉藏语本系的比较研究，也就得先完成一部‘比较文法’！”（《比较文法·原序》）

比如黎氏在论述变式的宾位时，将古今汉语做了极好的比较。“先宾后动，中国‘来’字及其他；此惟偶见古籍身。例如：不含昔者，‘伊’‘余’来塈。”“其他如‘厥’‘实’‘斯’‘焉’‘于’‘於’‘云’古皆可以间倒宾，而今皆废。”（《比较文法》，P31—32）“宾系‘复称代词’——‘自’‘相’习惯上必倒置动前，此古今语文之所同也。”（同上，P34）如：“他为什么‘自’杀？公则‘自’伤，鬼恶能伤公？”“宾系一般‘代词’，而为‘否定’句者，古文中直以倒置动前为常；今语则否。”（同上，P36）黎氏将古今汉语的词位、句式作这样细致而精确的比较，对于读者掌握汉语语法，是极有好处的。

五、其　他

1. 研究语法的方法

黎锦熙认为“中国语法教育主要针对现实需要，简明、有用”。(1951 年版《今序》）他作归纳研究时，“常守着一个规则：‘例不十，不立法’……于是又默守着一个编辑的体例：法必成序，而例不求多”。

2. 把量词单独列为一种词类

量词体现了汉语的特点，将量词单列，可以把词法研究得更深入，开拓汉语词类研究的新层面，是很有意义的。

3. 首倡词类的次范畴特征

黎氏将动词从内容意义上进行再分类，并将其同句法的组织联系起来。如把动词分为四大类：(1）外动词，动作影响，外及他物。(2）内动词，动作表现，内正自身。(3）同动词，没有动态，只有动性。(4）助动词，帮助动词，占其一部，用法上又分为：①被动式，反宾为主，动是被性（限于外动词)。②散动式，不作述语，动是散动（各动词都有)。对于动词，黎氏认为从内容的意义上可再区分为八种；这个区分和句法的组织很有关系：①处分事物，如“取”“种”……②经验方法，如“看”“叫”……以上两种，只带宾语；有了宾语，句子的意思便完全了。③交接物品，如“送”“寄”……这种外动词，常带双宾语。④交涉人事，如“使”“令”……这种对于所带的宾语，常再带补足语。⑤认定名义，如“认”“称”……这种又名不完全的外动词，常再带补足语。⑥变更事物，如“改”“化”……这种虽非不完全的外动词，常带补足语。⑦情意作用，如“爱”“恶”……这种对于宾语，有时也再带补足语。⑧表示关系，如“有”“没有”……这种性质已是同动词，所带的宾语，实在没有什么动作的涉及。

六、语法思想来源

黎氏的语法思想受到西方纳氏文法的很深影响。纳氏文法将英语词类区分为 8 大类，黎氏将汉语的词分为 9 类，英语 8 大词类多一个助词。纳氏文法将代名词分为 4 种，黎锦熙也分为 4 种：人物代名词、指示代名词、疑问代名词、联接代名词。黎氏的“位”也来自纳氏的“位”。

图解法在英文为 Diagram，是当时西洋文法界很通行的一种教学工具，传入中国大约在1920年左右，黎锦熙曾宣称它的图解法是“采了A. Reed诸氏之说”。(《引论》P4）这种图解法的来源是Stephen W. clork的《实用语法》（1847)。Clork是在每个词的周围画个圈，然后把它们连起来。A. Reed和B. Kellogg在他们讲英语语法和作文的书（1877）里改为在每个词的下面画横线，在不同的句子成分之间画竖线或斜线。

七、语法思想的发展

黎锦熙在20世纪五六十年代与刘世儒合著了《汉语语法教材》等语法著作，其“句本位”的语法思想基本没有什么变化。他们说：“从造句讲到用词，拿句法来控制词类。”（《汉语语法教材》第一编，商务印书馆1957年，P6）“什么是位？就是实体词（名、代、名词化的动、形和语句）在句中的一定位置。位要结合主语宾语等句法成分来说的。”(同上，P455）对于词类的区分，还是五类九品，名目和《新著国语法文法》的一样（详见《汉语语法教材》第二编（一）词类)。

黎锦熙于20世纪20年代曾说：“凡词，依句辨品，离句无品。”50年代对此作了修正说：“依句辨品”是对的；但又说“离句无品”则是不正确的。并解释说：“所谓‘依句“辨”品’，只能说为依照句法来对词类更加明‘辨’，不能说‘依句“分”品’，所以饶上的这句‘离句无品’是非常不正确的。”（《黎锦熙选集》，东北师范大学出版社2001年，P233）对自己在语法思想中词的分类做了批判，纠正了自己认为的汉语离开句子没有词类的看法。

黎锦熙在《新著国语文法》1951年《今序》中，也对图解法作了批评与改正：“三十年间同学朋友们所用过这书的，往往又说大规模的图解练习，准备太费时，问题多；其实，问题大都在琐细的部分……因此，1950年把简捷的‘读书校记法（加线法)’提出来，代替完全的图解法，作为初步地和重点地练习语法基本规律的有效武器，想纠正过去一起首就流于琐细的缺点。”

黎锦熙对自己有些地方滥套西洋文法也有所认识：“《新著国语文法》的英文法面貌颇浓厚，颇狰狞。”（《今序》，1951）对“‘深山有老猿藏着’这句话中的‘有’字又怎样呢？只看末后两例，便可断定他应属于何种词类。他乃是‘领起主语’的一种‘冠词（Article）性的形容词’：恰相当于英文的A或some，any；而表示否定的‘没有’（或

‘无’)，就相当于英文中作形容词用的 no 了”（P51），这连他自己也承认是“滥套英文法的典型例子”（P51）。

第五节　吕叔湘的语法思想

一、生　平

吕叔湘（1904. 12. 24—1998. 4. 9）江苏丹阳县人。1926 年毕业于东南大学外国语文系，曾先后在丹阳县立中学、苏州中学、安徽省第五中学等校任教。1936 年赴英国留学，先后在牛津大学人类学系、伦敦大学图书馆学科深造。1938 年回国后先后任云南大学文史系副教授，华西协和大学中国文化研究所研究员，金陵大学中国文化研究所研究员兼中央大学中文系教授以及开明书店编辑等职。1950 年至 1952 年任清华大学中文系教授。1952 年起先后担任中国科学院语言研究所（1978 年起改属中国社会科学院）研究员、副所长、所长，并兼任《中国语文》杂志编委、主编以及文字改革委员会委员，曾任语文出版社第一任社长。1952 年至 1964 年任中国人民政治协商会议第二届和第三届全国委员会委员。1964 年、1975 年、1978 年连续当选为第三、四、五届全国人民代表大会代表，并任第五届全国人民代表大会常务委员会委员、法制委员会委员。曾被聘为美国语言学会荣誉会员、美国《中国语言学报》副主编、俄罗斯科学院外籍院士。

吕叔湘著有《中国文法要略》（商务印书馆，1942）、《文言虚词》（开明书店，1944）、《语法修辞讲话》（与朱德熙合著，开明书店，1952）、《语法学习》（中国青年出版社，1952）、《语法修辞正误练习》（与朱德熙合著，中国青年出版社，1953）、《汉语语法论文集》（科学出版社，1955）、《现代汉语语法讲话》（与丁声树合著，商务印书馆，1961）、《文言虚词例解》（与徐仲华合著，北京出版社，1965）、《汉语语法分析问题》（商务印书馆，1979）、《吕叔湘语文论集》（商务印书馆，1983）、《语文杂记》（上海教育出版社，1984）、《近代汉语指代词》（商务印书馆，1980）、《现代汉语八百词》（主编，商务印书馆，1980）、《语文近著》（上海教育出版社，1987）、《吕叔湘文集》（三、四）（商务印书馆，1992）、《未晚斋语文漫谈》（三联书店，1992）、《语文常谈》（三联书店，1998），译有赵元任的《汉语口语语法》（商务印书馆，1979）等。

二、注重实际，注重描写

吕叔湘语法思想方面的重要内容是注重实际。他注重从大量的语言材料出发来研究汉语语法，探索其特点和规律，不拘泥于现有的概念和定义。吕叔湘主张语法研究“要广泛地调查实际用例”（《汉语语法分析问题》，P7），注意描写方法，注意从大量语言材料中归纳规律，言之有据，论而可信。这就是要从语言的实际出发，而不是凭空地谈语法规律。

吕叔湘联系实际的语法思想又一表现是语法理论知识要用于实际。作者写作《语法修辞讲话》，就是“要用这个讲话来帮助写文章的人解决一些实际问题，哪些格式是正确的，哪些格式是不正确的”（《语法修辞讲话》序）。正因为这样，《讲话》重在实用，对于语法理论的阐述则简明扼要，而具体运用方面，则说明较具体。吕叔湘注意将抽象的语法知识用来指导大众的学习和写作。早在写《中国文法要略》时，就体现了这种注重实际的语法思想。作者在《中国文法要略》“重印题记”中说：“语法书可以有两种写法：或者从听和读的人的角度出发，以语法形式（结构，语序，虚词等）为纲，说明所表达的语法意义；或者从说和写的人的角度出发，以语法意义（各种范畴，各种关系）为纲，说明所赖以表达的语法形式。……我写《要略》的时候考虑到写法问题，最后决定分成词句论和表达论两部分。”这种写法是从读者出发，更能使读者将语法知识运用于语言实际的，词句论从形式到意义，表达论从意义到形式，都注重联系实际。

三、提倡用比较的方法研究语法

吕叔湘指出：“要明白一种语文的文法，只有应用比较的方法。拿文言词句和文言词句比较，拿白话词句和白话词句比较，这是一种比较。文言里一句话，白话里怎么说；白话里一句话，文言里怎么说，这又是一种比较。一句中国话，翻成英语怎么说；一句英语，中国话里如何表达，这又是一种比较，只有比较才能看出各种语文表现法的共同之点和特殊之点。假如能时时应用这个比较方法，不看文法书也不妨；假如不应用比较的方法，看了文法书也是徒然。谨以此语献于读者。”（《中国文法要略》，商务印书馆1982年版，上卷初版例言）他在该书1956年修订本序中又说：“本书把文言和白话放在一处讲，就下卷（原中、下两卷）而论，以范畴统摄表达形式，这样比较古今同异也还有一定的用处。”“书评还说……白话和文言并列，于两者句法歧异处都有较详的说明，认为这些都是本书的优点。这倒使我有点惭愧，我虽然的确是朝这个方向努力，可是并没有很好地做到。”吕叔湘的比较语法思想是值得我们重视的，通过比较的方法学习语法，写作语法专著要运用比较的方法，使读者易于学习。吕叔湘多次强调比较语法，他在该书六版《题记》（1953）中又说：“这部书讲中国语法，兼及古今，比勘同异，除黎锦熙先生的《比较文法》外，同类的书还不多见。”《中国文法要略》除着重进行文言白话对比外，还注意拿文言词句和文言词句比较，拿白话词句和白话词句的比较。如第十章“指称（有定）”第一节“三身指称”中，比较“吾”“我”“余”“予”四种文言第一人称的用法，第十三章“时间”第一节“询问时间”中就谈了白话里表达询问时间的“哪”“几”“多”的用法。此外《中国文法要略》也注意中文和外文语法的比较，比如第十三章“时间”，在谈“动相”时指出，中文对过去的事情和未来的事情都不感觉到有标明的必要，这是同西文不同的地方。

四、语句变换思想

吕叔湘在《中国文法要略》第六章《句子和词组的转换》中谈到了几种句子和词组的转换关系。一是表态句和形容性加语。

句子（表态句）		词组（形容性加语）
山高。	→	高山
水深。	→	深水
人来。	→	来的人
客去。	→	去的客
我前天在少城公园无意之中遇到一位北京来的朋友。	→	我前天在少城公园无意之中遇到的那位北京来的朋友

吕叔湘指出："高山""深水"这两个词组里的加语都是形容词，我们称之为"形容性加语"。这两个词组转换成"山高""水深"，这两个句子都是表态句。这就是表态句和形容性加语的转换。

二是有无句和领属性加语。

有无句		领属性加语
我有书。	→	我的书
这个剧本只有一幕。	→	独幕剧

吕叔湘指出："我有书"不必说"我有的书"，是因为"有"字实在和普通动词的性质不同，本质上是个关系词。这就是有无句和领属性加语的转换。

三是判断句和同一性加语。

吕叔湘指出，传记式判断句都有转换可能，如：

中国第一大水长江　　故东阳令史陈婴

大姐淑静　　南阳高士刘子骥

这种加语是一种头衔式的加语，"中国第一大水"就是"长江"，所以称为同一性加语。

这就是判断句和同一性加语的转换。

四是叙事句转换成词组。

我们先看有起词无止词的句子，就是动词为内动词的句子：

句　子		词　组
水流。	→	流着的水；流水
事情已成。	→	已成之事；成事
客健啖。	→	健啖客
将军百战死，壮士十年归。	→	百战而死之将军，十载归来之壮士

有起词兼有止词的句子：

句　子		词　组
人看人。	→	看人的人
力拔山兮气盖世。	→	拔山之力，盖世之气
乱石奔云，惊涛裂岸。	→	奔云乱石，裂岸惊涛
浪淘尽千古风流人物。	→	淘尽千古风流人物的大浪

如果拿止词做端语：

句　子		词　组
朱先生教英语。	→	朱先生教的英语
老牛拉车。	→	老牛拉的车
美人卷珠帘。	→	美人卷起的珠帘

如果拿句子的补词做词组的端语：

句　子		词　组
用话激他。	→	用来激他的话
拿纸糊窗。	→	拿来糊窗的纸
他把书插在书架上。	→	他插书的书架

《要略》认为："大概说来，相同的几个概念，可以配合成为句子，也可以配合成词组；所以一句现成的句子大概可以改换成一个词组，大多数的词组也可以改换成句子。"（该书，P69）《要略》专立第六章"句子和词组的转换"，从结构类型上和语义性质上讨论了句子和词组的种种转换关系，指出哪些句子可以转换成词组，哪些句子不能转换，说明转换的条件和规则或不能转换的理由，总结出"由表态句转成的词组，他的加语是形容性的"、"凡是指称词都不受修饰，即不能做词组的端语"、"只有止词没有起词的有无句，即所谓纯粹的'存现句'，是不能变成词组的"（P70）、"叙事句转成词组和句法变化最有关系，情形也比别种句子来得复杂……种种转换都是有限制的"（P73—75）、"表态句和叙事句改造成词组，常在加语和端语之间加用'的'或'之'字"（P76）、"句子化为词组还有一个方式……就是把谓语做端语，在主语和谓语之间加个'之'字就行……我们称这一类词组为'组合式词结'，当然也

不妨称之为‘结合性词组’”（P84）等规律。《要略》还讨论了词组代句、繁句变简句、简句变繁句等转换现象。

朱德熙指出：“这部书上卷‘词句论’里讨论到句子和词组之间的变换关系，其中有些观察是相当深入的。例如书中指出叙事句一般都能转化为名词性词组，而存在句、领属句和判断句则不能转换成名词性词组。再如说带指人的‘补词’的叙事句转换成词组时必须补一个代词复指成分‘他’（你送花给一个人→你送花给他的人/ 我向一位老人家问路→我向他问路的老人家）。《要略》应该是研究汉语句法结构变换关系的先驱。”（《〈汉语语法丛书〉序》）

五、语义分析思想

《要略》的下卷是表达论。下卷又分上下两部分。下卷之上是“范畴”，是讲有某种意思如何表达；下卷之下是“关系”，讲的是各种关系如何表达。作者没有对“范畴”下过定义，从作者对“数量”“指称”“方所”“正反虚实”“传信”“传疑”“行动感情”几个范畴的具体解说上可以看出，所谓“范畴”，是指某种语法意义的范围。“范畴”部分是先立意义范畴，然后描写每个范畴可能有的表达形式。各种语言都有丰富的意义范畴，并有不同的形式表达，有的用形态变化表示，有的用词汇形式或句法形式表示，有的用语序表示，有的用虚词表示。《要略》为了表彰汉语的特点，注意挖掘汉语各意义范畴及其表达形式。比如“数量”这一范畴，就是与“数量”这一语法意义有关的表达范围，有单位词的表达以及询问数量、定量、整数、分数、约量的表达等。比如作者说明单位词的表达有度量衡单位（如尺、升、斤等）、借用器物的名称（一杯酒）、借用动词（一把米）、集合性的单位（一队兵）、与时间有关的单位（一阵风）、取物件部分的名称（一头牛）等。询问数量白话用“几”“多少”，文言用“几”“几何”“若干”。此外，还谈了定量、整数、分数、约量几个问题。又如阐述“时间”范畴时，建议将一般所说的“现在、过去、将来”三时，改为“基点时、基点前时、基点后时”三时。吕叔湘还提出用“三时”代“二时”，即区分“已然”和“未然”，“已然”包括“现在”和“过去”。他还描写了各类时间的表达方式。汉语句子动词本身没有“现在、过去、将来”等“时”的变化或标志，而用各种时间词（词汇形式）来表示叙述的时间，因而用

"基点时、基点前时、基点后时"三时概念比"现在、将来、过去"更适合汉语，叙述的时间基点是由叙述的心理选择决定的，与句子动词本身无关。《要略》还认为时间观念融化在动作观念里，仅表示动作过程中的各个阶段，但这不是时间，而是动相，即"体"。《要略》认为动相既可以用"将、方、已、要、正在、既"等限制词表示，也可用于近于词尾的"动相"专用词表示，如方事相用"着"，既事相用"了"，起事相用"起来"，继事相用"下去"，先事相用"去、来"，后事相用"来、来着"以及一事相、多事相、尝试相、短时相、屡发相、反复相等。在下卷的下部分，作者分析各种复句关系的表达方式有：1. 离合·向背——包含联合、加合、递进、转折、交换、排除等关系；2. 异同·高下——主要讨论各类比较关系句；3. 同时·先后——主要讨论时间关系，如相承、并进等；4. 释因·纪效——讨论因果关系和目的关系；5. 假设·推论——讨论假设关系和条件关系；6. 擒纵·衬托——讨论容认、纵予、衬托、逼进、无条件、连锁等关系。作者分析这些复句之间的关系，大部分是从复句中各分句之间的意义关系而言，说明作者分析复句之间的关系是为了帮助作者更好地表达思想。值得重视的是作者还举了表达各种关系所用的关系词，对读者准确地表达各种关系是很有用处的，也说明了作者注意研究表达各种关系应采用的结构方式。如释因·纪效这一意义关系具体分了三项：

1. 原因：

他为了这件事急得三宿没有睡觉。

（常用"因为""为（了）""以""为"等）

2. 后果：

此商人所以兼并农人，农人所以流亡者也。

（常用"所以""此……所……也"）

3. 目的：

为省事起见，就请您便道去邀一邀，我就不另外通知了。

（常用"为了""为的是""为……起见"等）

要表达什么样的"范畴"和"关系"，该用什么样的结构方式，作者都做了详尽的描写，这是汉语研究中的最完整的一个表达论体系。所以有人评论说："表达论从范畴和关系两方面归纳表达手段，开创了汉语语法从意义到形式的描写途径。"（徐通锵、叶蜚声：《"五四"以来汉语语法研究评述》，《中国语文》1979 年第 3 期）“《要略》的‘表达论’第一次对汉语语法作了从内到外的描写，实际上等于语法手段的‘同义词典’，特别符合本族人学习语法的需要。”（同上）“下卷‘表达论’以语义为纲描写汉语句法，许多见解富有启发性。特别应该指出的是，《要略》是迄今为止对汉语句法全面进行语义分析的唯一著作。”（朱德熙：《〈汉语语法丛书〉序》）

六、动词中心思想和补词说

吕叔湘指出：“拿叙事句来说，既是叙述一件事情，句子的重心就在那个动词上，此外凡动作之所由起，所于止，以及所关涉的各方面，都是补充这个动词把句子的意义说明白，都可称为‘补词’。所以起词也可以称为‘起事补词’，止词也可以称为‘止事补词’，受词也可以称为‘受事补词’。可是所有的补词和动词的关系并非同样密切，起词和动词的关系最密切，止词次之，其他补词又次之，如时间补词及方所补词和动词的关系就疏得很，有他不嫌多，无他不嫌少。但是如果没有起词，那个动词就悬在半空，代表很抽象的概念，不成为一个具体的动作了。”（《中国文法要略》，商务印书馆 1982 年，P53）

这就是吕叔湘的动词中心思想和补词说。叙事句以动词为中心，除中心——动词外，还有起词、止词、补词等成分。起词是动作的起点，止词是动作的止点，补词是句中动词除起词、止词外另涉及的事物。补词有好几类，如受事补词（受事）、关切补词、交与补词、凭借补词、方所补词、方面补词、时间补词、原因补词、目的补词、比较补词等。补词与动词的结合有的有关系词（介词）连接，有的没有。吕叔湘很注意补词前面的关系词（介词），把“他被他哥哥骂了一顿”分析为“起词——（被）主动补词——动词（被动）”。补词说说明了各词性成分与动词之间的语义从属关系，抓住了汉语语义句法的构造单位。

吕叔湘补词说，跟后来美国菲尔墨（Charles J . Fillmore）在 1966—1976 年间提出的“格”语法（Lucien Tesniere）的“动词中心论”和动词的“价”的理论可说是不谋而合，然而吕叔湘的动词中心思想却比之整整早了 17 年。中国对世界语法理论的重大贡献是不言而喻的。

七、独特的析句观

吕叔湘把句子分为四种，比一般人多了有无句。其他三种是叙事句、表态句和判断句。在吕叔湘看来，动词是叙事句的中心。叙事句就是两种成分，一是动词，二是动词的补词。这样分析句子既简单又明了，以动词为中心一贯到底了。在叙事句中，作者还特别说明了“把”字式和被动式的句式和条件。

表态句是记述事物的性质或状态，如：“天高，地厚。”判断句是解释事物的涵义或判断事物的同异，如：“长江是中国第一大水。”有无句是表明事物的有无，如：“我有嘉宾。”上面从谓语的性质，把句子分成四种，吕叔湘又从句子的结构，将句子分成以下几种：

简句：只包含一个词结的句子。如：“猫捉老鼠。”

繁句：含有两个或更多的词结的句子。如：“我知道他不会来。”

繁句中，里头的词结可以拆得开的是我们所说的复句，词结不能拆开的，是我们所说的包孕句或主谓词组做句子成分。

《要略》在析句上的特点是以动词为中心，以起词、止词位置来确定句型，基本句式是起词——动词——止词，还有起词——止词——动词，止词——起词——动词，起词——（把）止词——动词，止词——（为）起词——（所）动词（文言句式），动词——起词，起词——止词。他认为不能光拿施受关系来决定主语、宾语。他注重格式，以动词为中心，来摆格式，除起词、止词外，就是补词。在表态句、判断句里，不以动词为中心，就用主语和谓语两大成分。吕叔湘根据不同性质的句子采用不同的析句方法，一种是起词、止词、补词等成分（以动词为中心），另一种是主语、谓语等成分，这种析句方法是很独特的，在析句上不会因用一套术语（如主语、谓语）而产生纠葛。

吕叔湘的语法思想还很丰富，如短语做句子成分论、区分省略与隐含，从重意义到重结构等，这里限于篇幅，就不再一一论述了。

八、辩证的研究方法观

吕叔湘在《把我国语言学科学推向前进》中，认为语言研究要处理好中和外、虚和实、动和静、通与专几对关系，集中反映了他的辩证的研究方法观。他非常重视对西方语言理论和方法的借鉴，他说：“重要的是学习西方学者研究语言的方法，而不是套用他们的研究成果。”“问题是不论什么理论，都得结合汉语的实际。”虚和实指的是理论与实践的关系。他说：“理论从哪里来？从事例中来。事例从哪里来？从观察中来，从实验中来。”吕叔湘既重视理论研究，又重视语言实际的调查，既重视语言的静态研究，又重视研究人们怎样使用语言，关注语言的动态变化，注意静和动的结合。他还重视处理好通和专的关系。他说：“画地为牢不是好办法，目光局限，不利于进步。”吕叔湘本身既是语法学的专家，又是文史知识广博的通家。“正确的思想方法、广博的知识、开阔的视野使他能够始终站在学术潮流的前面，取得一系列既有理论建树又有方法创新的成果，成为我国现代语言学的开创者之一。”（江蓝生《近代汉语研究新论》，商务印书馆 2008，P336）

第六节　王力的语法思想

一、生　平

王力（1900. 8. 10—1986. 5. 3），字了一，广西博白县人。小学毕业后，因家贫失学。17 岁起任小学教师，24 岁入上海南方大学，次年入上海国民大学。26 岁入清华大学国学研究院，研究中国古文法。27 岁入法国巴黎大学，研究实验语音学，以论文《博白方音实验录》获法国文学博士学位。1932 年回国，先后任清华大学、燕京大学、西南联大、中山大学、岭南大学讲师、教授、文学院院长等职。1954 年任北京大学教授、汉语教研室主任、中文系副主任，先后担任广东省人民代表和北京市政协委员，第四、五届全国政协委员。著作有《中国语法纲要》（开明书店，1946）、《中国现代语法》（商务印书馆，1943）、《中国语法理论》（商务印书馆，1945）、《有关人物和行为的虚词》（中国青年出版社，1952）、《汉语史稿》（科学出版社）、《汉语史论文集》（科学出版社，1958）、《王力文集》（山东教育出版社）等。

王力的语法思想十分丰富，在中国语法思想史上占有极其重要的地位。王力非常重视汉语语法特点的研究。早在 1936 年王力在《清华学报》第 11 卷第 1 期上发表了《中国文法学初探》（1940 年商务印书馆单行本)，认为："本篇的旨趣不在乎搜求中国文法里的一切系统，只在乎探求它的若干特性，希望从此窥见中国文法的方法"，"我们对某一族语的文法研究，不难在把另一族语相比较以证明其相同之点，而难在就本族语里寻求与世界诸族语相异之点"。王力还指出："此后我们最重要的工作，在乎努力寻求中国文法的特点……大致方向是从此决定了的。"王力在《中国现代语法》"导言"中提出："本书的目的在于表彰中国语法的特征，汉语和西洋语言相同之点固不强求其异，相异之点更不强求其同，甚至违反西洋语法书中的学说也在所不计。"王力在揭示汉语特点，描写汉语语言结构规律并从理论上加以分析说明方面，取得独特的成就。

二、关于词法

1. 关于形态

王力认为汉语语法特点就是汉语缺乏形态。他认为此特点决定了中国语法学的途径。他在《中国语法理论》"导言"中说："现代普通所谓语法……是叙述各词的曲折形式……所谓造句的部分，是叙述各词的任务和句子的结构方式，如词在句中的次序、事物关系的表现等。汉语没有屈折作用，于是形态的部分也可以取消。由此看来，中国语法所论，就只有造句的部分了。"又说："中国语法只有些位置上的规律，换句话说就是只有造句法，这是大家久已知道了的。然而语法学家们因为念念不忘西洋语言的原故，尽管自己承认了这一点，仍是常常忽略了。"

2. 词的分类

王力在词法上有他的独特思想。词的分类最初标准方面，王力对汉语词的分类是以意义为标准的。"汉语里，词的分类，差不多完全只能凭着意义来分。就意义上说，词可分为两大类，第一类是实词，它们的意义是很实在的，它们所指的是实物、数目、形态、动作等等；第二类是虚词，它们的意义是很空灵的，独立的时候它们几乎没有意义可言，然而它们在句子里却有语法上的意义。"(《汉语语法纲要》，新知识出版社，1957，P42，下简称《纲要》)看来，王力的意义标准有两种完全不同的内容，对实词是概念上的意义，对虚词则是语法上的意义。"实词既然对于实物有所指，自然可以拿概念为分类的标准；这种分类，简直可说是逻辑学上或心理学上的分类，完全不以词的形式为凭。正因中国的词不带词类的标记，所以不顾词的形式才是词类区分的正当办法。虚词既然对于实物无所指，则拿概念为分类的标准是不可能的；它们既是语法成分，离了句子它们是不存在的，完全没有生命的，所以我们只好以其在句中的职务为根据，去分别它们的种类了。”（《中国语法理论》，中华书局，1954，P23—24，下简称《理论》）到了20世纪50年代，王力对词的分类标准又有了新的补充：“特别要把词的意义和词语语法特点密切联系起来观察。”（《王力文集》，山东教育出版社，1984，P139）王力认为，区分词类应取三项标准：“词义标准”“形态标准”“句法标准”，词义在汉语词类划分中是能起一定作用的，但应该注意使词的基本意义跟形态、句法统一起来，形态如“儿”“子”是名词的标志等，而“了”“着”则是动词的标志，句法标准应该是最重要的标准，在不能用形态标准的地方，句法标准起决定作用。所谓句法标准，具体有两点，一是看某一个词在绝大多数的句子里经常担任的职务，二是看某一个词和其他词的组合能力。（《词类》，新知识出版社，1957）

王力把词分为理解成分和语法成分两大类。理解成分就是实词，又分为名词、数词、形容词和动词（包括助动词）。语法成分又分为半实词（副词）、半虚词（代词、系词）、虚词（联结词、语气词、记号）。特别应该提一下的是王力将数词另列：“我们想把数目字另立一类，叫做数词。”（《纲要》，P43）王力关于汉语词的分类还有如下独特思想：他把副词限于表示程度、范围、时间、否定等作用，改变了旧语法书将作状语的形容词也当做副词而使副词非常庞大的情况。他还将旧语法书上的“代名词”改称“代词”，将过去称为“指示形容词”的“这”“那”和“代名性副词”的“这样”“那样”“这里”“那里”都称为代词，代词范围扩大了，更能体现汉语词类的特点。

王力对理解成分即实词的四种类别，讲得非常简单，而对语法成分则讲得很详细，可见作者对语法结构关系是很重视的。王力认为：“凡语法成分，附加于词、仂语或句子形式的前面或后面，以表示它们的性质者，叫做记号。”（《中国现代语法》，中华书局，1955，P307，下简称《语法》）如“儿”“子”是名词的记号，“所”是动词的记号，“第”是序数的符号，“阿”“老”是称呼的前符号，“的”是修饰品的后符号，“头”是首品的后符号，“们”是复数的记号，“么”是代词的后符号，“得”是动词的后符号，“着”“了”是情貌的记号。王力还提出否定作用、情貌、语气末品、关系末品、语言的着色——拟声法和绘景法等语法成分。

三、关于句法

1. 语法单位

王力把汉语语法单位切分为词、仂语、谓语形式、句子形式、句子等几种。词是语言中最小的意义单位。凡两个以上的实词相联结，构成一个复合的意义单位者，叫仂语（词组旧称）。仂语又分主从仂语和等立仂语。凡复杂谓语，不论其是否变成谓语的一部分，一律叫做谓语形式。凡连系式，不论其是否成为一个完整的句子，一律叫做句子形式。句子是完整独立的语言单位。句子从结构上可以分成主语和谓语两部分。《中国现代语法》把句子按表述功能分为叙述句、描写句、判断句三类，并各和谓语构成成分的性质联系起来。叙述句是以动词为谓语的，描写句是以形容词为谓语的。判断句是在主语和谓语之间加系词“是”。这样把功能和结构联系起来的分类方法，就避免了单纯的语义观和结构观，表现了王力语法思想的特色。

2. 句法结构

王力还把句子特有的结构分为：①处置式：凡用助动词把目的位提到叙述词的前面，以表示一种处置者；②被动式：凡叙述词所表示的行为为主位所遭受者；③能愿式：凡句子着重在陈说意见或意志者；④使成式：凡叙述词和它的末品补语成为因果关系者；⑤紧缩式：凡复合句紧缩起来，两个部分之间没有语音停顿者；⑥递系式：凡句中包含着两次的连系，其初系谓语的一部分或全部分即用为次系的主语者。王力完全不顾传统的说法，从新的角度去分析研究汉语的各种特有句式，表明王力句法思想的丰富与深刻。汉语没有西洋语言那样明显的形态，许多语法关系靠词的次序来表现，所以王力相当重视词的次序的研究，从而也表现了王力很有特色的语法思想。王力在《中国文法学初探》中举出汉语次序上的9条规律：①主格先于它的动词。如“乡人饮酒”不能说成“饮乡人酒”或“酒饮乡人”；②目的格后于动词。如“乡人饮酒”不能说成“酒乡人饮”；③领格先于它所领的名词。如“邦君之妻”，不能说成“妻之邦君”；④形容词必先于它所形容的名词。如“远人不服”中的远人不能说成“人远”；⑤副词必先于它所限制的形容词或动词。如“名不正”不能说成“名正不”；⑥空间副词短语，用介词“于”的，置于动词后；如果在白话里，用“在”字作介词，则置动词前。如“子畏于匡”不能说成“子于匡畏”，“我在戏院里听戏”不能说成“我听戏在戏院里”；⑦方式副词短语，用介词“以”的，置动词前后均可；如果在白话里，用介词“拿”，一定要置动词前。如“杀人以梃”也可以作“以梃杀人”，但拿刀杀人不能说“杀人拿刀”；⑧在“被动态”里，如用助动词“为”，主动者须置动词前；如果用介词“于”，则主动者安置动词后。如果在白话里，只用助动词“被”（或“给”），主动者置动词前；⑨附属句一定要先于主要句。

3. 关于仂语

对仂语的性质和范围的论述是王力语法思想的重要部分。王力对仂语下过三种定义：“凡两个以上的实词相联结，构成一个复合的意义单位者，叫做仂语”（《语法》，P54），此是其一；“我们所谓仂语就是柏氏的所谓向心结构”（《理论》，P48），此是其二；“一个仂语，就是两个或更多的词的组合，而未能成为句子者”（《纲要》，P21—22），此是其三。总之，王力的仂语就是偏正词组和联合词组之类的向心结构。王力还采用几个方法来区别仂语和复合词。一种是插入法：凡两个字的中间还可以插得进别的字者，就是仂语，否则只是一个单词。“马车”是仂语，因为它是“马拉的车”，“车子”是单词，因为它不是“车的儿子”。二是变谓法：能转为连系式的是仂语，否则是单词。如“老人”可以转成“这人是老的”，是仂语，“老婆”不可以转成“这婆是老的”，是单词。三是并用法。有时候，两个标准应该同时并用。如“黄河”虽可以转成“这河是黄的”，但咱们不能把黄河称为“黄的河”，所以“黄河”只是单词，不是仂语。王力这种区分仂语和单词的思想是非常宝贵的，也具有很大的实践价值。

四、关于汉语语法的发展观

王力对汉语语法发展有很好的研究，也有很多精深的思想。他说：“语法是具有很大的稳定性的”（《汉语语法史》，商务印书馆，1989，P1），“词序的固定是汉语语法稳定性的最突出的一种表现”（同上，P1），“汉语的虚词也有相当大的稳定性”（同上，P1），“汉语双音词的发展，是汉语语法发展的一大特点”（同上，P2），“汉语动词的情貌（aspect）的产生，是汉语语法的一大发展”（同上，P2），“汉语处置式的产生，也是汉语语法的一大发展”（同上，P2），“补语的发展，也是汉语语法的一大发展”（同上，P3），“量词的发展，名词、代词的词尾的产生，也都表现了汉语语法的严密化”（同上，P3），“汉语语法的发展，是朝着严密、充实、完全方面发展的”（同上，P3）。王力还指出了一些词类的发展轨迹。他说：“上古名词的前面往往有类似词头的前附成分，例如‘有’字”（同上，P4），“词尾‘头’字的产生，应该是在南北朝。宋元以后，词尾‘头’字用得更加普遍了”（同上，P15），“序数，在上古时代不用‘第’字。……‘第’字真正用作序数的词头，大约在晋代以后（或较早）”（同上，P22），“上古人称代词的单复数没有明确的界限。……战国以后，人称代词有加‘侪’‘等’‘曹’‘属’等字表示复数的”（同上，P50），“先秦时代，‘所’字确是代词；汉代以后，‘所’字除沿用为代词外，又虚化为助动词词头”，“汉代以后，‘所’字用于被动句，‘所’字词性虚化了，变为被动词的词头”（同上，P75），“在上古汉语里，‘问’字直接宾语指事，间接宾语指人”（同上，P113），“但是，战国以后，这个语法规则已经不能严格遵守，有一些例外。有时候，直接宾语也可以指人”（同上，P120），“宋代以后，产生了一些新的语法结构，也就产生了一些新的长复句”（同上，P223），“在上古时代，意志式一般用‘欲’字。‘欲’字本是动词，它可以带直接宾语。……但是它又经常用作助动词，成为能愿式”（同上，P250），“到了中古时代，‘欲’字作为助动词，又可以表示将来时，有‘快要’的意思”（同上，P251），“大约在汉代，使成式已经产生了，及物动词带形容词的使成式和及物动词带不及物动词的使成式都大量出现了”（同上，P262），“到了晋南北朝以后，使成式的应用就更为普遍了”（同上，P263），“在原始汉语里，被动式是不存在的。在先秦的古书中，被动式还是少见的。汉代以后，被动式逐渐多起来；唐宋以后，被动式不但更多，而且更多样化；‘五四’以后，由于受西洋语法的影响，被动式又达到了一个新的发展阶段”（同上，P272）。

王力还对汉语语法的发展作出科学的预测：“今后汉语语法发展的基本趋向主要是两个方面：（一）在构词法上，今后创造的新词绝大多数将是双音词，双音词对单音词的比重将逐年增加。……（二）在句法上，将来的句子结构会更加严密化，逻辑和语法将要结合得更紧，使句子经得起分析。”（同上，P348）

五、关于汉语语法的研究方法

1. 比较语法

王力关于汉语语法研究方法的思想也比较科学。他非常重视汉语和外语、方言和普通话之间的语法比较。他认为，只有通过比较，才能明确语法的重点。他说："甲族语所有而乙族语所无的语法事实，正是族语的大特征。"（《理论》，上册，P7）王力在《中国语法理论》《中国现代语法》中都有专门的一章来论述欧化的语法。一方面说明印欧语法与汉语语法的异同，另一方面说明我们汉语吸收了哪些印欧语法。这样，便能更好地学习汉语语法。王力还注意比较方言语法与普通话语法的异同。《中国现代语法》以普通话为主要研究对象，有时在某一节的结尾，加上"比较语法"一项，使人注意方言和普通话语法的不同，以便学习普通话。例如本书第10节末举吴、粤语"我不舍得离开你"的例子，说明在普通话里，该把"舍"字放在"不"字的前面，说成"我舍不得离开你"等等。又如在《广东人怎样学习普通话》里，第二章第二节是"比较语法"，就是拿广东话的语法和普通话的语法作比较分析。通过比较，也使我们能更好地学习汉语普通话语法。

2. 重视口语语法的研究

王力非常重视口语语法的研究，从选用的语言材料来看，以《红楼梦》为主，辅以《儿女英雄传》。这两部小说都是用纯粹的北京话写的，既是文学语言，又是口头语言。

3. "描写"和"理论"相结合的方法

王力在描写语法现象时，相当重视理论的指导意义。他注意吸收西方现代语言理论，如"词品"一章，采用叶斯泊森的说法，"替代法"一章，采取布龙菲尔德的理论。并且他还独创了"描写"和"理论"相结合的体系，《中国现代语法》重在语法现象的描写，《中国语法理论》重在语法现象的说明，目的是为了在语法理论上讲清道理，使人们易于接受，也使汉语语法学建立在深广的语言理论基础上。这在中国语法思想史上，都是很有特色的。

4. 注重语言实际描写，又注意语法规范性

王力曾对他的语法著作作过自我批评："我从前的语法理论……忽略了语法书的指导性，过分强调语言事实的客观分析（这是必要的，但是

只凭客观分析是不够的），而轻视规范化的工作。我只知道把语言的结构方式做青蛙来解剖，而不知道为什么要解剖这只青蛙。……我觉得语法上的自然主义应该批判；必须使语法的工作对于标准语有所贡献。”（《论汉语标准语》，《中国语文》1954年第6期，P17）我们又联想到王力在《中国现代语法》的《自序》中所说：“我开始觉悟到空谈无补于实际，语法的规律必须从客观的语言归纳出来的，而且随时随地的观察还不够，必须以一定范围的资料为分析的根据，再随时随地地加以补充，然后能观其全。”这就说明，王力要求在注意语言实际的调查、描写、说明时，还要注意语法的规范性，要把两者有机地辩证地结合起来，这是搞好语法研究的重要途径。王力这一语法思想具有独创性，在中国语法思想史上，是一个有益的贡献。

六、对王力语法思想的反思

王力在他的语法思想中，受到了叶斯泊森的深刻影响。叶氏并没有对词品下过完整的定义，但王力却做了比较完整的论述。“词品则是指词和词的关系而言……咱们可以从词的相互关系里，依照它们受限或主限的不同，定出若干‘品级’（ranks）来。”（《理论》上册，P34）“凡词在句中，居于首要地位者，叫做首品。凡词在句中，地位次于首品者，叫做次品。凡词在句中，地位不及次品者，叫做末品。”（《语法》，P42—43）王力说：“在任何词的联结里，只要它是指称一人或一物的，咱们都可以指出其中一个词是最重要的，其余的词都是附属品。”（《理论》上册，P34）“实词是对于实物有所指的，所以实词都是有品的；虚词只是语法的工具，对于实物无所指，所以虚词都没有品。”（《语法》，P33）“词类是每一个词独立的时候所应属的种类；词品是词和词发生关系的时候所应属的品级。”（《语法》，P42）“词在字典里的时候，分类不分品；词在句子里的时候，分品不分类。”（《语法》，P33）为什么王力将叶斯泊森的“三品说”用于汉语呢？王力认为在印欧语里，在现代罗马语系里，词品说是不必要的，因为在这些语言里，某种职务的词有其一定的字尾及其屈折形式，因此，由词的形式可以推知它的职务，同时也可以推知其所属的词类。汉语形态少，词类的职务不固定，因此更需要三品说。“词品说在中国语里尤其是必要的。”（《理论》上册，P44）让词类和具体的词固定下来，用品来说明词的用途变化，孤立的词讲词类不讲词品，入句的词讲词品不讲词类，这样，具体的词、词类、句子成分之间的关系就能很方便地讲述了。王力在自己的语法书中曾因采用叶斯泊森的“词品说”而受到批评。在当时情况下，王力自己也做了非常严格的自责。他说：“我把词品和词类分割开来，一方面让词类去代表概念的范畴，那固然是不对的；另一方面把句中的词分成三品，那也是唯心的观点。”（《理论》，上册，新版自序，P11）在运用叶斯泊森的三品说来说明词与词的关系时，王力又采用了布龙菲尔德的向心结构的说法，两种学说往往陷入矛盾之中。王力有时根据叶氏的三品说，将宾语看成是首品有时又根据布龙菲尔德的动词中心词，将宾语看成是末品。

第七节　高名凯的语法思想

一、生　平

高名凯（1911. 3. 28—1965. 1. 3），福建平潭人。1935 年毕业于燕京大学哲学系，后进入燕京大学研究院哲学部攻读哲学，1937 年留学法国巴黎大学，师从马伯乐攻读语言学，1940 年毕业，以《汉语介词之真价值》获得博士学位。回国后，在燕京大学任教，1952 年调任北京大学中文系教授、语言理论教研室主任。主要语法著作有《汉语语法论》（开明书店，1948）、《语法理论》（商务印书馆，1960）等。

二、对汉语的看法

高名凯认为汉语是汉藏语族中的一种语言，基本上是单音节的孤立语。他在论述了汉语的性质之后，着重说明了汉语的语法特点，认为虚词和词序是汉语语法结构形式的主要方法，句法是汉语语法的重点，因而要特别注意句法的研究。

高名凯对如何研究汉语语法，提出了一系列正确的看法，除了认为要从汉语语法的特点方面来加强语法研究外，还认为研究汉语语法应当以口语为出发点，不应当靠书本上的记载；应该注意语法形式的存在，不应当过分注视逻辑的背景；应当注意语法形式发展的内部规律，不应当割断历史；应当注意语法的系统，不要孤立地看问题。

三、对词类问题的看法

高名凯认为“词类是词的语法分类，每一类的词有特殊的语法意义和语法作用”。（《汉语语法论》，商务印书馆，1986，P58）作者认为，区别词类有三个标准，一是词所表达的语法意义，“名词指明‘事物’，动词指明‘动作’或‘历程’，形容词指明‘性质’。”（同上书，P60）二是词在句子里的功能，“在句子里能够用作主语和宾语的词，它就具有名词的功能，在句子里能够用作修饰语的词，它就具有形容词的功能，我们可以根据词在句子里发挥其功能的一定的可能性，把它归成类”。（同上书，P61）三是“注意词的形态”。（同上书，P62）

高名凯认为“汉语的词可以分为实词和虚词两大类，而汉语的虚词又可以分为许多类……我们认为汉语的实词不能再行分类”。（同上书，P65）汉语实词不能分类是高名凯与人不同的一个很特别的看法。他认为，“汉语的实词并没有一个固定的功能，它可以在不同的场合里具有不同的词类功能。正因为它可以具备不同的词类功能，我们才不能说它是某一个固定的词类”（同上书，P80）。

高名凯认为对汉语词类的划分应取多项标准，不仅仅是意义标准，这显然是一个进步，但是认为汉语实词不能分类，却是不符合汉语实际的。

汉语词的分类遵循两个原则：“（一）表知的词应和表性的词分开，因为同一个词以拿出两种不同的态度去表达它。（二）实词和虚词分开，因为这两种词有本质上的区别。”（同上书，P86—87）高名凯还指出汉语复合词的构词法有 6 种，即①并列结构的复合词构词法（如森林、领导、高明等）。②规定结构的复合词构词法（如地图、广场、长虫等）。③引导结构的复合词构词法（如修辞、管家、枕头等）。④复综式的复合词构词法（如红绿灯、办公室、仙人掌等）。⑤成语式的复合词构词法（如风花雪月、先斩后奏、借刀杀人等）。⑥句子形式的复合词构词法（如龙虎斗——食品名、金不换、鬼见愁等）。（同上书，P98—100）

四、首创句类研究

“构词论”“范畴论”“造句论”三编都是从平面的角度来分析汉语的语法构造，而“句型论”另辟蹊径，“要以句型为出发点来讨论同一句子的各种其他的不同的说法。我们所以称之为句型，因为这些句子所用的词语和平面的造句法所用的完全一样，只是加些成分，或变更方式，而用另一种‘型’来说而已，而且是把整个句子换了一个‘型’。因为是另一种‘型’，所以和平面的说法不同。我们可以说以上所叙述的是平面的直陈型，而其他的说法则是另外的‘型’。”（同上书，P429）

高名凯把直陈句、疑问句、祈使句和感叹句都看成句型。他认为句子是以逻辑判断为基础的，人们在交际场中，表达思想、感情和意志（即主观的态度）的语言单位，任何句子既然都包含有客观的和主观的两个方面，我们就可以根据句子在表达思想的同时所具有的各种不同的主观态度来把句子分成类型。这就是高名凯划分句型的原则。他把汉语句子分为如下几种句型：1. 否定命题和确定命题；2. 询问命题；3. 疑惑命题；4. 命令命题；5. 感叹命题。

将句型单列一编来加以论述，是高名凯语法著作的特色之一。为什么高名凯把否定、询问、命令之类的表达看成是句型而列入句法来研究呢？他说：“一向研究汉语语法的人都只注意到理性的语法，平面的结构。他们并没有注意到同样语言材料的不同的说法。遇到否定、命令、询问、传疑、反诘、感叹等例时，他们并没有了解这些是整个句子的另一种型，而只把这些放在词类的范畴中来叙述。在他们看来，否定是副词，询问是副词或是代词，命令是动词的一格……其实这是看错了的。”（同上，P429）

高名凯相当重视句子分类研究，区分不同性质的句子类型。他认为句子可以从不同角度加以分类。根据句子谓语的性质不同把句子分为名句、动句、形容句，称为“句类”；根据句子在表达思想的同时所具有的各种不同的主观态度把句子分成直陈句、确定句、疑问句、祈使句和感叹句，称为“句型”，这是研究表情的语法，所用的语词材料和平面的句法所用的完全一样，但由于变更了方式和说法，句子的形态也改变了。命令、询问、感叹、疑惑，都是方式和说法一变，整个的句子也换了一个“型”，所以表情语法是“句型论”的问题。高先生不但注意思想的表达，还重视感情的表现，这是难能可贵的；高先生还根据句子结构的各种可能的规模把句子分成单部句、双部句、完整句、省略句、简单句、复杂句、单纯句、复合句，称为“句模”。将句类、句型、句模区分开来，有助于句子的分类，有助于句子结构类型研究的深入。

句型论讨论了“否定命题”“询问命题”“命令命题”“感叹命题”等四种句型，各讨论了它们的性质、种类及表达方式，充分体现了高先生就语法意义描写其各种语法形式以及寻求语法意义和语法形式之间对应关系的卓越的语法思想。

当然，高名凯有些语法观点还可以进一步讨论。高名凯将“否定命题”和“询问、感叹、命令”三种命题并列是不妥的，它们不是从同一个角度对句子作出的分类，是不符合逻辑的。另外，高名凯对句类和句型的理解与现在一般的理解不同，高名凯的“句型”基本上与我们现在所说的句类相当，而我们现在所说的句型则与高名凯的句类相当。

五、语法范畴特别是分析范畴的提出

范畴论是高名凯语法著作的重要内容，是高名凯语法思想的重要表现。他认为，语言是表达思想的，语言表达思想，可以有两个方式，“一是由词汇成员的实词来表达思想上的某一个概念，一是由语法的结构来表达”（同上，P103）。如表示“所属”，既可以用“这本书是我的”来表示，也可以用概括化的符号来表达，如“我的书”。他认为，语法范畴是语法意义的概括，逻辑范畴是概念的概括，两者有密切的联系。他认为，研究语法就是要研究思想范畴的表达，看这些范畴到底有多少语法形式去表现。虽然高名凯和吕叔湘一样，也是从表达上来研究语法，但吕叔湘是意念上的表达，高名凯则是偏重于归纳若干范畴来表达。

语法范畴有广义和狭义之分。广义范畴指一切语法形式所表达的语法范畴，造句论中所论的句类和五种关系都是广义的语法范畴；狭义范畴指用虚词或语法成分所表达的语法范畴。语法范畴还有综合和分析之分，综合范畴指词的内部形态所表达的语法意义的概括，分析范畴指词的外部形态（补助词、虚词等）表达的语法意义的概括。高先生语法范畴特别是分析范畴的提出，是对传统语法理论的发展。

范畴论是研究汉语的虚词所表示的与词类功能有关的语法范畴，相当于狭义范畴和分析范畴。高名凯认为：“汉语的特点既在于应用虚词来表示其他语言应用词的内部变化所表示的语法范畴，我们也应当把这些虚词所表达的语法意义的概括称为语法范畴。”（同上，P104）显然，高先生所说的这些语法范畴是和一般语法学家在词类下所讨论的名、动、形容词等所有的形态变化所表示的语法范畴完全不同。范畴论中一共区分并论述十个方面的范畴：①指示词，②人称代名词，③数词，④辅名词（量词），修改为数位词，⑤动词之态（表示动词之态的叫“态词”，如“着，了”），⑥动词之体（可叫体词），⑦未定事素之表示，⑧动词之性，⑨绝对动词与分合动词，⑩量词（即副词）。

六、重视结构关系和虚词的研究

高名凯认为：“汉语虽在形态方面比印欧语言贫乏，但在词序的安排和利用虚词方面则比印欧语言，尤其是古代的印欧语言丰富得多。”（同上，P22）高名凯语法论著中以虚词和词序为纲的骨架是他语法体系的又一特色。把虚词的论述单独组成一编，可见高名凯对虚词研究的重视。在范畴论中，许多分析不拘泥于成说，而是从汉语实际来分析并得出结论，如数位词、次数词两类单独列类；认识到汉语没有表示时间范畴的语法形式而有表示“体”的语法成分，并具体分析了各种“体”及表达形式，这在汉语语法学史上是有贡献的；明确认为汉语动词有主动态、受动态的分别；看出汉语动词本身无内动、外动之分，等等。这些结论对汉语语法研究都有一定的影响。

高名凯还十分注重语法结构关系，注重研究实词在句子中存在时和其他实词所发生的关系及句子的基本结构。“词语和词语的关系，大体说来，可以分为两种：一是内在的关系，一是外在的关系。内在的关系就是两个词或语，在其所表达的意义上，发生了直接的关系，其中的一个词语范围了另一个词语的意义或给另一个词语一个归宿的地方。外在的关系就是两者所生的关系并不是直接的，不过是把两个词语很轻松的连在一起而已。”（同上，P277）内在关系有规定关系（相当于主谓关系和偏正关系）和引导关系（相当于述宾关系、介宾关系）两种，外在关系有对注关系（相当于同位关系）、并列关系和联络关系（相当于复句间的关系）。高名凯在《汉语语法论》中用7章一百多页的篇幅来描写汉语实词与实词之间的句法关系，这在同时代的语法学家中是少见的，充分说明高名凯重视词组结构分析的语法思想。

七、重视比较的思想

高名凯重视语法研究中进行比较的方法。比较有两种，一是一般的比较，二是同族语言或方言的语法的比较的研究。他指出：“凡是人文科学或社会科学多少总得用一些比较的研究。老实说，一向语法学家所以太西洋化的原因一部分也是因为没有做过比较的研究。……因为有了比较的研究，才让我们知道在一般语法的结构中哪一部分是一切语言所共有的，哪一部分是各语言所不同的，而对汉语语法的研究也不会发生所谓太西洋化或太中国化的毛病了。……和不同族的语言语法相比较可以看出一种语言语法和他族语言语法的不相同的地方。和同族语言的语法相比较，就可以看出一种语法的特点。……汉语的语法系统和印欧语的语法系统是那么样的不同，为着明了本身的特点计，除了用普通的一般的比较外，我们应当细细的对于汉藏语系的语法作一比较的研究，同时更应当对汉语的方言加以比较的研究，因为方言的语族问题比较汉藏诸语的语族问题更来得明确。”（同上，P54—55）

正是高名凯将汉语与英语、法语等以及与汉语的方言作深入比较，发现了汉语的许多特点，充分地描写了汉语的语法体系，收到了很好的效果。他用汉语的辅名词（量词）跟外语的冠词相比较，得出中国语没有冠词，辅名词是汉藏语系的特色的结论。他对汉语语法现象分析仔细、分类妥帖，将他的汉语语法比较思想发挥得淋漓尽致。

八、语法思想的源流及其发展

高名凯曾留学法国，他的语法思想受到法国语言学家和法兰西学派的汉学家房德里耶斯（Vendryès）、葛蓝言（Marce Granet）、马伯乐（Henri Maspero）、高本汉（Bernhard Karlgren）很大的影响。

房德里耶斯说：“尽管有的语言并没有名词和动词的形式上的区别，所有的语言都同样的区别名句和动句。”高名凯也在《汉语语法论》初版的版本中，把汉语句子分成两类，一是名句，二是动句，并把形容句也列入名句之中。在“句型论”中，不但注意思想的表达，还重视感情的表现，认为否定、询问、感叹、疑惑都是方式和说法一变，整个句子也换了一个“型”，所以表情语法实在是句型论的问题，这些显然受到了房德里耶斯《语言论》中论情感的影响。

葛蓝言认为语言的特点与思维的特点有关，认为汉语是描绘的语言，不是逻辑的语言。葛蓝言曾说：“中国人所用的语言是特别为描绘而造的，而不是为了分类而有的；一个特为唤醒特殊感觉而不是为着定义或下判断而有的语言，一个诗人或历史学家所崇拜的语言，然而为着支持一个清晰分明的思想，则是一个最坏的语言，因为他逼着我们所认为在思想上不可缺少的动作只于潜存的简短的方式中表达出来。”高名凯也认为：“如果我们要说明中国语的特性的话，我们可以说中国语是表象主义的，是原子主义的。表象主义就是中国人的说话是要把整个的具体的把他所要描写的事体表象出来。原子主义的意思是把这许多事物一件一件的单独的排列出来，不用抽象的关系的观念，而用原子的安排让人看出其中所生的关系。结果中国的语言在表现具体的事实方面是非常活泼的，而在抽象观念的说明方面则比较的没有西洋语言那样的正确。”（初版本，P68）

马伯乐认为汉语是单音节的语言，他说：“所有汉语的词都是一个音节的。”他又认为汉语的词不能分词类，“无论是在现代口说的汉语里，或是在古代汉语里，名词和动词的区别都是不存在的”。他认为，汉语词的关系类别有两种，一种是规定关系，一种是引导关系；汉语有两种句子结构，一种是动句，一种是名句。词序的作用是重要的。他认为汉语的“是”，只能是一个指示词，他认为许多人把“是”解释成法语的Verbeêtre是错误的。（参见北大中文系编《语言学研究与批判》第二辑，高等教育出版社1960年版，P322—323）

高本汉认为汉语的特点，可以“概括为两大端来说明。一方面，中国语是单音缀的（按，即单音节的）；另一方面，又是孤立的，就是，看待各个语词好像各个孤立的单位，没有因他们在语句上功用的不同而发生变化……”。（同上，P335）

从高名凯的语法著作中，我们可以看到他受马伯乐和高本汉很深的影响。高名凯也认为“中国语是单音缀的”（初版本，P38），认为“中国语的语词，以单独不成句子的语词来说，是无词品之分的”。（初版本，P50）他也大谈规定关系，引导关系等各种关系，强调从句法来研究汉语语法。他也强调词序的作用，也认为“是”不是动词，而是“系词”，也认为有动词、名词的用法，而没有动词、名词的区别。

另外，高名凯还受德·索绪尔的影响。索绪尔认为语法是站态语言学的对象而不是变化语言学的对象。高名凯也接受了这一理论。索绪尔认为研究语言要断代，不要古今混在一起，忽视了语法的历史发展，而高名凯则认为语法古今一样，古文、口语混在一起研究，也是忽视了语法的历史发展。

中华人民共和国成立以后，高名凯受到了马列主义思想的影响。他在《批判我在语言工作中的资产阶级学术思想》一文中检查了他著作中的形而上学方法论和理论脱离实际的问题。他说："理论脱离实际是我所具有的另外一个资产阶级学术思想的特征。……在这种情形之下，我就受到了两个限制，第一，预先假定普通语言学中所谈到这些理论（其实是某一学派所谈的）是标准，不再对它怀疑（有的时候也有怀疑，也有我自己的主张，但有限的很）。这样一来，我的前提就不十分可靠。第二，我所要研究的汉语的特点就只限于欧洲语所有的语法结构方面的不同特点，而不能发现这范围以外的汉语语法的特点。因此，尽管我极力主张要依照汉语的特点来解决汉语的语法问题，而我自己却没有能够编出一部完全从汉语的实际中来的汉语语法，我的《汉语语法论》还不能完全摆脱西洋语法的格局。"（《中国语文》，1958 年第 10 期，P461）高名凯的语法思想的变化主要表现在《汉语语法论》的修订上，他将汉语句子分为三类：名句、形容句、动句，完全删掉了葛蓝言关于汉语是描绘的语言的错误看法，改变了汉语不能划分词类的看法，对汉语的词类进行了划分，把汉语是单音缀的语言修改为"汉语基本上是单音词的语言"（修订本，P30）。在修订本中，他对词法更加重视了，将"构词论"单列一编，将讨论词类的一章从"绪论"中抽出来加以详细的论述，并且增添了构词法，组成了"构词论"一编，使词法的内容大为增加。在句法方面，也根据汉语的特点，论述得更为详备精当，如改写了"汉语的句子""汉语的系词"两章，增写了"省略句和绝对句""复杂句、包孕句、复合句""确定命题"等内容。当然，作者对汉语实际的调查研究还不够，还不能突破西方语言理论的某些成说，他的语法体系还有许多不足之处，特别突出地表现在他坚持汉语实词不能分类和"是"不是动词的错误观点上。因此，他的语法思想是在徘徊中前进的。

第八节　何容语法观

一、生　平

何容（1903. 6. 01—1990. 7. 05），原名何兆熊，字子祥，号谈易，笔

名老谈，河北深泽人；何容原是笔名，取“谈何容易”的意思，后遂以笔名行世，著有《中国文法论》（商务印书馆，1985）。

1930年北京大学英国文学系毕业后，到中学任教。1931年在教育部国语统一筹备委员会任编辑，主编《世界日报》的《国语周刊》。1935年任北京大学中文系兼任讲师，讲授中国文法。1937年抗战开始后，跟老舍、王向辰等共同创办《抗到底》及《人人看》等刊物，宣传抗日。1939年在重庆转入后勤政治部伤兵教育委员会工作，同时主编《抗战画刊》。1941年任国语推行委员会委员，兼任复旦大学中文系教授与政治学校国语导师。1944年兼任国立社会教育学院国语专修主任。1945年8月抗战胜利后，被派往台湾推行国语。1946年后，先后任台湾国语推行委员会副主任委员、主任委员。1948年跟国语界友人共同创办《国语日报》，先后任副董事长、董事长。1959年应聘为台湾师范大学文学院教授。1981年任台湾“教育部”国语推行委员会主任委员。1990年7月5日病逝于台北。他的语法观主要是：

二、词类观

《中国文法论》对早期语法学者词类理论进行了全面的检讨。何容首先提出，早期语法学者用于研究汉语词类的方法论——“演绎的研究法”是错误的。所谓“演绎的研究法”，就是以“词有区分为名词、代名词、动词、形容词、副词、介词、连词、叹词八类的必要”作为“世界文法分别词品的通规”，“把自己语言里的词分别填进人人家的类里，或把类名临时冠在我们的词上”（《中国文法论》，P41，下引自该书的只注页码），“至于类的本身是怎么样分成的，在我们的文法家看来，是不必深究的，我们只把人家分的现成的类，拿来定或辨我们的词语应该或可以属于哪一类就够了”（P37）。

何容的批评表明，早期语法学者在汉语词类研究中所做的工作，并不是划分词类，而是给词归类——把汉语中的一个个词分别归到印欧语的各类中去。以“演绎的研究法”为方法论展开的汉语词类研究，必然是模仿的，削足适履的。从早期语法学者的失误中，何容总结出一条教训：在研究汉语语法时，“多参考一些文法，总比只拿一本书作蓝本更好些”，但是“尽读些文法教本（school grammar）”“不是一个很好的办法”（P25—26）。他主张多学一些普通语言学的理论，“由普通语言学方面来观察文法现象”（P28），根据“语言自身表现出来的类”归纳汉语的词类系统，而不是根据任何外来的“通规”。

何容否定了早期语法学者划分词类的两条标准。他把语法范畴中的时、数、性等跟逻辑范畴和现实世界作了一个比较，指出“文法学里的意类，不但不是逻辑的范畴，而且和现实世界也并不相合”（P14—15），“有不少的人，甚至是研究文法学的人，以为文法学里的意类是逻辑的范畴，也就是把它当作人类思想里应该分别的类；所以总以为凭着自己学过的一种文法，或者一本文法教本，来把中国语言的一切现象分一分类，就算是研究了中国文法。这是一种错误的观念”（P14）。他认为“文法学里的意类”的划分，要以方法为根据，因为意之成类是从方法上表现出来的，要是没有方法把它表现出来，这类便无从分起。从这个意义上说，早期语法学者凭借逻辑范畴划分的词类，都不能算是词在语法上的分类。关于位次职务标准，何容也认为不适用于汉语。他说：“在我们的语言里，一个词用在语句里的时候，从意思上看，也可以有时候应该属于甲类，有时候应该属于乙类或丙类，可是词形却大都是不变的。那么这还怎么分类呢?”（P38）

早期语法学者都希望自己的体系做到“词有定类”，但是，由于他们的方法论是错误的，分类标准是不科学的，因而无法建立起符合汉语实际的词类系统，也无法真正做到“词有定类”。为了把难以定类的词纳入到既定的类中去，他们提出种种办法，如马建忠的“假借”、陈承泽的“本用”“活用”、黎锦熙的“词性转变”等。这些办法或多或少包含一些合理的因素，但并不能解决多少问题。

在汉语的词类研究陷入困境的情况下，何容提出了根据词的“表意方法”划分词类的新理论。他认为“词的类是从语言自身的表意方法上表现出来的，或者说各类词都有其共同的形式上的特征以别于他类词”（P42），因此“就应该从表意的方法上考察我们的语言里的词到底可以成为多少不同的类”（P43）。

对于“表意方法”中的“意”，何容虽然未作明确的界说，但从他对“表意方法的种类”的阐释中可以推论出来。他在论述“词的顺序”这种表意方法时说：“鸟飞”或“飞鸟”，所用的两个词“鸟”和“飞”是彼此相同的，可是因为顺序不同，意思也就不同了；可见“鸟飞”和“飞鸟”的意思，除了有一部分是由“鸟”和“飞”两个词所表示的之外，还各有一部分是由词的顺序表示出来的。那么“鸟”和“飞”是语言的成分，“不同的顺序就是表意的方法了”（P3）。

在论述“重叠”这种方法时又说：“一个词重叠起来，比不重叠的时候，能表示更多的意思，那更多的意思就是由重叠的方法表示出来的。”（P5）从这些论述中不难看出，何容的所谓“意”，指的是词汇意义以外的另一种意义，即我们现在通常所说的语法意义，所谓“文法学里的意类”就是语法范畴，而“表意的方法”，也就应该是语法形式了。

何容还就表意方法的断定作了深入浅出的论述。他认为：“所谓某一种语言里的表意方法，不是说它能使表相同的意思的语言成分表一点不同的意思，……而是说它能使若干表不同的意思的成分表一点相同的意思。”（P10）因此，要断定一种语言里的某种现象是不是表意的方法，就是要考察它是不是能使若干表不同意思的语言成分表一点共同的意思。既然同一类词在“表意的方法”和“意”上有“它们的共同之点”，那么，根据这些共同之点就可以对语言中的词进行语法上的分类和归类。何容不仅提出了按照“表意方法”划分词类的新理论，还初步考察了汉语中表意方法的种类，论述了“表意方法与所表之意”之间的关系，区分了“活着的方法”与“死了的方法”，从而为汉语表意方法的进一步研究提供了基本理论。

早期语法学者注意到汉语跟欧洲语言的差异，没有去刻意寻找汉语中词的形态变化，但同时也忽略了汉语中某些词法形式在区分词类中的作用。他们认识到词在句中的“位”跟词类之间的某种联系，但又把词类跟句子成分简单对应起来，陷入“离句无品”的困境。受结构主义语言学理论影响的何容，视野比他们开阔，他的“表意的方法”，既包括句法形式（如“词的顺序”），也包括词法形式（如“重叠”）。可以看出，何容比较注意语法形式与语法意义的结合，并试图把句法和词法结合起来解决汉语的词类划分问题。这样，他就把汉语的词类研究推进到了一个新的阶段。

从“表意方法”入手，何容对汉语中词的虚实之分进行了再探讨。《马氏文通》采用的以“解”的有无划分实词虚词的标准，长期为后学所沿用。杨树达等人对此虽提出过异议，但只是在某些词的“解”之有无上做文章，没有触及分类标准这个根本问题。马氏的虚实之分，本来就是从逻辑概念出发的，再加上对所谓的“解”没有严密的界说，“解”的有无往往因人而异，因而使得汉语中的虚实之分成为词类研究中的又一难题。何容一反传统观念，以“表意方法”为基本理论，从虚词跟实词的关系上考察虚词的性质特征。他指出，具有表意作用的语言成分可以分成两种类型，一种是“可以独立表意的”，另外一种是“不能独立表意的”。（P1）后者必须依附于前者才能显示出它的表意作用。依附在前者之上以表意，正是第二种语言成分的特殊的表意方法。何容把前者称为“词”，把后者称为“依附成分”。在这个基础上，他给出了虚词和实词的新定义：“语言里这种必须和别的词用在一起才能表意的依附成分叫做‘虚词’，那些可以独立表意的成分，要和‘虚词’分别的时候，就可以叫作‘实词’。”（P10）“依附成分”中，除了跟实词“用在一起”以表意的“虚词”之外，还有一种是跟实词“结合在一起”以表意的，这就是“词尾”。何容揭示了“依附成分”（包括“虚词”和“词尾”）的形式特征，指出它们“和被依附的词没有对等的资格”，“其位置之或先或后，是有一定的”。（P7）

何容用以划分实词虚词的方法，显然受到了美国结构主义语言学的影响。所谓“能独立表意”的语言成分，相当于“自由形式”，“不能独立表意”的语言成分，相当于“粘着形式”。用“自由”与“粘着”为标准解决汉语中实词虚词的划分问题，虽然也会遇到各种各样的困难，但是跟“有解”“无解”的标准相比，无疑是朝着科学的汉语语法学大大前进了一步，也给那些长期在“有解”“无解”上争论不休的人们展示了一个新的天地。何容关于“虚词”和“词尾”的划分，打破了过去虚词研究中将二者等量齐观的传统，启发人们在词法和句法两个不同的层面上更加深入地揭示汉语虚词的特征。

关于根据“表意方法”划分实词类别的具体方法，何容以英语为例作了说明。比如英语中在某些词的后面加上-s是一种表意的方法，从这个表意方法上，可以看出 books，kings，trees，cats……具有共同的“意”，因而可以划为一类。eats，thinks，stands，speaks 具有另外一种共同的“意”，因而可以划为另一类。对于没有多少形态变化的汉语来说，下面的例证和说明更有重要的理论意义。

以词的顺序表意，在英语里也是一种方法，如“I eat”“I think”“I stand”“I speak”，把四个不同的词和同一个词依同一种顺序排列起来，它们有一点共同的意思，就可以看出这四个不同的词应该属于一类；如"I book""I king""I tree""I cat"，便没有确定的意思，这就可以看出book等四个词和eat等不属于一类；再把这四个词和另一个词依同一种顺序排列起来，如"my book""my king""my tree""my cat"，便也有一点共同的意思，这就可以看出它们是属于另一类；要是再把eat等那四个词也和my这个词依同一种顺序排列起来而成为"my eat""my think""my stand""my speak"，便也没有确定的意思，这就更可以看出它们和book等不属于一类。（P42）

在这里，何容成功地运用了结构主义语言学的理论，以某个特定的句法结构为横轴，以该句法结构中的某个成分的位置为纵轴，根据替换的可能性来考察词的组合关系和类聚关系，划分词的类别。

何容的分类方法，已经明显地透露出按词的组合功能（分布）分类的基本思想。按照词的"表意方法"划分词类的理论，就其主导倾向而言，可以归入现代结构主义语言学的范畴。汉语的词类研究如果当时就能沿着何容的思路进行下去，其进展可能会迅速一些。遗憾的是何容未能用这个理论建立汉语的词类系统，人们一下子还看不到它的理论意义和实用价值，因而没有受到当时的语法学界的重视，以致后来的许多年中，不少语法学者依然走着依靠意义划分词类的老路，直到《现代汉语语法讲话》发表，这种状况才有所改变。

何容认为助词大都是实词变来的，其特点是声音上带有短而中性的"轻声"声调，此外还讨论了助词的用法，语气词和句类的关系等。

三、语法研究方法观

何容总结了《马氏文通》以来的汉语语法研究，认为中国文法的研究方法应是"归纳""比较""历史"三种。何容反对硬套西洋语法的研究法。何容批评说："要究句法之殊异，何不直截了当的以某种成分的位置来定，而以作某种成分的实体词的位置究定呢？这不是徒然多立一套名目，而且把非实体词的成分的位置弃置不论吗？再说，就是要以作某种成分的实体词的位置来究。也可以直截了当的说那个实体词是作某'语'的，何必因语立位，而说它是在某'位'呢？"（P82）因此他说"换语成位，是多此一'举'"（P83）。

第九节　刘复、廖庶谦、杨树达语法观

一、刘复语法观

刘复（1891—1934），原名寿彭，字半农，号曲庵，笔名寒星，江苏省江阴县人。早年参加《新青年》编辑工作，后旅欧留学，获法国国家文学博士学位。回国后任北京大学教授、辅仁大学教务长、北平大学女子文理学院院长、历史语言研究所研究员等。他在语言文字领域的贡献主要体现在语文运动、实验语音学及汉语语法的研究三个方面。

他所著的《中国文法通论》（群益书社，1920 年，以下引自该书的，只注页码）就是革新派的主要著作之一。他在汉语语法的草创阶段就明确喊出"革新"的口号。他看到中西文法的不同，对机械模仿西洋语法很反感，主张推翻《马氏文通》的体系，另建汉语语法的新格局。该书模仿斯维特在《新英语语法》中的研究方法，以先秦古文为主要研究对象，兼收一些现代汉语的例证，说明了文法定义、研究范围和研究方法，论述了词的分类、搭配关系及句子的结构与分类，主张研究现代口语。语法著作他还有《中国文法讲话》（上册）（北新书局，1932 年）一书。他的语法观主要是：

1. 首先讨论文法是什么以及文法的范围，接着讨论"实际的文法"和"理论的文法"，前者指某种具体语言的文法，后者指通过各种语言的比较所归纳出的共同条理和原则，不专指某种语言。研究的方法分为历史的研究法、比较的研究法和普通的研究法。

2. 词类观。讨论了词的分类、词与词的搭配关系以及句子的结构和分类，主要讨论词的分类。书中把词分为实体词（名词、代词）、品态词（形容词、动词）、指明词（量词、标词、指示词等）、形式词（判断词、介词、连词、助词等）、感叹词（叹词）五大类。这里特别值得注意的是把形容词和动词归为一大类。汉语跟印欧语不同，形容词的性质和功能确实接近于动词。

3. 说明讲汉语语法而用西方语法去套是行不通的。他虽然实际上并没有真正突破《马氏文通》及印欧语语法体系的樊篱，建立起真正的汉语语法体系。但刘复的研究和尝试，从语法学史的角度看，这部分也有新意。主要表现在以下几个方面：

（1）第一次提到“兼格”，后来发展成为“兼语式”。刘氏提出，“亲之欲其贵也，爱之欲其富也”中的“之”和“其”都是指象言，为什么不能互换呢？因为“之”是单格的代词，它只做“亲”“爱”的受格，而“其”字是兼格代词，他一面做“欲”字的受格，一面又做了“贵”“富”两字的主格。这一观点后被王力吸收改造后提出为“递系式”句式。

（2）把“独字句”列为一种独立的句型，这是一种新的见解。以前的语法著作都认为句子总得有主语和谓语，因而无所谓“独字句”，只是把独字句看成句中省去了某些成分而已；再如第一次指出，分析扩充的复句的方法是“剥笋似的”“逐层推求”，这可以说是初步具有了层次分析的观点。

（3）注意到口语情况，认为“讲文法而不与语言合参，便是舍本逐末”，同时还分析了语调起落抑扬与句型之间的关系。

（4）语法研究的要求：周到、精细、扼要。

刘复指出，研究语法要注意三个要求：“第一是要周到。这是说在我们没有着手研究之前，应当先注意于材料之已否调查完备。若只是根据着偏颇的材料去求解决，结果一定是站立不稳；要推到这种解决时，正用不着吹灰之力。”（P130）“第二是要精细。这是说无论什么事，便是很小的，也该彻底去追究他，总希望阐发到全无余蕴的一步。”（P131）“第三是要扼要。这所谓扼要，与简约不同，是说我们应当认定了文法上的最大难关在哪里，用全力向他总攻击。不然，即使是一切零零碎碎的都研究得清楚了，拼合起来，还决不是部完全的文法。”（P134）

除此之外，在汉语语法研究中，第一个采用了语法术语的符号，如实体词=S，品态词=A（永久=P，变动=C），指明词=Q，量词=q，标词=m；主词=s，表词=P，等等。

刘复的《中国文法通论》在陈承泽的《国文法草创》之前，金兆梓的《国文法之研究》也与之同时，因而刘复、陈承泽、金兆梓可说是开反模仿风气之先的。从中国语法学史看，某种意义上也可说他们是后来文法革新的先驱者。

二、廖庶谦的语法观

廖庶谦，上海文化界救国会成员，左翼文化工作者，中共地下党员。著有《口语文法》（上海读书出版社，1946），全书20章。作者对该书颇为自负，认为："由笔者个人所提出的新意见是很多很多的，并且有一些自己还认为对于中国文法上多少有一点小补。"廖氏的语法观主要有：

1. 文法的产生、发展和研究文法的方法

古语文法的来源，廖庶谦的认识是进步的，认为文法是在人类共同劳动中产生的，"文法的规律也是现实的反应"。（《口语文法》，三联书店，1951年底6版，P2）是思维的工具，且文法本身也是发展的。为迎合大众语建设的讨论，指出："我们今天的文法也应该注重下列的三点：第一，我们所研究的语法应当是我们当前口头上的语法，尤其是要一般大众口头上的语法。第二，我们的语法要把中国语言里面的特殊性具体的凸现出来。对于西洋文法上的规律，只可以批判的接受。第三，我们要把前进的科学理论，在中国文法上展开；同时，还要把中国文法本身上发生发展的规律性，好好的研究出来。"（同上，P6）"把中国的文法，从整个的联系上去研究，从运动变化上去研究，从矛盾的发展上去研究，而且还会从离开人类意识独立的客观上出发去研究。"（同上，P9）廖庶谦强调从整体的联系上去研究语法是很有必要的，为此作者对文法研究的范围提出了独到的见解："今后的文法研究，不单只要研究'词类'，研究'短语'，研究'句子'；而且还要研究'段落'，研究'篇章'。并且，不单只要把'词类''短语''句子''段落'和'篇章'分别的拿来研究；而且，还要把这些'词类''短语'等等联系的拿来研究。"（同上，P10—11）《口语文法》在20世纪40年代的语法研究中关于语法研究对象、范围、方法的论述是很有特点的。

2. 句子的类型和构成

作者认为感叹句起源于劳动的呼声、感叹的声音；呼应句起源于劳动召集的呼声，呼唤句和应诺句合为呼唤句；而陈述句因呼应句中的劳动主体的发现而产生，陈述句有主题+运动（动作+客体）组成，分别是主语、述语、宾语，陈述句可分为表示存在、联系、动作、质量四类；从陈述已知的陈述句可以生发到寻求解答的问答句，进而对问句的构成进行归纳，并把疑问句分为反问的疑问句、按时的疑问句、搜寻的疑问句、抉择的疑问句四类，同时作者指出过去的研究专在疑问句上，还应充分注意到答复句。

3. 分析句子的复杂化

作者认为主语、宾语不仅可以由简单名词充当，而且还可以由名词性短语充当，同时虽然认为有“名词性子句”（充当句子成分的主要短语）的句子是包孕复句，但还认为这些名词性子句在整个复句里面处在主语或宾语的位置上，这里涉及对句子焦点的思考。复句被分为主从复句和平列复句两大类并若干小类，尤其平列复句被分为5类14种，较为细致。

4. 词类观

《口语语法》较早描写了汉语造词方法，认为“造词方法可以分做三个发展阶段”：“第一阶段是从声音上自然发展得来的”，“第二阶段是从语言上自然发展得来的”，“第三阶段是依据词类在句子里面的先后次序制造出来的”。（同上，P67）对于各类词论述得比较详尽，如对于动词，廖庶谦将之分为六类：①存在动词。这种动词的特征是一个“有”字，表示否定的还有一个由短语变成单词的“没有”。指出过去的语法书将“我有书”“人有手”“昨天有大风”的“有”分别称为“外动词”“内动词”“同动词”不符事实。②联系动词。主要是一个“是”字，此外还有一个“象”字也属于这一类动词。③动作动词。也就是普通文法书上所谓“动词”。他指出“张先生笑”与“张先生笑你”中的“笑”，在应用事实上，已经没有“内动”与“外动”区别，而过去的文法书将这类动词分为“外动词”和“内动词”是不必要的。④质量动词。如“花红了”的“红”，属于质量动词。在文法上，“红”字首先认作动词，然后才认作形容词的。⑤一般动词。如“张三知道李四‘怎么样’了”的“怎么样”。⑥疑问动词。这类的动词过去的文法书上没有提到过，但在事实上存在，如“花‘怎么样’？”这里的“怎么样”便是。廖庶谦主张从句子里头分别词类，因此将处在述语位置上的动词分为存在动词、联系动词、动作动词、质量动词、一般动词、疑问动词六类，并提倡取消外动、内动、同动、主动、被动等区别，因为动词本身无别，作者还要把处于述语位置上的形容词放在动词里，这也是很有见地的。名词的分类更有特色，主要着眼于与名词结合的量词种类来划分的，因而名词小类更像语法的类。

5. 语法研究中的辩证唯物主义观的运用。值得肯定的是作者旗帜鲜明的指出：我们所研究的语法应当是一般大众口头上的语法。我们还要“研究中国文法各个发展阶段上的特点，以及从今以后中国文法发展的正确方向”（同上，P12）。把中国文法本身上发生的规律性，好好地研究出来。作者还对文法研究的范围提出了很有参考价值的意见，认为不但要研究词类、短语、句子，还要研究段落、篇章；不单要分别研究，而且要联系起来综合研究；不单要从句子上去研究，而且要从短语上去研究词类等等。

尽管作者主观愿望很积极，但由于他没有能够正确地理解辩证唯物主义是一种世界观和方法论，在每门特殊的学科中还有其特殊的理论和方法，因而恰恰忽略了“具体问题具体分析”这一更为重要的基本原则。例如他错误地认为“社会进步到一个新阶段”，便产生更进一步的语言和语言里面的文法，他还机械地套用“劳动创造语言”论断，主观地判定词产生的次序为：1. 叹词；2. 动词；3. 名词；4. 介词；5. 述词；6. 副词；7. 形容词；8. 助词。这样的句子和词类的发生顺序的归纳，是出于推向的结论，而没有可靠的证据，因此很难说是正确的。

总体而言，廖庶谦在20世纪40年代的语法研究中做了一些尝试性的工作，但对辩证唯物主义理解比较机械，甚至有庸俗化倾向。

三、杨树达语法观

杨树达（1885—1956），字遇夫，号积微，晚更号耐林翁，湖南省长沙市人。早年考过清朝的科举，1898年进时务学堂读书。1905年留学日本，学习“欧洲语言及诸杂学”，1911年回国，先后在湖南省立第一女子师范学校、湖南省立第一师范学校任教。1920年到北京，先后任北京高等师范学校教授兼中文系主任，清华大学国文教授。1937年回长沙，任湖南大学教授。1953年改任湖南师范学院教授，直至逝世。曾担任湖南大学中文系主任和文学院院长，并为中央研究院院士。新中国成立后，曾任中国人民政治协商会议第二届全国委员会委员，中国科学院哲学社会科学学部委员，湖南省文史研究馆馆长。著有《〈马氏文通〉刊误》（商务印书馆，1931）、《高等国文法》（商务印书馆，1930）等。他的语法观主要有：

1. 批评《马氏文通》之不足

《〈马氏文通〉刊误》是纠正马氏违误之处的专著，曾分篇在杂志上刊载。其自序云：“余自民国初元始读《文通》，颇持异议。八年秋冬之际，家居少事，创述是编，继是北游，续有所述。”全书十卷，归纳“马氏之失，约有十端”：“一曰不明理论；二曰所见不莹（即理论不彻底，作两歧之论），致词类与组织动摇不定；三曰强以外国文法律中文，失中文固有之神味；四曰不知古人省略；五曰强分无当（指对某些词的用法强生分别）；六曰不识古文有错综变化，泥于词位，误加解释；七曰误认组织（句子成分分析不当）；八曰误定词类；九曰不明音韵训诂；十曰误读古书。”该书对《文通》的一些文字训诂方面的错误、技术方面的错误的纠正，大体上是正确的，但就语法理论体系而言，不能说超越了《文通》。

2. 词类观

《高等国文法》是杨树达在汉语语法研究方面的代表作，全书三十余万字，分十章，主要研究古汉语词类，除第一章“总论”外，其余九章，分别论述作者所分定的古汉语的九个词类：名词、代名词、动词、形容词、副词、介词、连词、助词、叹词。这是一部博采众说的著作。作者声称：“是书上采刘淇、王引之、俞樾所著书之说，同时人著作，于总论中颇采胡君以鲁之说；词类各篇中颇采陈君慎侯、章君行严之说。”（《高等国文法·序例》）该书在20世纪30年代有较大的影响。其特点是材料丰富，例句的选择、训释都很精当，并试图以划分词类为中心来分析汉语语法。在词类划分上，该书有不少可取之处，如将动词细分为“普通内动词”“不完全内动词”“关系内动词”“普通外动词”“不完全外动词”“双宾语外动词”“同动词”“助动词”八类；并对“致动”“意动”作了很好的分析。书中对文言虚词的分析也多有超出前人之处，但该书只谈词类，不谈语法特征，不谈语言内部的结构关系，在语法体系的建立方面贡献不大。

3. 语法研究要与训诂相结合

杨氏的语法研究，最显著的特色是虚实交会，即文法与训诂相结合。他曾指出：“凡读书者有二事焉：一曰明训诂，二曰通文法。训诂治其实，文法求其虚。清儒善说经者，首推高邮王氏。其所著书，如《广雅疏证》，征实之事也；《经传释词》，捣虚之事也。其《读书杂志》《经义述闻》，则交会虚实而成者也。呜乎！虚实交会，此王氏之所以卓绝一时，而独开百年来治学之风气者也！”他又说：“盖明训诂而不通文法，其训诂之学必不精；通文法而不明训诂，则其文法之学亦必不至也。”（《高等国文法·序例》）杨氏的研究，既充分地发挥了自己深厚的训诂学功力，又能从语法的角度分析汉语的事实，所以能既超越王氏，又能避免马氏的一些不足之处；由此也可以看出，杨氏的语法研究是注意了继承和借鉴相结合的。他曾说明："王氏虽心知其意，犹未遑创立文法学之术语也"；"吾之于欧洲文法也，借镜也，非因袭也。其同者同之，其异者不必强而同之也。"（该书，P19）继承和借鉴相结合，正是杨氏语法研究能具有自己的特色的重要原因之一。杨氏还特别重视语法研究方法。提出归纳法、比较法和历史研究法。并运用这些方法，总结出一些语法规律。如："疑问代名词为宾语时，不论为外动词之宾语，或介词之宾语，必先置。"（P35）"凡疑问代名词为介词'于'字'於'字'爰'字之宾语时，必在'于''於''爰'之后，为一绝对严确之例外。"（P36）

第十节　传统语法思想的建立

一、20世纪二三十年代传统语法思想代表人物及其著作

在《马氏文通》出版以后，汉语语法的研究显得十分活跃，不少文法书相继出版。总的来说，这些著作一般都是重视词法而轻视句法。从整体上看，仍属于传统语法。

陈承泽的《国文法草创》是一部颇具特色的文言语法著作。该书强调对汉语本身规律的研究和说明，反对模仿西洋语法。他同时强调语法研究的实用性，反对繁冗而无用的分析。他还提出了四个问题：字类系统、字类划界、本用活用、引申顺序，重点讨论了词类的划分问题。认为词的兼类不是活用，首次提出"致动"说与"意动"说，对后来的语法研究具有重要意义。

杨树达的《高等国文法》是在详细订正了《文通》错误的基础上写成的，是《文通》之后内容最丰富、影响最深远的一部文言语法著作。书中重点介绍词类，不谈语法特征与句法关系。

黎锦熙的《新著国文语法》则是在模仿西方传统语法（英语语法）基础上建立起来的中国第一部系统的现代汉语语法著作。此书的出版，标志着现代汉语语法学的正式建立。《文法》着眼于白话语法的分析。在词类方面，黎锦熙对词类的划分是以意义为标准，根据意义将汉语的词分为九种，并概括为五大类。在句法方面，《文法》在分析句子时采用中心词分析法，要求一举找出全句的中心词，让其他句子成分分别依附于中心词。他将句子成分分为三大种。在句法分析上，黎锦熙讲句本位，这是针对西洋的词本位说的。句本位语法是把句本位做中心，把组成句子的六种成分做出发的重点。这一点，比《文通》前进了一大步。黎锦熙在单句成分分析中采用了图解法，这是当时印欧语法中很流行的一种分析方法。但黎锦熙的图解法除了一长横两短竖外，实在都是自创的规矩，跟英文的图解方式并不同。图解的长横线，上方是骨干成分，下方是附加成分，主次分明，紧接双竖线的主语和述语是第一层，述语的连带成分是第二层，附加成分是第三层。《文法》在词法方面也有不少贡献，如明确区分了“字”和“词”。认为字是一个一个的单字，而词是说话的时候表示思想中一个观念的语词。书中还对动词、介词的分类和研究更精细深入，把量词单独列为一种词类，虽然只是名词下的一个小类，但突出了汉语的特点。

上述著作都按意义给词归类，析句用“中心词分析法”，抹杀了句子的层次性，这一不足在几十年以后引入了结构主义语法之后才有所改观。

二、20 世纪 40 年代传统语法思想的代表人物及其著作

这一时期，是中国文法理论的探索和革新时期。这一时期比较重要的语法著作有吕叔湘的《中国文法要略》、王力的《中国现代语法》以及高名凯的《汉语语法论》等，虽然这些书注意到发掘汉语语法的一些特点，但从整体上看，它们还是属于传统语法。它们把意义作为词的分类的重要标准，分析句子的方法基本上是中心词分析法。

1942 年出版的《中国文法要略》是吕叔湘的代表作之一。该书不同于以往文法著作的固有风格，深入探讨汉语结构的特点及其规律，使人耳目一新。吕先生划分词类的标准是“把意义和作用相近的归为一类”，他先把词分为实义词与辅助词两大类七小类。按照词与词相遇时所发生

的关系将词组分为三大类；联合关系、组合关系和结合关系。书中将句子分为四种，书中的析句方法也与众不同，一方面从功能与事物的关系着眼，设立起词、止词等名目以分析叙事句；另一方面，从全局着眼将句子分为主语、谓语两部分。其中对“把”字句和“被”字句还进行了详细深入的研究。

王力的《中国现代语法》运用现代语言学理论，细致描写了汉语的结构规律，解释了汉语语法的特点，建立了汉语语法哲学，有力地促进了汉语语法的研究。该书重视句法，重视词的品级和句子的格式。根据叶斯柏森《语法哲学》的理论把词分为三品。该书将数词单列一类，这是一个贡献。另外，还在语法成分中设立了“记号”一类，记号是一种附加成分。该书在句法方面很突出的一点是对仂语的说明和分析。作者将仂语分为主从仂语和等立仂语两类。在如何区分仂语与复合词的问题上，作者采用了三种方法即插入法、变谓法和并用法。这种区分是语法研究上的一大贡献。该书析句重在句型结构，在成分分析上着力不多。首先将句子按谓语的性质分为三类，然后根据结构特点归纳单句的句式类型，这种细致深入的归纳分析突出了汉语的结构，促进了汉语句法的研究。

对词类问题的看法，高名凯在《汉语语法论中》认为“词类是词的语法分类，每一类的词有特殊的语法意义和语法作用”。他认为，区分词类有三个标准，一是词所表达的语法意义；二是词在句子里的功能；三是“注意词的形态”。高名凯认为对汉语词类的划分应取多项标准，不仅仅是意义标准，这显然是一个进步，但是认为汉语实词不能分类，却是不符合汉语实际的。在该书中，高名凯首创了句类研究。它相当重视句子分类研究，区分不同性质的句子类型。他认为句子可以从不同的角度加以分类。范畴论是高名凯语法著作的重要内容，是高名凯语法思想的重要表现。他认为，语言是表达思想的，语言表达思想，可以有两种方式，“一是有词汇成员的实词来表达思想上的某一概念，一是由语法的结构来表达”。他认为语法范畴是语法意义的概括，逻辑范畴是概念的概括，两者有密切的联系。他认为，研究语法就是要研究思想范畴的表达，看这些范畴到底有多少语法形式去表现。虽然高名凯和吕叔湘一样，也是从表达上来研究语法，但吕叔湘是意念上的表达，高名凯则是偏重于归纳若干范畴来表达。该书也重视结构关系和虚词的研究。他的语法论著中以虚词和词序为纲的骨架是他语法体系的又一特色。他还十分重视语法结构关系，重视研究实词在句子中存在时和其他实词所发生的关系及句子的基本结构。

三、传统语法思想建立的特征

传统语法对语言素材的分类过分注重形式，如句型、句子成分和词类的划分，而交际功能诸因素基本上未予考虑。中国语法学家在运用西方传统语法思想来分析汉语语法时，从不成熟到成熟，从不全面到全面，有其自己的特点。传统语法的特点是给词分类，给句子切分出成分，说明词类与句子成分的对当关系。中国语法学家传统语法思想在词类的区分、句子成分的分析、如何说明词类与句子成分的关系上都有所表现。

1. 词类的区分

黎锦熙将词分为实体词（名、代名词）、述说词（动词）、区别词（形容、副词）、关系词（介、连词）、情态词（助、叹词）5 类 9 种。杨树达在《高等国文法》中分为名、代名、动、形容、副、介、连、助、叹词 9 种。吕叔湘将词分为实体词（名、动、形容词）和辅助词（限制、指标、关系、语气词）两大类 7 种。王力将词分为理解成分（名、数、形、动词）和语法成分（副、代、介、联结、语气词和记号）两大类 10 种。高名凯将词分为实词和虚词两大类，实词不能再分类了，虚词可以分指示词、人称代词、数词、数位词、次数词、体词、态词、欲词与愿词、能词、量词 10 个范畴。

可以看出，黎氏、杨氏都将词分为 9 种，与西欧的传统语法分类基本相同。吕叔湘分为 7 种，王力多分出数词和记号，高名凯认为汉语词没有西欧那样的形态，因此实词不能分类，吕、王、高所分的类与西欧传统语法的分类有所不同，都有对欧洲传统语法思想的拓展。

2. 句子成分

传统语法非常重视对句子成分的分析。传统语法析句的重点就是句子成分，找出主语、谓语、宾语等成分就了事。黎锦熙在《新著国语文法》分析句子时采取中心词分析法，将句子分为主要成分（主语、述语）、连带成分（宾语、补足语）和附加成分（形容性的附加语、副词性的附加语）。吕叔湘在《中国文法要略》分析句子时以动词为中心，不能光拿施受关系来决定主语、宾语，以动词为中心，来摆格式，句子成分有起词、止词、补词（关切、交与、凭借、方所、方面、时间、原因、目的、比较补词）。王力更是突破传统语法，他的语法著作，并没有花什么力量去讲句子成分，在《汉语语法纲要》里只用了“中心”“修饰语”“主语”“谓语”这几个术语来分析句子，并且没有下过定义，而是花很大力气去分析句型，讲究表述效果与语法成分的关系，这是王力对传统语法改革的地方。高名凯在《汉语语法论》中对句子结构分析就根本不谈句子成分，将词和语在句子内部的结构关系分为两大类 5 小类：（一）内在关系：1. 规定关系（相当于主谓、偏正关系）；2. 引导关系（相当于动宾、介宾关系）。（二）外在关系：1. 对注关系（相当于同位关系），2. 并列关系，3. 联络关系（相当于复句之间关系）。

中国语法学家在运用西方传统语法思想来分析汉语句子时，既有继承，也有突破，说明了中国式的传统语法思想的建立。

3. 词类和句子成分的关系

传统语法讲究词类和句子成分的关系。比如名词对应于主语、宾语，动词对应于谓语等等。马氏提出词类通假说，依义定类，随义转类，但最终是词无定类。马氏说：“字无定义，故无定类。而欲知其类，当先知上下之义何如耳”。（《文通校注》，P9）离开句子不能确定意义，意义不能确定就无法判定词类，因此汉语没有词类，这是以意义作为词的分类标准所必然要走的死胡同。汉语没有严格意义上的形态，做主语、宾语的不一定都是名词，但在主语位置上都看成是名词，即“随义转类”，“凡字之有数义者，未能拘于一类，必须相其句中所处之位，乃可类焉”（同上，P8）。这样，只能是字无定类。

“字无定类”说受到人们的指责。人们又提出了“位”“散动”。传统语法把句子成分和词类的关系固定下来，如做主语的是名词、代名词，做述语的是动词，做形附的是形容词，做副附的是副词。而汉语词和词类的关系却是变动的。因此黎锦熙设置了“位”，有主位、呼位、宾位、副位、补位、领位、同位 7 个位，动词主要做述语，不做述语的动词就称为“散动”，将实体词的词性固定，不让它常常发生变化，那么其他词也可以不发生变化，这样，词类和句子成分的对应关系就可以固定了，就便于解剖句子成分了。此外，还有金兆梓 的“活用”说，如“春风风人”，前一个“风”是名词，这是常用的，后一个“风”是动词，是活用，是变式。

为了更好地说明词类和句子成分的关系，人们还提出各种各样的想法、理论，如暂拟系统提出“成分无定类”，主张词有定类，但是某类词并不固定当某种句子成分（如名词可以充当主语、宾语、定语、状语等等），由“词无定类”走向“句子成分无定类”，其实是五十步与百步之差别。

为了补救上述缺点，学者注意两方面的研究。第一，指出某类词主要功能与次要功能，说明体现次要功能须具备什么条件。例如动词的主要功能是充当述语，充当主语是次要功能。动词充当主语时，谓语只能是判断词（如“是”）、使令动词（如“使”）或形容词。第二，发掘次类，用次类说明词类与句子成分之间的关系。如吕叔湘在形容词下边分出“非谓形容词”，这一次类只充当定语。马庆株在名词下边分出“有序名词”，这一次类能充当谓语。朱德熙把形容词分出“状态形容词”与“性质形容词”，也说明词类与句子成分的关系有一定的作用。这里就不详细论述了。这已经是下一阶段（当代，第四章）的内容了。在这里，就这个专题顺便提及，下一章在谈到“传统语法思想的发展”时，也不再赘述了。

第四章　当代（1950 年—21 世纪初）：语法思想的多元化时期

第一节　传统语法思想的发展

中华人民共和国建立后，政治开明，学术思想活跃，国外语言学理论也传到中国来。中国传统语法思想是中国语法的传统思想，但是这一时期也吸收了国外新的语法理论，对传统语法理论加以改造、补充，在传统的框架里，运用结构主义、转换生成语法的理论、方法来解释汉语语法，使之更加切合汉语实际，更加有说服力，更有理论性，中国传统语法思想得到了发展。

一、20 世纪五六十年代传统语法思想

20 世纪五六十年代是中国语法研究的发展与繁荣期。在 20 世 30、40 年代，美国结构主义在中国语法研究中就已经产生初步的影响。这一时期出现的语法著作多运用美国结构主义理论分析汉语语法。但是这一时期由全国一些著名语法学家集体制订的《暂拟汉语教学语法系统》以及根据这一体系在 50 年代和 60 年代编写的各种教材，如陆宗达、俞敏的《现代汉语语法》、黎锦熙与刘世儒的《中国语法教材》、胡附与文炼的《现代汉语语法探索》、郎峻章的《汉语语法》、洪心衡的《汉语语法问题研究》、马汉麟的《语法概要》、陈书农的《现代汉语语法》、张静、张桁的《古今汉语比较语法》等基本上也还是属于传统语法的框架。五六十年代苏联语言学的一些理论对我国语法学也有影响，但是苏联语言学本质上属于西方语言学思想，很多也属于传统语法学的。

“暂拟汉语教学语法系统”把语法分为词法和句法两个部分，词法部分主要讲词类，句法部分主要讲句子成分，认为词类与句子成分之间有对应关系，句子是由词构成的。“暂拟系统”给词下的定义是“词是

最小的，能够自由运用的语言单位”。按照所含的意义成分的多少可以分为单纯词与合成词两类。词类是根据词的意义和词的语法特点来划分的，可以分为11类。该系统反对过去轻视词法的传统，对各类词的语法特点作了详细的说明，使词类划分有了科学的基础。该系统认为句子是语言的运用单位。它对句子的分析仍然坚持传统的观点，认为句子基本上是由词构成的，而且主要是由充当主语与谓语的两个词构成的。主语和谓语是句子的主要成分，宾语、定语、状语等是句子的次要成分。还有两个特殊成分即独立成分与复指成分。“暂拟系统”对谓语的分析较为详细，设有“合成谓语”和“复杂谓语”的名目。它将单句分为两大类即“双部句”和“单部句”。该系统是第一次归纳了汉语的句子结构类型，这对语法研究是很重要的。在析句中采用了“句子成分分析法”，这确立了语法形式和语法意义相结合的思想。张斌说：“中心词分析法或称为成分分析法，是传统语法的析句方法。它的特点是尽可能让单个的词充当句子成分。”（《汉语语法学》，上海教育出版社，2003，P51）该系统还有“名物化”说法，认为动词、形容词处在宾语和主语的位置上，会丧失本身的一些特点，取得名词的特点。从根源上看，这一提法显然是机械照搬印欧语法的结果。黎锦熙的“依句辩品”说也源于此。

二、20世纪80年代以来传统语法思想的发展

80年代以来，是更为深广和多元化的语法思想时期。这一时期汉语语法学虽然借鉴和吸取了传统语法学以外的各种语法理论和方法，摒弃了传统语法学的某些缺点，然而在汉语语法研究中，特别是在语法教材里，传统语法的一些概念、术语以及某些分析方法仍然得到广泛的运用。

20世纪80年代析句方法的讨论主要是围绕传统语法的成分分析法和层次分析法的长短优劣以及能否结合等问题展开的。通过讨论，人们普遍认为，可以吸收传统语法成分分析法中句子成分的概念，吸收层次分析法中反映语言层次的观点，可以使汉语的析句方法更为科学。1984年公布的《中学教学语法系统提要》和几部代表性的高校现代汉语教材对析句方法都作了相应的修订，不同程度地将传统语法成分分析法和层次分析法相结合。张斌说：“1984年公布试用的《中学教学语法系统提要》是对上述语法系统（指传统语法——引者注）的改良。析句方法试图兼顾传统结构层次。”（同上，P52）

这一时期，语法研究的三个平面理论逐渐成为我国语言界的一个重要论题。这一理论有继承传统语法的地方，即重视句法成分的分析，重视虚词和语序的研究，也重视句子的格局和句型的研究。这也是对传统语法思想的一个发展。

一些语言学家的语言论著，也体现了对传统语法思想的发展。史存直的《语法新编》是刻意建立一个新体系的语法书，它是以句子本位，形式和内容对戡而以形式为纲，句法与词法对戡而以句法为纲的三条原则来编写的。析句上采取句子成分分析法，将六个成分划分为三个层次（主语、谓语是主要成分，宾语、补语是连带成分，定语、状语是附加成分）。对词进行分类时，采用功能标准，即词在句子里的用途、用法。任学良的《汉语造词法》论述了汉语造词的五种主要方式：词法学、句法学、修辞学、语言学、综合式造词学。他对词下了个新的定义：词是造句材料，是句子的最小单位。作者认为汉语造词法的最大特点是：以词造句，结构复杂，造词法和造句法全面一致，这是作者深入分析语言现象，根据他给词下的定义揭示的汉语造词的规律。杨伯峻、何乐士的《古汉语语法及其发展》是对古汉语的特点及词法、句法作了简要的论述。在尽量吸取众多学者研究词类所取得的成果的基础上，概述了词类划分的依据，列举了词类的全部成员。下编句法详细分析了谓语的各种结构及复句的构造，并扼要分析了语段。吕冀平的《汉语语法基础》采用的语法体系是“暂拟系统”。他将语法单位定为4个：词类、词、词组和句子。把词分为11类，论述了合成谓语、复杂谓语等。但吕冀平认为“连动式”和“兼语式”的名目应该取消。吕冀平认为，从意义出发，根据施受关系的析句标准，缺点是很多的。在实际应用上，它驾驭不了现代汉语中复杂的动词谓语句，分析起来困难重重，我们如果采取这一标准来分析汉语的动词谓语句，那么科学的句法体系是不容易建立起来的。所以他对“暂拟系统”又有所改造。王维贤的《现代汉语语法》（与卢曼云合作）是在传统语法思想框架下吸收结构主义思想进行的语法研究。该书将词分为11类：名词、动词、形容词、数词、量词、代词、副词、介词、连词、助词和叹词、拟声词。将句子成分分为主、谓、宾、定、状、补。实词与实词组成词组，如偏正词组、动宾词组、联合词组、主谓词组、中补词组等。将实词加上虚词的单位称为“特殊词组”，在介绍时仍称为“的字结构”“介宾结构”“方位结构”等，即区分“词组”和“结构”。把连谓谓语句、兼语谓语句和能愿谓语句称为复杂语句；首先将复句分为联合复句和偏正复句。《现代汉语语法》的语法体系以“暂拟系统”为依据，又对“暂拟系统”作了一定的改进。如将“词组”单列为一章，可见作者对词组地位十分重视。在分析单句时，首先将单句分为主语部分和谓语部分，主语部分可以分为定语加主语，谓语部分根据谓语的类型再划分。在分析句子时，采用了层次分析的方法。可见作者对传统语法做了重大的改进。黄伯荣、廖序东的《现代汉语》（1979）也是在传统语法思想框架下吸收了结构主义思想进行的语法研究。把语法单位分为语素、词、短语和句子 4 个等级。在析句上，坚持形式和意义相结合的原则，必须从小到大，基本二分；寻枝求干，最后多分，这样就把不同层次的多种成分排列出来，吸收了句子成分分析法和层次分析法的优点而熔于一炉。该书取消了合成谓语、复杂谓语、复指成分等名称。对暂拟系统多有改进。张静的《新编现代汉语》语法部分也对传统语法的“暂拟系统”有所改进，如取消了词的附类，取消合成谓语，取消名物化，把“着、了、过”归入动词词尾，把“地、得”归入连词，取消连动式和兼语式，析句上提出“结构中心分析法”等。

第二节　结构主义语法思想的肇端与发展

一、结构主义语法思想的传入

20 世纪初，索绪尔出版了《普通语言学教程》，提出了结构主义语言理论，区分语言和言语，区分断代与历代，注重结构关系，重视口语。20 世纪 30 年代，美国的一些新教派为了广泛传教的需要，和语言学家联合办起了“暑假语言学讲习所”。因为传教涉及的地区的语言没有文字，所以描写语言学家们面临的任务就是为这些语言制定文字，以便翻译圣经；同时还得对传教士进行语言培训，传授语言描写分析技巧。描写语言学的语言分析方法以及用这种方法制定的文字也随之被带到了世界各地。

从世界语言学史看，20 世纪上半期，结构主义语言学占主导地位，其中以布龙菲尔德、海里斯为代表的美国描写语言学影响越来越大。结构主义是针对历史比较语法而发展起来的。历史比较语法注重书面语言、注重个别语言事实的研究、注重解释、注重发展；而结构主义语法注重口语、注重系统、注重描写、注重断代的事实。跟传统语法相比，结构主义语法把语言看成一个结构系统，注重口语和语言的共时描写，描写中注重结构形式而尽量避开意义，在结构分析时主要运用分布分析法和替换分析法，分析语言结构时注重语言结构的层次性，以直接成分分析法（层次分析法或二分法）来分析各级语言单位。结构主义的系统观、层次观、功能观、形式观相比传统语法来说，更加接近了语法本质的认识。

结构主义在中国的传布和发展有一个曲折的过程。20 世纪 30 年代，西方结构主义语法学开始传入我国。较早引进结构主义某些理论来研究汉语语法的，当推陈望道、方光焘和陆志韦。陈望道指出根据“功能”，从配置（即组合关系）求会同（即聚合关系）来决定词类的观点，方光焘强调区分语言和言语，主张区分断代与历代，提出用“广义形态”（即词和词的结合关系）来区分词类的观点。20 世纪 50 年代中国学者开始对结构主义方法进行一些借鉴和尝试，陆志韦的《北京单音词词汇》是运用结构主义方法的最早的一本书。

1948 年美籍华人赵元任出版了用英文写的《国语入门》，其中《序论》是用美国结构主义描写语言学方法写出的第一部现代汉语语法著作。1952 年李荣翻译出版了《北京口语语法》（即赵元任《国语入门·序论》），把这本用描写语法学方法系统分析现代汉语语法的著作介绍到了国内，引起了国内语法学界的注意和兴趣。赵的《国语入门·序论》通过显然不同于传统语法的路子挖掘汉语的特点，整理出汉语语法体系，给人以耳目一新的感觉。书中关于造句法、构词法的分析以及根据词的组合关系来划分汉语词类等方法，都对此后的汉语语法研究产生了很大的影响。我们现在在汉语语法分析中常用的如“并列结构、动宾结构、主谓复合词、并列复合词”等术语都首见于《国语入门》。

虽然早在 20 世纪 30 年代，索绪尔的结构主义语言学思想就已经传入我国，当时我国的语言学界也已经注意到布龙菲尔德的描写语言学理论，但我国的语法学家真正运用结构主义描写语言学的理论和方法，按照新的、完全不同于传统语法的范式进行汉语语法的研究和探索，却是开始于 50 年代。从 1952 年开始以《语法讲话》为名在《中国语文》上连载，并于 1961 年结集出版的《现代汉语语法讲话》（丁声树等编著），就是基于结构主义新范式的研究和探索的成功的代表作。

《讲话》主要依照分布划分词类，用层次分析法分析句子，最引人瞩目的是确立了汉语的五种基本句法结构。把汉语基本句法结构的概念与层次的概念结合起来分析各级语法单位，不仅层次分明、关系清楚，而且简单实用，可以说是结合汉语特点运用描写语言学理论方法的一个创造。《讲话》吸纳了《国语入门》的精髓，体现出创新的精神，其问世标志着汉语结构主义描写语法学范式的初步形成。

由于结构主义描写语法学是对传统语法学的反动，二者在理论基础、分析方法和语法体系上的对立在国外就曾引起过激烈的争论；汉语描写语法学的初步形成，也同样引发了汉语语法学界有关汉语词类、主宾语以及析句法等问题的大讨论。论战首先在词类问题和主宾语问题上展开。在词类问题讨论中，胡裕树、张斌等主张用词与词的“结合关系”来区分词类，继承了方光焘的“广义形态”论的结构主义观点。在主宾语问题讨论中，许多学者主张根据名词的位置来确定主语和宾语，在动词之前的是主语，在动词之后的是宾语。这实际上也是受了结构主义重视结构、强调形式的思想的影响。虽然讨论最后没有定论，但引起了汉语语法学界对语法构造、语法形式的重视，加强了汉语语法研究者对语法研究中必须坚持形式和意义相结合原则的认识，使结构主义描写语法学的句法理论和体系在汉语语法学界得以普及并随着研究日益深入显示出其相对于传统语法学的优越性。

《中国语文》1957 年还开展过单、复句划界问题的讨论。由于汉语词类和主宾语问题的大讨论，结构主义的方法理论在汉语语法学界已开始渐入人心，所以在这次讨论中意义标准受到了否定，参加讨论的语言学家们都力图寻找外在形式标准，从形式上将汉语的单、复句区分开来。在这次讨论中语言学家们归纳出“结构上互不包含”等形式标准后来为语法学界普遍接受，成为汉语区分单、复句的主要标准。

50 年代继《现代汉语语法讲话》之后，用结构主义描写语法学方法写成的另一部重要著作是陆志韦等编著的《汉语的构词法》。该书在同形替代的基础上提出了用扩展法作为确定词的界限的形式标准，以代替词义及概念等意义标准。扩展的方法来源于美国描写语言学，但陆志韦的这种确定词的方法比布龙菲尔德的自由形式细致，比赵元任的利用语音停顿断词客观，发展了结构主义的构词法研究。

《现代汉语语法讲话》和《汉语的构词法》是运用结构主义理论分析汉语的两个杰出范例。

20世纪60年代，有些语法学家开始比较系统地借鉴结构主义的理论和方法来描写汉语语法。在论文方面有朱德熙的《现代汉语形容词研究》《说“的”》和《关于动词、形容词名物化的问题》，吕叔湘的《说自由和粘着》《关于语言单位的同一性等等》，以及范继淹的《动词和趋向性后置成分的结构分析》等。朱德熙的《现代汉语形容词研究》运用美国结构主义描写语言学有关分布的理论思想，根据形态和句法功能两方面的特点，把形容词细分为性质形容词和状态形容词。《说“的”》一文把现代汉语里使用频率最高的“的”分析为形式相同的三个语素：副词性语法单位的后附成分、形容词性语法单位的后附成分、名词性语法单位的后附成分。该文不仅分析方法独特，所得结论跟传统语法不同，更重要的是文中全面、系统地引进了“功能、分布、层次、同一性、常体、变体、互补、变换”等描写语言学的概念、方法和原则，并使之与汉语语法专题研究结合起来。文章发表后，在国内引起了很多反响，黄景欣、吕叔湘、方光焘、陆俭明、言一兵等分别撰文或作报告，讨论由《说“的”》一文引起的有关描写语言学的方法、原则、术语的理解和运用问题。

方光焘在南京大学语言专业组织师生讨论，并作了《论语言记号的同一性》《我们从〈说“的”〉一文中学习些什么》《〈说“的”〉讨论总结》等报告，认为“朱德熙这篇文章的重要性在于它在方法上采用了美国结构主义哈里斯的方法……这样的尝试，是值得学习的”。“尽管朱先生的文章里还可能存在某些缺点和问题，可是朱先生运用新的有效方法，却也得出了许多正确的结论。我们认为：这篇文章不仅在方法论上是有重要的意义，而且对现代汉语语法研究也起了一定的促进作用”。正是在方光焘的鼓励和指导下，黄景欣在《中国语文》1962年第8、9期上发表了《读〈说“的”〉并论现代汉语语法研究的几个方法论问题》，与朱德熙展开讨论。

随后吕叔湘就朱德熙和黄景欣的讨论，发表了《关于“语言单位的同一性”等等》（《中国语文》1962年第11期）一文，参加关于现代汉语语法研究方法问题的讨论，认为他二人的文章引起了读者的很大兴趣，因为“研究汉语语法，采用什么样的方法才能取得比较圆满的结果，这是多年来未能很好解决的问题。这两篇论文讨论的虽然只是一个‘的’字，却涉及研究语法的整个方法问题，自然会引起我们的兴趣”。“我们的目的不在于判断两篇论文的是非曲直，我们的目的是要弄明白描写语言学的方法究竟是怎么样的方法，又如何应用于汉语研究上”。

这次涉及描写语言学在中国进一步引进、运用以及现代汉语语法研究方法论的讨论，参加的人不多，文章也不多，但仅有的几篇文章质量都较高，对后来的语法研究影响也很大。1966 年朱德熙又发表了《关于〈说“的”〉》（《中国语文》1966 年第 1 期）一文，算是对参与讨论的人的一个答复，并重申和补充解释了《说“的”》一文的观点。

二、汉语析句方法的讨论与汉语结构主义描写语法学的发展

1979 年吕叔湘出版《汉语语法分析问题》，对我国的语法研究作了历史性的总结，并指出了今后研究的方向，汉语语法的研究在一步步复苏并趋于活跃。随着结构主义描写语法学思想影响的日益扩大，人们越来越感到中国的传统语法欠科学，“暂拟系统”毛病甚多，要求修改教学语法体系的呼声日高。于是，1981—1982 年，针对“暂拟系统”在长期使用中暴露出来的严重缺陷，并为配合“暂拟系统”的修订，在《中国语文》杂志上开展了关于析句方法的讨论。讨论的焦点集中在：1. 成分分析法和层次分析法的优劣问题；2. “暂拟系统”的所谓“复杂谓语”“合成谓语”“宾语前置”“动词形容词名物化”等说法的合理性问题。在讨论中，传统语法学观念和句子成分分析法带来的一系列不合理的分析和说法受到了质疑。讨论的直接结果是促成了 1981 年哈尔滨“全国语法和语法教学讨论会”的举行和“暂拟系统”的修订。通过 20 世纪 80 年代初的析句方法大讨论，使描写语言学的主要分析方法——直接成分分析法（或谓层次分析法、IC 分析法、二分法）——逐渐成为汉语语法研究中的主要析句方法并得以在教学语法中运用，从此结构主义的层次、功能、分布、替换、扩展、切分、同一性、客观描写等观念逐渐深入汉语语法学。尤其是词类问题上的功能（分布）观、重视句法结构的短语中心论、句法分析的层次观、强调客观描写事实而形成的务实学风等，加深了人们对汉语语法结构的本质认识，明确了对汉语结构的分

析既要重视结构层次，也要重视结构关系。此后，无论在教学还是在研究领域，层次分析法被广泛运用，汉语结构主义的理论方法在讨论与应用中也取得了进一步的完善与发展。

三、汉语结构主义描写语法学的成熟

20 世纪 80 年代初的汉语析句方法大讨论和对“暂拟系统”的修订确立了汉语描写语法学的主流地位。20 世纪 80 年代汉语描写语法学的代表性人物和著作当推朱德熙和他的《语法讲义》《语法答问》《语法丛稿》。朱德熙在 20 世纪五六十年代的语法研究中已经成功地运用描写语言学的分布分析法、直接成分分析法（层次分析法）等分析方法描写和分析汉语语法。在 20 世纪 80 年代发表的论著中，他在分析方法上综合运用了传统分析法、层次分析法与变换分析法等，将语言的结构分析与语义分析结合起来，深刻分析了汉语各种句法结构；在体系上明确提出并建立了词组本位的汉语语法体系；在理论上阐述了“汉语词类与句法成分是一对多对应”的理论观点、“汉语句子的构造原则同词组的构造原则基本上是一致的”理论观点及“汉语语法研究应以词组为本位”的理论方法和“关于将横向的汉语方言之间的比较研究、纵向的古今汉语之间的比较研究与对标准语的研究相结合”的理论方法，使汉语语法研究取得了突破性的进展。

在理论语言学界，20 世纪 80 年代初出版的李兆同和徐思益的《语言学导论》（新疆人民出版社，1981 年）、叶蜚声和徐通锵的《语言学纲要》（北京大学出版社，1981 年）都在“语法”章节主要介绍了结构主义的语法理论。徐思益还专门写了《描写语法学初探》（新疆人民出版社，1981 年）一书，成为国内第一部系统地研究描写语法学的理论、方法的专著。理论语言学工作者还译介了大量描写语言学的专著，扩大了描写语言学在汉语语法学界的影响。吕叔湘《汉语语法分析问题》虽然主要是在传统语法的间架里谈问题，但对结构主义的引介也不少。结构主义的描写语言学理论方法成为新时期汉语语法学的主流，朱德熙、范继淹、李临定、陆俭明、邢福义、龚千炎、刘月华等一大批老、中、青语法学家所取得的成就都可以说是这一主流的体现。当然，中国的结构主义或描写语法有中国的特色，不是纯粹的结构主义。这表现在中国的结构主义一是在充分重视语义的基础上讲究形式和意义相结合，不单纯讲形式，即便讲层次，也同时讲关系、讲定性；二是结构主义主要是与多元化倾向结合在一起的，中国的结构主义主流中融汇了其他思潮，尤其在 20 世纪 80 年代中后期这种主流与多元相结合的趋势更加明显。

第三节　转换生成语法思想的肇端与发展

“生成语法（Generative Grammar）”早期称“转换语法”或“转换—生成语法”，20 世纪 80 年代以后又称“管辖与约束理论”和“原则与参数理论”。生成语法的“语法”不但包括句法学，也包括与句法有关的语义学和音系学，实际是一种语言学的理论。狭义的生成语法专指由美国语言学家乔姆斯基（Noam Chomsky）创立的、以他的著作为代表的一种语言学理论，广义的生成语法还包括由该理论衍生或与该理论参照的相关语言学研究。在西方语言学界，生成语法是最重要和最有影响的语言学理论之一。一般认为，生成语法学与历史比较语言学、结构主义语言学分别代表了现代语言科学的三个重要发展阶段。

生成语法是在结构语言学基础上发展起来的，但由于发现后者关于“分布”“替换”等原则的一些局限性，所以提出了一系列新的原则和方法，并试图实现更高的理论目标。概括地说，一是在语言学研究的对象上，生成语法主要研究人类普遍的获得和识别语言的内在能力，而不仅仅是对具体语言外部现象的一般性描写；二是在语言学研究方法上，生成语法主要建立对语言规划演绎推导的解释程序，而不仅仅是采用对语言材料归纳分类的发现步骤；三是在语言学研究的目标上，生成语法主要追求语言分析的形式化和精密化，使语言学成为有充分解释力和演算力的实用科学和自然科学，而不仅仅把语言分析看做是人文科学范围内社会文化知识的诠释或语言教学的一部分。生成语法理论近年来对汉语研究特别是汉语语法研究产生了重要的影响，并在某些领域得到了一定程度的运用，取得了部分成果。

一、转换生成语法思想的肇端

实际上，在西方产生转换生成语法思想之前，中国的语法研究中，早有类似西方转换生成语法思想的转换语法思想的产生。

刘复在《中国文法通论》中谈到要求“精细”的时候运用了转换分析。他说：“譬如讲一个表示位置的‘在’字，若只说这便是英语的‘at’，法语的‘a’，那简直是讲等于不讲。我现在就以这个字为例，看他的变化……”在这后面他列出了（A）（B）（C）三组11对转换的例子，再加3对“把”字句的转换例子。（参见原书P131—133）美国华裔学者邓守信1975年出版的《汉语及物性关系的语义研究》一书中用的例子是：“a. 他在房子里写字。b. 他把字写在房子里。c. 他在黑板上写字。d. 他把字写在黑板上。”（中译本，P16）邓守信的例子和刘复的例子几乎完全相同，只是把“书房”改成“房子”，把“纸”改成“黑板”罢了，可见他有可能读过刘复的书。

其实，关于转换的思想，早在20世纪40年代出版的吕叔湘的《中国文法要略》一书里就有了。该书在谈到“句子与词组的转换”时说，“大概说来，相同的几个概念，可以配合成句子，也可以配合成词组；所以一句现成的句子大概可以改换成一个词组；大多数的词组也可以改换成句子”。作者还进一步探讨了判断句、叙事句等的转换问题。可惜的是，这种转换的思想当时并没有引起研究者们足够的重视，更没有进一步地加以研究，上升为系统的理论。以后有些语法学家也注意到句法中某些词组可以改变位置而句子的基本语义不变的情况，例如张志公《汉语语法常识》中专门讨论了“常式”和“变式”之间的对应关系，这同乔姆斯基核心句与非核心句理论十分相似。但是，这种所谓的“变换”都只是偶一为之，即没有成为一套完整的理论体系，因而没能引起人们的普遍重视。

二、转换生成语法思想的建立

国内第一个有意识运用“变换”方法分析汉语语法的是朱德熙，他在1961年《说“的”》一文中，用“我是会写的”来证明其中两个“的”字都是“的$_3$”，但这个证明不很成功，因为增添“是”以后很难保证变换前后的句式语义相同。尽管如此，吕叔湘对这种方法本身大加赞赏，并极有远见地指出：“变换肯定是语法研究中一种极有潜力的方法。”后来，朱德熙又在《句法结构》中成功地分化了狭义同构体：“Mf+D+着+M”，它的意义不仅仅在于为分析汉语语法提供了一种新的分析方法，还在于打开了人们的眼界，看到形式与意义之间存在着错综复杂的对应和不对应的关系。1979 年他在《“在黑板上写字”及其相关句式》中用变换分析分析歧义句式，在现代汉语分化歧义句上，“层次分析法”优于“句子成分分析法”，而乔姆斯基的转换生成法的转换规则分析歧义句式的能力强，也就是说层次分析能分析的歧义句式，转换规则能分析；层次分析不能分析的歧义句式，转换规则也可以分析。可见转换规则在跨越时空的今时今地仍发挥着它的不可替代的作用。随后在《变换分析中的平行性原则》（1986）、《汉语句法分析方法的嬗变》（1992）等又专门说到这一方法。他还在《句法结构》一文中运用转换方式来检验语法结构的形式和意义是不是一一对应。运用转换生成语法的转换手法，变换一些狭义同构的语言材料，的确可以检验意义和形式结合情况，从而把语法结构分析得更为精确。特别需要指出的是，①朱德熙一直声明自己的变换更接近于哈里斯的变换，言下之意不同于乔姆斯基的变换，因为这种变换不是指由深层结构到表层结构的一种语句生成过程，而是揭示形式相同而意义不同或形式不同而意义相同的某些句式之间的对应的一种手段。②采用变换手法，是因为在句法分析中碰到运用层次、扩展、替换等都不能解决问题，因而必须在分析方法上予以改进。换言之，变换只是一种分析方法。显然，只有注意到这两点，才能准确地认识到转换生成语法研究理论在汉语语法研究中不同阶段所起的不同作用，以及人们对这种理论认识不断深化的过程。

20 世纪 70 年代后期，乔姆斯基的理论全面地、系统地、集中地被介绍到国内来了，形成对汉语语法研究的一个新的冲击波。这个阶段有几个明显的特点：①乔氏理论本身也有一个不断补充、修正与发展的过程。这时，第二阶段的标准理论正处于统治地位，因而理所当然地引起了国内的青睐，从而避开了第一阶段某些比较粗疏观点的影响。②转换生成语法学派本身已经开始分化，并相继形成了“格语法”、“生成语义学”、“切夫语法”、“系统语法”等，这些源于乔氏理论而又持不同观点的学派先后被介绍进来，因而，汉语语法学界就可能进行比较、鉴别、取舍，从而更广泛地吸收各家之长，融会贯通，而不只借鉴乔氏一家之说。③这种理论，在解决汉语语法本身问题的过程中，经过中国学者的消化、更新，有所发展，并逐步形成自己的研究风格和特色。

这个阶段的有关研究主要集中在三个方面：①歧义结构的分化；②汉语句型的动态研究；③计算机语法的构拟。这些研究都涉及一个根本性的理论问题：对深层结构的理解和分析。对深层结构的理解存在明显的分歧，有人认为根本不存在着什么表层结构和深层结构的区别。即使承认有深层结构的人对此理解也不相同。有人把它解释为一种结构关系，例如“SVCO”有五种深层结构：①$S^SV^P+S^S$（CO）^{P}，②S^S（Vo）$^P+O^SC^P$，③$S^SV^P+O^SC^P$，④S（VO）$^SC^P$，⑤S^S（有 O）$^P+O^SV^P+O^SC^P$，然后语义（如施事、受事、工具）再对此结构加以说明。也有人提出“潜主语”“潜宾语”“潜定语”“潜状语”的名称，同时又使用“施事”“受事”等术语，可见，深层结构和语义结构是两套东西。当然，也有人把深层结构直接理解为语义结构，即取消“潜主语”等名称，而用语义关系来解释深层结构。从国内研究情况来看，这种分歧的对立并不突出，因为不管具体如何解释，深层结构和表层结构的对立与联系对形式与意义的对应关系有很强的解释力。现在的研究有两个侧面，一是研究同形歧义句，着眼于分化；一是研究同义歧义句，着眼于沟通，两者异曲同工，殊途同归。

三、转换生成语法思想的发展

国内全面系统地运用转换生成语法理论来描写汉语语法的是汤廷池。汤廷池曾有一段相当长的时间在美国学习和研究，这对他了解当时的一些新的语言理论特别有利。在具体的研究实践中，汤廷池就很善于将了解的西方语言理论，特别是乔姆斯基的转换理论、菲尔墨的格语法理论以及生成语义学理论与汉语语言事实结合起来。因而与其他的汉语语法学家相比，汤廷池可谓是独辟蹊径，因而也特别地引人注目。他也正因为创作了汉语的首部变换语法《国语变形语法研究——第一集：移位变形》（以下简称《移位变形》）而声名鹊起。

汤廷池在汉语语法研究中为什么要走一条与其他的语法学家不同的路子呢？汤廷池是这样给我们解释的。他说：“以往国语语法研究最大的缺点，还是在于过去的中国语言学家所依据的欧美语言理论本身具有严重的缺陷，无论是在语言本质的基本认识上，或是语言研究的方法论上，都有先天不足之感。”他认为“我们今天要想从事国语的研究，无论研究的对象是音韵、语义或是句法，都必须迎头赶上，学习现代的语言理论，不但要接受新的观念，更要采用新的方法，方能获得丰硕的成果。”（《移位变形》，台湾学生书局，1979，P28）

《移位变形》是汤氏的成名之作。作者自称写该书的“第一个目标是对于国语变形语法，特别是移位变形，做有系统而深入的研究。第二个目标是用中文来讨论国语文法，并借此机会把现代语言理论与方法论扼要介绍给国内的读者”。就我们所知道的，这是第一部系统地并卓有成效地运用乔姆斯基转换理论来分析汉语语法的专著。该书分四章：（一）导论：主要介绍有关语法研究的一些基本概念，写得较为通俗。（二）现代语言学的发展和分化：介绍转换生成语法的基本观点、它的发展过程以及当时鼎足而立的三个流派——乔姆斯基的“扩充的标准理论”、莱柯夫的“生成语义学”和菲尔墨的“格语法”。（三）国语的移位变形：这是该书的重点，所占篇幅最多，也写得最精彩。作者先介绍一般的变形规则：基本变形、移位变形、割除变形与复写变形、循环变形、结构树的修剪等内容。然后分别讨论汉语中 13 种具体的变形规律及其条件限制。这些变形规律是：主语变形、主题变形、向左移位变形、宾语提前变形、处置式变形、被动变形、间接宾语提前变形、领属格名词词组移位变形、副词移首变形、“连”提前变形、宾语子句移首变形、主语提升变形、否定词定位与定量词定位变形。（四）移位变形的限制：主要介绍国外几位学者关于变形移位限制的原则意见，这方面的内容较前面相比，显得较为单薄。

以上是汤廷池转换生成语法观的简介，下面我们举个具体的例子来看汤廷池是如何运用西方理论来研究汉语的。

如词组 X 包含于较大的词组 ZXW 中，而 X 与 ZXW 都同属于语法范畴 A，那么所有适用于 A 的变形规律都不适用于被包含的 A，而只适用于较大的 A。这就是转换理论中的“A 冠 A 原则”。如图所示：

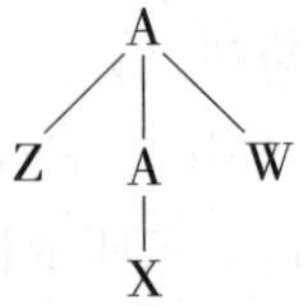

作者说国语句法中的许多移位变形，也受这个“A 冠 A 原则”的支配，如：

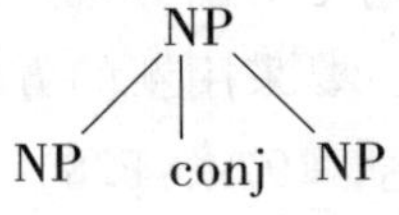

根据“A冠A原则”，只有最高的NP（即整个“并列结构”）可以移位，而底下的两个NP（即由“对等连词（conj）”所连接的两个名词组）都不能移位。如：

a. 来了［（张三）NP跟（李四）NP］NP

b. ［张三跟李四］来了。（主语变形）

c. ？［张三］来了［跟李四］。

d. ？［李四］来了［张三跟］。

经过20世纪70年代末到80年代初的反复实践、不断摸索，同时受到乔氏最新理论的影响，汉语语法研究出现新的动向。

一是根据汉语语法特点，修正或补充乔氏理论。例如范继淹《多项NP句》（《中国语文》1984年第1期）修正了乔氏的重写规则（S→NP+VP），因为汉语中一个句子可以没有NP，也可以没有VP；可以有几个NP，也可以有几个VP，因此，汉语的重写规则应改为：$S \to NP_1 + NP_2 + \cdots\cdots + NP_n + VP_1 + VP_2 + \cdots\cdots + VP_m$，其中n值域为0—4，m值域为0—5。同时又提出“派生过程”以区别于“转换程序”，目的是用来掌握汉语句式的多功能性。

二是对变换成立原则的探讨。变换前后句式的意义是否改变，以及变换得以成立的原则这两个问题历来是大家所关心的。朱德熙的《变换分析中的平行性原则》（《中国语文》1986年第12期）试图回答这个问题。由于句子里组成成分之间的语义关系是有层次的，即分为低层次语义关系和高层次语义关系，因此，变换前后句式的语义不变的是低层次语义关系，变的是高层次语义关系。变换式成立的可靠性有一个鉴别标准，就是“平行性原则”，即当只是A_1和B_1意义上的差异与A_2和B_2意义上的差异相当时，才能保证$A_1 \to B_1$和$A_2 \to B_2$属于同类型的变换。总之，指出语义关系有高低层次之分以及提出变换的平行性原则都具有重大的理论意义和现实的指导意义。

三是对乔氏最新的制约理论发生兴趣，徐烈炯《管辖与约束理论》（《国外语言学》1984年第2期）作了精辟而深入的介绍；赵世开《语言结构中的虚范畴》（《中国语文》1985年第1期）运用虚范畴理论尝试解释了一些汉语现象，颇有启发。吕叔湘在《汉语句法的灵活性》（《中国语文》1986年第1期）中着重探讨了移位和省略，虽然未作理论上的解释，但举出丰富的语言材料，给人以启迪。邵龙青《汉语语法分析中的零形式》(《语文研究》1984 年第 1 期) 认为"语言中 O (零) 也只是在与 Y (有) 对立和联系中","才存在于 W (序列) 的某个空位上"。这是国内公开发表的第一篇涉及零形式的语法论文,其实,有关研究早已进行,例如徐烈炯的《移位、空语类与领属条件》以及宁春岩的《汉语空范畴研究》(均见《1983 年哈尔滨国际生成语法讨论会论文集》)。虽然目前有关研究还没有深入地发展,但是,省略、移位以及由此产生的空位问题将有助于人们进一步了解语言结构中语法和语义的表达及其规则。

生成语法理论近年来对汉语研究、特别是汉语语法研究产生了重要的影响,并在某些领域得到了一定程度的运用。许多中国学者把转换生成语法的理论用于描述和解释汉语语言现象取得了许多成果;不过,国外和国内在研究取向和深度上还存在差异。国外的汉语生成语法研究以理论建设和专题研究为主。近年来,一批曾经在或仍在美国或欧洲学习工作的汉语学者,运用生成语法理论写出了一定数量以汉语为研究对象的语法专著和论文,对一些语法现象的分析和解释达到了相当的深度。国内的汉语生成语法研究目前还是以理论介绍和尝试性研究为主。首先,不少语言学刊物登载了介绍生成语法的文章,也出版了一些介绍性著作,除翻译出版了乔姆斯基几本专著以外,重要的有《生成语法理论》(徐烈炯 1988)、《语义学》(徐烈炯 1990)、《美国语言学简史》(赵世开 1989)、《美国理论语言学研究》(方立 1993) 等。其次,多次召开国外语言学研讨会和专题的生成语法学讨论会,交流了生成语法的汉语研究成果。1984 年在哈尔滨召开了汉语生成语法研讨会,并出版了论文集(内部发行)。再次,一些大学开设了介绍和研究生成语法的课程。华东师范大学 1981 年请美国佛罗里达大学陆孝栋开设"转换生成语法"专题讲座,复旦大学徐烈炯 1986 年开设"生成语法理论导论""语义学"等专题课程,北京大学沈阳 1994 年开始开设"汉语生成语法研究专题"课程,解放军外语学院程工和广州外贸大学宁春岩开设"生成语法研究"课程等。

接着不少学者都将这转换分析运用到汉语的分析之中,研究方面较有代表性的成果有:李临定的《汉语比较变换语法》,陆俭明的《变换分析在汉语语法研究中的运用》,傅雨贤的《"把"字句与"主谓宾"句的转换及其条件》《被动句式与主动句式的变换》,袁毓林的《论变换分析法》，徐烈炯对汉语空语类和语义控制、约束关系的研究（《与空语类有关的汉语语法现象》，1995），赵世开对汉语空语类和代词所指关系的研究（《语言结构中的虚范畴》，1986），沈阳对汉语空语类和句法结构与语义解释对应关系的研究（《现代汉语空语类研究》，1994；《名词短语的多重移位形式及把字句的构造过程与语义解释》，1997），程工关于汉语反身代词的研究（《生成语法对汉语“自己”一词的研究》，1994），邢欣关于汉语递系结构的研究（《汉语递系结构研究》1990），徐烈炯和沈阳关于汉语题元结构的研究（《题元理论与汉语配价问题》，1998），王艳《转换生成语法在汉语歧义句中的运用》，等等。20 世纪 80 年代以后出现的“三个平面”的理论，也部分继承了转换生成语法。这一理论接受了“生成”的观点，按照一个句式造出许多个句子来就是生成，生成的过程是一个意义到形式的过程。转换分析方法还可以帮助我们把汉语语法研究进一步深入，揭示更多的语法规律，如陆俭明的《双宾结构补议》发现的两条规律正是在研究了一部分“把”字句与双宾结构的变换关系时发现的。

回顾汉语语法研究，表明转换生成语法理论的影响是广泛而深刻的，其特点主要表现为：①兼收并蓄，不拘泥于一家之言。即主要得益于乔姆斯基的转换生成语法理论，同时又能没有门户之见，尽可能地吸收了其他各家学派的合理内核熔为一炉，因而避免了一些不必要的争论，而在实质性问题上取长补短，为我所用。②简化手续，注重实用效果。即取其神而弃其形，这就避开了转换生成语法学派某些表述上晦涩艰难的弊病。例如从深层结构到表层结构，本来有一系列极为复杂的转换步骤，在汉语研究中或合并或省略，变得简洁清楚，从而取得较佳效果。③一切从汉语语法事实出发，最终又对汉语事实做出解释。即着重运用转换生成语法学派的某些理论和方法来解释汉语语法事实，而不是用汉语事实来证明或完善转换生成语法的理论体系，因此能充分照顾到汉语语法的特点，并对研究方法做出必要的改进。例如李临定的《汉语比较变换语法》（中国社会科学出版社 1988 年 2 月）就是一个有益的尝试。

《汉语比较变换语法》就是选择同义句式进行比较变换研究的，作者认为同义句要具备如下条件：句子里边所用实词相同；所表达的意思（内容）相同；句子里边各实词之间的语义关系相同。也就是说句法结构里第一关系范畴相同，同义句里边又有同义成分，“比较”就是指不同位置上的同义成分之间的比较、不同词序中同义句之间的比较，通过这种比较我们可以归纳语言中同义句的类型来，得以观察同一个意思是用哪些形式来表达的，它们的异同何在。因而，“比较语法”的基础是同义句，“比较语法”也是变换语法的基础，因而同义句和同义句、同义成分和同义成分，各自互相对应，之间存在着变换关系。《汉语比较变换语法》就是在这些认识的基础上用比较变换的方法建立了一个汉语语法研究的新体系。全书根据同义的标准把句子分为 5 大类：介词格类、受事格类、非控格类、状态存在句类、异形句类，进而对每类句子相关的同义句或同义成分作类型描写和比较，着重找出同义句或同义成分的形式特征及差异，然后在此基础上做变换形式的描写。为了便于变换，李临定把句式分为两种模式，语言中实际使用的句式被称为使用模式，也叫同义使用模式，同义使用模式的共同语义关系模式被称作基础模式，从基础模式到使用模式的变换是推导变换，以明确成分的语义功能、确定词序；使用模式之间的变换是移位变换，以描写同义句所必须的条件和所具有的特点，说明不可变换的原因。书中按介词短语所处的 4 种位置对现代汉语 7 种介词格的变换关系，按受事名词在句中 4 种位置对受事格的变换关系、对 3 种状态存在句之间的变换关系、对非意志句的非控格句子的变换关系以及形式动词句和相对应的普通句之间的变换关系等进行了系统的描写。该书既研究结构之间的比较，也研究语法结构之间的变换，用一种新的方法从另一角度来考察现代汉语语法结构，建立了一种新的语法研究系统，这一思路有利于发现并描写现代汉语句子构造的复杂性以及发掘复杂句式之间的相互关系和语言成分在句子中移动变换的句法语义制约，以便发现现代汉语句子构造特点。

总的看，目前生成语法的汉语研究，特别是国内的研究基础还比较薄弱，空白点也很多。今后的工作主要有：①理论研究应从单纯介绍转向专题讨论。以汉语为材料验证和发展生成语法建立的原则和方法，积极参与国际上相关课题的研究和讨论。②实际研究应从个别问题转向全面考察。对汉语音系、句法、语义的各个方面都应有大规模的数据统计、语料分析。特别是过去很少研究过的问题更应做细致、全面的研究。③应用研究应从满足人文阐释和教学需要转向现代科学领域。特别是在汉语信息处理、建立汉语句法规则和语义解释的形式化程序以及汉语获得机制的心理和生理基础研究等更大范围和更深层次上提供语言学支持。

第四节　语义语法思想的肇端与发展

一、语义语法范畴

语义语法范畴指的是一定的语义内容和相应的语法形式，主要是和隐性语法形式相结合而构成的语法范畴。语义语法思想就是语法研究中语义语法范畴所体现的思想、理论。

语法范畴的“范畴”源于希腊语，本义是“谓语”，亚里士多德认为所谓范畴就是“谓语的类别”或“存在的类别”，他把谓语所要表达的“什么”归纳为本体（一作实体）、数量（一作量）、性质、关系、地方、状态、时间、情景、动作（一作能动）、被动（一作遭受或所动）10 种范畴。

国内对语法范畴作过深入研究的高名凯认为，语法范畴属于语法意义学的范围，是语法意义的概括和归类，而语法范畴所含有的语法意义必须有语法形式作为它的物质外壳或物质标志。高先生将语法范畴分为狭义的、准狭义的、广义三类，狭义的是只指由词形变化所表示的同类语法意义的聚合，只涉及词的内部与词类意义有关的语法意义；准狭义的是指由词的外部形态（如虚词及辅助词等）所表示的语法意义的概括；广义的理解，一是将词类也看作语法范畴，一是将各种句法结构关系的意义类聚以及句法成分（句子成分）等都看作语法范畴。

语法形式是确定语法范畴的标志和依据，对语法形式的探讨应该是语法范畴研究的中心。古今中外对语法范畴的阐述尽管互有出入，但有一点是较一致的，即作为语法意义概括或归类的语法范畴总是和一定的语法形式结合在一起的。当前国内出版的语法学或语言学词典在解释语法范畴时多能把语法形式和语法意义结合起来表述，反映了人们认识的进一步发展。

汉语语法范畴的研究在汉语语法研究中当然也同样占据重要地位，但如何归纳汉语各层次的语法范畴以建立汉语语法体系呢？如果说作为语法范畴的语法意义在各民族语言中还有共性的话，那么作为语法范畴的语法形式以及语法形式跟语法意义的结合方式就应该有很强的民族性。

这正是语法范畴民族性的表现，一种语言不同于另一种语言主要表现在表达语法意义的语法形式的独特性以及语法意义跟语法形式的结合方式的不同上，只有以语法形式为依据才能建立起反映本民族语言语法特点的语法范畴，以便对各层次的语法范畴进行系统描写，并在此基础上建立起适合解释本民族语言的语法体系。如果仅作语法意义的概括和归类，对汉语语法研究来说就有可能建立一些“人有而我无”的、不能反映汉语语法真实面貌的语法范畴。20 世纪三四十年代以前模仿时期的汉语语法研究的通病正在于没有认清这一点，往往从意义出发研究汉语的词类和句子成分、句子结构。所以对汉语语法中各层次、各类型的语法形式的发掘及其同语法意义的结合方式的探讨应当成为建立汉语语法范畴、进行汉语语法研究的重要任务。

然而，从汉语语法思想史上看，对语法形式的性质、范围的认识是不断变化的。传统语法一般只承认词的形态变化是语法形式，即所谓内部形式、综合形式，包括词缀、内部屈折、重音、重叠、异根等，后来又认为虚词、语序、语调也是语法形式，即外部形式、分析形式。受传统语法的影响，一般认为汉语形态变化缺乏（当然有些学者如陆宗达、俞敏不完全这么认为，他们发掘出不少他们认为是汉语中形态的东西），只有虚词、语序是重要的语法手段。但如果仅仅依据语序和虚词尚不足以制约句法结构，也无法限定词的语法功能，“名+动”“动+名”到底表达什么语法意义，属于什么句法结构类型、有什么功能，尚须具体分析；同一个虚词，如“的”“了”“过”，往往表达不同的语法意义，可以分化为几个同形语素；且这些显见的语法形式又往往是不整齐的，没有强制性和普遍性，如“们”“着”。随着汉语语法研究的深入，人们逐渐承认层次、分布、变换、添加、节律、选择限制规则、同现规则等也是表达语法意义的形式和手段，深化和扩展了对语法形式的认识，促进了汉语语法研究的深入和发展。20 世纪 30 年代方光焘首倡“广义形态”说，即承认词与词的结合也是一种形态，是语法形式，这在汉语语法学史上是有重要意义的。到新时期，朱德熙、范晓、邵敬敏等对语法形式的界说代表了当前汉语语法学对语法形式的新认识。朱德熙说：所谓形式指的是什么？这里说的形式是广义的，既包括有形的形式，例如词语的次序、停顿、轻重音以及某些虚词的有无等，也包括无形的形式，例如词类、层次和可能的变换形式等等。范晓认为在汉语中语法形式有“次序排列形式”“虚词添加形式”“层次分合形式”“语音节体形式”“结构中的词类形式”“词的分布形式”以及“词的形态变化（即所谓狭义形态)”等类型。邵敬敏则明确认为：语法形式不等于语法形态，形态只是形式的一部分。对汉语来讲，更是不太重要的一部分。在我看来，汉语最重要的语法形式是：（一）分布；（二）组合；（三）变换。当然随着语法形式研究的深入，语法意义的内涵也在发生变化，如范晓就认为：语法意义可从三个平面进行分析：（一）表层意义，即成分与成分之间的关系意义……（二）深层意义，即词语之间内在的关系意义……（三）语用意义，即词语或结构在使用中所具有的关系意义。

随着三个平面理论的不断完善，人们对语法形式和语法意义的认识更加深入全面。范晓、胡裕树认为：“语法意义是指语法单位（或结构体）由一定的语法形式表示的内部结构意义和外部功能意义，而语法则是语法意义的表现形式，即表示语法意义的方式或手段。语法意义和语法形式紧密相连，是对立的统一，没有无语法形式的语法意义，也没有无语法意义的语法形式。既然语法有三个平面，语法意义和语法形式当然也可以从三个平面进行分析。”他们认为：“三个平面各有其形式和意义：句法、语义和语用的形式都是语法形式，句法、语义、语用的意义都是语法意义。”他们归纳的各个平面的语法形式综合起来有：语序、虚词、节律、词类、分布等，连句法结构本身也可以看作语法形式。

总之，汉语语法学界立足于汉语语法，发掘出许多跟传统印欧语语法学不同的语法形式。也只有发掘更多的汉语语法形式，才能建立更多的语法范畴，以推动语法研究的深入发展。

形态等综合形式、语序和虚词等分析形式一般体现为语音形式或依附于一定的语音形式，这些语法形式本身有显露的标记，可称为显性语法形式；层次、分布、变换、选择限制规则等一般不表现为语音形式，是无标记的、隐藏的，可称为无标记形式或隐性形式，与语法意义的结合方式也呈现不同的特征，由其形成的语法范畴同由显性语法形式构成的语法范畴不同质。就汉语来看，语法形式若分为综合形式和分析形式，汉语语法则更多地表现为分析形式；若分为有标记形式和无标记形式，汉语语法则更多地表现为无标记形式；若分为显性形式和隐性形式，则汉语语法更多地表现为隐性形式。相应的汉语语法范畴就应更多地表现为分析范畴、无标记范畴、隐性范畴，即以不以词的形态为标志的语法范畴为多。如果仅仅认为语法范畴是词的内部与词类有关的语法意义的概括，则会得出汉语没有或少有语法范畴，接下去的推论便是汉语没有语法或语法简单了。我们认为无论是综合形式、有标记形式、显性形式，还是分析形式、无标记形式、隐性形式，只要能表达一定的语法意义，并形成类，都是建立语法范畴的标志。赵元任独具慧眼地看出：有形态变化的语言，形式类以及它们在句子里的关系常常可以从一些标记看出来，例如名词的复数，动词的时态等。汉语也有少数这种标记，如名词的"子"，动词的"了"，但大多数情况是形式类的语法性质只有在一定的框架中才能显示出来，别无标记，只是隐藏着。……汉语里大多数语法范畴都是隐藏的，不是明白地标记的。

汉语语法范畴既然多是隐性范畴，那么对隐性语法形式和它所对应的语法意义及其相互之间的对应关系、结合方式的研究，就应该是汉语语法研究的重点。或者说隐性语法形式到底有多少，它们同语法意义以什么方式结合，以隐性语法形式为标志的隐性语法范畴又是什么样的或有哪些，等等，应当是目前汉语语法研究急待解决的问题，这也是贯彻形式和意义相结合原则的先决条件。这方面的研究也正是汉语语法研究的薄弱部分。由于对汉语语法形式的特质及其同语法意义结合方式的独特性认识不充分，使汉语语法研究走了不少弯路。

语法学家在探讨各语言语法形式和语法意义之间对应关系的过程中，采用了种种分析方法和手段。汉语语法分析方法也经历了一个不断发展的过程。新时期汉语语法学的一个显著特点是把描写和解释结合起来，这从语法分析方法的嬗变中也可以看出，语义特征分析及语义指向分析、格向理论的运用等都表明这一点，这也说明同语义的结合是现代语法学发展的趋势。

从语义特征分析的实践中可以看出，语义特征是从一类词中抽象概括出来的共性义素，这种义素又是和词的潜在的组合可能性（分布特征）结合在一起的，因而这种义素就不仅仅是词汇语义，而是与词汇语义关系密切的语法意义。这种语义特征和分布特征相结合的统一体也就该是一种语法范畴。胡明扬命名为"语义语法范畴"。马庆株在其一系列研究实践中证实了胡明扬提出的语义语法范畴的存在，并归纳出持续范畴、自主范畴、顺序范畴等多种语义语法范畴。马庆株说："汉语语义范畴的语义特征和语法范畴（分布特征）有对应性。自主动词和非自主动词语法上对立的各种表现与语意上对立的相应关系说明自主非自主是语义范畴，又是语法范畴，可以称作语义·语法范畴，是在语法研究中将形式和意义结合起来的有效方法。语义特征和分布特征二者的研究，应该而且可以结合起来，这使得语法具有解释力，解释力来自二者的相应关系。”（《汉语动词和动词性结构·序》，北京语言学院出版社，1992）

语义语法范畴正是典型的隐性语法范畴。这种语法范畴中，语法形式是词的组合可能性，即词的分布形式，它不体现为语音形式，也不依附于一定的语音形式，正是隐性语法形式，其语法意义是从一类词中抽象概括出来的、能反映并制约该类词的共同分布特征，使具有该语义特征的类与没有该语义特征的类在分布上相区别的语义成分，它影响词语类的搭配关系、决定词的语法特性、是词的语法功能在意义上的依据、与词的组合能力（分布）相结合，因而是语法意义。

语义语法范畴的发现和研究是新时期汉语语法范畴研究的新进展，它充分证明了汉语隐性语法范畴的存在。它也是贯彻语法形式和语法意义相结合原则的结晶。虽然各种语言的语法形式、语法意义及其对应关系、结合方式各有特点，但语法形式和语法意义总是结合的，不存在没有语法形式的语法意义。词的语义特征和分布特征的统一正是汉语语法形式和语法意义相结合的一种重要方式，因而探讨汉语语义语法范畴正是将汉语语法形式和语法意义相结合的有效途径。语义语法范畴的发现也充分说明词语搭配不能纯粹从语义、逻辑、习惯上作感性解释，也不能仅从语法的分类上作简单说明，更不能遁入虚无主义的“意合法”观念中，而应深入挖掘其内在形式和意义的机制。能否进入某一组合环境的词语往往形成一个类聚，这一类聚中的词语有共同的语义特征，这组合环境即是这一类聚中词语的分布环境，同词语共同的语义特征就形成了一个语义语法范畴，正是语义语法范畴制约了词语的组合搭配。

总之，语义语法范畴的发现和研究，推进了汉语语法范畴的研究。

二、语义语法范畴研究是对传统语法研究的继承、发展与创新

说它是继承，主要体现在对传统语法以范畴作为主要研究对象的继承上面。从印欧语的传统语法来看，它们主要是词法的体系，因为这些语言的语法中，词类与它们的句法功能呈现一一对应的关系，凭词类范

畴与层次就可以控制句法结构，其语法用方光焘的话可概括为“凭形态建立范畴，集范畴而成体系”。这种范畴当然是形态范畴，凭这种形态范畴建立起的语法可叫形态范畴性质的语法。汉语较少形态，形态范畴于汉语没有多少意义，我国的语法学者自然转向了结合词汇语义的范畴构建，如《中国文法要略》的范畴论与表达论研究。这种范畴思想对形态范畴而言已具有方法论上的突破。但它仍带有先天的不足：它倚重于词汇意义来研究词类范畴，而缺乏精密的形式标准与严格的形式验证。20世纪30年代，方光焘已经注意到了这两种范畴研究的局限，提出了“广义形态”论，希望凭“广义形态”来建立范畴，并集这种范畴而构建汉语语法体系，这与后来注重分布等“隐性语法形式”分析的语义语法范畴的研究已有相当的接近，它主要欠缺的，是范畴分析中语义的一面。后来50年代的汉语暂拟教学语法系统划分汉语词类时采用的词汇·语法范畴标准，克服了这一局限，但这个语义是具体的词汇语义，不是能成类的且受到语法形式验证的范畴性语义。

综观上述，传统语法研究很重视范畴研究特别是对词类范畴的研究，重视范畴的分类与描写，重视范畴研究的实际功能——即凭范畴来构建语法体系。但它们或重形态，或于汉语而言要么偏重意义要么偏重形式，且意义也是词汇意义。语义功能语法同样重视范畴的地位与作用，重视意义而且以意义为基础，同时也很重视形式，但在建立范畴的方法上，在对意义与形式的理解与处理上，在对范畴的性质与功能的认识上，以及在对语法研究的终极目标的追求上，语义功能语法的范畴研究都表现出了现代语言学与现代语法理论背景的强烈投影，从而在对传统语法范畴研究的继承中，表现出了与它有着本质区别的创新与发展。

三、语义语法范畴的性质

以语义基础作为一定的语法形式与语法意义结合体的语义语法范畴，其性质既是语义范畴又是语法范畴。说它是语义范畴，是与传统语法范畴相比，它突显的是范畴的语义属性，它是把语法单位放在语法结构隐性的搭配组合形式中而不是在显性形式（形态）中去考察。这样归纳出来的意义是在词语搭配中显示的类别性意义，已不同于形态直接表示的意义，这种意义当然是一种词汇语义，但它已是一种能反映构成类聚语法单位的类聚性意义，这种有特定语法形式表现且成类的意义自然属于语法意义。邢公畹说过，对语法单位或词语之间的组合搭配而言，当然首先是语法单位词汇语义与词汇语义之间的组合，属词汇或语义问题。但是如果发现了搭配的类，并且认识了这些类的意义后，就变成语法问题。张斌也认为，词语之间的搭配关系是一种选择性关系，抽象句子中的意义搭配是语法上的选择关系，而依照抽象句式造出正确的句子来，则需考虑词汇上的选择，这种词汇语义上的选择关系就是词的次范畴之间的关系。而从次范畴之间的关系去说明则是语法分析。这告诉我们，词语搭配是语义问题也是语法问题，那么在组合搭配中能形成类聚的词就会形成既是语义范畴又是语法范畴的语义语法范畴。也由此可见，这种范畴是以语义为基础的，只有形成了类聚，也有类聚性单位的组合形式，并且发现了类聚的意义，它才上升到形成语法范畴。以语义为基础，也意味着范畴分析，最终要落实到对类聚性单位范畴性语义的归纳与提炼上来，才能最终完成范畴的建立；缺少这种范畴性语义的归纳提炼，顶多只是进行了一些纯粹语法形式的分析，而且汉语里这些语法形式，由于离开了意义观照下的归拢，很难发现它们是真正属于汉语的、不同于其他语言的新形式，因为从语法形式着手不得不参照目前那些已经得到公认的有印欧语背景的各种语法形式。

语义语法范畴的另一面是语法范畴，这就决定了范畴分析必须寻找语法单位的形式特征，必须对语法单位的组合分布形式进行详细的描写。描写形式，一是发现范畴的形式特征的需要，另一方面，这种形式描写与分析又是验证范畴语义、提炼归并范畴语义的形式手段。这一点，一方面说明了语义语法范畴与纯粹的语义范畴的区别——后者没有相应的语法形式的表现与表达；同时，由于词的范畴性义素决定词的形式分布特征，处于句法结构某个关键位置的具有某类共同语义特征的某类词，决定、制约、影响着句法结构的组合与性质，因此特征性语义或范畴性类别义成了对句法结构的决定性解释因子，这从另一角度说明了语义语法范畴的语义基础。分析语法结构，就是在结合形式手段寻找语义解释，寻找来自范畴性语义方面的制约与决定性因子，范畴性语义因而成了形式分析的归宿点与最终落脚点。

四、语义结构和语法结构

1. 什么是语法结构

关于语法结构和语义结构的重要性，范继淹说得好："语言是社会交际的工具。说话人通过语言形式表达语义内容。听话人通过语言形式理解语义内容。语言交际的目的，就是要使语义内容得到正确的、充分的理解。语言形式和语义内容的对立和统一，决定语言交际的全部过程。我们研究一种语言，就要详细考察这种语言的语言形式和语义内容之间的关系。"（《范继淹语言学论文集》，语文出版社，1986，P136）

语法是一种语言中词语之间相互组合的结构方式和结构关系。语法结构是一个富有规律性的非常复杂的组织系统。它包括结构方式和结构关系这两个方面。结构方式是就它的组织形式而言；结构关系是就这组织形式所包含的语法语义而言。这些语法形式与语法关系都是高度概括、抽象化了的。如"名词+动词+名词"这一结构方式把符合说话习惯的词语填进去往往构成为"主语+述语+宾语"的结构关系。

2. 什么是语义结构

语义内容指的是语言单位所表示的客观事物及其相互之间的关系，它要通过句法结构反映出来。语义结构就是从语义角度出发，看组成句子时，事物与事物之间或成分与成分之间所构成的语义属性。语义结构也包含结构方式和结构关系两个方面。结构方式指成分所指的排列方式。结构关系指成分所指之间的结合关系。比如语法上的"动词+名词"从语义上看就是"动作行为+事物"。"动词+名词"从语法上看往往产生述宾（动宾）关系。但从语义结构上看"动作行为+事物"却可以产生多种语义关系。

语义结构不同于语法结构。同样一个句子，从语法结构上看，可以分析出主语、述语、定语、宾语等语法成分；但从语义内容上看，却可以分析出施事、动作行为、数量、受事等语义成分。且二者之间往往不存在一对一的对应关系，如主语既可以是施事，也可以是受事，还可能是结果（如：文章写了）、处所（如：家里有三个弟弟）、时间（一年等于三百六十五日）等等。宾语既可以是受事，也可以是施事，还可能是结果、处所、方式、方向、工具、材料、来源、目的、内容、原因、时间，等等。总之，语义结构与语法结构不是一码事，尽管二者之间有一定的联系，但却不能把二者混为一谈。

3. 语义结构的类别

句子内部的语义结构关系，从不同的角度观察可以分出不同的类别来。除了最基本的“与谓词相关的项”之外，还有句子成分的语义指向等。下面将一一进行介绍。

（1）与谓词相关的项

句子是具体语言信息的载体，它具有表述性，是说话的基本表达单位。要表述什么，自然句子里必须有表示动作行为或状态的谓词。如果谓词里是个动词的话，那么该句子的表述自然地就以谓词为中心，前后联系与该谓词相关的表对象的名词性成分而构成。人们把这些与谓词发生关系的名词性成分称为“项”（argumem），也有人称为“论元”。

句子中与谓词相关联的项，组合后往往产生一种语义关系，有的人就把这种关系称为“格”。谓词与相关的项二者之间究竟能产生多少种语义关系——格，这也是个尚待进一步探讨的问题，但就目前已研究出的成果，常见的至少有如下十几种：①施事格，②受事格，③与事格，④结果格，⑤工具格，⑥方位格，⑦时间格，⑧目的格，⑨方式格，⑩原因格，⑪内容格，⑫来源格，⑬材料格，⑭致使格，⑮价值格，⑯条件格，⑰伴随格，⑱关联格。

（2）与句式相关的语义类别

与句式相关的语义类别大致可分为以下两大类，七小类。

第一，动态义有三小类是：①意志动态义和非意志动态义，②位移动态义和非位移动态义，③现实动态义和非现实动态义。第二，静态义有四小类是：①结果静态义，②存在静态义，③习性静态义，④关系静态义。

（3）句子成分的语义指向

语义结构与语法结构有时相对应，有时不对应，有的语义后指，有的语义前指，有的则前后兼指。总的说来，语法结构（即表达形式）应与语义结构（即表达内容）相适应，思想的表达才不会受到阻碍，思想的交流才有顺利实现的可能。但是，相适应并不等于简单的一对一的对应关系。里面呈现出错综复杂的关系。这至少可从以下几个方面去理解：

第一，同一种句法成分可以表现多种语义内容。比方说主语，既可以是施事，又可以是受事，还可以是时间、处所、数量、工具等。从这方面看来，语法关系具有更高的概括性。

第二，同一种语义成分又可以充当多种句法成分。比如“施事成分”，既可以充当主语，又可以充当宾语；“受事成分”，既可以充当宾语，又可以充当主语。“时间”既可以充当主语、宾语，还可以充当状语或定语。

第三，同一句义，可以用几种不同的句法形式来表达。

第四，同一句子，可以表现出几种不同的句义。

第五，同一种语法成分，可以有不同的语义指向。

第六，最后，必须指出的是还有一种更为值得注意的是语法结构与语义结构相互矛盾的情况。只有把语法结构与语义结构结合起来考察，才能使语法研究推向深入。中国语法学的建立和研究，却经历了早期偏重于语义，后来有人偏重形式，再后来则主张二者相结合等几个不同阶段。不管是对语法进行宏观的研究，还是进行微观的研究，都必须与语义结构紧密联系起来，特别是微观研究，不联系语义就无法深入、精细；不联系语义，就说不清楚语法结构上的一些具体规则，理论上也就无法深化和提高。当然，这里说的联系、结合，既可以从语法形式入手来研究其中的语义关系；也可以从语义入手来研究其中的语法形式，甚至反复循环，互相印证，从而探索出其中规律之奥秘。只有这样，才能把语法研究向前推进一步。

五、汉语语法范畴的研究

近三四十年来，受结构主义语言学等流派的影响，汉语语法学偏重于研究句法结构，主要分析、描写句法的形式方面。这是语法研究的主流。

一般认为，现代汉语语法中句法现象较为复杂，句法手段相当丰富，也较多特点，须要发掘、研究的规律很多。而词法方面则相对地简单一些，形态尤其少（有的甚至认为没有形态），没有多少问题需要研究，不必像句法那样加以强调和重视，何况词法又是服从于句法的。一种语言的语法，主要体现在语句组合的法则上。因此，研究现代汉语语法，须突出句法的探讨、分析，在这当中又应侧重结构形式这个可见到的、可捕捉的“物质”基础方面。

无疑，这样的观念，有一定的客观依据，不能认为错误。句法结构形式研究之所以成为主流，是基本上符合语法学发展的要求的。

但是仅仅如此认识，轻视乃至完全忽略汉语词法及语法意义方面的研究，则未免不够全面。作些补充和修正是非常需要的。

现代汉语不同于印欧语。不能像印欧语语法学那样，根据词的内部（词根）屈折形态和外部屈折形态（词尾）来谈论和研究语法范畴。现代汉语语法范畴研究要是这样进行，必然得不出什么语法范畴来。

着眼于形态词来发掘汉语的语法范畴，或者说，主要根据形态词的形式、功能来揭示和分析语法范畴在内涵和表现方式上的特点，这是汉语语法范畴研究的重要特色。现代汉语构造模式的特殊性，决定了其语法范畴研究模式的特殊性。反过来，只有基本上立足于形态词的研究路子，才能揭示现代汉语语法——特别是其词法——范畴的重要特色。

语法范畴是若干互有差异而又有很大共性的语法意义的概括，而且这些语法意义应能交替出现。因而，毫无疑问，发掘或研究语法范畴必须先考察某些有可能形成一个范畴的语法意义。语法意义不能凭语感或主观的臆断来确定，必须从借以体现出来的语法形式及功能表现情况的分析中得出。因此，研究语法范畴，要从发现、考察、分析有关的语法形式及功能表现入手。这是研究语法范畴的第一要领。

在发掘和确定现代汉语某个语法范畴一般起着关键的作用，因而鉴别形态词与形式极相近而写法一致的、通常有着渊源关系的实词，特别是将前者的语法意义和后者体现概念的词汇意义区分开来，在汉语语法范畴的研究中具有方法论上的重要意义。不做这种区分的工作，或者鉴别得不精细，汉语的绝大多数语法范畴是无从认识和确立的。

传统上，语法范畴只被理解为词法范围内同性质而又有区别、可交替出现的构形形态语法意义的概括。这是从印欧系语言的研究中得出的观念。它在理论上并没有充分的普遍性。对于现代汉语这样一种大异于印欧语的语言来说，研究其语法范畴，完全有理由不受来自印欧语的观念的束缚。

须要突破语法范畴传统观念之外，除了不死守“形态”的范围，而将考察的重点放在形态词上之外，还有必要把观察、研究的视野扩展到句法的领域。诚然，不是任何一类语法意义都有概括为语法范畴的价值。比如词法中各种词缀的语法意义就没有必要加以概括以确定出什么语法范畴来。句法中的许多语法意义，也是如此，要概括出种种语法范畴，既无实际价值，也欠缺交替变化等条件而没有可能。但是，现代汉语中，有的句法结构关系，与形态词的功能相接近并密切相关联，或者本身就呈现出类似于构形法成分交替变化的特点。这是现代汉语句法中一种重要的表现，显然在语法范畴的研究中不仅没有理由漠视它，而且应当特别留意考察。

六、胡明扬、马庆株等关于汉语语义语法范畴问题的研究

汉语语义语法范畴是近十多年汉语语法学研究的重点之一，其主要代表人物是胡明扬和马庆株。我们也将主要介绍这两位语法学家在这一领域的贡献。

（一）胡明扬关于“语义语法范畴”的论述

“语义语法范畴”这一术语是由胡明扬在《再论语法形式和语法意义》(《中国语文》1992 年第 5 期）提出来的。语义语法范畴指的是一定的语义内容和相应的语法形式，主要是和隐性语法形式相结合而构成的语法范畴。任何语法范畴都是由一定的语法形式和相应的语法意义相结合而构成的，都和一定的语义内容有联系，在这个意义上，所有的语法范畴说到底都是语义语法范畴，这也就是所有的语法范畴都根据一定的语义内容来命名的道理，如“性范畴”“数范畴”“时态范畴”“动态范畴”“人称范畴”，等等。把一部分语法范畴称为语义语法范畴是为了强调这部分语法范畴和语义之间特别明显的联系，也是为了从语义内容着手去寻找相应的语法形式，从而确立新的语法范畴。

语法形式可以分为显性语法形式和隐性语法形式两类。显性语法形式体现为一定的语音形式，或者依附于一定的语音形式，如词缀、元音交替、辅音交替、错根、重叠、助词、语序、重音、声调、语调等。隐性语法形式不体现为一定的语音形式，也不依附于一定的语音形式，而是一类词的潜在的组合可能性或者说是分布特征。在非形态语言中，词类的语法形式就是这样一种隐性语法形式，所以词类也就是一种语义语法范畴。语序、助词、元音、辅音交替、重音、语调等都是语义语法范畴；性、数、时态、动态等范畴也是语义语法范畴。在形态语言中，词类有显性语法形式，同时也有隐性语法形式，不过显性语法形式更引人注目而已。事实上隐性语法形式是更根本的，因为是组合的可能性或分布特征决定显性语法形式，而且即使在形态十分丰富的语言中仍然有一部分词类是没有形态标志的，这一部分词类只有隐性语法形式，也就是只能根据潜在的组合可能性或分布特征来分类。

提出语义语法范畴这一概念对像汉语这样的非形态语言来说具有方

法论上的重要意义。长期以来，汉语语法学家力图摆脱西方语法的束缚。寻找适合汉语特点的研究方法，以求揭示汉语更多的不同于西方语言的语法特点，但是困难重重。原因之一是语法学家受习惯势力的影响自觉不自觉地只承认显性语法形式是语法形式，而不承认或者不重视隐性语法形式也是语法形式，因此更多地从显性的语法形式着手去研究语法问题，而不习惯从语义着手去寻找相应的往往是隐性的语法形式。汉语正是一种非形态语言，显性语法形式不发达，不少语法范畴是语义语法范畴，没有相应的显性语法形式，只有相应的隐性语法形式。原因之二是从语法形式着手，不得不参照已经得到公认的各种语法形式，很难发现不同于其他语言的新的语法形式，要发现新的语法形式，不论是显性语法形式还是隐性语法形式，都必须走从语义到形式的道路。

从语义着手去寻找相应的句法组合可能性或分布特征是确立新的语法范畴的有效方法，特别是在显性语法形式不发达的非形态语言中。因此，语义语法范畴就汉语而言具有特别重要的意义。但是语义毕竟是不容易掌握的，也缺乏客观的验证手段，而隐性语法形式也毕竟是隐性的，容易引起争议，所以语义语法范畴的论证必须十分慎重，必须从语义到形式，从形式到语义反复推敲，必须给出严密的规则，否则很容易单凭语义作出匆忙而不尽符合语言事实的结论。

（二）马庆株《汉语语义语法范畴问题》中的论述

1. 影响词类划分的因素和汉语词类定义的原则

词类是一种语法类聚。词类的划分和定义是汉语语法研究亟待解决的重要问题。划分与定义有密切的关系，说到底还是个划类标准问题。下定义是明确概念的内涵或外延的手段，定义的分歧反映了人们对词类本质属性的认识的不同，比较分析各类定义的得失，可以看出词类研究中存在的问题。因此，从词类定义这个侧面观察一番是不无意义的。

词类定义应该反映各个词类的语法特点，可是许多定义没有做到这一点：有的谈了语法性质，但是没有涉及语法特点；有的只谈意义，经不起推敲，很难说是语法的定义。分类是为了说明词的用法即分布特征或曰语法功能，定义则说明类的范围。但是由于下定义时会遇到许多困难，又未注意定义原则，因而下定义时无所遵循，离开了划类的宗旨。

该文讨论影响词类划分的因素，分析收集到的词类定义的类型及下定义时遇到的困难，说明给汉语词类下定义应该依据的原则。

本论题主要包括三部分：1. 影响词类划分的外部因素是印欧语词类观念的影响和对比语法学、比较语法学的需要；外部因素是词的范围的确定，这关乎语法单位的层级，词类间的词汇语义、词的形态、分布特征和音韵特征等多方面的区别。2. 评论词类各种定义的得失：普通语言学定义和专语语言学定义，内涵定义（意义定义、词源定义、语用定义、功能定义）和外延定义。3. 提出在给汉语词类下定义时要遵循民族性原则、系统性原则、准确性和明确性的原则并讨论如何贯彻这些原则。

2. 数词、量词的语义成分和数量结构的语法功能

量词的分类通常是按意义列举，因而分歧不小。分歧之一是类数多寡不等，数量范畴是个很复杂的问题，其中量词的语义成分问题尤其复杂。前人已经对量词作了一些语义上的分析与概括，如容器、个体、集合、部分等。马庆株试作一些补充，讨论一些范畴性的语义成分，它们影响数词与量词之间的组合，影响数量结构对名词、动词、形容词的选择关系。文章①讨论基数词和序数词，②讨论量词与量词之间的关系，③讨论基量词和序量词，说明数词和量词之间的相互制约关系，④讨论个体量词和范围量词，说明数量结构与后面成分的相互制约关系，⑤讨论数量结构连用形成的各类语法结构关系与数词的类和量词的类之间的关系，⑥讨论其他语义成分对语法功能的影响。

本文指出［+次第］［+范围］等范畴性语义成分是数词、量词划分小类的语义基础。［+次第］义造成了数词、量词的次类，［+范围］义造成了量词的次类，指出量词两种分类之间的关系、量词之间的四类语义关系和意义对复合单位量词中可以单用作量词的成分的排列顺序的影响。数词、量词的分类有助于说明数量结构是否存在歧义，说明各类数量结构语法分布和语法性质的差异。本文还讨论数词、量词的意义对数量结构意义的制约规律和对数量结构语法功能的影响。由数词、量词的语义语法分析，可以看出汉语中词的语义范畴和语法范畴密切相关，汉语词类和词的小类是语义语法范畴。

马庆株认为，序数词和序量词都有标示次序的作用，有时以数词的小类（序数词）表示次序：有时以量词的小类（序量词）表示次第，前面的数词不管有没有序数标志，一定表示序数，不会是分数、小数，只能是整数；有时数词、量词都表示次第，即序数词和序量词组合。总之，在数量结构中只要有一项表示次第，整个数量结构就是表示次第的。这

就表现出数词和量词语义上的一致关系。数词、量词由次第义形成了小类，次第义影响了数量词语的语法性质，影响数量结构连用时的所处位置和连用式的语法关系，因此可以说汉语数词、量词存在次第范畴，［次第］则是范畴性的语义成分。数词、量词的语义·语法分析同我们考察体词的顺序范畴、动词的自主范畴，能愿动词小类的意义和连用等问题得到的结果联系起来，可以看出：汉语词的语义范畴和语法范畴密切相关，词类包括大类和小类是语义语法范畴。

3. 顺序义对体词语法功能的影响

这是汉语语义语法范畴研究的新收获，讨论现代汉语体词的顺序范畴，分析有顺序义的体词性成分（指人名词、时间词、处所词等）的意义，给这些成分分类，考察各类词在自相组合造成的同位结构和主谓结构中顺序义（相对顺序义和绝对顺序义）对于词的小类的分布的影响，得到一系列语法公式，证明按意义归纳出的有关小类是语法类。在语法功能分析中发现含顺序义的和不含顺序义的体词之间的语法差异：前者能在其后加助词“了”，可以充当谓语，能前加时间副词、范围副词；后者一般没有这些功能。各类有顺序义的体词连用或与无顺序义的体词连用时所处位置不同所表达的关系的种类也不同。本文还讨论了某些顺序义不确定的情形及顺序义的上下文制约。证明汉语顺序范畴的存在和各类顺序义体词的分类系统。

顺序义是一部分体词的意义的构成要素（义素），也可以说是一种语义特征。根据有无这一语义特征，体词可以分为两类。本文列举有顺序义的体词的类，考察顺序义的有无对体词语法功能的影响，说明顺序义形成了体词的一个语法范畴：顺序范畴。由于含有顺序义的体词具有明显地不同于不含这一义素的体词的许多语法表现，因而按有无顺序义分出的类是语法类，顺序义是一种范畴性的语法意义。

有顺序义的体词性成分可以是词，也可以是词组。这里着重讨论体词，兼及体词性词组。说明“数·量”结构和“数·量·名”结构有顺序义。顺序义使部分体词和体词性词组的语法功能谓词化，影响了这些体词性单位在与其他体词组合一起出现时的相互位置。各类顺序性体词有共同的彼此平行的不同于一般名词的一系列语法特点，$\sum a$、$\sum b$、$\sum c$以及多项并列的语境可以使不少一般名词临时获得顺序义，从而可以在一定程度上谓词化，这样便形成了现代汉语体词的顺序范畴。

4. 指称义动词和陈述义名词

动词的指称功能对于动词与名词的划界问题即动词的范围问题有重大影响。本文拟着重就动词的指称功能对动名划界的影响展开讨论。为了与动词对比，说明划界时遇到的临界现象，从而更清楚地认识汉语词类的特点，也将用一定篇幅讨论名词的陈述功能。

一个词具有指称功能还是具有陈述功能，与它的语法意义密切相关。词的某些范畴性语义成分规定了词的语法功能和语用功能。因此，这些范畴性语义成分可以称作指称义或陈述义。

首先，根据与方位词组合时表现出来的选择关系，把名词划分为过程名词和非过程名词。过程名词可以作谓语，有陈述性。根据对方位词的选择情况，在动词中划出了指称性动词；其次，结合与数量结构之间的选择情况时讨论了指称义、陈述义的语义强度问题；第三，讨论“名+动”“动+名”两大类粘合式体词性偏正结构和动词的指称义强度问题；第四，从充当述语的动词的性质（体宾动词/谓宾动词）来看充当宾语的成分的词性；第五，转指的名物化手段有含形式的和带标记的两类，自指义的动词多来自日语，和日语情况类似，藏语不少动词由名词加-byed（做）构成；第六，讨论了名动词的范围。

划定名词、动词的范围不是最重要的，重要的是指出各个小类的各种用法或分布情况，指出各种用法（分布）之间的关系，以及分布和语义之间的关系。规定范围总难免受主观因素的干扰，而说明分布和分布与语义之间的关系比较容易达到客观性的要求。怎样归类可以继续讨论，首先应该弄清各小类的语法性质。

指称、陈述属于语用功能，涉及语言符号和使用语言符号的人的关系。语用功能影响到词类、词的小类的划分和判定。本文在动词中划出指称义动词，在名词中划出陈述义名词时，参考语用意义选取了特定的语法组合形式作为检测手段。

5. 多重定名结构中形容词的类别和次序

探究多重定名结构中性质形容词、区别词和状态形容词及其小类共现时的语序，发现形容词在线性序列上排列的有序性，得到了性质形容词和区别词的一些小类。性质形容词小类分别有大小，质量、嗅味、颜色、形状等语义特征，区别词小类分别有数目、来源、特种、关系等语义特征，以上述语义特征为基础形成了一系列小类。当一个大类下面的不同小类共现时，一般按上列语义特征的先后顺序顺次排列。文章指出了多重定名结构中制约形容词排列次序的因素：语法单位层级的影响、所属小类、形容词的相互选择。文章从普通语言学和汉藏语言学的高度看汉语。通过汉语、藏语词序比较发现在汉语和藏语纯由形容词作定语的多重定名结构中相应的形容词的词序相反，呈镜像关系。汉语“形+‘的’”出现在不带“的”的形容词之前，藏语“形+助”在中心语名词前面出现，修饰“形+名”构成的偏正结构。又从英语、法语的同类格式与汉语的对比中看出语言的某些共性。虽然相应的词的句法位置不同，但从组合的层次上看，相应的形容词所处的层次与核心的距离还是相同的。文章还提出并讨论了词类转变的方向性问题，分析了词的语法同一性问题。

马氏考察多重定名偏正结构中形容词连用的情况，把共现的形容词根据相对位置的不同划为不同的小类。划类主要对象是能直接修饰名词的单音节形容词。

汉语语法与语义密切相关，语义的类别有时就是语法意义的类别。含有不同语法意义的语法单位的类聚，是语法类，因为可以从形式上找到分布特征方面的证明。因此我们基本上同意语义句法的提法。我们主张语义学的语法（semantic grammar），简称为语义语法。这是相对于印欧语的形态学语法（morphological grammar）而言的。语义语法是以词和词组为基本单位的复本位语法。在这种语法体系中，语义语法范畴，即语义学语法的范畴的研究居于中心地位，联系语义和语用进行语法描写、分析和解释，在继承全部有价值的研究成果的基础上把语法研究向深处推进。这种思路把务实和务虚统一起来，既充分注意汉语语法少用形态的特点，又充分注意语言的普遍性。语法单位语素和词的存在，具有普遍意义。

从本文的分析可以看出，词的语法同一性问题，包括三个方面：语法单位层级同一性、聚合同一性和词位同一性。

6. 与“（一）点儿”、“差（一）点儿”相关的句法语义问题

马氏按不同的意义分别考察名量义、程度量义“（一）点儿”和动词性、形容词性、副词性“差（一）点儿”的分布特征，得到了能与它们搭配的动词和形容词的小类，并分别指出了它们的语义特征。这些小类包括：自主（可控）形容词又包括强可控形容词和弱可控形容词，感

知动词、心理动词、言语动词、动作动词、动作状态动词以及从另一角度分出的限度义动词。文章还试着把歧义格式“差一点儿”作了分化。“（一）点儿”“差（一）点儿”都能表示不同的意义。环境很多，须要按其不同意义来考察其分布环境。“（一）点儿”的意思不同影响到“差（一）点儿”的意思。“（一）点儿”既可以表示名量，又可以表示程度量。我们着重考察表示程度量的“（一）点儿”在谓词性成分之后出现造成的格式，说明这种格式中谓词性成分的类别。含程度补语的述补结构中，程度补语是由动词、形容词和副词充任的。表示程度的“（一）点儿”是体词性成分，在谓词性成分后面作程度准宾语，语法性质比较活泼。“（一）点儿”的分布范围覆盖了“（一）些”“一分”“三分”“几分”的分布范围。“（一）点儿”的分布环境的考察是现代汉语程度范围研究的一个方面。

“差（一）点儿”对后面的成分的选择性很强，能够出现在“差（一）点儿”后面的词、词组有共同的语义特征，本文也提要地加以说明。

与表示程度的“一些、二分、三分、几分、一成”相比，表示程度的“（一）点儿”作程度准宾语，对述语的适应面较宽。“（一）点儿”出现的环境中包括了其他程度准宾语的分布环境，加上述程式述补结构，我们考察了谓词后主要的程度表达方式。“点儿”为语义类别既与前面的谓词类别有关，又与格式有关。

可控形容词的研究是对汉语自主范畴研究的补充。“着点儿”前面的形容词是可控形容词，“差（一）点儿”修饰的单个动词是限度动词。这些动词和形容词的小类都是通过分布特征的考察得到的聚合类。聚合类对于说明句段组合关系是极为重要的。可见分布特征方面还有大量的工作可作。分布特征相同的词在语义上有共同点，因而分布特征是语义、语法范畴研究的重要方面。如果不断地说明词的次范畴，不断地得到词的小类，经过十几年，汉语语法描写将会比现在精密得多。

7. 拟声词研究

马氏注意从普通语言学和汉藏语系的高度观察汉语。举出英、法、俄等语言中摹拟声音的词，说明拟声词的民族性和客观性，在此基础上讨论拟声词的定义、拟声语素、拟声词与拟声对象的关系、单纯拟声词的音韵构造、重叠式拟声词的各种构造模式，说明变调重叠是语素重叠，变声重叠是音节重叠。从意义方面看，指出单纯拟声词表示声音的一次性，主要作状语，后附“的”字构成副词性成分，合成拟声词和拟声词组则表示声音的连续和多次性，可以作状语、定语、谓语、补语、宾语。后附“的”字构成状态形容词性的成分。最后比较了汉语拟声词特别是从AA式、ABB式、AB式、ABAB式拟声词的异同点，发现有四个方面的共同点和一个方面的不同点。

拟声词不是表示概念的实词，也不是表示概念之间的关系或附加意义的虚词。拟声词只是对于客观声响的近似记录，把它放在实词和虚词之外是合理的。

8. 现代汉语词缀的性质、范围和分类

马氏从普通语言学的角度观察汉语词缀，从功能、构词能力、语音、语用等角度给词缀分了类，得到并列举了汉语词缀的类别及其主要成员。把一个词缀归入按不同标准划分出来的类，就说明了这个词缀的属性。本文分析了关于现代汉语词缀范围的观点分歧的症结，通过与几种印欧语的词缀的对比来说明现代汉语词缀的范围和性质，提出确定现代汉语词缀的标准，从多个角度（语音、语法、语用）给现代汉语词缀分类。

9. 缩略语的性质、语法功能和运用

马氏说明缩略语有习用性（常用、定型），大部分缩略语的使用受到时间地点的限制。说明缩略这个形成新词语的手段的能产性和缩略语在词汇体系中的地位。分析构成方式对语法功能的影响，指出汉语缩略语依不同条件分别是名词、动词、区别词。最后提出汉语缩略语规范的范围和规范的原则，说明运用缩略语的方法。

（三）邵敬敏关于“语义语法”的论述

邵敬敏指出：“我们在21世纪应该做的就是高举起吕叔湘、朱德熙的旗帜，发展他们的语法研究思想，建立起具有中国特色的‘语义语法’理论。”“所谓语义语法，或者叫做语义功能语法，就是以语义为出发点和重点的语法研究。它的理论核心是：强调形式与意义的双向研究，特别是强化了语法意义的研究。”（《汉语语义语法论集》，上海教育出版社，2007，P21—22）

邵敬敏论述了语义语法的研究理论、研究方法、研究重点。语义语法的研究原则是词语组合的双向选择性原则，这充分说明在句法组合中语义的决定性作用。它包括语义的决定性原则、一致性原则、自足性原则三个子原则。语义语法的研究方法有语义指向分析法、语义特征分析法、语义角色分析法、语义结构分析法4种。语义语法的研究重点是：建立语义范畴系统、建立语义角色系统、建立语义关联系统。邵敬敏（1988）第一次在“显性语法形式”（包括狭义形态与广义形态）基础上，提出“隐性语法形式”概念，包括：分布、组合、层次、变换等。他认为，“意义是第一位的，形式是第二位的；意义是本质，形式是载体”（同上，P28）。他将语义特征分为自然性、附属性、聚合性、组合性4类。他论述语义特征的分析与提取有聚合概括法、组合分析法、对立比较法、变换分析法等方法。

胡明扬、马庆株、邵敬敏等对汉语语义语法的研究为中国语义语法思想打下了很好的基础，这在中国语法思想史上有里程碑的重大意义。

七、语义语法范畴研究的重要意义

提出语义语法范畴这一概念对像汉语这样的非形态语言来说具有方法论上的重要意义。长期以来，汉语语法学家力图摆脱西方语法的束缚，寻找适合汉语特点的研究方法，以求揭示汉语更多的不同于西方语言的语法特点，但是困难重重。主要原因有两条：

1. 语法学家受习惯势力的影响自觉不自觉地只承认显性语法形式是语法形式，而不承认或者不重视隐性语法形式也是语法形式，因此更多地从显性的语法形式着手去研究语法问题，而不习惯从语义着手去寻找相应的往往是隐性的语法形式。汉语正是一种非形态语言，显性语法形式不发达，不少语法范畴是语义语法范畴，没有相应的显性语法形式，只有相应的隐性语法形式。

2. 从语法形式着手不得不参照已经得到公认的各种语法形式，很难发现不同于其他语言的新的语法形式，要发现新的语法形式，不论是显性语法形式还是隐性语法形式，都必须走从语义到形式的道路。

从语义着手去寻找相应的句法组合可能性或分布特征是确立新的语法范畴的有效方法，特别是在显性语法形式不发达的非形态语言中。因此，语义语法范畴就汉语而言具有特别重要的意义。但是语义毕竟是不容易掌握的，也缺乏客观的验证手段，而隐性语法形式也毕竟是隐性的，容易引起争议，所以语义语法范畴的论证必须十分慎重，必须从语义到形式，从形式到语义反复推敲，必须给出严密的规则，否则很容易单凭语义作出匆忙而不尽符合语言事实的结论。

第五节　三个平面语法思想的产生与发展

1982 年，胡裕树在《现代汉语》增订本出版序言中提出“必须区分三种不同的语序：语义的、语用的、语法的”。1982 年《句子分析漫谈》改“语法”为“句法”，并把句法、语义、语用三者并提，认为三者都属于语法研究的范围，顾及三者才是全面的句子分析。

一、三个平面理论建立和完善经历了一个发展过程

1. 初步提出“三个平面”理论（1981—1985 年）

传统语法对句子采取一种整体把握的态度，但欧语的传统语法偏重于对词本身的形态的研究，汉语的传统语法则偏重于凭意义来研究句子及其构成，忽略对结构形式的考察，对句子的语用和语义的分析也不成系统，结构主义从形式为纲而忽略其他方面，主张通过形式谈意义，其理论较传统语法有明显进步。但结构主义学派一些学者在实践中往往过分重视形式，忽略甚至回避意义，只从结构方面研究语言，显然也不够全面。20 世纪 80 年代以来，随着中国的改革开放，语法学者开始学习、借鉴、参考国外诸多语法理论，并结合汉语实际，对汉语语法研究中一些重大问题进行了积极有益的反思，最突出表现于析句方法的嬗变上。1982 年以来，析句方法经历了从成分分析法到层次分析法、变换分析法、语义特征分析法等一系列的变革。这些方法各有优点，但也都有明显不足，都忽略了语言结构是由多方面要素构成的这一事实。而完备的科学的语法分析要遵循静态研究与动态研究相结合、形式和意义相结合、描写和解释相结合的原则。这是语法研究的发展的趋势，也是语言科学现代化的需要。正是基于这种认识，更多语法学者发现以往研究流于片面、单一，主张静态研究与动态研究相结合，并加强动态方面的研究。于是，语法研究的三个平面理论便应运而生。

在我国语法学界较早提出区分汉语析句中三个平面的是文炼、胡附。胡裕树主编的《现代汉语》教材在 1981 年增订中谈及汉语的句子分析应如何确定语法关系时明确提出：“必须区别三种不同的语序：语义的，语

用的，语法的。”这一提法表明，三个平面的语法理论已经形成。它吸收了成分分析法、层次分析法，创立了一个新的析句法，构建了自己的句型系统。1982 年，胡附、文炼合作发表了题为《句子分析漫谈》的文章。作者认为，“要了解一个句子的意义，不能不懂得句子中的语义关系”，“从了解句子的语义关系来说，句法分析是必要的，但不是自足的”，“语序所表达的，有的属于语义，有的属于句法，有的属于语用”，“虚词的作用也有语义的，句法的和语用的区别”（张斌、胡裕树《汉语语法研究》，商务印书馆，1989，P35）。所有这些论述，无不传达出一个共同的信息：语法研究中的确存在三个不同的平面，分析句子，必须把属于语义的、句法的、语用的三种因素区别开来，原来在教材中所谈到的“语法的”一律改为“句法的”，这一细小的改变实际上是对三个平面理论的重要修正，它使三个平面的概念更加明确，关系也更合乎逻辑。此后，两位作者又相继发表了《词语之间的搭配关系》（文炼，1982）、《论句首的名词性成分》（胡裕树，1982）、《关于句子的意义和内容》（文炼，1984）、《汉语语序研究中的几个问题》（文炼、胡附，1984 年）等多篇文章，从不同侧面对三个平面的语法思想加以阐述，论证，使其研究领域逐步扩大，探讨也逐渐深入。

然而，这些论述都是零星的、不成系统的，也没有正式提出“三个平面”这一名称，因而 1985 年前可称为“三个平面”理论的萌芽期。

2. 初步完善期（1985—1992 年）

1985 年，胡裕树、范晓合作发表了《试论语法研究的三个平面》（《新疆师范大学学报》1985. 2）一文，正式全面系统地论述了三个平面的语法观，两位作者在文章开头便明确指出：“如何在语法分析中，特别是在汉语的语法分析全面地、系统地把句法分析、语义分析和语用分析既界限分明地区别开来，又互相兼顾地结合起来，这是摆在语法研究工作者面前的新课题，是值得进行深入探索的。”作者还明确提出：“要使语法学有新的突破，在语法研究中必须把三个平面区别开来，在具体分析一个句子时又要使三者结合起来，使语法分析做到形式和意义相结合，描写性和实用性相结合。”该文的发表标志着汉语语法研究的三个平面理论的基本框架已经形成。这篇文章的价值体现于：

（1）正式命名语法研究的三个方面，并使之系统化，成为“三个平面的理论”。

（2）基本框定了句法平面、语义平面和语用平面各自研究的范围，以示区别。

（3）明确了“三个平面理论”的精髓及三个平面之间的关系，句法、语义和语用三个平面之间既有区别也有联系。对句子进行语法分析必须严格区分这三个平面，又应看到它们之间的联系。不加区别混在一起，就失之于笼统；看不到它们之间的联系而孤立起来，就失之片面。至于三者之间，则句法是基础，因为语义和语用都要通过句法结构才能表现，而要了解语义或语用，也往往离不开句法结构。句法平面若比做句子的躯干，语义、语用就是两翼，一个句子既有躯干又有两翼才能“起飞”。因此，句子分析必须以句法为基础，同时又兼顾到语义分析和语用分析，并尽可能使三者既区别开来又结合起来。

（4）阐述了怎样才能使三个平面结合起来的原则：①要注意三个平面的互相制约，互相影响；②对具体句子进行分析时可以同时从三个不同的平面或角度进行分析；③语序、虚词作为语法手段，可以从三个不同平面进行分析；④分析具体句子合法与否或者说是不是病句，应该从三个不同的平面进行综合分析。

（5）“三个平面理论”的价值在于有助于语法学科的精密化、系统化和实用化。

（6）提出语法研究的原则：做到形式与意义相结合、静态与动念相结合、描写性与实用性相结合，而三个平面的思想正能达到这三个原则。

《试论语法研究的三个平面》一文的发表，在整个汉语语法学界中产生了巨大而又深远的影响，从20世纪80年代中期到90年代以来，国内汉语语法研究掀起了一阵深入探讨三个平面的理论及运用的热潮。

3. 争鸣时期（1992——20世纪末）

（1）对三平面认识存在分歧

A. 王维贤《句法分析的三个平面与深层结构》中，认为语言有句法、语义和语用三个平面，而句法分析中又有三个平面，即句法平面、句法语义平面、句法语义语用平面，凡是出现实际语法中的句子，都是属于句法语义语用平面，它的句法结构都受到句法的、语义的、语用的因素制约。

B. 金立鑫在《形式、意义和“三个平面”》（《语文研究》1993. 2）中提出语法关系意义、语用意义与句法形式二对一的三个平面观。

C. 邵敬敏提出词汇、句法、语用三平面。

D. 邢福义提倡两个“三角”的研究，其中大三角、小三角即语表形式（语表）、语里意义或关系（语里）、语用价值（语值）三角，“语表、语里、语值，在被当做三个平面的时候，通常叫做语法、语义、语用，或形式、意义、语用”（《现代汉语语法问题的两个“三角”的研究》，《语言教学与研究》1991 年第 3 期），后来邢福义又曾专论表、里、值三角与三个平面的异同。其实，小三角与三个平面的差异虽然存在，却也大同小异。

E. 朱德熙也曾提过“结构、语义、表达”三个不同平面，并作了具体论述，名称虽异但内容也与胡裕树、张斌、范晓的“三个平面”相近，认为“进行语法分析，一定要分清结构、语义和表达三个不同的平面。结构平面研究句子里各部分之间形式上的关系。语义平面研究这些部分意义上的联系。表达平面研究同一种语义关系和各种不同表达形式之间的区别。这三个方面既有联系又有区别，不能混为一谈。”（朱德熙《语法答问》，商务印书馆，1985，P37）。

F. 增立语音平面。余志鸿在《语法结构的语音制约》中认为连续变调、重音转移、轻声和儿化这些语音形式成为区分词界显示语法结构的一种标志。殷作炎着重研究语法重音的等级、形式和位置在分化语法歧义中的作用。刘丹青认为有必要在句法、语义、语用之外另立第四个平面，即语音平面。许威汉论述了语音和形态、构词法、虚词、语法单位的联系，认为语法研究要注意“语音”这个平面。但李子荣认为语音节律仅仅是从外部对语法施加影响，所以语音平面不能作为第四个平面。

（2）对三个平面之间的关系以及基础或重心的理解不同

胡裕树、范晓认为：“三者之中句法是基础，因为语义和语用都要通过句法结构表现，而要了解语义或语用，也往往离不开句法结构。”句法平面好比躯干，语义和语用好比两翼，“句子分析必须以句法为基础，同时又兼顾到语义分析和语用分析，并尽可能使三者既区别开来又结合起来”，但“对具体句子进行分析时，可以同时从三个不同的平面或角度进行分析”。（《试论语法研究的三个平面》，《新疆师范大学学报（社科版）》1985 年第 2 期）施关淦也认为：“在语法研究的句法、语用、语义三个平面中，应以句法为基础，这是由语法学的性质所决定的”，“句法跟语义的关系，是形式和意义的关系。句法和语义一起跟语用发生关系。

句法分析和语义分析都是静态分析，语用分析则是动态分析。”（《关于语法研究的三个平面》，《中国语文》1991 年第 6 期）

另外，即使是把三个平面理解为句法、语义、语用的学者，在如何看待这三个平面的关系上也存在着分歧，施关淦（1991）提出了双层模式如图 a；常理、王跃滨（1992）改施关淦的双层模式为图 b；金立鑫（1993）则把句法、语义、语用三个平面理解为一个形式对两个意义的关系，如图 c。

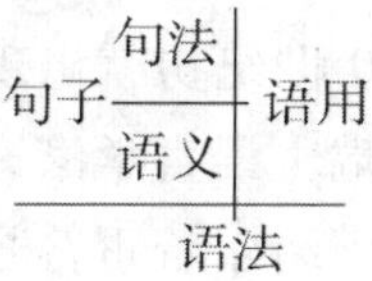

（图a）

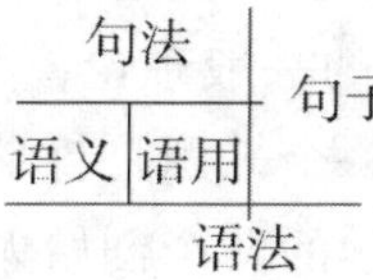

（图b）

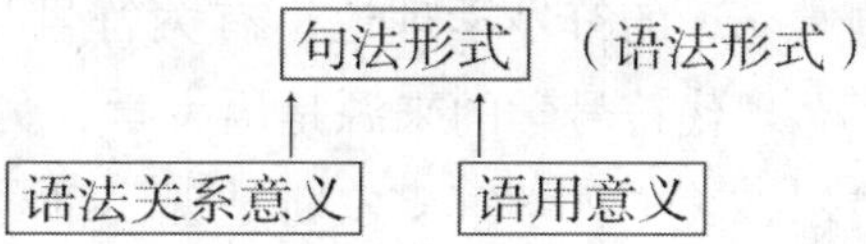

（图c）

可见，句子的三个平面实际上分为两层，句法与语义相结合组成结构体再同语用发生关系，也就是说在静态状态，抽象的句子只有语义平面和句法平面，进入交际中的具体的句子才有语用因素。所以，施关淦认为，用三个平面的语法理论来分析一个具体的句子，首先要分清楚哪些是语用成分，哪些是非语用成分，并搞清楚它们之间的关系，然后再作句法分析和语义分析。

4. 三平面研究进入理论完善系统时期（21 世纪以来）

2003 年范晓与学生张豫峰合著《汉语语法理论问题》（上海译文出版社）出版，本书详细地阐释了“三个平面”理论的基本观点，并分别从句法、语义、语用以及语法研究方法论原则等方面展开论述，这是一部结合汉语语法事实，既有学术性又有普及性、拓宽语法研究领域的具有独创性、开拓性的著作。这部著作是三个平面研究进入理论完善系统时期的标志。本书所阐释的语法理论的基本思想，主要是三个平面、四条原则。“三个平面”是指在语法研究中应把句法、语义和语用既区别又结合起来；“四条原则”是指在语法分析时要贯彻形式和意义相结合、静态和动态相结合、结构和功能相结合、描写和解释相结合的原则。在讨论语法理论的历史、现状基础上，本书详细地阐释了“三维语法”理论的基本观点，并分别从句法、语义以及语法研究方法论原则等方面展开了论述。

二、三个平面的理论基础

语法研究中的三个平面理论不是一两个语法学者凭空想象出来的，而是在20世纪以来国外诸多语言学理论的影响下，在总结半个多世纪以来国内语言学的成果基础上，通过批判继承、综合改造之后所形成的一种新的语法理论。作为影响深远的语法理论，三个平面的形成有其广泛的理论基础。

现代西方符号学为三个平面理论提供了直接的理论来源，主要是美国Morris的符号学理论。有关符号学的一般理论，在20世纪初就出现了。现代符号学的来源是语言学，另一个来源是哲学。瑞士语言学家索绪尔，美国哲学家皮尔斯是现代符号学的两个创始人。索绪尔着重符号的社会功能，皮尔斯着重符号的逻辑功能。Morris是美国著名的哲学家，符号的系统理论的创始人之一。在1938年的《符号理论基础》(*Foundation of the Theory of Sign*) 一书中，Morris提出了符号学的三个分支：syntactice，semantics和pragmatics。20世纪60年代周礼全将其译成语形学、语义学和语用学，后遂成通译。

此后，国外先后出现的各种语言学派或语言学理论，都不同程度上与这三门学科发生直接间接的联系。如自20世纪70年代初期开始，由于受到以Chomsky为代表的形式句法学派的刺激和哲学、逻辑学界探索"意义"的影响，更多的学者注重研究句子和语境、语言和社会、文化的关系。他们对pragmatics的兴趣骤见增长，不仅研究属于这一领域的具体课题，研究pragmatics跟句法和语义的关系，而且许多学者已明确地把句法、语义、语用三个部分包含在各自创立的理论之中。这样，对语言结构作三个方面的观察和分析，不仅是语言学界的共识，更是语言学与逻辑学、符号学理论相通的基点。

虽然三个平面的学说并非有意将语言学中的三个分支学科糅合在一起，而是将语义学和语用学研究的部分成果吸收运用到语法学中来，但其理论上刻下的符号学痕迹是显而易见的。

在句法平面，它是以结构主义描写语法为基础，吸取传统语法注重意义、注重成分分析、注重中心词的作用等优点，充分运用分布分析、对比分析、替换分析等方法，有效地揭示句子内部的结构层次和结构关系，并据以归纳出一定的句法结构类型和句型。在语义平面，它较多地吸取转换生成语法、格语法重视对短语内部语义的考察，重视对词的语义特征和语义指向以及语义搭配的分析，并通过替换分析揭示句法结构的异同，使句子结构的描写更加精密，分析更加细致入微。在语用平面，它较多地吸收了传统语法对句子语气和表达功能分析的长处，并结合系统功能语法中对句子的主题、焦点和行为类型进行分析的优点，注意把句子的句法结构、语义结构同一定的语言环境、交际目的和表达功能联系起来，使语言和言语、动态和静态、描写性和实用性有机地结合在一起，从而丰富和完善了语法分析中形式和意义相统一的原则。

在国内的汉语语法研究中，不少语言学家也酝酿着多个平面的语法思想，自觉不自觉地进行多要素结合的尝试。马建忠、吕叔湘都有施受语义观。1959 年，当时语言研究所有学者提出“研究语法的主要精神是遵守意义和形式相结合这个原则。”（《语法研究上要求加强协作》，《中国语文》，1959 年第 3 期）文炼（1960）批评了一些人注重形式，把不同的形式当做同一形式，割裂了形式和意义的关系，并以歧义句式的分析为例，揭示了形式和意义既统一又矛盾的关系。朱德熙（1980）提出了“显性语法关系”和“隐性语法关系”，陆俭明（1980）则明确指出它们就是“语法结构关系”和“语义结构关系”。这两个概念与三个平面的“句法、语义”相一致。

吕叔湘在 20 世纪 40 年代发表的《从主语、宾语的分别谈国语句子的分析》一文，就注重了句子格式（句法）与施受角色（语义）两种不同关系的研究：70 年代他率先提出了“静态单位”和“动态单位”的观念；80 年代，他又进一步提出要把语言的静态和动态结合起来这一具有指导意义的语法学思路。朱德熙在《语法答问》一书中也明确提出：“一定要分清结构、语义和表达三个不同的平面……”邢福义则在其《现代汉语语法研究的两个“三角”》等文章中，大力主张对语法事实进行多角度的考察。他主张对语言单位进行“表—里—值”（小三角）和“普—方—古”（大三角）多角度、聚集型的综合考察和相互验证，从而达到加深对语法事实认识的目的。这种研究思路，实际上是对三个平面学说作出的必要的修正和补充。可见，三个平面的学说是有较为广泛的群众基础和较为充分的理论依据的。

应该承认，三个平面的学说，既是语法研究的本体论，又是语法研究的方法论。之所以说它是语法的本体论，是因为句法、语义、语用是语句结构中本身固有的东西，是语言结构规律的客观存在。任何一个句法结构，都必定由一定的结构成分组成，而任何一种结构成分，都必然要同其他的结构成分发生句法上、语义上和语用上的结构关系，因而都能通过考察、分析找到与之相适应的语法形式和语法意义，同时也都能发现其特定的表达作用。因此，语法研究就必须以语句结构中客观上存在的句法关系、语义关系和语用关系为主要的考察对象，否则，所谓的语言结构规律就将成为无所依托的空中楼阁，好看而不好用。之所以说它是语法研究的方法论，是因为三个平面的学说并非仅仅是某种具体的分析方法，而是针对语法的本体对象和研究目标而提出来的一种语法分析原则。因为三个平面是从语言的表达和理解的实际运用出发，主张从不同角度、不同视点、不同侧面全方位地透视语言和言语的结构规律和运用特点，从而能够较为有效地接近语法研究的最终目标。只有从句法、语义、语用三个层面对语句结构进行全面剖析，从整体上把握3个方面的区别和联系，才能使语法分析真正达到描写的充分性和解释的可靠性。如果仅仅对其中一个平面进行分析，不管方法多么先进，分析多么细致，也仅仅能够揭示语句结构中的部分规律，而无法对构成语句的全部规则作出合理的、符合实际的科学解释。

三个平面学说的提出者以及后来的研究者，除了注重对句法结构和语义结构的分析和描写外，还特别强调对语法结构的功能解释，主张把分析和解释统一起来，把结构描写和功能解释结合起来。张斌就认为：人类处理信息的目的与社会生活密切相关，所以，句子的意义不但与词义、语义、句法结构有关，而且与语境（包括说话人和听话人）有关……根据交际的目的，反复运用某种形式，这就形成稳定的认知结构。语言学家的责任在于指明这种结构，以利于语言的正确使用。邵敬敏则更加明确地指出：目前汉语语法研究有两个发展趋势……一个内向的深化，表现为句法语义研究的兴起，即从以形式分析为主语义分析为辅转向以语义分析为主形式分析为辅的新轨道上来；二是外向的开拓，表现为功能解释语法的兴起，即不再满足于语法的静态分析、封闭研究，而转向从语言运用上所表现出来的功能来作出新角度的解释，进行动态分析、开放研究。这两大趋势是相辅相成的，也是语义、语法、语用三个平面理论的演化和发展。这些认识和观点，无不透露出语法学者们在各

 自的语法研究实践中所延伸出来的理论触觉。也正因为这样，三个平面

的语法观才具有普遍适用的理论价值和实践价值。

以上我们从形式意义相结合，动态静态相结合的原则追溯了三个平面诞生前的语言学研究，包括汉语语法的研究，这一时期的汉语语法研究虽非三个平面的直接源头，但是三个平面的诞生的确离不开这一深厚的土壤。

三、三个平面研究的主要内容

1. 三个平面具体内涵

句法指短语结构和句子进行句法分析。语义指对句子进行语义分析。语用指对句子进行语用分析。句子分析必须同时进行三方面分析标示最终达到语法分析的目的。

2. 三个平面核心思想

（1）从句法、语义、语用三个视角对句子进行多角度、多方位、多层面观察分析。

（2）两结合：形式和意义相结合，静态和动态相结合。

（3）一个中心：以句法为中心。

三个平面理论认为，语法研究有三个层面：句法平面，语义平面，语用平面。句法平面讲的是显层结构（或表层结构），是对句子进行句法分析，研究句中的与词语（即符号与符号）之间的关系，如主谓、动宾之类。范晓把其具体内容概括为着重研究词的功能类别、词语组合时所形成的成分关系和层次关系以及语型（短语的结构类型）、句型（句子的结构类型）等。所谓“凭形态而建立范畴，集范畴而构成体系”，就是句法平面进行语法分析的基本特点。

语义平面是对句子进行语义分析，研究句中词语与客观事物（符号与内容）之间的关系，如施事、受事之类。范晓、胡裕树把语义平面研究的语义概括为：动核结构（或称谓核结构），动词的价（也称“向”），名词的格，语义指向，歧义，词的语义特征，语义的选择限制。

语用平面，是对句子进行语用分析。句中词语与使用者（符号与人）之间也有一定的关系，这种关系是属于语用的。研究语用，也就是研究人怎样运用词语进行组成句子相互进行交际。范晓、胡裕树把跟句法有关的语用概括为：主题和述题、表达重心和焦点、语气、口气、评议、句型或句式的变化。

在这20年里，三个平面学说的面貌由朦胧而渐趋清晰，理论的逐渐成熟，研究的对象内容逐步具体化，研究原则和操作程序陆续确定，在语法分析中汉语实际一个问题一个问题地探讨求解。随着研究的逐步深入，三个平面的学说已经为越来越多的学者所熟悉认同，运用这一理论探讨汉语实际的论著不断出现。范晓《三个平面的语法观》、邵敬敏《现代汉语疑问句研究》这两部专著是明确运用三个平面学说开展学术研究的可喜收获。范著由理论和方法、词类和动词、短语和词语组合、析句和句子的合格度、句子类型5个部分组成。集中而又系统地阐述了三个平面理论的基本思想观点，就与这一理论相关的一些原则性问题进行了较为深入的讨论，为语法研究中形式和意义相结合的原则，语法研究中静态和动态相结合的原则。运用三个平面理论探讨了汉语语法研究中的一些具体问题，形成了作者自己一套以三个平面学说为基本理论框架的系统的汉语语法分析观和操作概念体系。邵著结合句法分析、语义分析和语用分析对现代汉语疑问句进行系统研究。讨论了疑问句的分类、疑问语气词、疑问点与答问、疑问程度和特殊疑问句等问题。

过去的析句也涉及语义与语用，如施受关系、语气等，但不够明确，也不够系统。运用三个平面的理论析句，并设有创立新的析句方法，只是把析句的内容加以深化。

四、三个平面之间的关系

1. 三个平面

（1）句法与语义：表里关系（隐与显关系）。

（2）语用与语义：密不可分，表达角度上看语义是基础，语用是语义表达的内容，离开语义，语用不能表达，离开语用，语义也缺乏表现。二者都是句法为基础。

（3）句法语义和语用 ：要做到静态备用与动态的实现、信息与载体、内存与外存、客观与主观的互相依存，互相影响，句子做到三合——即是合句法平面，合语义平面，合语用平面。

从表达上看：句法是关键；从理解角度看：语义是关键；从交际角度看：语用是关键。

2. 三个平面的关系

三个平面理论主张从句法、语义、语用三个视角对句子进行多角度、多方面的分析，实现形式和意义的结合，动态和静态结合。对三个平面之间的关系以及基础或重心有不同的理解：

胡裕树、范晓认为，三者之中句法是基础，因为语义和语用都是要通过句法结构，而要了解语义或语用，也往往离不开句法结构。句子分析必须以句法为基础，同时兼顾到语义分析和语用分析，并尽可能使三者既区别开来又结合起来，但对具体句子进行分析时，可以同时从三个不同的平面或角度进行分析。施关淦也认为：在语法研究的句法、语用、语义三个平面中，应以句法为基础，这是由语法学的性质所决定的，句法跟语义的关系是形式和意义的关系。句法和语义一起跟语用发生关系。句法分析和语义分析都是静态分析，语用分析则是动态分析。可见句子的三个平面实际上分成两层，句法和语义结合组成结构体再同语用发生关系，也就是说在静态状态，抽象的句子只有语义平面和句法平面，进入交际中的具体句子才有语用因素。所以，他认为用三个平面理论来分析一个具体的句子，首先要分清哪些是语用成分，哪些是非语用成分，并搞清楚它们之间的关系，然后再作句法分析和语义分析。

文炼认为语言单位有形式和意义，在语用又有内容，三者并不在一个平面上，形式和意义是一个平面的两维，语用又是一维，但是从方法上讲，语法分析可以是三维的。析句时，是通过句法分析来说明语义、语用特点的。直线是构成平面和立体的基础，正如同句法是语义和语用的基础。何伟渔认为句法平面有形式（句法形式，如语序、虚词等）和意义（语法意义，词语之间的关系，如主谓、动宾等）。而在句法和语义平面上，形式和意义就转化，由句法形式和语法意义相结合组成的句法结构就转化为形式，句子的语义才是意义，所以语义平面的意义才是语义。可见，句法平面加入语义才能成为句法和语义平面，由此类推，加入语用，就转化为句法、语义和语用，三个平面是一种转化关系。

吴启主认为我们的语法研究必须以语用分析为基础，以语义分析为手段，以语法分析为目的，语法、语义、语用三结合。邵敬敏对三个平面不仅提出一个主体交叉模式，而且认为语法研究的重点是语义的研究，确切地说是研究语用语义如何通过各种语法形式表现出来。

语法研究的三个平面实质上是三位一体的。它们既相互区别，又相互依存，相互影响，互相制约。其中句法和语义之间是一种表里关系，或者说是显层和隐层的关系。因为语义平面的结构若没有一定的句法结构来表示，是无法显现的；相反，句法结构若不表示一定的语义结构，也就空洞无物，成为不可知的东西。

句法、语义、语用都是“关系”，这些“关系”都以特定的形式来表现。它们有时交织在一起，有时各自独立，不同的句子有不同的表现。例如，“他来上海”，“他”是主语（句法），是施事（语义），又是话题（语用）。这是混同的情况。至于分别出现的情况，那就十分复杂了。和句法结构一样，也处于语言结构显层的语用和语义之间的关系，也可以用“显层和隐层”来概括，表示各种语义成分（包括施事、受事、对象、结果、时间、处所、工具等）的词语都可以充当句子的语用成分。当然，语义和语用的这种关系是通过句法才得以实现的。另外，语义是“解码”的关键，而“解码”不仅仅要求理解各个词语所充当的语义角色，更重要的是要了解它们所指称的内容以及所负载的信息。语义和语用之间的关系虽然跟句法有关，但却不是直接的。

句法和语用之间的关系主要体现为句法结构和语用之间的关系，句法结构是语用结构赖以存在的基础和核心，一般语用成分是附属于这一核心上的。但语用结构又有自己的特点，那是句法结构所不具备的。

三个平面理论中的语法意义和语法形式。语法意义和语法形式是语法研究永恒的主题之一，既然语法有三个平面，语法意义和语法形式当然也可以从三个平面进行分析，三个平面各有其形式和意义。句法平面的语法意义是句法意义，指词语与词语相结合组成句法结构后所产生或形成的显层关系意义以及词的功能，语法形式是句法形式，指表示句法结构显层关系意义的形式；语义平面的语法意义是语义意义，指词语和词语相互配合组成语义结构所产生的隐层的关系意义，语法形式是指表现语义意义的形式；语用平面的语法意义是语用意义，指词语或句法结构体在实际使用中所产生的语用价值或信息，往往体现说写者的主观表达意向，语法形式是表达语用意义的形式，一个具体的句子同时存在句法结构、语义结构、语用结构。每一种结构都具有形式和意义，句法、语义和语用的形式都是语法形式，句法、语义、语用的意义比一般论著所说的专指句法结构的形式和意义内涵要丰富得多，使形式和意义的永恒主题更加深入，更接近于语法研究的最终目标。

五、语法研究中的“两个三角”和“三个平面”

（一）两个三角学说

1. 两个三角学说的形成

两个三角由小三角（语表形式—语里意义—语用价值）和大三角（普通话—方言—古代汉语）构成。两个三角学说是邢福义在总结自己和中国当代语法学界的研究成果与学术追求的基础上，由小三角逐渐发展到大三角而形成的。

1984 年，邢福义在总结自己的研究特色时提出了语法研究有机地结合逻辑和修辞的问题，形成了小三角的雏形（《语法问题探讨集 · 序》）。1986 年在北京西山召开的第四次现代汉语语法学术讨论会上，他又提出语法研究除了意义和形式之外，还要注意语用价值的问题；他提交的论文《“NN 地 V”结构》从语义特征、形式特征和语用价值等方面对“NN 地 V”这种格式进行了深入的剖析；并在 1987 年发表的《语修沟通管见》一文中进一步明确指出：“对于某种语法现象，既要注意研究其语表形式和语里意义之间的错综复杂的关系，揭示有关规律，也要注意研究其语用价值，借以深化认识。”这篇文章的发表标志着小三角的形成。

1989 年湖北省语言学会第 5 届年会上，邢先生作了关于语法研究的两个三角的学术专题讲座，在小三角的基础上引入了大三角，两个三角学说首次提出。此后，接连发表了多篇论文，对两个三角学说进行了一系列的理论阐述和实践例示，使这一学说不断地充实、发展。

2. 两个三角学说中的小三角

两个三角学说是从语法研究的方法论角度提出来的，反映的是一种动态的研究思路。其目的是要解决怎样在语法研究中观察现象、发掘规律和多侧面相互印证的问题。所谓三角，其实就是观察现象、发掘规律和相互印证的两个视角。小三角是现代汉语语法研究内部的三个视角，大三角是现代汉语语法研究外部的三个视角。

（1）语表、语里、语值及其相对性

据邢福义的定义，在小三角中，语表形式（简称“语表”或“表”）是指“显露在外的可见形式”，语里意义（简称“语里”或“里”）是指在脱离一定语境的条件下语表所负载的“隐含在内的不可见的关系或内容”；对语用价值（简称“语值”或“值”）没有明确定义，只是举例性地说有“修辞值”（特定格式的特定修辞效果）和“语境值”（不同句式适应不同语境的价值）。据此推演，语表应包括从词到语篇的各种语法单位、各种语法单位的组合形式和变换形式以及组合变换所使用的各种语法手段等；语里应包括结构关系、语义关系、逻辑关系到语句的涵盖意义等。这样一来，语表似乎显得单薄了些，而语里的内容却特别繁丰，需要进一步研究它们的层次和关系。关于语值，从邢福义的有关论述中可以看出，应是指语表和语里的结合体在一定的语境中所产生的各种语用效果。如信息的传递效果、情感的表达效果、语句与上下文的匹配效果等，而不限于所谓的“修辞值”和“语境值”。语值究竟包含哪些内容，尚需再探。

进一步研究将会发现，语表形式、语里意义和语用价值三者之间的关系具有相对性。这种相对性主要表现在两个方面：

其一，语表形式所表示的语法单位的层级和性质不同，所牵涉的语里意义和语用价值也会不同。比如语里意义，如果所研究的对象是一个有实在意义的词，所牵涉的主要是词的涵盖意义；如果所研究的是单句结构，所牵涉的主要是结构关系、语义关系等等；如果所研究的对象是复句，所牵涉的主要是逻辑关系。再如语用价值，如果所研究的对象是词，所考虑的主要是词的附加色彩；如果所研究的对象是句子，就要考虑它的信息传递效果、情感表达效果和与上下文的匹配效果等。表里值的相对性，决定了不同语法单位的研究要有所侧重。

其二，语表形式、语里意义和语用价值会在一定的条件下相互转化。例如夸张、比喻等一般属于语用价值，一句话或一段话是不是夸张或比喻，需要参照一定的语言环境才能确定；但是，如果夸张或比喻有了一定的语表形式作表征，在脱离一定的语言环境之后仍然能够表达夸张或比喻的意义，这时夸张和比喻就转化为语里意义。如“经常烧鸡烤鸭地吃”“他像钢铁一样地坚强”之类的格式，所表达的“小夸张”的架势和比喻的意味就由语用价值转化为语里意义。

上面的转化是由语言本身造成的，有些转化则导因于语法研究成果的积累和深入。例如词类的问题不完全是一个语表问题，它起码牵涉到结构关系，甚至词的涵盖意义。但是由于长期研究成果的积累，典型的名词、动词、形容词等的语里意义已经凝固在语表形式中，因此可以把此种词类看做是语表。又如随着语义形式化工作的不断深入，人们可以运用一定的手段把一些语义因子用较为直观的形式刻画出来，这种被较为直观的形式所刻画的语义因子及其结构，也可能会由语里意义转化为语表形式。

（2）小三角的研究

在小三角中，语表是研究的基点，也是研究的聚焦点。大千世界和人类社会中的意义和关系等，可以说是无穷无尽的，但是只有通过语表所负载或形成的意义和关系，才能成为语言学的研究对象。而且语表是一种可见形式，也只有以语表作为参照，才能保证研究的客观性。语法的研究目的在于揭示语表和语里的对应关系，在于发现语表语里的结合体在一定的语言环境中所具有的语用价值。表里的对应关系和语用价值的研究。其交叠聚焦处也正在语表。因此，在小三角的研究中，语表具有研究基点和聚焦点的意义。语法研究要注意发掘材料，表里值是相辅相成相互制约的关系。从材料发掘上讲，表里值三个角是发掘材料的三个视点，由表里值三个角所构成的三条边反映着表里值之间的相辅相成相互制约的关系，是发掘材料的三条线路。动态的语法研究讲究表里值的相互印证。从发生学上看，语表、语里的关系是内核，因为只有表里结合之后才能表现或形成一定的语值。所以一般的研究程序应是先辨察表里，再考究语值。辨察表里，目的是要达到表里互证，全面、细致而又准确有效地揭示表里之间的错综复杂关系。在具体操作上，因研究对象不同，研究者习惯不同，研究目的不同，可以由表察里，可以由里及表，也可以表里互察。

从理论上讲，这三种操作路线没有优劣高下之分。

考究语值，目的是要对表里关系认识得更圆满，是要解释在表里辨察中不易说清或不能说清的问题，是要使语法研究更切近于具体的语言运用，从而使语法具有较强的解释力。比如同义形式的存在，只有考究语值才能充分认识它的合理性；歧义形式的分化，在很大程度上需要借助于语值；言外意义的把握则几乎离不开语值的分析。从语言运用的角度看，语句都有语值。但是从语法研究的角度看，并不是任一研究都要考究语值，例如通过表里辨察已经说清的问题，没有必要再画蛇添足去考究语值。在必须考究语值的情况下，语值的考究也应同表里相印证。

3. 两个三角学说中的大三角

（1）普、方、古及其相互关系

大三角中的普通话（简称“普”）是指现代汉民族共同语的语法，方言（简称“方”）是指现代汉语方言的语法，古代汉语（简称“古”）是指现代汉语形成之前的汉语语法。普通话（和方言）是古代汉语的历史发展，与古代汉语的关系是历时关系。照理说，在方言和古代汉语的各自领域中，同普通话一样都有语表、语里和语值的小三角存在，在方言语法和古代汉语语法的研究中，也可以而且也应该进行小三角的互察共证；但是两个三角学说主要是针对普通话语法研究而提出来的，从普通话语法的研究着眼，方言和古代汉语各自的小三角似乎不必要专门提出或特别强调。

普通话与方言的关系比较复杂，从时间维度上考察二者是兄弟关系，是古代汉语不同的发展结果；从空间维度上考察，二者是相互渗透的各有自己的语法系统的平行关系；从社会维度上考察，二者又是主体与变体之间的主从关系：普方古之间关系如此错综复杂，之所以能够构成相互制约的二角，主要是就语法研究的层面上来看的，我们不能机械地认为它们在时间、空间和社会维度上不在一个平面，就否定它们可在语法研究的层面上构成三角关系。我们认为，考察方言语法和古代汉语语法对于普通话语法的研究有帮助，并有利于形成更具解释力的语法理论。

（2）大三角的研究

在大三角的研究中，普通话是基角。设置大三角的目的在很大程度上是为更好地研究普通话语法服务的。站稳基角，再横看普方，纵观今古。纵横互察，三角同证，形成对现代汉语语法的立体研究思路。横看普方，纵观今古，对于普通话语法的研究具有多方面的意义。

其一，有利于甄别研究材料。在所搜集到的语言材料中，常常掺杂有方言和古汉语的成分，通过横看纵观，便于剔除方古成分，增加研究材料的纯度，从而增加研究结果的信度和效度。

其二，有利于开阔研究思路。比如普通话中的“的”，语表形式相同，但是其语里意义多种多样，表里关系是一对多的关系；但是与“的”相同或相近的语法域在方言和古代汉语中，表里的对应关系却相对简单或明确。在探讨“的”的表里对应关系时，视方览古无疑会大有启发。普通话其实不是一个纯匀有致的系统，其中有历史的积淀和方言的吸纳。这决定了对于普通话语法规律的刻画，必然会有非系统的例外出现。一个好的语法系统，一条有价值的语法规律，不在于它有无例外，而在于能否对这些例外做出恰当的揭示和具有说服力的解释。侦方问古，对于认识这些例外无疑可以提供重要的线索，拓宽研究思路。

其三，能够提供令人信服的外证。如果说小三角之间的证是“内证”的话，那么大三角之间的证就是“外证”。如果仅把普通话语法看作是一个静止的完全自足的共时系统的话，从理论上说只要求系统内部的自恰无悖，有无外证并无关紧要。但是，对于一种语法现象往往可以有不止一种的处理和解释，多种处理和多个解释也许都言之有理，持之有故，难以用对错来衡量。虽然难分对错，但却可较优劣。优劣的判定就在于解释力的大小。如果某种处理、某个解释，既适合于普通话，又适合于方言和或古汉语，既在普通话系统内自恰无悖，又有较多的外证，那么它无疑将优于其他的处理和解释。就此而论，查方索古，考求外证，对于从多种难分对错的处理和解释中判别优劣，具有不可或缺的价值。

其四，有利于建立高层次的语法理论。汉语语法研究除了描写事实、总结规律之外，还担负着建立高层次的汉语语法理论乃至普通语法理论的任务。毋庸赘言，仅局限于大三角的任何一个角的语法研究，都难以完成建立高层次的语法理论的任务。就此来说，大三角的提出和深入实践，是有宏观上的战略意义的。在大三角的研究中，要注意外证的条件和外证的效力，这是一个有待深入研究的课题。方言语法和古代汉语语法都有各自的系统，它们同普通话语法的关系是多维度上的复杂关系，因此，在发掘和使用外证时，要充分考虑到各自的系统性和其间关系的复杂性。比如不可用零星的方言和古代汉语的材料，同普通话做比附式的对比；也不能发现某一语法域在方言或古代汉语中是分离的，就肯定它在普通话中也是分离的。

（二）两个三角学说与三个平面学说的比较

1. 小三角与三个平面的概念内涵不同

有人认为，小三角的语表相当于三个平面中的句法平面，语里相当于语义平面，语值相当于语用平面。其实认真分析起来，小三角与三个平面的内涵是有较大差异的。小三角的语表只是语法形式，它可以小到语素或单音节的词，大到句群或语篇。语表的外延显然大于句法形式的外延。语表不涉及语法意义，连句法平面的句法意义也不包括在内。而句法平面是有形式有意义的。

小三角的语里与语义平面不同。语义平面中的外显的语义形式不属于语里的范畴；然而仅就语义而言，语里的包容量要比语义大得多。语里不仅包括语义，也包括结构关系等一般所说的各种语法意义和被三个平面排除出去的逻辑关系、词语的涵盖意义等；在一些较大的语法单位、结构或某些特殊情况中，许多语用学所研究的内容也被语里所囊括。

小三角的语值与语用平面不同。语用平面中的外显的语用形式不在语值之属，而且，语值是一个效果概念，不是笼统地讲语用，所以在内涵上与语用意义有较大差异。从另一角度看，一切影响语值的因素，包括心理因素和社会文化因素，都会被牵涉进语值的研究中。就此而言，语值的领域又要比语用平面宽得多。

小三角和三个平面的概念内涵上的不同，还表现在处理各方面的辨证关系上。两个三角学说并不把语表、语里、语值的区分绝对化，而把它们的区分看作相对的，在一定的条件下会相互转化。三个平面学说不仅要把三个平面区分清楚，而且还要进一步把各平面的形式和意义区分开来。各平面间不具有转化关系，但是各平面间的形式和意义之间却可能存在着相互转化关系。

2. 两个学说的差异

小三角与三个平面在宏观的研究思路上有诸多相同相似的地方，比如都认为语法研究不能仅限在语法（语表、句法）层面上，要求引进语用因素研究语法；都是在探讨语法研究三个方面（三角、三个平面）如何结合的问题；都要求以传统所说的语法（语表、句法）为纲来开展语法研究等。但是，在一些具体的研究思路上却存在着差异，甚至是明显的分歧。比如，两个三角学说主要是从研究方法论上考虑问题，兼及语法的本体论问题；三个平面学说首先是从语法本体论上立论，从而引发出研究方法论的问题。除此之外，两个学说的差异或分歧还主要表现在如下四个方面：

（1）聚焦与分割

两个三角学说认为，对于任何一个语法单位或结构，即使是插入语、语气词之类，都可以甚至是应该从语表、语里、语值三个视点上去观察，去分析。通过多角度的观察和分析，最后聚焦在一起，说明各种语法事实和规律。因此，小三角可以说是聚焦型的研究观念。

与聚焦型的研究观念不同，三个平面学说则是分割型的。分割的表现有“条状分割”和“块状分割”两种。例如“他走了”这个语法体，三个平面学说把它纵割为句法、语义、语用三条：在句法条上，这一语法体是“主语—谓语”；在语义条上它是“施事—受事”；在语用条上它是“主题—述题”。这是条状分割。再如句子的插入语、语气词等，三个平面学说只把它们看作语用成分，不在句法和语义两个平面上进行分析。而只在语用平面上分析。有没有专门在句法和语义两个平面上分析的现象还不清楚，但是这种思路显然是把一个语法体（比如句子）横截为段，对某段只进行某平面的分析。这是块状分割。

（2）重证明与重剖析

两个三角学说不仅认为语表、语里、语值是相互制约的，而且更强调在语法研究中三角互证。就某种意义而言，两个三角学说就是一种为解决语法分析的效度而提出的多维相互验证的研究方法。而三个平面学说是重剖析，把一个语法体纵剖或横截为不同的平面，然后分别在不同的平面研究问题。因此，在三个平面的研究中，首要的问题是分清三个不同的平面，然后才能谈得上结合。纵观当前三个平面的研究，可以看到，以讨论怎样区分语法研究的三个平面为多，正是这种重剖析的观念所带来的必然现象。

（3）动态分析与分析动态

两个学说都提倡对语法进行动态的研究，但是各自对动态的理解并不相同。两个三角所说的动态是研究方法上的动态，即表里值的相互验证和大三角的纵横比较分析。这种动态分析是针对静态分析而言的。所谓静态分析，是指对某个语言片断进行自身的层次分析或成分分析，分析时不涉及别的语言片断。语言现象本身常被分为静态的和动态的，虽然人们在确定语言的静态和动态时存在着分歧：有人认为语言是静态的，言语是动态的；有人认为语言和言语中都有动态的和静态的；有人认为语素、词、短语等是静态的，小句、句子是动态的；也有人把语法看作静态的，把语用看作动态的。三个平面所说的动态分析，主要是指分析动态的语言现象。当然，在分析动态的语言现象时，也可能带来或使用动态的分析方法，但是，这种对动态的分析必然同两个三角学说所说的研究方法上的动态分析不是一回事。

具体操作路线上的差异研究有“上向”和“下向”之分。上向的研究是从事实到理论，即在对语言现象进行观察和描写的基础上做出理论概括，注意理论的步步提升。下向的研究是从理论到事实，即先提出理论模式，并据此进行推导和阐发，然后考察它对于语言事实的解释力。这两种研究路线是相辅相成的，而且都是必要的。从总体倾向上来看，两个三角学说的主张者在研究中较多地走上向路线，较注意对事实的研究；三个平面学说的一些研究者则较多地走下向路线，较注意理论的阐明和模式的设计。当然这种划分不是绝对的。

与此相关，两个三角学说不要求先把概念以及概念间的关系弄清楚再进行研究，某些内容是属于语表、属于语里、还是属于语值，在现阶段来看并不是特别严重的问题，研究者可以依自己的理解去观察和分析事实。随着对事实的观察和分析，这些问题会逐渐得到解决。当然，它也不轻视界定概念、探讨概念间的关系的价值，只是认为要解决这些问题需要时间和实践。而三个平面学说似乎比较强调在研究时要清醒地区分三个平面以及三个平面中的形式和意义等，因此在探讨这些理论意味较浓的问题上投放了较多的精力。两个三角学说在研究表里关系时，不强求是由表到里，还是由里到表，只要达到表里互证的目的就行，主张“多通道”。三角研究甚至也不强求“角角俱全”，是“因情制宜”的灵活态度。三个平面学说只主张从形式入手，内掘语义，外探语用。是“单入口”的操作程序。在三个平面的研究中，要求“面面俱到”，因为三个平面要求以具体的句子为研究对象，而语法的三个平面若去掉一个平面，就显得不完整，也就影响了表达或交际的功能。

两个三角学说是从研究方法上提出的大小三角相互验证的关于语法研究的动态理论。它与三个平面学说在概念内涵、研究思路等方面都存在着一定的差异。但是要看到，这两个学说都是为避免对语法进行孤立、静止和片面的分析提出来的，而且都在致力探讨怎样把语法（或句法）研究同语义、语用等研究结合起来，乃至把现代汉语语法研究怎样同方言、古代汉语等的语法研究结合起来。因此，它们之间并不是相互对立、相互排斥的，而是相互启发、相互补充的。当然，由于两个三角学说是在三个平面的研究中发展起来的，既是发展，就有超越，所以也许如邢福义所说：“两个三角”是涵盖面更大、概括力更强的概念。但是其间的差异主要表明的是向着同一目标前进的不同的探索；也正是这种差异的存在，才能使它们相互具有启发性和互补性。

学说的精髓往往不在它的具体结论上，而在它所提出的问题上。这两个学说所提出的问题就是：怎样对语法进行多维的、动态的、立体的、有效的研究。停留在对学说的评述、比较、简单阐释，或是满足于争论语法或语法研究究竟有几个面、几个角，意义也许并不太大。重要的是在扎扎实实的研究中，承其精、形其神，解决它提出的问题。多彩多姿的三个平面语法思想在中国语法思想史上树立了宏伟的里程碑，对促进中国语法思想的发展，具有重大的意义。

第六节　认知语法思想的肇端与发展

认知语法（Cognitive Grammar）根据［德］哈杜墨德·布斯曼在《语言学词典》的说法，定义为："认知语法是一种以人的认知过程为基础的语言描写方法。这里，语法已不再是一种独立的系统，而是对概念内容进行结构化和语符化，词汇、形态和句法等各层次的语言单位全都是象征性单位，并具有相对的任意性；另外，意义等同于概念，语义结构只有与基本的认知领域（如时间和空间经验等）相联系才能显示出特征。语言学家的任务首先在于研究在预先确定的某些知觉和概念语境中各种不同的语言结构的可能性。"（该书，商务印书馆，2003，P82）

一、关于语言研究的认知倾向和认知语言学的问题

当代语言研究在总体上的解释性转向必然导致对与语言相关的认知问题的普遍关注。神经心理学和神经语言学异军突起，以其对大脑和语言关系实验操作为手段直接切入语言认知研究领域，其特点是探讨人脑结构、神经活动与语言认知路径和方式的关系，代表作有彭聃龄主编的《汉语认知研究》（山东教育出版社，1997）、杨亦鸣、曹明的《汉语皮质下失语患者主动句式与被动句式理解、生成的比较研究》（《中国语文》，1997.4）等。理论语言学界对语言的认知研究表现出了前所未有的热情，并作了一定的工作。束定芳在《90年代以来我国外语界语言学研究：热点与走向》（《外语界》，1997.1）一文中指出，"认知倾向"已经成为我国外语学界语言学研究的主要趋势，"'认知'一词开始频繁出现在语篇分析方面的文章中……人们似乎越来越关注人脑的工作方式及其对语言运用的制约和对思维的影响，关心作为认知主体的人的本身的特点。"熊学亮的《从信息质量看语用认知模型》（《外国语》，1994.3）一

文，从信息质量的角度述评了人工智能领域的模型理论及其在语言运用研究中的意义，主张在建立语用认知模型的基础上展开语言使用的研究。吕公礼的《前指照应的认知语用互动分析》（《外国语》，1995.2）一文则探讨了前指照应释义的认知与语用因素的互动模式（你消我长的过程），其《认知论域与照应释义》（《现代外语》，1995.2）一文提出了认知论域的概念，分析了认知论域和照应形式间的对应关系及其意义，并从认知论域的复合作用方面对管约论及格赖斯语用照应模式中遇到的主要问题进行了初步探讨。何自然的《近年来国外语用学研究概述》（《外国语》，1995.3）把关联理论归结为一种认知语用学理论。胡壮麟《语言·认知·隐喻》（《现代外语》，1997.4）深入地阐述并强调了隐喻在人类运用语言感知过程中的作用。汉语学界对语言的认知研究也表现出了浓厚兴趣。张伯江《认知观的语法表现》（《国外语言学》，1997.2）认为语法学者很早就注意到了人类语言中表示事件的语法形式与时间意义相关的。该文论述了语法事件范畴与人类认识的关系。论述了事实—传信范畴（evidentiality）及其在语法系统中的地位，指出现实性（actuality）和语气（mood）紧密相关，传信范畴（evidentiality）和情态（modality）紧密相关。说明了汉语里的传信表达的三种形式。张敏《从类型学和认知语法的角度看汉语重叠现象》（《国外语言学》，1997.2）论述了语言类型学和认知功能语法研究的汇合是功能语言学界的一个值得注意的发展趋势。而且认知语言学的研究发展到一定阶段，自然不会满足于仅从单个语言的分析中得出结论，而会开始重视从类型学证据和共性规律中寻找更多的依据和支持。文章论述了从类型学的角度看复现的形式—意义匹配，从认知语法的角度看重叠的类象性，汉语里的重叠类象动因。认为汉语的重叠还是一种图样类象符，其形式元素的构型与概念元素的构型呈现一种同构关系。将汉语的个别现象和其他众多语言所体现的普遍现象结合起来考虑，并运用认知语法的观念作出解释，或许能为汉语语法的研究另辟一条新路。金立鑫的《名词短语内部结构的形式分析和功能解释的比较》（《现代外语》，1996.1）明确提出，只有从系统外的认知心理角度作出功能解释才是真正的“强”解释。

袁毓林的《关于认知语言学的理论思考》（《中国社会科学》，1994.1）就戴浩一的“以认知为基础的汉语功能语法”中的主要观点进行了讨论。文章首先认为戴的语法理论中的认知解释具有随意性，更为重要的是在认知解释和功能解释之间缺乏足够的一致性，因而把认知解释和功能解释结合起来尽管可以增强解释力，更好地说明语法结构和交际功能之间的自然关系，但由于二者时时相互抵触，也就很难整合到一个同一的语法理论中去；其次指出戴的时间顺序原则、空间范围原则缺乏概括性和普遍性，并进一步指出作为人类思维的交际工具，语言注定要受到认知和交际功能因素的影响，但语言又是一种自组织性很强的符号系统，因而这种影响一定要经过具体语言系统的自身调节，以语法这个子系统来说，任何一种语言的语法结构都可能是临摹原则和句法规约共同作用的结果，前者可以从认知的角度加以解释，而后者则带有很大的任意性，这就意味着我们不能夸大语法结构临摹性的一面，更不能企望从认知上对所有的语法结构作出全面合理的解释。第三，不同意戴的不同文化的不同观念造就了不同的语法结构方式这一观点，指出相同的语义表达在不同的语言中可能采用不同的表层语法结构，但这并不取决于不同语言背后的文化观念上的差异，而是由于各自语法系统本身的不同所致。文章还就语言认知与一般认知（包括言语或话语认知）之间的关系以及现代语言学的理论目标等问题作了论述，认为认知语言学的学者应当关注心理语言学关于语言习得的一些研究发现，在充分注意到语法发展独立于一般认知发展这一观点的同时重新审视语法和认知之间的关系，以便把认知语言学建立在更为可靠的基本假设之上。他的《认知科学背景上的语言研究》（《国外语言学》，1996.2）介绍和评论了认知科学的学科背景和学术源流，其中涉及：①哲学上的心脑二元论和物理主义思潮，神经生理学对大脑中神经元之间的通讯原理的研究，②智能起源上的天赋论和建构论，以及对语言能力的解释力量，③基于信息加工观点的认知心理学，以及跟皮亚杰发生心理学的比较，④作为人工智能研究和认知心理学的理论基础的物理符号系统假设，以及与之抗衡的神经网络思想，⑤哲学家对认知主义的批判，以及我们的反批判。在考察了语言认知研究中 N. Chomsky 的生成语法路线和 R. Langacker 的认知语法路线之后指出，生成语法比较注重形式，强调的是语言获得中内在的认知能力，并在较为抽象的平面上论证语言习得的逻辑前提；而认知语法比较注重意义，强调的是人的一般的认知能力和百科知识对语言理解的重要性，并以直观的“概念”为核心来消解词汇、词法和句法之间的界限。作者认为这两种研究路子的研究结果都不能在计算机上加以模拟和验证，作者阐述了自己的一种新的研究思路及相应的研究策略，即在理论上以基于信息加工观点的认知心理学为背景，以人工智能的语言信息处理为导向，重视对语言理解的认知加工过程和语义信息处理的微观机制的研究；在技术上指向计算机的模拟和验证；在策略上倾向于通过一些基于对语言的结构和意义的考察和分析而得来的假设性概念来建立一个由感觉系统、记忆系统、中枢处理系统和反映系统四个部分组成的认知模型，并在这种模型的指导下进行语言的认知研究。

认知语言学的专著有程琪龙的《认知语言学概论——语言的神经认知基础》（外语教学与研究出版社，2001）和赵艳芳的《认知语言学概论》（上海外语教育出版社，2001）。前者论述了语言研究的认知取向、语符关系系统、体现关系、语篇概念系统、小句的概念结构、神经认知理论等。后者论述认知语言学的内涵、研究对象、性质、研究方法、研究的主要课题为范畴化与认知模式、词的概念与词汇变化、隐喻和转喻认知模式、认知与语法、象似性与语法化、认知与推理等。（参看《中国语言学年鉴（1995—1998）》，语文出版社，2002，P9—12）

二、认知语法研究

认知—功能主义语法突破了把语言看成是一个被结构规则控制的封闭系统的语言观，主张从揭示人类认知方式和分析语言交际功能人手，来回答“语法何以如此”的问题。词类、语法结构等范畴都是人类认知现实在语言中的反映，语法形式和成分的选择是由交际功能决定的，因此语法规律也只能从认知—功能的角度才能得到本质揭示。沈家煊坚信语法上分类的形式标准背后往往隐藏着概念或意义上的理据，在《“有界”与“无界”》（《中国语文》，1995.5）一文中，他精辟地指出，一般把名词分为可数名词和不可数名词、把动词分为持续动词和非持续动词、把形容词分为性质形容词和状态形容词，实际上都是受人类一般认知机制中“有界—无界”概念的统摄的。并进而指出，自由的句法结构和不自由的句法结构之间的对立是“有界”和“无界”在句子层面的反映，“事件句”和“非事件句”之间的对立是“有界”和“无界”在篇章层面的反映。这就明确回答了语法形式是如何受语义决定的问题。从“语言反映认知现实”这样的认识出发，必然得出“语法范畴都是原型范畴”的推论。袁毓林《词类范畴的家族相似性》（《中国社会科学》，

1995.1）讨论了词类划分中追求严格分布标准的困境，指出必须把词类范畴当做原型范畴理解，根据典型成员的特征定义词类。在这个前提下怎样描写词类成员的不均匀分布呢？以形容词为例，是否像袁文说的那样以“经常作谓语和补语”为典型特征呢？沈家煊《形容词句法功能的标记模式》（《中国语文》，1997.4）引进语言类型学中的标记理论来甄别形容词中典型成员与非典型成员的句法功能，得出了形容词典型句法功能是充当定语的结论，显示了这种基于语言功能和人类认知理据的语法观在澄清事实方面的深刻解释力。

说语言是认知的反映，意味着它反映的是人类看待世界的方式，而不是真实世界的直接反映。刘宁生《汉语怎样表达物体的空间关系》（《中国语文》，1994.3）通过考察汉语社会中物体空间关系的表述方式，表明语言再现的空间并不是真实世界的“传真照片”，而是经过意识过滤的图解。揭示不同语言中不同的空间表达方式正是语言研究的价值所在。认知语言学认为物质空间关系是人类的一种基本认知起点，许多抽象关系都是从它引申出来的，句法关系也是如此，如偏正结构中修饰语和中心语的关系其认知基础就是参照物和目的物的空间关系。刘宁生《汉语偏正结构的认知基础及其在语序类型学上的意义》（《中国语文》，1995.2）基于这一论断论证了汉语中修饰语先于中心语的语序一致性实际是由汉语社会中参照物先于目的物的认知原则决定的，这是句法结构认知基础的一个典型例示。（参见《语言学年鉴》（1995—1998），P88—89）

从认知角度研究汉语语法是近些年的潮流。前些年重在国外认知语法理论的介绍，近几年学者们结合汉语的研究，发展了认知语法理论。

周红的《汉语认知语法研究动态》（《汉语学习》，2002.6）对国内汉语认知语法的发展概况和研究成果进行了归纳和总结，认为目前已经初具规模、影响较大的认知语法研究主要有以下三种：第一种，与文化结合的认知功能语法研究，以戴浩一、张敏为代表；第二种，与心理学结合的认知语法研究，以石毓智、沈家煊为代表；第三种，与计算机结合的认知语法研究，以袁毓林为代表。

这一时期的认知语法研究集中在以下几个方面：

①句法象似性。又称“临摹性、具象性、类象性”，与语言符号的任意性相对，指句法结构甚至句法规则是非任意的，是有理有据的，跟

人的经验、概念结构之间有一种自然联系。A. 距离象似性研究。张敏在《认知语言学与汉语名词短语》（中国社会科学出版社，1998）中认为，领属构造中“的”字的隐现，与定语和中心语之间的概念距离大小有关，确认指标的定语与作为领有者的定语相比，与中心语之间的概念距离要小，因此可以说“他妹妹、我老乡、我们班”，而不能说“你手、我汽车”。他还发现这一规律相当系统地反映在多项定语的相对语序里，如数量成分可以反映物体是否具有［+可数］的属性，比只作用于概念外延的领属者距离中心语要近，因此数量成分位于领属者之后，最后他得出名词短语遵循距离象似性的规律。郭继懋、王红旗的《粘合补语和组合补语表达差异的认知分析》（《世界汉语教学》，2001.2）把距离象似性原则用于动词短语的研究上。汉语用粘合补语表示规约性结果，如“抬累了”；用组合补语表示偶发性结果，如“抬得我接下来这一个星期都直不起腰来”。这是因为规约性结果与原因的概念距离相近，结果蕴含在原因之中，所以表达这种因果关系的语言形式之间的距离也近，相反就远。B. 意义临摹研究。石毓智的《语法的认知语义基础》（江西教育出版社，2000）认为句法规则与现实规则之间的象似性并不全是简单的对应关系，由于人们认知视点的不同，同样的现实规则在语言中的表现形式也会不同。除成分和关系临摹外，还有意义临摹。意义临摹不仅包括对外界客观物质世界意义的临摹，还包括对人造自然（如知识系统、文化系统、语言自身等）的临摹。

②标记与不对称。这方面的代表人物是沈家煊和石毓智。沈家煊试图建立起标记模型，以解释语法为基点进而说明语言各层面同样的问题。用多分关联的标记理论来描写和解释语法中的种种不对称现象，如肯定和否定的不对称、主语和宾语的不对称、形式和意义的不对称、词类和句法成分之间的不对称等；用关联模式建立了形容词、名词与句法功能之间的联系，即性质形容词作定语用来形容类名词是无标记的，状态形容词作谓语用来形容个体名词也是无标记的，而统摄这个标记模式的是恒久性和临时性这对概念的对立。石毓智的《肯定和否定的对称与不对称》（北京语言文化大学出版社，2001）系统研究了汉语中的肯定和否定的对称与不对称现象，用数量特征统一解释了词语、句法结构和语义上肯定和否定的对称与不对称现象，即用定量和非定量的概念解释肯定和否定的使用，用离散和连续的概念解释“不”“没”的分工，其研究

很有启发性。

③空间方位及参照点。方经民在《论汉语空间方位参照认知过程中的基本策略》(《中国语文》，1999.1）和《汉语空间方位参照的认知结构》(《世界汉语教学》，1999.4）中分析了汉语的空间方位参照，认为A. 空间方位参照反映了语言社会对认知空间中方位关系的认知过程，是一种立体的、抽象的、深层的认知结构。B. 空间方位参照的认知过程涉及观察点的确立、方位词的选用、方向参照点的确立和位置参照点的选择四个方面，有基本的认知策略，如“房间朝右”不能说，这是因为使用相对方位词“右”，其方向参照点必须在语境中确立。崔希亮的《汉语空间方位场景与论元的凸显》(《世界汉语教学》，2001.4）认为语言的编码和解码受语言本身的规律制约，同时也受人类认知机制的制约。语言外在的表现形式对应的是内在的认知理据。此类文章还有崔希亮的《空间方位关系及其泛化形式的认知解释》(《语法研究和探索》(十)，2000）和《空间方位场景的认知图示与句法表示》(《中国语言学报》，2001.10）等。

④意象图式。李宇明的《空间在世界认知中的地位——语言与认知关系的考察》(《湖北大学学报》，1999.3）提出空间图式是一种能产性极强的认知图式，人们习惯于把空间的范畴和关系投射到非空间的范畴和关系上，如时间范畴和社会关系范畴，如用“上、下”来表达时间：上星期~下星期、上半月~下半月；用“上、下”来表达权势关系：上帝、上苍、上宾、下级、下属。沈家煊的《“在”字句和“给”字句》(《中国语文》，1999.2）指出句式是一个“完形”，即一个整体结构，句式整体意义的把握受到一些基本认知原则（如顺序原则、包容原则、相邻原则、数量原则）的支配。张旺熹在《“把”字句的位移图式》(《语言教学与研究》，2001.3）中认为“把”字句是一个以空间位移为基础的意象图式及其隐喻系统，表现在：A. 典型的“把”字句凸显的是一个物体在外力作用下发生空间位移的过程，如“把家从枣庄搬到山亭”；B. 空间位移不仅指物体在物理空间的位移，而且还指物体（包括抽象物体）在时间、人体空间、社会空间、心理空间、范围空间以及泛方向空间等不同空间层面上的位移，如“他把婚期推迟到第二年五月”表示的是时间层面的位移。文章还提出了“把”字句的四种变体图式：系联图式、等值图式、变化图式和结果图式，如“把一个贫困的中国变成小康

的中国”是一个变化图式。

⑤隐喻和转喻研究。蓝纯的《从认知角度看汉语的空间隐喻》(《外语教学与研究》, 1999.4) 主要探讨了“上”“下”二概念的隐喻义拓展方式，通过对大量真实文本的分析，初步得出了由二概念衍生出其他概念的种类，说明汉语中许多抽象概念是通过空间隐喻来构建的。沈家煊的《转指和转喻》(《当代语言学》, 1999.1) 从“认知语言学”对待转喻的观点出发，论证汉语“的”字结构转指中心语的现象本质上是一种“语法转喻”，文中提出一个转喻/转指的认知模型，并用认知框架和显著度两个概念分析得出了“的”字结构转指中心语的条件。运用认知理论比以往关于“的”字结构转指的论述有更强的概括力和解释力。

⑥认知研究和计算分析。袁毓林的《定语顺序的认知解释及其理论蕴涵》(《中国社会科学》, 1999.2) 从信息量和认知处理策略入手来研究粘合式定语的顺序，通过语义聚合表现出的“对立项少>对立项多”进而抽象为信息论的“信息量小>信息量大”，最后概括出一条认知原则：容易加工的成分>不易加工的成分，试图赋予排序一定的可计算性。他的《语言的认知研究和计算分析》(北京大学出版社, 1998) 是关于语言认知研究和计算分析的一组论文，尝试从认知科学的角度对语言的结构方式和语义理解的心理机制进行研究并加以计算分析，以探索语言研究怎样为计算机理解自然语言提供恰当的方法和合适的规则。(参看《中国语言学年鉴 (1999—2003)》, 商务印书馆 2006 年, P6—9)

汉语语法的认知基础研究一直受到学界的关注，在时间与空间、范畴化、象似性等方面都取得了令人瞩目的成果。戴浩一《概念结构与非自主性语法》(《当代语言学》, 2002.1) 进一步探讨了认知功能语法的哲学基础，针对 Chomsky 及其他生成语法学者所倡导的自主性语法，提出了一个以概念结构为出发点的非自主性语法理论，认为：①语法现象是概念系统概念化的结果，因此语法与语义的对应有其自然原则可循，并非完全任意；②不同的语言有不同的概念化原则，并不是如 Jackendoff 所认为的句法结构和概念结构是各自独立的，概念系统是所有语言共同的，不受文化及经验的影响。

认知语法的一个显著特点就是其概括性，沈家煊的《如何处置“处置式”——试论把字句的主观性》(《中国语文》, 2002.5) 充分体现了认知语法的这一追求。该文通过把字句和一般动宾句的比较，论证把字句的语法意义是表示“主观处置”，即说话人主观认定主语甲对宾语乙作了某种处置。指出把字句的这种主观性跟语言一般具有的主观性一样，主要表现在互有联系的三个方面：①说话人的情感；②说话人的视角；③说话人的认识。文章据此对过去分别列举的把字句的种种语法特点做出了统一的解释。

从分析走向综合是近年来最突出的趋势。现代汉语语法研究百年来的历史，最重要的成就是在语法分析方面。沈家煊《语法研究的分析和综合》（《外语教学与研究》，1999.2）指出：“从认识论或思维方式来讲，分析和综合实际是一个问题的两个方面。讲语法光有分析是不够的，还需要综合。分析是借助整体的各组成部分的差异来把握整体的性质，但是整体的性质往往不是靠各组成部分的差异就能完全掌握的。整体还有自身独立于部分的性质。”文章从心理“完形”现象出发，探讨了语法中的基本类名问题、图式和意象问题、语法隐喻和象似性问题等。沈家煊的《“在”字句和“给”字句》（《中国语文》，1999.2）一文是上述理论的一个成功实践。文章以汉语中“在”字句和“给”字句为例，说明句式并不简单地等于词类的序列，一个句式是一个整体结构，只有把握句式的整体意义，才能解释许多分析方法未能解释的语法现象，才能对许多对应的语法现象做出相应的概括。张伯江《现代汉语的双及物结构式》（《中国语文》，1999.3）也是这方面的一项探讨。文章指出以往关于词汇语义和句法规则的描写并不能穷尽所有语法现象，用“配价”的说法讲句式有循环论证的缺点。文章认为基本句式是人类一般认知经验的反映，多样的表达式都是通过“隐喻”和“转喻”两种机制引申的，文章系统描述了几种引申途径。

语法研究不管是侧重于分析还是侧重于综合，都有解释性的追求。侧重于分析的强调从语言内部寻找解释；侧重于综合的强调从语言外部寻找解释。沈家煊《不对称和标记论》（江西教育出版社，1999）是后一种方法的集成之作。书中用丰富的汉语语法现象的深刻剖析，阐释了这样的语法思想：语言结构在很大程度上是有理可据的而不完全是任意的；语法范畴多数是非离散的“典型范畴”；语法研究不能排斥意义，语义分析要把客观跟主观结合起来；语法规则是语用法固化的结果，是认知方式在语言中的体现；语言演变和语言的不对称互为因果关系；解释语法现象可以打破已有的界线，如词类的界线，词汇和语法的界线，语法、语义和语用的界线。

古川裕《〈起点〉指向和〈终点〉指向的不对称性及其认知解释》(《世界汉语教学》, 2002.3) 和方经民《论汉语空间区域范畴的性质和类型》(《世界汉语教学》, 2002.3) 也是认知语法研究的成功之作。《〈起点〉指向和〈终点〉指向的不对称性及其认知解释》是作者有关"语义双指向性"系列研究成果的总结。在现代汉语中，有一系列〈起点〉指向和〈终点〉指向并存的成分或结构，如介词"为、跟"和动词"借、租、授/受""下、出"，以及"叫、让、给"句、双宾语句和隐现句等。文章对其中的不对称现象作了详细的描述，并用认知上的凹凸原则和终端焦点化原则对这样的不对称做出了解释。《论汉语空间区域范畴的性质和类型》在回顾和评论以往有关"方所"研究的各种观点的基础上，提出了空间区域的概念，根据认知功能把现代汉语的空间区域范畴分为地点域和方位域两类，进而分析了这两类空间区域范畴的不同特点，探讨了方位成分的空间化作用。

另外，杉村博文的《试论现代汉语"把"字句"把"的宾语带量词"个"》(《世界汉语教学》, 2002.1)、秦洪武的《汉语"动词+时量短语"结构的情状类型和界性分析》(《当代语言学》, 2002.2) 和高增霞《副词"还"的基本义》(《世界汉语教学》, 2002.2) 也是从认知角度来解释汉语中的语言现象，杉村的文章用激活情理值对现代汉语"把"字句中"把"的宾语带量词"个"的现象做出了解释，秦文尝试运用基于时间透视的界性相对原理对时量短语的所指和论文的选择从界性上作更为全面的说明。文章用有界无界理论对时量短语的所指和论元选择的复杂性做出了解释，高文用 Sweetste 的话语层面理论对副词"还"的各种用法做出了统一的解释。

认知语法也使传统方法无力解决的矛盾得到合理解决。认知语法引入我国以后，其深刻的解释力已得到人们的初步认可。任鹰的《现代汉语非受事宾语句研究》(社会科学文献出版社, 2000) 一书则可以说实现了认知语言学观念与传统的结构语言学方法的完美结合。结构主义语言学以科学的态度摆脱了语义的干扰，出色地论证了述宾结构的句法共性，无论宾语成分是受事还是非受事角色。任鹰用认知语义的观点重新审视这个问题，令人信服地证明，动词后的宾语成分，不仅具有句法共性，也有认知语义上的共性。句式的整体特点决定了句法和语义的映射关系。这就使在结构主义观点看来的形—义矛盾得到了高层次的一致解释。作者站在一个较高的视点观察汉语事实，得出了许多深刻而有价值的发现。书中对施事宾语句的特殊句义分析、对工具宾语和材料宾语的区分、对处所宾语的受动性和事物性的论证，都是有很强的说服力的。

此外，沈家煊的《句式和配价》（《中国语文》，2000.4）以及他与王冬梅合作的《“N的V”和“参照体—目标”构式》（《世界汉语教学》，2000.4）、张伯江《论“把”字句的句式语义》（《语言研究》，2000.1）用认知语法的“句式（构式）”观点对结构语法中的一些矛盾和难题给予了解释。沈家煊《跟副词“还”有关的两个句式》（《中国语文》，2001.6）一文集中讨论跟副词“还”有关的两个句式，说明其中的“还”具有“主观”和“元语”的性质，说话人用它表明自己对一个已知命题的态度，即认为这个命题提供的信息量不足，同时增补一个信息量充足的命题。文章的目的是要提示一个重要的句法—语义事实：元语和非元语用法、主观和客观表达的区别在语言中具有普遍性。古川裕《外界事物的“显著性”与句中名词的“有标性”——“出现、存在、消失”与“有界、无界”》（《当代语言学》，2001.4）用认知语言学的“显著性原则”解释汉语名词前数量词的隐现规律；张伯江《被字句和把字句的对称与不对称》（《中国语文》，2001.6）用句法临摹性原理解释“把/被”句中结构对称与不对称所反映的直接使因与间接使因、直接影响与间接影响规律；郭继懋、王红旗《粘合补语和组合补语表达差异的认知分析》（《世界汉语教学》，2001.2）也是用认知原则解释语法现象的成功例证，文章用凸显程度的不同解释了两种补语在表达上的差异，进而说明了两种补语的语义差异：规约性结果与偶发性结果。（参看《中国语言学年鉴（1999—2003）》，P32—35）

第七节　汉语教学语法思想的发展

一、教学语法的定义和特点

1. 定义

按照研究的目的划分，语法学可以区分为教学语法和非教学语法。

教学语法是以教学为研究目的的语法学。教学语法又称学校语法或规范语法，这是分别按照主要应用的场所和特别重视的内容来命名的。教学语法内部可以分为大学教学语法和中小学教学语法。大学教学语法又可以分成大学基础课教学语法和大学选修课以及研究生课教学语法。中小学教学语法可以分成中学教学语法和小学教学语法。非教学语法是不以教学为研究目的的语法学。非教学语法又称专家语法，这是按照研究者一般是这方面的专家的标准命名的。

“教学语法”这个术语，很可能是在1980年前后随着酝酿修订“暂拟汉语教学语法系统”而产生的。从1981年“全国语法和语法教学讨论会”开始，会上普遍采用了“教学语法”的说法，并对教学语法和专家语法的区别和联系、教学语法的特点、新的教学语法的内容等作了充分的讨论。会议产生的《“暂拟汉语教学语法系统”修订说明和修订要点》中指出：“经过修订后形成的这个系统，称为《教学语法试行方案（普通教育阶段使用）》。”近十几年，这个名称已经普遍使用。

教学语法在不同的论著中又有学校语法、规范语法、课堂语法等名称。同教学语法相对应的语法的名称，说法也不一致。

A. 学校语法。王力1956年在《语法体系和语法教学》中把学校语法和科学语法看成相对的两种语法。认为“学校语法着重在实践；科学语法着重在理论的提高”。1981年他在哈尔滨“全国语法和语法教学讨论会”开幕式的讲话《关于汉语语法体系问题》中，又把学校语法和专家语法相区分，认为学校语法就是规范语法，专家语法就是描写语法。

B. 规范语法。赵元任在《汉语口语语法》中把“学校里的语法课本”称为规范的语法。同它相对应的是描写的语法，“只叙述语言事实。不作价值判断”。吕叔湘在1981年《中学语文教学》第七期《怎样跟中学生讲语法?》中把教学用的语法称规范语法。同它相对应的是系统语法（或者叫理论语法）和参考语法。这后两种语法可以合称描写语法。

C. 课堂语法。一般汉语语法书不把教学语法正式改称课堂语法。只是在讲到教学语法时谈到又称课堂语法。如胡明扬在《教学语法、理论语法、习惯语法》中有这种讲法。

D. 教学语法。张志公在《关于建立新的教学语法体系的问题》（《中学语文教学》，1981.6）中采用教学语法的名称，和它相对应的是理论语法和描写语法。胡明扬在上述文章中把教学语法和理论语法（又称专家语法）、习惯语法（又称参考语法）相对应。李临定在《教学语法和研究语法初议》中把教学语法和研究语法相对应。《中国大百科全书·语言文字》把“供语言学研究的语法和教学用的语法”相对应。“前者把语言作为一种规则体系来研究，后者把语言作为一种供运用的工具来学习。前者的目的是了解通则，即明理；后者的目的是学会技能，即致用。”概括起来看，教学语法这个名称目前已经通行，但同它相对应的语法的名称却不完全一致。教学语法是从研究者研究目的的角度命名的，如果遵循同一个角度，同它相对应的语法似乎应称为描写语法，因为描写清楚语法规律是它的研究目的。描写语法再区分为理论语法和参考语法两类，前者侧重在理论探讨，后者重在具体语言事实的研究。目前通行的专家语法的说法不够科学，因为它不是从研究目的的角度命名，显得不协调，而且教学语法不少也是专家写的。

2. 教学语法的特点

教学语法的特点，有不少人作过论述。如张志公提出了科学性、时代性、教学性（包括可接受性和实用性）、群众性四点。胡明扬在《教学语法、理论语法、习惯语法》中指出，一个是内容要求是社会公认的定论，而不是争议的一家之言；另一个是要教学生“说得正确、写得正确、说得更好、写得更好”。王力在《关于汉语语法体系问题》中提出了科学性、实用性、可接受性三点。高更生在《汉语语法专题研究》中提出科学性、规范性、实践性、可接受性四点。颜迈在《现代汉语教学语法研究与应用》中概括为科学性、实用性和稳定性。

教学语法和描写语法对比，教学语法的突出特点是它的教学性。这种教学性在内容上是它的实用性，在内容和形式上还有它的可接受性。

教学语法内容的实用性，是指学了教学语法以后要有实际的用处。例如，无论大中小学的语法书都要讲必要的语法知识，都要讲语法规范化的问题。目的是掌握一定的知识，便于了解什么是符合语法的，什么是不符合语法的，并正确地运用语言。为了理论联系实际，教材的每章节后一般有练习题、思考题，让学生进行实际的练习。但是，由于具体的教学对象不同，这种实用性也有一定的差别。同是讲必要的语法知识，中学和大学的要求不一样。中学要讲得简要一些，大学要讲得高深一些。初中和高中也要有区别，初中只讲那些很必要的内容，尽量少用术语，高中则可以适当增加一些内容。大学的现代汉语课的语法部分和高年级的语法专题课也应有区别，前者讲一般的理论知识，后者则应当讲不同学派的观点，以适应学生深入研究语法的需要。同是讲语法规范化，中小学主要能纠正常见的病句，达到正确运用语言的目的；大学则更进一步要求能从语法上讲清楚为什么有语病，应当怎样纠正和预防，对有些存在争议的语言现象进行探讨，辨析规范与不规范的界限。这种按照不同教学对象确定不同的具体要求的观点，正是教学语法的实用性的具体体现。

教学语法的可接受性表现在教师和学生两个方面。教师的可接受性主要是指教学内容的稳定性和连续性，使教师愿意接受而且比较熟悉，便于教学。特别是中小学的教学语法应当有一个统一的比较稳定的体系，大学基础课《现代汉语》的语法部分，也应当同中学有一定的联系，便于教师教学和学生学习。大学高年级的语法专题课应当允许教师介绍各家的观点，发表自己的独到见解，以开阔学生的眼界，提高研究水平，这也是教师的可接受性。学生的可接受性，除教材内容的连续性、稳定性外，还应当包括教学内容安排的循序渐进，讲解的深入浅出、引人入胜，语言表达的通俗易懂、生动活泼等。

同教学语法相比，描写语法的突出特点是研究性，它侧重在语法理论的探讨和具体语言求实的描写。它的读者是语法研究工作者或语法教学工作者，不必考虑不同年级学生的不同要求；为阐述自己的观点可以采用自以为恰当的方式进行论述，不必考虑教学对象的接受能力问题。这些同教学语法有明显的差别。

当然，教学语法和描写语法的分类，也不是绝对的。也就是说，有些教学语法带有描写语法的一些特点，而有些描写语法又带有教学语法的一些特点。例如，朱德熙的《语法讲义》（商务印书馆，1982年）是给北京大学学生讲课的讲义，是典型的教学语法，但是它又注重语言理论的探讨和语言事实的描写，因而又有描写语法的性质。吕叔湘主编的《现代汉语八百词》（商务印书馆，1982年），带有语法词典性质，是典型的描写语法，但是它描写每个词的用法，有一定的规范性质，又带有教学语法的特点。但是，教学语法和描写语法的大的界限还是清楚的。例如，大中小学教材的语法，肯定是教学语法，谁也不会有疑问的。

二、教学语法的研究发展过程

（一）教学语法的研究阶段

汉语的教学语法书有古代汉语的和现代汉语的，这里只谈现代汉语的教学语法书。概括起来，现代汉语的教学语法书可以分成四个时期。

1. 创建时期（1936 年以前）

创建时期有代表性的现代汉语的教学语法书是黎锦熙的《新著国语文法》。《新著国语文法》是我国第一部系统、全面地研究白话文语法的影响较大的著作。是一部大中学校共用的教学语法书。本书注意到汉语词没有形态的变化特点，采用“句本位”体系，运用句子成分分析法，把句子成分分为三大类六种成分：“主要的成分，主语、述语；连带的成分，宾语、补足语；附加的成分，形容性的附加语、副词性的附加语。”该书虽存在一些缺点，但在“暂拟汉语教学语法系统”产生前，对师范和中学的语法教学影响极大，在现代汉语的教学语法史上有不可磨灭的贡献。

此外，刘复的《中国文法通论》和《中国文法讲话》、胡适的《国语文法概论》、易作霖的《国语文法四讲》等也有一定的影响。

创建时期的教学语法书有两个特点：一是有不少观点带有开创性，为后来的语法研究打下了基础；二是带有一定的模仿外国文法而不完全切合汉语实际的情况。

2. 革新时期（1936—1949 年）

革新时期代表性的教学语法书有何容的《中国文法论》，吕叔湘的《中国文法要略》，王力的《中国现代汉语》和《中国语法理论》，高名凯的《汉语语法论》等。

革新时期教学语法书的突出特点：一是力图摆脱模仿西洋语法的格局，运用现代语言学的理论，努力建立反映汉语特点的语法体系：二是大学教学语法研究成绩卓著，相比之下中小学教学语法研究比较薄弱。

3. 发展和停滞时期（1949—1976 年）

（1）“暂拟系统”相关的语法书

“暂拟汉语教学语法系统”，是 20 世纪 50 年代中期为解决预防分歧现象、适应群众学习语法和编写中学《汉语》课本的需要，由当时著名语法学家集体拟订的中学语法教学所采用的系统。代表性的语法书是初中《汉语》课本的语法部分和后来修订出版的《汉语知识》《语法和语法教学——介绍“暂拟汉语教学语法系统”》《汉语知识讲话丛书》《汉语语法常识》等。

（2）大学的《现代汉语》

在中学教学语法系统的形成中，大学现代汉语教材的编写、出版也逐渐增多，这些在现代汉语教材中语法部分都占有相当大的比重，它们或以“暂拟系统”为依据，或受其影响而有所突破，或另辟蹊径，各显特色。前者如杨欣安主编的《现代汉语》（语法部分是第三册、第四册）、张涤华《现代汉语》（上册）等；中者如胡裕树主编的《现代汉语》，在“暂拟系统”的基础上适当地进行了改造，提出一些不同看法，如承认词组能做句子成分，区分句子的构成成分和词组的构成成分，承认宾语在一定条件下可以提前等；后者如北京大学中文系编《现代汉语》，这套教材以结构主义为主，以《现代汉语语法讲话》为蓝本，适当地吸收了传统语法的成果。

（3）其他教学语法书

专门的语法教材也出版了不少，如刘世儒《现代汉语语法讲义》，该书体系上来源于《新著国语文法》和《汉语语法教材》；陆宗达和俞敏《现代汉语语法》对北京口语语法进行了描写，特别重视形态；其他如郎峻章《汉语语法》、陈书农《现代汉语语法》等。

发展时期教学语法书的特点有三：一是集体暂拟了中小学通用的语法体系，语法教学有个“共同纲领”；二是大学普遍设立现代汉语课，其中的语法部分不同程度地受“暂拟系统”的影响；三是少数语法书吸收结构主义的研究方法，有一些新的见解。1966 年到 1976 年的停滞阶段，教学语法研究没有什么进展。

4. 繁荣时期（1976 年以后）

（1）中学教学语法的修订

1981 年 7 月在哈尔滨召开了“全国语法和语法教学讨论会”，通过了《“暂拟汉语教学语法系统”修订说明和修订要点》。会后经过广泛征求意见、多次修改，于 1984 年春公布了《中学教学语法系统提要（试用）》。为新教学语法系统解说、可作参考的语法书有全国语法和语法教学讨论会业务组编的《教学语法论集——全国语法和语法教学讨论会论文汇编》，庄文中的《中学教学语法新编》等及人民教育出版社出版了一套教学语法丛书。

（2）大学的《现代汉语》

这方面影响较大的是胡裕树主编的《现代汉语》和黄伯荣、廖序东主编的《现代汉语》。张静主编的《新编现代汉语》，张志公主编的《现代汉语》，颜迈主编的《现代汉语复式教程》，也有一定的影响。

（3）大学语法专题教材

大学语法专题教材影响较大的是吕叔湘的《汉语语法分析问题》和朱德熙的《语法讲义》。颜迈的《现代汉语教学语法研究与应用》被认为是教学语法的专著性教材。

繁荣时期教学语法书的特点有三：一是中学语法教学系统作了修订，吸收了新的研究成果；二是传统语法仍占主导地位，但结构主义语法和转换语法对教学语法有了一定的影响；三是大学语法专题教材较多，各具特色，有一定的影响。

（二）研究方法的改进和研究重点的转移

教学语法的研究方法几十年来有很大的进步。教学语法是传统语法，但也逐渐地吸收了结构主义语法和转换语法的一些有用的内容；教学语法有“词本位”语法、“句本位”语法、“词组本位”语法的区别；它由一般的词法、句法研究逐步发展到句法、语义、语用的研究；从研究的原则看，比较研究法逐步深入。

1. 传统语法的改进

传统语法是规范语法，区分词法和句法两部分，重视逻辑和意义，有悠久的历史，应用最广泛。我国早期的现代汉语教学语法如黎锦熙的《新著国语文法》、王力的《中国现代语法》等，都是传统语法。后来中学的“暂拟语法系统”和《中学教学语法系统提要（试用）》以及大学的《现代汉语》中的语法，也基本上是传统语法。甚至1979年出版的吕叔湘的《汉语语法分析问题》，“基本上还是在传统语法的间架之内谈”。

汉语教学语法也受到结构主义语法的影响。如革新时期王力的《中国现代语法》、《中国语法理论》采用布龙菲尔德的向心结构、背心结构的观点。发展时期教学语法同样受到结构主义的影响。如丁声树等的《现代汉语语法讲话》采用“二分法”等结构主义的方法进行研究。繁荣时期的教学语法大都在传统语法的基础上吸收结构主义的一些优点。如《中学教学语法系统提要（试用）》基本采用层次分析法；胡裕树主编的《现代汉语》（增订本1987）确定语素时采用替换法，析句完全采用层次分析法等。汉语教学语法采用变换的方法分析句子，吕叔湘的《中国文法要略》、张志公的《汉语语法常识》、朱德熙的《语法讲义》、20世纪70年代末以来在教学语法书中如吕叔湘《汉语语法分析问题》、胡裕树主编的《现代汉语》等也吸收了转换语法的优点。

2. 研究重点的转移

早期的汉语教学语法是词本位的语法。这种语法是以词法为研究重点的。第一本古代汉语系统全面的语法书《马氏文通》模仿拉丁语法采用词本位语法。句本位语法是黎锦熙在《新著国语文法》中首先提出来的。由于汉语基本上没有狭义的形态，所以革新时期以后的教学语法书基本上是以句法为主的，如吕叔湘的《中国文法要略》、王力的《中国现代语法》以及1949年以后的中学教学语法系统、大学现代汉语教材中的语法等。词组本位语法是朱德熙在《语法分析和语法体系》中提出来的。他的《语法讲义》可以看作词组本位语法的代表。采用词组本位语法的根本理由是，汉语句子的构造原则跟词组的构造原则基本一致，有可能在词组的基础上描写句法，建立一种以词组为基点的语法体系。总起来看，词组本位语法注意了汉语的特点，特别重视词组的描写，现在一般教学语法书已经开始重视这个问题了。但是，同时应当重视句子的研究，因为句子毕竟有自己的不同于词组的特殊规律，不能用词组的研究代替句子的研究。

3. 研究范围的扩大

传统的教学语法的语法分析，基本上是结构分析，如划分主语、谓语等句子成分，确定单句、复句、主谓句、非主谓句的句型等，就是一般说的句法分析。传统的教学语法也有语义分析、语用分析。如区分施事主语、受事主语、受事宾语、结果宾语等，是语义分析；讲主谓倒装、句子的各种语气等，是语用分析，但不全面，缺乏理论指导，未形成科学体系。

汉语教学语法第一次提出语法分析区分三个平面的，是胡裕树主编的《现代汉语》。这完全符合现代语法学的发展方向，适应现代汉语语法研究的需要。颜迈在《现代汉语教学语法研究与应用》中沿着“三个平面”的思路，提出了“融合语法”的构想，也是值得关注的。

4. 比较研究法的深入

语法研究的比较研究法，在刘复的《中国文法通论》和胡适的《国语文法概论》中就提出来了。黎锦熙的《比较文法》对中外语法和古今语法进行了具体的比较，是一部比较语法的开创性的著作。革新时期的教学语法仍注意比较研究法，但强调汉语的特点。王力在《中国文法学初探》中就强调“此后我们最重要的工作，在乎寻求中国文法的特点”。吕叔湘《中国文法要略》也重视运用比较法。发展时期的教学语法也有采用比较法的，如陆宗达、俞敏的《现代汉语语法》。繁荣时期的语法研究特别重视比较法。吕叔湘的《通过对比研究语法》系统论述了汉语与外语、现代汉语与古汉语、普通话与方言、普通话内部讲语法的论著与语言实际等对比研究，影响很大。朱德熙的《自指和转指》吸收了汉语方言研究和古汉语研究的成果，在具体论文中横向联系方言、纵向联系古汉语进行现代汉语语法研究，把比较的研究法推向了深入阶段。但是在教学语法书中，却较少运用比较研究法，应当引起教学语法研究者的重视。

三、教学语法体系的建立及应用

（一）“暂拟汉语教学语法系统”

1. “暂拟系统”产生的历史背景

为满足中学汉语教学和广大人民群众学习语法的需要，1954 年，人民教育出版社中学汉语编辑室拟订“暂拟汉语教学语法系统”，形成了“暂拟汉语教学语法系统”纲要。为配合这个系统使用，人民教育出版社又于 1956 年 5 月出版了张志公主编的《语法和语法教学——介绍“暂拟汉语教学语法系统”》，全书包括三部分：第一部分介绍“暂拟汉语教学语法系统”的产生过程和内容梗概，第二部分是由王力等四位专家撰文来说明教学语法的几个重要的原则性问题，第三部分是由王力、黎锦熙、吕叔湘等十几位专家撰写的详细阐述“暂拟汉语教学语法系统”里有关内容的专题论文。

2. “暂拟系统”的编写原则和经过

（1）原则：

①尽可能融汇几十年我国语法学者的成就。

②尽可能使系统的内容从立论到术语是一般人特别是中学语文教师

比较熟悉的。

（2）1954 年上半年在北京教师进修学院试教。1955 年 2 月印修改稿。1955 年开了 6 次座谈会讨论、征求意见。此后，北京、天津试教。“暂拟汉语教学语法系统”及据此编成的《语法和语法教学》、《汉语》课本、《汉语知识》、《汉语知识讲话》丛书等形成一套互相补充、互相完善的教学语法系统，即“暂拟系统”或“暂拟体系”，它统治中学语文课中语法教学近 30 年，并深深影响到大学语法教学和语法研究。

3. “暂拟系统”的内容和语法系统

（1）内容：共 16 节：①词和词的构成；②词类；③实词；④虚词；⑤助词和叹词；⑥词的组合——词组；⑦句子；⑧句子成分；⑨复杂的谓语；⑩主谓结构作句子成分；⑪联合结构作句子成分；⑫特殊句子成分；⑬句子形式的倒装和省略；⑭单部句；⑮复句；⑯复句的紧缩。从 1 到 5 节属于词法；从 6 到 16 节属于句法

（2）语法系统：

A. 构词法系统：

a. 词的定义：最小的能够自由的运用的语言单位

b. 分析构词法根据两个标准：

音节：单音节——多音节

意义：单纯词——合成词

合成词：不包含辅助成分（词根+词根）

包含辅助成分（词根+词缀）

B. 词类系统：

a. 词类标准：词汇、语法范畴：指词的意义和语法特点。

b. 包含两个语法特点：一是词能用哪些手段表现哪些附加的意义；二是词的组合能力。

c. 分成两大类：实词——虚词

C. 句法系统：

a. 词组

“实词+实词”的“组合”（联合、偏正、动宾、主谓）

“实词+虚词”的“结构”（介词结构、的字结构）

b. 句子按语气分为：陈述、祈使、疑问、感叹。

按结构分为：单句、复句。

D. 句子成分：

a. 主要成分：主语、谓语。

b. 次要成分：定语、状语、宾语、补语。

c. 把主谓词组作句子成分的句子叫做复杂的单句

d. 三种意义类型：A 主语是中性。B 主语是受事。C 跟后面的某一成分复指。

e. 提出“存现宾语”的概念。

f. 提出“复说”“插说”两个概念。

（3）析句方法：中心词分析法、句子成分分析法。

吕叔湘认为，传统语法分析句子是把句子的成分分为若干种，然后按照这些成分搭配的情况说明句子的各种“格局”或者叫做“句型”。这种分析方法可以叫做句子成分分析法。它拿过来一个句子，先择出两个词，说这是主语，那是谓语，然后把这个词和那个词的连带成分、附加成分一个一个加上去。它也不是不讲层次，但是在手续上颠倒了。

优点在于提纲挈领对语言教学有用。缺点是主要成分摘出来后往往讲不通，甚至相反。如：她哭瞎了眼睛。

从层次上来讲，有的关系看不清楚，科学性较差。如：人民生活的提高说明了党的政策的正确。

4. “暂拟系统”的意义

（1）“暂拟系统”是我国第一个统一的教学语法系统。

暂拟的出现结束了我国教学语法系统长期分歧的局面；是当时唯一的比较完善的教学语法系统，因为它吸取了 1955 年以前几十年中学语法学者的研究成果，凝聚众人的辛勤劳动，在我国语法学史和文化史上，还没有一个系统是那么多人参加。“暂拟系统”是统领我国普通教育语法教学时间最长的一个系统（30 年），是广大中学老师最熟悉的语法系统。

（2）影响和作用：

①根据“暂拟系统”编写的汉语课本中的语法系统对普及汉语语法知识起了很大的作用。

②对高等学校的语法教学发生了很大的影响。

③统一了汉语语法研究的概念和术语。

④今天五六十岁的人多数是学“暂拟系统”长成起来的。“暂拟系

统”为我国语法教学培养了一大批骨干力量，对统一整个汉语教学起了很大的作用。

⑤在汉语语法研究的方法论上再次确认了形式和意义相结合的原则、区分一般规律和特殊规律的原则。

5. “暂拟系统”的局限性

（1）由于综合各家成说的体系，而不是建立在深入研究的基础上，所以语法学上的一些悬而未决的语法问题仍存在。

（2）由于考虑到教材应讲定论，所以一些新见解未采用。

（3）语法形态本身存在着一些问题：采用句子成分分析法分析不出层次，表述上自相矛盾，一些解释不符事实。

从汉语语法学史上看，“暂拟系统”有两点值得注意，一是“暂拟系统”反映了当时汉语语法研究的成就，二是“暂拟系统”无论在教学语法还是在科学语法方面都起到了重要作用，推动了汉语语法学的发展。

然而诚如张志公所言：“如果它有可取之处，是从这里（指综合系统）来的；它的某些缺点，可能也是从这里来的。”“这个系统是应教学急需暂拟的，许多问题还要进一步研究讨论。”到20世纪80年代，修改“暂拟系统”的呼声慢慢多起来。

（二）《中学教学语法系统提要（试用）》

1981年7月，在教育部的批准和支持下，在哈尔滨举行了“全国语法和语法教学讨论会”，对“暂拟系统”进行了讨论、批评和修订，并带来汉语语法研究的整体变革。通过讨论制订了《“暂拟汉语教学语法系统”修订说明和修订要点》。会后经过广泛征求意见、多次修改，于1984年春公布了《中学教学语法系统提要（试用）》。1987年至1988年初中语文课本根据“提要”编写了语法知识短文。“提要”对“暂拟系统”的主要修改有以下几点：A. 采用“语素”的说法；B. 取消名词、动词的附类，取消名物化说法，拟声词独立成一类，时态助词改称动态助词；C. 词组和结构统称短语，按功能给短语分类；D. 取消合成谓语、复杂谓语、前置宾语、复指成分等说法；E. 取消单部句、双部句的说法，非主谓句不区分独词句和无主句，复句不区分联合复句和偏正复句；F. 析句方法采用成分分析和层次分析相结合的方法；G. 增加句群这一语法单位。

 修改后的中学教学语法吸收了50年代后语法研究的新成果，有很大改进。一些论著比较了新旧教学语法体系的异同，阐述了新体系的内容和教学中应注意的问题，也使得新体系更加具体化了，同时多数论著还做到了普及和提高的结合。当然，目前中学语法教学的效果并不理想，以致有人提出“淡化语法教学”的建议。目前的中学语法教学研究主要集中在体系的争论上，而对如何编写适合中学生学习的语法教材尤其对怎样教和怎样学的问题缺乏必要的研究和思考。

（三）大学语法教材

大学“现代汉语语法”教学一直是各层次高校中文系、民族语文系、外语系“现代汉语”课教学中的重点内容，各现代汉语教材中的“语法”章也是各教材特色的主要体现。新时期现代汉语教材出现百花齐放、百家争鸣的局面，这些教材的语法部分也各有千秋。其中影响较大的有：北京大学中文系现代汉语教研室编的《现代汉语》（商务印书馆，1993 年）；胡裕树主编的《现代汉语（重订本）》（上海教育出版社，2001 年）；张斌主编的《新编现代汉语》（复旦大学出版社，2002 年）；邢福义主编的《现代汉语》（高等教育出版社，1993 年）；黄伯荣、廖序东主编的《现代汉语（增订二版）》（高等教育出版社，1997 年）；邵敬敏主编的《现代汉语通论》（上海教育出版社，2001 年）；钱乃荣主编的《现代汉语（修订本）》（江苏教育出版社，2001 年）；邢公畹主编的《现代汉语教程》（南开大学出版社，1994 年）；颜迈著的《现代汉语教学语法研究与应用》（高等教育出版社，2008 年）以及他主编的《现代汉语复式教程》（高等教育出版社，2009 年）。

现就上述教材中的语法部分略作比较，希望通过分析比较它们之间的异同之处，能够对他们所体现的语法思想起到帮助作用。

1. 语法框架的比较

语法体系框架的安排是最能够体现编者意图的，语法体系框架的比较最能体现教材本身的特点。

（1）北京大学中文系现代汉语教研室编的《现代汉语》

在该书之前北京大学现代汉语教研室在 1958 年曾出版过一部现代汉语教材，分上中下三册，后来根据多年积累的教学经验和要求，由原来的执笔人朱德熙、林焘等加以改变，合成一册出版，于 1961 年发行，该书中删去了 1958 年版本中的修辞和作品分析两个部分，对语音、文字、语法、词等分别进行了修改和增加。1993 年出版的这个教材就是在 1961

年版本上根据当时教学“大学本科只是为培养专门人才打下一定的基础”的精神，针对其中的绪论、语音、词汇、文字、语法部分进行了重新编写而成的。书中的语法部分，分为17节，其中第一节是总说语法的性质和作用；第二、三、四节分别讲了基本的语法单位——语素、词、词组，第四节讲的是实词和虚词，第十五节重点分析了现代汉语中常见的虚词的用法；以下的几节主要分析句子，包括了句子的种类、句子成分、句子的语气以及汉语中的一些特殊句式。从上述的编排中，不难看出，编者由于时代的局限性仍然遵循这20世纪80年代前就已形成的现代汉语教学体系和框架，但在具体问题的分析上，特别是针对语法争论问题的阐述，有着自己独到的见解。

（2）胡裕树主编的《现代汉语（重订本）》

该书原本成书于1962年，是由教育部组织北京师范大学、南京大学、华东师范大学、上海师范大学、上海教育学院和复旦大学六所院校协作编写的。在后来1978年的修订本里，吸收了语言学界一些新的科研成果，听取了使用单位和广大师生的意见和建议，对原书作了必要的增删和改动。1995年重订本里的语法部分重要分布在第三章和第四章，第三章第一节分析的是语素、词和词汇，第二节主要讲的是词的构造。在第四章中，第二至第四节重点研究词和词组的分类及划分，第五节至第十节，主要针对句子进行了分析，包括单句和复句，在对句子成分的分析中，编者沿用了传统语法六大成分的说法，但认为宾语、补语、定语、状语都不是句子成分，而是句子成分的成分，是词组的成分，真正的句子成分只有主语和谓语而已。在其中的第七节里还单列出一些句子的特殊成分，诸如独立成分、全句的修饰语和提示成分等等。在分析了复句之后，在第四章的结尾还加上了语气、口气和标点符号，这也体现了编者的语法主张，把语用部分也纳入了语法体系。

（3）张斌主编的《新编现代汉语》

全书在吸取现代语言学理论和方法的基础上，对各种语言现象进行系统的分析和说明。在语法部分的编排体例上，这个部分分为9节，除了常见的章节以外，还单列了“句型”、“句式”和“句类”3个小节，从而体现了编者句法、语用和语义三个平面的语法思想。此外，全书信息量大，知识结构新颖，较好地反映了近年来现代汉语研究的最新成果，具有鲜明的时代性和教学针对性。

（4）邢福义主编的《现代汉语》

该书的指导思想是“实中求新，新而不怪。在结构系统上以现代汉语共同语为主线，以现代汉语方言为副线；在内容安排上着力于提高层次，加强思辨。”因此，在编排体系上，除“词类”“短语”“单句”“复句”的章节外，增加了“语法概说”“篇章语法”“方言语法”“语法现象的动态分析”等其他教材中很少独立成章的章节。这就大大丰富了教学内容，体现了“动态学习”的新趋势。与此同时，教材特别注意对一些教学中的疑难问题作重点分析，提供具体的分析方法。

（5）黄伯荣、廖序东主编的《现代汉语》

该书是编者原“兰州本”《现代汉语》的增订二版，它在“增订版”的基础上又吸收了新的学术成果，在主题框架不变的前提下，增补了诸如词义的分解、语义场、语境与词义、短语、句群、语体风格等章节。全书的语法部分，分为十节，除了常见的词类、短语、句子成分、句类、句型、复句、标点符号以外，还将句群纳入了语法研究的领域，将其单列一节，从而“使语法教学同协作教学衔接起来——从词、句的语法组合到文章的篇章结构，一脉贯通”。此外，还增加语义、语用和变换分析的部分，使其更具有科学性、简明性、实用性。

（6）邵敬敏主编的《现代汉语通论》

全书共分 6 章，包括导论、语音、文字、词汇、语法和语用，前 5 章沿用的是已有教材通行的编排顺序。语法章节共分 13 节，相较于其他版本的教材，该章节中多出了句型系统、句类系统、句式系统、句法结构中的语义分析和句子的动态变化等比较有特点，也比较能体现编者语法思想的章节。书中的第六章是以往教材中没有的“语用”章节，这说明作者吸收了语用学最新研究成果，重视从语法、语义、语用三个方面分析语言现象，在静态分析的基础上，又对语言进行了动态分析，使语用成为整体体系中必不可少的一个环节，也使本书体现出更开阔的眼界与更完整的框架。

（7）钱乃荣主编的《现代汉语》

编写的指导思想是：“实行开放性原则，广泛而又审慎地吸收近年来国内外（包括港台学者）的科研成果，对维持了二三十年的旧教材从内容到形式作了革新，改革理论框架，摒弃陈旧观点，适当介绍主要的不同学派，做到系统性与包容性相结合。”本着这一原则，编者在体系框架的编排上打破了教材的三大块即词汇、词组、句子式的组合，吸收了认知科学、原子理论的有关原理以及布龙菲尔德的生成转换语法的有关理论，将语法部分分为6节。第一节是语素和词，第二节是短语。第三、四、五节则从句子的生成和理解、句子的块型和块序以及句子的变换和游离成分三个方面，立体地分析句子。第六节则概括介绍了复句和句群。从此编排中，可以看出编者对语法单位的认识是以句子作为语法的中心，运用现代科学对句子的整体特征、结构成分进行了全新的认识和分析，使句法分析更符合人类认识事物的规律，而这点也是该书突破创新的体现。

（8）邢公畹主编的《现代汉语教程》

在编排体系上，首先介绍了各种语法学的异同，语法的性质及四级语法单位。列专节介绍对现代汉语语法特点的独特认识，认为词组是本位，分析性强，形态成分少，冗长度小是汉语最基本的语法特点。并且从“词类”“句法”以及语法和注音的密切关系入手分析汉语语法的特点。“正词法”以及修辞知识这些原本独立的内容都归入了“语法知识运用”这一章节中，使得语法部分内容更丰富，覆盖面更广阔。

（9）颜迈著《现代汉语教学语法研究与应用》，颜迈主编的《现代汉语复式教程》这两部教材对语法学界的概念、理论和方法，通过比较，认真审视，深思熟虑而决定取舍。如对词、短语、句子的分类，特别强调了分类的层级性；对分析短语的框式图解，提出了尖锐的批评；对单句的分析，拟定了“三级成分分析法”；对单句的分类，否定了“非主谓句”的说法，对语法分析和语法教学中的疑难问题，提出了“融合语法”的解决方案。这些抉择，使教学语法有了更好的实用性和可操作性。

2. 词类比较

词类中多年来分歧最大的就是词类划分的依据，由于划分依据的不同，决定了实词与虚词下位成分的分歧。

（1）词类划分依据的比较

邵敬敏版本从世界语言出发，提出词类划分的标准主要用形态标准、意义标准和功能标准三种，对于汉语而言，功能标准是最重要的标准，形态标准和意义标准都只起辅助的作用。钱乃荣版本和邢福义版本强调词类划分标准除了依据词的语法功能外，还应该注意意义的特征。邢福义版本在强调词的区别性特征时，特别指出了词的形式标志也是有一定意义的，并认为这一特点使我们能较为快捷、准确地判断词类。钱乃荣版本的划分依据较为独特，它对词类的上位和下位的划分采用了不同的标准。除了这三个版本以外，其他诸版本都以“语法功能”为划分词类的依据，其中邢公畹版本只强调词的组合能力，而其他几个版本都认为语法功能既指词与词的组合能力，还指词充当句法成分的能力。这两者的综合运用既体现词与词的组合关系，又体现了词在句中的聚合关系，更能准确地体现词类各自的特点。

（2）实词与虚词的下位分类比较

北京大学版本、邢公畹版本和张斌版本在实词和虚词之外，还增加了一类特殊词类。在北京大学版本中，这一特殊词类包括了感叹词和拟声词，在邢公畹版本中它包括了叹词和拟声词，张斌版本中称这一特殊词类为拟音词，包括了象声词和叹词。其他版本中仍然采用两分法，把汉语的词类分为实词和虚词。在词类下位的划分上，除了胡裕树版本，其他各版本都将区别词从形容词中独立了出来，使其成为一类新词，北京大学版本中还从形容词中分出了状态词，也将其单归一类。胡裕树版本和张斌版本都明确地提出划分实词下位分类的标准是在于词与词的组合能力上，划分虚词下位分类标准是在于虚词与实词或短语的关系上。大多数版本中，实词包括了名词、动词、形容词、数词、量词、代词、区别词和副词；虚词包括介词、连词、助词和语气词。张斌版本在实词下位分类中先是分出了体词、谓词和加词，然后再次分类，体词包括名词、数词和量词，谓词分为动词和形容词，加词包括区别词和副词；虚词下位先分为关系词和辅助词，关系词包括连词和介词，辅助词包括助词和语气词。邵敬敏版本是先将实词分为主体词、数代词、修饰词和声音词，名词、动词和形容词属于主体词，数词、量词和代词属于数代词，区别词和副词属于修饰词，声音词则包括叹词和拟声词；虚词也可分为关系词和语助词，关系词包括介词和连词，助词和语气词属于语助词。北京大学版本中为了语法研究和语法学习的需要只是将实词加以分类，把动词、形容词、状态词合称为谓词，把名词、区别词、数词和量词称为体词。邢公畹版本将实词分为体词、谓词、副词、数词。虚词的分类中，北京大学版本将副词归为虚词，钱乃荣版本中的虚词多达十种之多，他将方位词、能愿词、趋向词、量词、副词、代词都归入了虚词。颜迈的分类与“语法提要”基本相同，但特别强调了分类的层级性。

3. 短语比较

（1）短语的性质及地位

多数版本采用了“短语”这一术语，北京大学版本和胡裕树版本则沿用了“词组”这一名称。邢公畹版本中虽也沿用了“词组”这一术语，但他认为词组也可称为短语。邵敬敏版本中将实词与实词按照一定的结构方式组合起来的短语叫做“词组”，而将实词与实词的非结构组合以及实词与虚词的组合称为“结构”。

关于短语在语法中的地位，多数版本把其提高到了重要的位置。邢公畹版本中明确地提出了“词组本位”的思想，强调词组的重要性。但是作为高校文科教材，过分地强调词组，会给学生以错觉，从而忽视对于语素、词、句子等其他单位的学习。

（2）短语的分类

除了北京大学版本只将短语进行结构分类外，其他版本教材都注意到了短语的两种类型，一种是结构类型，一种是功能类型，其中邵敬敏版本将短语分为短语（词组）类型和短语（结构）类型，分类比较特别。结构类型中分类时，各版本都注意到了短语的层次性。钱乃荣版本和张斌版本将其分为“实词和实词的结合”以及“实词与虚词的组合”两大类。邢福义版本则先分为“基本结构类型”和“非基本结构类型”两类。在功能型的进一步分类时，胡裕树版本将其分为名词性词组和非名词性词组，张斌版本将其分为体词性短语、谓词性短语和加词性短语。钱乃荣版本除了名词性短语和谓词性短语外，还将动宾短语和主谓短语也各列为一类。邢公畹版本采取的是首次分类根据功能划分型，其下位划分再根据结构类型。

许多教材在分类中，注意了多方位、立体地划分短语。黄廖版本中，还根据不同的标准将短语分为实词短语和虚词短语、固定短语和临时短语、单义短语和多义短语，还有自由短语和非自由短语（又称粘着短语）。钱乃荣版本注意到了短语的并列结构和向心结构、内向结构和外向结构。邢公畹版本则根据短语的是否能自由运用分为自由短语和粘合短语。

（3）短语成分

多数版本都认为短语成分和句子成分统称为句法成分。当它们在短语结构中出现时是短语成分，在句子中出现时就是句子成分。张斌版本和邢公畹版本还在短语成分分析中注意到语义的分析。

(4) 短语的分析方法

大多数版本在运用分析法的时候，都注意了兼收并蓄，不少版本采用的是层次分析法和成分分析法相结合的综合分析法，邵敬敏版本中还吸收了传统语法中的中心词分析法。颜迈版本用大量篇幅批评了框式图解，认为“使用层次分析法的框式图解，要慎之又慎。”

4. 句子比较

句子是语言交际中的最基本单位，因此句子类型的划分、句子成分的分析、句子分析方法的构建都是语法分析中最重要的组成部分。

(1) 句型、句类、句式。

对于这三个名称及其内容的确立，每部教材都有其各自独立的系统和特点。

北京大学版本中没有明确地提出“句型”“句类”和“句式”的概念，在分析单句时，根据句子的结构类型将其分为主谓句和非主谓句；根据句子所表达的内容或是说话人所要达到的目的又将其分为陈述句、疑问句、祈使句、感叹句和呼应句。而对于“句式”，该书中没有单列讲解，只是在分析句子成分的时候，涉及了诸如把字句、被字句等特殊的句式。

胡裕树版本中出现了“句类”和“句型”的概念。句类是按照句子语气所分的类，一般分为陈述句、疑问句、祈使句和感叹句。按照句子的结构格局分类称之为句型，可以分为单句、复句，主谓句、非主谓句等等。书中第四章第八节里谈到了“句式的变换”，但是这里的句式绝不等同于以后版本中的“句式”，两个概念大相径庭。

张斌版本中对于“句型”、“句类”和“句式”都有明确的定义和分类。句子的结构类型被称为句型。由于句型具有层次性，书中把现代汉语的句型分为四个层次，第一层为单句和复句，单句又分为主谓句和非主谓句，复句分为联合复句和偏正复句。书中认为着眼于句子结构上的某种特殊性或标志而划分出来的句子类别，就叫做句式或特殊句式，它包括把字句，被字句、是字句、比字句、对字句、使字句、有字句、得字句、连动句、兼语句、双宾语句、存现句、主谓谓语句、可逆句等等。编者认为句类有广义和狭义之分，广义的句类是句子类型的简称，狭义的句类专指句子的语气类型，而且还明确地指出，句子的语气类型即句类是从句子语用平面给句子所作的重要分类。

黄廖版本中明确的提到了“句型”和“句类”，还对其分别进行了分类，分类情况与上面的张斌版本大体相同。但是书中没有单列出“句式”，只是在分析动词谓语句时，对把字句、被字句、连谓句、兼语句、双宾句、存现句等几个有结构特点的句式进行了分析。

邵敬敏版本与张斌版本都明确指出了“句型”、“句类”和“句式”，两个版本无论是在对其定义上还是分类上，都十分的相似。邵敬敏还认为在句法分析中，建立起句子的就是句型系统、句类系统和句式系统。另外邵敬敏版本中根据现代汉语句子的结构特点以及语义表达上的特色将句式系统分为三个系列，这一分法也使句型、句式和句类这三个分类更具理论性和系统性。

此外，钱乃荣根据其“板块说”理论认为单句的结构类型就是确定该句的功能核心和确定句子层上的内向结构，外向结构的核心成分；但其他没有句式和句类的说法。

在具体的下位划分上，各个版本也存在分歧。北京大学版本只是简单将句型分为主谓句和非主谓句，其中主谓句包括完全主谓句和不完全主谓句。黄廖版本和胡裕树版本将主谓句分为名词主谓句、动词主谓句、形容词性主谓句和主谓谓语句。而张斌版本和邵敬敏版本则不然，张斌版本把主谓短语作谓语的句子分属于名词性谓语句、动词性谓语句和形容词性谓语句，邵敬敏版本则将主谓谓语句加入了动词谓语句的下位。邢公畹版本在主谓句中为动词谓语句的下位划分时，包括了连谓句、兼语句。另外邵敬敏版本还将形容词型主谓句分为形容词谓语句和形补谓语句两个种类。而邢福义版本则没有对主谓句的下位再进行划分。在非主谓句下位划分上，钱乃荣版本、胡裕树版本、黄廖版本、张斌版本和邵敬敏版本将叹词句作为非主谓句中的一类。颜迈版本对“非主谓句”持完全否定的态度，认为非主谓句实在没有办法从理论上、实践上明白自身存在的理由，应当结束自己不明不白的生存状态。

对于复句的分类情况，各个版本之间分歧较小，基本上都同意把复句分为联合复句和偏正复句两类，只不过在复句的句型种类和名称上有所偏差。其中基本的复句句型有并列、选择、递进、连贯、转折、因果、条件、让步，前四种属于联合复句，后四种属于偏正复句。在联合复句中，北京大学版本分出了分合复句，张斌版本中分出了解注复句，黄廖版本中分出了解说复句；在偏正复句中北京大学版本、张斌版本和黄廖版本都分出了一个目的复句，邵敬敏版本中还分出一个补充复句，此外北京大学还分出相承复句和时间复句，黄廖版本分出了假设复句。

在对于紧缩句的看法上，所有版本的教材都认为紧缩句是复句的特殊形式。

（2）句子成分

多数版本教材都将句子成分分为基本成分和特殊成分。对于主语和宾语的分析，各个版本也都注意到了从语义和句法平面入手，指出主语、宾语与施事、受事不是同一个层面的内容。在句法分析过程中，多数版本都认为主语、谓语是主谓句的第一层次上的基本单位，但钱乃荣版本则根据心理学的原理认为汉语的主语和宾语实际上几乎出于同等的地位，而不是主语的下层成分。邢福义认为句子除了基本成分和特殊成分外，还有辅助成分，如“因为”“所以”“吗”等纯粹是语法作用的词语。

传统语法将句子分为六大成分，即主语、谓语、宾语、定语、状语和补语。北京大学版本中将其分为四对即主语和谓语、述语和宾语、述语和补语、定语和状语——进行分析。张斌版本中将其分为三对即主语和谓语、宾语和补语、定语和状语进行分析。而黄廖版本在六大成分之外又增加了“动语”和“中心语”，这样就形成了八种基本句子成分，其中动语是相对于宾语，中心语是相对于定语、状语而言。颜迈否定了“句子成分”这个术语，认为应该改叫“单句成分”。

（3）句子分析方法

多数版本教材大都在介绍层次分析法和成分分析法的基础上综合使用句子分析方法。邵敬敏版本和邢福义版本认为在静态的层析分析法的基础上，还必须采取动态分析法；钱乃荣版本采用的是“向心多分法”，认为句子的划分只能是一个层次，即只要找出其句子的核心并把它同其他板块分开即可。至于其他板块的内部结构的划分则是下一层次的短语分析，不属于句子分析的层次。

除了传统的句法分析以外，胡裕树版本、张斌版本、邵敬敏版本、黄廖版本都注意到了语义和语用方面的句子分析，形成句法、语用和语义三个平面的句法分析。特别是邵敬敏版本，还在书中单列一节，对句法结构进行语义的分析。颜迈版本在对六七种单句分析的方法进行比较之后，提出了“三级成分分析法”的主张。

第八节　方光焘的语法思想

一、生　平

方光焘（1898.8.21—1964.7.27），字曙光，浙江衢县人。1918 年 8 月，他考上了公费赴日留学生，1924 年 3 月毕业于东京高等师范学校，回国后任教于浙江省立第四中学。1924 年 8 月后历任上海大学、上海劳动大学教授。1929 年去法国里昂大学专攻语言学。1931 年回国在上海中国公学任教，并参加“中国左翼作家联盟”。1932 年起历任安徽大学、复旦大学、上海暨南大学、中山大学、中央大学教授。中华人民共和国建立后，历任南京大学中文系教授兼系主任等，并先后兼任江苏省人民委员会委员、省文化局局长、全国文联委员、江苏省文联主席、中国科学院哲学社会科学部学术委员，并且是江苏省人民代表、第三届全国政协特邀委员，1956 年 3 月 15 日参加中国共产党。

他的语法著作主要有《语法论稿》《方光焘语言学论文集》等。他的语法思想主要是：

二、提出“广义形态”学说

1938 年到 1942 年的文法革新讨论中，方光焘先后发表了《体系与方法》等多篇文章，在《体系与方法——评东华先生的总原则》中，方先生初次提到了广义形态学说。他说：“我以为中国单语的形态，并不能说是全无，不过所有不多，不足以区分词类罢了。其实就是英语也不是单靠单语形态来区分词类的。up，on，about 等词孤立地就单语本身看，谁也不知道应该归入那一类。东华先生否认：词的本身，有分类之可能；这是很对的。可是，我以为词性却不必一定要在句中才能辨别得出来。从词与词的互相关系上，词与词的结合上（结合不必一定是句子），也可以认清词的性质。譬如说：‘一块墨’，‘一块铁’，‘墨’与‘铁’既然都可以和‘一块’相结合，当然可以列入同一范畴（此处所指，是文法范畴，而非论理范畴）。又如在‘流水’‘红花’的结合里，东华先生不是也可以辨别得出‘流’‘红’二字是状词么？我认为词与词的互相关系，词与词的结合，也不外是一种广义的形态，中国单语本身的形态，既然缺少，那么辨别词性，自不能不求助于这广义的形态了。我以为文法学是以形态为对象的，是要从形态中发见含义。……从词与词的互相关系，词与词的结合上，也可以认清词性。所谓‘关系’，所谓‘结合’，都无非是一种广义的形态。”“凭形态而建立范畴，集范畴而构成体系。”（陈望道：《中国文法革新论丛》，中华书局，1987 年，P49—52）在 20 世纪 50 年代的汉语词类问题讨论中，方光焘于 1956 年作了《汉语词类研究中的几个根本问题》的学术报告，进一步阐明和发展了他在文法革新讨论中提出的“广义形态”学说。他说：“语法是研究语言要素间的各种关系的学问。具有一定的形式标志，表达出一定关系的结构，构造叫做‘形态’。语法学是以‘形态’为研究对象的。词类的划分也应该以‘形态’为唯一的标准。”（《方光焘语言学论文集》，商务印书馆，1997 年，下简称《论文集》，P43）“我把意义部与形态部相结合的整个结构、构造叫做形态；所以形态并不等于形态部。构形法中词形变化部分，构词法中的前加、后加成分，都是‘形态部’，而不是‘形态’。”（同上，P45）“我所提的形态标准范围似较广泛，似乎是把词的基本意义和词的结合都统一在形态标准里。”“词与词的结合能力就是我们所说的‘功能’。我们的形态标准显然包括有‘功能’概念在里面。”（同上，P47）看来，后期方光焘的广义形态还包括了意义和功能，比之前其，又有了很大的发展。

三、提出了语法研究的方法论

方光焘极其重视方法论的探讨。他说：“在批评一个体系之前，似乎对于建立这体系的方法，有充分注意的必要。体系能否成立，以及经得起事实的验证与否，全看所用的方法如何而定。”（同上，P1）几十年后，到了 20 世纪 60 年代初，仍然十分重视方法论的探讨，他运用大量的例证，全面系统地论证了汉语语法研究的主要原则：1. 时时提防文字的荧惑，必须透过文字看清语言的真实面貌。2. 研究语法不以个别的词（词素）、孤立的词（词素）为对象，而是以词与词、词素与词素、词与词素、词与词组、词组与词组的结合为对象。3. 研究语法应该注意普遍联系和相互制约的原则，不能片面、孤立地看问题。4. 研究语法的着眼点应该是语法体系而不是语法要素的演变。5. 研究语法应该注意语法的规范，但我们不能用既成的规则来束缚语法的发展。6. 研究语法一方面应注意具体语言的民族特点，但另一方面也应该注意语法的一般共同性。7. 研究语法应注意一般现象、特殊现象和个别现象的相互关系。8. 研究语法应该在马克思主义和毛泽东思想指导下，发扬汉语语法研究的传统，同时采用一般语法研究的有效方法（方光焘《语法论稿》，江苏教育出版社，1990 年，下简称《论稿》，P28—41）。这些重要原则确是汉语语法研究的方法论的极好总结，组成了新的方法论的整体。方光焘对新的语法研究方法极其重视。他赞赏朱德熙《说“的”》是“明白地提出哈里斯的东西”，认为“只要对记述语言确有成效，我们可以尝试，可以采用”，“我们采用的不是结构主义的语言观点，而是它的方法。只要不搞生搬硬套，只要从汉语实际考虑，就完全可以采用一些新的方法”，“朱德熙声明用了结构主义的方法。这样的尝试，是值得学习的”（同上，P62—63）。对于乔姆斯基的转换理论，他也充分肯定：“我们应当接受这种转换理论，而且要研究怎样用于汉语。”（同上，P77）他直呼“二十世纪语言学的倾向是不断探求新的方法，在汉语的研究方面也应当采用有效的新方法”（P71）。他还把语法研究方法论提高到哲学反映论的高度来认识。他说：“反映客观的正确性是马克思主义反映论所要求的。无论是从观点产生的方法，还是从对象产生的方法，都应该在反映论上统一起来。”（同上，P105）他还指出怎样采用方法：“我认为不能‘综合采用’，不能脱离观点只用方法，各种方法都要提高到方法论来看。”（同上，P102）“我们主张一些有效的方法可以有机地结合，首先应当分析方法产生的背景，分析其效果，然后和我们研究的对象结合起来，再加以必要的改造，使之适合我们的对象。”（同上，P106）

方光焘在《语言学原理》中提出语法研究的方法：1. 归纳法。语法是用归纳法进行研究的。语法是经验的科学，只有使用归纳的方法，才能从大量个别的事实中求得一般的规律。2. 心理研究的方法。（1）直接法或称内省法。（2）间接法。3. 他指出语法研究应采用间接的、客观的方法。（《论文集》，P131—133）

四、语法研究原则

1. 共时和历时研究原则

对索绪尔语言学理论的继承和发展中体现出方光焘的语法研究原则。

他同意索绪尔对共时和历时的区分，在20世纪30年代，他就据此反对建立文言与白话、古代汉语和现代汉语共同适用的语法体系。建立文法体系，应该以同时代的、民众的共同意识为基础。一时代应有一时代的文法体系。时代的划分，当然不能以客观的物理时间为准，而以文法现象有无显著变化为断。（《论文集》，P34）“我不相信有什么‘文法的历史体系’我也不相信有一个可以通用于文言和语体的中国文法体系。”（《论文集》，P5）到了20世纪60年代，他曾提出“研究语法的着眼点应该是语法体系而不是要素的演变”。（《论文集》，P262）“索绪尔把语言学区分为共时和历时两种。共时指统一的时间，从相对稳定的时点看问题，时间的演变因素不起作用；历时则从时间的演变观点看问题。他主张语言体系的研究着重于共时的。这个区分很有必要，因为语言只有成为体系时才能交际。这个体系又是历时演变的结果，没有历时的发展结果也就没有共时体系。”（《论文集》，P262—263）他还反对通过对文字语源的探究来研究语言，重视对口语的研究。这都说明他也同意索绪尔对共时的重视。但他不同意对历时的忽视。“索绪尔把历时、共时对立起来，甚至说历时妨碍共时的研究，我们就不能接受了。我们认为共时、历时，体现于体系之中，互不排斥。体系是历时演变的结果，共时、历时相关而不对立。体系是历时的产物，离开历时也就无法圆满地解决体系问题。”（《论文集》，P263）

方先生以“二”闯入“两”为例，说明离开历时就无法说明体系的变化，并总结出两点：“第一点，体系的演变离开历史（“史”是“时”之误——引者注）就无法证明，这可以修正索绪尔的语言观。……第二点，历时的因素可以作为研究的辅助，但不能以历时的分析替代共时的体系。”（《论文集》，P264）

2. 辩证唯物主义语法研究原则

“研究语法应该注意普遍联系和相互制约的原则，不能片面、孤立地看问题。”（《论文集》，P260）副词到底是虚词还是实词，从词的演变来看，副词源于实词，从词的结合能力来看，已经虚化的部分不能算是副词，因此副词应是实词。这也是历时研究和结构关系研究结合的例子。

“研究语法应该注意语法的规范，但我们不能用既成的规则来束缚语法的发展。”（《论文集》，P264）这是对传统语法的指责，反对以陈旧的语法规范来制约语言的发展，体现辩证唯物主义的发展观。

"研究语法一方面应该注意具体语言民族特点，但另一方面也应该注意语法的一般的共同性。"（《论文集》，P266）比如：汉语和英语一样也有表示数的性态，但英语中有单复数，现代汉语则只有表示名词不定多数的"们"，表示定数就不用"们"。

"研究语法应注意一般现象、特殊现象和个别现象的相互关系。"（《论文集》，P267）规律是从"一般"中总结出来的，但对特殊与个别却不能视而不见。语法现象中的"个别"有的是古汉语个别规则的遗留，有的可能是新规律的萌芽，因而是不能忽视的。名词不能单独作谓语，这是现代汉语中的一般规律，但是也有个别，如"他北京人""今天星期三""小孩子黄头发"等。经过比较，这里的"北京人""星期三""黄头发"都有形容性，可见名词不能独立作谓语，但在一定的条件下，可以作谓语。这样，"个别"就充实了"一般"。

"研究语法应该在马克思主义和毛泽东思想指导下，发扬汉语语法研究的传统，同时采用一般语法研究的有效方法。"（《论文集》，P269）

五、语法学史方面的一些看法

方光焘也注意汉语语法学史的研究，在《六十年来的汉语语法研究》和《语法学原理》中都有这方面的研究成果。他给语法学史下定义说："不同时代对语法的认识发展史是语法学史，也就是对语法认识作历史的叙述。"（《论稿》，P1—2）他认为汉语语法学发展迟缓是"求声韵和求意义的倾向是由汉字的特性而来的，语法的研究只是居于从属的地位，其进展也就迟缓了。"（同上，P2）对于语法学史的分期，20 世纪 50 年代初时他分为三个时期：（1）模仿期（1898 年后至 1920 年前后），（2）反模仿，提倡独立研究时期（1920 年起至 1934 年），（3）改革期（1935 年后到 1949 年）。（详见《论文集》P94—95）20 世纪 50 年代末，他分为四个时期：（1）模仿移植期（1898—1918），（2）生根成长期（1918—1935），（3）探索革新期（1936—1949），（4）批判建设期（1950—1958）。他还分析了各个时期的特点，如第二时期特点是："模仿外国，又注意汉语的特点，生根成长。"（《论稿》，P8）第三时期特点是："（1）对模仿西洋语法的倾向进行了批评。（2）接受了一批语言学理论和语法理论的指导，不似前一时期那样局限于外国一人一时的影响，也不是抄袭的。但还不能摆脱西方语言学和语法学著作中一些不正确的观点的影响，得出的结论往往也站不住脚。（3）注意了汉语的特点，一致认为汉语没有印欧语那样的形态变化，但忽视形态学，忽视词法，因此不能深入地观察和发现全面的规律。同时又是各搞一套，各人有各人的主张。”（《论稿》，P15）方光焘对1960年以前出版的汉语语法主要著作作了恰如其分的评价，特别是对王力的著作，还专门写了《王力〈中国语法理论·造句法〉导读》加以评析。

六、结构主义的语法观

方光焘在汉语语法研究中，反映出了他的结构主义的语法观。他相当重视关系、形式、结构，反对单纯的意义。他说：“我以为文法学是以形态为对象的，是要从形态中发见含义。东华先生却以‘句子的意义做骨架’来建立方法体系，这是我不敢赞同的。”（《论文集》，P4）“我反对以句子的意义做骨架，去建立中国文法的体系。……我们应该从表现关系上去开辟中国文法学的园地。”（同上，P35）“从意义出发的语法研究是不合理的”（同上，P131），“语法是研究语言要素间的各种关系的学问。具有一定的形式标志，表达出一定关系的结构，构造叫做‘形态’。语法学是以‘形态’为研究对象的。词类的划分也应该以‘形态’为唯一的标准。”（同上，P43）“我们认为，从结构分析入手是研究语法的必要步骤。只要一抛开结构，我们的语法研究就会堕入到魔道中去。”（同上，P65）“语法实际上是研究关系的，词与词以及词与其他要素的关系才是语法研究的主要内容。语法尤其重在意义部与形态部之间的关系，说得明白一点，就是重在和意义部相对应的形态部。”（同上，P149）“我们可以说语法学的单位就是与一定的意义部相结合的形态部。”（同上，P317）

七、方光焘语法思想的来源

方光焘在说到他语法研究时说：“我是怎样研究起语法来的呢？40年前在日本学英语专业时接触语言学，吸引我的是语言方面的理论，尤其是语音理论。……1924年毕业回国教书。1928年索绪尔《一般语言学教程》日文版刊行。读了以后，对研究语言体系又有很大兴趣，决定终身研究语言科学，也就向往去法国。我是1929年去的，在法国学习两年多，研究方向由语音转向语法理论。在这段时间，也读了叶斯柏森的

《语法哲学》和巴利（ch. Bally）等人的书，回来就教语言学。”在方光焘的论著中，有大量关于索绪尔语言学论著的。如《索绪尔〈一般语言学教程〉选讲》《评索绪尔语言和言语的区分》《涂文干的社会学与索绪尔的语言学理论》《我们为什么要介绍哥本哈根学派》《关于结构主义学派的答问》等。这说明方光焘对索绪尔的结构主义学说学习、理解得很好，受其深刻的影响。方光焘也娴熟地运用索绪尔的结构主义学说来分析汉语的语法现象。

八、方光焘语法思想的影响

方光焘是文法革新讨论的主将，他前后发表了6篇文章参加论战。“方光焘在讨论中提出‘广义形态论’，主张‘凭形态而建立范畴，集范畴而构成体系’。对汉语语法学而言，文法革新讨论的最大贡献之一是广义形态论的提出，其二是方氏语法模式的出现。”（王希杰《索绪尔学说和中国语法学的现代化》，广西师范大学学报，2005年）方光焘无愧是文法革新讨论的功臣，是把汉语语法研究走向现代化、科学化方向的领军人物。

方光焘极力贯彻索绪尔的“语言是关系，不是实体”的理论，在中国语法学构建结构主义语法体系，“《现代汉语语法讲话》以形式作为语法研究的出发点，从形式到意义，把语法形式归结为分布环境、位置先后、层次结构等，把语法意义归结为功能位置意义、句法结构关系、施事、受事等，给人耳目一新的感觉。”“此后，语法学界所进行的一系列专题讨论如‘汉语词类问题’讨论，‘汉语主宾问题’讨论、‘汉语单句复句划分问题’讨论，都是在结构主义直接或间接地冲击下发展起来的。”（岳方遂《跨世纪的中国语法学》复旦学报，1998年）方光焘对促进结构主义在中国的传播起了重大的作用，他还不断完善广义形态说，把形态、意义、功能三者密切结合起来，相当强调“语法存在于关系之中，没有关系，也就没有语法”，使中国语法学走向现代语言学的大道，使之健康全面地发展。

方光焘培养了一批又一批语法学者，胡裕树等就是他的学生，胡裕树在20世纪80年代，和张斌、范晓等著名的语法学家提出了三个平面的语法观。三个平面的语法观和方光焘的语法思想一脉相联。胡裕树曾经说过，“中国语法学迟早要走到方光焘所倡导的道路上来，那就是

‘凭形态而建立范畴，集范畴而成体系’”（同上）。就三个平面语法观的理论来源，胡裕树也说过，“从来源上说是受到了西方语言哲学中‘符号学’理论的影响……还吸收继承了传统语法、结构主义语法、转换生成语法、格语法以及系统功能语法等诸多理论的精华，同时结合汉语实际，有所升华，有所创新。”（《方光焘与中国语言学——方光焘先生纪念文集》北京语言大学出版社，2003 年）三个平面语法观正是吸纳了方光焘的“广义形态说”，并对其进行了立体应用，建立了一个多维空间来探索语法意义和语法形式的关系。方光焘的影响是深远和广大的。

第九节　陈望道的语法思想

一、生平

陈望道（1891. 1. 18—1977. 10. 29），原名参一，浙江义乌人。他 6 岁入学，1908 年考入省立金华第七中学，后就读于浙江之江大学。1915 年赴日本东洋大学、早稻田大学、中央大学留学，1919 年回国。1920 年受邀到上海担任《新青年》主编，同年翻译出版《共产党宣言》第一个中译本。曾在上海大学、复旦大学、安徽大学、广西大学等高校任教。1937 年回上海从事抗日救国活动，后担任上海语文学会副理事长。解放后任华东军政委员会文化教育委员会文化部长、华东教育局长、全国人大、政协第四届常委、中国科学院哲学社会科学部常务委员、复旦大学校长、教授等职。陈望道在语言学领域的成就，主要在促进语文活动、修辞研究与语法研究三个方面。他主要著作有《文法简论》（上海教育出版社，1978，下简称《简》）、《陈望道文集》（上海人民出版社，1981 年）。他的语法思想如下：

二、创立新式标点

标点是汉语语法的内容之一。陈望道十分重视标点符号的表达作用，点标论在其早期的语法学术思想中占据重要的地位。他认为“应该按着中国文法，将西式标点加上一番逻辑地整理的工夫。”“所以标点用法的完密规定，依我底经验，必须在文法规定之后。”（《陈望道文集〈三〉》，上海人民出版社 1981 年，P33，下文引自该书，只注页码）陈望道把标点看作语法的有机内容。他说："凡是表示词句的关系或作用的记号，都叫做'标点'。"（P15）他认为标点可以神文字之用，制定新制，不如采用西制，而采用西制，又当稍加厘定。在"五四"运动前后，他引进厘定的标点达 19 种之多，并把这些标点分为"两类三组"，即"点"和"标"这两大类。"甲组"为顿（、）、逗（，）、停（；）、集（：）、住（。或．）；"乙组"为问（？）、叹（！）；其他归为"丙组"，如提引（『』或「」）、夹注（（）或［］）、转变（——，中标）、虚缺（……）、音界（·）、私名（____，下标）、书名（~~~~）等。顿号、破折号、间隔号都是第一次提出或引进的。

三、革新语法

1938—1943 年，在陈望道的倡议与引导下，以《语文周刊》为主要阵地，发起了中国文法革新大讨论。这次讨论的目的在于配合当时中国语法革新的形势，展开精密的讨论，清算《马氏文通》旧体系所存在的问题，缔造崭新的中国文法体系。在讨论中，陈望道先后发表了《谈动词和形容词的分别》（1938）、《文法的研究》（1943）等 10 余篇论文。这些论文从方法论上批判了语法研究中的机械模仿、生搬硬套的错误、鲜明地表现了革新语法的思想。陈望道说："以前几乎都奉《马氏文通》的体系为准绳。多少聪明才智之士都在马氏的体系之中盘旋穿插，不敢超越范围。即使感到削足适履或郢书燕说，也止在不超越范围的范围之内，略提异议，略加修正。这次讨论却一以文法事实为准绳，完全根据文法事实立言，不问是否超越范围。"（《中国语文》杂志社编：《中国文法革新论丛》，商务印书馆 1959 年版《序言》）任何权威、任何被认为是最好的语法体系，都不能盲目依傍，都要根据语法事实立言，不断创新，才能使语法学不断向前发展，这种革新语法、创新学术的思想值得我们重视。

四、语法研究的功能观

中华人民共和国建立以来，陈望道继续研究语法。1955 年 12 月，他在复旦大学设立了"语法、修辞、逻辑研究室"，并主持研究室的工作。

 1956 年元旦，毛泽东在上海接见陈望道，他极受鼓舞。在此期间，他撰写了《漫谈〈马氏文通〉》（1958）、《对于主语宾语问题讨论的两点意见》（1956）、《论现代汉语中的单位和单位词》（1972）、《汉语提带复合谓语的探讨》（1973）等论文。1977年，他在病榻上完成了他最后一部著作《文法简论》（1978）的定稿工作。这本书共7章，是20世纪30年代末40年代初用功能观点来研究汉语语法的见解的进一步发挥和完善。这本书是他继《修辞学发凡》之后又一部重要的学术著作，是他语法思想的集中体现。

陈望道语法思想指陈望道语法学著述、论文中体现出来的语法理论、观点和研究方法。其核心是在辩证唯物观的指导下，吸收了索绪尔结构主义语言观的合理内核，结合中国语法实际提出的包含着形态和意义的"功能中心说"，陈望道首次提出"功能"的术语，是在1938年10月的《谈动词与形容词的分别》一文中。面对"功能"说的初步论述，则在文法革新讨论中的《回东华先生的公开信》（1939年），而较为翔实地阐释"功能"的含义，是1943年的《文法的研究》："所谓功能就是字语在组织中的活动能力。例如我们可以说'开水''水开'，一个'开'字用在附加组织，一个'开'字用在统合组织，便是'开'字在组织中有这两种活动能力，也就是'开'有这两种功能。"陈望道说："从功能的观点来研究文法，要有更多的人来做，我也曾经做了一点。例如区分词类，《马氏文通》以后，都是按意义（概念）来区分词类的。功能说是在同意义（概念）说的斗争中成长起来的。一种学说往往是在斗争中成长起来的。文法研究中还有形态派，主要是研究尾巴的，也要同他们辩论。方光焘先生是讲广义'形态'的，广义形态也是从关系和联系上讲的，所以也可以归为功能派。功能最近出现了各种不同的理解，我们讲功能是同组织连起来讲的。文法讲语文的组织规律，从小的方面讲，词素组合成词，从大的方面讲，词组织成句子。根据什么东西可以组织，什么东西不可以组织，什么同什么可以组织，什么同什么不可以组织，来进行分类。这样分出来的类就可以对我们的语言运用起指导作用。""功能是组织的功能，也就是各分子在组织上有什么不同的作用。过去有人把代词和副词归为虚词；这是从意义（概念）上来区分虚词和实词的结果。如果从功能着眼，以是否能单独运用，是否能充当句子成分作标准来区分词类，那么副词和代词都是实词。"（P550—551）他明确指出："确立文法研究方向问题是一个学术问题，也是一个思想问题。……文法研究必须打破以形态为中心的研究法，采用一种新的观点方法来研究文法，这种新的观点方法要不仅能够研究汉语的文法，而且能够研究外国语的文法。……我们的文法研究者必须发挥一点敢想敢说的精神来找寻一条研究的出路。出路何在？大家起来找寻，我们是主张用功能（仅在组织中的作用）来进行文法研究的，来建立新的文法体系的。我们认为这是一条大道。"（P549—550）陈望道还对如何理解"功能"作了深入的探究。他说"'结合功能'和'句法功能'不是两类东西，而是功能表现的两个方面，即：词在组织中的活动能力（功能），具体表现为词和词组相互结合的能力和词在句子里担任一定职务的能力。"（《简》，P42）他还指出："我们讲功能，是把意义和形式统括起来的"，"可以看出，功能是讲各成分之间的联系和关系的。用功能来研究我国语文是必要的，也是可能的。"（P550）

"功能说"注重词与词的关系和联系，强调语言组织的连接和贯通，既谈关系的表现形式，又谈关系的表现内容，讲关系时既研究词组，也分析句子。这一理论在《文法简论》中作了进一步深刻化、理论化的论说。并且把这一理论应用到词类的划分上，他把汉语实词分为体词、用词、点词、副词4大类。体词包括名词、代词；用词包括动词、形容词、断词、衡词；点词包括数词、指词；加上副词，合为9类。虚词包括介词、连词、助词3类，在实词、虚词之外另立感词一类，共计13类。我们现在也还在使用功能作为划分词类的标准，只是在具体的小类上有些不同，如：他把动词和形容词归为用词，而我们现在已经不用这种提法了。与此同时，他还指出了根据意义和形态来区分词类所存在的问题，并认为没有必要依据多标准来区分词类。在"功能中心说"这一理论的支持下，形成了颇具特殊的语法体系。

五、缔造新的语法体系观

早在文法革新大讨论的时候，陈望道就已经提出缔造崭新的中国文法体系这一问题了。陈望道指出："根据中国文法事实，借镜外来新知，参照前人成说，以科学的方法、谨严的态度，缔造中国文法体系。"（陈望道《中国文法革新论丛·序》）他指出好的语法体系的条件："对于文法学，从其体系的属性方面看，凡可以算是一个体系，或者说可以算是好的体系的，照理，应该具有妥贴、简洁、完备这三个条件。"（《简》，P10）

什么叫“妥贴、简洁、完备”呢？他指出：“这三个条件，都是对事实立言的，也就是说，合乎这三个条件的文法学说就是比较地切合客观存在着的文法事实的。同事实切合，就是妥贴，不切合事实，就是不妥贴，能够力求简捷分明的说明事实，就是简洁，倘要转弯抹角的推演才能说明事实的，就是不简洁；立论比较能够概括事实，就是完备，倘若立论太狭隘不能概括事实，就是不完备。”（《简》，P10—11）

怎样才能缔造新的好的语法体系呢？他认为汉语语法研究，要“做到方向正确，材料丰富可靠，方法精当严密”，“以马列主义、毛泽东思想作指导，从汉语文的事实出发，批判地继承古代文法学术的遗产，批判地吸取外国文法学中有用的东西”。（《简》，P113），陈望道指出，“调查研究的结果是否有用，还要看调查方法是否正确。调查研究要以马克思主义作指导，调查研究是为了解决问题，真正做学术研究，首先要对调查研究有正确的理解。”（P552）他还说：“我们研究语文，应该屁股坐在中国的今天，伸出一只手向古代要东西，伸出另一只手向外国要东西。这也就是说立场要站稳，方法上要能网罗古今中外，我们学马列主义，学毛泽东思想不是为了贴标签，不是为了装门面，……我们研究语文，要把马列主义、毛泽东思想渗透到学术去。”（P553）他主张研究文法必须扣住组织和功能，“必须打破和改变以形态为中心的研究法，而可以采用功能的观点和方法来进行研究，即是着眼于语文的组织和词语在组织中的作用，从组织成素与成素之间的联系和关系中来观察文法现象，探求文法规律。”（《简》，P115）。

陈望道具体论述了研究汉语语法，缔造新的好的语法体系的一些原则：1. 研究文法必须从语文事实出发：“讨论问题应该从客观存在的实际情况出发，而不能从书本上的定义概念出发。”（《简》，P115）“汉语的文法研究决不能立足于外国文法的传统或成说上，而是必须立足于汉语的语文事实上。”（《简》，P116）2. 研究文法必须抽象概括：“文法的研究，就是要叫人对语文的一般条理的认识从不自觉而进到自觉，就是要将那寓于各个特殊事实里面的一般条理揭示出来，使人容易看得出语句组织的条理或法则，以及语句合不合条理或法则的所以然。”（《简》，P117）“如果搜集了事实而不加总结、抽象，就找不出规律来。”（《简》，P118）3. 研究文法必须扣住组织和功能：“组织，是文法的特征。文法的研究，就是语文组织规律的研究。研究文法应以组织为准绳，一切同语文组织有关的现象都要研究，同组织无关的可以不研究。”（《简》，P120）“我们主张从词和词的联系和关系上，也就是用组织的功能的观点来研究文法。”（《简》，P121）“一个组织，一个成素，总是形式和意义结合着的。讲文法，就是要从内容和形式相结合的成素之间的关系出发。”（《简》，P122）4. 研究文法必须有发展的观点：“一个民族的语文总是有变化、有发展的。文法事实也总是不断地变化着、发展着的。因此，研究者也应该和必须用发展的观点来研究文法。”（《简》，P122—123）“用发展的观点研究方法，不能以古律今。”（《简》，P123）“用发展的观点研究文法，也就是要有‘变’的观点，要有修辞的观念。必须提倡语文运用的丰富多样的形式，不要拿死的格式去认识和说明文法事实。”（《简》，P123）“从事文法研究不能只是单纯地‘描写’文法现象而对文法的发展采取自然主义的态度，而是有责任在认识和掌握它的发展规律的基础上，对某些文法现象进行改革或规范，以促进文法的丰富和发展。”（《简》，P124）陈望道不但提出了缔造新的好的语法体系的问题，而且详细论述了该体系的标准、条件以及如何缔造的一些原则、要求，论述有力、详备、周到，非常值得我们重视。

六、“功能词类观”

陈望道提出，功能是区分词类的准据。他说：“一个词在词类上有所改变，必须在其综合功能有了改变，主要功能有了改变，经常功能有了改变时，才能确定，而不能只根据‘人其人’的配置，就说‘人’从名词类里跑到动词类里去了。”（《简》，P49）这就使词类划分有了切实可行的较科学合理的标准。

陈望道还提出了以“功能”为准据划分词类的基本方法。他说：“词类是以功能为准据把所有的词加以区分所得到的类。词类是求词在组织里活动范围相同的东西。区分词类的基本方法是：第一，词的分类要用词的配置功能做枢纽：从配置求会同，从会同定词类。第二，研究词的配置功能要注意成素的关系，也要注意关系的成素。第三，研究词的配置功能要注意词的接连，也要注意词的通贯。第四，词的分类要充分综合词的种种单项配置功能，从种种接连中、通贯中求得种种单项功能的会同境域。第五，词的配置功能全部或大部分相同的为同类；词的配置功能有些不相同，但有一部分相同，可以作为同类表征的，也可列为同类。第六，词的配置功能全都或大部分不相同的为不同类；词的配置功能有些相同，但有一部分不相同，而可以彼此立别的，也可列为不同类。”（《简》，P44）

七、“句法中心”观

陈望道指出，“文法”这个术语，有三个意义：一是指文法现象，就是客观存在着的语文的组织规律；二是指文法科学，就是研究语文的组织规律的专门科学；三是指文法书籍，就是文法科学研究成果整理写成的作品。他认为，文法学可以分为词法和句法两个部门。词法研究成词的方法（从未成词到成词，即词素的配置），词的功能的类别。句法研究成句的方法（从未成句到成句，即词的配置），词组和句子的类别。（详见《简》P8—9）

词法和句法这两个部门是互相依存的，所讨论的内容常有交互错综的关系。在词法和句法研究中，陈望道提出“句法中心”论。他说：“汉语的文法事实，要求略带一点句法学做中心的倾向，这与某些印欧语的文法学以形态学为中心的倾向是有所不同的。汉语研究词法旨在说明句法；研究汉语文法，主要研究句法，应从句法讲起。离开句法去研究词法往往可能会钻牛角尖。”（《简论》，P10）

陈望道划分了汉语语言组织的单位。他把汉语的组织分为词素、词、词组（包括词串）、句子这几个单位。他创立“词串”这一句法单位。词串是“由主语和谓语互相串合组成的词组”。“分句”也叫“词串”，作者认为叫“分句”不合适，因为“分句”不是句。他把词组之间的关系分为三种，即：串合法式、附加法式、穿插法式。把句子成分分为主语、谓语、补语、定语、状语、穿插语（宾语被并入补语）。把句子关系分为：主谓关系、谓补关系、形容关系（定语和原先语的关系）、疏状关系（状语和原先语的关系）、穿插关系。他吸收层次分析法的优点，主张用节次分析法分析句子，并从四个角度对句子进行分类：着眼于句子的体式可分为平白句和特表句；着眼于句子的陈述的意趣可分为直陈句，询问句，祈使句和感叹句；着眼于句子组织的格局可分为简单句、包孕句、搭配句和并列句；着眼于谓语的性质可分为叙述句、描写句、诠释句和评议句。并且还分析了四种复合谓语句：并列复合谓语、顺递复合谓语、接合复合谓语、提带复合谓语。在对汉语句法的分析方面，陈望道多有创新。

八、语法修辞相结合观

语法和修辞是语言学两个独立的分科，陈望道对此有很精辟的观点。他说两者的区别是："文法和修辞是两门科学。修辞比较具体，文法则比较抽象。"（P544）虽然两者有区别，但可以结合进行研究。陈望道说："文法和修辞虽然是两门不同的科学，但是可以同时并进。我们复旦大学语言研究室，研究文法的人要研究修辞，研究修辞的人也要研究文法。这两者的关系是很密切的，并进而可以使我们的研究更为周到全面。"（P546）陈望道还认为："确立文法研究，加强修辞研究。"（P546）陈望道认为，要研究语法，必须加强修辞研究，因为"研究修辞可以使我们更正确地理解掌握语文现象"（P547）。

上述观点是陈望道1961年10月24日在南京大学所作的学术讲演中所表示的，到了20世纪70年代末，他写作《文法简论》时，则进一步阐述了语法修辞研究的结合问题："讲起文法，通常同时会讲起修辞。在传情达意的时候，文法的问题和修辞的问题的确总是紧密结合在一起。"（《简》，P14）但陈望道又指出不能把两者混淆："文法讲究的是语文的组织，是如何组织词语成为句子的问题；修辞讲究的是语文对应题旨对应情境的运用，是运用语文的手法的问题。所以，文法和修辞是两门学科。分清学术界限，有利于我们更有效地进行研究和学习。在观察和研究语文现象时，要充分注意两者的分别：文法贵乎守经，而修辞则侧重权宜，两者不宜相混。"（《简》，P14—15）最后，陈望道进一步指出语法修辞两者要结合："文法和修辞虽然是两门不同的学科，但是两者的关系是很密切的，文法事实和修辞现象往往可以互相转化。因此，研究它们的时候，可以同时进行，双方兼顾，使我们的研究更为周到全面。"（《简》，P15）

九、语法学史观

陈望道是最早关注汉语语法学史的语言学家。他在1938年写的《"一提议"和"炒冷饭"读后感》和1943年写的《中国文法革新论丛·序》中都谈到汉语语法学史。（详见第五章第六节）

到了35年之后，他在《文法简论》中进一步探究了汉语语法学史。他进一步指出汉语语法学史研究的重要性，他说："我国的文法研究有悠久的历史、宝贵的遗产。我们应该注意对历来文法研究的学术成果和思想资料作进一步的整理和加以批判地继承。这样做的目的，不是向后看，而是为了今天的文法研究，为了开辟文法研究的新的未来。”（《简》，P125）陈望道进一步探索汉语语法学史，将其分为四个时期。第一个时期：从往古到《马氏文通》出版之前。这个时期的思想大体是自发的，研究也缺乏原来那样的系统性。第二时期：从1898年《马氏文通》出版到1934年前后。我们开始有了一本全面系统的汉语文法著作，但也有机械模仿、生搬硬套和厚古薄今的两个严重错误，给后世一些不良影响。第三个期间：从1934年以后到解放之前。这一时期对于机械模仿、生搬硬套的观点和方法作了鲜明的批判，对于依据汉语实际建立新的文法体系，也做了有益的探讨。开始注意了汉语的语言实际，但由于语法著作大多参考西方语言学家的理论而写成的，自然也就难免会有不正确的观点表现出来。第四个时期，建国以来，语文工作者在马列主义、毛泽东思想的指导下，注意学习和运用正确的立场、观点和方法，为建立科学的文法体系所探求的广度和深度有了新的进展。（详见《简》，P125—128）

陈望道还探索汉语语法学史的发展。他认为有两个方面：一是规模的改变，过去是随感式的，后来研究的人力、课题的广度、深度有了新的进展；二是方法的不同，过去的研究往往是演绎式的，现在则比较注意运用正确的观点方法，对汉语事实作总结归纳，这就大大加强了同实际的联系。（详见《简》P129）。

十、发展和影响

陈望道的语法思想有一个发展过程。但他的语法思想是一脉相承的。早在文法革新讨论时，他的语法思想的几个方面都已初见端倪。如在文法革新讨论时就已经缔造崭新的中国文法体系这一问题，也明确地提出了用功能观点来研究汉语法的见解。到了他晚年所著的《文法简论》，他的语法思想更为丰满、系统、完整。

其影响是很深远的：

1. 陈望道除了标点理论的探讨和符号系统的设计外，还发表了讨论标点符号用法的文章，他的这些理论都成为现代制定标点符号的基础。虽然现在通用的标点与陈望道先生制定的方法不完全相同，但他引进、改造新式标点符号方面的建树是不可忽视的。

2. 1938 年在他主编的《语文周刊》上发动了一场中国文法革新的讨论。在讨论中，他写了 10 多篇文章，对语法革新提出了许多宝贵意见。胡裕树、张斌指出："这次讨论，为摆脱语法研究中的机械模仿作了舆论上的宣传，为革新汉语语法作了思想上、理论上的准备。"（《汉语语法研究》，商务印书馆，1989 年，P280），陈望道的革新文法的思想对汉语语法理论的不断创新产生深远的影响。

3. 陈望道是国内第一个明确宣布用功能观点来研究汉语语法的学者。早在 30 年代文法革新讨论时，他就提出了功能说。1978 年在《文法简论》中，他重申了这个观点："必须打破和改变以形态为中心的研究法，而可以采用功能的观点和方法进行研究，即着眼于语文的组织和词语在组织中的作用，从组织成素与成素之间的联系和关系来考察文法现象，探求文法规律。"（《简》，P115）他认为用功能学说研究语法，能建立比较符合汉语实际的语法体系，并为此作出了努力。初步建立了一个完整的语法理论的功能体系。我们现在所使用的词法和句法方面的理论大部分也都是对其理论的继承和发展，或者说他的理论是现代汉语理论的基础，特别是词法和句法的理论。

陈望道的语法思想也不是尽善尽美的，尤其在句法方面。他对句法的分析不如他对词法的分析来得深入，而且有些划分还值得商榷。比如：他认为"台上坐着主席团"与"船里静寂"都是描写句，实际上这两个句子还是可以继续分类的，把它们做为同一句式不是太合理。因为一个句表示的是存在，而是一个表示的是状态，二者还是有区别的。另外，一些细节上的问题还显得粗糙，还有值得探讨的地方。但这不会否认陈望道语法思想的光辉，我们现在的语法理论早就突破词法和句法的框框，进一步扩大到了语义、语用等更宽广的范围了，而这一切都是在像陈望道这样的前辈语法学家的研究基础上发展起来的，所以对汉语语法思想，陈望道是功不可没的。

第十节　赵元任的语法思想

一、生　平

赵元任（1892. 11. 3—1982. 2. 24），又名宣重，祖籍江苏常州，生于天津，美籍华人。他是享有世界声誉的语言学大师，是中国现代语言学的开拓者。他兼通数学、物理、音乐、哲学。1918 年获哈佛大学哲学博士学位。1929—1938 年他被聘为中央研究院历史语言学研究所研究员兼任语言组主任。1938 年后定居美国，任夏威夷大学等教授。1945 年，当选为美国语言学会会长。1981 年北京大学授予名誉教授称号。对语言学中的方言学、音韵学、语音学、语法学、汉字改革、拼音文字研制、社会语言学、语言理论方面都有很高的造诣和大量的研究成果。语言学重要论著达 80 余种。他的语法思想如下：

二、语法体系观

他的语法研究的代表作主要是《国语入门》（即李荣译《北京口语语法》）和《中国话的文法》。前者首先运用美国结构主义的理论和方法分析汉语语法的特点，建立新的语法体系，奠定了此后一个时期结构主义汉语语法研究的理论基础和基本格局；后者实际上是前者语法部分的扩展，全面系统地运用结构主义语言学的理论方法对现代汉语语法进行深入细致的描写和研究。他是第一个，也是最成功地用结构主义语言学的理论方法研究汉语语法的学者。因此，这两部著作“在理论、方法和体系方面奠定了从 50 年代后期到 90 年代国内居于主流地位的结构主义汉语语法的基础”（胡明扬《赵元任先生小传》，见《中国现代学术经典·赵元任卷》河北教育出版社，1996 年，P3）。

同过去的汉语语法著作对比来看，《北京口语语法》《中国话的文法》提出不少新颖的看法：

1. 关于“词”，赵元任首先论述了汉语句子结构的最小语法单位是词的观点。为了区分字和词，他提出了“自由字”和“黏附字”的概念。一个字同时又是一个词，就叫自由字，要是它一定要跟别的字联合起来才能成词，就是黏附字。他特别强调指出，黏附字永远是黏附的，自由字除了单呼词，所有的自由字都可以黏附起来造成词。这里对字的认识与传统文字学的认识不同，实际上是从语法的角度，把汉字看作语素，而把语素分成自由和黏附两类。

2. 关于“造词法”，赵元任把汉语的造词法分成三类：重叠跟变读、附加成分、复合词，他认识到汉语构词法的独特性——复合造词法在汉语里都很重要。所以在两部书中都有专门章节论述复合词。他提出划分复合词的八点标准（如轻重音型、构词成分的自由性、构词成分的常用或限用……），并主要根据复合词成素与成素之间的造句关系，把复合词分成五种：即主谓复合词、并列复合词、主从复合词、动词宾语复合词、动词补语复合词。同时作者还指出：词的构成成素是最小的意义单位。

3. 关于词类，赵元任批评了汉语没有词类的观点，他根据词和词组合关系划分词类。对词的分类，他的观点是：汉语里头，词的功用变动的范围，要是不比英语大，也比别的印欧语大，不过变动的范围还是有限的。……咱们拿语法功用做标准把字或者词分类，就得到字类。认为词类可以从各个角度划分。词类也是个层级系统，根据功能标准，先分为三大类：体词、动词和其他词类，再逐一分小类。赵元任把汉语的词类分为名词、助名词、代词、动词、形容词、介词、副词、连词、单呼词（相当于叹词）9 类。到了《中国话的文法》，他又分为名词、专有名词、地方词、时间词，定—复式复合词、定词、量词、方位词、代名词、动词（包括形容词）、介词、副词、连接词、语助词、感叹词 15 类。（同上，P432—433），他把动词和形容词合在一起，称为谓词或广义的动词。他研究词类，重视词的语法形式和句法功能。如他举出名词的 6 种形式特征，动词的 12 种形式标准，并分别对名词、动词各分细类。

4. 关于句法，他十分重视词与词之间的句法结构关系。他指出：造句学就是研究词与词之间的关系，也包括词组跟词组的关系。从单位的种类来说，造句学研究的是各种词语所出现的结构类型。他用布龙菲尔德向心结构和离心结构的说法分析词语之间的结构关系。“煮开了一壶沏茶的水”，包含动词“煮开了”跟宾语“一壶沏茶的水”，其中“煮”是动词词语的中心，“水”是宾语的中心，这种结构叫向心结构，他认为中国话里大部分的结构都是向心的，而离心结构的复合词比离心结构的词组常见。他强调了造句法在中国话的文法里的重要性之后，认为次序、选择在造句法里起重要的作用，虚词只是标明结构关系的虚语位，或者说只是一种记号而已。提出五种句法结构：主谓结构、并列结构、向心结构、动词宾语结构、动词结构连用式，这五种句法结构与造词法的复合词结构相当一致。

对于句子，赵元任从结构和口语的角度给句子下了一个与众不同的定义：“句子是文法分析上一个重要的最大的语言单位。句子通常的定义是前后都以停顿为界的一段话。可是实际说话时常常会中断，或因为外在的因素，使得两个停顿中间的只是句子的片段而不是句子。因此咱们所谓停顿，应指说话人的有意的停顿，而不只是实际的沉默。”（同上，P69）

他把句子分成完整句和简略句。完整句是主谓俱全的句子，是最常用的句式。简略句是只有谓语或只有单呼词的句子。在讲到主语和谓语的关系时，作者认为在汉语的句子里，主语可以从字面解释为主题，谓语不过是跟主题有关的话，谓语不一定要指主语所指的那个东西的动作或特性。根据他的统计，“动作者和动作的关系”在汉语句中不超过50%，如果把主谓关系看作是“动作者和动作的关系”就不能涵盖其他关系了。他根据这种观点划分了汉语的谓语和主语的种类：谓语有三类：动词谓语、体词谓语、主谓谓语。主语有4种：体词主语、动词主语、主谓主语、宾语兼主语4类。

赵元任十分重视主谓谓语句，在《中国话的文法》中用专节从8个方面论述关于主谓谓语句的内容。根据句子结构分成完整句（主谓都有）和小型句（不具有主—谓语形式，常出现在对话中）。他还提出以下观点来分析汉语句子结构：

①完整句是由两个小型句合成的复合句。也就是说，整句的主语和谓语都是可以分别看成小型句；②将主从复句里的附属分句当作主语，把主要分句当作谓语；③将完整句和主从复句合为一类，统称为复句；④将复合句和复句合成一类，叫合成句。与之相对的是简单句，简单句就是他所说的小型句。

《北京口语语法》由于引进结构主义语言学的新方法，根据汉语的特点分析汉语，归纳汉语句法词法的基本结构，建立了汉语语法的新体系。《中国语的文法》在此基础上全面分析和描写了汉语口语语法，写成注重语言事实的实用型参考语法专著。吕叔湘在《语法体系及其他》中说：“我觉得语法研究有三个方面，也可以说是有三条路吧。第一方面是语法事实的研究，或者叫做用例的研究，研究一个一个虚词，一个一个短语格式，一个一个句子格式，尽可能求其完备。把这种研究的成果写成书，可以叫做参考语法，谁遇到语法问题，就可以到这里头来找答案。举一个例子，就是赵元任的《汉语口语语法》……这部书的第四章形态类型，第五章句法类型，第六章复合词，第七章体词，这几章里面搜罗的事例的详细程度是以往的语法书赶不上的。例如量词，就列举了

四百来个。"（《吕叔湘选集》，东北师范大学出版社，2002 年，P27）

三、重视口语

这两部著作都以活的语言作为研究对象，尤其《中国话的文法》，材料丰富，分析详尽。因为讲的是口语，作者还对口语进行了分类：赵元任把谈话的类型分为 8 类：①照着稿子呆板念的独白；②剧本上的独白；③有大纲或没有大纲的临时演说；④连续的对话；⑤掺杂着动作或在事件中发生的独白，而这种动作或事件又影响或决定下一句话该说什么；⑥上项情况下的对白；⑦动作或事情发生中的偶然的插话；⑧对某种情况的反应，或突然想起一件事情时说的话。

陈建民在《汉语口语语法研究散论》（刘坚、侯精一《中国语文研究四十年纪念文集》北京语言学院出版社，1993 年）中说：当代第一个引进严格意义上汉语口语是赵元任先生，他的《汉语口语语法》就是这方面的代表作。赵先生对日常口语大量录音和笔记，从中引用例句，找出特殊现象和特殊规律，给人留下清新的印象。活语言活在灵活多变的声音上。赵先生在书里处处结合语音停顿、语音的高低快慢、轻重音、语调以及节律等语音现象分析汉语口语的语法结构，把语音与语法结合起来研究，因而对汉语口语现象揭示得比较充分，他注意到说的语言和写的语言的比较。例如"量词"一章列举口语里名词与量词配合的情况，对外国人学习汉语口语特别有用。作者在北京口语和汉语口语关系上，在对汉语口语的认识上，在口语研究对象和方法上，都分析得非常精辟，有许多独到之处。

四、学术思想

1. 理论与实践相结合的治学态度。他在多篇论文都会强调以实际的会话和书面材料为基础。《国语入门》一书就充分体现了这一特点。比如在分析汉语句子中主语和谓语关系的时候，他就使用了统计的方法："动作者和动作的关系"句子不超过 50%，也就是说，还存在着超过 50% 的具有其他关系的句子。以此进一步分析了主语的类型 6 种，谓语的类型 3 种。

哈里·斯皮兹巴特（Harry Spizbardt，德国杰纳的费里德里希·希勒大学）：从认识化的观点看，赵元任在这里提出的顺序对我很有吸引力，因为他从事实入手。收集和描述事实后，他作出评价，得出理论。也就是说，在我看来，这是正确的方法——从实践到理论。再从理论回到实践。(《中国现代语言学的开拓和发展——赵元任语言学论文集》清华大学出版社，袁毓林主编，1992 年 10 月）在他的学生王力写的《中国古文法》中，赵元任留下了一句让王力终身受用的名言："未熟通某文，断不可定其无某文法。言有易，言无难!"由此我们可见赵元任治学之一斑。

2. 充满了唯物辩证法的思想。有人（前美国驻华大使 Nelson Johnson）根据汉语的一种常见句型，如"退烧了"提出一个看法，那就是汉语中不存在像英语里"It rains"的抽象主语 It，进而认为中国在思维上也就缺少了考查客观的中性物质的能力。这也许就是中国人没能在西方科学传入以前自己发展出一套自然科学体系的真正原因。赵元任对此作出了驳斥：我认为自己又是一个研究语言的学者，必须要做到不偏不倚。按照德布罗意的波粒二象说，同样一个现象既可描述为运动着的粒子，也可以描述为波的传播。两种描述，对于被描述的物质也好，对于物质的这种描述的物质性也好，都同样是正确的。对语言和科学之间关系的最好概括，就是不要去做任何概括。"各结构层都有其独特的活动范围和内在的一致性；如果打破层次的划分，把句中的各个成分等量齐观，那末就会出现种种杂乱和不协调；由于结构层次的间隔，说、写、听、读现代汉语的人对这种杂乱和不协调却感觉不出来。"（《赵元任语言学论文集》，商务印书馆，2002 年，P810）他把这种情况分成了 6 类。羡余现象，措辞矛盾，混杂隐喻，语法悖理，语义短路，背语义分析。从深层次探讨了汉语的形式和意义的关系问题。

在语言的变化和规律方面，他也有很正确的看法："但是，只有闭眼不看语言演变的事实才能守住旧传统始终不变的错误观念。……错两次固然变不成正确，但是次数多了，什么错误都会变成正确。"（同上，P839）"最近几十年间，已经有好多欧化的说法出现在笔头，不过还没有进入口头。汉语句法的特点之一是修饰语在中心语前面。可是现在出现了相当于 Alice in China 的《阿丽思在中国》之类的篇名和书名。"（同上，P845）"我完全同意美国结构派语言学家的主张：学者的任务是记录用法，说明在什么条件下出现这些用法；教员的任务则是教给学生，什么语言适合什么场合。"（同上，P845）"什么是正确的语言，这要看什么场合适宜于说什么话和说话人（或写作者）是什么身分。如果你要在交际中达到最大的效果，那么你就应该怎么怎么做——如此说来，语言的正确似乎成了有条件的规定，而不是绝对的规定。但是人们使用语言进行交际时，他的责任就是要进行有效的交际，他使用的语言应该始终切合相应的场合，因此，上面这句话在陈述前提的时候也就包含了结论。换句话说，语言的正确最终是绝对的规定。”（同上，P846）

3. 科学的分析方法。他是个哲学家，却很少用哲学的思辨方法来论述学术问题，而是以事实为根据，利用许多自然科学的研究手段和方法，包括数学、物理、心理学、信息论等多种自然科学的方法，用规则或公式来说服人。他善于运用结构主义方法和转换生成方法研究汉语语法，他说：“语法结构还可以这样来研究，那就是从某种形式产生别种形式，例如从谓语产生修饰语，从主动形式产生被动形式，从陈述句产生疑问句，从肯定句产生否定句……我们写这本书的时候采取保守的态度，以直接成分分析法为研究结构的主要方法，但是在对我们有用的时候也利用转换生成的规则。”（《汉语口语语法》，商务印书馆，1979 年，P6）“语法上值得考虑的单位具有一定的统一性，会在类似的环境中以类似的形式出现。”（同上，P6—7）视角宏观，比较容易看出问题的本质。

五、对中国汉语语法研究的深远影响

赵元任的语法研究对中国的汉语研究有深远的影响。他重视词组在语法分析中的重要作用，对后来朱德熙的“词组本位”说有重要影响。分析句子所使用的直接成分分析法，他根据词的组合关系划分词类，分析复合词的结构，按照位置关系确定主、宾语这些做法在语法界影响都很大。他所归纳的造句法和构词法的基本结构，如“并列结构、动宾结构、连动式、主谓式、动补式”等术语，都为后来大多数语法学家所接受。他的很多观点为解决汉语语法学史上有重大争论的问题提供了重要的参考。如词类问题、单复句问题、主宾语问题、汉语语法特点等都是长期悬而未决的问题。对于词类问题，西方语言一般根据形态分类，由于汉语缺形态，传统语言学主要根据词语意义进行分类。20 世纪 50 年代，语法学界专为此进行了讨论。通过讨论，大家进一步明确赵元任根据词的组合关系是划分词类的一条重要标准，王力等人都修改了旧说。 他的单复句划分方法，揭示了句子结构的复杂性，为单复句划分的最后解决提供了新的思路。他根据汉语的特点确定了主语和谓语之间的关系，并且用数量来说明问题。过去认为汉语的基本句型是主谓句，即赵元任所说的完整句。他认为日常说话时小型句居多，因此小型句为基本句型。这不仅对于认识汉语语法的特点具有理论意义，对语言学习也具有现实意义。

而丁声树等人编写的《现代汉语语法讲话》被周法高认为是国内出版的“最好的一本语法书”，如果我们拿它同《北京口语语法》比较一下，不难看出《讲话》的许多观点和术语和《北京口语语法》是一样的。《讲话》主要吸收和借鉴了赵元任的析句法和分布理论，重视语序和五种基本句法结构。《北京口语语法》注重语序，关于构词法、连动式的论述，把介词看成动词、“我们”是排除式、“咱们”是包括式等说法，《讲话》都接受了。因此不少学者认为《讲话》是在《北京口语语法》的基础上扩充的。赵元任的动词分类法对20世纪80年代至今动词的分类研究也产生重大影响。总之，这两部著作在理论、方法和体系方面奠定了从20世纪50年代末期到90年代国内居主导地位的结构主义汉语语法的基础。

另外，《汉语口语语法》不仅在研究语法的方法上有重大影响，在研究方向上也给学术界带来了生机。过去的语法学界比较重视书面语的语法研究，忽视口语的研究。陈建民等人在汉语口语研究方面取得了成绩，这是和赵元任的影响分不开的。如果我们把陈建民《汉语口语》（北京出版社，1984年12月）一书中对以口头形式出现的话所划分的7个类型同赵元任8种谈话的类型比较，就可以发现，陈氏的分类法基本上来自赵氏的分类法。

第十一节　朱德熙的语法思想

一、生　平

朱德熙（1920.10.24—1992.7.19），江苏苏州人。1945年毕业于西南联合大学，1952年赴保加利亚从事汉语教学，1955年回国后一直任教于北京大学。1989年应聘去美国从事研究，并于1992年7月在美国病逝。朱德熙一生著述丰富，在语法研究方面的主要著作有：《语法修辞讲话》（与吕叔湘合作，开明书店，1952）、《现代汉语语法研究》（商务印书馆，1980，下简称《研究》）、《语法讲义》（商务印书馆，1982，下简称《讲义》）、《语法答问》（商务印书馆，1985，下简称《答问》）、《语法丛稿》（上海教育出版社，1990，下简称《丛稿》）、《现代汉语》（语法部分的主要执笔人）（高等教育出版社，1958）《朱德熙文集》（商务印书馆，1999）、《语法分析讲稿》（商务印书馆，2010）等，这些论著多以崭新的方法、丰富的材料、细致的分析、严密的论述而成为开风气之先的著述，对汉语语法研究的深入和发展产生了积极的影响，为汉语语法研究理论和方法做出了重要贡献。

二、对汉语语法特点的认识

朱德熙对汉语语法特点认识得比较全面而深刻。他说：汉语语法特点“要是拣关系全局的重要方面来说，主要只有两条。一是汉语词类跟句法成分（就是通常说的句子成分）之间不存在简单的一一对应关系；二是汉语句子的构造原则跟词组的构造原则基本上是一致的”（《答问》，P4）。由这两个特点决定了汉语语法其他一些具体的特点：一是没有形态变化。他说：“汉语和印欧语的一个明显的区别是没有形态变化。这主要指以下两种情形。第一，印欧语的动词和形容词后头可以加上一些只改变词根的语法性质（转化成名词）而不改变其词汇意义的后缀，例如英语的-ness，-ation，-ment之类。汉语没有此类后缀。第二，印欧语的动词有限定式和非限定式（不定式，分词，动名词）的区别。”（《丛稿》，P196）由于这种差异，使得汉语语法在以下两个重要方面跟印欧语语法大异其趣。一是在印欧语里，词类的功能比较单纯，而汉语词类功能就比较多，二是印欧语句子和分句是一套构造原则，词组是另一套构造原则；而汉语句子和词组的构造原则则是一致的。二是结构自由、松散。他说：汉语的主谓结构跟印欧语的句子或分句不同，构造比较松散。这表现在主语后头可以有停顿，或者加语气词，在口语里可以略去不说。二是动补结构是现代汉语里非常重要的一种句法构造，印欧语里没有跟它相当的格式。而且汉语动词和补语的组合极其自由，如可以说洗干净了，也能说洗脏了、洗破了、洗丢了、把我洗胡涂了、把他洗哭了等等。第二是语序重要。他说：“在汉语里，不同的词序往往代表不同的结构。从这个角度看，倒是可以说汉语的词序比印欧语重要。”（《答问》，P3）“从词序方面看，汉语一个重要的特点是所有的修饰语都必须放在被修饰成分的前边，所以修饰语不宜太长、太复杂。”（《丛稿》，P198）第三是主谓结构可以做谓语。他说：跟印欧语比较的时候，“主谓结构的另一个特点是可以充当谓语”（同上，P197）。主谓结构做谓语的格式是汉语里最常见最重要的句式之一。应该看成是正好跟“主—动—宾”相匹配的基本格式。

三、词组本位的语法观

朱德熙于1982年在《中国语文》第一期上发表论文《语法分析和语法体系》提出了反对“句本位”的观点。他说：“汉语的句子的构造原则跟词组的构造原则基本一致”，“句子不过是独立的词组”，“把各类词组的结构都足够详细地描写清楚了，那么句子的结构实际上也就描写清楚了。”这样就“有可能在词组的基础上来描写句法”。随后1985年发表的《语法答问》正式地提出“词组本位”。他说：“句子的结构实际上就是词组的结构。不过句子跟词组终究是两回事，不能混为一谈。因此在建立词组本位的语法体系的时候，不能不考虑以下两个问题：（1）是不是所有的词组都能独立成句？（2）是不是所有的句子都能还原为被包孕的词组，就是说，能不能作为更大的词组里的一个组成部分？”（该书，P78）同年出版了《语法讲义》。该书实际上就是朱德熙“词组本位”语法观的具体实践，是以“词组本位”的观念为指导建立的一个语法体系。书中讲了六种句法结构，即主谓结构、述宾结构、述补结构、偏正结构、联合结构、连谓结构（详见该书第七到十二章），体现了“词组本位”的主导思想。他认为，句子前后都有停顿并且带着一定的句调表示相对完整的意义的语言形式，因此，一个词组如果独立，即它前后都有停顿，那末此时它是一个句子。

“词组本位”的汉语语法体系，其基本内容是：

（一）把词组作为抽象的句法格式来描写。汉语短语的构造原则与句子的构造原则基本上是一致的。汉语的句子都是由词组组成的，即使是独词句，也可以看做是项事为一的词组形成的。因此，可以把各类词组，即主谓词组、述宾词组、述补词组、偏正词组、联合词组、连动词组等作为抽象的句法格式来描写：一是把它当做一种组合，来看它的内部结构，描写其组成成分之间的结构层次和句法关系；二是把它当做一个整体，来看它的语法功能，描写其在更大的词组里的分布情况。如果把各类词组的结构和功能描写清楚了，那么句子的结构实际上也就描写清楚了。因为句子是独立的词组而已。

（二）在“词组本位”的语法体系中没有句子成分这个概念。因为它把所有的句子都看成是由词组形成的，所谓句子成分实际上只不过是词组的成分。主语和谓语，述语和宾语，述语和补语，定语、状语和中心语都得看成是词组成分，跟句子只有间接关系，而没有直接关系，所以不能叫句子成分，而应该叫句法结构成分，即句法成分。

（三）由词到短语是“组成”关系，而从短语到句子是一种“实现”关系。在“词组本位”的语法体系里，词组随时可以独立成句子或句子的一个组成部分，因此，词组和句子的关系不像印欧语系的语言那样，是组成关系，即部分和整体的关系，而是一种实现关系。这种关系“把词组看成是抽象的、一般的东西，把句子（包括句子的整体和它的部分）看成是具体的、特殊的东西。在描写词组的内部结构和语法功能的时候，不考虑它是不是句子或句子的组成部分，只把它当做抽象的句法结构看待。可是词组随时都可以独立成句或者成为句子的一个组成部分。这个过程就是从抽象的词组‘实现’为具体的句子或句子的组成部分的过程。按照这种看法，词组和句子的关系就不是部分和整体的关系，而是抽象的语法结构和具体的‘话’之间的关系。”（《朱德熙文集》，商务印书馆 1994 年，1 卷，P341）比如，“去北极探险”作为词组，我们只研究它的结构和它的语法功能，根本不考虑它是不是句子或者句子的组成部分。可是这个词组随时可以作为具体的话说出来成为一个独立的句子，如“去北极探险”。或者成为句子的一个组成部分，如：“他们去北极探险。……去北极探险一定挺有意思。”这三个句子中“去北极探险”是这个词组在不同的语法环境的“实现”。

“词组本位”的汉语语法体系，有它的优点：由于汉语句子的构造原则跟词组的构造原则基本一致，所以以词组为基点描写句法，内部一致，没有矛盾；同时词组的结构清楚了，句子的构造也相应地讲清楚了，用不着分两套讲，显得严谨、简明而又自然。作者自己也说：词组本位语法体系的简明性“至少表现在以下三方面。第一，因为是以词组为基点描写句法，词组的结构和功能讲清楚了，句子的结构基本上也就清楚了。用不着分两套来讲。第二，词组不论在什么位置上出现，结构和功能都不变。不像句本位语法体系那样需要用词组的熔解和词类转化之类的说法来弥缝矛盾。第三，分析句子的结构的时候，层次关系和结构关系都明确而且清楚……词组本位语法体系适应汉语实际，所以简洁而自然。句本位语法体系硬要用印欧语语法来规范汉语，圆凿方枘，扞格难通，所以显得既啰嗦，又勉强”（同上，P342—343）。

对“词组本位”的语法体系，人们在肯定它的同时，也有人提出它的不足：“词组本位的语法包含了层次因素，强调了词组在汉语语法中的重要地位，这都是它胜过旧的语法体系如句本位语法的地方。但是这样也许会导致忽视词组同句子的本质区别。正如吕叔湘先生所指出的，词组只是语言的静态单位即备用单位，句子才是语言的动态单位即使用单位。比较起来，句子的内容要丰富得多，除了语气语调、各类重音以及挂在身上的‘零碎’（包括连词和其他关联词语，评注性的词语，语助词，以及叹词、呼语等）以外，还可以移位和省略；从表达上看，则还有情境前提、预设、言外之意、暗示以及信息焦点等等。可见，要用词组的分析代替句子的分析，难免会产生某种偏颇。”（龚千炎《中国语法学史》，语文出版社，1997，P350）

四、多元的语法研究方法

朱德熙善于运用外国先进的语法理论、方法来深入研究汉语语法，并且在此基础上不断提出适合汉语语法特点的理论、方法。在语法研究中，他总是吸收各种语法研究方法来研究汉语语法，而不是单一地使用某个语法研究方法，从而呈现出多元的特色。

朱德熙在20世纪五六十年代，主要使用结构主义语法理论和方法，运用层次分析、分布、功能等来分析汉语语法，着眼于句法结构形式。到了70年代，主要引进格语法、变换语法等理论和方法来分析汉语语法、歧义结构的分化，特别注意从结构形式的分析转向深层语义与表层形式对应关系的分析。到了八九十年代，他又注意把语言的结构分析与语义分析结合起来，在共时分析基础上寻求历时的证明，在方言分析基础上寻求平面的证明，加强纵向和横向的比较，注意研究方法论的探索。

朱德熙主张多元的语法研究方法，主张各种研究方法综合运用。他说：“层次分析只不过是语法分析的一部分，不是全部。我们不能把层次分析看成是自足的、完备的语法分析手续。进行层次分析一点也不排斥同时进行结构关系的分析。”（《答问》，P64）“我们说中心词分析法在提取中心词这一点上跟层次分析不对立，其实这个话说得还不够。事实是不但不对立，而且从理论上说，提取中心词只能在层次分析的基础上进行。”（《丛稿》，P154）

朱德熙对各种语法研究方法都很熟悉，都有很深的研究，在他的著作中多有论述。他说：“顺次找出一个语言格式的直接成分的方法叫作层次分析法。”（《研究》，P46）“所有自然语言的语法构造都是有层次的，层次性是语言的本质属性之一。”（《丛稿》，P152）他也注意分布分析法。他说：“本文分析‘的’字的基本方法是比较不带‘的’的语法单位——假定为 x——跟加上‘的’之后的格式‘X 的’在语法功能上的差别，由此分离出‘的’的性质来。”（《研究》，P49）对于变换分析，他说：“变换可以理解为存在于两种结构不同的句式之间的依存关系。”（《丛稿》，P125）“变换关系是存在于同一种语言里的两种结构不同的句式之间的依存关系。变换关系必须成套，而且变换前后的句子的可接受性应该是一致的。”（《丛稿》，P168）对于歧义分析，他说：“我们总是尽可能采取分化的办法，即尽可能把多义句式分化为几个同形异构的单义句式。这是因为语法研究的根本目的在于找出语法结构和语义之间的对应关系。要是我们能够把多义句式分化为单义句式，那就说明我们在语法结构上找到了产生歧义的原因所在。”（《研究》，P175）朱德熙还主张用传统方法等其他方法，他说：“不管用什么方法研究语言，只要能持之有故、言之成理，都是应该鼓励的。就是用传统方法也是好的。其实用传统方法，汉语也没研究透。”（《朱德熙先生纪念文集》，语文出版社，P14）“一般语法书上并没有类比法、简缩法的名目，可是研究语法的人实际上都离不开这两种方法。从理论上说，类比法是根据我们对于语言的感性知识加以归纳、比较，由此判断一个格式是否合于习惯；简缩法根据的是语言构造的层次性。这两种方法对于研究语言很有用。”（《语法·修辞·作文》，上海教育出版社，P11）

我们现在来看看朱德熙如何运用多元的研究方法来精确地分析汉语。

1. 成分层次分析法

结构主义非常重视句法结构的层次性，认为任何一个句法结构都是由各个结构成分按照一定的层次关系组合起来的。层次分析实际包括两部分内容：一是切分，一是定性。切分，是解决一个结构的直接组成成分到底是哪些；而定性，是解决切分所得的直接成分之间在句法上是什么关系。他分析“我们班有许多外国留学生”本身是一个主谓结构。主语“我们班”是一个偏正结构，由定语“我们”和中心语“班”组成。谓语“有许多外国留学生”是一个述宾结构，由述语“有”和宾语“许多外国留学生”组成。这个宾语本身又是一个偏正结构，由定语“许多”和中心语“外国留学生”组成。中心语“外国留学生”又是一个偏正结构，由定语“外国”和中心语“留学生”组成。（详见《朱德熙文集》，第1卷，P27）

2. 分布分析法

分布分析法根据语言单位可能出现的语言环境或上下文作为分类的依据。他用分布分析法来确定词的分类。在《语法讲义》中他提出“划分词类只能根据功能”，而语法功能“指的是词和词之间的结合能力”，“一个词的语法功能指它所能占据的语法位置的总和”，“就是指词的（语法）分布”。如朱德熙提出划分动词和形容词的标准有：（1）前边能不能加“很”，（2）后边能不能带宾语。在《说“的”》一文中他还根据“分布”理论对现代汉语中常用的语素“的”做了分析，将“的”分析为副词性的、形容词性的和名词性的三种不同的语素。在《现代汉语形容词研究》中，运用分布理论，分别从定语、状语、谓语、补语四种位置上来观察甲类成分（红）和与之相对立的乙类成分（红红的、红通通的、通红、很红）的区别，前者表示的是性质，后者表示的是这种性质的状况或情态，甲乙两类成分正是这个性状范畴内部两种对立的概念的语法形式。方光焘赞成朱德熙所使用的结构主义描写方法，但认为朱的文章不圆满；认为朱德熙把形容词分为性质和状态两部分，值得研究；认为形容词分为性质、状态两类是从意义出发的。（《方光焘语言学论文集》，P292）方光焘还认为，“朱德熙《说‘的’》用了转换，是不是合乎要求还可以研究”（同上，P301）。“现代汉语语气词‘的’，有时态标志‘的’，应当从朱德熙的‘的$_3$’里分出来。这是与朱德熙的意见不同的。”“对于分布与朱有不同的理解。朱德熙看重‘x的’的‘x’，我们认为应当看‘的’的前后。”（同上，P296）

3. 替换法

用已知语言单位替换较大结构中的成分，说明被替换的成分在那个结构中属于结构构成的单位，也用来说明替换的单位与被替换的单位的功能相同，前提是不能改变原有的结构框架。朱德熙用替换法来确定语素。

4. 变换分析法

朱德熙运用变换分析法对汉语中大量存在的表面上看具有相同结构而实际上不同的句法单位进行分析。他用变换分析法分析以下两个句子：

A_1：在黑板上写字。A_2：在汽车上看书。

它们的构造相同，都是“在+NP+V+N”，但实际上它们是不同类型的句式。

把 A_1 和 A_2 区别开的依据是下边的变换关系：

T_1：在+NP+V+N 把+N+V+在+NP

其中能够适应变换 T_1 的是 A_1，而 A_2 不能适应变换成 T_1。

朱德熙在《句法结构》中还运用转换方式来检验语法结构的形式和意义是不是一一对应。比如台上坐着主席团（S_1），台上唱着戏（S_2），这两句都是“Mf+D+着+M。”的狭义同构形式。但因转换的情况不同，语法意义也就不同。S_1 表示事物的位置，着眼于空间，动词前不可以加副词“正在”；S_2 表示动作或行为的“转换”，着眼于时间，动词前可以加副词“正在”。

5. 语义特征分析法。1979 年朱德熙进一步提出和运用语义特征分析法，弥补了变换分析法的局限，使语法研究朝着形式和意义的结合方面前进了一步。由于变换分析的局限，并不能解释为什么句子格式相同——词类序列相同，内部构造层次相同，每一层面的直接组成成分之间的语法结构相同，却会产生歧义，这可以采用语义特征分析法来解决问题。

（a）楼上演着戏。（b）楼上坐着人。

经过分析，我们可以发现，虽然两句都属于“名词［处所］+动词+着+名词”的句式，可是动词表示的语法意义却不相同：

（a）式：名词［处所］+动词+着+名词——动词表示活动，表动态

（b）式：名词［处所］+动词+着+名词——动词表示存在，表静态

朱德熙用新的语法理论即结构主义、转换生成语法等来分析汉语语法，对汉语的语法现象描写得细致，很有新鲜感。他的理论和实际的完美结合，在语法研究方面给我们树立了光辉的榜样。

五、重视语法形式与语法意义的结合

重视语法形式与语法意义的结合，是朱德熙语法思想的重要内容。朱德熙对汉语语法研究的突出贡献是借用西方语法理论来研究汉语语法，在揭示汉语语法结构和语法意义的统一上取得了创造性的成果。语法结构和语法意义，按照唯物辩证法的观点，是形式和内容的辩证的统一。如何把两者有机地统一起来，是语法研究的重要课题。朱德熙在这方面做了有效的努力，取得了可喜的成果。

朱德熙在语法形式和语法意义的关系上，有许多精辟的见解。他说："语法研究的最终目的就是弄清楚语法形式和语法意义之间的对应关系。所以从原则上说，进行语法研究应当把形式和意义结合起来。……真正的结合是要使形式和意义互相渗透。讲形式的时候能够得到语义方面的验证，讲意义的时候能够得到形式方面的验证。"（《答问》，P80）"凡是得不到形式上验证的语义分析对语法研究来说都是没有价值的。"（同上，P81）"当我们对语法结构的意义做出某种论断的时候，应该能够找到形式上的验证。"（同上，P83）"对于歧义现象的分析在语法研究里有重要意义，因为它往往能引导我们发现结构上的区别。语法形式和语法意义之间的关系是语法研究中的根本问题。"（同上，P84）

《现代汉语语法研究》所收列的论文是朱德熙语法形式和语法意义相结合研究的重要成果。如在《句法结构》中运用转换方式来检验语法结构的形式和意义是不是一一对应。运用转换生成语法的转换手法，变换一些狭义同构的语言材料，的确可以检验意义和形式结合情况，从而把语法结构分析得更为精确。《说'的'》等论文，从汉语的特点出发，参考结构语法和转换语法的某些理论和方法，在研究汉语的结构和意义的关系方面向前跨进了一步。《"的"字结构和判断句》、《与动词"给"相关的句法问题》都贯彻了形式和意义结合的原则。特别是朱德熙（1980）提出了显性语法关系和隐性语法关系这两个概念，"所谓显性语法关系指的就是通常所说的主谓、述宾、偏正等结构关系"，"隐性语法关系是隐藏在显性语法关系后边的潜在的语法关系。"（《研究》，P180—183）例如"出租汽车"，既可以看作名词性结构，又可看作动词性结构。作为名词性结构，"出租"和"汽车"之间是修饰和被修饰的关系，可是在这种关系背后还存在另一种关系，即动作和受事的关系。作为动词性结构，“出租”和“汽车”之间是述语和宾语的关系，同时二者之间仍然存在着动作和受事的关系。朱德熙强调指出，“‘述语—宾语’和‘动作—受事’并不是同一种关系。”（同上）

六、三个平面思想

朱德熙提出语法分析中的三个平面的问题。他说：“进行语法分析，一定要分清结构、语义和表达三个不同的平面。结构平面研究句子里各部分之间形式上的关系。语义平面研究这些部分意义上的联系。表达平面研究同一种语义关系的各种不同表达形式之间的区别。这三个方面既有联系，又有区别，不能混为一谈。”（《答问》，P37）对于形式，他指出：“这里说的形式是广义的，既包括有形的形式，例如词语的次序、停顿、轻重音以及某些虚词的有无等等，也包括无形的形式，例如词类、层次和可能的变换形式等等。”（同上，P38）对于结构，他指出：“句法成分只是句法结构的组成部分。研究句法成分不能离开句法结构。所以讨论补语、宾语和状语的界线，实质上就是讨论述补结构、述宾结构和谓词性偏正结构的界限。”（同上，P48）

朱德熙认为，主语、宾语属于结构平面，施事、受事、与事、工具等等属于语义平面，话题、陈述属于表达平面。他举例说：

（1）李大夫（施事）去年用中草药给一位病人治好了关节炎。

（2）这位病人的关节炎（受事），李大夫去年用中草药给他治好了。

（3）这位病人（与事），李大夫去年用中草药给他治好了关节炎。

（4）这种中草药（工具），李大夫去年用它给一位病人治好了关节炎。

（5）去年（时间）李大夫用中草药给一位病人治好了关节炎。

这五个句子构造不同，意思也不完全一样，可是其中各个名词性成分跟主要动词之间的意义关系却始终维持不变：“李大夫”是施事，“中草药”是工具，“病人”是与事，“关节炎”是受事，“去年”是时间。这是从语义的平面说的。从表达的平面说，相同的语义关系可以用不同的形式来表达。上边五个句子里组成成分之间的语义关系是相同的，但是由于说话人选择的主语不同，所以形式不一样。例如（1）选择施事作主语，（2）选择受事作主语等等。说话的人选来作主语的是他最关心的东西，这就是所谓话题，谓语则是对于选定的话题的陈述。可见通常说主语是话题，正是从表达的角度说的。至于说主语是施事、受事、与事等等，那是从语义的角度说的。话题可以因选择的主语不同而变化，可是不管话题怎么变，句子里各个成分之间的语义关系却始终维持不变。（详见《朱德熙文集》，第1卷，P304—305）

结构、语义和表达三个平面，与句法、语义和语用三个平面，与语表、语里和语值三个平面都有异曲同工之妙，大大拓展了现代汉语语法研究的视野，对汉语语法进行了全方位的立体的研究，有力地促进了汉语语法的研究。

七、提倡全方位的汉语语法研究

提倡全方位的汉语语法研究是朱德熙语法思想的重要方面，这方面论述固然不多，但很重要。他认为语言科学发展很快，研究的范围越来越宽，已经引入了其他人文科学如文学的领域中去，与心理学、社会学、数学、哲学、计算机科学、逻辑学、医学、人工智能等联系越来越密切，从而产生了一系列的边缘学科，如心理语言学、社会语言学、计算语言学、神经语言学、电脑语言学等。他认为语言学与自然科学的联系也密切相关，在人工智能的研究里，对自然语言的处理是非常有前途的一个领域。关键在于能否提供精确的自然语言结构模型。这一研究需要语言学（语法学、语义学）、计算机科学与人工智能三方面的人通力合作。

朱德熙还认为要加强对汉藏语的研究，要用独立的眼光去研究汉藏语系语言，要清除汉语研究和汉语以外的汉藏语言研究之间长期存在的隔离状态。他认为，汉藏语系语言对比对汉语的研究也有很大的帮助，汉语的历史和特征通过亲属语言比较可以得到更深的认识。

朱德熙还主张将横向的各种方言之间的比较研究、纵向的古今语法之间的比较研究和对标准语的研究结合起来，使汉语语法研究走上全方位的研究道路。他在给中国语言学第六届年会发来的书面发言辞中提到“长期以来对方言语法研究、历史语法研究和标准语语法研究三者之间的密切联系缺乏清醒的认识。”朱德熙主张将北京话作为现代汉语的标准分析对象，另一方面又将方言和古汉语作为比较项引入现代汉语的研究，从而形成纵向和横向比较相结合、语义和语法相结合的格局。他也身体力行。他在《汉语方言里的两种反复问句》（1985）中，既研究了这类句在方言中的情况，又观察了近代汉语的现象。在对“的”的研究中也比较了北京话、广州话、文水话和福州话里的“的”，从而为正确看待现代汉语中的“的”提供了更全面和科学的依据。这类的文章还有《潮阳话和北京话重叠式象声词的构造》《从方言和历史看状态形容词的名词化兼论汉语同位性偏正结构》。《自指和转指》凭借“自指、转指、句法成分提取”等概念，分析现代汉语的“的”和古代汉语的“者、所、之”，指出它们都是名词化标记，“的”既可以表示自指又可以表示转指，既能提取主语又能提取宾语；在先秦汉语里，“的”的功能是由“者”和“所”分别承担的，“者”既有自指功能又有转指功能，只提取主语；“所”有转指功能，只提取宾语。通过这种古今对比使人们对“的”的功能、“者、所、之”的功能、“的”与“者、所、之”的关系看得更清楚。在《汉语方言里的两种反复问句》中，他不仅运用古今对比，而且运用方言与标准语的横向对比研究方法。他指出汉语中的反复问句在两种形式：“VP 不 VP”、“可 VP”，然后重点考察这两种形式在苏州话、昆明话、合肥话里的情况，将这三种方言里的反复问句互相对比并与北京话中的问句相对比，最后又考察这两种形式在《西游记》《金瓶梅》《儒林外史》《红楼梦》《儿女英雄传》中的情况，得出结论：“可 VP”和“VP 不 VP”无论在历史上还是在现代始终互相排斥，不在同一种方言里共现。朱德熙指出汉语语法的研究不能光搞普通话，只有结合方言语法的研究才能抓住汉语语法的本质。

《从方言和历史看状态形容词的名词化》是朱德熙的最后论著，也是他有关方言语法类型学、方言语法比较以及古——普——方互证思想的总结，尤其该文“玖余论”部分更值得学术界关注，其中的一段令人深思的话，既是作者对自己几十年现代汉语语法研究的反思，也是对现代汉语语法研究几十年的反思：“‘的’字研究进展缓慢，自然跟工作不够勤奋、时间抓得不够紧有关，可是更重要的恐怕是因为长期以来对方言语法研究、历史语法研究和标准语语法研究三者之间的密切联系缺乏清醒的认识……我在这里把自己三十年来在研究‘的’字过程中已经觉察到的疏忽和失误提出来，这也许可以作为今后语法研究工作中的一点小小的借鉴。”（《朱德熙文集》3，P260）

朱德熙的结合自然科学、人文科学、汉藏语、古汉语、方言等来全方位地研究汉语语法，提升了汉语语法研究的水平，取得丰硕的成果。

八、朱德熙语法思想的来源

朱德熙语法思想是广博而精深的，令人惊叹，但却不是无源之水。他善于吸取国外新的语法理论和方法，而且经过了去粗取精、去伪存真的改造，再经过汉语语言事实的验证，因而多有修正和发展。

朱德熙语法思想来源之一是国外的结构主义、转换生成语法、格语法等理论，朱德熙的分布理论既包括在句子成分中的分布，也包括词在鉴定字中的分布。这主要受海里斯的影响。海里斯在 *From morpheme to utterance*（《从语素到话语》，1946）和 *Methods in structural linguistics*（《结构语言学方法论》，1951）中系统地讨论了怎样通过语素的分布建立语素类，怎样通过语素类建立语素组合的类。朱德熙的替换法和层次分析主要受布龙菲尔德语素替换方法和层次分析的影响。朱德熙的同构概念受威尔斯（Wells，1L，1947）同构观念的影响。朱德熙“向”的学说受特思尼耶尔（1934，1959）的从属关系语法和菲尔墨（1968）的格语法的影响。朱德熙的三个平面思想受马提修斯（Mathesius，V.，1911）和霍凯特（1958）的主题和述题论述的影响。朱德熙的转换分析法即是受乔姆斯基的《句法结构》（1957）的影响。朱德熙的语法形式和语法意义相验证、显性意义和隐性意义相结合这一方法论特点，即是深受后布龙菲尔德学说的代表人物海里斯的变换分析和解释语义学的“语义”、配价语法学的“向”和功能语法学的“表达”的影响。

朱德熙还善于吸收前人的研究成果，并进行深入的研究，从而把研究水平提升到一个新的高度。如分布理论受陈承泽、陆志韦、方光焘等的影响，关于动词“向”和歧义格式研究受赵元任的影响，关于形容词研究和语尾“的”的研究受陆宗达、俞敏的《现代汉语语法（上）》的影响，而转换分析则受吕叔湘《中国文法要略》的影响。

九、朱德熙语法思想的影响

朱德熙上述语法思想影响深广，中国语言学界运用朱德熙的语法思想进行汉语语法研究，取得了丰硕的成果。

朱德熙不仅是一位语言学大师，还是一位教育家，他培养出一批语法学家，如陆俭明、马庆株等，都是语法学界的领军人物，在汉语语法研究方面取得突出的成果。还有刘勋宁、张敏、刘蓝英等一大批语法学者都是朱德熙的学生，他们在语法研究方面也取得不少成果。而《语法讲义》作为教材，则影响着一批批、一代代的中国年轻学子，将产生不可估量的影响。

朱德熙是国内最善于继承，也最富有创新精神，研究卓有成效的著名语法学家之一，他的语法思想必定为创立具有中国特色的汉语语法体系作出重大的贡献。

第十二节　周法高的语法思想

一、生　平

周法高（1915—1996），字子范，号汉堂，江苏东台人。早年师从其岳父王伯沆，后进入中央大学、西南联大攻读，1941 年获北京大学文科研究所中国语言学硕士学位，任职于中央研究院历史语言研究所。1948 年冬，他随傅斯年赴台，并在台湾大学兼课。20 世纪 50 年代中期，周法高应邀赴美国耶鲁大学、华盛顿大学担任教授。长期担任台湾“中央研究院”历史研究所研究员，中国文化研究所中国语文研究中心主任。周法高身受南北两派大师学风熏陶，出入两大派之间而又能自辟学问蹊径，立志“汇南高北大于一炉，作古今中外而治之”，在古汉语的音韵、语法、训诂及文字学四个领域内取得卓越成就（倪永杰《记王柏沆周法高纪念馆》，《台声杂志》，1999（2），P37—39）。他著作等身，先后出版了我国语言学方面的权威著作《金文诂林》《中国古代语法》等巨著，研究成果多达 1000 多万字，是享有国际声誉的语言学家。

二、语法学史观

周法高多次对我国语法学史研究作了概论，并提出了精辟的观点。他在《论中国语言学的过去、现在和未来》一文中，阐述语言学发展第四期——近代期时说：“黎锦熙有《新著国语文法》（1924），采用了 Otto Jespersen 的学说，王力著有《中国现代语法》（1943），《中国语法理论》（1944），采用 Otto Jespersen 和布龙菲尔德的学说，高名凯著有

《汉语语法论》(1948)，赵元任著有《国语入门》的导论(1948)，又著有《中国话的文法》(1965)，是一部划时代的巨著。丁声树著有《现代汉语语法讲话》(1961)，是大陆出版的语法书中较好的一部。周法高著有《中国古代语法》三卷(1959至1962)，是一部讲古代汉语(上古到隋)的历史语法。太田辰夫著有《中国古代语法》(1958)。杜百胜著有《晚周语法》(1959)，《周初语法》(1962)和《东汉语法》(1965)，是三部描写的古代语法；哈里著有《元朝秘史语法》(1959)，是一部描写的元代官话的语法。"(《论中国语言学》，中文大学出版社，1980，P9，下简称《论》)特别值得一提的是，周法高在讲述各个语法学家时，都作了评论，而且是一针见血的："在《马氏文通》一系的语法书中，差不多按着名词、代词、动词等逐章讨论，词类的区分占着相当重要的地位。王、吕二人采用了叶氏的词品(ranks)说，对于词类的区分并不重视，在他们书中，词类问题只占极小的成分。不过从马氏到王、吕二氏，他们的基本观点有相同之处，就是拿概念做划分词类的标准。只有李方桂先生曾经约略把现代国语分为名词、谓词、虚词三大类，下了几条语法上的定义。他并且批评王力词类的定义近于逻辑的定义。赵元位(应为"任"——引者注)先生的《国语入门》，在导论理(应为"里"——引者注)，对于现代国语的分类，有较详细的讨论。"(《中研院历史语言研究所集刊论文类编·语言文字编·语法卷》(一)，中华书局，2009年，P108)

在《二十世纪的中国语言学》一文中，他又分现代语法、古代语法、中国人写的语法、外国人写的语法四个方面对语法学史进行了详细的论述。他在评述各语法学家时，具有独到的见解。他详尽地介绍了国外语法学界对我国语法的研究，他说："在日本，有太田辰夫；在美洲，有杜百胜(W. A. C. H. Dobson)、谢迪克、吴新民、乔健、Isobella Y. Yen；在美国，现代汉语方面有 Charles E. Hocket、赵元任、Noam Chomsky，英语语法方面有王坑、Anne Yue Hashimoto；在欧洲方面，法国的马伯乐，俄国的龙果夫、雅洪托夫，瑞典的高本汉、马悦然，德国的辛德勒，波兰的赫迈列夫斯基，英国的西门华德、西门化、格林唐纳、哈利第、蒲立本等。"(《论》，P34—35)在叙述各外国作家时，他提出了他们各自研究对象、研究方法、优缺点。

在《二十世纪的中国语言学》，他还论述了语法学史上的几次论争：

“二十世纪的五十年代，在大陆掀起了语法学上的两场热烈的论争，比起三十年代的古音学上的辩论和四十年代有关重纽问题的研究要热烈得多。因为参加论争的人有四五十人之多。不过在水平上似乎没有那两次来得整齐，可能因为这一次所分析的问题没有那两次来得专门。”（《论》，P35—36）

三、语法史观

周法高认为要用历史的观点来研究中国语法。他说：“中国具有三千年的文献，各时代的语法都有它的特点。要从历史的观点来研究中国语法，非要从事分期的研究不可。研究中国语法，大体上可分为古代语法和近代语法两部分。古代语法，不妨以春秋战国的文献为主（因为这一期具有不少接近当时的口语的文献），上溯殷周，下探汉魏六朝的发展（约1300B. C—600A. D ）。至于唐宋以降的‘古文’运动，只是一种对古代语法的摹拟，并不能代表当时的语言。近代语法，可以现代国语为主，上溯唐宋以降的白话，特别注意语法之历史的变迁。当然唐代并不是一个截然的分界，只不过为陈说方便起见，不能不立一个界限吧了。”（《中国古代语法·称代篇》，中华书局1990，序P9，下简称《代》）

周法高还把中国古代语法分为四期：“第一期，殷周时期：包括殷后期和西周，重要的材料有殷代甲骨文为一系，西周金文和书经为一系，《诗经》为一系。第二期，列国时期：包括春秋战国和秦代。重要的材料有《论语》《孟子》为一系，《左传》《国语》为一系，此外《墨子》《老子》《庄子》《荀子》《韩非子》《楚辞》等都多少有它们独特的语法现象。第三期，两汉时期：重要的材料有汉代的诸子，汉末的佛经和《史记》《汉书》等，可以看出一些汉代特有的用法。第四期，魏晋南北朝时期：重要的材料有《三国志》《世说新语》和一些史书、子书、诗人集。”（同上，P9—10）

对古代语法的分期，他又提出不是绝对的，因为有时代因素、文体差别、地域差别、著者习性等因素在里面。周法高对中国古代语法的每一期的特点都作了分析说明，他说：“第一期的特点如下：（1）不用语末助词‘也’‘乎’‘邪’‘与’等，常用‘哉’字。（2）有不少特有的助词，如‘粤’‘爰’‘允’‘侯’‘维’‘言’‘迪’‘诞’等。（3）

第一身代词不用‘吾’字，常用‘攸’（=所），‘曷’（=何时）。到了第二期，民间讲学之风兴起，语录和论议盛行，语法也步入一个新的阶段。语末助词的使用相当发达，‘如焉耳乎’、‘也乎哉’等三个助词叠用的，也不乏其例，这种情形是第一期所没有的。各书的语词，也随着方言、文体，以及个人习惯也有不少的差异。……到了秦以后，文言文便逐渐标准化了。第三期和先秦的区别是：（1）在先秦单位词较少使用，汉代便逐渐流行；（2）汉以前的不用单纯系词‘是’，汉代则开始使用。此外，从汉人著述中，也可看出一些汉人特有的用法……第四期和以前不同之点：（1）词尾‘子’字逐渐盛行，（2）由两组谓语连用变成使成式……（3）有许多特有的副词……（4）‘何物’的用法，相当于后来的‘什么’。”（同上，P10—11）

四、语法研究方法观

周法高提出了研究语法的方法，一是描写的语法，“即是选择任何一个方言，或者是历史上的某一部书，或者是某一个人的文章，只研究这个人在某一个时候所说的话的语法”（《论》，P45）；二是历史的语法，“就是，不只是描写某一点，或某一个人，某一个地方，而是从他的过去的历史方面叙述下去”（同上，P45）；三是比较的方法，“就是两个或两个以上语音或方言，他的来源是一样的，用比较语言学的方法，推究他们的来源”（同上，P46）；四是对比的方法，“是 Contrastive，而不是 comparative”（同上，P46）。

周法高又对日后的语法研究提出了自己的看法，说应从三个方面来研究，“一是纵的研究，一是横的发展，就是方言的文法，一是对比的研究”，并提出：“理论方面，当然还可以进一步深造，我们并不一定要跟在外国人后面走。”（同上，P52）

周法高又对语法书的好坏作了说明，并以自己的著作为例，他说：“衡量一部语法书的价值，不妨从两方面来看：一方面，看这本书的理论是否完整而健全？另一方面，看这部书所叙述的现象是否真实、详尽？我相信：尽管有人对我的语法系统有不满意的地方，可是我这部书中所叙述的语法现象，如果是真实而详尽的话，将会得到它应有的评价。”（《中国古代语法·造句篇》，中华书局，1990，自序，P15，下简称《句》）

五、语法学派观

周法高提出语法研究与声韵的研究的一个大的不同点是派别的多寡，"声韵学当然也有派别，但是不是太大的派别，而语法方面的派别很多，甚至十几派，几十派都可能。"（《论》，P46）接着，他又把语法学派分了类，一是传统的语法，"所谓传统的语法，就是差不多是在结构语言学派没有兴起以前，在学校里所用的，像那时用的英文法，给学生写的文法。"（同上，P46）二是结构语言学派，"由 Bloomfield 写的 *Language*（1933）建立，在英国有伦敦学派，在丹麦有 Copenhagen School，在捷克有 Prague School；全世界有各种不同的学派，都属于结构语言学派"，（同上，P46）三是转换学派，"1957 年，Chomsky 写了 *Syntactic Structure*，提出了这一理论。"关于转换学派，他又作了 Chom sky 学说的修正分析，如" Fillmore 提出 *Case Grammar*，Lamb 的 *Stratification Tetory*，Pike 的 *Tagmemics*。"（同上，P47）

在阐述自己对语法学派分类的观点后，周法高又以自己的亲身经历，讲述了对各语法学派的看法。" 结构语言学派，所以不满意过去传统的学校里的文法，是因为他不够科学，结构语言学认为声音这一个层次，跟文法的层次，要一层层向上。"（同上，P48）对于描写语言学派，他提出" 是在美国研究印第安语而发展来的，所以在研究某一个时代、某一个地方所讲的话的时候，不谈到它历史的来源。所以描写的语言学同过去不发生关系。还有一点，就是它只知其然，而不知其所以为然。他们只能说有这么个现象，不大解释为什么有这些现象。"（同上，P48）又提出了自己对其未来的看法，"现在的趋势，又渐渐采用一部分的语法，特别是学校语法的特点，加上结构学派的特点，然后再采用比较严密的语言学的方法，发展成一种新的趋势"（同上，P47—48）。

在阐明了自己对各语法学派的看法后，他又讨论了外国语法学派对中国语法学家的影响。周法高指出："一般的语法学，只是停滞在前一个时期，比如像黎锦熙所写的。一直到吕叔湘、到王力，才采用了一部分结构学派的观点，但也没有完全采用。一直到赵元任，才完全采用了结构学派的观点，写了一部《中国话的文法》"（同上，P49）。在这同时，他向读者推荐了丁声树的《现代汉语语法讲话》，说它" 不完全采用结构语言学派的，而是结合了传统的和结构语言学派的语法理论。"（同上，P49）在论证完自己的观点后，他认为这种综合各方面观点的解释，对教学是有帮助的。周法高还指出："至于 Transformational Grammar 和 Pike 的 Tagmemics 的理论，是不是适合于教学呢？这个还没有人试验过"，可以" 尝试并实验。"（同上，P50）

六、汉语词法观

周法高认为中国语法学分为古代语法和现代语法，他指出，"我觉得我们至少要有两部纯粹描写的语法：一部是现代国语语法，在这一方面，赵元任先生正要脱稿付印的大著应该是一部代表作。另一部便是《孟子语法》（*A Descriptive Grammar of the Mencius*），这是我将要从事写作的。"（《句》，P16）周法高还提出，现代语法研究的不足是描写的研究已经是很多了，但是历史的研究还不够。

《中国古代语法·构词篇》详细论述了古代汉语词的构成理论。第一章音变，第二章重叠，第三章附加语，第四章复词。从四个方面说明了构词方式。比如音变方面，周法高认为，中国汉语的一个显著特点是有声调，中国语中有用声调或其他语音上细微的差别来区别词类的方法。他为此批评了高本汉的做法，的确高本汉忽略了一个很重要的现象，即声调的区别。他所标举的规律和例证也不够谨严而缺乏系统，所以难免引起人们的怀疑。在论证自己的观点后，他得出结论说，根据记载上和现代汉语中所保留的用语音上的差异（特别是声调）来区分词类或相近的意义的现象，我们可以推知这种区别可能是自上古遗留下来的，不过好些读音上的区别（尤其是汉以来书本上的读音），却是后来依据相似的规律而创造的。

关于汉语词类，周法高作了细致的分类。他说："把中国语的词类分为实词和虚词两类。虚词的特点是通常不能作句子的主语或述语，而实词则否。在实词里，有些词通常作句子的述语，有些词则否，我把前者叫作谓词，后者叫作名词。在实词之中，除了名词、谓词两大类外，我又分出：（1）代词；（2）数词；（3）助名词，即单位词；（4）方位词；（5）助谓词；（6）状词。在虚词里，我又分出：（1）副词；（2）联词；（3）介词；（4）叹词，即单呼词；（5）助词。"（《句》，P22）看来，周法高的分类标准主要是看词的句法功能。他曾明确说："在虚词下面，我们可以根据他们的用法再分出好些类来。"（同上，P50）在《中国古代语法·称代篇》里，周法高用大量的篇幅，详细讨论了第一身代词“我、吾、余、予、台、朕、身、卬、孤”，第二身代词“汝、尔、若、戎、乃、而、你、官”，第三身代词“厥、其、渠、伊、他、之、者”，指示代词“焉、爰、伊、时、是、然、尔、乃、若、兹、此、斯、彼、匪、夫”，询问代词“何、盍、奚、胡、瑕、侯、号、恶、焉、安、以、谁、孰、畴”，复指代词“己、自、身、亲”，否定代词“不、否、莫”，代词性助词“攸、者、所”，无定代词“人、某、或”，偏指代词“相、见”等的各自用法。

七、汉语句法观

周法高把一个普通的句子分为两部分，一是主语部分，一是谓语部分，而有些特殊的句子只有谓语部分，没有主语部分，因为往往是省略掉了。关于句型，普通的有两种，一是说明句，一是判断句——这是通行的句型，我们称为全句（full sentences），此外还有一种比较特殊的句子组织，我们称之为小句（innior sentences）。

汉语中两个以上独立的词放在一起，周法高认为有下列几种关系：（1）主语部分和谓语部分，如“人好、山高”；（2）联词和附属词，如“如果你要去”；（3）介词和宾语，如“你从哪儿来”；（4）谓词和宾语，如“吃肉、下雨”；（5）形容词和名词，如“大树”；（6）副词和谓词，如“很好”；（7）谓词和补语，如“大得很”；（8）平行，如“吃喝嫖赌”。周法高分析汉语句子成分主要在《中国古代语法·造句编》的第三章句子成分。他分析有谓语、名语、形容语、副语、补语、短语。周法高没有对谓语下过明确的定义，但却对谓语的构成方式做了详尽的讨论。“所谓‘名语’，通常在句或子句中能够做主语、宾语（包括介词宾语）、表语、同位语（appositive）以及形容语的端语（head）等等。”（《句》，P98）“形容语通常放在端语前（也有放在后面的，如数词），由形容词、数词、状词、动词、名词或是谓语式、主谓式等充当。”（同上，P121）“所谓副语，通常是指放在述语的前面来修饰述语的成分。副词的作用主要是作副语。此外，如名词、状词、谓词、介词仂语、谓语式等，都可以作副语。”（同上，P136）“我现在把这种放在述语后面的修饰成分不妨另立‘补语’（complement）的名称。”（同上，P157）做副语的有形容词、副词、名词或形容语+端语、介词仂语。“‘外语’是指放在主语前面修饰述语或是修饰整个子句或句子的成分。它可能是副词、状词、联词、时间词和方所词、介词仂语，或是子句。”（同上，P190）周法高分析的句子成分有其特色，它不同于一般语法书上所说的句子成分。如主语、谓语、宾语、定语、状语、补语等，他是以词在句中的位置和所起的作用来确定的，而且还对能做此种句子成分的词类有哪些，较多地表现了他的功能语法的思想。

他对句子的主要成分也有他独特的想法。他有两套术语，一是主题和解释，一是主语和谓语。“一个句子通常可以分为两大部分，前一部分为‘主题’（topic），后一部分为‘解释’（comment）。”（同上，P1）“‘主题’部分和‘解释’部分的关系是多方面的。它们可以是主语部分和谓语部分的关系，可以是修饰成分和被修饰成分以及其他的关系。在前者，可以包含主语部分和谓语部分相等与否的关系；在后者，可以包含假设、同时、先后等等的关系和领属的关系以及宾语提前。”（同上，P5）周法高采用“主题”的说法颇具见识，也较为适合于话题优先的汉语。周法高还分析了复句。“‘复句’（composite sentence），指句中包含两个（或两个以上）的子句（clause），子句间往往有语音上的停顿，往往用一些联词、副词或其他作记号。”（同上，P198）他分析复句有六大类：（1）假设句，（2）容认句，（3）因果句，（4）时间句，（5）转折句，（6）平行句。

八、语法思想的来源

从大陆去台湾的语法学者周法高带去了大陆研究的传统方法，主要从事古代汉语语法的研究和适用于教学的传统语法的研究。周法高从1959年到1962年先后出版了《中国古代语法》三卷（16开，1253页），并发表过许多篇有关古代汉语语法的论文和札记，如他于1950年发表于《历史研究所集刊22本》的《上古语法札记》，讨论了《诗经》中的“惠”字用法，以及“唯毋”“夫”“问、见、告”“可，可以”，《左传》的“于、於”，语末助词“矣、已”，古籍中的虚数，《史记》中的时间计数等9个问题。1953年发表于《历史语言研究所集刊24本》的《中国语法札记》讨论了语音区别词类说，否定词后代词宾语的次序等。周法高受马建忠、杨树达、黎锦熙、王力等的影响，在他的语法论著中，主要表现了传统语法的思想。

但是，周法高20世纪五六十年代曾去美国讲学，受到国际语言学派的影响，在语法研究中相当注意吸收西欧语言学的成果。他说："我在语法系统方面，曾经受过 Bloomfield 的影响，把《称代篇》单独提出来讨论便是一个例子。……采用'直接成分'（immediate constituents）的划分法是受了以 Bloomfield 为首的美国学派的影响的；划分层次（levels）是受了一点以 Firth 为首的伦敦学派的影响的。把'morphology'不但包括'构形'，而且包括'构词'，以及所谓'主谓式谓语'（S-P predicate），是受了赵元任先生的影响的。把句子划分为'主题'（topic）和'解释'（comment）是受了赵元任先生和 Hockett 的影响的。关于'词'的定义，是受了 Bloch 对日本语研究的影响的。此外，在《虚词编》中，我将个别地讨论虚词的用法。……《虚词编》中将以虚词为单位对以前各编中已经叙述到的现象，加以综合的叙述。这一点，我是受了 Cabelentz 和 Jespersen 的影响的，虽然我的办法和他们并不大一样。本书中有时提到'转换'的办法，我想有些地方是有意无意地和所谓'转换学说'（transformation theory）相合的。"（《句》，P13—15）在划分词类时，他采用了布龙菲尔德的观点。周法高说：布龙菲尔德"反对以 meaning 为出发点来研究。他对于传统的词类区分，并不完全抹煞，而是从新的观点给它们一种新的定义或修正。"（《中国古代语法·构词篇》，中华书局，1990，P10）很明显，周法高的语法著作中，表现出结构语法、功能语法、转换语法的思想，这是受西欧和美国语法学派的深刻的影响。

第十三节　张志公的语法思想

一、生　平

张志公（1918. 11—1997. 5），生于北京，河北南皮人。1937 年进中央大学外文系学习，后转入金陵大学外文系，于 1945 年毕业。毕业后，曾在金陵大学、海南大学任教。从 20 世纪 40 年代中期起致力于汉语尤其是汉语语法的研究。新中国建立后，一直从事语言学研究和语文教育工作。任过《语文学习》主编、《中国语文》编委、人民教育出版社汉语编辑室主任和外语编辑室主任。还任过全国政协常委、国家语委委员、人民教育出版社学术委员会主任、北京语言学会会长。著有《汉语语法常识》（中国青年出版社，1953，下简称《常识》）、《汉语知识》（人民教育出版社，1959）、《语法学习讲话》（上海教育出版社，1962）、《现代汉语》（人民教育出版社，1982）、《张志公文集》（广东教育出版社，1991）、《张志公汉语语法教学论著选》（山西教育出版社，1995）、《张志公自选集》（北京大学出版社，1998，下简称《选集》）等。

二、学校语法的创立和发展

张志公对中国学校语法的研究，大致分为3个阶段：第一阶段，20世纪50年代为草创期，主要成果为《汉语法常识》的发表和“暂拟汉语教学语法系统”（下简称暂拟系统）的制定。第二阶段，20世纪50年代末到80年代初为创新期，主要成果为《语法学习讲话》。第三阶段，20世纪80年代初到世纪末为成熟期，主要成果为《中学教学语法系统提要》（试用）。张志公为学校语法的创立和发展，立下了不朽的功勋。

学校语法，是在各级各类学校教学用的语法，所以也叫教学语法，是相对于专家语法或理论语法而言的。学校语法有什么特点，编写学校语法的指导思想是什么？“第一，不谈理论；第二，少讲道理多举例子；第三，只谈一个大概的论廓，不求全面；第四，只据现存的比较一般的说法来谈，尽可能的少提个人的看法。”（《常识》，序）这就是通俗、实用、简要、稳妥。学校语法不能有太多的理论，不能太深奥，而要从例子中来掌握知识，易懂，易学，要强调学了能用，不要过多的理论上的探索。对语法内容一般取成说，通说，取学界一般人的看法，不以某个专家的看法来定论，这样语法内容就比较稳妥，能够为学界大多数人所接受。这与编写“暂拟系统”所要求的“是一个综合性的系统”和采用“这门科学里已经有定论的东西”两个编写原则是一脉相承的。（《语法与语法教学》，人民教育出版社，1956，P6—7，下简称《教学》）张志公在学校语法中体现出来的语法思想总体上说是传统语法。《汉语语法常识》6大部分，26章，160小节就是本着指导语法教学和语法学习的目的而撰写的。这本书的体系包括以下几个方面：1. 词类方面，还是从概念上来分的，但也注意到语法作用方面，共划出11类词；2. 词组方面，有两种组合关系，（1）词序组合，分为主谓、主从、联合关系；（2）虚词组合，是借虚词作用组合成的。又叫“结构”，有系词、助词、连词、介词、副词结构。3. 句子成分划分为主语、谓语、宾语、表语、修饰语、补足语。4. 句型方面，按谓语性质分为判断句、描写句和叙述句；又按句子的用途和说话的目的分为直陈句、疑问句、祈使句、感叹句。还提出了存现句、变式句等。建立了比较完整的句子分类系统。5. 在内容的安排上，采用了词法和句法交错讲解的方法，注重语言运用。1956年形成的暂拟系统是以《汉语语法常识》为蓝本而建立起来的。

“暂拟系统”是一个综合性的语法体系，集众家之说。它在中学语法教学中第一次统一了教学语法体系，使语法学科深入到社会各个方面，对汉语语法的普及起了重要作用。这一体系主要内容：1. 词类方面，划分标准是“词汇、语法范畴”，即词类根据词的意义和词的语法特点划分，共分实词（名、动、形、数、量、代）、虚词（副、介、连、助、叹）两大类11类。暂拟系统详细说明了各类词的定义、特点和主要用法。2. 句法方面。词组分为两类：实词和实词的组合叫词组，虚词和实词的组合叫结构。句子成分有主语、谓语以及次要成分宾语、定语、状语、补语。还确立了独立成分和复指成分两种特殊的句子成分。词组一般不作句子成分，采取了中心词分析法，即句子成分分析法。它将语法分成词法和句法两部分，认为词类与句子成分之间存在着对应关系，句子是由词构成的，采取中心词分析法。单句从结构上分完全句、省略句、无主句、独词句，从作用上分陈述、疑问、祈使、感叹句。暂拟系统既是集体劳动的成果，又是集中体现了主持者张志公的语法思想。“暂拟系统”的词类几乎是《汉语语法常识》的词类系统的翻版；对于短语的分析二者大致相同，都分实词的组合、虚词的组合两类；句法分析都是采取中心词分析法；句型方面，《汉语语法常识》的主谓句和非主谓句与“暂拟系统”的双部句、单部句是对应的。“暂拟系统”制订后，张志公又主编了《语法和语法教学》的论文集和供全国中学使用的《汉语》教材以及《汉语知识》等。

“暂拟系统”制订之后，张志公仍然在学校语法这块园地上耕耘，写成《语法学习讲话》。这本书探索主要有：1. 把重点放在应用上，2. 讲最基本的东西，3. 多从逻辑关系入手，4. 联系说话和写作中的修辞表达以及语气、情态等问题，5. 为构拟更符合汉语特点的语法体系做点探讨。该书是张志公学校语法研究的一次创新，对20世纪80年代新的教学语法的修订产生了巨大的影响：1. 在析句方法上采用层次分析法和句子成分分析法相结合，他说："我曾经不声不响地改弦易辙，试着用层次分析——虽然兼顾句子成分和意义，整个框架是层次分析的。"张志公受到结构主义的影响，但也考虑到汉语语法的特点，形成了层次分析和句子成分分析相结合的析句法。2. 这本书的组合理论对新的教学语法体系也有一定的影响。组合是汉语语法里十分值得重视的一个问题，汉语语法的各级语言单位以组合法为主体，组合法是汉语的基本构造方式。这些思想体现了作者试图根据汉语语法特点构建汉语语法体系的努力。3. 为了使语法更实用一些，该书扩大了语法研究范围，最后讲了复杂的句子，讲了"段——句子和句子的联系"，有助于培养学生写作能力和思维能力。这种思想直接影响了"系统提要"的句群一级语法单位的确立。4. 该书在语法教学内容的编排上也有独到之处。张志公从组合理论出发，认为语法教学不一定以讲词类为先决条件，可先讲词的组合和句子的组合及其使用，然后讲各种词类的使用，接着讲复句，段落，强调语义和结构两方面内容。这种教学法的观点很有启发性，作为一种新的语法教学模式也值得深入探讨。

20 世纪 80 年代初的析句方法的大讨论，推进了学校语法的革新。1981 年 7 月在哈尔滨召开了"全国语法和语法教学研讨会"，会议形成了由 20 多位学者共同起草、张志公修改、定稿的《〈暂拟汉语教学语法系统〉修改说明和修改要点》（第 3 稿）。在此基础上，于 1984 年 2 月制订和公布了《中学教学语法系统提要》（试用），作为一个更为简明科学的语法体系在中学语法教学中得到推广。

从"暂拟系统"到"系统提要"，是学校语法的一大飞跃，是教学语法体系趋向成熟的标志。"系统提要"采取了语素、词、短语、句子、句群 5 级语法单位，和"暂拟系统"相比，增加了语素、句群两种单位。语素代替了字的概念，使语法表述更为科学、语法分析更为合理。句群的引入也扩大了语法的研究范围，提高了语法教学的实用性。句群的教学有助于提高学生语句组织的能力，提高语言运用水平。就词法来看，词类划分标准从词汇语法范畴到主要依据词的语法功能，兼顾词汇意义。取消词的附类、名物化的说法。就句法来看，"系统提要"不再区分词组和结构，一概称短语或词组。确立了名词、动词、形容词、主谓、介宾、复指、固定短语七种短语的说法，更为简明。而且，由名词、动词、形容词引出名词、动词、形容词短语，由名词、动词、形容词短语再引出名词、动词、形容词主谓句和非主谓句，将词、短语单句联系起来，既科学又简明，有利于教学。对句子的分析，以短语充任句法结构为标准区分为单句、复句，单句分成主谓句和非主谓句。承认短语和词都可以充当句子成分，对句子的分析采取的是层次分析和中心词分析相结合的方法。总之，“系统提要”吸收了结构主义的部分理论、方法，整个语法体系基本上是“词组（短语）本位”语法体系，采用层次分析法，同时也保留了句子成分分析法。“系统提要”以短语为中心来描写汉语语法，可以看出，学校语法已从“暂拟系统”的“句本位”发展到“系统提要”的“词组（短语）本位”，这标志着学校语法体系的不断发展。

三、构词理论

对于汉语构词法，张志公作了比较全面深刻的研究，提出了比较科学的构词理论，为陆志韦1960年出版的《汉语的构词法》打下了基础。张志公认为多音的单词的构词法有：①纯粹的单词，如蜘蛛、琵琶等。②加词头或词尾的单词，如“头”“子”“儿”“家”“者”“员”“性”“度”“化”“然”“法”等：木头、孩子、盆儿、学者、硬性、忽然、想法。③叠字单词，如爸爸、弟弟等。④外来语音译单词，如布尔什维克、坦克等。关于复词的构成，有5种方式：①结合式，有些意义相反或相衬的两个单音词构成的新词，如东西、交通等。②联合式，由两个意义相近的两个单音词构成的新词，如城市、丰富等。③组合式，也叫主从式，其中一个词的意义是主体，另一个词的意义是从属于这个主体的，如动员、认清等。④叠词，把一个词重叠起来构成的新词，为人人、圆圆、笑嘻嘻等。⑤简称，如政协、烈属等。（《常识》，P3—12）

四、词类思想

张志公在词的分类上，主要是从概念上来分的，但他也注意到虚词是表示语法作用的，并总结了各类词的语法特点。如他对名词的定义是：“人、社会组织及制度、物、地方、时间、事情的名称。”他又分析了名词的特点一是不能重叠，二是可以跟数量词一起用。（《常识》，P14—15）“暂拟系统”划分词类的标准基本上继承《汉语语法常识》这一分类思想，但更重视语法特点、语法功能。认为划分词类可以根据词的意义和词的语法特点。“词类是词根据词汇·语法范畴的分类。”（《教学》，P12）词的语法特点表现在两个方面：①词的本身能用什么手段表现哪些附加意义。如名词加“们”表示多数。②词的组合能力如名词不能跟副词组合。张志公反对用形态来作为汉语词类的分类标准。（《选集》，P536）“研究汉语词类需要充分重视汉语是‘非形态语言’这个事实，从而寻求一种更加符合汉语实际的分类标准。”（《选集》，P 464）作为一种非形态语言，汉语语法的实质就是各级语言单位——语素，词，词组，句子的组合法则。“既是这样一种语言，这样一种语法，划分词类也就应当以词的活动能力和活动状况，也就是词的组合能力和组合状况为标准。”（《选集》，P470）可以看出，张志公的词的分类思想的演变过程，从传统语法到结构语法，从意念标准到功能标准的转化。

从张志公几部语法著作，随着分类思想的演进，各个时期张志公对汉语词的分类也不断变化。在《汉语语法常识》中，分实词：名词、动词、形容词、数量、指代 5 种和虚词：系词、副词、介词、连词、助词、叹词 6 种合计 11 种。在“暂拟系统”中，分实词：名词、动词、形容词、数词、量词、代词六种和虚词：副词、介词、连词、助词、叹词五种计 11 种。在《现代汉语（中）》里，张志公根据词的语法功能，也就是组合能力，将汉语的词分为 12 类：即名、动、形、数、量、代、副、介、连、助、叹、拟声。（《现代汉语》，人民教育出版社，1984）汉语的词类是否一定得划分那么十几类呢？经过进一步研究，并继承古代传统语法学观点，张志公认为没有必要。1983 年，他根据组合能力和组合状况，把汉语的词分为三类：

词
- （1）组合词
  - （a）经常需要或者可以互相组合的词
  - （b）帮助（a）类某些词相组合的词
- （2）不组合词（《选集》，P473）

到了 1990 年，张志公又提出了汉语词的分类，他说：“要不要给汉语的词进行分类呢？我认为还是要分的。至于是否还照欧洲语言的模式，分作名、动、形等八类、九类或十类？我看可以研究。我认为现实可分的首先是四大类。第一类是实体词，即表示事物的实体，或附着于事物的某些功能、性质、状态等。这类词事实上包括了传统所谓的名词动词和形容词。这类词从语法上说，有一些共同的、主要的特点。第二大类是关系词，它不是实体，但可以表示实体之间的种种关系，如联缀、领属、修饰、补充等种种关系。第三大类是辅助词。它不仅不是实体，甚至连表示关系的作用也说不上。它们常常依附在词、词组和语句之后，表示一定的附加意义。第四大类是孤立词。它的特点是不和任何别的成分组合，也不和它们发生什么关系。如叹词。把词分作这样四大类，对汉语来说是比较有用的，也是比较可行的。如果考虑到各大类内部的一些差别，也不排斥考虑作相对细一点的内部区分。”（《选集》，P419—420）在划分词类问题上，张志公坚持以汉语语法特点为立足点，提出了新的汉语词的分类。同时，他还提出了划分汉语词类设想的三个基础：第一，汉语是“非形态语言”。第二，凡分类，标准宜于“一以贯之”，这样就会有定类。第三，分类最好能够做到以简驭繁，可简可繁。（《选集》，P473）这些，都为汉语词类问题的解决作出了实质性的贡献。

五、析句思想

张志公在《汉语语法常识》在谈到句子分析时，表现了他独特的思想，即首先在第一部分第三章里把句子分为主语和谓语两大部分（《常识》，P41—47），在第二部分第四章里谈到宾语（《常识》，P79—80），然后在第四部分谈到句子成分的扩充时，又谈到修饰语、补足语、联合成分、动词连用、递系式、虚词结构（《常识》，P179—235）。表现了结构主义的层次分析思想的端倪。并且提出联合成分组成的结构即联合仂语（词组）“可做主语、表语、谓语动词、宾语、修饰语、补足语。”（《常识》，P203）这说明张志公认为做句子成分的不单是词，也可以是词组。

更值得重视的是，张志公在析句时提出“话题”的概念，这在1953年时是难能可贵的。张志公说：“主语是一个句子里所要谈的话题；谓语是谈主语的。怎么谈法呢？有三种方式：一种是说明主语‘是什么’或‘是谁’；一种是描写主语‘怎么样’；一种主要是说出主语‘作什么’。”（《常识》，P46—47）这说明20世纪50年代初张志公从语用的角度来析句了。到了“暂拟系统”，析句思想又是回到传统语法，层次分析、词组可以做句子成分的提法不见了，完全采用了传统语法的中心词分析法，即句子成分分析法，并且要分析到词为止。（《汉语知识》，人民教育出版社，1959，P68），虽然它也认为联合结构和主谓结构可以做句子成分，但是是把它们看成一个词的作用。另外，它对各种用法做了严格的规范，如把宾语提前，需要三个条件，（同上，P 158—159）补语需要用“得”、定语需要用“的”、状语需要用“地”，都有一定的条件。（《教学》，P29—31）

从“暂拟系统”到“‘暂拟汉语教学语法系统’修订说明和修订要点”，析句方法又有了进步。由于承认了短语是构成句子的基础，句子分析问题比“暂拟系统”也前进了一步。“暂拟系统”虽然也承认有些词组可以作句子成分，但是当“定语+中心词”这种格式作主语时，不认为是偏正词组作主语，而是把中心词称作主语，同样，“状语+中心词”这种格式作谓语时，不认为是偏正词组作谓语，只把中心词定为谓语。如果动宾词组在谓语的位置，只把动词列为谓语，这样词组可以作句子成分这一观点就没有贯彻到底，从理论上说，这一部分内容就有不一致的地方。“提要”在分析句子时，始终贯彻短语可以作各种句子成分的观点，克服了“暂拟系统”说法不一贯的缺点。“暂拟系统”的析句方法是句子成分分析法，也叫中心词分析法，“提要”吸收了层次分析法的长处，采取层次分析法和句子成分分析法的结合即按层次分析，但不抛弃句子成分。正如张志公所指出的：“算是涉及体系问题的，主要是对分析句子的方法作了点修改。《暂拟系统》分析句子采用的是所谓‘多分法’或叫‘中心词分析法’，就是把句子的各个成分一次分析出来，并且找出中心词。……《提要》吸收了结构主义语法在分析句子的方法上的长处，试图把多分法和层次分析法结合起来，既重视句子结构层次的分析，也兼顾到句子的基本间架即中心词，同时还注意到非中心词在表达上的重要性。算是涉及体系问题的另一点修改，是突出了短语（词组）的地位。《暂拟系统》分析句子主要以词为单位，不说短语作为构成句子的成分。《提要》则强调短语不但可以作句子成分，而且大多数短语带上一定的语调就可以成为句子。”（《选集》，P551—552）张志公析句思想重要一点是要改造上述的两种析句方法，以更适合汉语的实际。他说：“我个人倾向于这么办。第一，让两种分析办法走样儿走得更多一点，也就是，把它们进一步‘改造’一番，使它们更切合汉语的实际。为此，首先就得更充分的掌握汉语，对汉语本身摸得更透一些，只有这样，‘改造’才会合理，而不是乱改一气。既不能‘削足适履’，也不能在还没把‘足’量准的情况下就去‘削履’。第二，先不忙下全面的结论，而是先实事求是的搞清楚分歧点和交叉点，逐点的分析，把分歧的来由、性质、症结所在、可能的出路以及交叉的来由、性质、可能的前景等等搞得透彻一点。”（《选集》，P461）

六、组合理论

张志公指出：“汉语语法的主要内容是各级语言单位如何组合起来的组合法。其实，所有语言的语法，从广义来说，都是组合法。”（《选集》，P501）他认为，所谓组合，就是采用一定的语法手段，把两个或两个以上的语法单位组合成高一级的语法单位，如语素和语素组合成词，词和词组合成短语，短语和短语组合成句子，汉语的 5 级语法单位就是这样一级一级组合起来的。组合除了用一定的语法手段外，还有语义和语言习惯，“各级语言单位的组合，语义起的作用要更大一些。其中又有相当比例的约定俗成的语言习惯。”（《选集》，P501）张志公提出的组合理论包括纵向、横向两个方面，从纵向、横向即层次、关系两个方面对组合进行较为全面的研究。“汉语的组合法，也就是汉语的语法。组合既有一个语言单位同一个语言单位的组合，也有两个以上语言单位的组合。其次，凡是组合都是有层次的。从横向来说，有一个加一个的组合，两个、三个、多个的组合；从纵向来说，有一层一层的组合，两层的组合，三层的组合，多层的组合。研究组合，就是要研究，横向的一个个如何组合，纵向的一层层如何组合，研究清楚，就是对这种语言的语法最根本的方面了解得比较清楚了。”（《选集》，P501）

张志公指出，汉语的组合有三个特点：

1. 汉语组合的简易性：汉语是孤立语，缺少形态变化。因此，各级语法单位之间只要在意义上能搭配，运用语序或虚词就可以层层组合起来。正因为没有形态的制约，汉语的组合才特别灵活、简易。

2. 汉语组合的一致性：汉语组合的一致性，就是指组合方式和组合关系的一致性。语序、虚词是汉语各级语法单位的两种组合方式；而并列、修饰、陈述、支配、补充等是汉语各级语法单位的几种组合关系。不论是哪一级语法单位，都可以根据这两种方式和这几种组合关系组合起来。张志公还进一步论述了语义在汉语语法单位组合中的重要性，深刻地揭示了汉语语法单位组合的特征。

3. 汉语组合的多合性：多合性既指组合单位，也指组合关系。如兼语结构一般有三个单位，中间的一个单位既和前一个单位构成支配关系，又和后一个单位构成陈述关系。因此，在句法分析时，要灵活掌握，既要二分，又要根据汉语的特点，对一些特殊结构进行多分。

张志公基于汉语特点而提出的组合理论，既切合汉语实际，又简明扼要，具有很高的学术价值。（详见《选集》，P481—485、502—512）

七、汉语特点论

张志公论述汉语与汉语语法有关的特点。“第一个特点，汉语词汇以单音节和双音节词为主，没有或者极少有多音节词。”“第二个特点，汉语把词组织成句子不靠形态手段。这里所说的形态指的是本来意义的形态，即词形变化。”“第三个特点是，汉语把比词小的单位（“词素”或“语素”）组合成词，把词组合成词组，把词、词组进一步组合成句子，以至把句子和句子组合成一小段话，手段是一致的，无非是那么几种关系，联合的、偏正的、动宾的、主谓的等。”（《选集》，P480—481）“首先一个特点是，汉语的各级单位的组合关系，大体上是一以贯之的。各级语言单位，基本上遵循同一套组合方法。”（《选集》，P418）“在汉语里，自由形式恐怕是基本的，而自由形式的组合格局和词的组合格局的一致性构成了汉语的特点之一。因此，对词的分析、词组的分析、句子的分析得统一考虑。”（《选集》，P457）“汉语里没有形态变化，意义关系在组合之中就显得更加重要了。”（《选集》，P505）“在汉语语法里，组合时的结构关系同意义关系都是重要的，是不能偏重一方而忽视另一方的，这是汉语语法的又一个特点。”（《选集》，P506）“总之，从汉语是非形态语言，汉语语法以各级语言单位的组合法为主体，这个总的特点派生出来一系列具体特点，其强制性之中有灵活性，灵活性之中有强制性，总的说，强制性规则少，而有可选择的规则比较多，选择的基本标准是表情达意的需要，其核心是语义问题。”（《选集》，P508）“凡是有可以分类，需要分类的语言单位，语言片断，就有难解难分的情形。由于以上说到的两个特点，又产生出一个特点，就是讲汉语语法往往会有不同的讲法。”（《选集》，P511）

总之，张志公认为汉语是一种非形态语言，汉语语法的实质就是各级语法单位——语素、词、短语、句子的组合法则。他以组合理论为基础，组合和语义相结合，揭示汉语语法的规范性和灵活性，探究汉语语法特点，以建立符合汉语语法特点的汉语语法体系。

八、汉语语法单位论

张志公认为，汉语有5级语法单位：语素、词、短语、句子、句群。对语素和句群这两级语法单位，张志公进行了充分的研究。他具体地论述了汉语语素的特点：1. 一个音节一个语素；2. 具有自由性；3. 活动能量大。张志公将语素分为实素、虚素，又将实素划分为动素、名素、形素。实素具有一定意义，能够直接组合成词，而虚素则没有这种功能。由此可见，在语素分类问题上，张志公依据的主要是功能标准。张志公还从自由程度的角度将汉语语素分为自由的、半自由的、不自由的。

句群能否称为语法单位，这是一个争论较大的问题。一些学者认为，句群和段落一样，属于文章学的研究内容。张志公对句群进行了充分的研究。他认为句群是汉语里最大的语法单位。句群里的句子，既有语义的联系，又有语法上的联系，因此，句群是语法单位。句群的组合方式有两种，一种是关联组合，一种是直接组合。同时，张志公还具体地论述了句群与复句、段落的联系与区别。句群上联段落，下系句子，在语言运用中，发挥着十分重要的作用。张志公将句群这一级语法单位确定下来，对语言教学和语言运用，具有重要的意义。（《选集》，P552）

九、教学语法思想

张志公首先阐述教学语法基础，确定研究范围："教学语法是和理论语法、描写语法相对待着说的，有人称它为学校语法。这个'学校'是school的意思，指中学和小学，不包括大学，所以用个更通俗、简单的说法，所谓的'教学语法'就是指教中学、小学的学生学习语法系统、教材和方法。"（《张志公文集》，广东教育出版社，1991，一卷，P524）

张志公认为教学语法有六个特点：①科学性。教学语法的体系应该比较准确地反映汉语的实际，能把汉语的规律比较准确地表述出来。②时代性。我们现在建立起一个体系，教给各级学校的学生，他们按照这个体系学会了这些知识，是要在几年乃至十几年之后去应用的，到那时，他们将面临许多新的要求。因此，教学语法要考虑语言同现代化科学结合，考虑语法同有关学科的联系，使教学语法适应时代的要求。③教学性。由于教学语法所涉及对象的特殊性，则要求语法内容、表达方式要容易为教者和学者所接受，要有可接受性。④实用性。张志公非常重视教学语法的实用性，这是他在语法研究中一直孜孜以求的。1958 年他说"要使语法书，更可亲，更有用"。1962 年他说"希望把语法讲得尽可能平易近人些，并且尽可能地对培养语文能力起点作用"。1980 年他又说"要把语法讲得精要、好懂、有用。实用性是教学语法生命力所在"。⑤群众性。教学语法面向广大的教师、学生，必须要有群众观点。"建立教学语法体系，心目中要有群众，要为群众着想，要使建立的体系为群众所用，但也不能完全迁就群众。"⑥规范性。教学语法"要使学的人知道某种语言结构怎样运用是正确的，怎样是不正确的，怎样是比较好的，怎样是比较差的。可是，这又不能讲得太死。"教学语法的规范性必须处理好语言的规范化和语言实际应用的灵活性。张志公还说明了教学语法的内容："内容应当是提供基本的知识。"学校语法既是以中小学生为对象，讲授的内容要有所选择，不仅不求全面且不应求全。教学内容是比较成熟的，比较有把握的东西，是为大多数教师所熟悉的东西。同时，教学语法的内容编排要讲究体系性。张志公还论述了教学语法的目的、任务和教学方法。"语法教学应当为完成语文教学总的目的任务，即培养和提高学生理解运用语言的能力服务。"具体地说，一是使学生"对于自己须臾不可离的语言具备一点科学的认识"，一是"有助于提高理解和运用语言的能力，有助于提高辨别语言运用中正误优劣的能力"。教学内容要"精要"，表述要"好懂"，语法教学是语言教育的一个环节，语法教学要针对学生的语言实际，学用结合。张志公阐释了教学语法的一系列问题，为建立教学语法理论体系作出了重要贡献。探讨张志公的教学语法思想，对于推动教学语法发展有着重要的借鉴和指导意义。（详见《选集》，P446—450、513—528、564）

十、汉语语法研究论

张志公一再强调，要根据汉语自己的语言实际来研究汉语语法，要建立自己的汉语语法。"我们应当理直气壮、明白无误地确认汉语'非形态'这一事实，从而有勇气打破印欧语的语法框架，探索和建立汉语自己的语法体系。"（《选集》，P415）"实事求是地说，到现在为止，恐怕还没有任何一部是真正汉语的汉语语法。""然而始终没有提出建立有中国特色的汉语语法，更不用说实际去做。"（《选集》，P545）张志公认

为研究语法，可以参考外国的东西，但“引进的东西，应该消化，经过消化，成为自己的东西”。(《选集》，P546）

张志公还强调，研究语法，要着眼于应用。“语法学乃至整个语言学，是一门应用科学，不是纯理论科学，就是为了要应用，提高应用语言的能力，才来研究语法。”“如果不是为了应用，不是为了提高应用能力，那就不必研究语法，不必教语法，不必学语法。”他指出“从实际应用这个角度来考虑问题，研究问题，还是太少。”（《选集》，P546）他痛感“语法研究工作脱离实际的倾向，在各个有关方面已经产生了十分使人忧虑的影响”。(《选集》，P446）

张志公还指出研究语法要注意区别一般和个别，要讲究研究方法。他说：“在研究语法，学习语法之中，注意区别一般和特殊和个别，是非常重要的一项工作。”（《选集》，P502）“不论从哪一方面讲，正确的找出语言的各种规律来，是讨论语法的迫切任务。而要能正确的归纳出规律来，关键在于能够区别一般的现象、特殊的现象和个别的现象。”（《选集》，P428）张志公还指出研究语法要充分占有材料，要善于总结出规律来：“不是供给的语言材料少，提出的规律不切合实际，就是罗列的现象过多而提出的规律太少。”（《选集》，428）张志公还指出研究语法要兼顾结构和意义两个方面：选择哪一种讲法还得照顾到语言的结构方面和意义方面，既不能只管结构完全不管意义，又不能只从意义来考虑而不管语法结构。张志公还指出研究语法要结合修辞、逻辑，甚至自然科学：“把语法、修辞、逻辑综合起来研究很有意义。”（《选集》，P537）“学语言同文学的关系就密切。”（《选集》，P527）“汉语这种语言的语法同语义、语汇，以至同修辞、逻辑关系都很密切。所以，学习汉语语法需要联系学习，不要孤立的学语法。”（《选集》，P526）“学语法，学语言，还应该注意自然科学的学习。”（《选集》，P528）

十一、张志公汉语语法思想的来源

张志公语法思想主要来自传统语法。传统语法，一般指自 18 世纪直到今天语法教科书中沿袭使用的某些术语、概念、规则和理论。它导源于希腊、拉丁语法。传统语法的特点之一是把语法分为形态学（词法）和造句法（句法）两大部门，同时注重词与句子成分的对当关系。汉语语法里的成分分析法即中心词分析法就体现了这一特点。传统语法的另一特点是以规则为纲，它讲各类词怎样变化，它讲各类句子怎样解剖，不深究句子的真正含义，少讲怎样把适当的词组成结构和句子。与此同时，它还寻找词法范畴和句法范畴之间的联系，即词类与句子成分之间的对当关系，以形成语法体系。

张志公语法思想也受结构主义语法的影响，吸收了结构主义语法某些合理的理论和方法。张志公语法体系中相当重视各类词的语法特点的揭示和各种句子格式的描写，在句法分析中在一定程度上重视语序的安排，不再单纯从逻辑意义出发，将动词后面支配的施事者当做主语看待。张志公在语法分析中尽可能地将意义和形式结合起来，吸收结构主义语法的“分布”理论，重视语法形式（语法功能、语法特点）在语法研究和分析中的作用。

张志公语法思想还兼采各家，“反映了各方面的意见、建议、理论、学说，构成了一个进一步研究的基础。它不是一家之言，而是多家言。”（《选集》，P543）“关于词的定义和单句、复句的界限，主要采取吕叔湘先生的讲法。关于兼语，主要采取王力先生的讲法。关于动词、形容词的名物化用法，是稍有变通地采用了黎锦熙先生的讲法。关于单复句、独词句，主要采取高名凯先生的讲法。关于词的重叠，主要采取陆宗达、俞敏先生的讲法。凡动词的后置成分一般归为宾语，主要采取丁声树先生等《现代汉语语法讲话》的讲法。”（《选集》，P535）

第十四节　张斌、胡裕树的语法思想

一、生　平

张斌（1920. 1. 27— ），笔名文炼，湖南长沙人。上海师范大学教授、博士生导师、博士后联系导师。从事汉语语法研究50多年，与胡裕树长期合作，合著《现代汉语语法探索》（上海东方书店，1955，下简称《探索》）、《中学语法教学》（上海春明出版社，1954，下简称《教学》）、《汉语语法研究》（商务印书馆，1989，下简称《研究》）。张斌还著有《处所、时间和方位》（上海教育出版社，1956）、《歧义问题》（与允贻合著）（黑龙江人民出版社，1985）、《语句的表达和理解》（与允贻合著）（上海文艺出版社，1989）、《汉语语法修辞常识》（香港教育图书公司，1991）、《汉语语法学》（上海教育出版社，1998，下简称《语法学》）、《现代汉语语法十讲》（复旦大学出版社，2005，下简称《十讲》），主编《现代汉语》（中央广播电视大学出版社，2000）、《现代汉语》（语文出版社，2000）、《现代汉语》（复旦大学出版社，2002）、《现代汉语描写语法》（商务印书馆，2010）等和数十篇论文。

胡裕树（1918. 7. 24—2001. 11. 22），笔名胡附，安徽绩溪人。复旦大学教授、博士生导师。著有《数词和量词》（新知识出版社，1957），合著《动词研究》（河南大学出版社，1995），主编《现代汉语》（上海教育出版社，1962，1987 等）等和辞书多种发表论文百篇。

1952 年，张斌和胡裕树在上海一个短期训练班教语文，一起编写语法修辞的教材，这是他们合作的开始。以后由于彼此都教语法，经常在一起讨论问题，合写了几本书和一些论文，形成了共同的语法思想。

二、广义形态论

早在 1954 年，他们就明确提出："我们不否认造句法在汉语语法研究中的地位，然而我们也不能同意某些语法学者认为汉语语法只有造句法一个部分的主张。形态学的研究，也是很重要的。所谓形态学，就是单词的形态变化，词与词的相互关系，词与词的结合以及语词的次序等等。如果把形态学了解为仅指单词的形态变化而否定了汉语中的语言形态学。我们想这是不很妥当的。"（《教学》，P3）他们针对当时语法学界中认为汉语没有形态的错误观点，提出汉语虽然狭义形态比较缺乏，但广义形态很丰富。"像这样一个词能与其他的词结合的能力叫做功能，这种功能的表现形式叫做形态。因为这种形态不是表现在单个词儿的身上，所以叫它广义形态。"（《探索》，P34）"什么是形态呢？形态有广狭两种意义。狭义的形态，是指单词接头接尾而言。例如英语名词的多数要加 s（a boy，two boys），动词有'时'的变形（work，worked）……广义的形态，除了单词的形态变化外，还包括词和词的相互关系，词和词的结合，语词的先后次序，等等。"（同上，P74）并具体分析汉语广义形态的种种表现，大大丰富了汉语的形态学，也便于汉语词类的区分，使汉语词类的区分建立在民族化、科学化的基础上，对汉语语法学产生了积极的影响。

三、句型理论

针对成分分析法（中心词分析法）和层次分析法的缺陷，张斌、胡裕树发表了一系列重要文章，在析句问题上作了详细、深入的探讨。胡裕树主编的《现代汉语》（修订本，上海教育出版社 1999）一反传统，采用了“成分分析同层次分析相结合”的方法，用这种结合法分析句子，既能定成分，又符合句子构造的层次。他们认为，句子分析既有个起点即方法问题，还有个终点即目的问题。分析语言必须从形式到意义，句子结构分析的终极目的，是为了确定句型。“我们应该从划分成分、配置成分到给句子寻找主语、谓语等等的循环中解脱出来，致力于分析句型，建立句型，把语法分析方法的研究同句型的研究联系起来，从而把句型的探讨提高到语法研究和教学中应有的地位上来。”（《研究》，P47）

句型是从许多具体的句子中抽象出来的，分析归纳句型，应着眼于“生成”的能力而不是不必要的描写。在“生成”理论指导下的句型完全不同于传统语法的句型，前者是动态的一种机制，是可以产生无数合法句子进行分析的一种基础，而后者只是静态的一种系统，是对现有句子的一种分析模式。他们在《现代汉语》（修订本）中首先提出了建立句型系统的构想，构拟了一个现代汉语的句型系统。他们提出了根据句子的语法结构来确定句型的办法。第一，从上位句型到下位句型，依此确定。第二，句子的整体如果是个偏正结构，它的类型由被修饰的中心部分来确定。该书首创将句型研究和析句联系起来。该书明确提出要重视句型的研究，认为掌握了句型，可以举一反三，类推出各种句子来。他们认为，句子生成的基础是句子的格局，即句型。句型是客观存在的，把无限的句子归入有限的句型，必须具备两个条件：第一，掌握语言材料的功能替换关系；第二，掌握功能单位的配置原则。在《如何确定句型》（《中国语文》，1982（2））中，从反面提出确定句型的 6 条原则：①句中表示语气的成分不影响句型；②句中功能相同的词的替换不影响句型；③扩展不影响句型；④增添不影响句型；⑤省略和隐含不影响句型；⑥变换语序对句型的影响不能一概而论。该文首先将句子分为单句和复句，单句分为主谓句和非主谓句两大类。其中，非主谓句由名词性非主谓句、动词性非主谓句、形容词性非主谓句和叹词句组成，主谓句又由名词性谓语句、动词性谓语句、形容词性谓语句和主谓谓语句组成。

由于动词的复杂性和重要性，又把动词性谓语句分为动词句、动宾句、动补句、连动句、兼语句五类。这种句型系统层次清晰、原则明确，反映汉语句型特点。

张斌、胡裕树还提出要区分句型和句类。“按照句子的语气，可以分成陈述句、疑问句、祈使句、感叹句四类。句类的区分，不是以结构而是以语气为标准的。”“句类和句型是两个不同的语法概念：相同的句型可以属不同的句类，相同的句类可以属不同的句型。”（《胡裕树 张斌选集》，东北师范大学出版社，2002，P320）

他们还区分句子分析和句法分析。认为“析句，包括句子分析和句法分析”，（《研究》，P40）“句子分析不等于句法分析。句子分析是寻求句型，句法分析是寻求词语之间的关系，两者既有区别，又有联系”（《研究》，P53），“句子成分的划分、配置不是句子分析的终极目的，句子的语法分析是要找出系统的、全面的句子结构的格局，模式，以及它们的变化，它们之间的联系，以揭示语法的规律。”（《研究》，P47）句法分析是句子分析的补充，“句子里复杂的语义关系须通过进一步的句法分析加以阐明。句法分析的基础是词组的层次分析和结构关系的分析。”（《研究》，P41）这样就把层次分析法和成分分析法很好地结合起来，从而使析句更为科学。

张斌、胡裕树在对句型重要性充分认识的基础上，深入研究了句类和句型的关系、影响句型的因素、确定句型的步骤和方法，在句子分析上，区分句法分析和句子分析，把句型确定看做句子结构分析的目标，建立了一个比较完善的汉语句型系统，归纳总结出了一个简明、实用、科学的句型理论。

四、语法研究三个平面理论

我国语法学界最早提出区分汉语析句中三个平面的是张斌、胡裕树。他们发表多篇文章，从不同侧面对三个平面的语法思想加以阐述、论证，全面系统地论述了三个平面的语法观。三个平面理论认为，语法研究有三个层面：句法平面、语义平面、语用平面。句法平面讲的是显层结构（或表层结构），是对句子进行句法分析，研究句中的词语与词语（即符号与符号）之间的关系。句法分析的对象是句法结构，词、短语、句子都是句法结构单位。在句法平面，主要分析句法功能、句法成分、句法层次和句法关系。语义平面讲的是隐层结构（或深层结构），对句子进行语义分析，研究句中词语与客观事物（符号与内容）之间的关系。三个平面的语义是指跟句法相关的语义，并不包括一般所说的语义学所包含的所有语义因素，而专指语法领域中语义平面的意义，主要有：动核结构、动词的价（向）、名词的格、语义指向、歧义、词的语义特征、语义的选择限制和虚词的功能等。语用平面是对句子进行语用分析。语用研究的是句中词语与使用者（符号与人）之间的关系，研究语用，也就是研究人怎样运用词语组成句子相互进行交际。三个平面中的语用指的是跟句法有关的语用因素，不包括一般所说的语用学中谈到的所有语用因素，同句法有关的语用因素主要有：主题和述题、表达重心和焦点、语气、口气、评议性成分、句型或句式的变化等。

胡裕树、张斌认为，语言单位有形式和意义，在语用中又有内容，三者并不在一个平面上。语言符号具有多重性质，可以从不同的角度进行分析。通常所说的语法分析中的“三个平面”应理解为“三维”。形式和意义是一个平面的两维，句法分析和语义分析是密切相关的。句法结构有它的意义基础，但基础并不等于标准。当然，语法分析也可以是三维的，即同时进行句法的、语义的、语用的分析。他们认为，一个具体的句子，总是句法、语义、语用的结合体，即包含着句法、语义、语用这三个不同的平面。三个平面各有其形式和意义，它们既相互依存，又相互影响和制约。句法和语义是表里关系，或者说是显层和隐层的关系；语用必须以词汇与句法结构为基础，语用和语义密不可分，从表达角度看，语义是基础，语用是表达语义的手段之一，离开了语义，语用就成了无本之木，从理解角度来看，语用也是分析语义的一把钥匙，离开了语用，要准确地把握语义，就不大可能，就存在方式看，二者均附丽于句法结构，没有句法结构，语义、语用就无从谈起。三个平面都很重要，缺一不可。从表达角度看，句法是关键，因为心中有了意思，要找表达形式，这属编码过程。从理解角度看，语义是关键，因为要通过形式去了解表达的意义，这属解码过程。从对方交际的角度看，语用是关键，那些不合语法或语义规则的表达方式之所以成立，可由语用得到解释。从研究的角度看，句法是核心，语义要通过句法表现，语用要在句法基础上才能实现，语义和语用要发生关系也要通过句法才能实现。在研究一个句子时，要以句法为中心，向隐层挖掘语义，向外层探求语用，力求做到形式和意义相结合，静态和动态相结合，从句法、语义、语用三个视角对句子进行多角度、多方位、多层面的观察分析。

三个平面理论开阔了语法研究的视野，廓清了以往语法研究中某些混乱的现象，为一些争论不休的语法问题的解决提供了可能。三个平面理论在句法描写中分析语义关系、语义指向、语义特征、引进话题、预设、语境等语用概念、分清句法成分与语用成分，从而推动了汉语句法语义的研究，开拓了语法研究的领域，为形式和意义的结合研究提供了思想武器，大大促进了语义指向、歧义和多义研究、语序研究、句子类型研究等，给整个语法研究带来了新的突破。三个平面理论既是语法本体观的革新。又是语法分析方法论的进步，促使汉语语法研究更加系统化、精密化和科学化。（参见第四章第五节）

五、张斌独自的语法思想

1. 词和词类理论

张斌提出“词这种音义结合的单位，有口语的依据，书面语的连写是区分的标准”。对于划分词类的标准，张斌认为主要是功能：“我一方面指出‘词汇语法范畴’并非划分词类的标准，另一方面也指出双重标准在理论和实践方面都行不通。意义是词类的基础，划分词类的标准只能是功能。正因为词类有意义，所以一提到‘桌子’‘咖啡’，人们就能认为它们是名词。”（范开泰主编《语言问题再认识》，上海教育出版社，2001，P2—3，下简称《认识》）

在词的分类上，认为“词类可以分为实词和虚词。虚词的功能可以概括为连接与附着。连词的功能是连接；介词附着于名词或其他实词，组成介词短语；时态助词附着于动词；语气词附着于句子，结构助词起连接作用，即连接修饰语和中心语；‘的’也可以附着于别的词语，组成‘的字短语’”，“名词可以区分为时地名词和非时地名词。时地名词的特点是能作状语，而且可以前置于句首。动词可以区分为及物动词与不及物动词。形容词可以区分为一般形容词与非谓形容词。实词可以有附类，附类的特点是带有虚词性。名词的附类是量词和方位词。量词常附着于数词或代词，组成量词短语。方位词附着于别的实词，组成方位短语。单纯方位词带上‘边’‘面’‘头’的双音节名词，表示时间或处所，不是方位词”。（同上）

张斌还以词的功能标准指出有些语法区分词不恰当的地方。“主张根据词的功能区分动词和介词、区分动词与助动词，不同意《现代汉语语法讲话》中的处理意见。比如‘我在家读书’的‘在’，《讲话》认为是介词，我认为是动词。‘他在明天动身’的‘在’才是介词，又比如‘他会说英语’的‘会’，《讲话》认为是助动词，我认为是动词。‘天会下雨’的‘会’才是助动词”。（《认识》，P3）

张斌创新地提出关于分类的依据和标准问题。他说：“划分词类以功能为标准，并不否认词类有意义的依据。双重标准不可取，双重依据却是经常采用的。”（《十讲》，P46）“词类有意义基础，但是意义不是划分词类的标准。这里的意义不是指词义，指的是客观存在的实际。”（《十讲》，P59）在词类区分上，“意义是基础，功能才是标准。”（《十讲》，P72—73）区分词与非词，“口语是基础，书面上的分词书写才是标准”。（《认识》，P2）

张斌又进一步指出什么叫“功能”。他说：“划分词类的标准是功能，即词在语句中所能占有的语法位置，包括能充当某些句法成分（短语的直接成分）或能与某些语言单位组合，在造句中起特定的作用。”（《十讲》，P61）“划分的标准可以选择，选择时宜考虑两点：第一，要便于说明语法规律。第二，不能自相矛盾。”（《十讲》，P60）

张斌还从语言的层次性论述划分词类的方法：“词类是一个系统。语言是个层次系统，其中的语法也是个层次系统。”（《十讲》，P60）“理想的词类划分应该采取层层对立的方法。比如，先划分出虚词和非虚词，非虚词再划分出体词和非体词，非体词再继续划分。同样，虚词可划分出语气词和非语气词，非语气词再继续划分，如此层层划分，区别性特征在每一个层次中都明显标出，辨识词性当然十分简便。”（《十讲》，P63）“划分的子项应该互不相容，这是分类上应该遵守的普遍的规则。”（《十讲》，P66）

张斌还论述词的兼类问题：“词的兼类问题在各种语言中都有。汉语缺乏严格意义的形态变化，这个问题尤为突出。”（《十讲》，P63）“词的兼类现象指的是少数词具有两类词的语法功能，即既具备甲类词的特点，又具备乙类词的特点。”（《十讲》，P64）“例如‘代表’，兼属名词和动词。……这里有两个不同的‘代表’，它们分属于不同的功能系统。它不能同时具有名词和动词的功能。……运用了甲乙两个标准来衡量某一

个词，不同时用上这两个标准，才可以谈得上兼类。”（《十讲》，P66）

张斌通过各种语法分析，不同意朱德熙的名动词的说法，指出，“名动词的存在当属一种悖论”。（《十讲》，P68）

张斌还指出虚词的研究方法：“研究现代汉语的虚词，应该像马建忠那样，注重区别虚词本身的作用和上下文表达的意义。”（《十讲》，P331）“在注重分析的同时，讲求综合，借以探索虚词多种用法之间的联系，可以启迪我们对虚词作深入的研究。”（《十讲》，P330）

张斌还论述到副词和象声词，“我所编写的现代汉语教材把副词列入实词”。（《十讲》，P340）认为“象声词也是一个大杂烩”“口语里的象声词究竟有多少，无法估计”。（《十讲》，P340）“象声词究竟表示什么声音，离开了语境恐怕难下结论。”（《十讲》，P341）

张斌还论述了词典标明词性的问题：“标明词性的好处是能指示词的功能，使读者在了解词义的基础上，掌握词的用法。”（《十讲》，P347）“要达到提示功能的目的，最好不要满足于标明大类，必要时宜注上小类。例如助词，包括结构助词、时态助词、语气助词等等，最好能分别指明。词典应该说明所采取的系统和术语，更不可少的是各类词的语法特点的说明。”（《十讲》，P351）“不论是词义还是词性，古今既有区别，又有联系。恰当处理其中的关系，是编好词典的条件之一。”（《十讲》，P352）

2. 语句分析理论

语句分析首先要分清能记和所指。张斌认为“语言符号的能记是声音，所记是意义。文字记录语言，书写符号是能记，所记包括声音和意义”（《认识》，P3—4）。

张斌提出语法分析要注意形式、意义和内容，抽象句子和具体句子：“语言单位包括形式和意义，在具体运用时，还可以有内容。所谓内容即具体所指对象，也称之为指称意义。象声词没有概括的词义，只有内容，在具体使用时才获得指称意义。名词中的专名，意义和内容合二为一了。抽象的句子只有形式和意义，具体的句子才有内容。”（《十讲》，P4）

张斌认为析句要注意各种关系：“句型分析以抽象的句子为对象，不涉及内容。句型分析与层次分析密切相关，但并不相等。把递归的理论用于析句，认定修辞语不影响句型，这就改进了单纯依据直接成分的关系定句型的方法。例如：在三年前，他已经毕业了，分析这个句子，第一次切分出的直接成分是偏正关系，然后该归入主谓句，因为‘在三年前’不影响句型。切分谓语也一样，虽然‘已经毕业’是偏正结构，应归入动词性谓语。认定复句中分句与分句的关系包括逻辑关系，事理关系、心理关系之分，同时主张区分显性关系与隐性关系。例如：小王着了凉，生病了。其中有逻辑关系（因果），有事理关系（连贯）。如果加上‘因为……所以’，该归入因果句；如果添上‘于是’，该归入连贯句。这是以显性标志为归类的依据，但并未否定隐性关系，不加连词，原句属两可。”（《认识》，P4）

张斌认为语法分析要注意种种“区别”。“语法分析涉及的区别有两种，一种是语言事实的区别，一种是语法结构的区别。……如何能通过语法结构的分析恰当地说明语言事实，这才是我们所要求的。”（《十讲》，P70）“在分类时，要区别基础和标准。……句类划分并不是根据句子的用途，而是以语气作为划分标准。……至于句子用途，它是划分句类的基础。”（《十讲》，P71）复句分类也有基础和标准，基础是事理心理和逻辑关系，“关联词语是复句分类的标准。”（《十讲》，P73）区分功能和特征：“这里讲的功能是指句法功能，即词在语句结构中所占的位置。特征是指具有区别作用的功能。所以，特征是一种功能，但是，词的功能并不一定是特征。”（《十讲》，P73）区别功能交叉的情况：“从内部看，同一类的词的功能并不完全一致；从外部看，不同类的词的功能常常有相同之处。这样一来，就出现了句法功能交叉的情况。也就是说，拿单个的词来考察，常发现它既具有甲类词的功能，又具有乙类词的功能。”（《十讲》，P76）区分句法和句子：“句法（Syntax）指的是词和词按照一定规则的排列，也就是通常所说的短语结构。”（《十讲》，P77）“句子的结构就比较灵活。……句法分析即短语的结构分析，通常采取直接或分析法。……句子分析是把具体的句子归入某种句型。”（《十讲》，P78）张斌对句型的确定有与别人不同的思想，他认为“句子当中的语用或分，包括语调、语气词，语气副词、语用变化”等不影响句型。“其次，或分的省略也不影响句型。还须着重指出的是：语句结构成分前边增加修饰语，并不改变结构的基本类型，这就是递归原则在语法分析上的运用。”（《十讲》，P78）

在语句分析中，张斌提出了“划分与切分”的概念。他说：“关系类别有两种：一种是划分（assignation）的结果，一种是切分（dividing)的结果。划分是把大类分成小类。切分是把整体分成部分。"（《十讲》，P80）张斌还指出划分必须遵守的规则："第一，每次划分只能使用一个标准（可以是几个特点构成的标准）；第二，划分出来的次类应该互不相容；第三，次类之和要与大类的范围相等。"（《十讲》，P81）张斌也提出切分要注意的问题："将语段进行切分，一个基本要求是切出的单位必须与意义有关。"（《十讲》，P83）"在切分时，须把握形式。"（《十讲》，P84）

早期的语法著作大都不区分句法分析和句子分析。张斌即加以区分，他指出："句子分析是在句法分析的基础上进行的，但是二者并不完全等同，关键是修饰语不影响句子的结构类型。"（《十讲》，P98）"我们认为句法分析是句子分析的基础，分析句子必须先进行层次分析，这一点正是我们的析句方法与中心词分析法（即摘取中心的分析法）的主要差别。"（《十讲》，P99）"句子分析可以有不同的方法，这取决于不同的语法系统。"（《十讲》，P101）"析句要照顾前后协调，这大概是语法学者所关注的。"（《十讲》，P102）

张斌在对语句分析时十分注意与其他学科的联系。他注意到与心理学、逻辑学、交际学相关的语句分析问题。他指出："理解过程伴随着猜测；猜测的范围与接收信息人的文化修养、交谈背景、双方关系等密切相关，但语言学家关心的是语句结构方面的猜测。""从心理学的角度考察，语言预测的基础是联想。语言符号引起的联想受两种规则的支配，一是聚合规则，一是组合规则。"（《十讲》，P151）"词语预测策略和尝试组合策略是互相联系、互相补充的。"（《十讲》，P155）"人类的认识过程中，类推常常起着重要的作用……长期使用某种语言的人，脑子里储存了各种各样的句子模式。一种是语气模式，通常称之为句类。一种是结构模式，通常称之为句型。一种是特征模式，宜称之为句式。"（《十讲》，P156）"在实际交谈过程中，理解策略总是综合运用的，不过往往有所侧重。"（《十讲》，P157）张斌认为语法分析是有心理学基础的，现代语法学的分析方法和心理学是密切联系的，如结构主义与行为主义心理学密切相关，转换生成语法和现代认知心理学密切相关，而定势理论是苏联心理学的特有派别，定势理论广泛应用于语言研究方面。（《十讲》，P158—163）

张斌认为语句分析与逻辑学相关的。"人类认识客观事物，从感觉开始，逐步形成概念，然后加以命名，这就是常说的指称（refer to）。被命名的事物一般也叫指称（reference），例如‘人’。当人们运用词语进行交际时，就赋予指称以特定的内容（content）。例如‘那儿来了一个人’中的‘人’。有了内容的指称，即指称涉及的对象（referent）。”（《十讲》，P169）张斌认为句子的意义是多种因素决定的，有句内因素，也有句外因素。句外因素是指语境、文化背景、交际关系等等。这种不依赖句外因素而依据句子本身推断或分析出来的意义，还包括蕴涵和预设。“蕴涵是指命题之间的关系。”（《十讲》，P177）“预设是说话人认定的双方可理解的语言背景，属语用范畴，通常用判断表示。总之，一个句子的肯定形式和它的否定形式不可能有同样的蕴涵。但是它们可以有同样的预设。预设是理解句子的先决条件。”（《十讲》，P180）“预设是说话人对事物的认识或看法，听话人接受了这种看法才能正确理解句子的意思。因此，大多数学者认为预设属语用范畴。”（《十讲》，P183）名词的指称功能，“一种指称是单纯的命名，也就是使用名词（包括名词性的语言单位）使人直接地亲知（directly acquainted with）所指对象。……另一种指称是通过描述使人了解所指对象，这一种指称使用的词语，有些哲学家称之为‘有定摹状词’（definite descriptions），可以简称为摹状词。它不但有指称功能，而且有描述功能”。（《十讲》，P190）

由于张斌能结合相关学科来分析汉语语句，因而他的语句分析理论较为科学，全面、实用。而且，张斌在语句分析中还注意到别人不大注意的词语，提出了类固定短语的概念。“用汉语写的文章里，经常出现一些四字短语，从形式上看，很像成语，可是它们常常是根据交际需要临时创造出来的。”（范开泰《胡裕树 张斌选集》，东北师范大学出版社，2002，P25，下简称《选集》）比如：欢乐之情、一晃而过、闭口不言、洁白如银等。“仿造的成语的含义可以根据字面来理解，这一点跟一般短语相同。但是它们有特有的格式和功能，跟某些成语近似，不妨称之为类固定短语。”（同上，P26）

3. 信息论研究

（1）信息解码、句子理解策略理论

张斌指出：“语言是传达信息的，因为我们可以从信息论的角度考察语言。信息的传达首先是编码与解码的问题，这又包括两个方面，一是结构要素，一是结构方式。过去我们研究，着重在结构方式，结构要素则简单化了。影响句子意义的要素有句内因素，还有句外因素，句内因素包括词义、语义、层次关系、语气、口气等等。句外因素也是十分复杂的。”（张斌《从现代科学研究的特点看语言学和语言教学研究》，《语言教学与研究》，1994 年第 3 期）

张斌探讨过句子的理解因素，也研究了句子的理解策略，“句子的理解策略的研究是从听话的角度来考察接收信息的过程，探讨人们如何逐步懂得全句的意思”。（《选集》，P397）“可以把理解策略归纳出一些类型来，或称之为理解模式。常见的有下列四种：一、词语提取策略；二、词语预测策略；三、尝试组合策略；四、模式对照策略。”（《选集》，P398—404）

A. 词语提取策略

句子总是在旧信息的基础上传达新信息。所谓旧信息是交谈双方共知的，有时用词语表达出来，有时依靠语境暗示。接收信息的人当然把注意点集中到新信息上边，往往抓住新信息中的关键词语，据以探索全句的意思。这种策略只适用于简单的句子，特别是动词谓语句。人们利用动词的格框架，把词义（动词的意义）和语义（动词与名词性成分的关系，主要是施受关系）融为一体，从而掌握全句的意思。

B. 词语预测策略

理解过程伴随着猜测；人们对此大都是不自觉的，但事实的确如此。猜测的范围与接收信息人的文化修养、交谈背景、双方关系等密切相关，但语言学家关心的是语句结构方面猜测。从心理学的角度考察，语言预测的基础是联想。语言符号引起的联想受两种规则的支配，一是聚合规则，一是组合规则。人们在长期的言语活动过程中，把语言符号加以分类，这是聚合；把符号与符号的连接关系加以确定，这是组合。

C. 尝试组合策略

构成句子的词一个一个地出现，词和词不断地发生组合关系，直到体现整个句子的意思。行为主义心理学用“刺激——反应”来解释人类的行为，同时认为学习的过程可以概括为“尝试与错误”，从失误中吸取教训，取得经验，以便顺利地收到预期效果；按照这种理论说明句子的理解过程，那就是不断尝试，不断纠正，让词与词的组合得到合理的解释。这种过程是后出现的单位控制着前边的单位。而预测的策略恰好相反，是前边的单位控制着后边的单位，词语预测策略和尝试组合策略是互相联系、互相补充的。如果理解的过程仅仅是试误的过程，那么，人的脑子不过是一种机械装置，靠有规则的运算达到理解的目的。人之所以比机器高明，是因为能发挥主动性。在理解句子的过程中，不断预测，由于预测指明理解的方向，大大缩短了试误的过程。

D、模式对照策略

人类的认识过程中，类推常常起着重要的作用，这是难以用试误的手段来解释的。长期使用某种语言的人，脑子里储存了各种各样的句子模式。一种是语气模式。一种是结构模式。一种是特征模式，宜称之为句式。句类和句型是根据整个句子辨认的，必须等句子说完才能确认。句式则不然，不一定是完全句，只要掌握了某些特征，就可以推断句子的模式，从而理解句子的基本意义。(《语法学》，P104—111)

张斌对句子的理解策略的研究，对充实语言学的普遍原理有重要意义，从联系教学实践来研究这方面的问题，考察不同年龄的学生的理解策略，有针对性地培养他们的理解能力，也有重大的现实意义。

(2) 信息噪声理论

张斌不但从理论上语言信息理论，而且还对语言信息具体问题进行了卓有成效的研究。他与人合著的《歧义问题》是研究信息噪声的专著。在《汉语语法学》中又指出歧义产生的原因及消除的办法。即词义不明确、句法结构不固定、语义关系含糊、层次难以切分、语气口气表达不清引起歧义，一般依靠上下文，改换词语或句式也是消除歧义的常用方式。(《语法学》，P78—82)

(3) 信息类别理论

张斌分析了新信息旧信息的分布焦点和疑问点的表示方法、定指和不定指、指称和陈述等相关的问题。

A. 指称与陈述：人类认识客观事物，从感觉开始逐步形成概念，然后加以命名，这就是指称。被命名的事物也叫指称。指称也可以转化为陈述，值得注意的是，转化为陈述的指称，并不包含内容。

B. 定指与不定指：词典中的词，无所谓定指与不定指。词在句子当中必有所指。有所指才能区分定指与不定指。定指是说话人预料受话人能够确定某一词语所指对象。反过来说，说话人认为对方不能确定所指对象，属不定。

C. 旧信息和新信息：陈述句通常是先说出已知信息（旧信息），在此基础上传达未知信息（新信息）。新信息的重点叫焦点。焦点的表现形式有：①自然焦点，即焦点出现在句末。②对比焦点，用对比的方式指明焦点。③标记焦点，用重读表示焦点或者用副词标记焦点。（《语法学》，P82—86，113—120）

4. 语法学方法论

张斌在如何研究语法方面提出许多深刻的思想，他的语法学方法论主要有：

（1）坚持两点论，坚持辩证的统一

张斌研究语法的方法较为科学，坚持两点论，坚持辩证的统一。他认为建立语法范畴须从形式到意义，而不是从意义到形式。比如研究英语名词的数，可以依据名词后边的-s、-es、-ies等形式归纳出复数，与之相对应的是单数。先认定名词有单数复数之分，这就不免主观，因为有些语言（例如古希腊、梵语）的名词有单数（singular）、双数（dua1）和复数（plural，超过两项）的区分，为什么确认英语只有单数复数两类，关键是从形式归纳的结果。

张斌还强调两种区别。语法上的分类，要区别基础和标准。“在语法分析方面，要区别句法分析和句子分析。”“有些语言的名词有性的范畴，基础是生物的性别，可是另有标准，否则就无法说明德语的‘汤匙’是阳性而俄语的‘汤匙’属阴性，俄语的‘桌子’是阳性而法语的‘桌子’是阴性了。句法分析即短语的分析。短语是备用单位，句子是使用单位，它们的属性不同。比如语序，短语的语序固定，句子的语序较灵活。有些成分（如话题、插说等），句子中有，短语中没有。所以在分析时应加以区别。”（《认识》，P1—2）

张斌还善于运用唯物辩证法来研究语法。“根据辩证唯物主义的观点，内容和形式是相对的，在一定条件下，作为一定内容的形式，可以成为另一形式的内容。而作为一定形式的内容，可以成为另一内容的形式。”（《十讲》，P12）张斌还根据列宁的一般和个别的论述，指出：“一切规律永远是在个别的、具体的事物和现象中表现出来的”“离开了言语活动，就找不到语言的规律了”。（《十讲》，P257）

（2）“务实”

张斌非常强调研究语法必须持“务实”。“只有注重语言事例的调查研究，才能更好地发现规律，解释语言现象。”（《十讲》，P6）“在汉语语法研究方面，我们有一条重要的经验，那就是要从语言材料中发现自身的规律。”（《十讲》，P7）张斌还非常精确地论述调查研究和总结规律形成理论的关系。张斌指出要“收集事例，加以分析，从中总结规律”，而且强调理论从事例中来的同时，“正确的理论能引导你去发现事实”。（《十讲》，P7）不断强调“我们的语法学者应该多关心语言实践当中出现的种种现象和问题”。（《十讲》，P28）

（3）继承、吸收和发展

张斌非常强调从前人和国外语法研究成果中继承吸收有用的东西并加以发展。既不是拒绝，也不是不加分析他拿来就用。他说：“前人在观察的基础上总结出规律，我们在吸收的同时要善于提出问题。”“我们应当经常对现成的规律加以补充或修正。”“吸收国外的成果包括两种内容：一是国外研究汉语的成果，一是国外研究语言的理论的方法。”“国外有许多语言学的理论和方法，大都是研究国外的语言的结果。拿来运用于汉语，还须经过筛选、调试。”（《十讲》，P2—3）

（4）注意形式和意义

在语法研究中，张斌非常强调注意形式和意义以及两者的统一，这是语法研究的重要方法。他指出：“语法意义必须有语法形式的表现，离开了语法形式无所谓语法意义。语法意义和语法形式的统一体是语法结构，它是语法学唯一的研究对象。”（《十讲》，P255）

（5）要注意方法的选择和一贯

张斌非常注意语法研究的方法。他指出：“怎样评价方法的选择？”（《十讲》，P27）“研究方法，研究方法的选择，这就是我们待解决的问题。”（《十讲》，P96）张斌还指出使用方法要一贯：“语法分析的原则之一是在同一系统中方法必须一贯，名词修饰动词与名词修饰名词的方法应该是一致的。”（《十讲》，P125）

5. 动词“向”的研究

“向”指动词的支配功能。张斌在《词语之间的搭配关系》（《中国语文》1982 年第 1 期）指出了引进“向”的概念来解释汉语语法现象的重要意义：“句子的基本语义结构是由动词以及与它相联系的名词性成分构成的，所以研究动词和名词的搭配关系占有十分重要的地位。”“分析动词的‘向’对于说明搭配关系很有用处。”并指出决定动词的“向”的必须是“强制性的名词性成分”，而不能是任意的。

他进一步论述了“向”的性质：“在语言学中这个概念所表示的是动词或形容词（在一些语言中还有名词等）的一种支配能力，亦即它们在句中对一定数补足成分的要求。”（《语法学》，P120）“‘向’是就动词说明造句时的语义制约。”（《语法学》，P121）他还论述如何确定动词的“向”：“决定汉语动词‘向’的不仅有‘必有成分’，而且还有‘可有成分’（或称为可有行动元）。”（《语法学》，P124）“关于动词的‘向’，我不同意朱德熙的看法，即反对在具体句子中确定‘向’，主张区分‘向’的必有成分和可有成分。”（《认识》，P3）

6. 汉语语法特点观

张斌在《汉语语法学》中通过比较的方法，全面地论述了汉语语法的特点：

（1）汉语和印欧系语言相比较

从类型学的观点看，汉语属声调语言，印欧系语言属无声调语言。在词的结构方面，汉语属分析型语言，或称之为孤主语，特点是缺少严格意义的词形变化。英语在印欧语当中是形态变化比较少的，但仍属综合型语言。在语序方面，汉语的修饰语出现在中心语之前，而印欧系语言的修饰语，有的出现在中心语之前，有的出现在中心语之后。

（2）现代汉语和古汉语相比较

古汉语单音词占优势，现代汉语双音词占优势。文言中的语气词在普通话中全都更换了。代词基本上也更换了。文言中的介词，今天仍在沿用，大都见于成语或带点文言色彩的语句中。文言介词数目很少，往往一词多用。现代汉语的介词数目比古汉语多，这是语言日趋精密的一种表现。

（3）普通话和方言相比较

方言是对民族共同语而言的。方言之间的差异主要表现在语音方面。词汇方面大同小异，语法上的差别最少。当然，不同的方言各有特点，拿普通话和方言作比较，也只能说出一个大致的趋向。

（4）现代汉语语法的特点

汉语语法的基本特点是缺乏严格意义的形态变化，由此有下列表现：

一、名词可以直接修饰动词

利用介词表示名词与动词的语义关系，古今是一脉相承的，差别只在现代汉语的介词更加丰富，分工更为严密罢了。名词直接修饰动词也是古已有之，不过现代汉语的表现形式略有发展。表示方式的名词修饰动词最为常见，古今都有。

在古汉语中，施事名词和受事名词都不直接修饰动词，在现代汉语中，施事名词也不直接修饰动词，但是受事词直接修饰动词的现象日渐增多，这也是受日语的影响。日语的宾语置于动词前边，汉语则是受事置于动词前边，是动词的修饰语，而不是宾语。这种用法在语音节律上显示出一个特点，即双音节名词修饰双音节动词。

二、动词式形容词可以直接充当主语或宾语

汉语的动词式形容词充当主语或宾语保持原来的样子，不改变形式，这和印欧语言很不相同。汉语有许多动名兼类的词，作为动词它们可以用作谓语中的述语，也可以充当主语。作为名词，它们不能用作述语，可以充当主语。

三、词语结构常常受到单双音节的影响，张斌对汉语语法特点的论述有别于别人，大多从功能上来考察，表现了他的语法思想的高超和独特。（张斌《汉语语法学》，上海教育出版社，2003，P1—10）

7. 节律观

张斌认为汉语有节律，这种节律影响着汉语语法。这种看法是张斌很独特的看法，表现了张斌对汉语语法的高深的见解。节律即节奏的规律。节奏，指的是事物有规律的重复和变化。语音节律的客观依据主要体现在两个方面，一是构成节奏时有特定的可供选择的要素和方式，二是在安排节奏时要考虑到某些选择限制。首先是民族语言特点的限制。其次是语体的限制。节拍是节奏的单位。在汉语里，节拍和意群通常是吻合的。不论是诗歌还是散文，每个句子可以分割出若干意群，意群与意群之间有明显的停顿，这就构成节拍。在汉语里，值得注意的是不同长度的节拍所显示的特点。四音节语段有显著的特点，它给人以稳定的感觉，所以被广泛采用。要避免使字数相同的语段频繁出现，语段字数有奇有偶，相间使用才能相得益彰。稳定感大概是人们对视听形式的一种普遍的要求。在语言方面，稳定或不稳定的感受主要来自节奏感焦点。节奏焦点与信息焦点通常是一致的。句子要传达新信息，新信息的重点即信息焦点。汉语表达信息焦点有种种方式，比如可以利用重读，可以使某些副词等而最常见的方式是依靠语序的安排，即让信息焦点在句末出现。正因为句尾的信息最引起注意，所以它所代表的节拍也最能引起共鸣。

节奏焦点的刻意安排能给人以稳定感，但是节奏的形成却是由不稳定到稳定，不断变化，不断反复，然后产生平衡的效果的。平衡有两种不同的表现形式，一种是对称的形式，另一种是不对称的形式。典型的对称平衡是对仗，这包括上句和下句。不对称的平衡形式多种多样，仍旧可以分为上句与下句。常用的方法有下列几种：①句调上扬属不稳定形式，句调下抑属稳定形式。②以仄声收尾的句子为上句，以平声收尾的句子为下句。③利用节奏焦点的奇偶搭配来达到平衡的目的。

张斌对人们极少涉及的格律诗的句法也做了很好的研究，指出格律诗的独特句法有：①名词性成分并列式句，使人抓住典型事物，形成概括的印象。②对仗叙述有代表性的事物，一经排比，能以少胜多，以点代面，读者便会产生一种概括的印象。③语序的安排有时以作者的观察点为依据，于是打破汉语散语句的一般规律。④按照一般规律来衡量，句子已属完整，可是后边又补充修饰性的字眼，这在散文中是见不到的。

张斌谈了近体诗的语言结构，指出平仄安排，既有重复又有变化，才符合节奏的规律。诗句有三种情况：一是既有指称，又有陈述；二是只有陈述，隐含指称；三是出现指称，并无陈述。句与句之间的关系，有时用关联词表示，有时依靠语句本身的意义来说明，即所谓意合法。诗歌中很少用关联词语，意合法则经常使用，一般地说，句子前边的词语表示旧信息，而后边的词语表示新信息。新信息的重点叫焦点，一般在句末出现。这种规律体现在诗句当中，表现为后边的音步占显要地位。格律诗的平仄选择，首先是根据重复变化的原则确定句末音号。然后在这个基础上增添一个音步（五言）或两个音步（七言）。增添的音步要求单句与双句平仄相对，体现变化；双句与下边的单句平仄相同，体现重复。律诗八句，大的意群或分为二，或分为三。大意群中有较小的意群，那就是“联”。每联包括上下句，那是更小的意群。每句可分为若干音步，这就是基本的意群了。至于绝句，有的每两句组成一个大的意群，其中上下句各为一个较小的意群。格律诗的语句是体现了话题占重要地位的，所以理解诗句必须掌握这个特点。在诗歌中，句外话题也是应该予以重视的。有不少诗歌，题目就是句外话题，因此在理解全诗时不能忽视。（《十讲》，P287—326）

六、胡裕树独自的语法思想

胡裕树还写了《数词和量词》(上海教育出版社 1984)，讨论了数词的定义、分类等，他把数词分为基数、序数、分数、小数、倍数、概数等；讨论了量词的定义、语法特点及分类（物量词、动量词)；论述了数量词的称说以及用途等。胡裕树还提出了语法研究方法论：坚持辩证法，在语法研究中，要注意个别和一般的结合，注重语言共性和个性的描写，既要注意语法理论，又要注意语言事例，要在语法研究中努力做到兼收并蓄、为我所用、立足革新、不断探索。

七、张斌、胡裕树语法思想的来源

上面我们论述了张斌、胡裕树的语法思想，现在我们来探究一下他们语法思想的来源。胡裕树说："在暨大，我从……方光焘老师学语言学……方先生讲授语言课，观点新颖，特别是能把国外的语言学理论用于指导汉语研究，我听起来觉得很新鲜。"（国务院学位委员会办公室《中国社会科学家自述》，上海教育出版社，P636）张斌说："我认识陈望道先生是在新中国成立之后。54 年到 56 年期间，他多次邀我和胡裕树同志到他家里交谈，内容是语法问题，有时也涉及词汇及修辞。我们听他讲解，间或作一些补充。对于语法分析中强调功能的观点，我们受到他的启发更加深信不疑的。"（《追念陈望道先生》，《修辞学习》，2001 年第 2 期）他又说："新中国成立之前……在我的书架上，因翻阅过多而破损的书只有两种：一是吕叔湘先生的《中国文法要略》，另一种就是陈望道先生的修辞书了。"（同上）因此，可以说，我国语法学老前辈方光焘、陈望道、吕叔湘对胡裕树、张斌的语法思想产生巨大的影响。张斌、胡裕树的广义形态论就是受方光焘的深刻影响。方光焘在 20 世纪 30 年代文法革新讨论时就提出"广义形态"（详见第四章第八节），张斌、胡裕树发挥了方光焘的思想，提倡广义形态，还对广义形态在汉语中的表现作了探讨，发现汉语虽然狭义形态比较缺乏，但广义形态很丰富，从而建立了广义形态论。

张斌、胡裕树在研究汉语语法中不凭意义而重视功能的思想来自陈望道。陈望道主张研究文法必须扣住组织和功能，用功能观点研究语法，从根本上弥补了从意义（概念）上或者形态上研究语法的片面性（详见

第四章第九节)，对张斌、胡裕树的语法思想产生巨大的影响。

陈望道吸收层次分析法的优点，主张用层次分析法分析句子。他相当重视句型，认为句子可以从四个角度来进行分析：1. 着眼于句子的体式，可分为：平白句和特表句。平白句相当于主谓句，特表句相当于非主谓句。2. 着眼于句子的陈述的意趣，区分为直陈句、询问句、祈使句和感叹句。3. 着眼于句子组织的格局，可分为简单句、包孕句、搭配句和并列句。这里搭配句相当于主从复句，并列句相当于联合复句。4. 着眼于谓语的性质，句子可分为叙述句、描写句、注释句和评议句（详见《语法简论》第三章、第六章）。陈望道重视句型的思想以及对句子的具体分析对张斌、胡裕树的句型理论也有一定的启迪。

吕叔湘的《中国文法要略》《汉语语法分析问题》对张斌、胡裕树的语法思想也有重大影响。《要略》从大量的语言材料出发来研究汉语语法，探索其特点和规律，不拘泥于现有的概念和定义。《要略》以语义为纲描写汉语句法，是迄今为止对汉语句法全面进行语义分析的唯一著作。《要略》在析句上的特点是以动词为中心，不以施受关系来决定主宾语，他注重格式，以起词止词位置来确定句型。《汉语语法分析问题》对一些基本的理论和实际问题，特别是涉及语法体系方面的问题，进行深入的探讨，提出许多发人深省的语法分析问题。如语法分析的依据是两个半，形态和功能是两个，意义是半个；非常重视语素和短语；提倡在句子分析上把结构层次和结构关系结合起来……这些对张斌、胡裕树的句型理论、三个平面理论的形成都有一定的影响。

西方的语言理论对张斌、胡裕树的语法思想也有很大的影响。现代西方符号学为三个平面理论提供了直接的理论来源，主要是美国 Morris 的符号学理论。有关符号学的一般理论，在上个世纪初就出现了。现代符号学的一个来源是语言学，另一个来源是哲学。瑞士语言学家索绪尔，美国哲学家皮尔斯是现代符号学的两个创始人。索绪尔着重符号的社会功能，皮尔斯着重符号的逻辑功能。Morris 是美国著名的哲学家，符号的系统理论的创始人之一。在 1938 年出版的《符号理论基础》(*Foundation of the Theory of Signs*) 一书中，Morris 提出了符号学的三个分支：syntactics，semantics 和 pragmatics（20 世纪 60 年代我国学者周礼全先生将其译成语形学、语义学和语用学）。语形学研究“符号相互间的形式关系”，语义学研究“符号和其所指示的对象之间的关系”，语用学研究“符号和解释者之间的关系”。Morris 在 1964 年出版的《符号·语言与行为》中指出若把符号学的三种研究应用到语言学上就构成了语言学的三个方面：句法学、语义学、语用学。20 世纪 60 年代以后，符号学理论得到广泛的传播，成为多种学科的方法论。

此后，国外先后出现的各种语言学派或语言学理论，都不同程度上与这三门学科产生直接间接的联系。如自 20 世纪 70 年代初期开始，由于受到以 Chomsky 为代表的形式句法学派的刺激和哲学、逻辑学界探索“意义”的影响，更多的学者注重研究句子和语境、语言和社会、文化的关系。他们对 pragmatics 的兴趣骤见增长，不仅研究了属于这一领域的具体课题，研究 pragmatics 跟句法和语义的关系，而且许多学者已明确地把句法、语义、语用三个部分包含在各自创立的理论之中。20 世纪 80 年代以后，这种方法传到我国并开始用以指导汉语语法的分析和研究。1980 年台湾学者汤廷池发表了《语言分析的目标与方法：兼谈语句、语意、语用的关系》一文，尝试对句子进行语句（句法）、语意（语义）、语用的比较和分析。在大陆，胡裕树、张斌也在 80 年代初倡导把句法、语义、语用三个平面的分析方法引进语法研究，从而创立了三个平面理论。

张斌的语法信息论研究受到信息论的很大影响。美国科学家香农（Claude Elwood Shannon）于 1948 年出版的《通信的数学理论》是信息论正式诞生的标志。它从理论上阐明通信系统的数学模型和度量概率信息的公式，为概率信息的定量研究提供了理论根据。20 世纪 70 年代以来，信息论突破狭义的范围，发展成为一门研究语法、语义、语用信息的科学。

张斌的语法思想也受到系统科学理论的影响。系统科学是以系统及其机理为对象，研究系统的类型、性质和运动规律的科学；20 世纪 40 年代末产生；包括系统概念、一般系统理论、系统理论分论、系统方法、系统方法的应用五个部分。系统科学具体要求有重要的方法论意义，它促进了现代科学的整体化趋势。

八、张斌、胡裕树语法思想发展轨迹

我们现在来简单探索一下张斌、胡裕树语法思想发展的轨迹。20 世纪 50 年代，他们侧重于词法的研究，主要研究形态学和词的分类；20

世纪70年代，他们侧重于句法的研究，主要研究句子分析、句法分析和句型；80年代以后，他们侧重于理论的创新，创立了三个平面理论，将信息论、符号学、系统论运用于汉语语法的研究，取得可喜的成果。张斌、胡裕树总是站在汉语语法研究的前沿阵地，带领着语法研究者永远向前攻时，他们和吕叔湘、朱德熙、邢福义、陆俭明等一样，引导着汉语语法学的研究方向。每一个时期，总是提出一个新观点、新思路，引导着汉语语法学研究不断提高到新水平。

第十五节　陆俭明的语法思想

一、生　平

陆俭明（1935.11.5— ），江苏吴县人。1960年毕业于北京大学中文系汉语专业，留校工作至今，现为北京大学中文系教授、现代汉语研究中心主任，曾任中国语言学研究所副所长，现在任中国语言学会常务理事和副会长、北京市语言学会副会长。陆俭明长期从事现代汉语研究和教学，在现代汉语语法研究上成就卓著，出版了《现代汉语虚词散论》（与马真合著，北京大学出版社，1985）、《虚词》（与马真合著，人民教育出版社，1990）、《现代汉语句法论》（商务印书馆，1993）、《八十年代中国语法研究》（商务印书馆，1993）、《陆俭明自选集》（河南教育出版社，1993）、《汉语和汉语研究十五讲》（与沈阳合著，北京大学出版社，2003）、《现代汉语语法研究教程》（北京大学出版社，2003）、《汉语语法语义研究新探索》（商务印书馆，2010）等著作，参与编写了《现代汉语虚词例释》（商务印书馆，1982）、《现代汉语》（商务印书馆，1993），发表了两百余篇现代汉语语法研究论文。他的语法思想主要体现在：

二、口语研究观

陆俭明是20世纪80年代中国最早重视汉语口语语法研究者之一。他认为口语研究是对语言应用都有极为重要的意义。在虚词研究中他已经很重视从口语角度来考察一些虚词的用法，如《现代汉语副词独用刍议》《由“非疑问形式+呢”造成的疑问句》等。《汉语口语句法里的易位问题》（《中国语文》1980年第1期）是现代汉语口语语法研究的经典之作，该文对口语中的主语和谓语之间，状语和中心语之间、述语和宾语之间、复谓结构组成成分之间以及述语和补语之间的易位现象做了细致的探讨。

三、句法分析描写观

20世纪80年代中期以后，陆俭明转移到主要对句法问题的研究。这些句法问题既涉及对某些词或某类词的句法功能或性质、作用的考察，涉及对某些句法结构的层次问题的分析、辨别，也涉及对某些句子或格式的多角度描写或解释，以及对句子意义的思考。陆俭明对汉语句法事实观察敏锐而细致，常能从看似平常的语言事实中发掘出掩藏于内的语法规律。《关于“他所写的文章”的切分》（《语言学通讯》1989年第1、2期）是从一个具体结构出发来讨论层次切分的原则，文中通过与“他所看见的外国人”、“他所批改的作业”等同形结构的比较，得出“他所写的文章”的层次结构只能是“他所写的/文章”，而不能是“他/所写的文章”。该文继续强调层次切分乃至整个语法研究不能就事论事，要将研究结论放在更大的范围甚至系统中去考察、验证。《周遍性主语及其他》（《中国语文》1986年第3期）描写了“什么人都可以进去看看”“一个人也不休息”“家家都用上了煤气灶”三类周遍性主语句的构成，总结了三类句子的共同的形式特点和语义特点，从而否定了这类句子是“前置宾语”句，并认为现代汉语里主语不一定都是话题，周遍性主语就不是话题，主语的话题是两个不同层面的概念，而且话题也是有形式标志的，话题的形式标志有：非句子重音之所在、能在其后加“是不是”形成反复问句、能在其后加上前置连词使句子成为一个分句。该文不仅描写了现代汉语中所存在的周遍性主语句这一语法现象，而且有极高的理论意义，文中对现代汉语主语和话题的关系、话题的形式标志的思考将有助于推动这一问题的进一步研究。

由于汉语语法的复杂性和多样性，单用一种方法尚不足以揭示汉语的构造规律，陆俭明在析句方法讨论中已经预示到了这一问题：“真要想迎来汉语语法研究新的突破，光依赖直接成分分析法也是不行的。我们应该想得开些，深些，我们研究的路子应该多些，宽些，切忌只满足于某一种分析方法。”（《分析方法刍议——评句子成分分析法》）多种有效的分析方法的综合运用是陆俭明20世纪80年代中后期以后句法结构研究的另一特色。《关于“去+VP”和“VP+去”句式》（《语言教学与研究》1985年第4期）旨在讨论“去+VP”和“VP+去”两种结构可以变换的条件，从语义上看，“去+VP”语义结构关系比较单一，而“VP+去”却可以表示A、B、C、D、E、F6种语义结构关系，由于变换式要求语义结构关系一致因而只有F类“VP+去”才可以和“去+VP”有变换关系，但作者进一步看到即使语义结构关系相同的“去+VP和VP+去”也不能随意变换，能否真正实现变换还要受到句法的语用的限制。可见，“去+VP”和“VP+去”能否变换得受到句法、语义、语用三个方面的制约，也只有通过多角度，采用多种方法才能发现和解释这些问题。《“V来了”试析》（《中国语文》1989年第3期）则尝试运用语义特征分析法来分析同形异构的“V来了”，认为“V来了”之所以能表示述宾、述补、连动三种结构关系，具有“V/来了”和“V来/了”两种结构层次，是由结构中V的不同语义特征所决定的，能进入表示述宾关系的“V来了”中的动词Va具有［+心理，-位移］的语义特征，能进入述补关系的“V来了”中的动词Vb具有［-心理，+位移］的语义特征，能进入表连动关系的“V来了”中的动词Vc具有［-心理，-位移，+目的性行为］的语义特征，还包括Vb中具有［-心理，+位移，+目的性行为］语义特征的动词；即使是Va来了的层次划分的不同也与V的语义特征有关。可见，动词的语义特征不同决定或制约了动词所适应的结构或句法结构关系和结构层次，动词的语义特征能够帮助分化同形异构或同形同构的句式《“VA了”述补结构语义分析》（《汉语学习》1990年第1期）发现VA了的A有时表示某种结果的实现（a）义，有时表示预期结果的偏离（b），而造成“VA了”表示（a）义，还是表示（b）义，还是兼表（a）义和（b）义的原因既取决于A的语义性质、A的语义指向，也取决于“VA了”中V对A的制约作用。该文既使用了语义特征分析法，也使用了语义指向分析法。这几篇论文讨论的多跟述补结构有关，述补结构正是汉语句法结构复杂性的具体体现，非多角度、多方法分析不足以揭示出述补结构的复杂性来。《述补结构的复杂性》（《语言教学与研究》1990年第1期）一文对述补结构的这种复杂性作了具体阐述，指出述补结构的复杂性表现在结构类型的多样性、结构上的缩略性、补语语义指向的多样性、结构分析上的困惑、同义格式辨析的困难等几个方面。其他如《“名+在+名（处所）”结构作标题》（《中国语文》1985 年第 4 期）、《双宾结构补议》（《烟台大学学报》1988 年第 2 期）、《“他要我与你见面”句式小议》（《汉语学习》1990 年第 1 期）等论文也都能在观察事实的基础上采用合适的方法进行规律描写和现象解释。

对某些词的句法语义作用和语法功能的考察以及对现代汉语词类问题的思考也是陆俭明的语法研究的一个重要方面。他在语法语义方面研究创新是：①主张“以词组为基点把握汉语句法规则”。②发现并揭示“词语之间语义关系的多重性”。③提出“构式—语块”句法分析法。④提出“语义和谐律”。⑤提出新的会话原则：“应答协调一致性原则”。作者所提出的在词组的基点上把握汉语的句法规则、在词语间语义关系的多重性、语义和谐律以及在上述观点的基础上所形成的“构式—语块”句法分析思路，为摆脱印欧语法学的束缚而作了有效的努力，取得了很大的成绩。《现代汉语中数量词的作用》（《语法研究和探索》四，北京大学出版社，1988 年）认为数量词除了在词汇上表数量外，还起着某些语法作用，如起指代作用，用以构成某种特殊句式、对某些句法结构起某种制约作用等，从而发现现代汉语里数量词对某些句法结构确实起着某种制约作用，并由此推断：一定的语法范畴（数量范畴就是其中一个）给一定的句法结构都会起一定的制约作用，该文由事实分析而上升到理论思考，为事实和理论的结合提供了一个范例。《说“年、月、日”》（《世界汉语教学》1987 年第 1 期）分析说明了“年”与“月”在用法上的很大不同。同时说明了“日”的用法接近“年”，而与“月”相去甚远。对具体的词的句法、语义功能的研究是为进一步思考词类理论服务的，陆俭明近年来对现代汉语词类的一些原则问题提出了一些独到的看法。《关于词的兼类问题》（《中国语文》1994 年第 1 期）是这方面的代表作，文章明确指出应该以词的语法功能作为划分词类的标准，词的语法功能包括：（1）词充当句法成分的功能；（2）词与词结合的功能；（3）词所具有的表示类别作用的功能，如是否具有指代功能，是否具有连接功能。按照这些标准，并采取严格的分离程序，该文把现代汉语的词分为 15 类：名词、动词、形容词、状态词、区别词、数词、量词、代词、副词、介词、连词、助词、语气词、拟声词、叹词；同时，针对学术界讨论到的8类兼类现象提出自己的看法，认为是否兼类须遵循这些原则，实际上，现代汉语的词的兼类现象只是少数，只有“方便”“正式”等才是真正的兼类词。

陆俭明不仅善于运用新的理论和方法来描写解释汉语语法现象，而且也十分注意对理论问题的思考。《试论左右句子意思的因素》（《新疆大学学报》1980年第4期）认为左右句子意思的因素有6个：成分的异同、词语的次序、构造层次、语法结构关系、语义结构关系、句调；《试论句子意义的组成》（《语言研究论丛》四，1987年）又对这6个因素影响句子意义的具体情况进行了分析，说明了句子意义的构成以及句子的意义和句子的信息的关系和差别。《关于零句和整句》（《语文杂志》［香港］1980年总第11期）进一步发挥赵元任关于“零句”（小型句）和“整句”（完整句）的思想，旨在论述汉语句子的特点；《汉语句子的特点》（《汉语学习》1980年第1期）则专论汉语句子的特点并进而涉及汉语语法的特点，认为跟印欧语相比：“汉语句子不一定具备主语和谓语”、“汉语里即使具备主语和谓语的句子，也不一定是NP+VP”的句子，（而可能是多种功能类的排列）、“汉语里即使是NP+VP的主谓句，也不一定是‘施事/+动作’或‘受事+动作’的句子（而可能有多种语义结构关系）、即使是‘施事+动作’句但汉语里句子的主语和谓语之间关系十分松散”。汉语句子的这些特点正是跟汉语语法特点相一致的。《汉语句法成分特有的套叠现象》（《中国语文》1990年第2期）描写了存在于主谓语结构、偏正结构、述宾结构、述补结构、联合结构、复谓结构等中的套叠现象，认为在现代汉语中句法成分特有的套叠现象是普遍的、成系统工程的，若果真如此，则“套叠”就因而有类型学的价值。不过，各种结构中所谓“套叠”是否等值尚值得进一步讨论。

四、语法分析方法观

陆俭明不仅善于使用多种有效的方法来分析汉语语法问题和语法事实，而且对各种语法分析的方法以及它们在现代汉语研究中的适用性进行了细致的研究。陆俭明认为，句法分析看来是方法问题、技巧问题，实际上每种句法分析法都受一定的语法观的支配，因而对语法研究会有极大的影响——可能起推动语法研究向研究的深度、广度进军的作用，也可能起相反的作用。因此陆俭明十分重视分析方法的探讨。陆俭明的语法研究从方法论上讲主要有以下几个特点：

1. 特别重视“比较”的研究。在研究虚词时中，他运用比较法，在相同的句式中换用不同虚词来比较区别某些虚词的用法和意义。《现代汉语里的疑问语气词》就典型地运用了这种方法，这种分析方法引起了语言学界的普遍关注，成为虚词语义分析的一种重要方法。陆先生还紧密联系句式来研究虚词，论文《“还”和“更”》就采用这种方法，徐通锵认为，这为辨析虚词，乃至整个语法分析都提供了一种有启发性的分析方法。

2. 始终坚持意义和形式相互验证的研究方法。陆俭明认为，语法研究的最终目的是要探求清楚形式和意义之间的对应关系——什么样的意义用什么样的形式来表达；反之，什么样的形式可以表示什么样意义。所以他很强调形式和意义相结合地进行研究。在形式和意义怎样结合这一点上，陆俭明也有自己的一套见解。他认为真正的结合是形式和意义互相渗透、互相验证；从意义入手时，力求在形式上得到验证，找到形式上的表现；从形式入手时，力求在意义上得到验证，找到意义上的依据。至于形式和意义同时入手、双管齐下，陆俭明认为是不大可能做到的，不大提倡。值得注意的是，陆俭明所说的“形式”不仅指分布、替换、变换等语法形式，还包括轻重音、语调、音节等语音形式。在他的研究中，语音形式的描写随处可见，语音形式和语法形式一样，成为与意义相互验证的手段。例如，在探讨副词“还”和“更”的用法时，首先指出“还”可以表示程度深（写作“还1”），也可以表示程度浅（写作“还2”）；然后指出“还1”和“还2”在句子中的语音形式也有区别：“还1”通常不轻读，“还2”必须轻读；接着又指出它们的分布也不同：“还1”只能出现在“x 比 y……”这样的比较句中，“还2”则不在这样的环境里出现。

3. 非常强调句法结构中的语义分析，这包括“语义结构”、“语义指向”和“语义特征”几个方面。在《关于“去+VP”和“VP+去”句式》一文中，作者首先就是从这两个句式的语义结构分析入手，发现“去+VP”只有一种语义结构，而“VP+去”则有6种（A、B、C、D、E、F），只有表F义的“VP+去”与“去+VP”相一致，而其余5种（A—E）语义结构的“VP+去”都不能换说成“去+VP”。

4. 在语义、句法分析的基础上，引进语用的观念。《周遍性主语句及其他》着重讨论了主语和话题的关系，指出：①现代汉语里的主语不一定都是话题，周遍性主语句的主语就不是话题；主语和话题是两个不同层次上的概念。②话题有一定的形式标志；a. 非句子重音所在；b. 能在其后加上"是不是"形成反复问句；c. 能在其后加上前置连词，使句子成为一个分句。在句法研究中考虑到语用的因素，并且努力寻找它的形式标志，这是促使句法研究向深层次发展的一个极为重要的方面。

不仅如此，陆俭明还对某些语言现象从语义、句法、语用三个角度进行多层次的分析，在分析"去+VP"和"VP+去"两个格式的差别时，就先进行了语义结构和句法制约的分析，然后探讨语用上的不同，发现这两个格式在使用上有一个大概的分工；"去+VP"意在强调施动者从事什么事，而不是强调施动者的位移，因此有时其中的"去"，表运动趋向性的意思很弱；"VP+去"则意在强调施动者的位移，其中的"去"表运动的趋向性很强。这一研究对加深我们关于这两种格式不同层次区别的认识显然是很有帮助的。

5. 在层次分析时，引进语义分析和变换分析，不仅弥补了层次分析的某些不足，而且使这一分析更为科学和合理。《由指人的名词自相结合造成的偏正结构》通过对"父亲的父亲的父亲"的层次分析，把指人的名词按语义分为6个类别，然后考察它们的不同组合，得出6条语义规则，特别是规则（六）指出：由指人的名词自相组合所造成的偏正结构，其内部层次构造，如果对它进行从小到大的分析，那一定都是左向的。据此，该结构不应分析为"父亲的/父亲的父亲"，而应分析为"父亲的父亲的/父亲"。

6. 在进行了大量具体语法规律分析的前提下，对研究方法作系统的探索。《汉语句法分析方法的嬗变》一文系统地介绍了有关的各种句法分析方法，并说明引起句法分析方法演变的原因。《分析方法刍议》主要是评述传统的句子成分分析法，指出，这种分析方法对语言事实的解释无论就广度和深度说都是极有限的，其根本原因是这种分析方法严重忽视了语言的语法结构的层次性。《变换分析在汉语语法研究中的应用》对变换分析法产生的原因、客观依据、变换类型及其作用作了全面、细致的分析，而且还讨论了"我们对变换分析理论的发展"，理论色彩特别强。这是继朱德熙的《变换分析中的平行性原则》发表以后，研究汉语语法变换分析最精彩的一篇文章。《语义特征分析在汉语语法研究中的运用》是目前从方法论角度对语义特征分析法所作比较深入的一篇文章，文中提到：①语义特征分析弥补了变换分析所带来的某些局限；②这一分析不但适用于动词，也适用于形容词和名词；③这一分析着眼于概括同一句式的各个实例中处于同一关键位置上的词所共有的语义特征；④词的这种语义特征都是结合具体句式概括得到的，而不是离开了具体句式作单纯的语义分析所概括得到的。应该说，这一组4篇文章比较完整地反映了汉语语法学在方法论上所进行的探索，也说明了中国的语法学家理论意识的强化。在《汉语和汉语研究十五讲》中陆俭明分12个专题，介绍了反映当代语言学理论和方法的一些比较新的认识和比较重要的成果。

7. 重视用例调查和对语言事实的挖掘。

陆俭明重视对语言事实的挖掘和描写，陆俭明运用美国结构主义语言学所提供的分析描写语言的理论方法，对一些语言现象和问题根据大量语言事实做了周全，深入，细致的描写，揭示出很多前人未曾注意到的汉语语法现象。如《选集》收录的《由指人名词自相组合造成的偏正结构》揭示了汉语指人名词自相结合时造成的偏正结构的现象及内部规律。《现代汉语中数量词的作用》揭示了现代汉语中数量词在句法结构中的作用。《“V来了”试析》，《“VA了”述补结构语义分析》揭示了“动词+来+了”，“动词+形容词+了”内部复杂的语法关系，语义关系，构造层次及原因。这些规律都是陆俭明在充分观察充分描写的基础上首次提出来的。陆俭明在分析和描写语言现象时，善于以小见大，抓住关键问题，从具体的研究题目中找出普遍性的语法规律。因而总能突破前人，在前人的基础上有新的发展。如《由“非疑问形式+呢”造成的疑问句式》中“非疑问形式+呢”构成的疑问句（如“丁四呢?”，“我不要钱呢?”），前人也早已注意到了，但一般都看作特指问句的省略形式。陆俭明以大量的语言事实描写，充分的分析得出结论，这种疑问句实际是与“是非问句”相对的“非是非问句”（包括正反问句，特指问句，选择问句）的省略形式，从而纠正了前人长期以来在这个问题上存在的片面认识。

五、新时期语法研究观

对语法研究过去的回顾总结是为了更进一步展望语法研究的未来，

陆俭明在这方面也撰写了不少论著，不仅发表了《十多年来现代汉语研究管见》(《语言教学与研究》1989 年第 2 期)、《十年来现代汉语语法研究理论和方法管见》(《国外语言学》1989 年第 2 期)、《90 年代现代汉语语法研究理论上的建树》（《世界汉语教学 1991 年第 45 期》）等专论，而且撰写了专著《八十年代中国语法研究》。《八十年代中国语法研究》一书总结了 20 世纪 80 年代现代汉语语法研究在口语语法的调查、动词、语法歧义、虚词、汉语语法特点、句型、复句、方言语法、双语语法对比、句群、教学语法、析句方法等 12 个方面所取得的突出成就，而且认为 20 世纪 80 年代汉语法研究在理论和方法上也取得了很大的进展。该书主要就理论和方法上的进展进行了总结，指出语法分析方法经历了从句子成分分析法到层次分析法的不断发展变化，这些方法的发展变化又极大地促进了形式和意义的结合。至于 20 世纪 80 年代汉语语法研究理论上的成绩，作者总结出了 10 条，并对 20 世纪 90 年代的语法研究趋势进行了预测，这些总结和预测实际上也体现了陆俭明对汉语语法研究的侧重方面。汉语语法学自 1898 年以来已走过了百年历程，汉语语法研究如何面向 21 世纪，正是每一个语法工作者所关心和思考的问题。《汉语语法研究所面临的挑战》（《世界汉语教学》1998 年第 4 期，与郭锐合作）认为："汉语语法研究所面临的挑战，有的是来自应用方面的，有的是来自理论方面的。从应用方面说，挑战来自两个方面：一是对外汉语教学；二是中文信息处理。从理论方面说，挑战也来自两个方面：一是迫切需要对种种语法现象作出理论上的解释；二是信息时代的到来，迫切需要我们从认知的角度来探索人类的语言机制。"至于迎接挑战应采取的策略，作者指出有 4 个方面：①对语言事实的挖掘和描写仍要放在语法研究的首位位置；②要加强理论上的思考，要有创新思维；③要摆正汉语特性和汉语共性的关系；④更新知识。陆俭明的这些见识高瞻远瞩，其对未来语法研究趋势的预测和倡导采取的迎接挑战的策略，都将有助于现代汉语语法学更好地跨入新的世纪。

六、多元论

陆俭明在多年的语法研究中，都善于理论的思考和总结，努力在研究过程中建立起自己的理论和方法论观念，特别是语法研究中的“多元论”思想，值得重视。

早在1980年，他在《汉语口语句法里的易位现象》中就表达了这种思想：“在语法研究中，应注意到这样一个事实，即句子成分之间总是同时存在着两种不同性质的关系——语法结构关系和语义结构关系。……相同的语法结构关系可以表示不同的语义结构，不同的语法结构关系可以表示相同的语义结构关系。……事实告诉我们，这两种同时并存而性质不同的关系总是同时影响着句子意思的表达。”（《陆俭明选集》，东北师范大学出版社，2001，P75—76）这就说明陆俭明认为应该从多角度多层面来研究复杂多变的语法现象，才能得到正确的解释。他说：“‘菜不吃了’只包含着一种语义结构关系（受动者和动作的关系），而有歧义的‘鸡不吃了’包含着两种可能的语义结构关系（动作者和动作的关系或受动者和动作的关系）。这足见语义结构关系对句子意思的影响。”（同上，P76）他在2000年发表的《跨入新世纪后我国现代汉语语法应用研究的三个主要方面》更具体地体现了他的多元论思想，他指出：考虑到现代汉语应用研究的走向，“跨入21世纪后，现代汉语应用研究中应以下述三方面为研究重点：1. 适应中文信息处理需要的现代汉语应用研究；2. 适应中小学语文教学需要的现代汉语应用研究；3. 适应对外汉语教学需要的现代汉语应用研究。”（同上，P422）他认为既要总结继承汉语语法研究的传统，又要多方面借鉴国外的理论学说。他说：“我们认为迫切需要的是要加强理论上的思考，要有创新思维，要鼓励提出新的思路，新的观念，新的理论，新的方法。”（同上，P468—469）“要继续不断学习、借鉴国外新的语言理论和方法，本着多元论的原则，从中有选择地吸取我们所需要的东西，而且可以变通活用。”（同上，P474）他主张从语言共性、多种理论和方法，甚至多学科的来研究汉语语法。他说：“研究汉语不能只站在汉语看汉语，而需要从处理语言共性的高度来审视语言理论和语言事实。”（同上，P475）“要知道，如果只满足于用一种理论、一种方法来处理、研究现代汉语语法，必定会有很大的局限性，因而不可能使现代汉语语法研究不断深入、不断发展。所以，除了要不断从多方面学习、了解、掌握有关语法方面的各种最新研究成果（包括理论、观点、方法、思路）外，还一定要学习、了解跟语法学相关的语义学、语音学（包括现代音系学）、语用学等知识，还需要学习一些现代科技知识，诸如计算机科学、心理学、认知科学、数学中的函数、数理逻辑、信息论、统计学、概率论以及生物学、化学、物理学等。

这样才能使自己的研究工作适应新世纪的要求。”（同上，P475—476）

第十六节　邢福义的语法思想

一、生　平

邢福义（1935. 5. 30—），海南乐东人。现为华中师范大学文学院教授、华中师大语言学系主任和语言学研究所所长、现代汉语专业博导、全国哲学社会科学学科规划组成员、中国语言学会常务理事、湖北省语言学会会长、中国对外汉语教学学会会长、中国语文现代化研究会副会长、深港语言研究所学术顾问。邢福义长期从事现代汉语教学和研究，研究上涉及领域较多，如逻辑、修辞、文化语言学等，主攻现代汉语语法学，取得突出成就，出版了《词类辨难》（甘肃人民出版社，1981；商务印书馆，2003 修订本）、《复句与关系词语》（黑龙江人民出版社，1985）、《语法问题探讨集》（湖北教育出版社，1986）、《语法问题发掘集》（湖北教育出版社，1992）、《语法问题思索集》（北京语言学院出版社，1995）、《邢福义自选集》（河南教育出版社，1993）、《汉语语法学》（东北师范大学出版社，1996，下简称《语法学》）、《汉语复句研究》（商务印书馆，2001）、《汉语语法三百问》（商务印书馆，2003，下简称《三百问》）、《邢福义学术论著选》（华中师范大学出版社，2003，下简称《学术》）、《汉语句法机制验察》（合著，生活·读书·新知三联书店，2004）、《语法问题追踪集》（中国社会科学出版社，2008，下简称《追踪》）、《语法问题献疑集》（商务印书馆，2009，下简称《献疑》）等多部著作。

二、对复句的认识

邢福义经常强调搞研究要有自己的根据地，画“地”为“点”，并着力开掘。有关“复句”问题的研究就是他的根据地，几十年来他一直没有停止过对现代汉语复句问题的观察和思考。研究现代汉语复句首先涉及的是复句的分类。一般现代汉语论著都把复句分为联合复句和偏正复句，邢福义在《复句问题论说》中认为“目前通行的复句分类系统有弊端”，因为一级复句不能统率二级复句，不易确定偏正复句的“偏”或“正”，联合和偏正之分没有结构形式上的根据，而且二级复句也不能概括所有的语言现象，分类标准也不一致，因而需要建立复句分类新体系。至于分类的原则和要求，邢福义在《复句的分类》中提出了复句分类的原则：即复句分类，从关系出发，用标志控制；复句分类的要求是：“分类的原则必须具有同一性和彻底性，分类结果必须有切实性和全面性”，并进一步说明道：“复句类是‘关系的聚合’，每个聚合都有‘聚合点’，跟关系的聚合和聚合点相关联，复句有‘标志群’，标志群中有代表性的形式‘点标志’，相对的说，大类有较大的聚合，较大的标志群，小类有较小的聚合，较小的标志群。有的形式，既是大类大标志群中的点标志，也是小类小标志群里的点标志。”有关复句的分类在《复句和关系词语》《复句问题论说》中多有涉及，并且在《复句的分类》一文中建立了复句分类的新体系。

邢福义认为，复句有三类，共包括十二个基础类别。三大类是一级复句类：一是因果类，因果类复句反映种种因果关系的聚合，细分为因果句、推断句、假设句、条件句、目的句；二是并列类，并列类复句反映种种并举排列关系的聚合，细分为并列句、递进句、选择句；三是转折类，转折类复句反映种种逆转关系的聚合，细分为突转句、让步句、假转句。（《三百问》，P194）复句分类，以逻辑为基础，从关系出发，以形式标志为标准，分类有层级，且每层标准一致。

他认为：“复句现象既有逻辑问题也有语法问题。因此，既可以从逻辑的角度来研究，也可以从语法的角度来研究。从语法的角度来研究，必须抓住复句的语法格式、语法标志，由此出发尽可能地考察其逻辑基础。如果以甲格式为对象，一方面必须研究这一格式在语法上的特点，研究这一个格式和乙格式、丙格式之间的联系和区别，并进而研究乙格式与丙格式之间的联系与区别；另一方面必须考察这一格式的逻辑基础，注意观察逻辑基础的微妙变化所引起的语法格式或语意表达上的微妙变化。”（《复句问题论说》，《华中师范学院学报》，1985 年第 1 期）这正是邢福义研究复句的基本思路和基本追求，即结合逻辑、修辞研究复句，这在他有关复句具体问题的研究中也得到鲜明体现。决定邢福义复句研究基本特色的另一认识是他对单句、复句纠葛的认识和处理。他认为，单句和复句既对立又纠葛，对立表现为典型单句和典型复句的对立，从两个极端看单句和复句彼此不会相混，同时两者又存在纠葛，而且纠葛的情况复杂，程度严重，因而两者的对立又是相对的，并不存在绝对的明显的界限，要想在二者之间划出一条泾渭分明的界限是徒劳无功的。基于这些事实，作者约束自己在研究中不做企图把二者一刀两断的徒劳无功的努力，而是把精力放在对各种复句句式进行细致的观察上面，以便作出有利于深刻认识复句的描写和解释。正是在这些认识的指导下，邢福义对现代汉语的各类复句句式进行了深入细致的多侧面的观察、描写、解释。

三、对词类问题的思考

这是邢福义语法专题研究的另一主要内容，对词类问题的思考在三本论文集中都有所涉及。如《论“们”和“诸位”之类并用》《关于副词修饰名词》《谈“数量结构”+形容词》等往往从语言事实出发来补充或修正过去的一些说法，多是对某些词的句法功能、用法或词性的辨认。在涉及词类理论时，邢福义特别重视词的归类问题，这是因为他认为：“只有充分地深入地考察情况复杂微妙的一个个具体的词，解决好归类的问题，才能彻底地或比较彻底地解决词的分类问题。”同时，词的归类问题也是语法研究尤其是语法教学中经常遇到的更实际的问题，《词类辨难》一书中“归类”即占大量篇幅，并成为他不断思考的问题之一。他在《词类问题的思考》一文中指出：要正确地充分地依据语法特征给词类性质归类还必须对语法特征进行横向和纵向的细致观察，主张分清主裁性标准和辅助性标准，充足条件和非充足条件，要遵守同一律，既要抓住解释面大的特征也不能放弃解释面小的特征，同时在运用语法特征给词归类时还要注意观察词的具体的入句结果，因为词类既受句法的约束，也受“句域”的影响，另外还要注意使用证明方法。总之，词的归类是个复杂的问题，必须用复杂的头脑去对待，既要依据语法特征，又要联系入句结果，还要注重运用适当的证明方法。他在《词类判别四要点》中进一步强调判别词类的四个要点：依据充足性语法特征，慎用非充足性语法特征，联系具体的入句结果，灵活地运用各种具体的证明方法。在《汉语语法三百问》中，他认为判别词性有“直判”“排他”“类比”三种论证方法。他把词分为成分词：名词、动词、形容词、副词，特殊成分词：数词、量词、代词、拟声词，非成分词：介词、连词、助词三大类11种，看起来是比较合理的。

四、对某些句法结构的看法

这方面的研究有的着眼于对新的语法事实的发掘和描写，或对一些有争议的句法事实提出自己的看法来补充或纠正过去的认识。如《从“似X似的”看“像X似的”》《数量名结构的叠用解注格式》《“NN地V”结构》等，从多个角度对它们进行详细的描写。另外一些是对句子结构等问题的理论探索。《论现代汉语句型系统》反映了邢福义对现代汉语句型系统的认识，该文认为应该在层次分析的基础上建立现代汉语句型系统，具体做法是：“第一，重视句子结构的分层向核性，明确结构层次对结构核的包绕作用和包绕顺序；第二，吸收句子成分的概念，略加改造，借以进一步明确层次间的具体关系；第三，紧扣结构核，紧抓质成分，同时也不放过一般成分，做到‘顾此’又不‘失彼’。”另外，《从句法组织看现代汉语的丰富、优美与精炼》一文从具体事实出发说明现代汉语句法组织丰富、优美、精炼的特点，《汉语语法结构的兼容性和趋简性》也是从事实出发阐述了汉语语法结构具有“兼容性、趋简性”的特点，并由此引发出对如何发掘汉语语法事实的思考。

邢福义认为语素、词、短语、小句、复句、句群、句子语气都是语法实体，前六种是单位语法实体，最后一种是非单位语法实体。语素、词、短语、句子语气是基础语法实体，这是作为句子构成基础的语法实体；小句、复句、句群是表述语法实体，这是在言语交际中起表述作用的语法实体。他还认为句子成了有层次性、扣合性和互易性。这是很有见地的。

五、“三个充分”论

邢福义的现代汉语语法研究向来以注重对语法事实的探讨、发掘见长于学术界，但他并不是简单的事实描写，因为好的事实描写跟合适的理论方法的选择是不可分离的，因而有关语法研究的理论和方法的思索构成邢福义语法研究的另一重要方面。有关理论、方法的思考集中体现在两个“三角”、三个“充分”、“小句中枢说”等的提出上。

乔姆斯基在《句法理论中的若干问题》中曾提出过观察充分、描写充分、解释充分，邢福义在《现代汉语语法研究的三个“充分”》等论文中结合汉语语法研究把三个“充分”作为现代汉语语法研究的要求和追求的目标，认为只有充分观察，才能有充分的了解；只有充分的描写才能有充分的反映；只有充分的解释，才能有充分的认识。

“该观察到的方方面面全都观察到了，所作的观察就算是充分了。为了做到这一点，观察的思路应尽可能地开放。具体点说，就是：由此及彼，随迹逼进，四面八方地辨察，海阔天空地追踪”（《学术》，P115—116），“充分观察，在很大程度上决定于充分设问，借以全方位地多层次地建立观察事物的视点。视点越多，对事物的了解就越深”。（《学术》，P120）

“描写，则是对事物作规律性的反映。只有充分描写，才能有充分的反映”。“在题目划定的范围之内，通过描写把应该反映出来的规律性的东西全都反映出来，这就可以算是充分描写”，“观察到的，不一定都要描写出来，而描写出来的，一定要是观察得特别充分的。如果说，观察的思路要尽可能地开放，那么，描写的范围则应尽可能地封闭，在众多的问题中只限定描写其中一个问题，在一个问题的众多角度中只限定描写其中一个角度，这都是描写范围的封闭，其目的，是把论题封闭在一个小范围内，以便进行穷尽性的描写”（《学术》，P120—121）。当然，封闭的范围的具体程度可以因人而异，因题而异，他特别提出，做论文，要善于“小题大做”。

描写偏重于从微观上对语法事实作客观的反映，解释偏重于对语法事实作理论的阐明。只有充分解释，才能有充分的认识。“解释大体可以分为归总性解释和先导性解释，不管是哪种解释，其目的都是揭示语法事实的本质属性和本质面貌。解释的充分，不是表现为‘多’，不是表现为‘细’，而是表现为‘深’，表现为具有‘一语破的’的概括力。”（《学术》，P126）邢福义认为归总性解释和先导性解释各有优缺点。“归总性解释偏重于‘立地’，它以充分观察事实和充分描写事实为先行条件，显得实在、牢靠，不过，有可能存在理论高度不够的欠缺；先导性解释偏重于‘顶天’，它先建立理论框架、理论模式或理论基点，居高临下，理论色彩很浓，理论意义很强，不过，有可能存在顾此失彼甚至挂一漏万的毛病。要弥补两种解释可能存在的不足之处，都必须在‘充分’上下功夫。从事实出发研究问题时，应尽可能地对事实作足够的理论解释，从假设出发研究问题时，应注意充分观察和充分描写语言事实。

只有这样，才能‘顶天+立地’”。(《学术》，P128—129)

邢福义认为，理论解释的加强，有赖于两个方面：

①引进国外语法理论。国外语法理论的引进和吸收，对促进现代汉语语法研究的深入开展无疑具有重大意义，但不能生搬硬套，不能以为：国外理论+汉语事实=解释充分；②创建自己的理论。根据自己语言的特点，不排除接受国外理论的启示，总结出一套自己的理论，一套能够充实和发展普通语法学的理论，一套在学术交往中能够跟国外理论对等交流的理论，这才是我们应该追求和必须追求的。

六、两个“三角”论

现代语法研究中，学者们越来越多地注意采用动态的分析方法，对语言事实进行多角度的考察。邢福义在对各类语言现象的描写中已经充分地体现了这种多角验证的研究思路和方法，并在这些事实研究的基础上进一步上升为两个“三角”理论。两个“三角”是指“语表、语里、语值”构成的表里值小三角和由普通话、现代汉语方言和古代汉语构成的“普——方——古”大三角。两个三角学说是邢福义在总结自己和中国当代语法学界的研究成果与研究追求的基础上，由小三角逐渐发展到大三角而形成的。

小三角是指语表形式、语义意义和语用价值三个角。在三个角中，语表是基点，也是研究的聚焦点。语法的研究目的在于揭示语表和语里的对应关系，在于发现语表语里的结合体在一定的语言环境中所具有的语用价值，而表里的对应关系和语用价值的研究，其交叠处也正在语表。语法研究要注意发掘材料。表里值是相辅相成互相制约的关系。表里值三个角是发掘材料的三个视点、三个思维路线。从发生学上看，语表、语里的关系是内核，因为只有表里结合之后才能表现为一定的价值。所以一般的研究程序是先辩察表里，再究语值。辩察表里，目的是要达到表里互证，全面、细致而又准确有效地揭示表里之间错综复杂的关系。考察语值，目的是要对表里关系认识得更加圆满，是要揭示在表里辩察中不易说清或不能说清的问题，是要使语法研究更切近于具体的语言运用，从而使语言有较强的解释力。

大三角是指普——方——古，在这个三角中，普通话是基角。设置大三角的目的在很大程度上是为更好地研究普通话语法服务的。站稳基角，再横看普方，纵看古今。这样有四个方面的意义：第一，有利于甄别研究材料。对于所搜集到的材料，通过比较，可以剔出方言和古汉语成分，增加材料的纯度，提高研究结果的可靠性；第二，有利于开阔思路；第三，能够提供令人信服的外证；第四，有利于建立高层次的语法理论。

两个三角的研究思路和方法体现了当前语法研究形式和意义相结合、描写和解释相结合、静态和动态相结合、多角度多侧面的研究潮流。（详见第四章第五节《三个平面语法思想的产生和发展》）

七、“小句中枢”说

在1994年邢福义在华中师大语言研究所的一次学术报告会上提出“小句中枢说”，1995年他在《小句中枢说》（《中国语文》1995年第6期）一文中对这一主张作了全面阐述，并在《汉语语法学》又实践了这一观念。作者在《导言》中明确指出“本书的语法系统是‘小句中枢’语法系统”。

“在汉语语法系统中，小句居于中枢地位。它起主导作用的是语法实体，是其他所有语法实体的‘联络中心’，为其他所有语法实体所从属所信赖。”（《三百问》，P7）小句是句法中的最大单位，同时又是最基本的话语单位，向下可以得到句法领域的各种单位和规则，向上通过小句联结律可以构成句群和篇章，得到“超句法”的各种单位和规则，是研究语法的较为理想的立足点和观察站。同其他“本位”理论比较，由于小句中枢说有篇章语言学的背景，且明显受到了结合语用、语义研究语法的当代学术思潮的影响，因此具有较大的优越性。但具体贯彻起来，也有一定难度。（详见第五章第一节《汉语语法本位论史》）

八、“三层结构”论

邢福义在所著的《汉语语法学》一书的导言中说：任何语言都有语法。一种语言的语法，只有一个语法系统，它客观地存在于该语言本身，是该语言本身的语法实体的构成规则和组合规则。语法学是研究语法的科学。语法学尽管以客观存在的语法为研究对象，源于客观存在的语法，但由于研究者主观方面的种种原因，包括所据理论的不同、所用方法的不同、占有材料的不同、着眼角度的不同、知识结构的不同等等，导致判断的不同和系统建构的不同，因而语法学系统总是带有主观性。正因如此，一种语言的语法只有一个系统，以这种语言作为研究对象的语法学却可以有两个或几个不同的系统。一般地说，各个汉语语法学系统都具有“三层结构”。即：

顶层——目标

中层——理论

底层——事实

底层是“事实”，系统的建构以客观事实为基础；顶层是“目标”，任何系统的建构都以揭示规律为目标；《汉语语法学》旗帜鲜明地指出：“汉语语法研究，始终指向一个目标，这就是：汉语语法事实的规律性”。中层是“理论”，任何系统的建构都由所据理论决定其基本面目。对于一个语法系统来说，三者不可或缺，它们处在相互作用、相互制约的辩证关系之中。各家语法系统的不同，主要是由于中层理论的不同。中层理论，主要包括观点、方法等等对待事实、驾驭事实的主张。本书的中层理论，最主要的有两点：其一，汉语语法系统中各类各级语法实体以小句为中枢；其二，“两个三角”是汉语语法研究的基本思路和办法。(《语法学》，P7—8)

可以说邢福义的这段论述不仅极好地概括了所有语法研究体系的构成要素，同时也是对自己的语法研究的一个提纲挈领式的归纳。

九、广泛观察语法事实，揭示了语法规律

邢福义对语言事实的观察之细致、分析之严谨，向来为人称道。诸如“你好聪明，好可爱”之类的“好”字句，普遍应用于南方人的日常交际中，是一种很有特色的句式。但人们往往熟视无睹，它结构如何、功能怎样，没有人深究。邢先生深入考察了这个一般人习以为常的句式，揭示了“好”字句的奥秘：①“好”是程度副词，其分布范围小于“很”，例如“这个人很有几个钱”不能改说为“这个人好有几个钱”，分布范围跟“好”大致相当的是“非常”或“特别”；②在结构上可以互换的“好”字句和“很”字句，在语用价值上有所不同，“好”字句跟已然事实相联系，一般不在假设或推断的语境中使用，且有很强的咏叹情味，带有说话者的主观情绪，“很”字句则可以出现于假设或推断的语境，且重在对事情作纯客观的反映，不表现说话者的主观情绪；③

“好”字句是活跃在口语里的句式，在书面语作品中，一般只出现在交谈式的口语性语境中，在书面语色彩较浓的语境中，特别是在文言味较强的情况下，一般不使用“好”字句。

邢福义在构筑语法体系的同时，也没有因此而忽略对事实的调查，而是将语言事实作为理论体系的依据。比如在《汉语语法学》中邢先生曾提到“现代汉语中，动宾格式是一种优化格式，有很强的促成力。差不多任何结构的双音词，即使不是动宾结构的词，都可以利用‘动+X+宾’的插入离析形式强制成为动宾格式”。为了证明这一点，作者一口气举了十条例句，包括“报他的告”“保下证”“恋过爱”“提个醒”等等。再比如，“V+在了+宾”曾经被认为是不规范的说法，书中认为，应该承认其规范性，并指出了这种用法的特点，用了七条例句，其中及物动词和不及物动词，单音节动词和双音节动词都有。而且这些例句都采自文学作品，具有较强的说服力。

实际上邢先生的语法理论也是来自对语言事实的分析中逐步形成的。如“小句中枢”思想，在《小句中枢说》发表前就能在他的文章中找到线索。比方，《“NN 地 V”结构》考察了现代汉语相当特殊的一种结构。NN 指“名词+名词”。这类结构中，NN 作状语，至少包含了两个名词，而且不能少于四个音节，助词“地”对 NN 状语具有促成性。如：“烧鸡烤鸭地天天吃”。NN 的语法特点和语用价值，只有入句后才能发现和分析。再比方，《词类问题的思考》强调辨别词类要联系入句结构考察。文章指出，词类受句法的管束：一方面，词所属的类要在进入具体句子以后才能显示出来，即所说的“入句显类”；另一方面，属于某个词类的词如果不按该类词的句法要求进入句子，就会产生“出格”现象。词类受句域的影响，句域反映客观现实，具有多样性，句域不同，入句的词在类别可能发生变化。再比方，《现代汉语数量词系统中的“半”和“双”》通过句法组合的考察，得出结论：“半”和“双”既是数词又是量词。在“数词+量词”结构中，数词对量词的性质有促成作用，量词对数词的性质也有促成作用。在“数X——名”结构框架中，“X”是量词，在“X 量——名”结构框架中，“X”一定是数词。“半”和“双”的词形受到入句后的结构框架规约。正是通过对语言事实的详尽、透彻的分析，“小句中枢”的思想才逐步成熟、发展起来。

当然，理论反过来又能指导语言事实的研究，提升研究的水准。比如，邢先生在诸多论文中自觉地运用了这种“三角”验证的方法。在《说“NP了”句式》一文，讨论的是这么一个类型的句子：“（要注意整洁，）大姑娘了！”文章按照“表里值”小三角的研究思路，既描写这类句子的语表形式，更从语里意义的角度指出能进入“NP了”句式的NP具有推移性，还讨论了这类句子的语用价值。此文已成为了学界所公认的第一次研究汉语名词语义特征的著名论文。又如《“起去”的普方古检视》一文，展开了“普方古”大三角的验证。文中，既有“普”角检视，指出《骆驼祥子》《四世同堂》《吕梁英雄传》《三里湾》等作品中有“起去”；又有“方”角检视，指出从河北、山东到湖北、湖南、四川、江西，一直到台中，都有“起去”的说法；还有“古”角检视，指出《水浒》《西游记》《红楼梦》《儿女英雄传》等白话作品和《汉书》《后汉书》等文言作品中也有“起去”。文章还结合“小三角”的验证，从话语场景、语义关系、匀整系统等角度讨论问题，从而对于不为一些学者所认同的“起去”一词存在的合理性，做出了令人信服的结论。

邢先生坚持从语言事实出发，在探求中形成独具特色的研究思想和方法，构筑出一套自成体系，同时又能体现汉语语法特点的体系。

邢福义不仅擅长对现代汉语语法问题的思考和研究，而且善于把研究心得融于教学中，由他主编的几部《现代汉语》教材，都尽可能地吸收了他的研究成果，因而这些教材也都有自己的特色，使得它们在众多的现代汉语教材中占有一席之地。

十、对语法学、语言学研究的见解

邢福义对语法学、语言学的研究，也有许多高明的见解。他说：第一，要提倡学派意识，形成学术流派，重视开辟富于特色的学术领地，提出标识性的理论和自己成套的研究方法，显示鲜明的治学特点，同时，要有上传下承并且日益壮大的穿越不同时期的学者队伍。第二，要加强理论建树，不能满足于引进和介绍国外理论，停留在“国外理论+汉语例子”上面。“研究植根于汉语泥土，理论生发于汉语事实”。第三，要深化事实发掘。从众多的事实中发掘出值得研究的事实；从值得研究的事实中发掘出规律性；从所得的规律中发掘出理论问题，总结出研究思路和研究方法。第四，要跟上时代步伐。一定要改变传统汉语研究的纯人文状况，重视汉语研究特别是汉语语法研究同信息处理的联姻，使之在更广阔的天地里实践研究工作的论实结合。第五，要认准一个目标。揭示汉语语法的客观规律，建立起符合汉语面貌的反映自己风格和成就的汉语语法学，这是我们应该认准的目标。第六，要寄希望于将来。真正符合汉语面貌的汉语语言学的铸就，有赖于一辈辈学者前赴后继地发扬愚公移山的接力精神，依靠的是具有动态推移性和连锁递进性的永远团结奋战的团队。(《学术》自序）他认为，语言学科要发展，需要实现一家之言和百花齐放、现代意识和朴学精神、引进提高和自强自立三个互补（《献疑》，P1—13）。他提出中国语言学进一步发展，必须做到：(1）进一步提高自主创新能力，不断强化学派意识，推动学科发展。(2）努力逐步实现同国外理论的“平等对话”。(3）加强事实的发掘，深入揭示其特点。(4）力求更好适应现代化的需要。(5）加速汉语走向世界的步伐，深化对外汉语教学的研究。(6）语言政策与语言规划的研究得到加强。(7）务实求真优良学风的发扬，受到进一步的重视。（同上，P77—93）

邢福义先后出版过语法问题的《探讨集》（1986）、《发掘集》（1992）、《思索集》（1995）、《追踪集》（2008）、《献疑集》（2009），表现了他语法思想发展的轨迹：探讨→发掘→思索→追踪→献疑。这反映了他语法思想的发展过程，即从语法问题探讨、语法事实发掘，发展到对语法理论和方法的思考、追踪和献疑、总结。他的语法思想的科学发展，值得人们重视。

邢福义作为新时期语法学家的代表之一，不仅成果多、质量高、影响大，而且有自己的鲜明特点：首先是着力于研究路子的探索，一方面把逻辑方法演化入语法研究领域，在结合逻辑研究语法方面作了成功的尝试，另一方面总结出三个充分的研究目标和两个“三角”的研究思路，主张从汉语事实出发探索适合汉语研究的理论和方法；其次是他十分注重立足于事实，细心探求，能在不易发现问题的地方发现问题，挖掘出事实，并找出规律，这些规律往往是极为隐蔽的规律，长于事实的细心发掘和精心描写是邢福义语法研究的鲜明特色；最后是注意苦心营造自己的学术“根据地”——复句研究，使自己的研究与众不同。

第十七节　江蓝生、沈家煊、马庆株、邵敬敏、范晓语法观

一、江蓝生的语法观

（一）生平

江蓝生（1943— ），湖北仙桃人。中国社会科学院副院长、学部委员、研究生院教授。1967 年毕业于北京大学中文系，1981 年中国社会科学院语言所研究生毕业，留所工作至今。著作有吕叔湘著、江蓝生补充整理的《近代汉语指代词》；与刘坚、曹广顺、白维国合著的《近代汉语虚词研究》；自著《近代汉语探源》（商务印书馆，2000）、《著名中年语言学家自选集·江蓝生卷》（安徽教育出版社，2002）、《近代汉语研究新论》（商务印书馆，2008）等。

（二）指代词观

《近代汉语指代词》是吕叔湘 20 世纪 40 年代的旧稿，1983 年由江蓝生补充、整理，再经过吕叔湘调整，1985 年出版。该书建立了一个完整的近代汉语指代词系统。全书的 10 章里，对人称指代词、名词性、定语性指代词、状语性指代词和数量指代词作了全面的论述，每个词都既举出大量例句说明用法，又从使用方法、音韵关系上探求其语源关系，全书描绘出了近代汉语指代词使用和发展的一个完整面貌。无论从内容看，还是从方法看，该书都是汉语语言学的一个里程碑。

关于人称代词复数词尾“们”，吕叔湘最早进行了研究，之后梅祖麟、蒋绍虞等也在此基础上发表了各自不同的看法。江蓝生提出了新的看法，她认为复数词尾“们”与“什么”的“么”同源，都来自表示事物类别的“物”。她从叠置式音变理论、现代方言和文献资料出发解释了语源“物”跟唐代以来的复数词尾用字“弭、伟、每”以及“懑、门、们”之间的音变关系，论证疑问代词“么”跟复数词尾“们”两者很有可能同源。（详见《近代汉语探源》，P134—156）雷冬平、胡丽珍《江西安福方言复数的“物”》（《中国语文》2007 年第 3 期）提出“们”源自“物”的方言例证（但此文对“物”的记音不准），也进一步证实

了江蓝生论断。

（三）虚词观

《近代汉语虚词研究》在虚词专论部分，重点讨论了29个虚词，连同附带涉及的7个，共有36个。其中以在动态助词和疑问副词方面着力较多。

1. 助词类下分动态助词、事态助词、结构助词、语气助词和概数助词5类。

（1）动态助词讨论了“却”“了”“将”“得”“取”“着”“过”7个。（2）事态助词讨论了“了”“来”“取”3个词。（3）结构助词主要讨论了一直沿用到现代的“底”“地”和现在只在少数方言中使用的“来”和“得来”。近代汉语中用作结构助词的主要是“底”和“地”，长期以来学者们关于这二者的研究集中在两个问题上，一是“底”和“地”的来源；一是“底”和“地”的用法。江蓝生对结构助词“底”也有自己独到的见解。她根据对魏晋南北朝小说及东汉至唐以前译经材料的考察，发现那时口语中有用如结构助词的“所”和“许”。并以此为突破点，提出了助词“底”源自处所方位词“底”的看法。她认为，方位词“底”进入结构助词领域之后，其功能就迅速向该领域的其他成员如“之”“者”看齐，沾染吸收了“之”和“者”的全部功能，甚至不同程度地沾染上了另一个结构助词“地”的功能，并最终取代了“者”。她指出“底”的胜利，使得汉语的结构助词由源自古代汉语的指代词（“之”“者”）转而变为源自处所词（方位词是广义的处所词）。这种观点为人们考察结构助词“底”的来源问题提供了一个全新的角度。这在理论上是能够成立的，但是在转变说上还需要更多的语言事实作证明。（同上，P237—257）此外江蓝生还有专文讨论了吴语助词中的“来”和“得来”的来源，在近代汉语阶段，动词“来”“得”虚化为助词是有一定过程的。（详见《近代汉语探源》，P110—133）（4）语气助词只讨论了一个“呢”，着重探讨其表示疑问的用法及来源。结论是：现代汉语表示疑问的语气词“呢”来源于“尔”。这在江蓝生的《疑问语气词“呢”的来源》中有更详尽的论述。江蓝生的考察填补了从“尔”到“呢”之间的空白。（5）概数助词“以来”“来”。江蓝生在《概数词“来”历史考察》中指出“来”是“以来”的省用。“以来”在唐代以后不只表示时间的范围，又扩大到表示处所、事物乃至人等的范围，所以它又用于表示数量的范围（即概数）是顺理成章的。“以来”和“来”最初只是表示不超过某数，到后来才可兼表比某数略多或略少。(6) 其他助词方面，江蓝生参照文献资料和少数民族语言对助词“似的”的语法意义及其来源作了深入的探讨（同上，P168—184）。

2. 在介词、连词部分讨论了“和”“共”和“吃”“打”5个词。

介绍“吃”和“的”，江蓝生把它们放在句子格式中加以考察，所以我们也放在下文句式研究中介绍。

3. 副词部分讨论了疑问副词和禁止副词两类，江蓝生在《疑问副词“颇、可、还”》文中讨论了“颇、可、还”3个疑问副词，并附带谈到了与“可”有关的“岂”和“宁”，与“还”有关的“为”，并从纵（六朝、唐五代、宋元、明清）和横（反诘、推度、选择问）两方面进行比较。禁止副词方面，江蓝生专门对禁止词“别”字来源进行考察。吕叔湘认为禁止词“别”是“不要”的合音，江蓝生在这一观点的基础上参照文献资料和现代方言进行论证，认为明代文献中“别要”多于“别”，“别要”是“不要”合音发生音变的反映。“别”读阳平，是“别要”连读音变的结果。（详见《近代汉语探源》，P54—64）

4. 词缀部分讨论了唐五代特有的代词前缀“是～”，以及形容词性的后缀“～生”。前缀“是”是从系动词“是”发展而来，是为了加强疑问代词的疑问语气和加强三身代词的指示性而使用的。前缀“是”只通行于8至10世纪左右。“生”是个形容词性的后缀，唐五代时候，它不仅用在形容词后面，也用在名词、动词（包括词组）之后，表达事物的情貌、状态。宋代以后，用在分句、句子后面的“生”已经具有语气词的性质了。

《近代汉语虚词研究》的贡献还在于江蓝生等4人通过对上述近30个虚词的探讨，从中总结了一些带普遍性的规律。如：唐五代是汉语发展的极其重要的时期，这一时期内出现或确立了许多新兴的语法成分、语法范畴。这些语言事实为汉语史的分期做出了贡献，印证了吕叔湘将晚唐五代作为近代汉语历史年代的上限是比较合适的；在近代汉语时期，助词系统的发展极为活跃，呈现出纷繁交错的状态；汉语的虚词一般都是从实词发展变化而来的等等。这些都为近代汉语语法进而为汉语语法史的研究添砖加瓦。

（四）句式和句型观

江蓝生曾经发表《被动关系“吃”的来源初探》，文中对“吃”字句的来源作了考察，她指出“喫”的本义为“食”，在唐五代文献中又引申出“蒙受”“遭受”的意义，“吃”用在动词之前，其“遭受”义更为显豁。关于近代“吃”字句，历来有两种不同的看法：一种是把“吃”字句归为“给”字句，一种是把“吃”字句归为“被”字句，这两种看法分歧的焦点在于近代“吃”字句与现代“给”字句没有渊源关系。很显然，江蓝生同意后一种看法。但孰是孰非还需要在具体考察大量的例句以后才能得出正确的结论。

江蓝生还发表《“动词+X+地点词”句型中介词“的”探源》一文对具体语言环境中的X成分的来源进行了历史的考察。在《从语言渗透看汉语比拟式的发展》一文中以朝代为纵线，以各个时期文献资料中的句式结构和语法功能为横线，提出在考察和分析历史语言现象时应跳出历史比较法的框框，从语言渗透、语言融合的角度去把握。文中重申了在《助词“似的”的语法意义及其来源》提到的观点即认为现代汉语中北方话念作 shì · de（是的）的比拟助词不是来自似/也似→似的/也似的系统，而是来自明代判断语气的句末助词“是的”。并加以补充说明：“是的”与“似的”是来源不同的两个比拟助词，《现代汉语词典》把“似的”与“是的”立为两个词目的做法是对的，但把“似的”也注为“shì · de”似可商榷。

（五）理论和方法观

理论和方法方面的研究，是近代汉语语法研究中的一个相当薄弱的环节。江蓝生等4人《近代汉语虚词研究》不仅对语言事实进行描写，而且在此基础上进行概括，总结出了一些带有普遍性的规律，这在理论和方法研究方面走到了前面。在虚词研究方面江蓝生突破了过去在语法研究中单纯研究虚词的传统，从语法格式与虚词两方面着眼进行语法史的研究，如《疑问副词“颇、可、还”》《被动关系词“吃”的来源初探》等。江蓝生在《从语言渗透看汉语比拟式的发展》一文中还提出了在研究语言发展变化的同时，注意其在时间和地域上的分部差别，使研究结果更加精确、深入。也就是说，语言不是一种同质系统，共时语言中的有些差异不一定都是其自身线条历时层次的反映，而可能是由于语言相互渗透、相互融合造成的。正因为江蓝生注意到近代汉语语法研究与理论、方法研究的结合，所以她的这些文章都具有较高的学术价值。

江蓝生认为考释近代汉语词语的方法有归纳法和演绎法。“归纳法是十分有效的方法，也是考释词语时首先考虑使用的方法。”（《近代汉语探源》，商务印书馆，2007 年，P299）“演绎法可以在一定场合弥补归纳法的某些不足，打破归纳法的某些局限，对于训释词义、考求本字和语源比较有效。”（同上，P300）江蓝生在研究汉语史中，还提出构词的类比现象。她指出：“汉语在构词法上有一种类比构词的倾向。所谓类比构词，是指甲、乙两字（语素）以某一结构方式组合为合成词，那么跟甲或乙词性、意义相同的字（语素），可以替换甲或乙进入这一结构，构成两个或两个以上跟原合成词同义的词。”（同上，P301）她还提出类同引申的说法：“两个或两个以上的同义（包括近义）词或反义（包括意义相对）词互相影响，在各自原有意义的基础上进行类同方向的引申，产生出相同或相反的引申义。我们称之为类同引申而不采用‘同步引申’的说法。”（同上，P310）并指出“认识和运用类同引申规律在词汇研究中的重要作用”。（同上，P319）江蓝生还指出了汉语语法的重要规律：“中国人含蓄、内在，反映在语言上就是汉语语法重意合，不重形式，语法框架简明，依赖语序但又不完全受语序的束缚，变例和歧义句多，表意形式灵活，有很丰富的隐性语法关系，跟重形式、有严格的形态标志的印欧语形成鲜明的对比。中国文化内在的人文性也跟西方的外在的人文性大相径庭。”（同上，P410）

江蓝生善于应用现代语言理论来研究近代汉语，从中又探索出不少有价值的理论见解。她用语法化理论分析了跨层非短语结构“的话”，指出“话”的泛化指代性以及由此形成的“话”与修饰语的同一性是“的话”词汇化的诱因，而省略和移位是“的话”词汇化的特殊机制。她说：“不仅实词可以虚化，短语可以词汇化，语段可以结构化，而且在一定的条件下，跨层次的非短语结构也可能演变为一个虚词。”（《近代汉语研究新论》，商务印书馆，2008，P51）“考察一个结构的语法化，有时仅作静态的结构和语义分析是不够的，需要从语用的角度在话语的范围内作动态的研究。”（同上）她在分析“VP 的好”句式的两个来源后，她指出：“在语言史的研究中，鳌清最初的来源与后来的合流，以及大量由语法化引起的异源同形或同源异形等现象，对于认识语言变异的本质、深入探索语言演变的内在规律是十分必要的。”（同上，P73）在研究“VP的好”句式的两个来源中，她指出“语用实践推动‘VP底是’结构语义功能不断扩大（判断是非→比较优劣→权衡利弊→劝导取舍），而语义功能的不断扩大，是推动该结构化的主要动力”（同上，P77）。在研究概念叠加与构式整合中，她指出：“我们首先从词汇层面的概念叠加和构式整合现象受到启发，进而意识到这种现象不仅仅局限于同义词之间，同样存在于句子层面。这再一次印证：汉语的词法大体上就是汉语的句法。”（同上，P167）她提出了“语音羡余词”，它是“语流音变和汉语的韵律规则共同作用的产物”。（同上，P237）她赞成从古代汉语中分出近代汉语，并认为“把汉语史由古代和现代的二分法改成古代、近代、现代的三分法不仅符合汉语发展的历史事实，而且也便于研究者分段开展研究”。（同上，P299）

江蓝生不仅十分重视近代汉语语法特点，而且重视近代汉语与现代汉语的紧密联系，加强了对近代汉语中一些特有语法现象的研究，为汉语语法史研究作出了巨大的贡献。江蓝生不少具体结论是可信的，不过她的相关近代汉语语法论述较为零碎，不成体系，大多散见于相关论著中。尤其是她的不少论文涉及了语源学的内容，有的还只是一种假设，需要大量的语言实例。当然，我们说这并无损于江蓝生在近代汉语方面的造诣，她的重要贡献还不限于这些具体的结论，而在于贯彻其论著和文章的中国语言学的传统而又有创新的优良学风，这也许是我们更有价值的一方面。

二、沈家煊的语法观

（一）生平

沈家煊（1946— ），浙江吴兴人，生于上海。1968年毕业于北京广播学院（现中国传媒大学）外语系英语播音专业。1983年获文学硕士学位后，在中国社会科学院语言研究所工作至今，曾任所长。现为中国社会科学院学部委员、研究员、博士生导师、《当代语言学》（原《国外语言学》）主编。还担任国际《话语研究》杂志咨询编委、《东亚语言学报》编委。获国家中青年突出贡献专家称号。出版著作有《不对称和标记论》（江西教育出版社，1999），《著名中年语言学家自选集——沈家煊卷》（安徽教育出版社，2002），《认知与汉语语法研究》（商务印书馆，2006）等。沈家煊善于运用西方的理论，解释汉语的语法现象，或者用汉语的语法事实，说明西方的理论。总之，把西方理论与汉语实际很好地相结合。沈家煊多有创新意识，即使分析老问题，也能采取新角度，例如对“把”字句的分析等等。

（二）标记论

产生20世纪30年代的标记理论，是现代语言学的一个重要理论。沈家煊的《不对称和标记论》是将标记理论运用于现代汉语语法研究的开拓性著作。该书正是在传统标记理论的基础上，将标记理论运用于语法研究，对汉语语法中各种对称和不对称现象进行了统一的描写和解释。作者以功能主义的语言观为理论前提，从语言结构外部来解释语言现象，并相信语言结构中的对称和不对称现象大多可以从语言功能上找到解释。至于研究方法，本书则采取了描写与解释相结合、共时研究与历时研究相结合的办法；同时，作者还从语言类型学的角度出发，提出将汉语纳入世界语言的变异范围的观点。作者将重点放在了具体理论的阐释上，为我们介绍了传统的标记理论，并着重将笔墨用在对新的标记理论的讲解上，提出了“相对模式”和“关联模式”的观点及“蕴涵通性”的概念，进而归纳出6条有无标记项的判别标准，分析了“标记模式”形成的原因及其与语言演变的关系。这其中既有对 Tmbetzkoy、Jakobson 和 Croft 等语言学家在标记论方面的研究成果的如实反映，也提出了作者个人在这方面的新见解，使读者能够通过这一章对标记理论的历史和现状有比较清楚的认识。作者运用新的标记理论，采用科学的研究方法，对现代汉语中存在的一系列争议较大的难点问题进行了细致的分析，有理有据，颇具说服力。在这一层次里，作者先从肯定和否定的不对称入手，根据有无标记项的判定标准得出否定句相对于肯定句是有标记项的结论；运用“关联标记模式”解释了某些看上去违背了分布标准的现象；再分别从意义和使用条件还有信息的连续传递两个角度指出肯定句和否定句的差别；然后，作者更进一步再将否定分为无标记否定和有标记否定，建立起语义否定与无标记否定、语用否定与有标记否定间的对应关系，运用语用学中的“适量准则”、“合作原则”及“方式准则”来解释两种否定的不对称，也为大家区分了句子的“衍推义”，“隐涵义”和“预设义”。此外，作者还对更加具体的问题进行了研究。作者以“差不多”和“差点儿”为例，明确指出二者的对立本质上是肯定与否定的对立并结合语用及认知对问题加以分析说明。紧紧围绕语用和认知两方面来说明极性词的形成和肯定否定消失的原因。作者还分别谈到了反义词的标记模式问题、主宾语的不对称问题、词类和句法成分的标记模式等。作者指出，主语、宾语这样的语法范畴是典型范畴，施事、话题这样的语义、语用范畴也是典型范畴。主语、施事和话题有自然的关联；宾语、受事和焦点有自然的关联。典型的差异是造成各种有标记的句法组配现象的根本原因。

我们应该特别注意作者如下语法观：

1. 语法是语用法约定俗成的结果

作者认为语法中的标记模式是一些语言使用的原则“语法化”的结果，因此我们可以从语用的角度来解释语法现象。作者还进一步指出，语用法上的不对称是语法结构不对称的根源。作者以“好不”的语法化为例，说明在“好容易=好不容易”，“好不热闹=好热闹”这样的肯定与否定对立消失的情况中，“好”与“好不”的不对称用法是由褒义词和贬义词的不对称造成的。人们在用言语进行评价时，往往引用按文化定义的行为规范或道德标准，因此褒义词常常成为引述的对象。在“好（引述）不蛮横（反语）”这样的结构中，“好”是个引述性副词，“不蛮横”是道义上的正面词语，由于“不”和“蛮横”的联系较松散，后来随着越来越多的类似用法的产生，“好不”就结合在一起，变成陈述性的，然后这一用法逐步扩展到其他词语上，这些词不一定是正面的道义词，如“好不热闹”从而完成了它的语法化过程（这些论证推理，作者选取了《西游记》中的语料为证），这是褒贬义的不对称造成语用上的不对称，语用法的固化即语法化造成了语法的不对称。这一论述正是对作者“语法是语用法约定俗成的结果”这一思想的最好注解。

2. 语法范畴是非离散性的典型范畴

作者不赞成将范畴看作离散性的、界限明确的，而主张采用 Given 的“典型理论”，认为界定一个范畴的特征不是充分或必要条件，属于这个范畴的成员有典型和非典型之分，因此作者把语法范畴也归人典型范畴。在书中，作者建立了这样几个典型范畴：

（1）施事和受事是典型范畴，定义这个范畴的是一些自然聚集的特征构成的“特征束”，如施事性的典型特征有 5 个：有生性、使因性、自主性、支配性和显著性。这 5 个特征又分别分为几个等级，由高到低，从左向右排。同时具备这 5 个特征而且是特征等级的最左边项的是最典型的施事。

（2）话题是典型范畴。在这里，作者同样用了由5个特征聚集在一起构成的“特征束”来定义话题。这5个特征分别是：居句首位置、后加停顿或语气词、定指、已知信息以及延续性。完全具备以上特征的是典型的话题，只具备其中一些的是非典型话题。

（3）词类也是典型范畴。作者提出，以往的词类划分之争主要是由于将词类看作一个离散的、具有明确界限的范畴，将一些语法特征作为构成某一类词的必要或充分条件，所以走上了一条循环论证的不归路。他建议将词类作为典型范畴来考虑，对“词有定类”的理解不能绝对化。

3. 在解释语法现象时可以打破语法、语义、语用的界限

这也是作者在对语法现象进行具体的解释时采用的一种大胆而富有创见的指导思想，体现了作者分析问题解决问题注重从多角度、全方位来考虑。作者谈到了一条否定量域（跟量有关的否定范围）的规律。对某一个量x的否定，否定量域是大于或等于x的量；对某一个量x的否定，意味着肯定一个接近x的量。这条规律适用于语法、语用、语义3个层面。从这条规律可以推导出“全量肯定否定规律”，即对一个最小量的肯定意味着全量否定；对一个最大量的肯定意味着全量肯定。作者把语义上表极大或极小量的词称为“极量词”。由于受到语用上的“适量准则”和认知上的“常规推理”的影响，以及认知方式在“语法化”的程度或进程上有所不同，极量词在出现了正负颠倒后造成了不合语法、不合语用及不合语义三种情况。这正是作者运用认知规律解释语言现象，打破了语法、语用、语义的界限。我们认为其理论特色及研究特点主要有以下几个方面：

a. 新的标记理论具有相对性和关联性

最早由布拉格学派提出的标记理论是一个绝对的二分模式，即两个对立的语言成分要么具有某一区别性特征而被视为有标记的，要么不具有这一特征是无标记的。但沈家煊的标记理论则认为标记模式是相对的。如他以“数”为例，认为除了单数和复数以外，不少语言中还有双数和三数，甚至有的语言还有少量数，表示“几个”的概念。这说明一个语法范畴的成员往往不止两个，可以多分。这可以用一个等级来表示，如：单数>复数>双数>三数>少量数。这表明有标记和无标记是相对的，是一

个程度问题，最左边是这个范畴中典型的无标记成员，从左往右有标记程度依次递增；最右边是典型的有标记成员。新标记理论的另一特点是它的关联性。传统标记理论只与一个范畴内部的两个成员之间的关系有关，而新的标记理论力图建立起范畴与范畴之间的联系，是两个或两个范畴之间的"关联模式"。这样就避免了孤立地看问题，有利于从更大的范围内去寻求对语法现象的合理解释。例如，在谈到否定与肯定的不对称时，作者就在肯定与否定、自主与非自主这两个范畴间建立起了"关联标记模式"。其中，肯定与自主构成一组无标记配对，否定与非自主构成另一组无标记配对。

b. 将标记理论与语用、认知及生理因素相联系

这里的标记理论并不是孤立的，它是有语用、认知和生理上的基础的。在书中，我们处处可以看到这几者之间紧密的联系。正如前面已经提到过的，作者时常引入语用学的概念来解释语法现象，此不赘述。我们还注意到，作者也经常从认知和生理的角度来寻找答案。如分析施事和受事的不对称时，作者建立了一个"关联标记模式"，两个无标记组配分别是"主语—领有者"，"宾语—领有物"。主宾语的不对称实质就是领有者和领有物的不对称，而造成这种不对称的深层次原因是在认知上。领有者一般是有生命的、主动的，具有显著性，所以是无标记项；相反，领有物就不具有认知上的显著性，因此是有标记的。而认知上的不对称也有生理基础，如人一般朝前走，因此"前"为正向词，"后"为负向词；又如，人体是一个呼吸吐纳的容器，有里外之别，对进入人体内的东西特别敏感，因此在表述外部空间的时候，"里"为无标记项。

c. 作者证明了这种理论对于解释汉语语法的实用价值

作者讨论的问题都非常典型，也非常具体，如："差点儿"和"差不多"的问题、"除非"的问题、"一会儿"和"不一会儿"的问题、"好不"的问题等，这些都是汉语语法界长期争论不休的焦点问题，作者另辟蹊径，从不对称和标记论的角度一一阐明了这些问题，让人耳目为之一新。

（三）认知语法观

20 世纪 80 年代中期以后，沈家煊把国外最新语言学理论方法，尤其是认知语法等功能语法的理论和方法跟汉语实际结合起来，对汉语语法的一些问题作了新的探索。

《"差不多"和"差点儿"》(《中国语文》1987年第6期)引进语义学和语用学的"蕴涵""含义""预设"等概念解释了"差不多P"和"差点儿P"的异同，认为："蕴涵、含义和预设三个语义概念不仅较确切地解释了'差不多'和'差点儿'的异同，而且能用来解释好些类似的语义现象。"

《"判断词语"的语义强度》(《中国语文》1989年第1期)运用语义强度等级概念解释"不怕他不来≠怕他不来""不相信他不知道=相信他知道"这种双重否定和"知道他不在家≠不知道他在家""希望他不参加≈不希望他参加"这种单一否定移位两者所造成的两种相同结果的原因，发现只有处于强度等级中项位置的判断词语才使用否定词移位，同时，移位还受到语用上的避免误解的原则和说话委婉的原则的制约。

《不加说明的话题——从"对答"看"话题—说明"》(《中国语文》1989年第5期)认为"对答"的基本单位是"举动"，包括言语举动和非言语举动，每个"举动"都兼有应答和引发两重作用，一问一答两个举动之间有语义上的相关联系，这种相关也是话题和说明之间的联系，在静态的话语分析中话题和说明是确定的，"但是从连续的动态上看，话题和说明没有明确的分界，任何话题都是引发的反应或说明，任何说明都是实际或潜在的话题"，该文运用社会学互相作用的方法分析了汉语会话中的"对答"。

《"语义的不确定性"和无法分化的多义句》(《中国语文》1991年第4期)首先对"语义的不确定性"性质进行了讨论，认为它不同于模糊和笼统，而是从逻辑上看有"衍推关系"、从语义对立关系上看是"缺性对立"，正因为这两个性质使得分化由语义的不确定性造成的多义句不可能得出两个独立的单义句，所以，语义的不确定性也不等于歧义，而是介于"歧义"和"笼统"之间的语义现象，文中还对几类属于语义不确定性的多义句进行了分析和说明。

《"语用否定"考察》(《中国语文》1993年第5期)区别了语义否定和语用否定，进而作者描写和解释了否定由"适量准则"得出的隐含义、否定由"有序准则"得出的隐含义、否定风格色彩等隐含义、否定"预设"意义、否定语音或语法上的适宜条件等几类语用否定类型，并对语用否定的性质提出了看法，认为语用否定都是引述性否定、辩解式否定，该文实际上是给语义学和语用学的区别提供了一个范例，也观察出汉语语法中的一些新的现象。

《“好不”不对称用法的语义和语用解释》（《中国语文》1994年第4期）从语义和语用的角度解释了“好不”的不对称现象。沈家煊以上几篇论文多从语义和语用角度，对汉语语法中的某些现象作出新的解释，这体现了语法研究从描写到解释的转变，沈家煊的这几篇论文也算得上是语法解释的范例。

《“有界”和“无界”》（《中国语文》1995年第5期）则对语法的解释又进了一步，该文引进认知语法的“有界”和“无界”的对立来解释数量词对句法结构的制约作用，并发现这一对立在名词、动词、形容词上都有类似的体现，这就可以对一系列语法现象作统一的解释，也说明从人的认知观点来解释语法现象是可行的。

《形容词句法功能的标记模式》（《中国语文》1997年第4期）用“关联相对标记模式”理论证明了性质形容词和状态形容词因标记的差异而形成的句法功能的差异，性质形容词做定语时是无标记的、做谓语时是有标记的，状态形容词正好相反，由于性质形容词是典型的、无标记的形容词，因而汉语形容词典型的或无标记的句法功能是充当定语，所以，该文实际上是从语言类型或语言功能、人类认知上证明和解释了汉语形容词的主要句法功能。

《“在”字句和“给”字句》（《中国语文》1992年第2期）以“在”字句和“给”字句的分析为例，说明不同词类序列代表不同的句式，但句式不等于词类序列。“一个句子是一个‘完形’（Cestalt），即一个整体结构。只有把握句式的整体意义，才能解释许多分小类未能解释的语法现象，才能对许多对应的语法现象做出相应的概括”，而句式的整体意义是有认知基础的，整体意义是由顺序原则、包容原则、相邻原则、数量原则等基本的认知原则决定的，并对一味的从分布出发分小类解释语法现象提出异议，认为语法光有分析是不够的，还应有综合。这种认识实际上是对结构主义描写语法学在汉语语法研究中长期运用的反思。（参看第四章第六节）

三、马庆株的语法观

（一）生平

马庆株（1942.10.30— ），天津静海人。1963年毕业于天津师范学院中文系，1981 年毕业于北京大学中文系，获硕士学位，现为南开大学中文系教授、博士生导师。马庆株的主攻方向是现代汉语语法，兼及词汇、修辞和语文现代化等方面，出版著作有：《汉语动词和动词性结构》（北京语言学院出版社，1992）、《汉语语义语法范畴问题》（北京语言文化大学出版社，1998）、《著名中年语言学家自选集·马庆株卷》（安徽教育出版社，2002）、《马庆株自选集》（南开大学出版社，2004）等。

通观马庆株的汉语语法方面的论著，我们强烈地感受到马庆株的语法观有一个动态的发展过程：前期着重挖掘汉语的语义语法范畴，后期提出并努力实践语义功能语法和词与短语的复本位语法体系。

马庆株，被称作是汉语语法"新时期崛起的第三代学者代表"。他观察细致、描写深入、方法严谨，深受学界赞誉。他在语法研究上提出过很多真知灼见，其语法观主要可以概括为：语义功能语法观。这个观点密切联系语义和表达来研究语法结构，既重视汉语的特点，又重视语言学的共性，马庆株的研究和理论不仅丰富了汉语语法的范畴，也使汉语语法因严密而更加现代化。

（二）汉语语义语法范畴论

《现代汉语的双宾语构造》和《拟声词研究》尽管在发表时间上晚于《时量宾语和动词的类》等文，但这两篇文章其实应该是马庆株的处女作，因为它们的初稿是作者在北大读研究生时完成的。这两篇文章基本上都属于结构主义框架内的。如《现代汉语的双宾语构造》以口语为基本语料，从形式和语义两个方面列举并分析了现代汉语双宾语的类型、结构意义和语义关系，作者归纳的双宾语类型有：给予类、取得类、准给予类、表称类、结果类、原因类、时机类、使动类、处所类、度量类、动量类、时量类和包含虚指宾语的。马庆株在掌握大量材料基础上，对双宾语构造作了几乎穷尽式的归纳，分类甚详，但从语法上看没有多大突破。

《时量宾语和动类的词》是马庆株转型的开始，从此，马庆株踏上了汉语语义语法范畴研究的征程。该文描写了"看了三天了"及相关格式的歧义条件，运用了语义特征分析法、分布分析法和变换分析法等，对进入 C_1（"V+T"）、C_2（"V+了+T"）、C_3（"V+（了）+V"）三种格式的动词进行检验，发现格式有无歧义正是由动词的语义特征所决定的，而根据动词的语义特征，作者得出了动词的一个新的分类系统，即动词可以分为持续动词和非持续动词（如死类），持继动词又可进一步分为看类和挂类（表状态）。从而建立了现代汉语动词的“持继范畴”。

《自主动词和非自主动词》是马庆株的成名作。该文通过同藏语语法的比较，从功能和分布特征出发，利用“来/去+V+O+来/去”格式，区分现代汉语的自主动词和非自主动词，“自主”和“非自主”属于语义划分，但马庆株为它们找到了20条句法的差异和对立，即为语义上对立找到了形式上的表现，从而建立了汉语动词的一个新的语法范畴：自主范畴。动词的持继范畴和自主范畴都是语义平面的语法范畴，即语义的差异和对立造成了句法上的差异和对立，马庆株称为“语义语法范畴”，马庆株以自己的研究实践证实了汉语“语义语法范畴”的存在。

《能愿动词的连用》根据语义场的理论把能愿动词分为可能A、必要、可能B、愿望、估价、许可6类，然后考察了各类能愿动词连续连用和间隔连用的顺序，发现：“不同小聚合类的能愿动词自相结合时有一突出的顺序，即存在有序性，其连续连用只能是顺向的，不可能是逆向的。即：可能A>必要>可能B>愿望>估价>许可。”该文关于词的小类组合存在有序性的结论，是马庆株提出“顺序义”范畴的先导之作。马庆株后来又作《顺序义对体词语法功能的影响》和《多重定名结构中形容词的类别和次序》等对“顺序义”作了进一步的探讨。

在多年语义语法范畴研究的基础上，马庆株于1995年提出了语义范畴语法的概念。他说：“汉语语法与语义密切相关，语义的类别有时就是语法意义的类别。含有不同语法意义的语法单位的类聚，是语法类，因为可以从形式上找到分布特征方面的证明。因此我们基本上同意语义语法的提法。再者我们主张语义学的语法（semantic grammar），简称为语义语法。语义语法是以词和词组为基本单位的复本位语法。在这种语法体系中，语义语法范畴，即语义学语法的范畴的研究居于中心地位，联系语义和语用进行语法描写、分析和解释，在继承全部有价值的研究成果的基础上把语法研究向深处推进。”

1992年出版的《汉语动词和动词性结构》和1998年出版的《汉语语义语法范畴问题》被称为马庆株在语义语法范畴研究上的姊妹篇，作者在书序中谈到：“本书和已出版的《动词》一书的内容都是语义范畴语法的研究。”（《汉语语义语法范畴问题》序）他认为语义语法范畴是汉语语法语义范畴（语义特征）和语法范畴（分布特征）有应对性，探讨语义语法范畴，是在语法研究中将形式和意义结合起来的有效方法，二者的结合可使语法具有解释力。在这两本书中，他从动词入手，建立了动词的持续范畴和自主范畴、体词的顺序范畴、数量词的次第范畴和范围范畴等，从具体的语法事实出发，归纳演绎，从个性中发现共性，积累了丰富的实践经验，为他之后的一些重要理论打下扎实的基础。

汉语是一种非形态语言，显性语法形式不发达，语义与语法的关系密切，印欧语的形式分析不能揭示“隐性语法关系”，即语义结构及其成分之间的关系，因此汉语的语义特征成为汉语语法研究的中心问题之一。马庆株重视语义特征的研究，通过具体的语言分析实践了语义特征研究，使汉语的解释呈现精密化、科学化。

从语义语法范畴到语义功能语法，马庆株始终突显着语义特征的地位。马庆株的研究从一开始就把语法单位放在语法结构隐性的搭配组合形式中而不是在显性形式（状态）中去考察。在语义的研究上，他认为：“语义特征是范畴性语义成分，简称范畴义，即是概括性最大的意义，和语法范畴有关”（《试谈语义特征的提取》），因此它不但存在于虚词中，也存在于实词中，“实词的语法意义是从它的词汇意义当中抽象出来的意义成分”（《著名中年语言学家自选集·马庆株卷》，P5）。马庆株对实词的语法意义的认识和实践研究，可以说，是对以往认为实词没有语法意义的一次突破。

此外，马庆株在语义范畴研究取得成绩后作做了理论性的总结。在《试谈语义特征的提取》一文中，他根据研究实践总结出一些找寻和确定语义特征的方法：词义比较系联法、词语解释法、构词分析法、语法性质的例外、分布特征、变换等。

语义语法范畴的另一面是语法范畴，这就决定了范畴分析必须寻找语法单位的形式特征，必须对语法单位的组合分布形式进行详细的描写，才能是真正的语义语法。正如马庆株所说的语义这东西不同的人有不同的理解，所以要用形式作为判定标准……我们认为形式是中心，也是最后的落脚点。20 世纪 70 年代到 80 年代，汉语语法学家已经注意到了表示有意识行为的动词和表示无意识行为的动词有某些差别，但“（非）意志动词”只是一种语义分类，不是语法上的再分类，马庆株从这两类动词语义上的差异着手，全面分析了这两类动词在词法和句法方面的差异，把语义上的差异和相应的句法组合功能和分布特征结合起来，为这种语义范畴找到了相应的语法形式，从而确立了“自主/非自主”这个已基本得到公认的范畴。对于汉语这样形态变化很少的语言的语法，语法形式特征应该是更为重要的。因此马庆株的研究具有浓厚的对语言形式分析与描写的色彩，也因而更显得科学化、精密化，具有说服力。

分布特征分析，是马庆株在语法研究中始终坚持的一个方法。他考察各语言单位出现的语言环境，和它在更大的语法单位中所处的位置，根据分布特征给词定类。他认为，词的大类和小类的有序性排列的特征也是一种广义的分布形式，这种形式在范畴研究中具有特殊的独立的价值，“使语言更具有条理性”，凭借对汉语语法单位一系列有序性排列规则的发现，他建立起一系列的语法结构模型，对于从整体构建汉语句法系统来说，是一种具有开拓性的很有意义的语法实践。它吸收了三个平面的语法理论，认为分布特征“不仅考察作为语法成分的各级语法单位之间相互选择表现出来的分布特征，还考察语法单位在不同表达中出现的情形，即在不同句类中的分布和在不同语体中的分布”（《语法研究入门》，商务印书馆，1999，P316），如自主动词能出现在肯定祈使句中，非自主动词不能。

对于变换，在这里值得一提的是马庆株对这方法的创新，即他所提出的“语义解释型变换”。传统的变换增添的语法标记往往是虚词，而他在变换时添加了虚词和语义单纯的实词，在《时量宾语和动词的类》一文中，区别强持续、弱持续动词的变换式即为“是 T 前 V 完的”。这种变换分析方法特别适合汉语这种类型的语言，是对语言学方法有意义的补充。

马庆株还认为，语法研究可以建立在形式和意义间有联系这一假设的基础上，“即便不是完全对应，至少是部分地对应的，随着研究的不断深入，可以发现越来越多的形式与意义相对应的现象。只有在这个假设的引导下才能自觉地注意和发现语法和语义的对应关系”（《汉语语义语法范畴问题》，北京语言文化大学出版社，1998，P212—213）。在具体研究上可以从意义入手，寻找形式上的差异，如有顺序义体词的小类研究，考察了各体词类在自相组合造成的同位结构和主谓结构中顺序义对于词的小类分布的影响，得到了一系列语法公式；也可以从形式入手，寻找意义上的联系，如限定义就是对根据受副词性“差（一）点”修饰这一选择性特征得出的动词的类别在语义上的概括；更多的情况下是形式和意义反复印证，这一点在拟声词的研究中体现得最为突出，作者首先从内部构造方面讨论单纯拟声词和合成拟声词的差别，进而概况出一次性和连续性、多次性这种语义上的区别特征，然后回过头来探讨两类词语法功能上的差异，条分缕析，丝丝入扣，使得出的语义语法范畴更易于把握，结论也更加令人信服。

（三）语义功能语法观

1998 年，马庆株在《中国语文》上发表《结构、语义、表达研究琐议——从相对义、绝对义谈起》，第一次提出并论述了语义功能语法，即结合语义表达的结构研究，建立起自己的理论体系。与语义语法范畴的观点相比，他的语义功能语法从结构、语义、表达三个平面之间的联系和区别入手，继承了传统上重视意义和表达、结构主义语法重视分布特征分析的优点，也吸收了当代各种功能语法注重功能和语用分析的长处，比语义范畴语法的提法可谓又进了一步。

因为语义功能语法是在语义范畴语法基础上提出的，而这种结合汉语语法特点的理论，有了长期语法研究和探索的基础，因此是务实的。他给语义功能语法下定义："语义功能语法以语义为基础，以分布、变换等形式特征为标准，以语义语法范畴为中心，以词和词组为基本单位，以分类为重点，形式与意义相结合，共时与历时相联系，共性与个性并重，归纳与演绎并举，多角度、全方位地描写和解释语法聚合和语法组合。"（《著名中年语言学家自选集·马庆株卷》，P5）

在语义功能语法中，语义和功能都是广义的。语义是形成语法聚合的基础；语义成类地制约词语和词语之间的搭配，制约语法单位的组合行为和表达功能。语法学研究的意义是语法意义。前人认为实词没有语法意义，只有词汇意义；虚词则只有语法意义，没有词汇意义。马庆株认为这种说法太简单了，不符合实际。实际上各类词都有其语法意义，如名词的语法意义——事物，动词的语法意义——动作/状态/变化/属性，形容词也有形容词的语法意义。实词的语法意义是从它的词汇意义当中抽象出来的。一般的词汇意义不能成类地制约词语之间的搭配关系，不是语法意义。例如词汇中表示时间意义的词语有的是时间词，有的是抽象名词如"时期/时分"，有的是方位名词如"以来"，有的是量词如"世纪"，有的是数量（名）结构如"一点钟"，有的是时间副词如"整天"，有的是区别词，所属的词类不同，语法意义也不一样。时点、时段、相对时间、绝对时间等决定词的用法的范畴性的意义才是语法意义。

语法范畴意义是词汇意义的组成部分。此外，语法意义还包括形态和形态性成分所表示的意义：虚词的意义和语法关系的意义，以及和语法聚合相联系的语用意义。

广义的功能包括结构功能和表达功能。

结构功能一方面是分布（粗略地说是句法功能），另一方面是语篇功能。

分布也是广义的分布，包括静态的分布和动态的分布即变换，还包括词和词组在不同句类中的分布。分布特征反映语法单位的用法。

语篇功能是指在形成连贯语篇的过程中语法单位所起的作用，如衔接作用。

表达功能包括逻辑功能和人际功能。逻辑功能包括概念功能、判断功能、推理功能和证明功能。人际功能包括敬谦功能、祈使功能、提问功能等。充分注意表达功能才有可能使表达接近于得体的要求。

（四）以词和词组为基本单位的复本位语法观

构建语法体系首先要选择基本语法单位，不同的语法单位造成了不同类型的语法体系，决定了语法体系的基本面貌。马庆株继承朱德熙的“词组本位”说后，独辟蹊径，提出词和词组为基本单位的复本位语法观。

马庆株的复本位语法观与他所进行的语义语法范畴研究是分不开的。进行语义语法的分析，把分布特征与语义特征结合起来研究是一个较好的途径，而以词和词组为基点的复本位正是其最简洁有效的办法。复本位的方法有利于在词组的框架内考察词的分布特征，进而寻求词的语义特征，借以给词划分小类，或者相反，先在词的基点上考察其语义特征，再在词组的框架内进行形式的验证，从而给出范畴。因此，复本位语法观保证了语义功能语法的研究，使之能深入地卓有成效地实践。但不论是词还是词组都有静态的结构体，只能是进行基本的研究，对于进入交际的变化着动态的语言，句子就不是能从词组的角度就可“推”上来。

在语素、词、短语、句子这四级语法单位，由于词和词组都很重要，因而马庆株认为只以一个层级的语法单位为基本单位的单本位语法体系应该放弃，而代之以复本位的语法体系。而在复本位体系中，基本单位也不必太多，一般以两个为宜。在四级语法单位中任选两个可以有下列不同的组合：（1）语素+词（2）语素+词组（3）语素+句子（4）词+词组（5）词+句子（6）词组+句子。其中（5）是张志公主持的中学汉语教学系统提出来的，采用这种语法体系的语法书大部分篇幅是用来讲词和句子的。（1）的两种单位都是词法单位，（6）的两种单位都是句法单位；（2）和（3）都是以语素为一方，以词组/句子为另一方，马庆株认为，两方差距太大，这不同级别的语法之间缺少内在的联系。所以马庆株主张在词法中抓住词这个层级，在句法中抓住词组这个层级，即抓住中间带两头：抓住词向语素推，抓住词组向句子推。马庆株认为这样构建的汉语语法体系中词法与句法平行，词组中有成句词组和不成句词组，正像语素中有成词语素和不成词语素一样。弄清楚什么词组可以成句，什么样词组不能成句，句子的问题也就大体比较清楚了，就向弄清各级语法单位的自由和粘附问题前进了一大步。

事实上，在他任副主编的《现代汉语》教材中，马庆株也是贯彻了这个复本位体系的思想的。（详见本书第五章第一节《汉语语法本位论史》）

（五）马庆株语法观的来源

马庆株师承朱德熙，他的语法观深受其影响。朱德熙重视语法意义与语法形式的结合，他指出："真正的结合是要使形式和意义相互渗透。讲形式的时候能够得到语义方面的验证，讲意义的时候能够得到形式方面的验证。"（《语法答问》，P80）同时他也是较早关注从三个平面来进行语法研究的学者——"进行语法分析，一定要分清结构、语义、表达三个不同的平面。结构平面研究句子里各部分之间形式上的关系。语义平面研究这些部分意义上的联系。表达平面研究同一种语义关系的各种不同表达之间的区别。"（《语法答问》，P37）这些远见卓识都给马庆株的研究以高起点，从对语义的研究入手，按词的次范畴给词进行再分类，又能把语法研究的动态与静态结合起来，把研究的视角从语义、结构的静态关注扩展到语用表达的动态研究，站在更为全面的角度挖掘汉语的特点。

马庆株曾说他对顺序义的一系列探讨是受到朱德熙先生的启发的。朱德熙在讨论语气词时曾把语气词分为三类，指出这三类的排列是有序的。马庆株把这种有序性扩大到能愿动词、体词和形容词等，并指出内在的语义因素，从而得出"顺序义"这么一个新的语义语法范畴。（参

见第八章第四节）

四、邵敬敏的语法观

（一）生平

邵敬敏（1944. 12. 5— ），浙江鄞县人。1966 年毕业于北京大学中文系汉语专业。1981 年获得杭州大学硕士学位后，在华东师范大学中文系任教。1994 晋升教授，1998 年任博士生导师。2002 年调暨南大学中文系工作。兼任中国语言学会常务理事、现代语言学研究会副会长、广东省语言学会会长。出版著作 40 余种，论文 300 余篇。主要论著有《汉语语法的立体研究》（商务印书馆，2001）、《著名中年语言学家自选集·邵敬敏卷》（安徽教育出版社，2002）、《汉语语义语法论集》（上海教育出版社，2007）、《汉语语法专题研究》（北京大学出版社，2009，合著）等。

（二）语法观

1. 语法学史观

他撰著《汉语语法学史稿》，把汉语语法学史分为酝酿时期、草创时期、探索时期、描写时期、创新时期。对各个时期汉语语法研究的具体情况与成就给予叙评。指出汉语语法学发展的历史趋势：描写研究与解释研究相结合、语法形式与语法意义相结合、静态研究与动态研究相结合、微观研究与宏观研究相结合、事实研究与理论研究相结合。

20 年来，在从事现代汉语语法研究的过程中，他逐渐形成了自己的看法。他认为，语法是个复杂的立体的开放的系统网络，语法研究要允许各种理论方法并存，每一种理论方法都只能解决局部问题，都不可能包打天下。所以他主张采取一种宽容的态度，主张多元的研究，主张立体的研究。无论是形式语法理论也好，认知语法理论也好，功能语法理论也好，只要你能够解释某些汉语事实，他都承认你的地位和作用。他认为，至于那些“空对空”的理论，不能解决汉语问题的，即使说得天花乱坠，听起来很迷人，很动听，也不能让人接受。

他历来主张我们应该建立具有中国特色的语法理论。不反对研究语言的共性，但是，我们的立足点必须是研究汉语的个性，并且只有在研究汉语包括汉藏语系个性的基础上才有可能对语言共性的研究做出应有的贡献；他认为研究要跟国际接轨，但是，这种接轨，不能是只有进口没有出口的“单向输入”，而必须是既有进口又有出口的“双向循环”。一方面要高举“建立具有中国特色的语法理论”的大旗，另一方面要全面引进国外最新的语法理论，在挖掘汉语个性的同时进而研究语言的共性。只有这样，我们的语言学事业才大有希望。（参看第五章第六节）

2. 双向语法观

他在1995年提出了一个新的理论解释框架：“双向解释语法”，后来进一步把这个理论框架正式定名为“双向语法”。所谓“双向”，其主要的哲学背景就是坚持“两点论”，而不是偏激的“一点论”。两点论就是既看到事物的正面，也看到它的反面；既看到事物的这一面，也看到它的那一面。其中，语法本体结构的形式和意义的双向研究是最基本最重要的，他主张：

第一，语法是形式和意义的统一体，语法研究既可以从形式入手，也可以从意义入手。对汉语来讲，由于缺乏严格意义的形态变化，所以从意义入手显得更为方便、直接，这是由汉语特点所决定的。问题的关键是：在研究语法形式的时候，不要忘记意义的解释；在研究意义的时候，不要忘记形式上的验证，二者缺一不可。因此，对任何一种语法现象，都必须进行双向的研究。形式和意义可以互为起点和终点，也就是说是个“双通道”，而且往往是多次双向，反复双向，不要试图一次验证就会解决问题。因此，重要的不是研究从哪个点出发，而在于相互交叉渗透性的研究，即你中有我，我中有你，真正达到水乳交融的境界。为此，他运用“双向选择”的理论对名量词和动量词作了有效的研究。不仅如此，而且还应该承认语法形式研究的相对独立性，同时也承认语法意义研究的相对独立性，特别是当一时找不到形式的验证时。对语法形式和意义内涵的理解要扩大，不必拘泥于国外语言学理论的定义，一切要从汉语语言事实出发。

第二，句法结构中的语义研究，已经成为现代汉语语法研究的重要课题。这包括：语义特征、语义角色、语义指向、语义范畴、语义关系、语义层面、语义结构、语义指称、语义配价、语义选择等等。其中，语义特征、语义角色以及语义指向的研究更具中国特色。为此，他提出了“句法向”和“语义价”的理论构想；对歧义结构，提出了新的分化方法；就副词的语义指向，提出了“指”“项”“联”几个重要的观念以及具体的分析方法。

第三，语法是一个复杂的立体的系统网络，几乎每一个语法现象都会涉及语法、语义和语用三个平面。因此，必须进行三个平面的交叉研究。对三个平面目前有很多种解释，为此，他出了一个“立体交叉模式”，即让“词汇平面”“句法平面”跟“语用平面”相对，指研究的范围；每个平面分别以“词语”“结构”和“句子”作为研究的对象，它们各有自己的词语意义和词语形式、结构意义和结构形式、语用意义和语用形式。语法研究就是要把这几个方面有机地结合起来，形成立体交叉的研究思路。

第四，语法研究中如何在静态研究的基础上进行动态研究，是一个很具有方法论意义的研究课题，为此，他通过语素、词语、格式以及句子等若干课题的研究，来探讨这一变化过程。有的着眼于普通话与方言的比较，有的着眼于历史到现状的演变，也有的着眼于汉语跟英语的异同对比。事实证明，有没有动态的观念，对语法研究是至关紧要的。

他在每个专题研究中都有意识地分别从句法、语义、语用三个平面进行讨论。他总是在语法形式结构的基础上进行语义分析，并联系语境进行语用功能的探讨。他的着力点在语义和语用分析上，而分析研究的基础和归宿都是形式结构。即使对从语用平面划分出来的探讨，也坚持必须与形式相结合。这种既不把语法研究局限于静态的结构分析，又不脱离语法研究的核心的方法，是非常好的。他把语言放在人际关系中进行研究，同言语行为理论和话语分析方法一起开拓了语法研究的视野和领域，促进了语用学的发展。

语法研究的一个主要方法是从言语材料来概括规律，即以一定语法理论为指导，通过语言事实的调查研究，找出言语交际的形式规律。这种研究是以事实为根据的，充分占有材料是成功研究的必要条件。在他的论著中，对句法、语义、语用诸方面提出新的规律或对已有的规律作出新的解释。

3. 提出建立“语义语法”说的理论框架

这些年来，他大声疾呼要致力于建立具有中国特色的语法理论，而“语义语法”理论正是这样一种具有浓郁中国特色的语法理论。这一理论根据汉语的特点和客观规律，逐渐形成以语义为研究的出发点和研究重点。一、认为汉语语法研究的最终目的应该是揭示“语义的决定性、句法的强制性、语用的选择性以及认知的解释性”。二、认为语义语法的内涵包括：（一）形式与语义可以互为研究的出发点。（二）汉语语法研究更适合于从语义出发。（三）语义是我们语法研究的重点。（四）语义研究应该有相对的独立性。为此提出语义研究的六大课题：1. 重建语义范畴。这主要指在句法结构中通过某些词语体现出来的语法意义的概括和集中，即语义范畴，它主要是指一种聚合。包括方所、时间、数量、否定、肯定、人称等。2. 梳理语义关系。这主要是指词、短语或者分句，乃至小句之间所形成的语义关系，这主要是指一种组合。包括并列、递进、选择、目的、补充、因果、转折、让步、条件等。3. 分配语义角色。即指出不同的词语在句法结构中所充当的语义角色，不仅指动词跟名词之间的语义角色，也包括名词之间以及形容词跟名词之间的语义角色。4. 揭示语义特征。即显示某些词的小类在不同结构格式中所体现出来的有区别性特征的语义要素以及它对句法结构是否成立的决定性作用。5. 确定语义指向。主要是揭示直接成分，特别是非直接成分之间的语义联系，包括句内、句间以及句外不同类型的语义指向。6. 建立语义结构。即揭示隐藏在句法结构背后的语义结构，并确定他们之间的语法关系。并且特别强调（一）形式跟意义的双向研究。（二）共时和历时的双向研究。（三）静态跟动态的双向研究。（四）事实跟理论的双向研究。（五）描写跟解释的双向研究。

4. 现代汉语疑问句观

《现代汉语疑问句研究》对现代汉语疑问句研究的历史、现状、研究对象和问题作了详细评述。他提出：①语用研究的原则是，语用特征的分析必须联系上下文乃至更大的语境以及交际双方才能顺利进行，要注意区别不同层次的语用特征。②在着重分析某种语用现象的交际功能时，必须尽可能地寻找其可靠的形式标志或手段。③语用现象比较复杂，可能受到多种因素或条约的制约与影响，研究时不可简化。他还提出用词汇平面取代语义平面，三个平面应为词汇平面、句法平面和语用平面，语义同时与这三个平面发生关系，从而形成词汇义、句法义和语用义，叹词疑问句的语义有词汇义、句类义、结构义和语用义四个层面。他还提出了现代汉语疑问句的分类系统。他着眼于“选择系统”，把现代汉语疑问句分成是非选择问句和特指选择问句两大类，前者又分是非问句和正反问句，后者又分选择问句和特指问句。对回声问、附加问、叹词问、“怎么”问句等的研究，对“疑惑”和“询问”的区别、反问句的

答语系统描述、“什么”的非疑问用法等的探究，都有新的见解。（参见第四章第四节）

五、范晓的语法观

（一）生平

范晓（1935— ）上海市人。复旦大学教授、博士生导师。著有《语法述要》（合作，安徽教育，1985）、《汉语动词概述》（合著，上海教育出版社，1987）、《介宾短语、复指短语、固定短语》（人民教育，1990）、《汉语的短语》（商务印书馆，1991）、《动词研究》（与胡裕树合著，河南大学出版社，1995）、《动词研究综述》（合著，山西高校联合出版社，1996）、《三个平面的语法观》（北京语言学院出版社，1996）、《汉语的句子类型》（主编，书海出版社，1998）、《语法理论纲要》（与张豫峰合著，上海译文出版社，2003）、《汉语句子的多角度研究》（商务印书馆，2009）等。

（二）语法观

1. “三维语法”（即“三个平面”的理论）观

重视理论和方法的思考，倡导把句法、语义、语用三者既区别开来又要结合起来进行研究。提出三个平面的理论的实质是提倡多角度、全方位来研究汉语语法。认为话语中的句子是句法、语义、语用的结合体，也就是包含着句法、语义、语用三个平面或三个侧面或三个角度或三个方面，所以在语法研究中必须自觉地贯彻“三个平面”（句法、语义、语用）既区别又结合的原则：一方面区别三个平面，如提出语法结构可区分句法结构、语义结构和语用结构，语法成分可区分句法成分、语义成分和语用成分。他具体地论述了三个平面理论的有关内容：认为语义结构是指两个或两个以上的语义成分按照一定规律组成的语法结构。提出语法中最基本的语义结构有两种：一种是动核结构（也称“谓核结构”），一种是名核结构。“动核结构”的思想是：既要讲动词的语义配价，又要讲配价的语义成分和语义角色，实质上是把“配价语法”和“格语法”结合起来分析出的语义结构。指出动核结构是以动核为核心构成的语义结构，它由动词和它们联系着的某些语义成分构成，在动核结构里，表示动作、行为、变化、性状、关系等的语义成分称作“动核”（或称“谓核”），它是动核结构的核心；动核所联系的语义成分概括起来有两种：动元（“行动元”，也称“论元”）和状元（“状态元”），动元是动核的内围成分，是紧密地依存于动核的、强制性语义成分：状元是动核的外围成分，是松散地联系着动核的、非强制性语义成分。动核结构在句法平面表现为动词（广义动词，也称谓词）作谓词或谓语中心词的主谓结构，动核结构中的各种语义成分在主谓结构中表现为各种句法成分。最小的动核结构在句法平面表现为最小的意义自足的主谓结构。动核结构是生成句子的基底，是语义结构最重要的结构。动核结构可分为基干动核结构和扩展的动核结构，前者由动核和动元组成，后者由动核、动元以及状元组成。根据动核的性质，提出动核结构可分为一价动核结构、二价动核结构、三价动核结构三类。指出“名核结构”是以名核为核心构成的语义结构，在名核结构里，表示名物的语义成分是核心成分，称作“名核”：名核所联系着的强制性语义成分称作“名元”，名核联系着的非强制性语义成分称作“定元”（也称“属性元”）；名元和定元都是名核所联系围绕名核的成分。认为汉语句法结构中不但主语、谓语、宾语、定语、状语、补语是句法成分，而且述语、中心语、并列语、顺递语、复指语、重叠语等也都属于句法成分。指出语义成分是语义结构的组成成分。提出动核结构中的语义成分有层级性；第一层级是动核、动元和状元，其中动核是动核结构的核心，是组成动核结构的必不可缺的、最关键的语义成分，动元是动核结构中的强制性语义成分，状元是扩大的动核结构中的非强制性语义成分；第二层级是动核可分为动作核、经验核、性状核、关系核四类；动元可分为主事、客事、与事三类；状元可分为凭事、因事、境事三类。第三层级是：主事、客事、与事、凭事、因事、境事等可以再进行下位区分，如分为施事、系事、受事、工具、处所、时间等。提出了名词在语义平面可以“兼格”的观点。指出语用成分是指语用结构的组成成分，如主题、述题、插加语、添补语、焦点、评议语、语气等都属于语用成分。主张把句法上的主语、语义上的主事、语用上的主题区别开来；主语是既表动元又表陈述对象的句法成分，汉语主语的形式主要有：（1）由表动元的词语充当，（2）在谓语动词之前，（3）前边不能有介词，（4）若动词前有多个动元词语，则表主事的词语优先作主语。主事是语义成分，是动作、行为、活动、变化、性质、状态、关系等的主体，施事、系事、起事等是主事的下位分类。主题是与述题相对而言的一种语用成分，它是述题所述说的对象，表示已知信息。句子类型可区分句型、句模和句类，语法功能可区分句法功能、语义功能和语用功能，语法意义可区分句法意义、语义意义和语用意义，语法中心可区分句法中心、语义中心和语用中心等；另一方面，三个平面分开是为了更好的综合，所以强调在分析语法事实时，要使三者结合或综合起来，如对具体句子进行分析时，可以同时从三个不同的平面进行综合分析；对语序和虚词也可以从三个平面进行综合分析；分析具体句子合格不合格应该从三个平面进行综合分析；确定句子类型和句位要从三个平面进行抽象和综合等。他是“三个平面”理论的积极倡导者和建设者。

2. 词的分类观

认为词的词汇意义是词类的基础，但不是分类的根据。认为词的分类应以语法功能为根据、而语法功能应区分句法功能、语用功能、语义功能，所以主张词的语法分类有句法类、语义类、语用类，指出可根据三种功能类既分开又结合来构建实用的汉语词类体系。主张把分类的根据（标准）和辨类的方法（或手段）区别开来，分类的根据是语法功能，辨类的方法是凭借功能的表现形式。提出词类区分的三条基本原则：从形式出发探求功能的原则，从短语里确认功能的原则，多角度层级分类的原则。指出动词、形容词、名词的“价”分类、“语义特征”分类等都属于词的语义分类。指出所谓“代词”、“语气词”等实质上是词的语用类。在动词、形容词置于主宾语位置的问题上，主张把动词和形容词的名物化和名词化区别开来。

3. 短语观

提出了区别静态短语和动态短语的观点，静态短语是指未与现实发生特定联系、尚不体现交际功能的那种状态的短语，动态短语是指短语已与现实发生特定联系、已经体现交际功能的那种状态的短语。分析了动态短语的多样性，指出短语内部词语的组合在语义搭配、句法结合、语用表达等方面具有选择性。词语组合成短语，“合理”、“合法”是基本条件，运用于句子，“合用”是根本目的。构建了现代汉语静态短语三级分类的体系。主张在汉语里区分复合短语和派生短语，并从内部结构和外部功能等角度对汉语的短语进行了多侧面的分析。主张应把短语的结构中心和表达重心区别开来。提出汉语有“重叠短语”的新观点。20 世纪 70 年代末关于结构和短语问题的讨论中，发表了《关于结构和短语》一文，全面论述了短语的性质、特点、分类及语法地位等问题。

4. 句子观

范晓认为汉语的句子可以分为“是字句”“把字句”“被字句”“交接句”“使成句”“V 上句”“复动 V 得句、VP 主语句、主客兼格句”“受事主语句——‘NP 受+vp’句”“主事后现句”“动介带宾句”等类型。分析了每种句子的语法特征，对汉语句子进行多角度的研究。精细地提出句子的合法度和生成问题，精确地论述了生成句子的总过程：现实事件→脑构思→命题→动核结构→句法结构→句干+语用成分→句子。（《汉语句子的多角度研究》，P434）

5. 句系观

提出语法研究的基本任务是研究句子的句法结构、语义结构和语用表达功能。倡导句型、句模、句类的句子类别三分观：句型是指句子的句法结构类型，句模是指句子的语义结构模式，句类是指句子的表达功能或语用价值的类别。主张把三者结合或综合起来确立“句位”（句样），并在此基础上最终建立汉语的句型、句模、句类互相结合纵横交错形成的网络系统——句位系统（句系）的观点，还提出了建立句系学的设想。提出既要研究句样的常式，也要研究句样的变式，在当前，特别要重视句模和句类的研究。批评认为语法研究的终极目的是研究句型片面，提出“句系学或句位学是语法学中最重要最核心的部分”（《汉语句子的多角度研究》，P402），呼吁“人家共同努力来建立一门新的学科——句系学”。（《略说句系学》，《汉语学习》1999 年第 6 期）提出在语法研究中区别“抽象句”和“具体句”的观点，前者是指经过理性思维舍弃具体句的思想内容、词语、声音、文字等等的一个个带有个性的具体的句子；在“具体句”里又提出区分出“孤立句”和“语境句”观点，前者是指脱离语境的、与交际现实没有联系的、以静态面貌显现的具体句，后者是指在言语交际中实际使用着的、与现实有联系的、以动态的面貌出现在一定语境里的具体句。对句子的合格度给予新的解释，认为一个句子合语法，要做到句法上“合法”（合句法规则），在语义上“合理”（合语义规则），在语用上合用（合语用规则）。主张在句法分析上采取“成分—层次”分析法。在语义分析上采取动核结构分析法，在语用上采取语用价值和表达功能分析法。在复句系统里提出汉语有“补充复句”的新观点。

6. 语序和词序观

主张把语序和词序严格区别开来："词序"是指词的排序或语法单位的排序（即"单位序"），语法单位体系中的语素、词、短语、分句等分别出现在比它们更大的语法结构体里时，都存在着排列次序问题；"语序"是指结构成分的排序（即"成分序"），任何语法结构的结构成分（如主语和宾语的语序、施事和受事的语序等）都存在着排列次序问题。指出"语序"和"词序"既有联系，也有区别：语序和词序的联系主要表现在语法结构中的词序的变动往往会引起语序的变动，而语序的变化也必须通过词序来表现；语序和词序的区别主要表现在词序不同，语序不一定不同（如"狗咬猫""猫咬狗"，"狗、猫"词序不同，但语序相同，都是主动宾、施动受）。指出词序是改变句子意思的手段，也是改变句法结构和语义结构的手段，而且还是语用和修辞的手段。强调要区别句法语序、语义语序、语用语序，要区别静态语序和动态语序，要区别常规语序和非常规语序，要区别语序的倒装移位和非倒装移位。较详细论述了汉语语法各种语法成分的语序在静态短语中的一般规则和在动态句子中的变化规则。认为语法的语序既有规律性，又有灵活性，这是辩证的；规律性是静态的，相对固定的；灵活性是动态的，绝对变动的，指出"语法知识"应该包括语序的规律性和语序的灵活性。语法研究既要研究语法一般规律，又要研究语法灵活性里跟一般规律不一样的特殊规律。

7. 句子生成观

认为任何句子都是通过一定的语法形式或手段让隐层的动核结构示现为显层的句法结构并给以某种语用价值生成的；动核结构是生成句子的基底，句子生成的关键是要抓住动词（广义动词）。动核结构生成句子时，要抓住动核，确定动词，就能组成一个"句干"（"句型—句模"结合体），再加上某种语用成分可生成一个句子。指出句子的生成有两种情形：一种"静态生成"，指离开客观现实的一种生成，生成出的句子是脱离语境的孤立句；生成过程是：由任意选定的动词（广义动词）或名词组成动核结构映射为句法结构，使组成某种"句干"（"句型—句模"结合体），再加上一定的语气就可构成一个句子。另一种是"动态生成"，指为表达现实中某个事件的一种生成，生成出的句子是具体的语境句；生成过程是：客观事件通过"脑构思"（认知和思维）构成动核结构，折射到句法结构使组成某种“句干”，再根据表达需求和语境来选择并生成一定的句式和表达类型的句子。

8. 主语观

关于主语问题：认为主语是句法平面的语法概念，应该从意义和形式两个方面来确定主语。认为主语从语法意义上看是既表动态又表陈述对象的句法成分；主语的语法形式有：①由作陈述对象的表动态的词语充当；②主语一般在谓语动词之前而不能后移；③主语前不可加介词；④谓语动词前若有两个或两个以上表动态的词语，则主事的词语优先当主语。从而使主语的确认有了更好的标准。

9. 构建了较为系统的汉语语法方法论

主张在语法研究中贯彻“形式和意义相结合”“静态和动态相结合”“结构和功能相结合”“描写和解释相结合”等原则，认为这几条原则是“三维语法”的方法论原则。指出“三维语法”追求的目的，是为了语法分析更全面、更系统、更丰富、更科学。

（1）语法形式和意义关系观：认为语法意义和语法形式是紧密相连的，是指跟语法有关的意义，包括句法意义、语义意义和语用意义。指出语法意义跟词汇意义有一定的联系，但本质上是不相同的。以一个词来说，它的词汇意义的表现形式是语音（或文字）；而词的语法意义的表现形式是语法形式，这种意义只能在语法结构中、在词与词的结合中才能获得。认为语法形式指表示语法意义的有关形式，包括句法形式、语义形式和语用形式。就汉语而言，语法形式有：次序排列形式、虚词添加形式、层次分合形式、语音节奏形式（包括重音、轻声、停顿、语调等）、结构中的词类形式、词的分布形式、词的形态变化形式等。指出语法意义和语法形式是对应的。语法研究重要的任务，就是要寻找语法形式与语法意义之间的对应关系；这种对应关系不能简单地理解为“一对一”的关系，而是指一种语法意义和它的一种语法形式系统的对应。主张语法研究中要贯彻意义和形式相结合的原则，要在语法研究中兼顾意义和形式，并寻求二者之间的对应关系。认为从发生学即编码的角度看，是“意义→形式”，但从发现程序上即从解码角度看，是“形式→意义”；所以主张研究语法时要做到：对于语法形式，必须发掘其语法意义；对于语法意义，须探求其语法形式；力求做到语法意义和语法形式互相结合、互相验证。指出在叙述或说明研究的成果时，则要根据具体情况选择相应的表述方法；既可从形式到意义，也可从意义到形式。

（2）语法研究中静态和动态关系观：认为运动是一切事物永恒的存在形式。世界上无论什么事物的运动都采取两种状态，即静态（相对地静止的状态）和动态（绝对地变动的状态），语言有其语法也不例外。指出语言或言语是静中有动、动中有静，应当辩证地来看待语言和言语的静态和动态问题。认为词、短语、句子在认识上都应该看作运动着事物，都有静态和动态。认为在研究语法时，应同时考虑到这两种状态，所以提供静态和动态相结合的原则，这就要做到：一方面，在研究断代语法（共时研究）时既要用静态的观点来研究和描写一种族语的语法体系，但又不应割断该族语历史，而应运用动态的、发展的观点，注意该族语的语法现象在历史发展过程中的历史传承和动态演变；反之，在研究历史语法（历时研究）时必须以断代的、共时研究为基础，只有研究好各个共时面（不同时代）的语法，才能比较系统地说清楚一种族语的历史语法。另一方面，既要用静态的、规范的观点来研究或描写一种族语的语法格式或规则：又应运用动态发展的观点，跟言语表达中的活的语法的各种语用现象联系起来，既要用语用的观点来研究语法，要提倡语法格式的丰富多样性、灵活性，要善于发现虽和静态规范的语法不同但却有生命力的新生语法现象。认为对语用概念既可以进行动态分析，也可以进行静态分析。汉语的主题和述题的语序规则是主题在述题之前，这是常规的、静态的；但是具体句子中的主题既有在述题之前的，也有在述题之后的，这是动态的。句类是从具体的、动态的句子所具有的表达用途方面抽象出来的类别，所以是静态的，但是句类的具体应用或具体句类的具体分析是动态的。

（3）语法研究中结构和功能关系观：指出语法结构是指语法结构体内部各个组成部分的搭配和排列，语法结构的成分，都是由一定的语法单位来充当的。语法结构包括句法结构、语义结构和语用结构，研究句法结构的最终目的是建立一种语言的句型系统，研究语义结构的最终目的是建立一种语言的句模系统，研究语用结构的最终目的是建立一种语言的句类系统。语法功能是指语法单结构体的功能或效能。提出语法功能有两种：一种是微观功能，指语法结构体内部成素所具有的功能，即较小语法单位构成较大语法单位的组配功能。一种是宏观功能，指语法结构体外部的与语言运用有关的功能，即表达功能、交际功能等。认为研究语法单位的功能的目的是为了更好地分析和描写语法结构、句子的语用类型以及解释各种具体结构或语法现象产生、发展和变化的原因。功能决定结构，断代语法里的常规结构是历史上语用功能固定化的结果。指出句子、短语等都是语法结构体，它们内部有结构，外部有功能。指出在语法史上，无论是国外还是国内，历来有两种倾向；一种是重视结构的倾向，另一种是重视功能的倾向，近几十年来，这两种倾向尤为明显，这表现在“形式主义”（新结构主义）和“功能主义”两种研究方向或研究路线的对立上；新结构主义过分强调结构的自主性而忽视功能对结构所起的制约作用，功能主义过分强调功能解释的无所不能而忽视结构的相对独立性及结构对功能的反制约。认为结构和功能紧密联系、互相制约的，结构描写和功能解释通常是互相依赖、互相补充的。所以在语法研究中提倡贯彻结构和功能相结合的原则，这就要做到分析语法现象时必须把结构和功能结合起来；研究结构时要以功能为主导，要对语法结构体进行功能解释，只有研究功能才能有效地说明结构或结构体；反之，研究功能时要以结构为基础或前提，研究语用功能离不开结构。提出研究和描写一种族语的语法时必须以结构和功能为中心，为纲，紧紧抓住结构和功能，才能纲举目张，构建起一个族语的科学的语法体系。

（4）语法研究中描写和解释关系观：认为语法的描写侧重于对某种语言的语法现象进行客观的记录，描述其语法单位或结构的类别、格式以及规则，旨在构建语法体系（某个语言特定时代的语法系统），语法的解释侧重于在描写的基础上阐释语法现象存在或变异的理据。指出语法研究既应重视描写，也应重视解释。认为描写和解释是互相联系、互相依存、互相促进的，所以在语法研究中应该把描写和解释结合起来，提倡描写和解释相结合的原则，这就要做到：既有细致充分的描写，也有合理和充足的解释；描写须以解释为前提（即开始描写语法现象之前对描写什么样的语法现象或怎样描写语法现象应该有一个理论设想，而且合理的解释也会有助于规律的描写），解释须以描写为基础（即解释的充分性依赖于对语言事实观察和描写的充分性）。提出描写要细致充分、解释要简明合理。认为要达到描写的充分性和解释的合理性，需要全方位、多角度地对语法现象进行观察描写，进而作出解释。在《语法研究中“解释”的解释》（2008）一文里，把语法中的“解释”分为狭义解释和广义解释两类：“狭义解释”旨在探索语法现象成因的共性，以建立一种解释语法现象的理论模型；“广义解释”则包括共性解释理论之外的其他解释。文章认为着重于描写的语法研究，也应加强解释性，才能更深刻地理解所描写的现象，探讨了描写语法研究中语法现象解释的多样性。认为有语法研究可根据不同的目的而有所侧重；有的以描写为主要目的，如“描写语法学”；有的以解释为主要目的，如“解释语法学”；有的二者并重，既有细致充分的描写，也有合理的充足的解释。不主张把所有语法研究都归属于非此即彼（要么是“描写”，要么是“解释”）的两大类或两大派，认为除了这两大类研究外，也可有既是描写性的又是解释性的、分不清倾向性的语法研究。

第十八节　邢公畹等语法观

一、邢公畹语法观

邢公畹（1914—2004），曾用名庆兰。原籍江苏高淳，生于安徽安庆。1942 年中央研究院历史语言研究所研究生毕业，后到南开大学工作，1953 年到莫斯科大学工作，1956 年回国后一直在南开大学任教授。主要著作收在《邢公畹语言学论文集》（商务印书馆，2000，以下引自该书的，只注页码）。他的语法观主要有：

1. 语法学观

邢公畹认为语法学不能光研究语法：“语法学为了要研究造句的规则，发现造句的公式，就有必要把音韵学和词汇学的有关部分都包括进去。”（P123）他认为：“词是语言里的各种各样的意义单位，是语言的符号；句子是语言的使用单位，是各种各样的符号序列。”（P124）语言符号有 4 种作用：①指代事物或事物概念的作用；②符号之间的互补作用，所谓互补作用就是搭配作用；③符号之间的语法结构作用；④表达读者的感情、意志的作用。

2. 词类观

邢公畹对词分类的看法：“根据词在词组组合关系中所起的作用，一般把实词分为名、数、量、代、动、形 6 类，把虚词分为副、介、连、助 4 类。感叹词一般不进入句子结构，拟声词单纯摹拟声音，可以寄放

于虚词。”（P126）

3. 语词搭配观

邢公畹认为语词搭配问题是语法问题，“因为句子里的直接成分，或者说词组，是靠语词的互补作用组成的。所谓互补作用，实质上就是搭配作用。”（P139）“语法分析处理的对象只能是普通意义的搭配及其所产生的普通意义表达。”（P145）

4. 连锁复句观

邢公畹认为连锁复句是“汉语特有的一种句子结构形式”。（P212）公式是：“$NP_1+VP+NP_2$，$\varphi+VP+NP$　$\varphi=NP_2$，VP 是动词组，第一分句里的 NP 是它的宾语，第二分句里中代表一个空位，相当于 NP_2。”

二、王维贤语法观

王维贤（1922. 11. 22——2009. 8. 29），北京昌平人，浙江大学中文系教授。主要著作有《现代汉语语法》（与卢曼云合著，浙江人民出版社，1981）、《现代汉语语法理论研究》（语文出版社，1997）、《语法学词典》（主编，浙江教育出版社，1992）、《现代汉语复句新解》（与张学成、卢曼云、段杯友合著，华东师范大学出版社，1994）等。他的语法观主要有：

1. 言语观

分析了言语的本质，提出“广义言语”和“狭义言语”的区分。指出把言语交际中的言语活动及其情景看作一个不可分割的整体，构成广义的言语，即言语交际，言语交际中的言语活动相对于非语言性的情景来讲，构成一个独立的领域，即所谓狭义的言语或言语活动。分析了言语与语言的关系，指出语言与言语中的语言成分是一般与个别、本质与表现的关系。词、短语、句子这些形式，既可以是语言的，也可以是言语的；问题在于它们是否出现在实际的话语中，承担着言语交际的任务。

2. 三个平面观

一般所谓的句法、语义、语用三个平面，实际上应该叫做：“句法平面”“句法语义平面”“句法语义语用平面”，而语法则是贯穿这三个平面的统一规律。这一崭新的理解，不同于一般的对三个平面的理解，其独特的魅力就在于他所采用的理论框架就是转换生成语法：从基本短语结构形式（句法平面）插入具体的词汇，就形成了深层结构（句法语义平面），然后转换到表层结构（句法语义语用平面）。

从这一理论的理解出发，他对所谓的“省略”，提出了非常精辟的见解。关于“省略”的说法，在汉语语法学界一直非常含混。王维贤运用“深层结构”的理论，第一次把“省略”区分为3种不同的“省略”：①意念上的省略，即语文省略（即事实上的“背景”）；②结构上的省略，即语法省略（即实际上是一种“隐含”）；③交际上的省略，即语用省略（即通常所谓的“省略”）。这一区分，把以往笼统的“省略”按照不同平面划分为不同性质的“省略”，对语法研究的深入和对不同性质语法现象的解释，无疑是很有帮助的。

3. 语法省略观

王维贤按省略动因，把省略分成语义平面上的意念省略、句法平面上的结构省略和语用平面上的交际省略。结构省略要在表层结构里有形可寻，是语言出于简洁要求而产生的特定格式，如兼语式、紧缩结构和“的”字结构等。交际省略中被省略的部分总出现于上下文中，可以补齐出来，省略后的形式就不是特定的结构形式。

4. 语法研究结合逻辑观

引进现代数理逻辑的原理和方法，结合现代语言学进行研究，特别是在复句研究方面取得了显著的成果。

王维贤有关语言和逻辑的结合研究，主要表现在两个方面：一是在宏观的理论研究上，即探讨语言（语法）与逻辑的关系，他认为语言学和逻辑学的结合研究，可以有3个方向：“逻辑语言学”、“语言逻辑学”和“逻辑——语言学”。尤其要指出的是，王维贤认为现代逻辑的核心是数理逻辑，所以他研究的重点是现代数理逻辑在语法研究中的运用，这比一般运用传统的形式逻辑结合汉语研究显然高了一个层次。他认为首先要把自然语言的语法看作一个形式系统；其次，指出有关的研究涉及；主目、格、价、量词、辖域、二阶谓词与谓词算子、联结词、集合、递归等。他跟别人合作的《语言逻辑引论》受到周礼全的高度评价，认为这本书无疑会对我国的自然语言逻辑的研究起积极的推动作用。二是运用数理逻辑的理论和方法比较深入地研究了现代汉语的复句系统。对复句研究的原则、理论和方法做过系统的探讨。借助于逻辑语义分析，构拟出一个新的复句系统网络，从而得出分布在9个层次上的18个复句类型。他还指出关联词语的逻辑语义分析是复句研究的一个重要方面，并且这种研究不仅要借助于标准逻辑，而且要借助于非标准逻辑，以至于创立新的逻辑系统，同时，还要研究自然语言中关联词语的多义性及其相互关系，研究这些词语的多功能性，研究构成复句中各分句间的逻辑关系的各种语言手段。这为进一步研究现代汉语复句开辟了新的道路。

三、黄伯荣语法观

黄伯荣（1922— ），广东阳江人，青岛大学中文系教授。著有《陈述句、疑问句、祈使句、感叹句》（新知识出版社，1957）、《句子的分析和辨认》（上海教育出版社，1963）、《语法修辞》（合著，甘肃人民出版社，1978）、《现代汉语》统编教材（甘肃人民出版社，1980）、《汉语方言语法类编》（主编，青岛出版社，1992）。他的语法观主要有：

1. 语法性质观

在《现代汉语》一书中，黄伯荣较为详细地论述了语法的性质：①抽象性，也就是说语法并不研究个别的，具体的词，短语，句子等的思想内容，而是从众多的语法单位的组合里抽象出其中共同的组合方式或类型及如何表达语义。②稳固性，任何事物在历史的长河中都在不断地发展变化，语法也不例外。但是，语法的变化比起语音、词汇来缓慢得多。③民族性，每种语言都有明显的民族特点，不仅表现在语音和词汇上，同样表现在语法上。他尤其强调了研究语法要注意不同的语言的共性和个性，不能因为有共性而忽略了语法的民族特点。

2. 语法单位观

他把语法单位从小到大分为四个等级，分别是语素、词、短语、句子，并对这几个术语进行了较为准确的定义。语素是语言中最小的音义结合体，是构词的备用单位。而词是最小的能够独立运用的语言单位，是构成短语和句子的备用单位。短语是语义上和语法上都能搭配的一组词，是造句的备用单位。而最顶级的句子是具有一个句调，能够表达一个相对完整的意思的语言单位。这种表达形式，可以说它是黄伯荣丰富与深刻的句法思想的体现。

3. 词类划分观

汉语划分词类，语法功能是主要的但必须分清主要和次要或者经常和非经常。因为汉语的实词大都是多功能的，即每类词大都是多功能的而这种以功能为主要依据的，就是认为能够充当句子成分（当然有词汇意义，语法意义）的是实词，不能充当句子成分只有语法作用的就是虚词，实词再细分为名词、动词、形容词、区别词、数词、量词、副词、代词以及拟声词、叹词；虚词再细分为介词、连词、助词、语气词。同时在词类的划分上黄伯荣还有如下独特的思想：①他把“年、月、天、星期、小时”等归为表时间的名词。而改变了有的人把它们划分为时间名词兼属量词。②并且主张“了、着、过”应该是助词，而不看做是词缀。他认为要分清助词与词缀的区别。首先，应弄清词缀和助词的界限。词缀是词素的一种，它们表示语法意义时，都不能独立于词之外，必须依附在词根上，共同构成词，只是造词的单位。而助词等虚词能单独运用，是造句的单位。其次，从汉语的语法发展看，大量虚词大都是从实词虚化而成，“了、着、过”还没有虚化到词缀的地步。再次，从语法分析的角度看，把“了、着、过”看作助词比较方便。也比较符合分析型语言的实际。这种把功能，词类及实际联系起来的分类方法，就避免了单纯的语法观。

我们知道，词的分类和词的变化追根到底是为了阐明句法结构规律的，是为了表现词在句中的结构关系而变化的，因此词类的划分以功能为标准有它实际的意义与价值，同时这个标准也是适合于语法要求的，当然黄伯荣也指出只有在判定某些词的归类，用功能不足以显示其特点，才要考虑形式和意义，这一点表现了他在分析、处理语法方面全面，周到的思想。但是也不能否认，汉语词类的划分至今仍存在分歧，各家分类的数目和名称不全一样，分歧原因首先在于汉语词本身缺少形态依据，意义又可能随着语境产生变化，划分词类的主要依据是功能，而汉语主要实词的功能不是单一的，即词类和句子成分之间没有一对一的对应关系，不同类的词可能充当同一的句子成分，过去有人比附英语的分类法。但是汉语由于多数实词是多功能的，不同功能没有不同形态，如果比附英语，就会出现大量兼类词，分类也就成了没有意义的事情，因此说用功能标准是较为妥当的。汉语没有像西方语言那样明显的形态，它一般不用词缀而用虚词（和语序）来表示语法意义，这是汉语的特色，硬套印欧语形态语法的框框，与汉语的分析语法总是格格不入的。所以黄伯荣相当重视虚词（和语序）的研究，虚词是一个封闭类，每小类词数目有限，使用频率却很高，像助词“的”几乎每句都有。同一类的虚词有共性，而其中每个虚词又有个性，很多虚词往往不止一种语法意义。这就要求我们学习是须逐个记住它们的个性和共性，分辨相似，易混的一些虚词的细微差异。这表现了他很有特色的语法思想。

四、范继淹语法观

范继淹（1925—1985），重庆人，曾任中国社会科学院语言研究所副研究员、中国社会科学院研究生院副教授。著有《范继淹语言学论文集》（语文出版社，1986，下引自该书只注页码）。他的语法观主要有：

1. 描写语法观

作者对描写语言学的理论方法的成功借鉴和运用，最集中地体现在《动词和趋向性后置成分的结构分析》一文中。该文被誉为国内首次运用描写语言学的层次分析法系统分析现代汉语语法具体方法，体现了作者基于汉语的层次分析观。分析中，作者采用近似数学的表达方式，分类统计出各个格式出现的频率，把定量和定性结合起来，这对后来的研究也有启发。

2. 句法和语义对应观

句法形式转向了对句法和语义对应关系这一语法的根本性问题的思考。《语言的信息》一文认为语义内容和语言形式的矛盾是语言交际过程的主要矛盾，并具体分析了同形歧义和同义歧形句式问题。《句法、语义浅谈》一文首先认为句子存在句法结构和语义结构，区别两种结构关系，“必须把句法上的结构关系和语义上的结构关系区分开来”（P147），并且“句法和语义是两个不同的结构系统，各自独立，又相互依存……语义内容从根本上限定句法选择的范围，句法反过去又强制语义内容服从自己的规则”（P160），这也就是语义的决定性和句法的强制性。作者还认识到“句法分析就是描写句法结构及其规则系统，并进一步说明它和语义结构的对应关系。二者之间具有对应关系，绝不是说二者可以混为一谈。只有分别对句法结构和语义结构有了一定的认识，才能在这个基础上探求二者之间的对应规则”（P160），这就是说语义结构研究自有它的必要性，也说明语义结构有相对的独立性。该文还提出了语义结构分析的模式，提倡成分结构分析相结合，尝试了语义特征分析。

3. 层次分析观

早在1964年他就写成了《汉语语法结构的层次分析问题》一文，该文“根据汉语的大量材料，对描写语言学各家划分层次的各种标准或方法逐一加以检验，为汉语语法的层次分析提供了一个初步的线索”（P212）。文中结合汉语实际评述了美国描写语言学各家所提出的几个划分层次的标准，介绍了它们的起源、应用程序，尤其讨论了这些标准面对汉语语法实际所存在的问题，“这些标准没有一条是符合汉语实际的，因而都是不可行的”（P230），但因为“语法结构具有层次组织，语法分析应该设法解剖这种内在的组织”（P230），所以，范继淹就结合汉语的一些特点提出进行汉语层次分析的两种新方法，一是分析一般结构的方法——并立扩展法，另一是分析特殊结构的设想——兼属成分，并由此分析了 A、B、C 三项成分序列的 6 种可能的层次组合。该文是国内探讨层次分析法的较早的专论。文中的理论也被运用到他后来的研究实践中去。

20 世纪 80 年代初，多数学者批评层次分析法不讲意义，误解层次分析法只能二分的时候，他认为“层次分析法不但不撇开意义，而且意义是必须遵守的一条原则”（P131），因为描写语言学各家的标准尽管有差异，但“有一条标准却是各家公认的，即切分层次必须符合意义”，层次分析必须满足以下三个条件：“切分出来的各个成分都必须具有意义，不能有任何一个成分没有意义”、“切分出来的各个成分必须具有语义搭配的可能性”、“切分出来的各个成分在语义上的搭配必须跟整个组合的原意相符”，“而且，描写语言学派经常用层次分析来说明歧义现象，即某些语言形式之所以有歧义，是由于结构层次的不同”（P131），可见层次分析并不是不讲意义，只是不以意义为层次切分的标准罢了；另外，层次分析法也不是排斥多分的，只是以二分为主罢了。针对一些人对用层次分析法分析汉语语法结构时所存在的问题的非难，范认为“这些困难并不说明层次分析法对汉语无能为力，因为上述例子对传统分析法来说也是难题”（P135），“层次分析法用于汉语语法分析，更是处于幼年时期，尤其需要用大量的汉语事实来加以检验”。（P134）

4. 自然语言理解观

范继淹在新时期转向对人机对话即汉语自然语言理解的研究，同徐志敏合作建成“RJD—80 型”汉语人机对话系统，并在计算机上实现了“TK—84 汉语人机对话实验”，而且围绕实验成果发表了一系列有关论文，结合自己的实践对汉语自然语言理解的理论和实践问题作出分析，讨论了自然语言理解和现代语言学的关系。作者认为实现汉语自然语言的计算机理解有助于检验现代语言学理论和语法研究的成果，促进汉语语法的研究。

五、胡明扬语法观

胡明扬（1925— ），浙江海盐人。中国人民大学中文系教授。著有《语法和语法体系》（人民教育出版社，1990）、《语言学论文选》（中国人民大学出版社，1991）、《海盐方言志》（浙江人民出版社，1992）、《北京话研究》（主编，燕山出版社，1992）、《胡明扬语言学论文集》（商务印书馆，2003，下引自该书的只注页码）等。他的语法思想体现在上述语法论著中，主要有：

1. 语法形式和语法意义观

《语法形式和语法意义》论述了语法范畴、语法形式、语法意义的性质、特点、范围、类别，文中认为“语法范畴是把语法意义归类得出来的类别”，但语法范畴的基础是语法形式和语法意义，因而对语法形式和语法意义的考察是研究语法范畴的关键，语法形式有三个基本特征：“（1）必须依附于其他的语言成分而不能独立出现，（2）独立存在时本身不具有任何意义，（3）和一定的语言成分的结合具有规律性。”（P202）至于语法形式的类别，作者的认识超越了传统语法的认识，认为语法形式除了词形态（词形变化、助词）外，还有句形态（句助词），以及无形形态；语序、语调、重音等，这扩大了对语法形式范围的认识，有助于挖掘汉语这种缺乏严格意义形态变化的语言的语法形式；“而语法形式脱离一定的语法意义就会成为‘纯粹形式’而超出语法学的范围”（P212），因而语法研究偏离意义或偏离形式都是不正确的。作者认为语法研究必须分清语法、语用和认知之间的界限，同时，也必须认清这三者之间的结合点；其次作者把语法形式分为显性语法形式和隐性语法形式两类，并认识到“隐性语法形式不体现为一定的语音形式，也不依附一定的语音形式，而是某一类词的潜在的组合的可能性或者说分布特征”（P219），这一观点拓展和深化了对语法形式的认识，同时，也使得汉语语法中语义平面的语法范畴（胡明扬称之为“语义语法范畴”）的研究有了理论依据；该文论述了语法意义概括和抽象的原则，认为要尽可能区分语法问题和语汇问题、尽可能排除语汇意义的影响、区分常规和例外，还要规则化。

2. 句法语义范畴观

句法语义范畴是一定的句法形式所表示的句法关系意义的类别。讨论句法语义范畴应遵循两个原则，一是句法关系意义或句法语法义范畴不应该过于具体；二是句法语义范畴必须和一定的句法形式相结合，研究句法语义范畴也必须和句法形式结合起来研究，而缺乏应有的形式限制正是过去汉语“格语法”或句子语义成分研究的不足之处，文中还指出了句法语义范畴的范围，“一句完整的句法语义范畴系统应该包括三类句法语义范畴，即人物语句法语义范畴，情状语句法语义范畴和修饰语句法语义范畴”（P276）；至于如何确定句法语义范畴，作者认为，首先要从句法形式入手，对及物性关系要抓住核心谓语的句法语义属性；其次要运用“互补原则”“一句一格一项原则”，提问、转换的方法也可以运用。胡明扬还在 1987 年北京召开的两市一省语言理论讨论会上提出“语义语法范畴”。后来，他又明确了语义语法范畴：“语义语法范畴指的是一定的语义内容和相应的语法形式，主要是和隐性语法形式相结合而成的语法范畴。”（P304）

3. 完句成分观

在汉语语法研究中，有些学者已注意到语调之外的某些成分在短语成句过程中有重要作用，一个短语若没有它们便往往难以独立成句。胡明扬在《流水句初探》一文中明确指出，汉语的“句段有两类，一类是独立句段，一类是非独立句段。所谓‘独立’和‘非独立’是指在没有特定的上下文和语境的支撑下能不能独立成句，特别是就陈述句而言的”（同上，P244），“对比相应的独立句段和非独立句段可以发现非独立句段缺了一点东西，这就是所谓‘完句成分’”（同上，P244）。这就是说，汉语的句段应分为能独立成句的独立句段和不能独立成句的非独立句段，句段的独立与否往往取决于其是否带有某些句子在结构上必需的成分。他还进一步指出，常见的完句成分是一些助词和副词，但是并不局限于这些虚词，语序、否定以及疑问、祈使等表达功能，语气的语调也具有完句作用。“我们吃过了晚饭”不能成句，改变语序，“晚饭我们吃过了”就可以成句；“屋子里黑乎乎”不能成句，加上“什么都看不清楚”或“怪森人的”就可以成句。“完句成分”这一概念的提出对汉语句子结构特征的揭示有重要的意义。这一概念的提出和相关理论体系的构建被认为是现代汉语语法研究的重要发展。

4. 词法观

《现代汉语词类问题考察》一文论述划分词类的目的（是为了进行句法分析），划分词类的标准（只能根据句法功能），并区分了汉语词类，计有12类，即名、动、形、数、量、代、副、介、连、助、叹、拟声词，为学界所承认，《现代汉语词典》《现代汉语规范词典》都作为收列词类的依据。

六、孙良明语法观

孙良明（1927— ）；河南安阳人。山东师范大学教授。著有《古代汉语语法变化研究》（语文出版社，1994）《中国古代语法学探究》（商务印书馆，2005）等。

1. 三个平面语法观

孙良明虽然没有明确提出三个平面的语法思想，但是我们可以发现潜藏在他内心的三个平面的语法思想。这表现在以下几个方面：

首先他根据实际的语料把词所表示的意义划分为三种：表感情和语气，语法义，词汇义。表示感情和语气实际上说的是它在动态的交际过程中的作用。因此它属于语用平面。表示语法意义说的是词在句子中充当的成分，很显然这指的是句法平面。而词汇义则属于语义平面。

其次，他把语义场分为语法义场和词汇义场。他分析了义场的两个特点：一是不属于词的概念义，如“俯冲”的意义不包括飞机，“答理”的意思不包括用于否定句式；二是跟词的概念义有不可分割的联系。据此他把义场分为语法义场和词汇义场。例如“唇舌”必须做“费”的宾主，“答理”限于用在否定句中。所以“唇舌”“答理”的义场便属于语法义场。“惨白”有两义：一是暗淡，一是苍白，但前义用于形容景色，后项用于形容面容，即“惨白”的义场跟词汇义有关，所以“惨白”属于词汇义场。其实更准确地说，孙良明的“语法义场”应称为“句法义场”。“词汇义场”应称为“语义义场”。遗憾的是孙良明划分义场时没有给语用义场分出一个类，这是美中不足的事。

最后，他把词义分为理性义和感情义。他认为词语的语言是抽象的，概念性的，因此属于理性义。还有相当多的词语具有感性的表义色彩，即感性义。他把感性义分为四类：第一类是表示不同的语体，名为语体色彩。如“拔擢”“提拔”的共同概念义是“挑选人员担任更重要的职务”，不同在于前者含庄重色彩，是书面用语。第二类是表示方言风格的，名为风格色彩。如“外公”“外祖父”共同的概念义是“母亲的父亲”，而前者是方言词，在特定方言区的人来说感到亲切、熟习。第三类是表示感情色彩，名为感情色彩。如“逛荡”一词跟“闲逛”同义外，又跟“游荡”同义，后者表贬义的色彩。第四类是表示形象的，名为形象色彩。如“峨眉”跟“美人”同义，但前者可以表现出美人的形象。这些感性义如果孤立起来显然没有多大的实质意义，只有这些词语置于实际的交际过程中，它们的感性义才能是名副其实的。因此我们可以看出孙先生显然是从语用的角度来界定词的感性义的。

2. 比较语法观

孙先生的语法论著中处处展现着比较的语法思想。这种语法思想包括共时的比较语法思想和历时的语法思想。

①共时比较的语法思想。我们拿副词来说。副词是个个性很强的词类，它的用法有不同的差异。因此孙先生通过共时平面比较，离析它们语法、意义的差别，把副词分为范围副词、程度副词、时间副词、状态副词、表敬副词、语气副词、否定副词等，又分别对它们进行下位分析；范围副词分为表总括、表分别、表共同、表单独等；程度副词分为表轻度、表比较度、表重度、表发展等；时间副词分为表已发、表急发、表将发、表始发、表终发、表先发、表后发、表适发、表继发、表急发、表徐发、表偶发、表重发、表常发等；把状态副词分为表确定、表估量；表敬副词分为表尊敬、表谦卑；语气副词分为表反诘、表祈使、表假设、表强调等。

②历时比较的语法思想。这体现在对词义的原义、后义、古义、今义、新义的研究上。原义又叫本义，是指词语的原始意义。后义跟原义相对，是原义之后产生意义。古义指古代的意义。今义又名现义，是词语在现代的意义。新义是指现代特别是新中国建立后产生的意义。

3. 古代已有语法学观（详见第五章第六节）

七、吕冀平语法观

吕冀平（1926— ），山东龙口人。黑龙江大学教授、博导。著有《语法修辞》（黑龙江人民出版社，1960）、《汉语语法基础》（商务印书馆，2003）等。他的语法观主要有：

1. 词组和句子的性质观

吕冀平在《两个平面、两种性质：词组和句子的分析》中提出，在进行句法分析的时候，应试引进并区分语言和言语这个观念，并且贯彻到具体实践中。他认为，词组和句子不应该是同一个平面上的东西，但是我们平时对它们却都是从同一的角度，用同一的术语，按照同一种性质来进行分析。这篇文章对语法分析中一些敏感的难题进行了开拓性探讨，影响很大。

2. 多项联合词组观

吕冀平认为多项联合词组有两种结构关系：各自独立的联合与彼此相加的联合。联合词组是把几个词组合起来，然后作为一个整体去同别的成分发生结构关系的。多项联合词组既然内部这样复杂，那么就有必要来分析它们是怎样构成一个整体，又是怎样同别的成分搭配的。吕冀平将其划分为表示各自独立的联合关系和表示彼此相加的联合关系两种类型。他还指出：多项联合词组的用途十分广泛，它能够作各种句子成分。

3. 主语和宾语的问题观

吕冀平在《主语和宾语问题》中认为：①对于主语和宾语有不同的认识，就有不同的分析，并对于有影响的语法著作加以比较。在动词谓语句里，从意义上看，一般地要有一个动作发出者（施事或施动）和一个动作接受者（受事或受动）；从结构上看，这些成分要以一定的次序相互结合。由于意义上的施和受在句子里的位置不是固定的，因而就无法根据什么来确定主语和宾语。如果我们能够肯定地说，凡施事一律为主语，受事一律为宾语，不管它们在动词前或在动词后——这是根据意义的；或者说，凡在动词前的一律为主语，动词后的一律为宾语，不管它们是施事还是受事——这是根据结构的；那么一切麻烦都没有了。可是问题并没有这么简单。对于有些句子，根据施受关系它们只能是无主句，因为它们没有施事；然而，如果根据句子结构来分析哪些是主语也和常识不符。固然，谈语法问题不能以常识为唯一根据，但人们的常识总应该是重要根据之一，因为语言是进行思维的材料，常识上觉得合不合，无疑跟思维的进行有关。最后，吕先生通过对几本影响比较大的语法书进行了一个简单的比较说明从而使得我们更方便容易的来理解主语和宾语。

②据施受关系分析主宾的方法所存在的问题

说到根据施受关系来分析句子成分，不能不提到黎锦熙、王力、吕叔湘三位先生。黎锦熙过去是比较严格地采取施受关系为标准的。近来似乎又有一种倾向于文章环境和心理分析的主张。他们三人对汉语语法的研究都有不少的建树，他们三位之间有好多地方意见不一致，但有一点基本上是相同的，就是他们都从意义方面来确定主语和宾语。这就给读者造成一种印象：主语和宾语的分析只能从意义出发。吕冀平认为，这种从意义出发，根据施受关系的析句标准，缺点是很多的。在实际应用上，它驾驭不了现代汉语中复杂的动词谓语句，分析起来困难重重；在原则上说，它依据的是意义，是概念的逻辑关系，如果一线地发展下去，就会走上“理性主义”语法的道路。我们如果采取这一标准来分析汉语的动词谓语句，那么科学的句法体系是不容易建立起来。

③根据结构分析主宾的方法所存在的问题

如果不问意义，单纯依据结构规定了凡动词前一律为主语，动词后一律为宾语，主语宾语本身势必复杂起来，因为各种词类几乎都可以放在动词的前后。

4. 单句复句划界观

A. 在《单句复句的划界问题》中，作者首先列出了几个有影响的语法著作划分单复句的标准，但是却发现即便是同一个类型的句子、各家的看法竟没有完全一致的，这也正说明了各家所持的标准不同。概括起来一共有 6 个标准，但是各家重点有所不同，它们是：结构；意义关系；语音停顿；连词以外的关联词语；谓语的多少和繁简。

B. 分析单复句存在的问题。在单句复句的划界方面，还存在着不少问题。有很多句子像是具有既可看作单句又可看作复句的性质，因而即使已经有了以上 6 个标准，断定是单句还是复句也还是有困难的。靠运用各种标准，不同的标准难免获得矛盾的结果，但是有一点是不成问题的，就是：这类的麻烦问题如果不能解决，想分清单句复句是绝对办不到的。

C. 提出解决单复句划界问题的办法。给单句复句划界有理论的意义，也有实践的意义。这是一个相当复杂的问题，解决这个问题需要照顾到以下几个方面。首先是要照顾全面。所谓“全面”包括两种意思，一种是对语言作全面的调查研究；另一种是提出来的解决办法既要本身能够贯通，又要入情入理。其次，还要进一步搞清楚单句的结构或表达方式究竟是怎么样。其三，还要对断定复句的标准作全面而深入的研究。最后，还要把提出来的办法用各种形式的语言——口头的，书面的，理论的，文艺的，等等——检验一下，试试它是否真能够通贯无阻。

5. 意合观

“意合”作为一个语法观，最早出现在王力的《中国语法理论》。吕冀平加以发展。他认为，意合手段兼具语法和逻辑两种性质，意合手段的分析更离不开语义，因为其中的逻辑因素同语义有更密切的关系。意合手段是由“词汇意义+结构框架+逻辑推断”构成的三者相互协调的表意手段。意合手段会减弱语言严密、精确的程度，却能使语言“经济化”。

6. 汉语规范化观

吕冀平相当重视汉语的规范化，探讨了语言规范化的重要意义、历史、存在问题以及方法、理论等。提出语言规范的理性和习性原则，理性原则是指那些既合乎现有规范而又有利于语言发展的新生形式加以推广，因为它是合乎语言发展规律的，习性原则是对那些习非成是的新生语言形式予以认可，因为它合不合理都是不可逆转的。

八、高更生语法观

高更生（1929— ），山东莱阳人。山东师范大学中文系教授。著有《汉语语法问题试说》（山东人民出版社，1981；山东教育出版社，1982）、《长句分析》（中国社会科学出版社，1983，1988 年修订本）、《现代汉语》（主编，山东教育出版社，1984）、《句组分析》（湖北教育出版社，1986）、《复杂单句》（人民教育出版社，1990）、《汉语语法专题研究》（山东教育出版社，1990，下引自该书的只注页码）、《汉语教学语法研究》（主编，语文出版社，1996）、《汉语语法研究》（山东人民出版社，2001）、《实用汉语语法》（合作主编，安徽教育出版社，2003）等。他的语法观主要有：

1. “语法”定义

“语法是语言中大小音义结合体的组合、聚合规律。”（P2）这个定义强调了大小语法单位都是音义结合体；语法规律包括组合规律，包括聚合规律。定义符合汉语语法的特点，概括性强，覆盖面大。

2. 超语段语素观

作者还善于合理地采用国内外语言理论，努力探索新的语法规律。受到美国语言学家霍凯特关于语素分类理论的启发，《汉语语法专题研究》率先提出汉语也有超语段语素。例如“他去过?”包含四个语素：其中“他”“去”“过”三个是语段语素；还有一个表示疑问的超语段语素。（P85）汉语的“超语段语素主要有句调语素、重音语素、停顿语素三类”（P180）。这是因为“句调有声音，也有意义”（P149），重音与停顿情况相同，既然语素是一种语言中最小的音义结合体，那么句调、重音、停顿都应看作语素，不过是超语段的语素。

3. “超句”观

高更生早在1981年的《汉语语法问题试说》中就提出了“超句”这个概念。经过多年深入研究，《汉语语法专题研究》更加全面论说“超句”。他把超句定义为“用句子、句组、段落充当单句或复句的构成成分的语言片段”（P390）。一方面，“所谓超句，实际上是一种超级句子，也就是说，是一种能包含句子的很特殊的句子”。另一方面，“所谓超句，是超过了句子的意思，也就是说，它是一种大于一般句子的语言单位”（P391）。书中详尽地论述了超句的类型、超句的界限以及超句的研究。超句理论，是本书对汉语语法与理论的一大贡献。

4. 语法单位观：从大的方面说，作者把汉语的语法单位分为3个层次6个级别：语素和语素组：主要是造词单位；词和词组：是造句单位；句子和句组：是交际单位。（P4）“语素组是语素的组合，词组是词的组合，句组是句子的组合。”（P186）为什么要增加“语素组”这一级语法单位呢？例如“乌纱帽”这个词。如果笼统地说它由三个语素组成，就不能说明它构成的层次性，如果说它是语素组“乌纱”和语素“帽”组成，再说“乌纱”由语素“乌”和语素“纱”组成，就能体现内部结构的层次性。从小的方面说：光是语素，作者就用10种标准来分类（P161—187），可以称得上“多角度”“全方位”的分类了。再如句组：目前语法学界研究的人还不很多，本书也从5个角度给句组划分了类型（P459—493）。

九、张静语法观

 张静（1929— ），河北乐亭人。曾任郑州大学、河南信阳师范学院教授。主要著作有《语法比较》（湖北人民出版社，1955）、《汉语词缀》（河南人民出版社，1960）、《古今汉语比较语法》（河南人民出版社，1964，1980年重版）、《语言的学习和运用》（上海教育出版社，1980）、《新编现代汉语》（主编，上海教育出版社，1980）、《词、词组、句子》（黑龙江人民出版社，1984）、《汉语语法问题》（中国社会科学出版社，1987）、《词和词汇》（东北师范大学出版社，1988）、《语言、语用、语法》（文心出版社，1994）、《实用现代汉语》（河南人民出版社，1996）等。他的语法观主要有：

1. 副词观

他认为有关连作用的副词应该划入连词：

①又……又……　既……又……　越……越……　也……也……　一面……一面……　一边……一边……

②（虽然）……却……　（即使）……也……　（如果）……就……　（只有）……才……　（连）……都……

这两组词，在所有语法著作中，都叫起关连作用的副词——①组里两个都是副词，②组里后一个是副词，前一个（括弧里的）是连词。所谓副词起关连作用，就是某词在句子中既保留了原意，起了副词的修饰作用，又有了连词的关连作用。这种说法，我们在研究过程中始终是怀疑的。因为如果把它们当做副词，就会划不清连词和副词的界限。本来在汉语词类中，连词和副词是比较容易划界的，因为它们在语法功能上的区别比较明显；连词专门起关连作用，连接两个词或比词大的单位，而没有修饰作用；副词专门起修饰作用（作附加语），而没有关连作用。这应该是连词和副词的最本质的区别。如果承认上述各词是起关连作用的副词，不仅副词和连词的界限划不清，恐怕连名词、动词等也和连词划不清界限了，甚至连名词、动词和副词也划不清界限了……因此，我们认为这两组词都应该划归连词（张静《论汉语副词的范围》，1961）。

2. 词类活用观

他提出词的活用范围及标准。他认为有一些词经常具有甲类词的语法特点，只是在某种情况下为了达到修辞目的，临时用作乙类词，这叫词类活用。从意义上说，活用的词都是既保留了甲类词的意义，所以这种用法又是一种修辞手段。活用的词主要是在句法结构（词组或句子）里表现出来的，孤零零一个词看不出是否活用。

3. 词和词组的界限观

词和词组是两种性质不同的语法单位。词是有固定声音和特定意义的最小造句单位，词组是由两个以上意义有联系的实词按照一定规则组成的句子内部的语法单位，它们有相互对立的特点。词的特点是词义的特定性和结构的不可扩展性。如“白菜”不能拆开在中间插入别的成分，如果一定要拆开说成“白颜色的菜”，就不再表示特定的意义了。可见“白菜”是一个偏正式合成词。词组的特点是词组成分的独立性和结构的可扩展性。如“白布”是指一切白颜色的布，可以拆开说成“白白的布”“白颜色的布”，拆开以后原意不变。

但是，由于语言的不断发展，大量的词组正在以减缩和凝结的方式向词转化，又由于语言单位之间的相互影响，少量的词也以扩展或分裂的方式被当做词组来使用，再加上汉语词的构成方式和词组的构成方式很相近，因而产生了词和词组的划界问题。

划清词和词组的界限，是词法分析的重要内容，对句法分析也是非常必要的。譬如分析“在教室读书”这个结构时，如果把“读书”当做一个动词，这个结构就是以动词为中心的偏正词组，它的结构层次应该是“在教室/读//书”。从实用上说，区别词和词组，有助于从语言中消除乱拆词的现象。词一般是不能拆开的，如“他动你的员”、“他努了半天力”等都不成话；而词组一般是可以自由拆开的，如“唱了一支美妙的歌”、“走了三里路”等。（张静主编《新编现代汉语》，上海教育出版社，1980，P95—100）

4. 语法逻辑关系观

语法是语言的结构规则，逻辑是思维的结构规律。语法规则以逻辑规律为基础，逻辑规律以语法规则为表现形式。比如：语法里的“数”的意义类型，就是以逻辑里“数”的概念为基础的。如果客观事物没有“数”的区别，逻辑里也就不能有“数”的概念，当然语法里也就不可能有“数”的意义。语法里的句子之所以有主语和谓语两部分，也是因为在逻辑的判断见有主词和谓词两部分。同样，逻辑里的“概念”必须用词作为它的表现形式；“判断”也必须用句子来表达。即使是沉思默想的“概念”或“判断”也并没有离开词或句子。

5. 语法学的方法论

这是语法学里所采用的研究方式、方法的总和，也是关于语法研究的方式、方法的学说。这种“总和”和“学说”是同一定的世界观密切联系着的。

语法意义有两个对立面：一是语法外部的词汇意义，一是语法内部的语法形式。前面说过，语法意义同词汇意义相比较，词汇意义是个别的、具体的，它表示的是思维中的个别概念。这种意义只是某个词独有的，不能用别的词来代替。

语法意义是由语法形式表达的事物和现象之间的关系在人们意识中概括的间接的反映。

语法形式也有两个对立面：一个是语法外部的词汇形式，一个是语法内部的语法意义。词汇和语法之所以有区别，除了意义不同，形式也不一样。词汇形式是表达词汇意义的声音结构，可以独立地表达概念；语法形式是表达语法意义的声音结构（包括词缀、虚词、词序等），它的特点是不能独立，必须同别的声音结构结合起来才能表达语法意义。

词汇意义和逻辑意义是语法意义的基础，没有词汇意义和逻辑意义的基础，语法意义就是空中楼阁。但是，基础毕竟只是基础，不是语法意义本身，更不能代替语法意义，因而词汇上和逻辑上的分类也不能成为语法上的分类。

语法意义多种多样，可以概括成“词式”“词类”“句子成分”“句型”“句类”几个类型。但从方法的角度概括成“关系意义”“功能意义”“抽象意义”倒更方便。作为语法意义方面的特殊方法，也可以相应地分为三种。

①关系意义分析法

关系意义，是各语法单位结合以后所发生的结构关系。这是语法意义里最典型、最重要的一类，它既适用于词法结构（合成词），也适用于句法结构（词组、单句、复句）。

②功能意义分析法

“功能”是结构主义语法学常用的术语。本文所说的“功能”是指某种语法单位能充当什么成分，能回答什么问题。但不是把它看作语法形式，而是当做语法意义的一个方面跟“分布”区别开来。能充当什么成分，能回答什么问题，广义地说，也是一种关系意义，但由于它所显示的关系不那么直接，把它从关系意义里分化出来会更方便些。

功能意义分析法可以用来切分各种语法单位，可以用来划分词类，也可以用来确定句子成分。

语法学的特殊方法，是针对各种语言的语法特点提出来的，服务于方法论的一个一个的具体方法。没有这些具体方法，方法论就是空的。一种语言的语法意义和语法形式是错综复杂的。汉语语法里究竟有多少种意义和形式方面的类型，即有多少种意义和形式方面的特殊方法，会有不同的认识。认识不同，语法分析的结论就不一样。

语法意义和语法形式相结合的语法学方法论的总原则，是建立在对语法现象正确认识的基础上的——语法现象是言义统一体，都有意义和形式两个相辅相成的方面。而语法分析的目的正是要揭示各种语法现象的这种意义和形式方面的特点。

语法形式也是多种多样，可以概括成“词缀”“叠词”“词序”“虚词”“语调”等类型。但从方法的角度说，把语法形式概括成同语法意义的类型相对待的“结合形式”“转换形式”“增补形式”三种类型，并把它们作为语法形式方面的三种特殊方法，也是比较方便实用的。

6. 语法学方法论的总原则

语法形式和语法意义相结合的原则，并对语法形式和语法意义的性质提出了自己的看法，而且在这一种原则的指导下，对不少语法问题提出新的认识，这些独特的认识包括：①在汉语的词类里，量词、代词不是独立的词类，时态助词是词索、后缀，取消附类说，“使”归入介词；②词组里，词组有个体性和整体性两面性；③句子上，确定句子成分采用语法意义、语法形式相结合的方法，把句子成分分为 3 类 9 种；基本成分（主、谓、宾）、附加成分（定、状、补）、独立成分（呼语、感叹语、插入语），取消“合成谓语”、“复杂谓语”说，紧缩句不是复句；④析句上，提出“结构中心分析法”；另外，像把 1919—1938 年的汉语语法研究归入“发展时期”等也有一定的特色。《汉语语法问题》能比较评述各家学说、思考语法问题、提出个人新见而成一家之言，起到了进一步指导、深化汉语语法研究的作用。

十、吴竞存语法观

吴竞存（1929— ），安徽六安人。著有《现代汉语句法分析》（合著，北京大学出版社，1982）、《现代汉语句法结构与分析》（合著，语文出版社，1992）、《语法 · 理论 · 话语现代汉语的探索》（广东人民出版社，1999）等。他的语法观主要有：

1. 明确提出了层次切分的三原则，即结构、功能、意义

关于切分的原则，语法学界意见很不一致，有人提出多达十余种办法。经过这些年的实践和反思，人们感到，结构、功能、意义，作为分解符号组合、切分层次构造的依据是可行的、有效的，其覆盖面相当大，对教学尤其有实用价值。接着，作者对此又补充了三点：第一点，结构、功能、意义是统一的，违反任何一方或者说任何一方通不过，层次切分必定不是一种好的合适的切分。第二点，语段本身如果存在内容和形式的矛盾，三原则将无法实现其统一的要求。第三点，遇到无法统一的时候，我们主张依据结构和功能，因为我们面对的是句法结构中的符号与符号的组合。在确定符号与符号的关系时，不妨照顾意义上的特点，使结构、功能、意义在不统一的情况下统一起来。

2. 贯彻用层次分析的方法来分析、讨论汉语句法结构，并且运用了具体的语法分析方法——扩展法，注重汉语的语言实际

层次分析法即直接成分分析法，是美国描写语言学派语法分析的一种方法。吴先生就在书中明确提出了要用层次分析的方法来分析、讨论汉语句法结构，并且注重结合汉语的语言实际。

此外，在遇有格式相近而层次不同，或格式相同而层次不同，或词和词序相同而层次不同的语段，切分时往往需要借助于一些具体的语法分析方法，吴先生提出了“扩展法”。所谓扩展，是指不改变原语段的结构关系和基本意义，插入一些成分（词或结构），使原语段的直接成分分离开。然而并非所有的中间插入、前后添加都是扩展，换言之，扩展必须有条件。其条件如下：①不能改变原语段的结构关系，即扩展后的结构关系必须同扩展前一致。②插入或添加的部分必须是词或结构。③扩展和被扩展式，即使结构关系一致，但如果扩展后改变了原语段的意义，也不是真正的扩展。

3. “跨层结构”观

作者首先对“跨层结构”的概念进行了了解。不在同一层次上的两个成分在发展过程中跨越原有的组合层次，彼此靠拢，逐渐凝固，形成跨层组合，这种组合本书称为“跨层结构”。

接着，作者指出，以往的语法专著不见有人对此专门作过讨论，但实际上它是比较常见的语言现象。作者引进“跨层”这一概念，对有关

语言现象作了“跨层”分析。我们以为引进“跨层”的概念，对句法分析极有价值。句法分析时，有时遇到几种观点发生分歧，其实是因为尚未引起人们注意的“跨层”引起的，用“跨层”理论加以处理，分歧即可消除。

4. 丰富了骈合结构的内涵，并运用省略分析对它作了句法分析

“骈合”原是吕叔湘使用的术语，杨金鼎在20世纪80年代初有过专文论述。该书引用“骈合”这一术语，但所指范围和含义与二位先生所指均不尽相同。

作者认为，骈合结构实际上是联合结构，是由“省略了成分的并列项”与“未省略了成分的并列项”直接并列组合而构成的特殊的联合结构。它是一种比较特殊的现象，以往的学者对他很少作过句法分析，偶尔有人分析也只是零星地、没有系统的或不甚确切的。面对众多繁复的骈合材料，如何进行系统的层次分析？这是一个颇难处理的问题。最后，作者选择了“省略”分析法。运用骈合结构无论是说（写）的人还是听（看）的人都有潜在的压缩感，这正是“省略”的基础。从分析上说，也只有省略才能适应各种不同的骈合材料，避免各种可能遇到的矛盾。

5. 对语段多切分问题的探讨

同一语段在语义相同的情况下能否作多种切分？这可能是还待证明的假设，有人认为，“多切分”纯粹是人为的东西，是强行的分析，是荒唐的理论！但作者认为，“多切分”不是人为的东西，是客观存在的事实，主要有这样几条根据：①它符合切分的三原则；②它可以作多种提问；③可以作多种扩展；④构成条件和同形结构相同；⑤存在和数字上答数相同而算式不同的相应情况。

可以作不同层次切分的语段，实际有两类，一类是同形结构，一类是多切分结构，前者是“同形”语段的不同结构，分别联系不同的意义，后者是“同形”语段的不同变体，分别联系相同的意义。因此，作者认为“多切分”不是荒唐的不近情理的理论，而是有科学的根据，适应现代科学发展需要的一种“假设”。

十一、沈开木语法观

沈开木（1929— ），福建诏安人。华南师范大学教授。著有《句段

分析（超句体的探索）》（语文出版社，1987）、《现代汉语话语语言学》（商务印书馆，1996）、《语法·理论·话语——现代汉语的探索》（商务印书馆，1999）等。他的语法观主要有：

1. 句段观

沈开木提出了句段的定义："超句子统一体，简称'超句体'，又叫做'语段'或'句段'。指是为了交际的需要而由一个人或几个人说出来的两句或两句以上意思有联系的话。"（《句段分析（超句体的探索）》，P1）把对超句体的研究定位为言谈语言学或叫话语语言学。超句体内超句体结构成分（包括成分和成分超句体）构成，有 4 种基本结构类型：①句子+句子，②句子+超句体，③超句体+句子，④超句体+超句体。超句体可分为联合关系、偏正关系和嵌插关系。作者分析了超句体的语义中心、语义种类、语义的发展等问题。

2. 话语语言学观

沈开木致力于建立现代汉语话语语言学。现代汉语话语语言学的对象是现代汉语话语，"话语是在交际的决策和框架的基础上经过大编码而产生的言语成品"（《现代汉语话语语言学》P2），"在这种言语成品里，有语义信息，各种非语义信息交织着，形成一个网络"（P2—3）。沈开木论述现代汉语话语的特点：①进行非语言信息的语言转换，②有怎样的交际决策就有怎样的话语，③以框架为基础，④形式有明确的界限而信息没有明确的界限。他还论述了话语语言学本体研究的主要内容：①话语的构成，②话语的种类，③话语中信息的分布：话题、述题、焦点及切分，④话语语义和语义之外的信息、前提、语义中心和话语连贯及手段等。沈开木的研究促进了汉语话语语言学的发展。

十二、饶长溶语法观

饶长溶（1930— ），福建长汀人。中国社会科学院语言研究所编审。著有《把字句·被字句》（人民教育出版社，1990）、《汉语层次分析录》（北京语言文化大学出版社，1997，下简称《汉语》）、《实用语法修辞》（合著，安徽教育出版社，1993）等。他的语法观主要有：

1. 层次观

饶长溶在语法研究中，倡导"层次观"。他认为"组合和聚合二者交互作用的结果，使得语言结构系统本身具有结构形式及其层次和结构意义及其层次"，"语法意义的层次跟语法形式的层次紧密相联，语法意义和语法形式都有一定的层次性"，而"语法结构是语法意义和语法形式对立而又互相依存的统一体"（《汉语》，P136—137）。饶长溶以层次观批评了《汉语》课本所代表的"暂拟体系"的析句方法："《汉语》课本的分析方法，是传统的'句子成分分析法'。它的缺点在于只是孤立地看待每两个语言片段之间的关系，而没有从结构层次上来分析语言现象，因而不能正确地揭露语法关系，甚至产生误解。"（同上，P21）

2. 语法形式和语法意义关系观

饶长溶认为"所谓语法意义和语法形式之间的对应，一般是指在一定范围内出现的对应问题，主要指某个或某些结构它的语法结构的成分和语义结构的成分相对应，即语法形式长度基本相同，充当成分的单位的语法功能相同，而成分排列的顺序不一定相同"。（《语法研究和探索》七，商务印书馆，1995，P51）他提出："在语法分析上，区分句法结构和语义结构这两个平面，相应地逐步建立或健全句法和语义分析的两套方式和用语，大概是客观形势的要求，是大势所趋的事。"（《语法研究和探索》六，语文出版社，1992，P46）

十三、史锡尧语法观

史锡尧（1931— ），山东桓台人。北京师范大学中文系教授。著有《名词短语》（人民教育出版社，1990），《语法·语义·语用》（人民教育出版社，1999）等。他的语法思想体现在上述语法论著中，主要有：

1. 汉语语法特点观

史锡尧对汉语语法特点的认识，主要体现在《论句义的表达与理解》一文。主要有：一是某些词语组合产生新的整体语义。二是虚词在句中影响句子的语义。三是"语法关系要进一步认识"。四是词语组合义决定语法结构。五是"明确预设内容"。预设的类型，在交际活动中如何具体使用，都需要进一步研究。六是要"明确具体的词及其词性"。因为"汉语的词，不是词儿连写，而是一个方块字一个方块字的等距离线性排列（这是汉语表现在书面语上的一个特点）"。七是"与不同的词组和可以确定词或短语"。汉语中有些语素组合体，有时是词有时是短语，使用语言进行交际时，需要对其确定。史锡尧的这 7 个问题的提出对于我们进一步揭示出汉语的特点有着重要意义。

2. 汉语研究方法观

关于汉语研究方法，史锡尧提出了研究词的组合功能的一种方法——在语言中的一般使用单位——句子——中进行研究。他从三方面论述了将词放在语言的一般使用单位——句子——中去研究的必要性，首先，有些词脱离了句子便无法研究，如语气词与语气副词和复句关联词语。其次，研究词的组合功能，只研究词与词的组合功能是不够的，还要研究词与短语的组合，而这种研究只有把词放在语言的一般使用单位句子中才有可能进行。第三，许多词不只有自身的词义，在句子中还有特殊的表意作用。如“这篇文章我写了两月”与“这篇文章我写了两个月了”，前一句没有语气词“了”，后一句有语气词“了”，两句的意思不一样：前者隐含有这篇文章已写完的意思，后句隐含有这篇文章还没写完的意思。只有研究了词在句中的特殊的表意作用，才能更好地把词组成句子表达思想感情。因此，他说：“词的最大价值也在于用以组成句子。因此研究词的组合功能，研究词如何组成句子，是语法研究的重要内容。词的组合功能，不能孤立地静态地研究，只有放在句中做动态的研究，才能深入细致地揭示出词的组合功能和一些词在句中的表意作用。”

3. 三个平面的语法观

史锡尧在《论语法、语义、语用三结合进行语言研究》一文中论述了语言作为人们最重要的交际工具要把语言的三个侧面（语法、语义、语用）结合起来进行研究的必要性和必然性的观点。在他看来，人类要想更好地掌握语言，更好地交流思想感情，“对语言进行语法（主要是句法）、语义、语用三结合的研究是有积极意义的”，“只有把这三者结合起来研究，人们（语言使用者）才能很好地按照语法规律组织语句来表达他们所要表达的意思（语义），使语言充分发挥它作为交际工具的作用”。他认为语法、语义、语用三者之间的关系应该是：语法学主要研究语句的结构规律（此外还有词法），语义学感觉词语、句子所表示的意思，语用学研究人们如何使用语言。三者从不同的角度研究语言。语言是人类最重要的交际工具，因而语法、语义、语用三者的研究密不可分：人们在各种特定情况下使用语言进行交际，就需要正确地组织能够准确地表达自己所要表达的思想感情的语句；反过来说，人们掌握了语句的结构规律，并了解了不同结构的语句所表示的意思，才能在各种特定情况下正确而准确地使用语言进行交际。汉语由于缺乏形态，语法分析在一定程度上依据语义分析，使得语法、语义的关系更为密切。

史锡尧的“三个平面”的语法思想与范晓、张斌、胡裕树所主张的三个平面的语法思想有所不同，但是在提倡区分三个平面来多角度研究语法这个思想上还是一致的。在语法研究过程中，他也十分注重贯彻“三个平面”的语法思想来指导自己的实践，从多方面考察词类的特性，比如《“什么”的句法、语义、语用分析》《副词“才”的语法组合功能、语义、语用考察》《动词后“上”“下”的语义和语用》等。

4. 语义与语法关系观

史锡尧认为语法研究不能脱离语义空谈结构形式，并指出汉语中有时甚至是语义决定语法结构的分析。他在《论语义与语法的关系》一文说，语法是研究语言结构规律的。语言的结构规律就必须含有语义因素。语法脱离不了语义，缺乏形式标志的语言结构的区分要依据语义，甚至语义分析有时还会促进语法研究。其具体论点有：

①实词虚词的划分是有价值的，而这一划分的依据是语义；②名词、动词、形容词的一些语法特点（主要指结合功能）产生的依据是语义；③数词、量词就是根据语义确立的；④研究副词不谈语义，不能指导人们使用副词；⑤语气词“了”、“呢”有配合句中其他词语表意的作用，不谈“了”、“呢”的这种语义，就没有研究透语气词；⑥一些词类的命名和一些句法成分的命名是语义的概括，历史证明这样的命名有助于语法研究和语法学习；⑦一些没有形式标志的偏正结构与动宾结构的区分，一些没有形式标志的偏正结构与主谓结构的区分，要依据语义；⑧复句分类依据语义；⑨不谈语义纯粹谈形式的一些语法格式，不能完全“生成”语义搭配的句子；⑩语法研究语言的结构规律，而结构规律包括聚合关系和组合关系，聚合和组合的结合产生了语言成分的可选择性和可替代性，选择性是替代性的基础，而选择的依据是语义，因此，研究语言结构规律的语法离不开语义。

在词汇研究方面，史锡尧特别侧重词语的语义和语用的研究，把语素放在词或短语中进行语义分析比较，理出一些词语语义联系脉络，并适当地揭示了其文化内涵，这也是他贯彻“三个平面”语法研究的体现。

5. 析句方法观

在析句方法上，史锡尧仍然赞成保留句子的六大成分，即主、谓、宾、定、状、补。作者说这六大成分可以有步骤地分析出来，并用符号、线条在原句上标出。作者以“（参加大会）的代表［极其慎重］地制定〈出了〉（修改）方案”为例，具体讲了析句的方法。在《句子成分和词组结构》一文中，他也明确提出，句子成分分析法不等于中心词分析法。他说，句子成分分析法并不是一定要找出个中心词来充当成分，并以此中心词再来规定别的成分。句子成分分析法给成分下的定义不是以中心词为依据。主语是被陈述部分的主要的词或词组，谓语是进行陈述部分的主要的动词、形容词或词组，定语是主语、宾语的修饰限制成分，状语是谓语动词、形容词的修饰限制成分。……做成分的词组可以进一步分析其内部结构，但是那是词组内部分析了，分析出的部分绝不是句子成分。不能把句子分析与词组分析混淆起来。

6. 学校语法教学观

史锡尧特别注重中学的语法教学，他也自有一套学校语法教学理论。他认为学校的语法教学要重实用、重实践。他在《学校语法要注重实用性》一文中就说，学校语法要注重实用性，也就是学了要有用，对学生的听、读、说、写要有帮助。要使学校语法具有实用性，首先思想上要明确教学的对象。……具有实用性的语法教学，内容应当简明。学校语法要讲一般规律，讲重要规律，不能不厌其烦地，不分主、次，不分一般、特殊地详细描写。

十四、龚千炎语法观

龚千炎（1932—1996），江西南昌人。国家语言文字工作委员会应用研究所研究员。著有《句子分析》（安徽教育出版社，1982）、《中国语法学史》（语文出版社，1987，1997，修订本）、《析句法》（人民教育出版社，1990）、《汉语的时相、时制、时态》（商务印书馆，1993）等，他的语法观主要有：

1. 注重汉语自身特点研究，走语法形式和语法意义相结合的道路，建立汉语语法的科学体系

他说，语法研究的最终目的就是弄清楚语法形式和语法意义之间的对应关系。他认为，汉语的本质特点在于，由于缺乏严格意义的形态变

化，因而结构独特，灵活多变，颇多隐含，着重意念。（这些特点，口语中反映最为充分、明显。）最主要的是，汉语的‘话’如行云流水，句与句之间似断若连，所以我们必须着重话语的分析研究，着重话语主题以及意念主语的分析研究，而不必执著于孤立的句子，拘守于所谓主语和宾语。这也就是说，汉语语法必须注重语境以及语用的分析研究。此外，汉语往往一个深层结构，实现到表层上来有好几个结构，表层结构千变万化是汉语句法的特点之一，充分体现了汉语的灵活性。因此，我们必须对它们加强变换研究，努力探索不同句式之间的同义联系，也就是汉语语法必须着重语义结构的研究。因为只有以语义结构为中轴，才能掌握千变万化的句法结构。当然，这里所说的语义结构分析，是跟语法形式相结合的，而不是早期语法著作中那样单纯的意义分析，不是从意义出发去研究一切语法问题。有时，两个甚至两个以上的语义结构，往往就是两个甚至两个以上的语义结构嵌接而成，也就是表层上只有一个句法结构。类似的结构也见于“V给”兼语句、“把”字兼语句、连动兼语融合句式等。这说明，由于现代汉语的精密化和繁复化，因而不但句法结构复杂起来，相应的，语义结构也复杂起来，甚至言少意多，比句法结构更为复杂。所以在语法分析中，语义结构应该引起我们更大的重视。再如复句的研究，不管有无关联词语，都不能只是并列、递进、因果、假设、选择、转折等泛泛而谈，而是必须像邢福义那样，深入揭示这些句式之间的种种细微语义关系以及表意重心。当然这样分析的时候，也必须尽量从形式上找到依据。龚千炎说，语法形式和语法意义相结合是语法研究最重要也是最基本的一条原则，语用分析也是建立在它的基础之上的。我们必须为两者的结合付出长期甚至毕生的努力，才有可能使汉语语法研究产生质的飞跃，达到较为理想的境界。他明确提出：“语义对构造句子具有决定性，结构形式毕竟只是语义内容的体现。但是句法结构也有一定的独立性，有时甚至带有某种强制性。”因此他说进行语法研究“应以结构形式作为基础，结合着挖掘其间的语义关系，然后在此基础上再分析其语用因素”，“突破语法结构形式的框架，把目光从内部转向外部，注意到实际运用中的语法结构，注意到在大的语境中运用着的语法结构，从一定的语境中去考察它们，我们将会看得更为清楚，并把语法分析不断引向深入”。（《80年代现代汉语语法研究的回顾与评价》）这些可谓龚千炎长期从事汉语语法研究实践的宝贵经验，是龚千炎语法思想的精华所在。这些语法研究成果充分体现了语法结构和语义结构相互结合的思想。

2. 现代汉语的时间系统是属于“词汇·语法范畴”的

龚千炎提出，现代汉语的时间系统包涵时相、时制、时态三个部分，句子的时相结构指句子纯命题意义所表现的时间特征，根据时相特征而进一步概括划分出来的几种类型，就是一般所说的句子的情状类型，语言一旦进入交际过程，就得表明事件是什么时候发生的、处于进程中的何种阶段及状态。前者就是一般所说的“时制”（tense），后者就是一般所说的“时态”（aspect）。从表现形式上说，时间情状是隐性的，时制和时态是显性的。在这个综合系统中，时相部分构成它的基础，为时制和时态的表达提供了几种可能的选择，而时制成分和时态成分的选用则使这些可能性变成为现实性。把印欧语言和现代汉语进行比较得出：（1）印欧语言通过谓语动词本身的形态变化来表现时制和时态，而汉语则在谓语动词的前后附加语言成分来表现时制和时态；（2）印欧语言的时制和时态是通过同一的动词形态变化来表现，二者往往融合在一起，而汉语则使用词汇成分表现时制（我明年中秋节回故乡），使用语法成分表示时态（我一口气喝了三碗茶），二者分离而且性质不同；（3）印欧语言的时间表现偏于时制，在“三时”（过去、现在、将来）的基础上建立表时系统，而汉语的时间表现则偏于时态，对比而言，所表示的时态要丰富得多。并指出印欧语言的时间系统完全属于语法范畴，它一切都通过语法形式来表现，而现代汉语的时间系统则属于“词汇·语法范畴”，它既包涵词汇因素，也包涵语法因素。认为时相结构体现句子纯命题意义的内在时间特征。

3. 历史地、横向地、动态地、系统地语法研究方法

龚千炎作《中国语法学史稿》，特别注重“历史地、动态地、系统地研究”汉语语法学史。作为一部“史”必须“着重研究历史上每一位语法学家、每一部语法著作的横向纵向联系，进行横向、纵向、中西的比较，探索它们的前因后果关系，从纵横交错的语法学发展网络中把握个体”。同时，《中国语法学史稿》“也特别注意‘史’和‘论’的有机结合，依史立论，由论观史，加强对人的、事件、著作的理论评说，所以从某种意义上说，《史稿》也可以认为是一部中国语法学批评史”。

龚千炎不仅在语法学史的研究中注重历史地、动态地、系统地研究

方法，在汉语语法本体研究中也特别注重历时地纵向比较和共时地横向比较，系统、动态地研究方法。正是这些科学研究方法的正确运用，才得以取得这些突出成果的。龚千炎在《〈儿女英雄传〉是〈红楼梦〉通向现代北京话的中途站》中运用历时的纵向比较方法寻找近代汉语向现代汉语发展的脉络。而在《现代汉语的时间系统》中运用了共时的横向比较的研究方法。通过印欧语言和现代汉语的横向比较，向我们揭示了现代汉语时间系统的特点、组成部分及各部分间的相互关系。正是通过比较，使我们对其特点有了更为直观、清晰、深刻的认识。《“绝好的京语教科书”——谈〈儿女英雄传〉的语言》更是把研究的视点放在近现代汉语历史发展的动态进程中。龚千炎说：“语言不只是静态的，不只是具有结构形式和意义内容，而且是动态的，语言总在应用之中。”“语言的最本质的属性是应用，语言一经产生就是应用的；一旦离开应用，不再使用了，语言的生命也就终止了。”（《应用语言学研究刍议》）

4. 汉语语法学史观

①中国汉语语法学史的一些看法

语法学史应是一门既是语法学的又是历史的学科。我们“应该以真正的历史进化的观念，对以往语法研究中的人物、著作、事件等进行连贯的有系统的分析。应该历史地、动态地、系统地研究语法学史。在历史上每一位语法学家、每一部语法著作、每一次语法讨论，都不是孤立存在的，有它的横向纵向联系，有它的前因后果，我们要紧密联系社会发展，从纵横交错的语法学发展网络中把握个体”，“同时，既然在历史过程中人们对语法论著的看法、解释和评价是有变化的，那么语法学史应该描述和反映这一过程”。对于语法著作的价值的评价，应当依据历代无数读者评价的综合以及累积过程。中国语法学史的任务龚千炎总结为以下三点：“（一）阐述中国语法学酝酿、建立、发展的全过程，指出其发展趋势；（二）正确评价重要的语法学家及其代表著作在历史上的地位和作用，继承其优秀传统；（三）总结规律，借鉴前人，用以指导现代汉语语法的学习和研究。”龚千炎的《中国语法学史稿》不仅对汉语语法本质特点的认识和理解，与他的汉语语法本体研究相结合，相互呼应、相互验证、相互促进。他反对语法学史著作“有闻必录”“述而不作”。

②中国语法学史的分期

（一）酝酿、萌芽时期（公元前475—1897），这一时期从春秋战国一直到《马氏文通》的发表，在这一漫长的历史时期语法大都是为训释经籍服务的，只有零星的片断的记录，不成系统；（二）引进、初创时期（1898—1937），引进模仿西方语法框架，但也有创新，有对中国传统语文学的继承；（三）探索、革新时期（1938—1949），反对模仿，主张革新。向汉语自身特点回归借鉴西方的语言学理论，就汉语语法革新问题展开讨论，同时根据汉语的特点创建汉语语法新体系；（四）发展、繁荣时期（1949—1966），借鉴西方的语言学研究方法、细致描写汉语语法现象；（五）深入、开拓时期（1978— ），理论方法多元化，为语言学与多种学科的交叉渗透，研究领域得到极大的开拓，语法现象及其规律得到深入分析和挖掘，从最初的“移中就西”到此时的“化西为中”，一切外来的东西统统为我所用。这时，中国语法学正在逐步走向它的成熟阶段。

十五、李临定语法观

李临定（1932— ），山西永济人。中国社会科学院语言研究所研究员。专著主要有：《现代汉语句型》（商务印书馆，1986）、《现代汉语语法的特点》（人民教育出版社，1990）、《汉语比较变换语法》（中国社会科学出版社，1988）、《现代汉语动词》（同上，1990）、《李临定自选集》（河南教育出版社，1994）。他的语法观主要有：

1. 句型划分观

《划分句型的原则和标准》认为划分句型功能是要建立一个句型系统，反映出句子的实实在在的构造规律，由于汉语句子构造复杂多样，划分现代汉语的句型就不能根据单一具体标准，而应从多个角度，采用多种标准，比如谓语型、述语型、宾语型、主语型、介词短语型、结构格式型、语气型、语义型、异变换型等。

2. 句型范畴观

在《句型范畴》中，李临定提出“句型范畴”概念，认为作为与句型结构形式相连的句型范畴是确定句型类型的一个重要手段，“句型范畴”反映的是句型所体现的抽象的关系意义，因而句型范畴的研究是侧重于句型的语义类型方面的，该文归纳了如下几种句型范畴：“每”范畴、动态范畴和静态范畴、自主范畴和非自主范畴、遍指范畴、定指范畴和非定指范畴，句型范畴实际上是研究句型所表达的抽象的语法意义。

3. 句型场观

在《句型场》中，李临定又提出“句型场”概念，认为每一种句型在意义和形式上都有其独特性，“这种独特性也就是要求［决定］它所存在的‘场’［关系圈、活动圈、语境］也会有一定的独特性”。文中还分析了“强烈后果句型场”“状态存在句型场”“表每计量句型场”等几个“句型场”实例。《现代汉语句型》正反映了他对现代汉语句型的这些认识。这样来研究句型有很大的实用性，便于观察现代汉语句子构造的复杂情况，但毕竟系统性不强，句型交叉过多，句型和句型之间的区别性不明显。

4. 汉语语法特点观

他认为研究语法特点首先应该着眼于汉语语法本身，看看影响语法构造的全局的东西是什么，汉语语法构造所体现出来的普遍现象是什么。因而，强调从汉语本身来研究现代汉语语法特点，由此，作者认为现代汉语语法构造的特点是简略而繁复，“简略”表现在语言运用中较多地采用省略、综合和紧缩的表达形式，而“繁复”表现在句子格式的多样性、句子成分的自由和受限制、类与类的渐变及交叉、语义关系的隐含、语法规律参差不齐等方面，“简略”和“繁复”对立统一，就形成了多彩多姿的语法构造。

5. 造句方式观

在《汉语造句方式》一文中又专门论述了现代汉语造句方式，归纳为三大类：词类功能式、挤压综合式、固定格式式，指出动词次范畴在显示造句多样化方面起着决定作用，挤压综合式和固定格式式造句方式使得句子构造既简练又多样。现代汉语语法的这些特点决定了他的语法研究的特点。

十六、汤廷池的语法研究

汤廷池（1932— ），台湾苗栗人。台湾师范大学教授。主要代表作有：《国语变形：移位变形》（台湾学生书局 1977 年初版，1979 年、1982 年均有修订版）、《国语语法研究论集》（台湾学生书局 1979 年初版、1981 年修订版）等。他的语法观主要有：

1. 转换语法观

 指出了人类的语言本领的具体内容，探讨了自然语言的语法模式所应该具备的条件，还讨论了语法学上的各种问题，例如句子的合法性、多义性、相同性，语言规律的要件，符号化与公式化，词类、词序、词组结构，深层结构表面结构与转换，等等。论述了一般的变形规则：基本变形、移位变形、割除变形与复写变形、循环变形、结构树的修建。然后分别介绍了现代汉语的“主语”“主题”“向左转位”“宾语提前”“处置式”“被动式”“间接宾语提前”“领属格名词组移位”“副词移首”“‘连’提前”“宾语子句移首”“主语提升”“否定词定位与定量词定位”等13个转换方式，并且将类似的转换方式加以比较，例如“主语变形”与“主题变形”、“处置式”与“宾语提前”、“被动式”与“处置式”等。在“主题变形”中，作者首先区分了主语与主题。主语是纯粹“语法关系”的概念，与“谓语”相对。深层结构和表层结构可以各有自己的主语。主题是属于“谈话内容”的概念，与“评论”相对，没有深层与表层之分。作者主张用移位变形来产生主题。作者还提出主题变形的限制：①介词宾语不单独成为主题；②由对等连词所连接的两个或数个名词组，不能将其中的一个名词组单独移首成为主题；③“(就)是”“姓”“叫做”“像”等“分类动词”后面的补语或宾语名词不能成为主题；④有直接宾语与间接宾语两种宾语的时候，以直接宾语做主题比以间接宾语做主题来得通顺；⑤直接宾语，如果后面有补语，也不能变成主题；⑥有“关系子句”或“同位句”修饰的名词组，叫做“复合名词组”。符合名词组里的任何名词都不能成为主题；⑦由具有“不可转让的属有关系”的两个名词所组成的名词组，只有表示“物主”的第一个名词组可以成为主题，表示“属物”的第二个名词组不能成为主题。

2. 格变语法论

汤廷池还著有《国语格变语法试论》(《*A Case Grammar Of Spoken Chinese*》，1972)，是全面运用菲尔墨的格的语法理论来研究汉语的著作。全书分为：①“绪言：对格语法正反两方面的意见”；②“基础部分”；③“词符；汉语动词的格语法分类”；④“转换规则；移动转换和转换制约”。

书中分析汉语的格范畴有“施事格”Agentive（A）、“工具格”Instrumental（I）、“给予格”Dative（D）、“使役格”Factitive（F）、“方位格”Locative（L）、“施益格”Benefative（B）、“宾语”Objective（O）

等，其相应的介词即格标记分别为“被”、“用”、“给”、“由”、“在”、“把”等。书中还有框架特征，对汉语的动词做了格的语法分类。例如“动作动词”（Verbs of Action）、“动作不及物动词”（Intransitive Verbs of Action）、“动作及物动词”（Transitive Verbs of Action）、“使役动词”（Factitive Verbs）、“双宾语动词”（Double Object Verbs）、“连系动词”（Link Verbs）、“伴随动词”（Comitative Verbs）、“状态和程序动词”（Verbs of State and Process）、“描写动词”（Descriptive Verbs）、“助动词”（Auxiliary Verbs）。从格语法角度对名词和动词作这样细致的功能分类描写，将有助于汉语语法研究的深入发展。

十七、吴为章语法观

吴为章（1934— ），福建南安人，北京广播学院教授。主要著作有：《句群》（与田晓琳合著，上海教育出版社，1984）、《句群与表达》（中国物资出版社，1988）、《主谓短语·主谓句》（人民教育出版社，1990）、《实用型语法教程》（北京广播学院出版社，1988）、《广播电视语言应用》（四川辞书出版社，1990）、《实用语法修辞》（北京广播学院出版社，1993）、《汉语句群》（与田晓琳合著，商务印书馆，2000）等。她的语法观主要有：

1. 句群观

《句群》是较早研究现代汉语句群的专著，该书首先论证了“句群”是最大的语言单位，认为对句群的研究不仅是语法教学的必然，也是语法学发展的需要，是研究句子功能的先决条件；该书从结构上、语义上、组合方式上对句群这一语法单位进行了限定，并区分于复句和段落；提出句群可以从结构方式（关联组合句群和直接组合句群）、结构关系、谋篇作用（主体句群、过渡句群、插入句群）、表达作用（记叙句群、描写句群、说明句群、议论句群、抒情句群）等方面进行分类和研究，并认为从组合方式和结构关系角度的分类是语法学的分类。文中从结构关系角度对并列句群、连贯句群、递进句群、选择句群、总分句群、解证句群、因果句群、目的句群、条件句群、假设句群、转折句群等现代汉语句群的形式和意义进行了描写，并对句群的层次分析、句群切分的方法和程序给予了分析，最后对句群教学等问题作了说明。《句群与表达》主要从语言运用的角度思考了现代汉语句群的几个问题，其中如句群在构成段落时所起的作用，把句群分为主体句群、过渡句群、插入句群。

2. 动词配价观

动词研究尤其动词的配价研究是吴为章现代汉语语法研究的重要课题，她是国内较早对动词配价进行专题研究的学者，20 世纪 80 年代初她就发表了《单向动词及其句型》（《中国语文》1982 年第 5 期）一文，该文认为一个句子中只有一个必有的名词性成分，和它同现的动词就是单向动词，进而根据单向动词的三个句型：Ns—、—Ns、N—Ns，给单向动词进行了再分类，然后归纳出单向动词的三个句型：Ns—V、V—Ns、N—V—Ns。此后，吴为章又发表了论文，对“成分”类动词、“X得”动词、带“结果宾语”动词等类动词的配价（向）以及由这些不同类动词构成的句型进行了细致的描写。同时，吴为章还将动词配价的理论给予了探讨，在《动词的“向”札记》（《中国语文》1993 年第 3 期）一文中认为：“‘向’是动词的支配功能。决定汉语动词的‘向’的因素，是在一个简单句中与动词同现的必有成分。”而必有成分必须是能占据主语、宾语的位置并同动词有显现的语法关系和显现的语义关系的成分，该文对动词“向”的性质、“向”的确定标准和程序、价语的语法语义限制和位置进行了阐述。

3. 语序观

吴为章的《语序重要》（《中国语文》1995 年第 6 期）探讨了语序在汉语语法平面以及语言的表达和理解方面所发挥的重要作用，分析了影响语序变化的各种因素以及这些因素的作用方式，并对话语中经常出现的超常语序进行了较好的解释。

十八、陈建民语言观

陈建民（1935—2004），广东海丰人。国家语言文字工作委员会语言文字应用研究所研究员。主要著作有：《说和写》（广东人民出版社，1979）、《小学口语教学》（广西人民出版社，1981）、《汉语口语》（北京出版社，1986）、《现代汉语句型论》（语文出版社，1986）、《语言文化社会新探》（上海教育出版社，1989）、《非主谓句》（人民教育出版社，1990）、《说话的艺术》（语文出版社，1994）、《语言与文化多学科研究》（主编，北京语言学院出版社，1993）等。他的语法观主要有：

1. 口语研究观

对汉语口语的研究是陈建民对汉语语法研究的主要贡献，《汉语口语》全面描述了汉语口语词汇、口语语法和口语修辞现象，将汉语口语与书面语、北京口语与方言口语进行了比较研究。书中发掘了不少口语特有的句式和语法现象，是对当代汉语口语进行全面研究的重要著作，在一定意义上具有填补汉语语法研究空白的作用。

2. 句型论

《现代汉语句型论》主要阐述了句子分类的观点、句型确定的原则和句型的变化等内容，在重视“中介物”的前提下，认为“从科学性考虑，学术语法对句子的分类准则应该是：标准统一，互不矛盾，对语言事实的归类具有较大的概括性”，这样“汉语句子的分类不宜在同一平面上采用多标准，即同一平面的句子分类宜于只用一个标准，可以辅助其他标准帮助验证”。由此，作者提出确定句型的原则：对立性原则、省略性原则、区别性原则，在这些原则的指导下，作者又确立了划分句型的标准：运用组合状况和二组合能力对现代汉语句型采用多层次分类，根据这个标准，《现代汉语句型论》得出了一主一谓句、非主谓句、是字句、一主多谓句、多主谓句等 5 种上位句型，加上这 5 个上位句型的中位句型及下位句型，共得出现代汉语基本句型 130 多种，而且每种基本句型还有转化式、派生式等句型变化和移位变换，这就构成了现代汉语的复杂的句型网络系统。

十九、史有为语法观

史有为（1937— ），江苏常州人。长期任职于中央民族学院。1998 年至今任日本明海大学教授、博导。著有《呼唤柔性——汉语语法探索》（海南出版社，1992）和《汉语如是观》（北京语言文化大学出版社，1997），表现了他的语法观：

1. 柔性语法观

史有为在当代系统科学的影响下，经过多年探索和思考，于 1990 年提出了结构主义理论所忽视的柔性观念和柔性语法，将之与早前语法学界在进行研究时对语言事实的“刚性”处理区分开来。

所谓刚性处理就是把语言看成可以离散的实体而加以规格化、标准化的处理。这种处理以穷尽无遗作为目标，努力寻求一种理想的非 A 即

B 的切分和分类系统。以前的语法研究，不论是划分词类还是分析句子，不论是层次分析，还是中心词分析，所采用的大都是这种处理方法，结果是人们要应付那些处理不完的“例外”。史有为从语言事实中，从离散方法的不自然性和难以处理的实际中，开始认识到语言是一个连续体，语言单位和词语类别只是连续体的一种暂时处理。为此，提出用“柔性”的方法、模糊的方法去处理语言。史有为在《语言研究中的柔性观念》（1990）一文中认为“柔性”是一种概念，表现在语言的柔性观和语言研究或处理的柔性观上，语言是柔性的，表现在语言是个开放的、模糊的、混沌的、具有非系统性的、具有多维性或多重性的，而在语言研究上要具有整体性、相对性观念，由此语言研究应该采用概率统计的方法、模糊逻辑的方法，具有“转域”处理策略、保持必要的“张力”、采用多维的综合的方法，并且不同质的问题采用不同质的方法。目前其方法正在发展完善中，已经提出的包括转域、张力、共济、典型、模糊、统计等。该观念现在已首先为中文信息处理界所广泛接受，并与认知语言学的一些观点不谋而合。

柔性观念实质上是一种回归人以及人所使用的自然语言的思想，是引入人的因素的科学主义努力。他说过“当代语言学正在寻求实验工具，而电子计算机正是一个合适的工具，另一个工具则是传统的人。然而，无论是何种工具，语言学依然无法完全排除主体性。”（《转域和能力——语言分析的柔性控制方法》，《语文研究》，1995）。史有为认为语言对于人是一个整体，语言又是一种有人的复杂系统，因此用语言作为工具去分析语言，用人的认识去处理包含人的因素的语言，其必然的结果就是使研究结论带有更大的主体性或主观性。

2. 思想与范畴的“原形论”

史有为的柔性思想与范畴的“原形论”思想不谋而合。从范畴化理论来看，范畴化就是分类，分类是为了提纲挈领，有利于把握，通过分类来概括纷繁复杂的现象。范畴论经历了从经典理论到原型理论的发展过程。亚里士多德时代到维特根斯坦时期，经典理论认为范畴内的所有成员地位相等。近二三十年来的认知科学发现概念范畴和语言范畴不符合传统的范畴理论，哲学家拉博夫和人类学家罗施对这一理论提出有力挑战。拉博夫和罗施经过对一些范畴的研究，证明范畴不是客观世界的真实反映，而是人通过身体及心智对真实世界的特性进行能动处理的结果，范畴的边界是模糊的，互相渗透的，其成员具有家族相似性。罗施提出“原型理论”，认为大多数自然范畴不可能制定出必要和充分的标准，可以公认为必要的标准往往不是充分的；一个范畴的成员之间的地位并不相同，典型成员具有特殊的地位，被视为该范畴的正式成员，非典型成员则根据其与典型的相似程度被赋予不同程度的非正式成员地位。原型论因其更具有合理性逐渐超越了经典论，得到更多学者的拥护。“原型论”思想为史有为的“柔性语法”提供了坚实的理论基础。

3. 形式和意义观

形式和意义在他看来是一张纸的两个面。是形式决定意义，还是意义决定形式，这是一个永远解不开的扣。在形式和意义形成的死循环中，固然可以从形式出发，但是形式的始发点又是由意义规定的。因此在二者之间保持必要的张力是合理合宜的。如在词类问题上人们总坚持以功能作为唯一标准。从意义到形式，又从形式到意义本是认知的全过程。否定意义某种规定作用实际上可能导向否定语言和语言认知。在《动词重叠及其句法功能》（1997）一文中，通过形式平行和语义平行两方面归纳出严格的动词重叠只有 AA 式一种。他认为在现代汉语中，动词 AA 式已经开始朝向自主发展，其中双音节动词已明显地脱离了以“A 一 A”和“A 了一 A”式为主导的平行关系网，独立发展出了 AA 式，显示了它的独立身份。则单音节动词 AA 式在意义上也不完全平行于其他三式（A 一 A、A 了 A、A 了一 A），AA 式可以和较长的时间、较郑重的态度、较经常反复的行为匹配，而其他三式在意义上仍然维持“不定少量”的程度，如“这道题我得花几天时间想想。”其中“想想”就不能改成“想一想”，因此只有 AA 式作为动词重叠。对动词重叠范围出现这些不同的看法，实际上反映出人们对动词重叠性质的不同认识。

4. “语音”平面观

史有为在《句型的要素、变体和价值》（1987）对有关句型的几个概念：型和例、句型要素、句型变体、句型成分、句型价值、句型系统等给予了独特的阐述，认为句子是由语义子系统、句法子系统、语音子系统、语用子系统构成的系统，因而句型是由语义、句法、语音、语用 4 要素构成的，尝试性地提出了语法、语义、语音、语用 4 种句型要素，并由此构成相应的 4 类句型模式。

5. 提倡运用历史研究法和比较研究法

将古汉语语法和方言语法结合起来研究汉语语法。要透彻认识汉语的特点和核心，最好的途径是比较纯净的区域——古汉语和方言，尤其是古汉语去看现代汉语，去看普通话。他提供口语研究并尽力在其中寻找典型的汉语语料，而且据此提出许多比较适合汉语的概念，把注意点延伸到古代汉语和方言，并尽力从中创出合乎汉语自身又能调整一般语言学的理论和体系。甚至提出在未来的百年里，以古汉语语法和汉语方言语法来调整现代汉语语法学，将是不可避免的。古汉语语法和方言语法的研究也许将成为现代汉语语法研究的“再造父母”。

二十、徐烈炯语法观

徐烈炯（1937— ），上海人，曾任复旦大学教授，外国语言文学系系主任，现为香港城市大学的教授。著有：《生成语法理论》（上海外语教育出版社，1988）、《语义学》（语文出版社，1990）、《上海方言语法研究》（与邵敬敏合著，华师大出版社，1998）、《话题的结构与功能》（与刘丹青合著，上海教育出版社，1998）、《共性与个性——汉语语言学中的争议》（主编，北京语言文化大学出版社，1999）、《话题与焦点新论》，（与刘丹青合著，上海教育出版社，2003）、《指称、语序和语义解释》（商务印书馆，2009）等书。他的语法观主要有：

1. 语法层次观

徐烈炯根据生成语言学理论的观点将语法分为两个层次。他在解释乔姆斯基理论时指出，所谓“语法”有两个不同的含义：一是指语言的声音系统、结构层次和排列等的规律；二是指人们对这些规律研究的结果。徐烈炯说，并非每一个人都能掌握语法的第二个层次，但是每一个人都掌握语法的第一个层次，即使文盲也能分辨一个句子的正误，也许他们根本说不出语言中结构和词序的规律等理论。

2. 体的语法范畴观

徐烈炯认为现代汉语中不存在体的语法范畴。从汉语的一些实例来看，汉语似乎是存在“体”的语法范畴的。比如助词“了、着、过”是可以表示动作的“体”。例如“菜热着、上着石膏、晾着衣服”都可以或者表示运动、动作正在持续，或者表现运动、动作造成的结果正在持续。又如“他当了三年主任”和“他当过三年主任”意思不同，但是

"北京他去了三次"和"北京他去过三次"意思差不多。但徐烈炯认为这些语言现象的"语法概括缺乏一贯性"，因此不能据部分的事实判定语法范畴。

3. 汉语的"焦点"观

徐烈炯和刘丹青是这样给焦点下定义的：焦点在本质上则是一个话语功能概念，它是说话人最想让听话人注意的部分。在句子内部，焦点是说话人赋予信息强度最高的部分，跟句子其余部分相对，可以用"突出"来概括它的功能：在话语中，焦点经常有对比的作用，跟语境中或听说者心目中的某个对象对比，可以用"对比"来概括它的功能。从理论上说，焦点可以存在于句子的任何部位，因此不是一个结构成分。而"特别是"所连接的部分也有"对比"和"突出"这两个功能，"特别是"后面的B就是说话人最想让听话人注意的部分，且"特别是"所连接的部分可以在句子的任何部位。所以，我们可以把"特别是"所连接的B作为焦点来看。另外，只要是由"特别是"来连接的句子，都有以上这些特点。因此，我们也可以把"特别是"看成一个焦点标记。

4. 题元等级理论

他于1994年研究汉语和英语的反身代词时发现二者是不同的。他认为句法约束理论无法解决"自己"的指称问题。他在海伦等人研究的基础上提出了反身代词约束中的题元等级理论，他提出汉语主要根据题元层级来确定先行词，如果句中有"施事"，反身代词往往以施事名词为先行语。徐烈炯又指出题元等级可以预测哪一个NP更有资格作某一特定的反身代词的先行语。汉语从句中空位主语的所指也与题元有关，不能完全根据句法结构来确定。他还认为题元重合可能是汉语的一大特色。比如"打跑了狗"之类结构中，"狗"既是"打"的"受事"，又是"跑"的"施事"。乔姆斯基的题元理论不允许同一词语身兼二职，那么对汉语的这种现象如何处理？如"你气死我了"、"这瓶酒醉得张三站不起来"等动结式中题元与句法成分之间的关系。他通过研究认为虽然这些是汉语特殊句式，却并不一定需要另外建立一套理论来处理，当代生成语法在研究其他语言基础上创立的理论原则已经是够说明这些汉语题元现象。

5. 空语类观

关于"空语类现象"，学者们对英语中的主宾不对称现象意见基本一致，而对汉语中的主宾不对称问题则看法不一。徐烈炯通过研究认为汉语中根本不存在主宾不对称现象。他通过对英、汉语中的主宾不对称与英语中的不同，英语中的主宾不对称是一种句法上的不对称，而汉语中的主宾不对称并不表现为句法上的不对称，而表现为指称上的一种语用倾向性。

6. 话题观（含刘丹青）

认为话题是一个句法结构概念，即句法结构中的某个特定的位置。根据在句子中的位置，话题形式可分为主话题、次话题、次次话题。认为话题的功能有话语功能、信息功能、对比功能等。从普遍语法理论和类型学理论来考察汉语的话题，汉语是一种话题优先的语言，话题化的程度是很高的。

二十一、范开泰语法观

范开泰（1942— ），浙江慈溪人。上海师范大学教授、博导。著有《语法、修辞、逻辑》（上海教育出版社，1978）、《关联词语》（上海教育出版社，1981）、《现代汉语》（语文出版社，2000）、《现代汉语语法分析》（合著，华东师范大学出版社，2000）等。他的语法观是：

1. 三个平面分析的几种模式

关于三个平面的分析，范开泰提出：对语法结构的三个平面分析大致上有三种思路、三种模式。第一种模式：可称为“三个平面的成分分析法”这种模式认为语法结构的组成成分，可以分为句法成分、语义成分和语用成分三类。第二种模式：可称为“三个平面的因素分析法”传统语法的研究实际上已经涉及种种句法的、语义的和语用的因素。只是囿于传统语法的格局，总是力图把这些因素融为一体。因此二者产生了按意义范畴来定词类，因施受关系而别主宾等等的混淆两个平面的问题。

后期的结构主义，尤其是在结构主义框架里研究语法的汉语语法学者，经过精心的分析和探索，抛弃了前期结构主义的不顾意义的弊病。注重在结构分析的同时，作语义上的说明，在实际上已开了三个平面分析的先河。

范开泰指出，在具体的汉语语法研究中，三个平面的因素分析法用得更广泛。第三种模式，可以称为“三个平面的结构分析法”。

三个平面的因素分析法承认语法结构有三个不同的平面可只有一个

结构。“三个平面的结构分析法”则认为不但句法平面有结构，语义平面上也有结构，语用平面上也有结构。句法结构、语义结构、语用结构各是一个子系统，共同构成一个大系统，构成语法结构。

2. 省略、隐含、暗示说

“省略”专指一般所谓句法上的省略，“隐含”专指语义上的省略，“暗示”专指语用上的省略，统称为“省略”。范开泰认为它们比较符合三个平面上不同的表现观点。

省略是由句法成分的删略而形成的一种隐略现象，在汉语里极为常见。省略的是句法结构成分。有人认为，汉语的各种句法成分都可以省略，实际上各种句法成分的省略情况不完全一样。他认为，句法成分的省略必须有一个句法的标准：只有那些句法结构上必不可少的成分没有出现才是省略；不把省去的部分补上句法结构就不完整，或者虽然句子也能成立，但已不是原来所要表达的意思了。

隐含是由句法格式的紧缩而形成的一种隐略现象，在汉语中也极为常见。范开泰指出：“吕叔湘先生指出‘隐含’不同于‘省略’，必须可以添补才能叫做省略。”这就是说，隐含式在句法上没有相应的非隐含式。隐含的不是句法结构成分，而是语义结构成分。

暗示是一种语用现象。暗示义是一种语用隐含义。范开泰指出：“吕叔湘先生曾指出：‘语言的表达意义，一部分是显示，一部分是暗示。’”有一些暗示义，与句法结构无关。例如，有人走进一间开着窗户的房间，说：“今天好冷啊！”他说的是一个感叹句，他所以表达的意思却是一个祈使句：“请把窗户关上！”这种暗示义与句法结构无关，是由说话时的具体语境决定的。说话人用感叹句转达一种感受，是为了激起听话人的同感，从而采取适当的行动。暗示义大都可以从听话人的心理定势、说话人对听话人的心理预测、说话人与听话人的特定关系、说话时的特定社会背景条件等等语境因素分析中得到解释或找到解释的线索。例如对人的称呼，叫“X（姓）先生”含尊敬的暗示义。在语法研究中，特别值得注意的是与句法结构密切相关的暗示义。

二十二、曹逢甫语法观

曹逢甫（1942— ），台湾彰化人。美国匹兹堡大学教授。专著有《主题在汉语中的功能研究——迈向语段分析的第一步》（语文出版社，

1995)、《汉语的句子与子句结构》（北京语言大学出版社，2005）等。主要语法观有：

1. 汉语中主语和主题的不同性质

曹逢甫认为，汉语中的主语有如下性质：①主语总不用介词标记；②从位置上看，主语可以看作动词左边的第一个有生名词的短语；③主语与句子的主要动词总有某种选择关系；④主语往往有一个特定所指；⑤主语在同指代词化或者省略过程中起着重要的作用（反身代词化、连动结构祈使化、相等名词短语省略）。汉语中的主题的性质是：①主题在主题连锁里总是占据第一个句子的句首位置；②在明显地出现停顿语气词“啊”“哪”“么”“吧”时，主题可以随意同句子的其余部分分离开来；③主题总是限定的；④主题是一个言谈概念，它可以并且经常把自己的语义范围扩大到一个句子以上；⑤在一个主题连锁里，主题是支配所有共指名词短语的代词化或省略；⑥除非主题又是主语，否则主题在反身代词化、被动化、相等名词短语省略、动词连续化及祈使化的过程中不起作用。曹逢甫提出汉语是一种以言谈为中心的语言。他不同意李讷和汤姗迪的意见，认为把汉语看成“主题居显要地位的语言”、把英语看成“主语居显要地位的语言”是错误的。他认为在汉语里形成言谈单元的，不是单独个别的句子，而是在同一话题下前后联系的好几个句子，因此，汉语是趋向以言谈为中心的语言，在句法与语意结构的分析上，必须考虑在同一个话题连锁之下互相联系的所有句子。相反，英语则是趋向以句子为中心的语言，因而在句法与语意结构的分析上，一般只需考虑个别的句子。

2. 主题链的各种形式

根据子句主题的数目和功能，将它们分成4类：单主题子句，包括引介句和引介——套叠子句；双主题子句，包括“双名词”结构和副词（特别是地点、时间副词）可以确认次要主题时的主题—Adv. —V—（O）结构；其他句式，这些句子中含有两个主题，而且其中的次要主题是从动词后移到动词前的句子，包括“把”字句、宾语前置句和动词—拷贝句；两种特别的句式，一种是或者只有基本主题，或者基本主题、次要主题都有的“连……都/也”句，另一种是比较句。

曹逢甫认为汉语的简单句可以依它所有主题之数目及性质而分为单主题简单句、双主题简单句、特殊主题简单句等。因此，汉语的最基本句式为主题与主语合一的主—动—（宾）句。双名词句、“把”字句、动词重复句、宾语提前句以及动前时间、处所或其他除了状态状语以外的状语出现在第二位的句式均可以分析为双主题简单句。“连”字句和比较句可分析为特殊主题句。

在复句和复合句中，曹逢甫发现主题扮演着非常重要的串联角色。首先，经过对子句联结成分如“不但……而且，一……就”等的仔细研究，发现可以按照它们是出现在前句还是后句以及本身是否为正连词（能出现在句首）或联结副词而分成4大类。至于前句正连词如“不但、因为、如果”等能出现在子句中不同位置的事实，则以一条主题提升律来解释。从这个角度看，主题链又可分成两大类，第一类为无标主题链（链中除了共同主题外，没有其他联结成分）。第二类带有联结成分的为有标主题链。

二十三、邹韶华语法观

邹韶华（1943—），江西安福人。黑龙江大学文学院教授、博导。主要论著有《语用频率效应研究》（商务印书馆，2001）。他的主要语法观有：

1. 语义偏移观

他首先发现了并指出了汉语中的一些中性名词的语义偏移现象，并通过几个典型的例子的比较进一步概括出制约语义偏移的两个因素，一是名词本身的性质（内因），另一个是需要出现在特定语言环境中（外因），语义偏移是两者共同作用的结果。文中作者还将这种特定环境中带语义偏移性质的名词暂且定性为偏义名词。接下来，邹韶华就意义偏移的格式进行了分析。主要有两类：一、能产性强的格式，包括①有/没有+N；②是/不是+N；③像/不像+N；④够/不够+N；二、能产性弱的格式，包括①来/不来+N；②干（混）/不干（混出）+N+来；③算/不算+N；④成/不成+N；⑤V出/不出+N；⑥出+N。作者通过一些典型生动的语言事实对这几种格式进行了概括说明，并再一次强调偏移现象必须放在特定的语言环境中去考察，这使我们对语义偏移现象有了一个全面清晰的认识。

2. 歧义观

 他在刊登在《语法研究探索》上的《歧义成因举隅》中将歧义的成

因归纳为以下几点：①简称；②隐含；③时态；④数量；⑤方位；⑥意愿；⑦借代；⑧笼统；⑨指代；⑩前提。这10点尤其是句外原因无疑具有开放性，深化了我们对歧义的理解。他将歧义的倾向性分为5点：①言内歧义与言外歧义，是由一个片断中的几种结构如补充材料（动宾）——补充材料（偏正）和某一片断中的多义成分如一边儿一点（有一边）——一边儿一点（每一边）造成的；②动态和静态分析的倾向；他在文章中举了“我看见了杜鹃”的例子；③逻辑制约的倾向；④心理制约的倾向。这后面两点实际上与邹韶华在规范化问题中提出的理性原则和习性原则相关联的。比如，“人革皮鞋”，乍看上去，可能会产生“毛骨悚然”的感觉，但立即就会释然，因为理解为“人皮做的鞋”是与常理相悖的。而如：A. 差一点没死；B. 差一点死了。我们之所以在其要表达的意思之间画等号，是因为我们习惯性的普遍的心理认识，因此，关于这两句话的争论只能是就其句法结构，在句意理解上的争议实际上是没有多少必要的；⑤语频制约的倾向。邹韶华在这里又一次提到了“语频”的问题。也就是说，哪一个意思的语境频率高，哪一个意思便会占上风，与其他意思相比显得突出。实际上这也是一个习性原则的问题，同时也与心理制约的倾向有相通之处。

3. 划界与临界观

《现代汉语词的划分浅议》就词的划界问题进行了深入的探讨：①语言与言语；②语言与逻辑；③语法与语义、语音；④词儿判定的连写法。这样就搞清了语言同实际运用中非语言的东西以及人类思维规律等方面的区别。而对于语法、语音和语义三项标准，他不同意“非此即彼”的“一刀切”提法，主张以语法为主，兼顾语音和语义。对于这三项标准，他还作了具体的论述，结论是：语音方面充其量只能作为参考，而语义方面往往有很大的主观性，对于同一语言单位的看法，难于取得统一。而他将重点落在对语法标准的考察上。他认为扩展法较隔开法有了一定的进步，但也存在着一些问题。比如，同一结构，既有扩展的一面，又有不扩展的一面，那么能否断言，扩展的一面是词组，不扩展的一面是词？就此他提出了自己的看法，即扩展法需要再扩展。他这里举了问答的测定方式，具有很强的可操作性。最后，他再次回到语法标准上来，认为要抓住词是自有运用的最小单位这一特点，从形式入手。

现代汉语语法中存在着许多临界现象，这对我们建立标准的语法规则是非常棘手而又无法回避的。而在现实中，我们又常常忽略了这个问题，邹韶华在《试说语法里的临界现象》中将这一问题提出来并进行了深入的分析考察。文章中他先举了两个典型的例子来说明，接着提出了两条评价标准：①看某种语法事实是否符合语言的结构规则，即拿出理据来；②做定量分析。

这里邹韶华的态度是客观而谨慎的，他认为量上没有规定性就不具有可操作性，我们不能穷极书面语言，更不能穷极口头语言，在这种前提下，要说出一个准确的量来怕是很难办到的，临界现象处于语法事实的敏感区，从这些论述中，我们可以看出，邹韶华在这个问题上是没有莽下结论的。

4. 语言规范化观

首先，就理性原则，他提出了一些具体的条目，主要有：①简明性以及与其相对的羡余性；②类推性；③保守性；④预见性。而对于习性原则他也作了系统全面的论述，指出：①任意性是习性原则的基础；②客观性是习性原则的特点；③可行性是习性原则的功用。这些都是从语言的实际情况出发，结合典型生动的例子来说明。最后，他进一步阐述了自己就此问题上的看法，语言规范的根本原则不是理性原则，而是习性原则。而要贯彻习性原则，必须有一个度即数的观念。这就落实到定量分析的方法上来。

5. 语用频率和定量分析观

首先，我们来看他对语用频率的解释：语用频率说到底就是语言事实的反映，他与笼统意义上的语言事实不同，不仅是客观的，而且是可量化的，具有科学性和可操作性。他指出语频适用的范围，包括词性的鉴别、语义的解释（其中着重论述了语义偏移问题）。他对语用频率效应进行了定义：语用频率对语言产生的影响姑且叫做语用频率效应。他将这种效应分为褒义和贬义、大义和小义、常义和变义、肯定和否定等几类。另外，在语频对句法的制约方面，邹韶华在《语频·语义·语法》中举了几个例子来论述。比如“青春”能否受副词修饰，近指、远指用法的不对称，“比”字句结构的不对称性等。

诚如邹韶华所说，语用频率不仅客观，而且可以量化，这就体现出一种科学的试验精神，具有科学性和可操作性。这无疑是现代汉语语法研究的一个新的突破口，通过大量的语言事实的统计、比较与分析，我们就可以得出令人信服的结论，反映语言中约定俗成的习性原则。由此，我们可以推及到歧义理解的量化分析。比如，“差一点没死”和“差一点死了”可以通过问卷调查的方式来加以统计分析，大部分人对意思的把握倾向于什么，就怎么去理解，这样歧义自然可以消除。

二十四、陆丙甫语法观

陆丙甫（1947— ），上海人。著有《核心推导语法》（上海教育出版社，1993）、《汉语的认知心理研究》（商务印书馆，2010）。其语法观：

1. 主干成分分析法

成分分析法和层次分析法是两种流行的析句法。长期以来语法学界一直处在对这两种析句法的优劣争论中，试图作出取舍。但成分分析法和层次分析法都各有长短，层次分析法的优点是程序明确但是步骤多句型不明，成分分析法正好相反，语法界无法作出取舍。学者们也试图将二者结合起来，但又很难有适当的契合点。因此有不少学者怀疑二者能不能结合。陆丙甫的《主干成分分析法》作出了尝试，找到了二者的契合点，提出了一种新的析句方法——主干成分分析法。理想的析句法，应该做到：第一，必须有明确的程序；第二，这个程序应该简化。

主干成分分析法是层次分析法的简化。第一层的切分都要选择地进行，只向靠近谓语核心的地方切分，排除枝干成分内部的切分，最后以切分出谓语核心为止。这样，相对于层次分析法繁琐的步骤来说，主干成分分析法就显得简洁明了。一个足够复杂的句子，用层次分析法切分到第 N 层能得到 2 的 N 次方个成分，而用主干成分分析法则只有 N+1 个成分。主干成分分析法融合了成分分析法和层次分析法的优点。在操作程序上它是层次分析法的简化，达到了程度简化的效果；在分析结果上，主干成分分析法分析的结果大致上同传统成分分析法相似。

2. 组块理论

1986 年，陆丙甫的《语句理解的同步组块过程及其数量描述》和《组块理论的完善化及其在自然语言理解中的应用》相继发表。在前一篇文章中，他认为：我们平时听话时不是听完一句话才去分析、理解的，而是边听边理解的；这个过程不是“分析性的”，而是“组合”过程；听者把已经听到的词语，能够有把握组合在一起的就尽量组合在一起，暂时无把握组合起来的就当作几个离散“块”记在脑中。这就是“同步组块”。文章对这种边听边理解的“同步组块”过程做了数量的描述，并对其理论意义进行了探讨。得出结论：在整个同步组块过程中，脑中储存的块数虽然时增时减，但不会超过记忆所能容纳的限度——7 块左右，并且整个过程中脑中所记住的平均块数也有限度，超过 5 就会使句子显得累赘笨拙。在后一篇文章中，陆丙甫对“同步组块”理论中的模块概念作了严格的规定，认为：可将任何句子明确切分成“限度为七左右的有限多项式”，即由不超过 7 个左右的模块构成的机构体，在此基础上，进一步提出了一种严格意义的动态的语句组块模式，即由小到大，由左到右，边接收边组块的“同步组块（TZ）模式”，在整个 TZ 过程中，处理者脑子中需要记住的块数——瞬时结构长度（STC）虽然时多时少，但也总不会超过 7 个左右，这是人脑对语句结构难度的一种奇妙的自运控制能力。句子分析提出组块理论，以组块作为析句的单位，以逻辑学一些概念和数学上的方法来描写和说明语法规律。

3. 语言研究方法论

陆丙甫研究汉语语法非常注重语言研究的方法。在《心理学与汉语语法研究》中，陆丙甫从心理学的角度对汉语语法分析中的心理因素进行了发掘，认为有限多项式的线性观念显示了人类大脑机制对人类语言结构的制约，因而也就进一步反映了人类语言心理，从而提出有限多项式的线性观念、结构离合性和语序变换等。在《语言研究的新视角及其方法论意义》中，陆丙甫指出了推导作为科学的一种基本属性，认为语言研究者对自然科学的魅力不能仅仅停留在欣赏和赞叹的层面，而要将所学的自然科学的基本原理方法和知识运用到语言研究中，将自然科学和语言学结合起来。这种结合不仅是“形”的结合，不仅是在语言研究中运用自然科学的具体成果结论概念和公式的问题，更重要的是“神”的结合，是运用自然科学的基本思路的问题。

二十五、齐沪扬语法观

齐沪扬（1950— ），浙江天台人。上海师范大学教授、博导。著有《现代汉语空间问题研究》（学林出版社，1998）、《实用现代汉语语法》（韩国 SISA 教育出版社，1998）、《传播语言学》（河南人民出版社，2000）、《语气词与语气系统》（安徽教育出版社，2002）等。

齐沪扬努力探求现代汉语空间系统，认为“现代汉语的空间系统，包括三个子系统，即方向（direction）系统、形状（form）系统和位置（seat）系统”（《现代汉语空间问题研究》，P27），“方向系统和形状系统主要同位置系统中的静态位置发生关系……而在空间位置中，静态位置则是一种基本的空间位置，随着物体、物体运动方式、物体运动处所三种参入因素的不断增加，静态位置可以发展为动态位置”（同上，P20—21），“方向和形状又会对位置的变化起到一定的影响，很明显，位置系统是空间系统中最主要的部分”（同上，P2）。

齐沪扬有效地建立了现代汉语空间系统，考察了位置句和位移句的句法，语义和语用特点，总结了相关语法规律：

- 现代汉语空间位置
  - 位置句（静态位置）
    - 绝对位置句
      - “是”字句
      - “有”字句
      - “坐”类动词句
    - 相对位置句
      - “挂1写1”类动词句
      - “走”类动词句
      - “找”类动词句
      - “挂2写2”类动词词句
  - 位移句（动态位置）
    - 绝对位移句
      - “V1+来/去”类动词句
      - “V1+下/出”类Vp句
      - “V1+上/进”类Vp句
    - 相对位移句
      - “V2+出来/出去”类Vp句
      - “V2+进/到/入”类Vp句
    - 伴随位移句
      - “V3+来/去”类Vp句
      - “V3+进/上/回”类Vp句

齐沪扬还论述了存在动词的配价理论。反映存在静态义的句式称为位置句，表示存在动态义的句式称为位移句。静态位置动词和动态移动动词可以合称为存在动词。必有动元决定存在动词的价，因为表处所的词语具有重要地位，位置句和位移句中没有自由说明语。他还说明表静态存在的动词和表动态存在的动词的配价特征。

二十六、申小龙语法观

申小龙（1952— ），浙江杭州人。复旦大学中文系教授、博导。主要著作有《中国句型文化》（东北师范大学出版社，1988）、《中国文化语言学》（吉林教育出版社，1990）、《当代中国语法学》（广东教育出版社，1995）。

申小龙的语法观作为中国文化语言学的一部分，涉及许多方面。他的汉语语法特点论可以概括为以下三个原则：①从意义入手：汉语的人文性；②以句型为分析的基本单位；③“句读本体、逻辑铺排、意尽为界”。

1. 汉语的人文性

他提出了“人文性是汉语的本质属性”的。语言影响人类思维和文化心理，在人类各种语言中，汉语的人文性特征尤其突出，这主要体现在汉语语法的意会和汉字结构的意会上。他认为汉语是“神摄”语言，是“人治”语言，重意会，不重形合，汉人是具象思维，比如在语言组织上，习惯用意象组合来使句子内容生动客观。

2. 汉语与中国文化结构的通约性

汉语语法与汉民族思维方式的同构，把语法作为文化的结构进行分析，从而建构一种理论范式。过去，中国语言学界一直借用印欧语的语法范畴作为汉语语法分析的基础，致使汉语分析难以解决汉语中的许多问题：汉语到底有没有词类？什么才算汉语的主语、宾语？汉语句子真的是主谓宾类型吗？申小龙基于这样的现实，转而从文化中去构筑汉语语法理论，提出了一种理论模式即文化结构模式。

申小龙通过分析古代作品中的语言，指出了汉语自身独特的特点：以神统形、虚实格局、流动建构。从而构筑汉语自身独特的哲学价值观：汉语的“人文主义”观。他采用功能主义的方法，重新审视古代汉语，对其语法系统进行新的整理，通过分析《左传》以及《水浒》中所有的句子，把得出的每一种句型进行详细的论述，并从汉语史的角度，对汉语句型的历史发展规律提出了一系列见解。

3. 主题句、施事句、关系句三分天下，鼎足而居的句型系统观

申小龙认为：“汉语句子的成立要素首先是某种特定的表达功能，然后是与之相适应的不同表意功能段的线性配置格局。在没有了解一个句子的表达功能前，是无法确定这个句子的结构模式的。”（《汉语句型文化》，P40—45）同样根据功能第一的原则，申小龙总结出了“关系句”“说明句”“描写句”。申小龙统计出《左传》全书20 053个句子中：主题句4146个，占20.67%；施事句14 381个，占71.71%；关系句1475

个，占7.35%；这三种句型占《左传》句子总数的绝大部分。申小龙因此断言：“如果我们以施事句、主题句、关系句作为鼎足而立的主要句型，这是符合汉语句子事实的。”（同上，P44）。

二十七、李宇明语法观

李宇明（1955— ），河南泌阳人。国家语言文字工作委员会副主任、教育部语言文字管理信息司司长、教授。著有《心灵的骚动——心理平衡论》（华中师范大学出版社，1988）、《儿童语言的教育与训练》（湖南师范大学出版社，1991）、《汉族儿童问句系统习得探微》（合著，华中师范大学出版社，1991）、《儿童语言的发展》（华中师范大学出版社，1995）、《语言的理解与发生——儿童问句系统的理解与发生的比较研究》（合著，华中师范大学出版社，1998）、《汉语量范畴研究》（华中师范大学出版社，2000）、《理论语言学教程》（主编，同前）、《语法研究录》（商务印书馆，2002）等。他的语法观主要有：

1. 汉语儿童语言、语法习得观

他从观察自己孩子的语言习得过程7年开始，系统地研究了汉族儿童问句习得，认为“偏向性策略是儿童习得语言的重要发展策略，论化和窄化是这种策略的具体体现”，“影响儿童语言发展的要素主要来自于四个方面：a. 所习得的语言或语言项目本身的各种特点；b. 儿童习得语言的文化生活环境和语言环境；c. 儿童认知能力、语言能力的发展状况及特点；d. 已习得的语言状况……这些要素的交互作用，形成了儿童习得语言的种种现象和规律、种种共性与差异。片面地强调后天要素，或是强调先天要素，或强调认知要素，都难以对儿童的语言习得作出满意的解释。”（《汉族儿童问句系统习得探微》，P183）李宇明系统的描写了儿童对是非问句、反复问句、选择问句、特指问句、“W 呢”简略问句等5大类21个小类问句的习得发展情况，并总结出汉族儿童问句系统的发展规律，系统研究了汉族儿童问句的发展阶段、发展要素、发展策略、发展模式等，论述了儿童语言的语音系统、词儿——语义系统、语法系统、语用等方面的发展状况，阐述了制约儿童语言发展的各种因素、儿童语言发展的策略、发展过程等问题。

2. “词语模”“超句法”观

提出了“词语模”（《语法研究录》、P2）、“们”在现代汉语人称代词中有类化作用（同上，P41）、“拷贝型量词”（同上，P45）、“语法位”（同上，P146）、“非谓形容词的三个特点”（同上，P183）、“存现结构中的主宾互易现象”（同上，P222）等，重视语义的研究，认为“以语义范畴为对比研究的对象，能够较为便利地发现不同语言间表达手段的异同，进而概括出语言的共性与特殊性”（同上，P322）。分析“是的”的语义和语用，提出“超句法”的概念，认为“仅把语法限制在词法和句法的范围显然是不够的，有必要提出‘超句法’的概念。超句法又可称为‘篇章语法’，其任务是研究句子及其以上的语法单位的组合规律”（同上，P435）。

3. 汉语量范畴观

作者认为量范畴分 6 个次范畴：物量、空间量、时间量、动作量、级次量和语势。形容词的级次分为绝对级次和相对级次。绝对级次还有 6 级：极级、非常级、相当级、参照级、较级、点级。相对级次还分为：横向级次、纵向级次、偏离级次。作者还提出了“复叠”的概念，并把它分为叠合、重叠和重复三种不同性质的类型。作者以语义为基础，采用从内到外的研究方式，系统地研究了量范畴。

二十八、沈阳语法观

沈阳（1955— ），上海人。北京大学中文系教授、博导。专著有《现代汉语空语类研究》（山东教育出版社，1994）、《现代汉语配价语法研究》（合作主编，北京大学出版社，1995）、《配价理论和汉语语法研究》（主编，语文出版社，1999）、《生成语法理论与汉语语法研究》（合著，黑龙江教育出版社，2001）等。

1. 空语类观

沈阳研究了句法变体结构中的空语类。动词进入使用中表现为“句位”的变体结构形式，由此造成句位固定位置上的名词性成分不出现或不能出现即空语类。他还提出了“句位”的概念与句位变体结构中空语类的分析方法，论述了移位型、隐含型、省略型三种空语类的句法特点、语义特点、语用变化，揭示其语义指向的规律性，以事实证明空语类分析在特殊句式、句法词构、语法范畴、句型系统研究中的作用。

2. 配价观

沈阳还研究了现代汉语句法结构中配价名词短语部分移位后造成的

配价关系及其对句法结构的影响，他对现代汉语配价语法研究不以讨论词语的价类别为目的，而以考察词语的配价能力来分析、解释某些语法现象，形成独特的配价观。

二十九、戴耀晶语法观

戴耀晶（1958— ），江西泰和人。专著有《现代汉语时体系统研究》（浙江教育出版社，1997）、《三个平面：汉语语法研究的多维视野》（合作主编，语文出版社，1998）等。

戴耀晶在汉语语法研究中提出了时体观。他把“体”定义为“观察时间进程中的事件构成的方式”（《现代汉语时体系统研究》，P5），考察了持续与瞬间、完成与非完成、动态与静态3组相关的语义特征，得出了现代汉语的两大类6小类的体系统：①外部观察法：完整体（包括现实体［了］、经历体［过］、短时体［动词重叠］）；②内部观察法：非完整体（包括持续体［着］、起始体［起来］、继续体［下去］）。作者详细描写和分析了6种体的语义性质、形式特征和各种体的相互区别等。戴耀晶的时体观有力地推进了现代汉语体范畴的研究。

三十、刘丹青语法观

刘丹青（1958— ），江苏无锡人。中国社会科学院语言研究所教授、博导。著有《语序类型学与介词理论》（商务印书馆，2003）、主编《语言学前沿与汉语研究》（上海教育出版社，2005）、《汉语的形式与功能研究》（商务印书馆，2009），还与徐烈炯合著了《话题与焦点新论》（上海教育出版社，1998）、《话题的结构与功能》（上海教育出版社，1998）等论著，运用多种类型语言材料对汉语语法进行了深入思考。其语法观如下：

1. 现代汉语语法的宏观研究，可以概括为5个基本观念

①理论观。指关注世界语言学的先进理论和中心议题。应了解世界上语言学的现状、进展和发展方向，吸收成功的理论成果，以便少走弯路，较快赶上先进水平；应关心世界上共同关心的中心议题，使汉语研究成果直接汇入世界主流。对于国外理论，我们不但可以借鉴，也应该运用汉语成果去检验、反思、充实、修正或否定。为此，汉语语法学首先应增强理论性和解释性。

②系统观。指把具体语法现象放在整个语法系统中去考察。孤立的专题研究常有各自自圆其说，彼此相互打架的弊端。因此，要注意具体现象在语法这个有序分层系统中的位置、作用和它跟其他语法现象的相互制约、影响。

③交叉观。指注意语法跟语言及语言运用中其他方面的相互影响和作用。语法除本身作为一个树形图式的系统存在外，还处在跟其他语言和言语因素相交叉的关系中。这些因素除已广泛纳入语法研究的语义、语用、篇章外，还有语音、语体风格、文字及社会变异、文化背景、心理结构等。

④立体观。指把普通话语法看作由共时状况和历时状况构成的立体框架的一部分。普通话是现代汉语的方言之一。现代汉语是汉语史的阶段之一，汉语是汉藏语系诸兄弟之一。方言、汉语史、亲属语言的语法材料和研究成果能给普通话语法研究以直接、间接的启发。而把普通话语法研究纳入这个立体大工程，是走向世界语言学的第一步。

⑤对比观。指通过跟其他语言的对比来发现汉语特点。现在，不仅需要跟我们熟悉的特定语言作对比，而且需要借助语言共性和类型的成果和方法作大范围的跨语言对比。关在屋子里，永难看清房屋的整体风貌和它在建筑群中的位置。对比研究是走向世界语言学的一个基础。

语法类型是事关语法系统全局的大问题，宏观研究跟形态类型和语序类型两大问题关系密切。

2. 现代汉语的形态类型观

对这一问题的通行看法是汉语缺乏形态或没有严格意义的形态。也曾有人认为汉语中有“广义的形态”或“四级形态”。刘丹青认为这两种看法都经不起宏观研究的检验。

从语言共性看，语法现象不外乎两类：①句法、包括句法构词法（复合）；②形态，包括形态构词法（派生），依此标准，近年来汉语方言中发现的大量现象均属严格意义的形态，只是由于语法学界与方言学界缺少沟通，加上很少人去做宏观总结，因此这些方言成果没能阻碍缺乏形态论的继续盛行。而广义形态论等当时虽有历史进步性，但其实质是把形态等同于语法，模糊了形态与句法的分野，不利于发现真正的形态。

当然，汉语形态的实际情况也确实颇为复杂和特殊，使得语法界容易忽略。汉语形态不像很多语言那样以屈折或粘着为主要形式，而是形式种类繁多，不易归纳。普通话中就能前后加儿化、轻声、声调交替等，而最重要的形态手段是西方语言不常用的重叠，重叠本身形式多样而且适用于许多词类。还有些形象的形态性质相当隐蔽，要借助于方言比较才便于看清。如“看不看、热不热闹”，试比较西南官话和港台国语的“热不热闹”，句法结构是不容许重复的双音词只说一半的（*干和干部、朋的朋友），所以“A不A”虽求自并列结构，现在已凝固为专表发问的特殊重叠式。

更严重的是，比较起来普通话可能是汉语方言中形态特别少的，这就使“汉语无形态”这种基于普通话的说法更显得以偏概全。因此很难同意汉语是典型的孤立语的说法。

另一方面，汉语形态大都不用作表明句法关系的手段，加上形态在语音、语义、语用上的特点，使汉语形态缺乏系统性和强制性。汉语形式常对原形的音节数目有选择性，使同一词类未必有同类形态。形态的语义常是形象、感情、语义等感性内容而缺乏客观抽象的理性范畴。形态的使用受句法结构和句型的制约较小，而受语气、语体、个人风格的制约较大，形态的使用常跟正式程度和文化程度成反比。汉语的这种形态类型确是非常特殊，而现在通行的方言调查法，是用有限的普通话例句和常见的语法范畴到方言中找对应，这是难以发现这些形态的，难怪丰富的方言形态被方言调查者忽略了好几十年。

3. 现代汉语的语序类型观

语序几乎是汉语语法的首要问题。通行的看法是把S（主语）V（动词）O（宾语）作为这三种成分的标准语序或唯一语序。但是，这一看法至今无法解释清楚现代汉语中大量存在的受事前于动词的现象。

根据格林伯格所归纳的语序共性，SVO型语言主要使用前置介词，而前置词语言一般是所有格后置于中心词。SVO型语言只用后置介词，而后置词语言的所有格位于中心词之前。现代汉语被认为是SVO型并使用前置词（在、以……），与语序共性相符，但所有格一律在中心词前，这却似乎成了共性的反例。语法系统是个有机整体，汉语不独语序特殊，词类也有特殊之处，其间就有必然的联系。

汉语的特殊词类之一是“助词”，其中最常用的是“的”。“的”的介接作用，在许多语言中都由介词担当，真正的前置词语言，所有格后置，前置介词位于中心词和定语之间，自然起着介接作用。而汉语中虽有前置介词，但所有格却在前，如只有前置词，定中之间便缺少介接成分，因此，汉语中还需有“的”这类后置词。需要标明不同的介接关系时，还可以前后置词并用，前后置词并存并用正是基本语序 SVO 和 SOV 并存的相关现象。汉语并不是语序共性的反证，而是 SVO 型和 SOV 型的混杂。

宏观研究与语法的诸平面关系也很密切。宏观研究的一个方面是突破传统的“小语法”范围，兼顾句法、语义、语用诸平面。虽然这对于所有语言都有必要，但对汉语却尤其重要。与许多语音相比，汉语的“语法独立性”特别小，语法跟语义语用的关系极其密切，另外还跟语音、特别是节律关系密切。在其他语言中，注重诸多平面的关系意味着首先区分出句法、语义、语用几个相对独立的规则系统，然后确定系统间的关系。而汉语中“独立的”句法规则颇少，这从汉语的病句可以看出：大量的病句在句法不变的情况下改换一下语音、语义、语用条件便化作合语法的句子了。换句话说，汉语的语法系统不是句法规则和其他规则的结合，而是句法规则和其他规则的融合。因此，句法现象的分析必须时时考虑到语义语用语音的因素。

语法诸平面密切关系，其实是汉语语法整体风貌的体现。越来越多的人同意：汉语语法灵活多样，规则不严；意合多于形合，“人治”多于“法治”；注重感性内容的表达，不注重理性逻辑的精确。有人将此归结为“人文性”。在语义和句法的关系上，多凭借词意的配合而较少靠句法关系的形式标记，许多组合意义上可以理解但句法上难以分析解释，表达感性内容的手段很多，如形容词生动形式、名词的儿化、形象性强的量词、主观性较强的语气助词，而表示性、数、格、时、级等理性内容的却很少。语序和虚词是表达句法关系的主要形式手段，但实际运用比好多形态发达的语言还自由，加上语序类型的混杂，使语序和虚词的句法作用更小。在语用和句法的关系上，有定无定、预设、蕴涵、新旧信息、焦点、知识背景、语域、风格、千变万化的说话环境，都对句子结构有很大影响，而语用手段仍是语序、虚词、意合，因此句法形式常被语用要求所牺牲，省略、脱落、紧缩、易位、冗余、歧义、非逻辑组合便大量存在。

汉语可能有这样一个语法：本族儿童习得容易，外国成人学起来有难有易，语法学研究起来却非常复杂。复杂就复杂在几个平面的因素总是搅和在一块。但是，我们相信，只有采取尽可能科学的方法，包括语义学、语用学、韵律学、心理语言学等理论方法中的有用成分和汉语研究者所探索的新路子，才能在复杂的现象中整理出既可意会、更可言传的规则，建立更科学更符合汉语实际的语法学体系。

宏观研究还与汉语的历史和地理环境有紧密关系。现代汉语语法学虽然是单一语言的共时研究，但完全可以跟汉语史及周围语言的研究相沟通并互相获益。汉语形式发展的特殊历史和它所处的地理环境使某些语法问题难以在现代汉语内部获得满意的解释。

远古汉语从原始汉藏语分化出来的过程本身就可能融合了其他语言的成分，包括阿尔泰语言和东南夷、越、蛮语言（古壮侗、苗瑶语）。有史以来由北向南层层相叠的民族推移大势，使汉语又经历了许多融合，给现代汉语语法留下深刻印记。在解决这一类问题时，跨语言的大范围的调查比较是非常很必要的。

宏观研究是任何语言的语法学都必不可少的，但对汉语来说尤其重要。因为，汉语在整体面貌上重感性，在语法诸平面中句法独立性特别小，源流上有多重融合，语序类型 SVO 和 SOV 混杂，形态类型分析而不孤立，这都需要在研究汉语语法时注意更多方面的材料，考虑更多方面的思路。这正是汉语语法学能为世界语言学特殊贡献的地方。

4. 形容词配价观

刘丹青认为一价形容词与受支配名词定中和主谓两种句法结构为同现基础，而这两种结构之间存在变换关系，形、名之间是属性和属性拥有者之间的关系。他还区分了二价形容词，指出不能以表层中与形容词同现的名词数量来确定形容词的价。

三十一、张伯江、方梅语法观

张伯江（1962— ），河北玉田人，中国社会科学院语言研究所研究员，著有《从施受关系到句式语义》（商务印书馆，2009）等。方梅（1961— ），北京人，中国社会科学院语言研究所研究员。他们合著有《汉语功能语法研究》（江西教育出版社，1996）。他们的语法观是：

1. 现代汉语语法的功能观

他们阐述了对汉语句法进行功能分析的必要性和意义，强调区分语体制约和语义制约、篇章单位和句法单位、篇章功能和句法功能、功能分类和语义分类的必要性；进行语法化研究，着重分析了指代范畴、尝试范畴等的语法化历程，得出了范畴虚化的若干规律。重点分析和描写了汉语口语里主位结构的两种典型的表现形式，认为一个句子的焦点是句子语义重心所在，焦点的显示方式有常规焦点和对比焦点两种，提出汉语中的“是”“连”等可标记对比焦点；考察了尝试范畴和指代范畴的语法化现象，得出了范畴虚化的若干规律；解释了“领属结构”的语法意义。他们还探讨了汉语的词类功能，从名词的空间性和动词的时间性出发，解释了词类活用现象和领属结构的语义构成，并以性质形容词的界定为例，论述了词类与句法成分之间的关系。他们运用功能主义理论方法研究汉语口语的主位结构，认为篇章主位>人际主位>话题主位。还指出主位后置现象。他们善于运用功能语法的理论和方法，说明现代汉语语法的一些问题，取得可喜的成果。

2. 施受语义观

施事意义更多的是由语用条件赋予的，是来自语用环境。施事性和受事性不仅取决于动词的性质，而且受句式的制约，是动词和句式互动的结果。作者还认为，句式的构成和句式的意义又是以人的认知方式为基础的。最典型的双宾句是表示有意识地将事物转移给对方，但还有各种典型程度不等的双宾语句，作者构建了各种双宾语句由典型到不典型的扩散网络。把施事和受事及其实现看做一种动态现象。在施事研究中创新地引进程度和典型性的做法，注意利用频率的高低来揭示句法语义的规律。

三十二、袁毓林语法观

袁毓林（1962— ），江苏昆山人。北京大学中文系教授、博导。著有《现代汉语祈使句研究》（北京大学出版社，1993）、《汉语动词的配价研究》（江西教育出版社，1998）、《语言的认知研究和计算分析》（北京大学出版社，1997）、《汉语配价语法研究》（商务印书馆，2010）。其语法观：

1. 尝试学习结构主义语言学中较经典的描写方法，结合新兴的生成语法理论来处理汉语的结构和意义问题。将结构主义语言学中的描写方法和生成语法理论巧妙结合起来，深入地研究汉语的结构和意义。

2. 尝试综合运用句法格式的变换分析、词项的语义特征分析和话语的语用结构分析等当代语言学的分析手段，对现代汉语中的有关句式进行描写和解释，努力把对语言现象的描写融合成一体。变换分析是为了分解由语义结构关系的不同所造成的歧义句式而产生的。“变换”是指同一层面上不同句法结构之间结构上的依存关系。变换分析着眼于句法结构的外部分析，即着眼于考察所分析的句法结构（一般称之为原句式）跟与之有内在结构关系的句法结构（一般称之为变换式）之间的联系，通过分析达到分化歧义句式或给原句式定性、分类的目的。语义分析，笼统地讲是对语言单位的意义进行分析，即对语言单位的语法意义和词汇意义、概念意义和关联意义进行研究。而语用结构分析，指的是句子进行语用结构分析。句子中词语与使用者之间也有一定的关系，这种关系是属于语用的。研究语用结构，也就是研究人们怎样运用词语组成句子相互间进行交际。句法分析和词义分析中讲词类，讲句法成分，讲句型，讲施事、受事，等等，都还只是停留在对句子进行静态的分析或描写阶段，而语用结构分析则是偏重于表达的是一种必须的动态分析。袁毓林将上述三种分析方法综合运用对现代汉语中的有关句式进行描写和解释，努力把对语言现象的描写和解释融合成一体。比如，《祈使句式和动词的类》讨论了不同类型的动词进入祈使句时所受到的句法、语义和语用约束，并据此研究动词的次范畴化特征，建立动词的意志类系统。在此基础上从句法、语义和语用三个平面解释为什么有的动词能进入祈使句，有的却不能，为什么有的动词只能进入某种形式的祈使句，但不能进入其他祈使句式。作者采用这种研究路线的应用动机是：希望这种研究结果对计算机理解汉语（包括“汉——机”机器翻译）和对外汉语教学都有比较直接的应用价值。《现代汉语祈使句研究》尝试运用变换分析，语义特征分析和话语的语用结构分析等当代语言学的分析手段，对现代汉语中十来种比较典型的祈使句式进行了细致、深入的描写。着重刻画肯定式祈使句、否定式祈使句和强调式祈使句各自的句法形式特点、语义结构特点及其语境和预设特点，详细地讨论了动词、形容词、动结式、动趋式和“谓词+状态补语”等谓词性成分进入祈使句时所受到的句法、语义和语用约束。《现代汉语祈使句研究》把研究重点放在研究上述谓词性成分的次类，分析研究哪些谓词性成分不能进入祈使句，哪些谓词性成分能进入哪几种形式的祈使句，并从句法、语义和语用三个方面作出一定的解释。

3. 提出并建立配价层级的思想和理论，具体分析描写现代汉语1640个动词配价配位情况。对汉语动词的配价层级和配位方式进行研究并尝试把动词配价的观念推广到现代汉语名词上去，用以描写和解释同一句子中的不同名词在句法、语义上的支配和依存关系。比如，《汉语动词的配价层级和配价方位研究》提出了配价层级的思想，从而把单一的价的概念分化为由联、项、位、元4个平面构成的配价层级。这样，动词的价数就不再是一种单一的、僵硬的数字；动词"买"在不同层面、不同的句法框架中的组合和支配能力的数字，是无法在一种配价语法理论体系或实用模式中共存的。尝试把动词的价数改变成一种配套的、有内部秩序的数字结构，比如，说"买"是五联四项三位二元动词，"切"是六联四项三位二元动词，以期能充分的反映动词在不同层面、不同的句法框架中的组合和支配能力。然后在原型理论的指导下，分析处于这种配价层级体系之中的动词的诸从属成分的语义角色；也就是说，对动词的价质作出一种连续的而不是离散的划定。在此基础上，以动词的配价层级为控制框架，描写动词跟其语义格不同的诸从属成分的各种句法配置方式。着重讨论施事、受事等语义成分跟主语、宾语等句法成分之间的配位方式，努力揭示调整配位方式的三种语义机制（语义格的细分、合并、转化）和两种语法机制（话题化、述题化）。最后，讨论怎样用配位方式来解释汉语词序灵活（同一个语义格可以出现在多种句法位置）跟语序固定（主语、宾语等句法成分根据它们相对于动词的位置来决定）之间的关系，主张用可以作出精细描写并具有预测能力的配位方式来揭示汉语语法的意合机制。《现代汉语名词的配价研究》则用降级述位结构刻画有价名词的语义结构，使对词项的语义描述中蕴涵充分的句法信息，做到句法和语义的直接映射。他把现代汉语名词分为无价（零价）名词和有价名词，并着重对一价和二价名词进行研究。一价名词 N_2 要求支配从属其配价的名词 N_1。N_2 不仅是句法的中心词，而且是语义的支配成分，所以存在配价要求的名词才能做中心语。他进一步运用语义激活机制解释一价名词的配价特点。亲属、属性、部件等名词在语义上不自足，但能激活相应的补足语，使该名词的语义具体化和定指化，由此成为一种在句法、语义上具有配价要求的名词。他把二价名词的语义结构归纳为：N（a、P、b）。在研究思路上受到格语法、依存语法、广义短语结构语法和词汇功能语法的影响，但又根据汉语事实作出改造，希望形成一种比较独特的路子。特别是文章中提出了一种供计算机处理自然语言所用的知识的形式表示的新思路；把关于事物之间各种复杂关系的常识转换成代表事物的名词之间的句法、语义联系，通过名词配价的方法作出语言学刻画，从而使部分跟语言理解相关的常识得到形式化的表示。

4. 尝试引进谓词隐含（implying predicate）的概念来分析句法、语义现象，努力揭示语言使用者心目中有，但表层句式上无的及物性关系，并作出比较形式化的表示和处理。比如，《谓词隐含及其句法后果》借助谓词隐含和名词配价的观念，先从句法、语义和语用三个平面去概括“的”字结构称代中心语的规则，再证明名词性成分后头的“的”跟谓词性成分后头的“的”具有相同的语法功能（名词化），表示自指的“的”跟表示转指的“的”可以联系起来，用一种统一的理论（提取句子成分，表示转指意义）来作出解释，并解释一般人对“的”语法作用的通俗观念。

5. 尝试运用认知心理学的理论和方法来处理汉语中的一些老大难问题，希望为汉语语法的认知研究摸索出一条简便易行的道路。认知心理学是20世纪50年代中期在西方兴起的一种心理学思潮。它主要研究人的认识过程，如注意、知觉、表象、记忆、思维和语言等。认知心理学认为注意、知觉、记忆、思维等认知现象是交织在一起的，对于一组现象的了解有助于说明另一组现象。认知心理学不仅要把认识过程统一起来，而且要把普通心理学各个领域统一起来，也就是要用认知观点来研究和说明情绪、动机、个性等方面。认知语言学的研究将涉及范畴化、原型理论、隐喻概念、意象图式、象似性、语法化等诸方面。袁毓林在语法的认知研究方面进行的有益探索，大大丰富了语法认知研究的领域。汉语的词类划分不能不根据分布，但又难以完全根据分布。最后，作者借鉴普通人划分蔬菜、水果等范畴的方法，提出了基于原型（典型成员）的词类划分方法。

6. 为了拓宽研究路子并加强挖掘的深度，尝试做在语言的共时研究中引进历史演变因素的课题。比如，《正反问句及相关的类型学参项》追溯了北京话“VP吗?”“VP不VP?”问句的历史来源，并比较它们跟苏州话“阿VP?”问句在句法构造和语义表达上的同异，建立了正反问句这个类型学参项，同时引入进行体、完成体的表达形式作为相关参项来分析北京话、苏州话和上海话中的正反问句及其完成体表达形式，据以决定苏州话“阿 VP?”问句的句型归属。并在此基础上建立一个兼顾古今和方言的汉语疑问句的泛时系统，用以描写不同类型的问句在汉语方言中的分布及其蕴含性规律。

三十三、储泽祥语法观

储泽祥（1966— ），安徽省岳西县人。主要代表性论著有：《现代汉语方所系统研究》（华中师范大学出版社，1997）、《名词及其相关结构研究》（湖南人民出版社，2000）、《汉语联合短语研究》（合著）（湖南大学出版社，2002）。他的语法观是：

1. 现代汉语的方所系统观

方所语形；方所位相；方所入句。方所语形，主要考察方所的结构形式。分两步进行，首先描述方所标，再描述标的独用式和标的粘附式，重点描述方所标。方所标式作为方所标记的语言形式，是能使某结构形成“X·标”性质体词化、范畴方所化的特定标志形式。方所标有两个基本的大类：方位标和命名标。方位标结合比较自由、比较灵活，可以说是一种语法标；命名标，具有定名的功能，可以说是一种词汇标。方位标里有个附类，也就是准方位标。方位标一般不能受“满”或“全”修饰，命名标至少可以受“满”或“全”中的一个修饰。

方所位相，是对方所的语里意义进行挖掘，方所的位相是指 X·D 中，X 和所能粘附的方位标 D 所显示的处所方位的具体情况。包括三个方面：

①X 所能粘附的方位标的具体情貌。主要是本体 X 干预的结果，本体的语音、数量和意义都可以制约位相。②入句后 X·D 的具体情貌。客体有重要的决定作用，客体的特质和量度，都能影响 X·D 入句后的具体情貌。③该 X·DG 形式中 D 的具体情貌。

本体、客体共同干预，能决定 X 后 D 的具体意义。汉语里，“X·上”的具体情貌最丰富。另外，方所位相也受到动词或主观视点的制约，但主要是本体和客体的干预。本体和客体的联系性以及二者的相对位置关系，是干预位相的最本质的因素，也是本书第二章的核心内容。

 方所入句，该书只选取了 3 个“点”进行考察，即：点和段，单项方所和复项方所，主位方所和宾位方所。方所的点、段是方所入句的结果，仔细描写方所点、段的框架构成，分析它的语义特征，找出它的鉴定格式，考察它的语序变化、句法功能等。复项方所是方所入句的重要表现形式，依据“在”的隐现可分为“在”字显现式、“在”字隐匿式、“在”字半显示等三种结构形式，“在”出不出现，出现在哪里，有时有不同的语用价值。复项方所的位相，遵从一定的排列顺序，这些原则，对于体词性并列成分都有一定的适用性。

2. 现代汉语方所的特点观

①结构形式上，无论与印欧语比较还是就汉语本身来说，现代汉语方所的最大特点式有一定数量的标记形式——方所标。放在汉藏语系中进行比较，准方位标和命名标显得更为突出，是汉语方所真正独特的地方。②方所意义上，现代汉语的方所位相十分复杂，这主要体现在方位标方所的位相情貌上。③方所入句方面，比较英语及藏缅语诸语言，现代汉语方所最突出的特点是与介词的结合问题。汉语方所的表达，不一定完全依赖介词，换句话说，汉语方所对介词的依赖程度是比较脆弱的，必现介词的地方往往是句法结构的需要，而不是方所本身的表达需要。从这个角度来说，汉语方所完全可以从汉语语法中抽出来进行单独研究，可以暂时抛开词不管；但印欧语里的英语、汉藏语里的多语言，脱离了介词或（结构）助词，根本就谈不上什么方所。一句话，现代汉语方所可以成为汉语语法系统中的一个子系统。这就是汉语方所与其他一些语言的不同之处，这就是现代汉语方所的根本特点。

第五章　语法专题思想史

第一节　汉语语法本位论史

一、什么是语法本位

“本位”这一术语借自金融术语，指货币制度的基础或货币价值的计算标准。语法学界借用“本位”这一术语，主要是想说明一种语法学理论、一种语法体系是以什么为基点建立起来的。以什么为基点来建立汉语语法体系，这一问题直接影响到对汉语语法特点的认识，以及与此相关的研究的出发点、研究的路子、研究的方法和研究的结果。

语法学借用“本位”一词而产生的“语法本位”这一术语，一方面含有“本位”一词原来的含义（标准单位或基本单位），此外还多出了其他一些含义。根据国内各家对“语法本位”这一术语的使用，具体分析起来，“语法本位”一词共有如下含义：

①语法本位是语法结构的基本单位。②语法本位是一种语法观的观察角度，或者说是观察的层面。语素、词、词组、句子等都是观察的层面，或者说都是不同的语法本位。③语法本位是语法分析的基点，或者说是进行语法分析的一个操作“平台”。不同的语法本位学说把语法系统的不同层面（词、词组等）作为自己语法分析的主要的平台。与分析的平台相应，分析的内容、结果等也有所不同。④语法本位是语法分析的基本参照物，即各级语法单位是根据同什么单位的对应关系来分析、确定的。⑤语法本位是语法学说或语法体系建立的基础，即一种语法学说或语法体系是以哪一级语法单位、哪一个语法层面为基础建立起来的。

为了下面讨论的方便，我们综合各家的观点，对语法本位暂且定义如下：语法本位是语法结构的基本单位，是语法分析的基本参照物，也是进行语法现象观察和分析的层面或基点。

二、几种语法本位学说的要点

1. 马建忠的词类本位说

1898 年《马氏文通》的问世，标志着中国语法学的诞生。《马氏文通》声明它的语法本位是句本位。

《马氏文通例言》中说："是书本旨，专论句读，而句读集字所成者也。惟字之在句读也必有其所，而字字相配必从其类，类别而后进论夫句读焉。"这是句本位的宣言。但说它是"词类本位"，乃后人对他语法体系的一种认识。根据《马氏文通》全书，马氏词类本位说的要点是：

（1）字（词）是句法结构的基本单位：从字（词）类的分析和描述入手，以字（词）类为基点进行语法分析。《马氏文通》以字（词）类为纲来建立它的语法系统，十卷大作，除了《正名》一卷外，八卷讲"字"，一卷论"句读"。当然，篇幅的多少还只是其本位观念的表象，但从本质上看，《马氏文通》也是通过对词类的详细论述来讨论句读的。论句读是其目的，但词类是其观察研究语法的起始点，是其语法体系的本位所在。

（2）句子观基本上是主谓模式。句子是由各类字（词）充当各类词（句子成分）而构成的：根据各类词的句法功能，确定 7 种句子成分，其中起词（主语）和语词（动词谓语）是句子的主要成分或必有成分，句法分析基本上是句子成分分析。

（3）综合表达和结构两方面的因素，把由词（句子成分）构成的单位分为句、读、顿 3 种。从以上 3 点，我们不难看出，词类本位语法观察的角度或层面是词类，并且以词类为基点来描述汉语语法系统。词类本位语法把词类同句子成分对应起来，以词类为语法分析的基本参照物，《马氏文通》的句子成分系统、位次系统等基本上都是根据词类系统建立或确定的。因此说《马氏文通》的词类本位语法体系是以词类为基点建立起来的。

《马氏文通》次理论体系基本上是模仿西方传统语法的理论模式建立起来的。而西方的传统语法是在研究拉丁语的基础上为适应教学需要而建立起来的一套理论系统，这一理论系统的基本特征便是词本位。

在有形态变化的印欧语诸语言中，每类词各有一定的形态标志，而且各类词进入句子以后还有不同的形态变化，以显示其不同的语法功能，表示不同的语法意义。这样，各类词的形态标志和入句后的形态变化也就体现了其所属语言的句法特点。印欧语语言的词法（项目+变化）和句法（项目+配列）虽然不是一套，但是二者却是密切相关的。词法的形态变化是为了满足句法的要求，词法同句法保持着一致关系。掌握了各类词的形态标志和形态变化，也就基本上掌握了句法。所以印欧语诸语言的语法体系基本上都是以词类为基点建立起来的。《马氏文通》对汉语语法的特点虽然有所认识，但基本上是模仿之作，最明显的一点就是以词类为本位建立自己的语法体系。

2. 黎锦熙的句本位说

根据黎锦熙《新著国语文法》，句本位说的要点可概括如下：

（1）从句子的研究入手，以句子为基点进行句法分析，把一切句法分析都附丽在句子的模型上进行。

（2）句子成分是句法本位所在，句子成分是由词来充当的，根据词充当句子成分的情况定词类。

（3）根据句子成分构句的作用确定句子的结构模式，认为主语、谓语是句子的主要成分，句子的结构是主语谓语模式。在句子成分中，宾语、补语、状语是附属在谓语上的次要成分，定语是附属在主语、宾语上的次要成分。

（4）语法分析用句子成分分析，或曰中心词分析。

黎锦熙明确提出要打破词类本位的文法，倡导“句本位”文法。他不仅以“句本位”的文法和图解法以作《引论》的标题，而且在《引论》中开言便说：“诸君知道近来研习文法的新潮么？简单说，就可叫做‘句本位’的文法。”并且他在1951年的《今序》中称“《新著国语文法》的优点就在于把‘句本位’做中心，把组成句子的六种成分做出发的重点”。

《新著国语文法》虽然用“句本位”作为其语法思想的标志，但仔细推敲，它所谓的“句子”并不是句子，而是句法。《新著国语文法》“特重句法”，以句法结构为视点进行语法分析。句子成分在其语法系统中具有特殊的地位，一个句子首先要分析出若干句子成分，然后根据句子成分来确定词类，“以句辨品”。因此准确地说，它应是“句成分本位”。

句本位语法观察的角度或层面是句子，或者说从句子这一层面来观察汉语语法系统；句本位语法分析的平台是句子；句本位语法把句子成分作为语法分析的基本参照物。所以说，句本位语法是以句子（更具体地说是以句子成分）为基点建立起来的。

关于句本位语法，朱德熙曾指出：“以句子为基点描写句法是印欧语语法书一贯的做法。不但传统的印欧语语法如此，就连现代新兴的语法理论如生成变换语法、格语法（case grammar）等等也是如此。”（朱德熙，1985）实际上，句本位语法同词类本位语法没有本质上的区别，只不过词类本位语法在词类层面上描写各类词的形态标志和形态变化，句本位语法在句子的层面上描写各类词的形态标志和形态变化。

3. 朱德熙的词组本位说

朱德熙在1985年发表的《语法答问》中正式提出“词组本位”，同年，朱德熙出版《语法讲义》这本书实际上就是朱德熙“词组本位”观念的具体实践，通过“词组本位”的枢纽核心作用，建立起了一个朱氏语法体系。词组本位说的要点可概括如下：

（1）以词组为基点进行句法分析，把句法分析基本上都放在词组平面上。

（2）词组观和句子观：词组是词的组合体，词和词组之间是一种组成关系；句子由词组加上句调而形成，词组和句子之间是一种实现关系。

（3）根据词在词组里的分布定词类：根据形成句子的词组的结构层次和结构关系确定句子的构造采用层次分析。

这样，词组本位在“词、词组、句子”三级单位之间建立起了结构规则上的联系。词组本位语法是从词组这一层面来观察汉语语法系统，特别是观察汉语语法的特点的；词组本位语法句法分析的平台是词组；词组本位语法把词组和构成词组的句法成分（定语、中心语等）作为语法分析的基本参照物。因此说，词组本位语法是以词组为基点建立起来的。

“词组本位”同句成分本位一样，也是把语法研究的本位放在句法中。但是，与黎锦熙不同的是，它把本位定在词组的句法结构上，而不是句子成分上。这种处理比较适合汉语的词类与句法成分不是简单的一一对应这一特点，克服了“词无定类”过多的“词类转化”等弊端，对汉语语法的研究，对揭示汉语的语法特点，都具有重要价值，而且至今仍在发生着重大作用。

朱德熙以词组为基点建立汉语语法体系是根据汉语语法的特点做出的选择。同印欧语语言相比，由于汉语的词类缺少形态变化，所以汉语的词组同印欧语语言的词组的构造（句法）是不同的，汉语的词组的类型同印欧语语言也是不同的；由于汉语的词类缺少形态变化，所以汉语的词类在词组中的分布同印欧语语言也是不同的，因分布不同而形成的具有各自的分布特征和语义特征的词类（包括小类）同印欧语也是不同的。这是汉语同印欧语语言的重要区别之处，也是汉语语法的特点所在。另一方面，无论是哪种语言的句子，无论是有形态变化的语言，还是没有形态变化的语言，不管是主语谓语模式的句子也好，话题说明模式的句子也好，词组都是构造句子的基本单位，句子也都有层次性。以词组为基点，根据词在词组中的分布，可以较好地建立汉语的词类系统；以词组为基点，描写词组的构造，也可以较好地描写汉语的句法；以词组为构句的基本成分，也可以较好地刻画汉语句子的构造和句型系统。

4. 徐通锵的字本位说

徐通锵的“字本位”早在1991年发表的《语义句法刍议》中已见端倪，但真正提出则是1994年连续在《世界汉语教学》发表的《“字”和汉语的句法结构》和《“字”和汉语研究的方法论》两篇论文。全面体现“字本位”语法观及相应的“语义句法框架”理论的是他的《语言论——语义型语言的结构原理和研究方法》（东北师范大学出版社，1997）。他说：“说‘字’是中国人观念中的‘中心主题’，就是说汉语的结构以‘字’为本位，应该以‘字’为基础进行句法结构的研究。”（《汉语研究方法论初探》，商务印书馆，2004，P280）字本位说的要点可概括如下：

（1）汉语句法结构的基本单位，也是最小的单位是字，而不是语素或词：汉语语法结构的3级单位是：字—字组—句子。

（2）汉语是一种直接编码型语言，编码的原则是临摹性原则；汉语又是一种语义型语言，汉语的句法是义位句法，或曰语义句法。

（3）汉语句子的结构框架是话题+说明，结构原则主要遵循依序排列的原则。

（4）提出确定语言基本结构单位的三条标准：现成的，拿来就能用；封闭的、离散的，很容易与其他结构单位区别开来；在语言社团中具有心理现实性，即使没有受过教育的人也能够凭直觉从话语中把它识别出来。并认为“字”就能符合这个标准。

(5) 指出研究语言现象的特殊性并不会妨碍建立人类语言的一般的、普遍适用的理论，因为在特殊现象的背后隐含有一般的、普遍的特征，只是需要我们去挖掘、去转化揭示出隐含于特殊现象背后的规律，阐释它的理论价值。

5. 邢福义的小句中枢说

邢福义本人并没有提出“小句本位”的概念，1994 年邢福义在华中师范大学的一次学术报告上提出的是“小句中枢说”，第二年发表了《小句中枢说》，第三年（1996）出版《汉语语法学》，他在导言中说：“本书的语法系统，是‘小句中枢’语法系统。”他认为在诸语法单位中，小句所包含的语法因素最为齐全；小句是语气、词和短语、复句和句群等语法单位的联络单位的“联络中心”；小句能够控制和约束其他所有的语法实体，是其他所有语法实体所从属所依托的语法实体。小句跟其他的语法实体都有直接联系，并且也是其他语法实体所依托的核心，通过它能够发现“短语常备因素”“小句特有因素”“小句联接因素”等。小句中枢说的要点可概括如下：

(1) 汉语各类、各级语法实体共 7 种，包括构件语法单位：语素、词、短语，表述语法单位：小句、复句、句群，再加上语气。在汉语语法系统中，小句处于中枢地位。

(2) 小句是由合成词、短语逐层组合，并加上句子语气、关系词语、语用成分等因素而构成的。

(3) 小句在一定的条件下相互联结，可以构成复句；多个小句直接或间接集结起来，可以构成句群。

(4) 小句有三律：成活律、包容律和联结律。

邢福义提出小句中枢说，一方面是根据小句在语法系统中的中枢地位，另一方面则是根据语言研究的自然程序。语言存在于言语之中。人们研究语言，实际上是从一句一句的话入手的，而不是从最小的语素入手。不懂得一句话，也就无法把一句话分解为较小的词组以及更小的词和语素。这个一句一句的话，粗略地说，大致就是邢福义所说的小句。邢福义提出小句中枢说，其主要目的是要把微观的词法、句法系统和宏观的超句法（篇章语法）系统联系起来，建立一个包容全面、涵盖广阔的汉语语法体系。

6. 马庆株的复本位说

马庆株在《结构、语义、表达研究琐议》(《中国语文》1998 年第 3 期)一文中通过论证，认为四级语法单位的两头(语素和句子)都不宜作为语法本位，“词和词组都很重要，因而只以一个层级的语法单位为基本单位的单本位体系应该放弃，而代之以复本位的语法体系”(《著名中年语言学家自选集·马庆株卷》，安徽教育出版社，2002，P9)。复本位说的要点可概括如下：

(1)语法的基本单位是词和词组。

(2)在汉语词法中要特别重视词这个层级。词是用来构成句法单位的语法单位，在词这一级语法单位中可以以意义为基础分出功能小类来。如果不以词为基本单位，就无法描写词的大类下面的各有一定语义特征的小类，也就不能充分地完善句法结构的结构模式。

(3)在汉语句法中，词组是基本单位。词组的组织规则与合成词的构造基本平行，词组又可以实现为句子。汉语的句子可以是主谓结构，也可以是其他结构，小句和词组至少大部分是重合的。与其以句子或小句为基本单位，不如干脆以词组为基本单位，不应以句子这种结构最松散的组合单位作为汉语语法的基本单位。

(4)汉语语法应在词法中抓词这个层级，在句法中抓词组这个层级：抓住词向语素推，抓住词组向句子推。这样的汉语语法体系中，词法和句法平行，亦即是一套规则。

马庆株的复本位说同他的语义功能语法理论是密切相关的。他对语义功能语法的说明是：语义功能语法以语义为基础，以分布、变换等形式特征为标准，以语义语法范畴为中心，以词和词组为基本单位，以分类为重点，形式与意义相结合，共时与历时相联系，共性与个性并重，归纳与演绎并举，多角度、全方位地描写和解释语法聚合和语法组合。马庆株所讲的功能是广义的功能，包括结构功能和表达功能。结构功能一方面是分布，另一方面是语篇功能。分布是广义的分布，包括静态的分布和动态的分布即变换，还包括词和词组在不同句类中的分布。分布特征反映语法单位的用法。语篇功能是指在形成连贯语篇的过程中语法单位所起的作用，例如衔接作用。表达功能包括逻辑功能和人际功能。逻辑功能包括概念功能、判断、功能、推理功能和证明功能。人际功能包括敬谦功能、祈使功能、提问功能等。

7. 王洪君的“字和短语双本位”说

2000年，王洪君在《汉语语法的基本单位与研究策略》（《语言教学与研究》，2000，2）中提出汉语的语法分析应围绕汉语的基本单位“字”和“短语”进行。

王洪君提出“字和短语双本位”的理论来源有二：一是受当代著名语言学家韩礼德的启发，韩礼德认为语言中各个语法层级的地位是不平等的，词和小句是英语语法的主要层级。二是从语言与现实的关系给语言单位的分类。任何语言都有相辅相成的两种基本过程：使现实离散化、抽象化、脱离具体交际时空的造词过程和返回具体交际时空的造句过程。前者形成备用单位，后者在前者的基础上形成使用单位，语素和词属于备用单位，短语、小句和句子属于使用单位。

王洪君认为备用单位和使用单位应该各自有自己的基本单位。语法的备用性基本单位必须有固定统一的韵律标记，韵律上要能够单说，在汉语中就是“字”，这与徐通锵的“字本位”有相似之处：在汉语的语法分析中，可以以“字”为基点研究词和简单短语。语法的使用性基本单位是指可独立添加各种语气和时体范畴的最小自由结构，在汉语中就是“短语”，“短语”是汉语使用单位中可以与具体交际相联的最底层级，这与朱德熙的“词组本位”基本相同：在汉语语法分析中，可以以“短语”为基点研究零句和句子。王洪君提出汉语语法研究策略：汉语的语法分析和描写应围绕汉语的基本单位字和短语进行。

王洪君的“字和短语双本位”继承了“字本位”和“词组本位”的有关理论，同时也受到了当代西方语言理论的巨大影响。生成音系学和非线性音系学理论认为语音标准对于语法单位很重要，美国结构主义语音、语法绝对分层的观念是错误的。基于此，王洪君把语法层面的备用单位“字”定义为“单音节的最小音义结合体”。在使用单位方面，王洪君认为由于汉语中小句太多，把小句定为基本单位就会碰到许多麻烦，但如果把蒙太古语法和范畴语法理论加以修正就能使短语结构具有自己独立的功能和意义，从而兼取小句和短语的优点。所以汉语的使用基本单位应是短语。

8. 徐杰的“原则本位”说

2001年，北京大学出版社出版了徐杰的《普遍语法原则和汉语语法现象》（北京大学出版社，2001）一书，在该书中，徐杰明确提出了“原则本位”的语法学说，并进行了实践。

“原则本位”的宏观背景是生成语言学中的“原则与参数理论”，即认为人类各种语言的结构规律都遵循着同样的原则，各个语言的差异只是参数的差别。徐杰在该书第一章《原则本位的语法理论》中对此作了详细阐述，认为具体语法单位的构成、特征和运行方式都是语法原则发挥作用所造成的结果，而不是语法原则本身。在此理论体系下，传统语法所说的“被动句”“把字句”“连动式”等所谓的“句法结构”都将丧失独立存在的地位，它们只不过是一些超结构的“语法原则”跟有限的词汇和语法特征相互作用所造成的结果。它们是语法原则实例化所带来的现象，而不是真正的语法原则本身。语法分析的根本目的就在于透过各种芜杂的语法现象，归纳出相对简单的语法原则，并解释它们是如何跟词汇和语法特征相互作用，从而派生出各种各样表面看来非常复杂的语法现象的。比如古汉语语序研究中的老大难问题——疑问句中疑问代词宾语前置和否定句中代词宾语前置，许多学者对这一问题做过深入的研究，但各家说解不一，争议很大。徐杰从“原则本位”出发，运用焦点理论对这一问题做了新的解答：可用一条简单的原则来概括和解释古汉语中的宾语前置现象，即“把强式焦点成分移至动词之前”。且这一原则不独古汉语所有，它是普遍的，如匈牙利语就与古汉语一样。此前的各种“本位”都是某一地位特殊的“语言单位”，是属于研究对象的，只是大小不同而已；徐杰的“原则本位”是凌驾于具体语言之上的，或者说是处于语言之外的，让人耳目一新。

此外，还有张寿康的“构件本位”说，胡裕树、范晓的“句法优先”说，陆丙甫的“语义优先”说，刘丹青的“语用优先”说等。

三、关于各种语法本位学说的评析

1. 确定和评价“本位”的标准

（1）李宇明认为寻找语法的“本位”或“中枢”，就是要给语法研究寻找一个稳固的立足点和视野广阔、对语法现象看得真切细致的观察站，基于此，他提出：a. 这种语法单位比较容易识别，在语言社团中具有心理现实性，没有经过语法学训练的人也能够依靠自己的语言直觉把它识别出来；b. 通过对这种语法单位的研究，可以波及一切语法单位及语法规则。依据 a，汉语本位的优劣排序为：字/小句>词组>词类/句成分，依据 b，本位的优劣排序则是：小句>词组/词类/句成分>字，同时用这两个标准来衡量，小句是最佳的本位。

（2）徐通锵认为语言是音义结合的非线性结构，选择和确定它的“本位”应该以它的音义关联点为基础。在此基础上他提出了三条标准：a. 现成的，拿来就能用；b. 封闭的、离散的，很容易与别的结构单位区别开来；c. 在语言社团中具有心理现实性，即使没有受过教育的人也能够凭直觉从话语中把它识别出来。并认为根据这三条标准，印欧语的基本结构单位是词和句子，而汉语则是字。

（3）李宇明认为“本位”是语法研究的观察站。他认为评价一个“本位”标准有 4 个：a. 语法因素齐全；b. 是各种语法单位的联络中心；c. 具有控他性；d. 能发现在其他单位上不易发现的或不能发现的问题。他以此标准对各种本位进行评价后认为，最理想的是“小句本位”。

我们认为以上三种的标准有两点不足：一是按他们的标准，“本位”有且只有一个，这样就不能对“双本位”做出评价；二是他们所说的“本位”仅仅限于语言的各种结构单位，这样也就不能对徐杰提出的“原则本位”做出评价，因为原则本位是处于语言之外的。

在这个问题上，我们认为陆俭明、郭锐的观点很有指导意义，他们认为对所提出的新思路、新理论、新学说、新方法的评论，需要看它对语言事实的描写、解释的广度和深度如何，看它对语言事实的描写、解释是否优于已有的理论观点方法，这需要理论在语法研究中的“实绩”来证明。另外，黄昌宁认为“本位”的优劣是需要时间和实践来检验的。

2. 各种语法本位学说都有其价值和局限

各种语法本位学说以及在此基础上建立起来的各种语法体系确实有高下之分。但这并不是说有的本位学说和相应的语法体系是完美无缺，有的则一无是处。实际上，各种语法本位学说都有其价值，也都有其不足。

（1）关于词类本位说

马建忠的词类本位说模仿印欧语语言的语法来描述汉语语法，这确实不符合汉语语法的特点。但是我们却不能因此而否认词类和词法在语法体系中的基础地位和重要作用。汉语词法中的聚合规则是相当复杂的，特别是词类系统以语义为基础而形成的语义语法范畴，以及语义语法范畴的认知基础、语义概括和语义特征等方面的研究。词类系统中各类词的价，各个价类的认知基础、语义组配和配价结构的状况等方面的研究，这些方面的内容才是同汉语语义句法密切相关并且极有价值的词法内容。此外，汉语的词类虽然具有多功能的特点，但是每类词都有主要功能和次要功能之分，它们充当句法成分的状况并不是完全一样的。拿充当主、宾语来说，体词、谓词和饰词的状况就很不一样。体词充当主、宾语的概率要远远大于谓词，谓词充当主、宾语则要受到各种条件的限制，饰词则不能充当主、宾语。其他各类词的句法功能也有相似的情况。因此，词类句法功能的精密化是汉语词法研究中的重要内容，而不能简单地用一句词类多功能来概括。上述这些语义方面、功能方面的内容无疑是汉语语法体系中词法的重要内容，也是汉语语法体系建立的基础。因为没有词法的语法体系是难以想象的。

（2）关于句本位说

句本位说和句本位语法也有其合理之处，也对汉语语法研究的发展做出了一定的贡献。第一，句本位说看到了汉语的词类同印欧语语言的词类的不同，没有形态变化，因此应该根据词类的功能划分汉语的词类，在词的形体上无从分别，必须看它在句中的位置、职务，才能认定这一个词是属于何种词类；第二，由于汉语的词类没有形态变化，因而汉语的词法比较简单，所以句本位说认为汉语语法研究的重点应该转移到句法上来，以句子的结构为基点来研究汉语语法。句本位语法以这两点为基本思想，对汉语语法的研究进行了大胆的探索。

（3）关于词组本位说

词组本位说和词组本位语法体系对汉语语法的特点有较为深刻的、准确的认识，较好地解决了汉语的词类系统问题，对汉语语法的描述既有严谨性，也有简明性。但是，也有其局限性。因为词组是静态的语法单位，而句子是动态的语法单位。词组本位语法说观察的立足层面是词组，词组本位语法体系建立的基点也是词组，所以，对于句子层面一些由于表达而出现的语用因素和现象，诸如语气、语调、插说、易位、活用等，词组本位语法就难以涉及处理。

对于词组本位语法的局限，朱德熙本人也已经看到了。他说，不过句子跟词组终究是两回事，不能混为一谈。因此在建立词组本位的语法体系的时候，不能不考虑以下两个问题：①是不是所有的词组都能独立成句？②是不是所有的句子都能还原为被包孕的词组，就是说，能不能作为更大的词组里的一个组成部分？

从词组同句子的关系这一角度来说，需要进一步研究的内容是否有：词组的构句功能和成句功能以及与此相应的功能分类，词组的成句条件和成句规则，词组成句和构句后的变化状况及其变化规律（例如易位的类型和易位的规律）等。从词组同词类的关系这一角度来说，需要进一步研究的内容是否有：词组成分对词类系统中的语义语法范畴中的词语的选择，特定结构的整体语义，词组中的成分序以及序的变化规律等。

（4）关于字本位说

字本位说和字本位语法在理论上是非常吸引人的，但是一接触到具体的情况则往往显得力不从心。看来，字本位语法理论还必须同语言事实的分析结合起来。到目前为止，我们还不能清晰地看到字本位语法体系的内部结构状况。因此，字本位语法还有待于进一步的完善，特别是结构和字类及其间的关系问题；而与此相关的问题，诸如字组的类型（包括结构类型、功能类型和语义类型），字组的结构规则，字组和句子模式，字组在句子中的序，字组和句子的层次，虚字的分类，义位之间的选择组配，序的类别等等，都还处在探索之中。建立字本位语法的工作是相当艰巨的，其工作量也是巨大的。

（5）关于小句中枢说

陆俭明等也指出，从目前已有的论著看，对汉语语法的研究，无论从形式到意义，还不能让人看出在哪些问题的研究上、在哪些语法现象的分析上是由于小句中枢说理论的确立才有所前进、有所突破的。李宇明认为，小句中枢思想不仅符合汉语语法特点，而且也体现了语法研究从句法到超句法，从结构到话语的研究趋势。此外，以小句中枢说为理论基础建立汉语语法体系还有如下一些问题。第一个问题是小句的确定与识别。这是建立小句本位语法体系最基础的问题。第二个问题是“小句三律”的具体化、完善化。马庆株认为汉语句子没有语法上的形式标志，因此确定汉语的句子并不容易。这最不容易确定的单位显然不宜当做基本的语法单位。我们同意学者的说法，首先，单句和复句的划分是汉语语法研究中的一个老大难问题。什么是小句这个问题并不是那么容易识别的。既然小句的识别是一个重要而迫切的问题，那么以小句为本位建立语法体系就必须首先解决这一问题，因为一个语法体系不可能以一个无定性单位为基础而建立起来。第二个问题是依赖说和受控说的矛盾问题。邢福义认为，在各种语法实体中，只有小句能够控制和约束其他所有语法实体，或为其他所有语法实体所从属所依托的核心实体。复句和句群，依赖于小句；语法系统中的词，受控于小句；短语，从属于小句。其实根据小句同其他语法实体之间的关系，我们也可以得到这样的结论：从构成上说，小句依赖于词和短语；从从属关系上说，小句受控于句群，从属于复句。小句实际上是一个既依赖于较低层级的语法实体，又受控于较高层级的语法实体的语法实体。要考察小句的构成，离不开词和短语的研究；要考察小句的功能，离不开复句和句群的研究。

（6）关于复本位说

马庆株在朱德熙的词组本位说基础上提出了复本位说，主张以词为词法的基本单位，以词组为句法的基本单位。复本位说这把双刃剑对建立汉语语法体系有它的好处。但是，根据词组本位语法学说，汉语词类的划分（包括小类的划分），语义语法范畴的建立，小类的分布特征和语义特征等词法方面的问题，都可以根据词在词组层面和特定句式中的分布与适应状况而得到解决。另外，由于词和词组都不是表达的（或曰使用的）语法单位，所以在词的平面和词组的平面上很难观察到语用因素和表达的因素，例如插说、易位、词类活用等现象。这样的话，马庆株所说的关于语篇功能、表达功能的研究云云，也就很难落到实处。

四、本位论研究的趋向

李宇明认为，黎锦熙由马建忠的“词类本位”转变为“句成分本位”开始了汉语语法研究史上第一次重要转折——“句法转折”。但是这一转折的最后完成，则是以朱德熙“词组本位”的提出为标志。而“小句中枢说”的提出，可以说是开始了第二次重要转折——超句法转折。词类本位、句成分本位、词组本位，都是在语言的框架中为解决结构的问题而提出的一种本位学说，符合当代语言学的发展方向，超句法本来就不是一个单纯的结构问题，它不可避免地牵涉到话语表达等语用问题。其实就一般的句法而言，它与语用也有相当的关系。我们现在还不清楚，形态比较发达的语言是否要较多地依赖语用来解决其语法问题，但是对汉语语法长期而深入的研究表明，汉语语法是一种与语用联系较为紧密的语法，许多语法现象都需要引入语用的观念进行解释。

不同的学者对“本体”有不同的选择，主要取决于学者对现代汉语基本单位的认识角度以及各自不同的理论背景。但是他们提出本位论的出发点都是以语法中的某一单位作为研究的基础，通过该基础单位的研究来解释其他各组语法单位。作为“本体”的研究对象，在理论上要求应该尽可能地与其他研究对象保持内部结构的一致性，或者该基础单位的某一属性或功能可以和其他语法单位保持一致，使得其他语法单位能够通过对该基础单位的解释而得到本质上的解释。

一部汉语语法学史是逐渐向汉语语法特点靠拢的历史。关于语法研究本位的探索也表现了逐渐向汉语语法的特点靠拢的趋势。在过程中我认为只有对特点的深入研究，才能发现最具语法共性的东西；只有用共性的眼光来审视特点，才能把特点看得更为真切。强调特点而排斥共性，很可能得不到真正的特点，强调共性而抹杀特点，则很可能是削“汉足”适“洋履”。因此，最具特点的是最具共性的，最具共性的是最具特点的。

通过对“本位”理论的史的考察，有两个方面值得注意：一是汉语语法研究以西方语法理论为坐标，不断地引进新理论，不断地改变汉语语法学的研究系统；二是以汉语语法事实的描写为依据，不断地纠正和改造西方的语言学理论，努力地建立符合汉语特点的语法学体系。这两个方面构成两个不同方向的动力，共同推动着汉语语法学的发展。当然，其中也有立足汉语提出来的我们自己的理论，如“字本位”。

邵敬敏反对“本位”论。他说：“我们必须指出：这种种‘本位’说，实际上都是误区。一旦陷进去，就会自觉不自觉地限制了自己的眼光，把自己的手脚捆绑起来。用某某语言单位做‘本位’，这本身就是一种缺乏全局观念的‘单视点’研究思路。我们必须坚决跟这种以‘单视点’为基础的研究思路彻底决裂，应该对所有的语言单位都加以密切的关注，采用‘多视点’的研究思路，绝不可奢望用其中某个语言单位的研究来替代或决定其他语言单位的研究。因此，我们主张‘无本位’(1998)，不赞成‘本位’的提法。”（邵敬敏《汉语语义语法论集》，上海教育出版社，2007，P95）

我们还是给汉语“本位”的研究留一点空间，现在对“本位”的研究取得一定的成绩，但还远远不够，到底哪个“本位”是我们汉语语法的真正的本位，都还没有取得共识，这说明汉语语法的本位研究，还远没有深入，我是鼓励这种“本位”研究的，这不会引向“单视点”的研究思路，没有重点，也难以有全面。一个个“单视点”，就会形成“多视点”，从而更全方位地探索汉语语法的特点，不同的本位理论都会概括一些别的角度概括不了的语法规律，不同视角看问题才会全面和深入，有利于解决汉语语法研究的症结所在。

汉语本位理论引起语法学家的高度关注。除去马建忠、黎锦熙的本位论，从1985年起不到20年的时间又出现了6种本位，这是一个好现象，因为新理论、新方法、新体系的迭出是一个学科走向成熟不可或缺的重要标志和客观尺度，可以说这种种本位的提出标志着汉语语法学界确实已开始进入理论思考阶段，让我们看到了汉语语法学进军普通语法学的曙光。

第二节　汉语语法特点论史

一、语法学家对汉语语法特点的认识

1. 马建忠：“中国文字无变也，乃以介字济其穷”（《马氏文通》，商务印书馆，1983，P246），“助字者，华文所独，所以济夫动字不变之穷”（同上，P323）。

2. 黎锦熙认为“汉语是各词孤立的分析语，主要是依靠词的位次来表达意思”。（《新著国语文法》今序，商务印书馆，2000，P22）

3. 王力认为汉语的语法构造以词序、虚词为主要手段。

“汉语没有屈折作用，于是形态部分也可以取消”、“中国语法所论，就只有造句部分了”。（《中国语法理论·导言》）

在《中国文法学初探》（《清华学报》第11卷第1期）提出汉语语法有如下特点：①词的次序较为固定，如主格先于动词，目的格后于动词等；②虚词在汉语中的文法成分，应列为文法学的主要对象；③汉语中较少用文法成分，因而事物有关系表现往往并不明确，例如关系词就比西洋语言少得多；④汉语有很大的弹性，因而形成了词性的变化多端，

但也不是毫无条理的，例如词的变性就可归纳为若干条定律；⑤中国汉语一个字并不代表一个词，中国语并不是多音节的语言；⑥中国语里的“时”的观念跟西洋语言是不同的。

4. 吕叔湘在《汉语语法分析问题》中认为汉语语法分析存在分歧的根本原因是“汉语缺少严格意义的形态变化”。他主编的《现代汉语八百词》认为汉语语法“最大特点是没有严格意义的形态变化”，其次还有“常常省略虚词”、“单双音节对词语结构的影响”、“汉字对词形的影响”4 个特点。

吕叔湘在《语文常识·汉语语法的特点》（生活·读书·新知三联书店出版，1980，P46—52）以实例说明在汉语语法中存在几种现象：次序不同，意义不同；分段不同，意义不同；关系不同，意义不同。证明次序、层次、关系在汉语语法中的重要作用，同时认为：“拿汉语的语法来说，经济，这不成问题，是一个优点。”后来他在《汉语句法的灵活性》（《中国语文》1986 年第 1 期）中认为：“汉语句法不光有固定的一面，还有灵活的一面。只是教科书里往往只谈前者，不谈或少谈后者罢了”。该文从具体用例出发，以“移位”、“省略”、“动补结构的多义性”三个方面为例说明汉语语法的灵活性。

5. 张志公在他的《汉语语法的特点与语法学习》中认为：“汉语是非形态语言，汉语语法以各级语言单位的组合法为主，这个总的特点派生出一系列具体特点，其强制性之中有灵活性，灵活性之中有强制性，……选择的基本标准是表情达意的需要，其核心是语义问题。”（《张志公自选集》，P508）张志公强调组合规则的强制性与灵活性的统一，强调语义关系、表情达意对规则的制约。（同上，P497—512）

6. 朱德熙认为汉语语法特点“要是拣关系全局的重要方面来说，主要只有两条。一是汉语词类跟句法成分（就是通常说的句子成分）之间不存在简单的一一对应关系；二是汉语句子的构造原则跟词组的构造原则基本上是一致的”。（《语法答问》，P4）

由这两个特点决定了汉语语法其他一些具体的特点：一是没有形态变化。他说：“汉语和印欧语的一个明显的区别是没有形态变化。这主要指以下两种情形：第一，印欧语的动词和形容词后头可以加上一些只改变词根的语法性质（转化成名词）而不改变其词汇意义的后缀。汉语没有此类后缀。第二，印欧语的动词有限定式和非限定式（不定式，分词，动名词）的区别。汉语没有这种分别。”（《语法丛稿》，P196）由于这种差异，使得汉语语法在以下两个重要方面跟印欧语语法大异其趣。一是在印欧语里，词类的功能比较单纯，而汉语词类功能就比较多；二是印欧语句子和分句是一套构造原则，词组是另一套构造原则，而汉语句子和词组的构造原则则是一致的；再是结构自由、松散。他说：汉语的主谓结构跟印欧语的句子或分句不同，构造比较松散。这表现在主语后头可以有停顿，或者加语气词，在口语里可以略去不说。二是动补结构是现代汉语里非常重要的一种句法构造，印欧语里没有跟它相当的格式。而且汉语动词和补语的组合极其自由，如可以说洗干净了也能说洗脏了、洗破了、洗丢了、把我洗糊涂了、把他洗哭了等等。第二是语序重要。他说：“在汉语里，不同的词序往往代表不同的结构。从这个角度看，倒是可以说汉语的词序比印欧语重要。”（《语法答问》，P3）“从词序方面看，汉语一个重要的特点是所有的修饰语都必须放在被修饰成分的前边，所以修饰语不宜太长、太复杂。”（《语法丛稿》，P198）第三是主谓结构可以做谓语。他说：“跟印欧语比较的时候，主谓结构可以做谓语是汉语语法的一个明显的特点。……主谓结构做谓语的格式是汉语里最常见最重要的句式之一。应该看成是正好跟‘主—动—宾’相匹配的基本格式”。（《语法答问》，P8）

7. 胡裕树、张斌认为汉语法特点中最主要的一条是缺乏严格意义的形态变化，由此产生其他五个特点：①语序是汉语里的重要语法手段。②汉语词类和句法成分的关系是错综复杂的。③音节多寡影响语法形式。④现代汉语里的简称数目多，有特点。⑤汉语里有丰富的量词和语气词。（见《汉语语法研究》，P274—277）

张斌在《汉语语法学》中还详细论述了汉语语法特点。（详见本书第四章第十四节）

8. 陆俭明提出6个方面的特点：

（1）缺乏形态标志和形态变化。（2）只要语境允许，句法成分，包括重要的虚词，可以省略。（3）在汉语里，词类与句法成分是一对多的对应。（4）句子的构造规则跟词组的构造规则基本上是一致的。（5）同一种语法关系可以隐含较大的语义容量和复杂的语义关系而没有任何形式标志。（6）语序固定，语序成为汉语表示语法意义的重要手段。（《现代汉语语法研究教程》，北京大学出版社，2003，P8—12）

9. 邢福义在他主编的《现代汉语》中认为，同印欧语相比，现代汉语缺乏形态变化，词类和句子成分不简单对应，句子和短语的构造基本一致，拥有丰富的量词和语气词。同古代汉语相比，现代汉语里有一些类似形态变化的现象，而词类活用的现象有所减少。

10. 黄伯荣认为："汉语是分析性的语言，缺乏词类标志和词形变化，这就使现代汉语语法呈现出一系列的特点。（1）词序和虚词是表达语法意义的主要手段。（2）语法结构的一致性。（3）词的多功能性。（4）词语组合受语义、语境的制约。（5）量词十分丰富。"（黄伯荣、廖序东主编《现代汉语》，高等教育出版社，1991，P10—11）

11. 范晓在《三个平面的语法观》（北京语言学院出版社 1995 年版，P65—76）中说，印欧语相比，汉语语法有如下特点：

（1）缺乏严格意义的（狭义的）形态变化。

（2）词类和句法成分之间的关系错综复杂。

（3）语序特别重要。

（4）虚词较多，是一种重要的语法手段。

（5）复合词、短语和句子的构造原则基本一致。

（6）主谓结构构成的句法单位比较特别。

（7）音节的多少会影响词语的搭配和使用。

12. 徐通锵认为汉语是语义型（区别于语法型）语言，临摹性原则是汉语句法结构规则的基础，从而提出语义句法理论（徐通锵《语义句法刍议——语言的结构基础和语法研究的方法论初探》，《80 年代与 90 年代中国现代汉语语法研究》，北京语言学院出版社，1992 年）。而重视语义关系的传统说法是"意合法"，不少学者认为"意合法"是汉语语法的特点。

13. 申小龙在《中国语言的结构与人文精神》中认为可以从探讨汉族人思维入手认识汉语语法的特征，这就是文化认同的方法。认为汉语的句子有"讲究意合、流动、气韵的文化性征"（申小龙《中国语言的结构与人文精神》，光明日报出版社，1988 年，P309），他认为西方语言是受形态制约的"法"治语言，汉语则在语言单位的形式与功能的变化上持一种非常灵活的主体意识，因而是"人"治语言，具体表现在"汉语之弹性实体"的实体论、"汉语之流块建构"的建构论、"汉语之神摄方法"的方法论上（申小龙《汉语人文精神论·文化通观下的汉语语法本体论》，辽宁教育出版社，1990 年，P305—326）。

然而，意合法论者大多强调“意合法”产生的基础，即语法的“意合法”与汉人的思维、心理以及哲学、文化、艺术的关系，反而疏于解释汉语是如何意合的，意合有没有规则、系统、条件，有无具有可操作的程序。看来仅仅强调意合特点或认为语词组合反映心理及事理、逻辑顺序是不够的。

14. 郭绍虞在《汉语语法修辞新探》中提出汉语语法的 3 个特点：以词、词组、句子三者结构的相似性为依据证明汉语语法的简易性；以虚词的可用可不用现象证明汉语语法的灵活性；以量词的复杂尤其是汉语结合修辞来证明汉语语法的复杂性。词组中心说、虚词有灵活性也为后来的研究者所接受。

15. 龚千炎着眼于动态，认为“汉语的本质特点在于，由于缺乏严格意义的形态变化，因而结构独特，灵活多变，颇多隐含，着重内在的意念贯穿相承，不注重一个个孤立的句子，而往往围绕一个话题展开议论叙述”；“其次，句子隐含空位较多，移位变动灵活，大小语言单位组合接榫简易自然，没有形式上的束缚”。（详见《语言教学与研究》编辑部等编《80 年代与 90 年代中国现代汉语语法研究》，北京语言学院出版社，1992 年）

16. 张静在他主编的《新编现代汉语》中认为汉语语法特点在于：①汉语结构形式简易明确，各种结构之间有较为严格的对应性；②词序固定，句式精确；③虚词多样，生动传神。

目前出版的其他高校教材在汉语语法特点方面都进行了探索，也是对汉语语法特点研究的不同总结。如邢公畹主编的《现代汉语教程》、邵敬敏主编的高师用《现代汉语》等都对现代汉语语法的特点进行了总结或者探索。

综上所述，可以看到汉语语法特点的研究已经引起了广泛重视，但认识并不统一。这是由于人们观察研究的角度和学术思想不同造成的，也是汉语语法研究还不十分充分的客观原因所致。如果研究者能把汉语语法纳入普通语言学范畴，既注意共性又注意个性；从静态和动态中去研究汉语语法：不仅比较汉语和印欧语系，也着眼于现代汉语与汉藏语系内部其他语言的比较，着眼于现代汉语于古代汉语、近代汉语、方言的比较，现代汉语内部的比较等等，那么汉语语法特点的研究将会取得更大的收获。

二、现代汉语语法的特点

我们语法学家对汉语语法特点的认识有一个发展过程。从不重视到重视，从肤浅到深刻，从片面到全面，从感知到理论。说明了汉语语法学术思想的丰富和提升。

综合各家说法，汉语语法有以下特点：

（一）缺乏严格意义上的形态变化

所谓形态变化，即词形变化，是指一个词由于在句子中表示的语法意义不同，而在形式上发生的变化，印欧语言的形态变化很普遍、很丰富，汉语中的形态变化既不地道，也极不普遍，极不发达，这是汉语不同于印欧语言的一条最重要、最基本的特点。

汉语语法的基本特点是缺乏严格意义的形态变化，由此有下列表现。

1. 名词可以直接修饰动词。

2. 动词或形容词可以直接充当主语或宾语。

3. 词语结构常受音节的影响。

汉语在一般的句法结构之外还讲究韵律，要求音节上的匀称。词的单双音节往往会影响到词语的构成和搭配。

从词的构成来看，汉语词的构成具有明显的双音化倾向，主要体现在现代汉语双音节复合词占绝对优势上。此外，还经常把多音节词压缩为双音节合成词。

4. 汉语的基本语序是S（主语）+V（谓语）+O（宾语），如“我看书”。

5. 汉语的修饰语一般出现在中心语的前面，而印欧系语言的修饰语有的出现在中心语之前，有的出现在中心语之后。汉语的定语是以名词为核心的中心语的修饰语，状语是以谓词（动词或形容词）为核心的中心语的修饰语。

6. 汉语的语言单位与语言单位的组合注重意合（即语义上的联系），所以相关句法成分之间往往包含着较复杂的语义关系却基本上没有形式标志。

7. 汉语自然语序的形成一般是遵循从大到小、从整体到部分以及事物出现或事件发生的先后次序排列。

8. 汉语中有时会出现语序排列相同但是组合层次、结构关系及语义关系不同的现象。

9. 汉语虚词的作用同样也存在句法、语义和语用的分别。

（二）语序和虚词是主要的语法手段

正因为汉语缺乏严格意义的形态变化，所以语序和虚词就成了表示不同语法意义的主要手段。语序作为最重要的语法手段，它通常用来表示“主谓关系”“偏正关系”“动宾关系”等。“狗咬人”和“人咬狗”主谓关系完全不同；“团结群众”是动宾关系，“群众团结”是主谓关系；“报告老师”是动宾关系，“老师报告”是主谓关系；“漂亮姑娘”是偏正关系，“姑娘漂亮”是主谓关系。语序不同，不仅语法意义不同，命题意义也不相同。

一方面语序作为最重要的语法手段，另一方面，现代汉语语序在一定条件下又表现出灵活性。这些条件主要是：话题化、附着义的存在句、数量分配句。例如：这件事儿我们都不知道/我们都不知道这件事儿（前一个句子的话题语由后句宾语的话题化而来）；台上坐着主席团/主席团坐在台上（附着义存在句）；一锅饭吃了十个人/十个人吃了一锅饭（数量分配句）。一般来说，在语序的灵活性方面，说话人选择什么样的语序，起决定作用的主要是对语用意义的表达，由语用意义选择其中的某一语序。

（三）词类和句法成分无简单的对应关系

在印欧语里，词类和句法成分是一一对应的。一般说来，名词对应于主语、宾语，动词对应于谓语，形容词对应于定语，副词对应于状语。而在汉语中，词类和句法成分的关系却是错综复杂的。名词可以做主语、宾语，也可以做定语，在一定条件下还可以做谓语。动词除做谓语外，可以做定语，在一定条件下还可以做主语和宾语。

（四）各级语言单位的结构方式具有一致性

汉语里有大小不同的基本的四级语法单位——语素、词、短语、句子，其中词、短语、句子都是由较小的语法单位结构而成的，且三者的基本结构方式大体一致。

（五）有丰富的量词

（六）现代汉语语法的一般样式

现代汉语在语序类型上属于 SVO 型语言，语法上的一般规则是：句子成分一般按照“主语——谓语——宾语”的顺序排列，定语在名词的前面，状语在动词、形容词的前面，补语在谓语的后面。

（七）述补结构是具有汉语语法特色的句法结构

1. 述补结构为汉语所有而为英语所无。

述补结构是现代汉语中的一种结构，这种结构普遍存在于词、词组和句子层面；在词的层面，有述补结构的复合词；在词组层面，有述补结构的词组；在句子层面，述补词组充当谓语构成的述补谓语句是大量的。而英语中没有述补结构。

2. 述补结构是一种强陈述功能结构。

（1）述补结构是一种双重陈述结构：述补结构的中心语是对主体发出的动作行为或呈现的状态的陈述，述补结构的补语则是对主体的动作行为所产生的结果的陈述。这种双重陈述结构使汉语句法结构的语义容量更大，陈述能力也更强。

（2）在述补结构中，述语中心语的陈述对象相对比较稳定，一般是对施事成分进行陈述；而补语的陈述对象则可以根据表达的需要进行调节。

（3）述补结构陈述的内容可以概括为对因果关系的陈述。

3. 述补结构的陈述是开放性的。

英语句子的结构模式是“主语——谓语”，“主语——谓语动词——宾语”形成句子的主干，这个主干是相对封闭的，其他的句子成分只能在这个相对封闭的模式内嵌入式地安排位置。而汉语的句子结构的模式则是“话题——说明”，这种结构模式相对来说是开放的。句子的“说明”部分可以对一个话题进行多角度的陈述，从而形成“一话题，多陈述”的流水句式。（详见周国光《现代汉语语法理论与方法》，广东高教社 2003，P26）

（八）汉语中的口语可以表达丰富的语法关系和语义

由于有具体的语言交际环境，口语往往不像书面语那样循规蹈矩，口语里短句多，省略句多，句子结构比较松散，常出现某些不同于一般句法规则的说法，这主要包括：汉语语法有自身的特点，它是随着人类的思维能力的提高而不断发展的，对其发展趋势的认识是随着语法学界的研究的不断深入而逐渐加深的，其发展的方向，即：虚化、严密化、精确化和完善化将会继续发展，并且在新的时期会有新的、不同的表现。

第三节　汉语词类思想史

一、汉语词类问题研究简史

《马氏文通》的诞生标志着汉语语法学的兴起，同时也标志着汉语词类研究的真正开端。从 1898 至 1938 的 40 年的时间里，汉语语法学处于草创之时，同样对汉语词类的研究也处在新生阶段，既有不少建树，也存在着很多问题。这一时期的汉语词类研究大致可分为两个方面：一是对文言词类的研究；一是对国语白话文词类的研究。前者以《马氏文通》为代表，后者以《新著国语文法》为代表。虽然它们研究的侧重点有所不同，但总倾向还是一致的。

1. 共同的倾向

首先，这一时期词类研究的最大的共同倾向是模仿倾向。

说当时模仿严重并不意味着全无一点革新的气息。早在 1920 年，刘复（半农）就提出了"建造起一个研究中国文法的革新的骨格"（《中国文法通论》，P91）的主张，可惜未能贯彻到底。当时真正称得上革新派的要数陈承泽、金兆梓、何容诸人。他们对汉语词类研究的贡献主要体现在理论上，而在实际的划分上仍跳不出《马氏文通》的窠臼，只有金兆梓的划分（见《国文法之研究》，P52）相对说来比较有新意，既照顾了意义，更突出了功能，对印欧语的词类体系有一定的突破。可惜金氏对"体""相"这些概念言之不明，使读者甚感茫然。在词类的划分上也存在着互相牵扯的毛病。尽管这 40 年中革新的呼声愈来愈高，但并没有从根本上动摇模仿体系的地位，原因在于革新派本身缺乏一个全新的、比较合理的、能为众人乐意接受的词类体系。这一时期词类研究的第二个共同倾向就是各家对词的分类标准普遍重视不够，不少人把主要精力放在给一些词的归类上，这正如王力后来所指出的："争论的中心不在于分类，而在于归类。"（《关于词类的划分》，见《语法和语法教学》，P77）这样做，优点是重在实用，通病是理论阐述不够、不深。可想而知，没有对汉语词类划分标准的足够认识，要想圆满地解决汉语的词类问题那当然是难以奏效的。

2. 分歧点

对汉语自身特点的认识不同，直接导致了汉语词类观的不同。总括起来说，这一时期汉语词类研究有两大分歧。

（1）词无定类和词有定类

马建忠和黎锦熙都是“词无定类”论者，但各自的出发点，又有所不同。马氏认为“字无定义，故无定类”（《马氏文通》1983年新1版，P24），主张“依义定类”“随义转类”，他这是从意义出发的。到了黎锦熙，他说得更明确：“国语的词类，在词的本身上（即字的形体上）无从分别；必须看它在句中的位置、职务，才能认定这一个词是何种词类……国语的九种词类，随它们在句中的位置或职务而变更，没有严格的分业。”（《新著国语文法》1951年版，P6）他强调：“依句辨品，离句无品。”（同上）两个人虽然出发点不同，但结论都是个——“词无定类”。这个观点无疑是不符合汉语实际的，理所当然地遭到了后来语法学者的责难。和上述两人相反，陈承泽认为“字（词）有定类”。陈氏在其《国文法草创》一书中主张要以“字在句中所居之文位”（P11）来定其类。他提出了“一义数用”的观点，认为词应“从其本用”（P18）定类，这就避免了马、黎因“随义定类”“依句辨品”而造成的“词无定类”的弊病。但究竟什么才是字（词）的“本用”，作者却未能说清楚。不管怎么说，陈氏的观点比之前两人确实大大进了一步，为汉语词类研究的进一步深入确立了前提。

（2）分类标准：意义标准和功能标准

当时学者虽然在词的类别上颇多相似，但运用的标准却各不相同，归纳起来有两条：一条是意义标准；一条是句子成分标准（或曰功能标准）。马建忠在划分词类时强调：“义不同而其类亦别焉。故字类者，亦类其义焉耳。”（《马氏文通》，P23）亦即从意义角度出发，与之相同的有杨树达等。他们拿意义作划分词类的唯一标准，而根本忽略了词的语法功能。这样做极易滑向“词无定类”的歧途，因为“一词数义”现象在汉语中是屡见不鲜的。黎锦熙、陈承泽、金兆梓等则反对以意义为标准来区分词类。黎先生主张“依句辨品”，陈承泽强调以“字”在句中“所居之文位”来定其类，金兆梓也认为“中国文字的字形上，不能表词性的区别，是全靠位置区别的”（《国文法之研究》，P52）。三者说法不一，但意思是一个，即都赞成以词在句子中的功能来决定词类。这种标准较之意义标准确实要进步，其优点有二：①从语法角度出发划定词类，可给任何一个在句中的成分归类；②词类和句子成分关系单纯化、明朗化，使人一目了然，便于讲清问题。缺点在于把词义和功能割裂，将句子成分和词类合二为一，也极易坠入“词无定类”的泥潭中去。这时期在理论上贡献最大的要首推《中国文法论》的作者何容。何先生在该书第三部分“论词类区分”中对汉语词类划分的原则问题作了探讨。认为：“单从意义方面说明各类词的分别，是不容易说明的”（P42），“各类词都有其共同的形式上的特征以别于他类词”（同上），“所谓某一类词的形式上的特征，也就是从语言的表意方法上表现出来的它们的共同之点”。（P41）可见，何先生是主张以语言自身的表意方法即形式上的特征作为区分的标准的，即以词的语法特征（语法功能，不仅仅是指充当句子成分的能力）来作为区分词类的标准。

（三）文法革新讨论至建国前汉语词类研究

1938 年的文法革新讨论冲击了语言学界的模仿体制，人们开始“根据中国文法事实，借镜外来新知，参照前人成说，以科学的方法、谨严的态度，缔造中国文法体系”（陈望道《文法革新论丛·序言》）。文法革新讨论给汉语词类研究带来了转机。运用西方语言学理论来建立自己的词类体系，是这时期汉语词类研究的共同倾向。由于各家都比较注意从汉语本身特点出发，因而和以前不同，这时期的汉语词类观体现了较多的分歧点，这是一种正常可喜的现象。

1. 有关分类标准的分歧

这一时期，关于词类划分的标准主要有三种：一是王力、吕叔湘的“意义说”；一是方光焘的“广义形态说”；一是高名凯的“三条标准说”。王力、吕叔湘在分类标准上基本以意义为主。王力说：“中国语里，词的分类，差不多完全只能凭着意义来分。就意义上说，词可分为两大类，第一类是实词，它们的意义是很实在的，它们所指的是实物，数目，形态，动作等等；第二类是虚词，它们的意义是很空灵的，独立的时候它们几乎没有意义可言，然而它们在句子里却有语法上的意义。”（《中国语法纲要》，开明书店 1946 年 4 月初版，P43）由此可见，王力所说的意义对实词来讲是词汇上的意义，对虚词来讲则包括语法上的意义。吕叔湘也主张把词“按意义和作用相近的归为一类”（《中国文法要略》，P16），虽说已强调“作用”，但在具体分类时仍以意义为主。上述观点，基本上还是套用旧说，因而意义不是很大。

在此颇值一提的是方光焘在文法革新讨论中提出的“广义形态说”。方光焘认为可从词的形态上来分类，但他所强调的是一种不同于印欧语形态的广义形态。他说：“我认为词与词的互相关系，词与词的结合，也不外是一种广义的形态，中国单语本身的形态，既然缺少，那么辨别词性，自不能不求助于这广义的形态了。”（《中国文法革新论丛》，P50）从狭义形态发展到广义形态，这是方先生的独到创见，它摆脱了印欧语的羁绊，把汉语词类研究引向了一条新路。

高名凯在其《汉语语法论》一书中对汉语词类问题也发表了一些建设性的意见。首先，他认为：“词类是词的语法分类，每一类的词都有特殊的语法意义和语法作用。”（P60）随后，他提出了区分词类的三个标准：一是词所表达的语法意义；二是词在句子里的功能；三是“注意词的形态”。他的这种不囿于意义一项而取多项标准的观点显然大大超越了前代学者和同时代的学者。标准从一条到三条，这更切合汉语的实际。但他后来却主张以狭义形态作为区分词类的标准，并认为汉语没有狭义形态，从而得出汉语实词不能分类的错误结论。

2. 有关词类划分的分歧

既然各人都有不同的分类标准，那么在分类标准指导下的词类划分当然也就各有千秋了。吕叔湘把词分成实义词和辅助词两大类。实义词包括名词、动词、形容词三类，“因为他们的意义比较实在些”（《要略》，P16）。凡“意义比较空虚”、“可以帮助实义词来表达我们的意思”（P17）的，称为辅助词，包括限制词（副词）、指称词（称代词）、关系词和语气词。吕先生的贡献在于他首先创立了语气词这一大类。但总体说来，划分欠细致。由于受叶斯泊森“三品说”的影响，他把词分为甲、乙、丙三级，这显然是不足取的。王力在《中国现代语法》中给词作了划分，和以前各家不同的是，王力提出了“半实词”、“半虚词”之说，这种尝试是值得肯定的，因为汉语中有的词无论是从意义还是从功能来看都介乎虚、实之间，很难直接判定它属于虚词、实词中的哪一类。此外，王先生还提出了一种不列为第十类词的特别的词——记号。按王先生之说，“凡语法成分，附加于词，仿语或句子形式的前面或后面，以表示它们的性质者，叫做记号”。（P149—150）这种记号实际上相当于后来称之为语缀的语法成分，不便视为词的一种类别。同样，王力也因受“三品说”影响而把词分为“首品”“次品”“末品”。高名凯对汉语词类的区分同样是与众不同的。他认为“汉语的实词不能再行分类”(《汉语语法论》，1957年版，P67)，因为“汉语的实词并没有一个固定的功能”(P82)。高先生的这个观点是有违汉语事实的，并且和他本人的“三条标准说”有相抵触之处。但是尽管如此，高先生在其著作的绪论里还是把汉语实词分成“3种（名词、动词、约词）4类（名词、动词、形容词、副词）”(《汉语语法论》，1948年版，P52—53)，并在第三编“范畴论”中详细地论述了指示词、人称代词、数词、数位词、次数词、体词、态词、欲词与愿词、能词、量词等10个方面的范畴，这正反映了高先生思想上的矛盾之处。

（四）当代汉语词类研究

建国后，普及科学文化知识的需要使得建立新的、科学的汉语语法体系势在必行，但碰到的第一个难题就是汉语词类问题。词类问题是个既复杂又重要的问题，自《马氏文通》以来一直悬而未决，迫切需要进一步的研究。

建国头两年，国内虽然出了几本语法书（如《语法修辞讲话》《语法学习》)，但在词类研究上基本沿用旧说，并无什么实质性的进展。随着各方面条件的成熟，解决汉语词类问题已成为可能。于是1953年前后，一次全国性的规模巨大的词类问题的讨论就在《中国语文》上展开了。这次大讨论避免了以前在这个问题上的偏差，即不单单给词作简单的分类，而开始涉及了汉语词类的原则性问题即汉语的词能否分类及其分类的标准。

首先，在汉语的词能否分类的问题上，语法学界产生了两种互不相容的观点。以高名凯为代表的少数学者坚持认为汉语的实词不能分类，理由是汉语本身缺乏构形形态，这完全是拿印欧语的词类理论来硬套汉语，根本忽略了语言的民族特点。而王力、吕叔湘、胡附、文炼等多数学者则肯定汉语词类的可分性。讨论的结果，肯定论者占了上风。

其次，在分类的标准问题上，各家也发生了争执。争执的中心是汉语的形态问题。高名凯等坚持认为只有狭义形态才是划分词类的标准，而多数学者则主张给汉语的词分类应从广义的形态即词和词的相互关系、词与词的结合、语词的句法功能等因素入手。最后，多数学者取得了相对一致的意见，提出了区分词类的一般标准：①词汇意义（概念的范畴）；②形态标准（包括构形性质和构词性质的）；③句法标准（词在句中的作用或功能、词的组合等）。这样就比较圆满地解决了汉语词类研究的前提问题。

另外，对汉语词的具体分类以及词类的界限问题，很多学者也作了探讨，尽管互有出入，但无伤总前提，这是允许存在的。

总的说来，这次讨论是成功的，收效甚大，对当代语法的研究有着不小的推动作用。词类问题的大讨论，澄清了长期蒙在汉语语法学界的一片迷雾，为词的分类和归类提供了指导性的原则。很多学者在各自的论著中给汉语的词进行了具体的分类、归类尝试，结果虽不尽相同，但大体反映了汉语词类的基本事实。其中“文革”前影响较大的是《暂拟体系》（张志公主编）的词类系统和《现代汉语语法讲话》（丁声树等著）的词类系统。

“暂拟体系”根据“词汇·语法范畴”把词分为实词和虚词两大类；前者下辖名词、动词、形容词、数词、量词、代词6类；后者包括副词、介词、连词、助词、叹词5类。对各类词的定义、特点和主要用法，“暂拟体系”还作了说明，描写细致详尽，尤利于中学语法教学，确实是以前的语法书望尘莫及的。至于体系中的“附类说”，并不能说明多大问题，故后人颇多贬词，不妨作为小类处理。《现代汉语语法讲话》是结构主义在中国内地的首作。它区分词类的标准是“性质和用法”，其实质和“三结合”标准差不多。与众不同的是，《讲话》并未采用一般的“虚、实词”说，而是一次性地把汉语的词分成名词、代词、数词、量词、动词、形容词、副词、连词、语助词、象声词等10类。

在迄今为止所看到的语法书中，《语法讲话》最早将量词独立成一大类，这是很有必要的。《讲话》的另一个特点是把每一类词分成若干小类并对许多个别的词详加说明，比较具体，举例也颇精当。

十年动乱期间，整个语法研究陷于停滞萧条的境地，当然也就谈不上词类研究了。“四人帮”被粉碎后，语法研究恢复了生机，对词类问题的研究又摆到议事日程上来。这一时期，整个词类研究的特点是突破“暂拟体系”的框范，给汉语词类问题以新的阐述。这方面的力作是吕叔湘的《汉语语法分析问题》和朱德熙的《语法讲义》。

《汉语语法分析问题》与《语法讲义》有关汉语词类观的突出之点是把汉语的词分成“封闭类”和“开放类”两大部分。这种划分从能否遍举（全部列举）和能产性大小这个角度出发，比较干脆利落，避免在虚实上纠缠，也便于教学。另外，他们还根据语法功能，把实词分为体词和谓词两大类，比较成功地反映了汉语实词存在的两种不同的趋势。应该说，吕、朱二先生为汉语词类研究作出了新的贡献。

考察40年来的当代词类研究，不难认识到以下几个特点：

（1）进一步重视对汉语自身特点的认识。以前在词类区分问题上照搬印欧语的理论和方法，主要是对汉语的自身特点认识不足。

（2）重视词类划分标准的探讨和研究。划分标准是个很棘手的理论问题，整个词类大讨论几乎都是围绕这个轴心，此后的不少学者也都致力于这方面的研究。应该说，这方面的成绩还是不小的，"三结合标准"（词义、形态、功能）直到今天还被人们所公认。

（3）重视词类界划的研究和说明。以前的各家只给词作简单的分类，至于各类词的界限以及如何判定某一个词的性质等，则常被忽略，即使有所提及也是言之不明。当代学者显然在这方面又超越了前人。如不少人采用的以"鉴定字"和"重叠式"来区分词类的方法都是比较切实可行的，起码不失为一种有用的辅助手段。

（4）重视词的兼类和活用的研究。词类的活用和兼类现象解放前就引起了人们的重视，但他们对"活用"和"兼类"的差别往往辨之不明。当代学者在这方面作了较深入的研究。王力认为凡属兼类词必须具备两种以上的常见用法（详见《中国语法理论·新版序》，中华书局1957年1月版，上册P22—24）；张志公认为一词兼类的意义必须相关（详见《汉语语法常识》，中青出版社1953年11月版，P21—22）；吕叔湘认为："主要的原则是：凡是在相同的条件下，同类的词都可以这样用的，不算词类转变；凡是在相同的条件下，同类的词不是都能这样用，而是决定于习惯的，是词类转变……语义的变化比较特殊，只是偶而这样用，没有经常化，这算是临时'活用'，不同于永久性的词类转变。"（《汉语语法分析问题》，P46）；朱德熙认为："当我们把A、B两类词分开的时候，可以允许有一部分词兼属A、B两类。但是兼类的词只能是少数，如果把A和B分为两类之后，大部分A类词同时兼属B类，或大部分B类词兼属A类，那只能说明我们当初把A和B划分为两类词本身没有多大意义。"（《语法讲义》，P39）胡裕树认为："甲类词在特定的条件下，为了修辞上的需要，偶尔用作乙类词，这是活用。"（胡编《现代汉语》，1982 年 10 月第 4 次印刷，P332），这些观点都很有见地，较好地解决了汉语词的兼类和活用的问题。

（5）不仅重视各类词的研究，而且重视每个具体词的语法功能的揭示，如《现代汉语八百词》《动词用法词典》等，这无疑是对词类研究的深入。当代词类研究也存在着一些不足，主要是对如何把握好“意义、形态、功能”这三结合的标准，以及如何确定一个公认的词类体系，还缺乏一致的认识。但是，当代词类研究的功绩是抹杀不了的。

二、现代汉语词类研究的现状和问题

（一）综述

现代汉语词类问题至今还没有妥善解决，这就影响到建立一个能得到公认的，并且在实践中基本可行的语法体系。但是，词类问题经过长期研究，又经过 20 世纪 30 年代和 50 年代两次大讨论，有些理论问题已经逐步接近解决，尽管还有不少具体问题没有很好解决。所以，目前迫切需要做一些踏踏实实的具体工作，以便检验和修正已有的理论观点，而一些长期以来困扰语法学界的具体问题则更需要根据一定数量的语言材料进行深入的考察，寻找可能的解决途径，或采取某种处理办法，然后再在语言实践中去加以检验和修正。

和词类有关的理论问题实际上只有两个：（1）划分词类的目的问题，也就是词类和句法分析之间的关系问题；（2）划分词类的标准问题。

划分词类的目的，或者说词类和句法分析之间的关系问题，是和词类问题有关的带根本性的理论问题。语言中的语汇单位可以为了不同的目的，根据不同的标准，作出各种不同的分类，而词类不是一般的分类，划分词类的目的是为了进行句法分析，因此词类和句法分析是相互依存不可分割的。这一点早在 20 世纪 30 年代末的文法革新讨论中已经有了明确的阐述。陈望道根据索绪尔组合关系和聚合关系的理论明确指出词类就是一种聚合类，而聚合类只能在组合关系中来确定，反之，组合关系又体现为聚合类，也就是词类的线性序列。这就是说，划分词类不是为了分类而分类，而是为了进行句法分析，因此划分词类必须考虑句法分析的需要，而不是脱离句法分析的需要来划分词类。在相当长的一段时间里很多人还不熟悉索绪尔关于组合关系和聚合关系的理论，因此不自觉地把词类问题和句法分析割裂开来，单纯就词类问题讨论词类问题。甚至认为词类问题和句法分析无关，走了一段为分类而分类的弯路。不过就理论角度来看，现在公开反对索绪尔关于组合关系和聚合关系理论的人并不多，公开主张划分词类和句法分析无关的人也并不多。

划分汉语词类的标准问题经过20世纪30年代和50年代的两次大讨论，意见也在逐步接近，但是直到现在仍然有较大的分歧。目前大致可以分成两派：一派是多重标准派，一派是单一标准派。

多重标准派主张综合运用多重标准来划分词类，但是具体采用哪些标准，多重标准中侧重哪一种标准，意见还不完全一致。有人主张从意义着手，兼顾形态和语法动能；有人主张从形态着手，兼顾语法功能和意义；有人主张从语法功能着手，兼顾形态和意义。

单一标准派主张采用单一标准来划分词类。主要的一种意见认为划分词类只能采用语法功能标准，但是不同的人对“语法功能”又有不同的理解。有人认为语法功能主要是短语组合功能，有人认为语法功能主要是句子成分功能，还有人认为语法功能应该既包括句子成分功能，又包括短语组合功能。另外，这一派在单一标准的适用范围上也有不同意见，有人主张在划分词类和处理兼类问题上都坚持采用单一的语法功能标准，有人则在划分词类时坚持单一的语法功能标准，但是在处理兼类问题时由于遇到了一些具体困难，就主张采用意义标准。

（二）当前汉语词类研究中存在的问题

尽管60年来词类研究有了长足的进步，但并不意味着汉语词类问题已经解决。汉语词类区分中不少问题还有待于进一步研究，主要有以下几个问题。

1. 词类区分的理论问题。尽管一般认为通常所说的词类（名词、动词、形容词等）是词的句法功能的类，所以区分词类的标准或根据是词的句法功能，但也还是有异议。2005年4月在安徽芜湖举行的纪念词类问题大讨论50周年专家座谈会上，这个问题就发生了争论。郭锐认为，词类从本质上说不是分布类，而是词的语法意义的类型，这种语法意义称为表述功能，即词类实际就是以词的词汇层面的表述功能为内在依据进行的分类。语法位置（或组合位置）对进入的词语有选择限制，这种选择限制的依据不是分布本身，而是更深层次的某种性质，这种性质就是词的表述功能。表述功能可分为两个层面：内在表述功能和外在表述功能。内在表述功能是词语固有的表述功能，外在表述功能是词语在句法平面某个语法位置上所实现的表述功能。两个层面的表述功能一般情况下是一致的，但有时会不一致。当两个层面的表述功能不一致时就会表现出“词语语法的动态性”的现象，因而试图通过寻找对内有普遍性，对外有排他性的分布特征来划分汉语词类的做法难以成功。陆俭明对80年前黎锦熙《新著国语文法》中的“依句辨品，离句无品”的词类观念进行了重新评价，并对郭锐《现代汉语词类研究》一书中的词类观点进行了评论，认为郭锐的词类看法进一步发展了黎锦熙的观点。但袁毓林针锋相对地指出：词类本质上并不是语法意义的类，而是语法功能的类，并从科学哲学和分析哲学角度对这一观点所遇到的挑战进行了分析。从科学哲学的角度来看，提出一种理论、假设或学说，其陈述必须是可以证伪的。词类是根据词的语法功能区分出来的类这一观点可以得出两个基本推论：一是如果两个词的语法功能相同，但是它们属于不同的词类：二是如果两个词的语法功能不同，但却属于相同的词类。他认为通过证伪测试来证明上述两个推论。

沈家煊认为，词类的典型效应和连续性观念越来越受到重视，这和过去以词类离散性为出发点的词类理论是很不相同的。要想摆脱汉语词类和句法成分对应关系上的两难处境，除了采用“关联标记模式”之外，目前还找不到比这个模式更好的办法。[名词，事物，指称][形容词，性质，修饰][动词，动作，述谓]构成三个无标记组配，而[名词，事物，述谓][动词，动作，指称][形容词，性质，述谓]等，则都是不同程度的有标记组配。汉语和印欧语的差异表现在有标记和无标记对立的表现方式有所不同。印欧语主要表现在形态上，汉语主要表现在分布范围和使用频率上。沈家煊教授还认为，词类的分合实际上是语法分析的分析和综合原则的体现。不能否定过去在分析方面的成绩，要在分析的基础上讲综合：反过来，讲究综合法要有利于分析法的改进，要在分析的基础上讲综合。

刘丹青认为，词类的基础是语义范畴和语法范畴，不同语言的词类可能存在共同性，但词类的标准是形态—句法标准，所以某一语言是否存在某一词类，要通过考察其形态—句法表现来定：不同语言使用同一词类名称的成员，必须具备基本的语义和句法共同点，但并不要求很多形态—句法表现都相同。即使不同语言具有同样的词类名称，但其成员的语义范围及所体现的词项开放程度可以相差很大，当然原型语义应当相同或很相近。

范晓认为，词类是词的语法功能的类，但词在三个平面都有语法功能，即有句法、语义和语用功能。现在一般语法书所说的词类是讲词在句法平面体现出的功能的类别，这种分类受制于句法结构也服务于句法结构。既然词还有语义功能和语用功能，那么，根据语义功能和语用功能理论上也可以给词进行分类。词的语义功能指词在语义结构里充当语义成分的能力。比如动词的配价分类和名词的配价分类本质上是词的语义分类。词的语用功能是指词在语用结构里充当语用成分的能力。比如代词的“替代”就是语用功能，“代词”立为一个大类并下分为人称代词、指示代词、疑问代词三个小类，实质上是词的语用分类。他认为这三个平面的功能类既要分开也应结合起来，比如上位的大类是句法功能类，下位的小类或次范畴分类可以是语义或语用功能类，至于究竟怎样三分又怎样结合是一个很值得研究的课题。

2. 汉语词类体系各家有相当大的差别。一般的语法教科书分为12—14类：名词、动词、形容词、区别词、数词、量词、代词、副词（以上为实词）、介词、连词、助词、语气词（以上为虚词）、拟声词、感叹词（有的语法书里没有区别词或语气词或将拟声词和感叹词合而为一）。词类分得比较细的代表如朱德熙、田申瑛、郭锐等。朱德熙《语法讲义》分为17类：先分为实词和虚词，再分出名词、处所词、方位词、时间词、区别词、数词、量词、代词（以上为实词中的体词）、动词、形容词（以上为实词中的谓词）、副词、介词、连词、助词、语气词（以上为虚词）、拟声词、感叹词。郭锐分为19类：先分出组合词和叹词，在组合词中分出实词和虚词，在实词中分出核词和饰词，核词中再分出谓词和体词；在虚词中分出介词、连词、语气词、助词、叹词。陆俭明认为，词是句子的建筑材料。不给词归类，不便于句法研究，因此对于语言里的词，一方面要从“没有分类便没有科学”这样的高度来认真对待词的归类问题。另一方面，必须认识到词的归类，或者说词的分类，有一定的相对性——到底分多少类好，不能简单地下结论，要看研究者的实际需要。邵敬敏认为，现在的词类系统把词类分成实词、虚词两大类值得讨论。他认为可以将词类分为三类：首先是名、动、形合并为主体词；然后是功能词，相当于现在虚词的一部分；剩下的称为附属词，包括量词、代词等。现在名、动、形的研究还很薄弱，多数研究还属于个案研究，应该放到整个系统中加以考察。他提出要重视词类的典型性：在重视封闭词类研究的同时，还要对开放词类进行深入调查，如名名组合、名动组合、动形组合、形形组合等，进行语义层面的深入研究，对认识词类很有好处。刘丹青从类型学角度对现行汉语实词（如方位词、实义动词、趋向动词和唯补词、形容词、状态形容词、拟声词和拟态词、副词、指示代词、量词）和虚词（介词、连词、助词、语气词等）存在的问题进行了分析。分得粗还是分得细，一方面要看功能表现形式的区别性特征如何设计，另一方面更要依分类的目的而定。汉语词的分类方案何种比较妥当仍然是一个有待深入讨论的问题。

3. 词类区分中的某些具体问题（如名词和动词的次范畴分类、兼类、名词和动词的界限等）还有一些争议，某些词类（如代词、方位词、量词、助动词等）的归属问题还悬而未决。

4. 关于汉语词类的研究方法。邵敬敏认为，最近20年来，词类研究出现了很多变化，出现了许多新观念，如系统的观念、动态变化的观念、连续统的观念。张国宪认为，运用“典型效应”理论指导词类研究所产生的结果与过去存在着不同。有的词类可能越过小类直接转到大类。例如从名词到形容词的转移很容易，从名词到形容词的转移链条中，应该还有区别词。陆俭明认为，应该重视非范畴化的研究。金立鑫认为，语言中并不存在客观的词类。词类划分不可能尽善尽美，词是复合质的，一划分问题就出来了，因此词类划分只能得到原则性的东西，但是研究必须要有一个类，要有一个经得起哲学科学证伪的理论框架。他赞成“家族相似性”原则，提出划分词类遵循的程序——研究开始时可以是举例性质的，最后应该有系统性。马庆株认为，划分词类最后应该是一套系统。词类不论大类小类，都是语义·语法范畴，语义是基础，形式（包括分布变换）是标准。陆丙甫认为，要重视词性，词类是对词性的归类，词性是中间站，通过词性达到词类，词类在具体句法中要落实到词性。郭熙认为，从应用角度考虑词类问题，应该在各个不同的应用领域进行不同的词类划分，如从对外汉语教学的角度，应该考虑母语与第二外语的比较对应，能对应的和不能对应的要采用不同的标记方式。未来在几个领域采用几种不同词类、词性标注词典（如计算机信息处理、母语学习、外国/外族人学习），这种做法势在必行。靳光瑾认为，语料标注中会出现很多问题，应坚持协调性大于合作性的原则，要明确研究词类的目的是什么，词类信息能为我们的句法研究提供多少帮助，要重视方法论问题。她还从语料库加工规范角度谈了带有后缀性质的“是”（如“莫不是、是不是、有的是、赔不是”等）、“间”（如“转眼间、一瞬间、一时间”）、“说”（如“总的说、怎么说”）的处理问题。尹世超提出要加强词典中的词性标注的研究，词典的词性标注需要词类理论的指导和支持，要充分考虑语体的差别，增强篇章语用意识，根据使用对象和实际需要进行不同程度的标注。

（三）汉语词类研究的几个理论问题

汉语词类区分中要讨论的理论问题很多，这里着重讨论以下三个。

1. 词类区分的根据和词类区分的辨别方法

范晓在《论词的功能分类》一文中提出，“应当把词类区分的根据和词类区分的辨别方法（或手段）区别开来”，并指出“词类区分的根据应当是而且只能是词的语法功能，词类是词的语法功能的类：但辨别词类的方法（或手段）要凭借功能的形式，而这种形式在不同的语言里往往是不一样的。这犹如生物的性别分类，性别分类的根据是性（生殖）功能，能够产生精细胞能力的是雄性，能够产生卵细胞能力的是雌性。在辨别生物的性别时，一般凭借性功能的外在形式（包括性器官的外貌及其他的外貌形式），而不必解剖生物体去寻找”。

郭锐也有类似的看法，认为应该把分类的“依据”和“鉴别”的方法区别开来，也认为划分或鉴别汉语的词类应采用语法功能标准。但他认为分类的“依据”是“表述功能”，分类的“标准”是“语法功能”。这种认识似可讨论。第一，把“表述功能”和“语法功能”对立起来好不好“表述功能”是词的“语法功能”之一种（它和句法功能都是语法功能），只不过它是词在语法结构中的语用功能，如果从语用角度区分词类，可以把表述功能作为词的语用分类的依据；问题是他所说的词类仍然是词的句法分类，既然是句法分类，当然要以句法功能为依据。第二，把分类的“依据”和“标准”割裂开来好不好？“依据”和“标准”实质上是一回事，只是说的角度不同：“根据”或“依据”着眼于说明词类的性质；“标准”着眼于说明以“依据”为转移的词类区分的逻辑准则，所以区分词类的依据和标准应该是统一的，都是语法功能，在区分词的句法分类的问题上，句法功能既是词类区分的依据或根据，也是分类或辨类的标准。

2. 关于词的语义分类和语用分类问题

一般所说的词类，是指词的句法分类，即讲词在句法平面所体现出的句法功能的类别。这种分类受制于句法结构也服务于句法结构。但是从三维语法所说的“三个平面”来看，词在三个平面有三种语法功能。一般所说的“语法功能”实际上是指词的句法功能。既然词还有语义功能和语用功能，那么从语义平面和语用平面给词进行分类从理论上说也不是不可以。也就是说，词的语法分类可以有三种；句法类（根据句法功能分类）、语义类（根据语义功能分类）和语用类（根据语用功能分类）。

词的语义功能指词在语义结构里充当语义成分的能力。根据词的语义功能区分词类，现在还没有得到全面的研究，这方面应引起重视并作深入的探索。比如在基干动核结构里，有些词通常作动核，可称为动核词；有些词通常作动元，可称为动元词。名词中有生名词和无生名词的区分以及无生名词中物质名词、抽象名词、处所名词、时间名词等的区分，动词中肢体动词、言语动词、心理动词等的区分，似乎也偏重于从语义平面的角度进行分类。

词的语用功能是指词在语用结构里充当语用成分的能力，语用是讲“表述”或“表达”的，所以词的“表述功能”或“表达功能”也就是词的语用功能。根据词的语用功能区分词类，现在也还没有得到全面的研究，这方面也应引起重视并作深入的探索。比如在主述结构里，经常作主题的词可称为主题词，经常作述题的词可称为述题词。从陈述和指称的角度来说，主要用于指称的（指称名物为指称功能）可称为“指称词”，主要用于陈述的（对名物进行陈述为陈述功能）可称为陈述词。动词下面分为叙述动词、描写动词、解释动词、评议动词等次范畴，似乎也是偏重于从语用角度进行分类的。此外，某些词有其独特的语用功能，如代词就是一类语用词，主要用来表示替代、指示、疑问等。一般语法书把汉语的代词分为人称代词、指示代词、疑问代词三个小类，实质上也是词的语用分类。

3. 词类区分的几条原则

（1）多角度分类的原则，即从不同的角度（句法的、语义的、语用的）区分词类。

（2）多层级分类的原则。词可以分成大类，再在大类中不断进行下位分类。就汉语词的句法分类来说，一般首先分为实词和虚词两大类；在实词中又分出名词、动词、形容词、副词等；在虚词中又分出介词、连词、助词等；在动词中又分出及物动词和不及物动词等。下位的类和上位的类在逻辑上属于不同的等级，词的语义和语用分类也可以采取多层级分类。

（3）单一标准的原则。分类要讲究逻辑，逻辑分类只能采取一个标准，多标准等于没有标准。比如词的句法分类，就只能根据单一的句法功能标准，而不能兼用意义标准或语用功能标准。讲词的语用分类就只能根据单一的语用功能标准，而不能兼用意义标准或句法功能标准。

（4）从静态短语求句法功能和语义功能、从句子求语用功能的原则，即从静态短语中词的句法功能和语义功能确立词的句法类别和语义类别，从句子中词的语用功能确立词的语用类别。实词的句法分类原则上在静态短语里（不必进入句子）就可以确定；实词的语义分类跟动核结构有关，而基干动核结构是由静态主谓短语表示的，所以也就可以在静态短语里确定实词的语义类别，如静态主谓短语中作主语的是动元词（名物词），作谓语的是动核词（述说词）。至于词的语用类别，则要视其在句子中的语用功能而定。例如代词的确立，就是根据它在句子中的代替功能；语气词的确立，就是根据它在句子中的语气表达功能。

（5）凭借功能形式来探求验证功能意义的原则。语法功能是个语法范畴，而语法范畴都是语法意义和语法形式的统一，所以无论是句法功能、语义功能还是语用功能，它们都既含有意义又含有表现意义的形式。意义是隐层的、内蕴的，形式是表层的、外显的。词的语义功能和语用功能也要凭借形式，如三价动词的语义功能的形式特征是在静态的主谓结构中能联系着三个名词，又如代词的语用功能的形式是，一般置于句子中所指代的先行词之后，并且可以用先行词替换。

（6）分清“一般和特殊”以及“经常和临时”的原则，即要分清一个词的一般功能和特殊功能以及经常功能和临时功能。

三、词类划分的标准和依据

1. 对汉语词类划分的标准

周祖谟在《划分词类的标准》一文中提出了划分汉语词类的三个标

准。一是根据词在句中的作用来定。例如：主语常常都是名词或代词，有时是动词或形容词。谓语则常常是动词或形容词；再如名词或代词放在动词前面可以成为句子，而动词在名词、代词的前面可以成为一个复合词，或者成为一个短语，但是不能成为句子。二是按照词与哪一类词粘合或不粘合的性能来决定。例如：名词前可以有数量词，代词就不可以；指示词可以与量词连起来做名词附加语，而人称代词就不能这样做；动词前面可以受副词“不”修饰，助动词虽然也可以，可是它的后面不能有宾语；形容词和动词的后面可以有句尾“了”。而别的词就不能有。三是按照词的形态来定。例如：名词可以有“子、头”一类的词尾和“儿化”；形容词、动词可以重叠，别的词很少能够重叠；人称代词的多数要加词尾“们”；语气词都读轻声；动词加词尾“了”，表示完成，加“着”表示持续。周祖谟的这些观点已开始突破传统语法的束缚，不但肯定了汉语有词类，而且确定了分类的标准，这是一个巨大的进步，但周祖谟对这些标准的分析带有明显的举例性质，不可能涵盖汉语所有词语，因而缺乏普遍性。吕叔湘在《关于汉语词类的一些原则性问题》一文中指出，按照句子成分来区分词类有它的优点，即没有游移不定的情形，实词都可以根据它在句中充当成分的作用而归类，同时词类和句子成分的关系单纯化了。但这种分类法有明显的不足，脱离句子的词便不能归类，也不能从词的意义方面说明词类，导致词无定类，类无定词的结果。吕先生还讨论了用“鉴定词”（如“子、儿、头”等后缀，“不、很”等副词，“了、着”等助词）作为区分词类的辅助手段，用重叠式（如 AA、ABAB、AABB、A——A 等）来区分词类的优缺点等问题，并进一步指出词类划分与词的意义也有关。在一定条件下根据词所代表的概念的类别（同类词意义的共同点）来划分词类，并且应该定出一个比意义更为具体的标准。

吕叔湘提出的这些原则性问题可说是对划分词类标准所作的比较全面的分析，为确定词类划分的标准提供了重要的参考价值，尤其是对词类和词义关系问题的分析可谓有独到之处。既看到了词义在词类划分中的重要参考作用，又没有把它作为词类划分的主要依据，后来朱德熙对词的分类标准的确定不能说没有从中得到启发。但是吕先生在此只是提出了词类划分的原则性问题，而没有定出一个“比意义更为具体的标准”。也就是说，根据吕先生的讨论，我们还是难于确定词类划分的可操作的具体标准。

后来，王力在《关于汉语有无词类的问题》一文中，进一步概括了汉语词类划分的三个标准：第一，词义在汉语词类划分中是能起一定的作用的，应该注意词的基本意义跟形态、句法统一起来；第二，应该尽量先应用形态（如果有形态的话），这形态是包括构形性质的和构词性质的；第三，句法标准（包括词的结合能力）应该是最重要的标准，在不能用形态标准的地方，句法标准是起决定作用的。这三个标准有机联系着，词类划分要求同时适合这三个标准。

可以看出，王力定出的词类划分标准已把形式摆在首位，并且更为具体化了。这是比其他学者的见解更为高明的地方。但是，这还不能说是最为简洁、最易于操作的方法。

综观以上各家对汉语词类划分问题的讨论，都是力图摆脱传统印欧语法的影响，从汉语的实际情形出发，确定新的标准。可以说他们已逐步摆脱了约束，愈来愈贴近汉语的实际了。但是，不可否认传统语法的影响仍然存在，例如他们仍旧看重形态，难于突破羁绊。

大致说来，汉语和印欧语语法不是没有相同之处，研究汉语语法不能不参考印欧语语法。但对于词类划分的问题，参考印欧语法所得到的帮助实在不大，如果不深入追究其实质的话。因为汉语的形态变化远没有印欧语言那样丰富，这是非常显著的一个方面。所以，必须依据汉语本身的特点，来确定词类划分的简明而又易行的标准。朱德熙在这方面所作的研究可以说是在当时各家观点的基础上进行综合概括和创新的结果。

在《语法讲义》和《语法答问》中，朱德熙指出汉语划分词类的根据只能是词的语法功能，而且这一标准也同样适用于印欧语。对此朱先生作了精辟的论述。他说，印欧语根据形态划分词类，归根到底还是根据语法功能，因为凡是具有相同形态的词在句子中的语法功能是一致的，形态不过是功能的标志。而且正因为这样，分出来的类才是有价值的。要是根据形态分出来的类不能反映句法功能，这种分类就没有意义。对于印欧语中没有形态标志的词，无疑就是根据句法功能来确定词类了。

在《语法答问》一书中，朱德熙进一步对“语法功能”这一概念作了分析，指出一个词的语法功能就是指它所能占据的语法位置的总和，指词与词之间的结合能力。根据这一理解，我们依据语法功能划分词类就可以达到把语法功能（语法性质）相同或相近的词归在一起的目的。这就像印欧语根据形态划分词类，最终也是把语法功能相同或相近的词归为一类一样。根据这一标准，朱德熙在《语法讲义》中对汉语词语作了全面而细致的分类，把依原有标准无法说明其归属的词重新归了类，并且都在形式上进行验证。如从形容词中区分出状态词和区别词，分出部分兼具名词和动词性质的名动词、兼具名词和形容词性质的名形词等等，就是根据它们在语言中的不同分布而确定的。这样一来好像词类的名目增加了一些，但是澄清了人们以前对一些词语归类的模糊认识，解决了许多有争议的问题。

与吕叔湘对词义在词类划分中的作用看法有所不同，朱德熙认为，严格说来，词义在词类划分中没有地位，只有在确定词的同一性问题时，要考虑到意义，而理论上划分词类只能在确定了词的同一性问题的基础上进行。这样看来，吕、朱两位先生是从两个不同角度分析词义的作用的，而本质上并无太大差异。吕叔湘从词义角度找到了确定一部分词的归类的“捷径”，朱德熙则对词的兼类问题提出了一个判断标准。

总的说来，朱德熙对于词类划分标准的确定，基本上解决了汉语词类的划分问题。虽然在他之前或同时也有其他语法学家讨论这些问题，提出过类似的看法，但是我们可以看出，朱先生对于词类划分标准的确定，表述最为精练、准确，不再有传统语法影响的存在，完全是从汉语本身的特点出发而得出的结论，可说是最为有效的方法之一。

2. 对汉语词类划分的方法

一是词义划分法。如我国古代语法学家们就是如此划分的。早在春秋战国时期的《墨子》、《春秋谷梁传》就有了实词、虚词二分的萌芽。唐五代孔颖达《五经正义》发秦汉之旨，使汉语词在实际上形成虚、实二分的局面。以“为义”“不为义”做标准，把词划分为“义类”（实词）和“语助类”（虚词）。如《礼记·檀弓上》“尔毋从从尔”一句，郑玄注：“尔，女也；从从谓高大；尔，语助”《正义》云：“尔，女也，为义；（从从）尔，不为义”可见其把词划分为两大类——为义、不为义，是按词的意义作为原则和标准的。黎锦熙基本上也可以说是按词义划分词类的。他的重要语法理论就是“句本位”。所不同的是特别强调了“词”在句中的意义即以词入句的意义为本。他说：“国语的词类，在词的本身上无从分别，必须看他在句中的位置职务，才能认定一个词是属于何种词类；这是国语文法和西洋文法的一个大不同处。”于是他明确地提出了一个口号，叫做“依句定品，离句无品”。也就是说，词本无类，唯入句中才见其类，必须以语用、语义、语境划分词类。这实质与古人原则相同。不同处在于古人是从语用、语义、语境——句群中归纳综合定名，而黎先生则是把“类”还到句群中去再划分。

二是形态划分法。以词的形态变化作为词类划分标准，这可以说是近现代西洋语法一大特点，我国20世纪50年代曾一度照搬。我们承认汉语也有一些形态词类，如重言词——动词类、形容词类，诸如看看、好好；前（后）缀词——名词类。如花儿、作家、记者、老虎、阿婆、初一、第二；音变词，如办事处之“处”（chù），名词类，处理之“处”（chǔ），动词类。但综观汉语，形态类别只是极少一部分。以之为“原则、标准”是不妥的。

三是功能原则说。以王力为代表。认为词的形态特征与词的组合能力和充当句子成分的能力是划分词性、词类的唯一标准。王力说：“我们应该依照它们所表达的意义和它们在句子中的功能分为若干类。词类语法意义（不是词义）和语法功能要相结合，不能单凭其中一个方面作凭据。例如我们说，凡是表示人或事物的名称而又经常用作主语、宾语的词，叫做名词。”“由于词类是词的语法分类，所以当意义与功能有矛盾时，仍当以功能为标准。如战争、思想，意义上是动词，现代汉语经常作主语、宾语用，故应划分到名词类。”王先生“语法意义近同于古人之为义不为义”和黎先生“句本位”思想，其“语法功能与功能特征”则更似“形态说”了。看起来有了一些概括性、包容性了，但实质仍是轻“意义”重“形态”，且理论上欠严谨，实践中有许多难以操作之处。

四是“语法意义和语法功能”原则。这也是目前流行的说法。其实是调和以上诸说而暂拟的几条标准。但在教学中，在理论与实践上都有许多盲点与歧义。例如，同样用此原则标准划分汉语词类，但一家与一家结果有异，或重“语法意义”，或重“语法功能”，或重“语法形态”，或重“语法特征”等等。就是同一家在具体操作时，也往往是因词因句而用原则标准或此或彼。这种组合式看起来高大全，但原则的随意性与标准的杂乱感，很难教学。

第四节　汉语语法化思想史

一、引　言

语法化研究是当前语言学发展的一个趋向，即把历时研究和共时研究重新结合起来，其着眼点是从语言的历时演变解释语言共时平面上的变异。范晓、张豫峰《语法理论纲要》认为，语法化就是语法学者从“历时”语法的角度对“共时”语法现象提供一种解释，其过程中往往伴随着认知因素。而认知语言学认为，通过研究语法化可进一步表明语言不是一个自主的系统，它与人们的认知能力、隐喻规律、主观化，以及象似性理论等密不可分，因此语法化已成为当今认知语言学的主要内容之一。语法化作为语言研究的一种理论框架，其最大特色是打破共时和历时的界限，运用跨学科的视角来描述和解释人类语言的语法系统的形成过程，语法化理论的最终目标是要回答“人类语言的语法系统是如何建立起来的，人类语言的语法为什么是以那种方式构造的”。因此，在汉语语法研究中语法化视角的引入不仅能深化我们对汉语语法演变事实的认识，而且有助于我们对汉语共时语法系统的深入理解。

近年来语法化研究之所以又重新成为诸多语言学家关注的问题，这与20世纪70年代以来语言学的发展密切相关。沈家煊《“语法化”研究综观》认为语法化研究兴起的原因有三：

一是结构主义语言学和生成语法都把语言看作一个自足的系统，然而语法化现象却表明语言并不是一个自足的系统，它跟语言外的因素，如人的认知能力密不可分。

二是结构主义语言学从索绪尔开始严格区分共时研究和历时研究，但实际上有许多共时现象离开了历时因素就解释不清楚了。如汉语的介词中，有完全意义上的介词（如“从”“被”），有的带有很强的动词性（如“到”），有的介于两者之间的（如“给”），离开了汉语介词历史上都由动词虚化而来的这一事实就无从解释。

三是建立在真值条件上的语义学无法对语义现象作出令人满意的解释。20世纪70年代以后重新兴起的语法化研究把重心从历时转向共时，也就是想用语法化来解释共时平面上过去难以解释的现象，于是共时研究和历时研究在长期分离之后又开始结合了。

二、语法化的含义及历史现状

（一）含义

现代语言学语法化的研究起源于19世纪历史比较语言学对屈折构形成分来源的探讨，而“语法化”这一术语是法国语言学家Melliet在1912年首次使用的，他将之定义为“原来的词汇形式变为语法形式（语法词、词缀）的演化”，从此拉开了语法化研究的帷幕。在我国，诸多语言学者对“语法化”进行了界定：

沈家煊《“语法化”研究综观》的看法：语法化通常是指语言中意义实在的词转化为无实在意义、表语法功能的成分这样一种过程或现象。

刘坚、曹广顺、吴福祥《论诱发汉语词汇语法化的若干因素》对语法化做出如下定义：通常是某个实词或因句法位置、组合功能的变化而造成词义演变，或因词义的变化而引起句法位置、组合功能的改变，最终使之失去原来的词汇意义，在语句中只具有某种语法意义，变成了虚词。这个过程可以称之为“语法化”。这也是最具影响力的定义，至今仍有较大的影响力。

马壮寰《〈语法的认知基础〉简介》对语法化做了如下说明：语法演化是单向的，即从实词向虚词、向语法形式和结构发展，而不是相反。语法形式的演进是从语法化程度较低的变为程度较高的，从开放类变为封闭类，从具体变为抽象。

吴福祥认为：“语法化”指的是语法范畴和语法成分产生和形成的过程或现象，典型的语法化现象是语言中意义实在的词语或结构式变成无实在意义、仅表语法功能的语法成分，或者一个不太虚的语法成分变成更虚的语法成分。

范晓、张豫峰《语法理论纲要》认为语法化是指语言中意义比较实在的词转化为意义不实在的词的一种现象，汉语传统语言学称之为“实词虚化”，其实质是指实成分向虚成分演变的过程，特别是实词虚化为语法标记的过程。

王寅《狭义与广义语法化研究》将语法化分为三个方面：狭义语法化，广义语法化，最广义语法化。①狭义的语法化，主要指“实词虚化”，侧重研究词义由实到虚的变化，词汇以及词组如何变成词法和句法中的范畴和成分的过程。②广义的语法化，指将词汇层面的研究扩展到语篇和语用层面。③最广义的语法化，除上述内容外，还可包括典型的概念结构、事体结构等如何显性成为语法手段和句式构造。

储泽祥/谢晓明：语法化是与某个语法范畴或语法意义相联系的、相对稳定的表述形式的历时形成过程。这种表述形式可能是单个的，也可能是成串的、封闭的，但不可能是开放的。

（二）国内研究历史及现状

1. 研究情况

Harbsmeier在1979年认为，“语法化”的概念在中国13世纪就提出来了，元朝的周伯琦在《六书正伪》中说：“大抵古人制字，皆从事物上起。今之虚字，皆古之实字。”其实，关于虚化的概念的提出应早于13世纪，早在11世纪的宋代已有虚字之说。周辉《清波杂志》卷七就有“东坡教诸子作文，或辞多而意寡，或虚字多而实字少”的记载。我国第一部虚词专著是元末卢以纬《助语辞》。清代袁仁林的《虚字说》则是我国前语法学的一部卓越虚词专著，该书对实词虚化的研究成果引人注目。其实在王力《汉语史稿》中可以看到与语法化相关的论述：“当数词和单位词放在普通名词后面的时候，它们的关系是不够密切的，后来单位词移到了前面，它和名词的关系就密切起来，渐渐成为一种语法范畴。”（1996年修订本，P240—241）现在国内的研究仍在继续。

我国词义虚化研究起步较早，从《马氏文通》第一部汉语语法著作的问世至今已有一百多年的历史，只是近几年来才上升到“语法化”的理论高度。20世纪80年代开始，我国的语法化研究进入了有意识的宏观探讨阶段，黎运汉着重探讨汉语的虚化过程，解惠全着重探讨语法化机制，但在当时没有引起足够的重视。随着功能语言学对解释因素的强调，我国的虚化研究也逐渐在描写的基础上寻求解释。从20世纪90年代开始，我国的语法化研究开始在国外理论的带动下产生巨大的质变，上升到了语法化这个更高的层次，将系统研究语法化机制作为富有创意的研究目标，在语法学界引起了深刻的影响。以1994年为界，国内“语法化”研究分为两个阶段。1994年沈家煊和孙朝奋分别在《外语教学与研究》和《国外语言学》上发表文章，介绍国外“语法化”理论和最新成果。1995年刘坚等人在《中国语文》上发表文章，立足于国外已有理论和国内汉语研究基础，从理论高度对汉语“语法化”机制进行了抽象归纳的首次尝试。1998 年沈家煊补充介绍了国外又一本最新“语法化”著作的有关理论，为渐成热点的“语法化”研究添加了助进剂，这 4 篇文章的理论框架内容成为后来中国“语法化”研究的基本指导性理论。可以说，我国现代意义上的“语法化”研究是从 1994 年开始的。综观前后两阶段的研究，既有量的积累，更有质的飞跃。“语法化”研究由以微观研究为主转向以宏观为主，前后两阶段都有微观宏观两个层次，只是侧重有所不同，前期注重微观研究，即对每一个虚词做深入细致的个例研究，如朱庆之对语气词“那”的考察，刘勋宁对句尾“了”来源的探讨。后期也重个例研究，但往往将孤立的个例研究提升到对整类句法语义范畴或整个词性类别的研究高度，研究其兴替调整的机制，并作出解释。如石毓智、李讷分析时体标记“却、去、了、着、过”的诞生机制；张谊生分析诱发汉语实词副词化的三种句法结构关系等。有的语法学家进一步拓宽视野，把“语法化”研究纳入到整个词汇兴替的大背景下来研究，以刘丹青、李宗江为代表。刘丹青所注意的不止是孤立的一次“语法化”过程，而且是若干次或理论上无数次“语法化”之链，并把这些链接的“语法化”过程置放在词汇兴替的大背景下，这就把问题上升到更高的历史层次。并进一步提出“更新”、“强化”等词汇手段跟“语法化”的关系，词汇因素的渗入，使“语法化”进程变得更加复杂。前后两阶段经历了从纯粹单一的历时眼光到联系共时变异的转变。“语法化”属于语言演变的范畴，往往是历时语言学家关注的对象。所以 1994 年以前研究差不多都是以探讨“语法化”过程为着眼点，用纯粹单一的历史眼光来观察“语法化”现象。随着研究的深入，尤其是近几年来，共时语言学家也把眼光转向“语法化”。语言共时平面上的变异是语言历时演变在不同阶段不同层次的反映，虚化最终是一个共时平面上的、心理语言学问题，所以把历时考察和共时分析结合起来，应是“语法化”研究的最高层次之一。在这方面做得比较好的有张谊生、方梅等人。张谊生将“个”的分布环境和表义功用、共时特征和历时发展结合起来研究，对“个”通过历时平面的考察说明共时平面上“V 个 VP”结构的多样性。在 1994 年之前我国“语法化”研究主要关注“语法化”过程，针对具体词语的演变做深入细致的描写，很少给以解释或根本不予解释，有部分学者闪现过与现代“语法化”理论一致的思想，但未能上升到普遍理论层次，不得不将理论发明权归于西方学者，如蔡镜浩说，南北朝时“看”由测试义动词向语助词虚化，先是后置于其他测试义动词，构成连动式，然后由它逐渐失去动词性，开始向语助词的过渡，其间经历了一个难以断言“看”是动词还是语助词的阶段。此处所说的两可阶段与“虚化语义链”完全合拍，而后者是1994年才介绍到我国的。Peyraube *Historical change in Chinese grammar*（1999）对1994年以后的汉语句法研究作了概括性的述评，文章认为，近年来在汉语历史句法研究方面最重要的贡献就是对汉语语法演变的机制的理论的、方法论的思考，包括两个方面：①从语言理论的角度讨论句法演变的过程；②揭示汉语中经常出现的演变方式和语法化的途径。

2. 研究方法的创新

我国的语法化研究在以下5个方面取得了方法的创新，代表着语法化研究的最新方向：

（1）共时变异的研究语言

共时平面上的变异是语言历时演变在不同阶段不同层次的反映，虚化最终是一个共时平面上的、心理语言学问题，所以把历时考察和共时分析结合起来，应是语法化研究的最高层次之一。汉语语法化研究在这方面的突破性工作以张伯江、方梅和李宇明等为代表。张伯江、方梅指出，历时系统中的形式兴替和共时系统中的功能分工实际是有关系的。新形式总是从有标记向无标记发展，意义越来越宽泛，旧形式则从无标记向有标记退化，意义越来越狭窄，如表尝试范畴的“W看”结构式兴起后，原有的尝试表达式“v看”里的“V”就只限于明显带尝试义的动词了。他们又以指代词的虚化过程为例阐述了以下原理：同一个词在共时系统中表现出来的不同用法，表明它正处在语法化的动态过程中，可用动态、历时的眼光分析词在共时系统中的变异及其原因、途径、认知依据。这跟虚化特征链原理相吻合。李宇明在共时句类功能的宏观框架下，探讨了疑问标记的功能衰变机制，认为疑问标记在下列情况将不表疑问或不能很好表达应该表达的疑问信息：①用于反问句；②非是非问疑问标记用于是非问句（如“你想吃点什么吗?”）；③用于呼应同指式（如“谁不爱听谁退场”）等8种可致衰的非疑问句。这3种情况既是致衰条件，也是衰变标志。疑问标记衰变后，转表否定、任指、虚指、定指、互指、列举、条件等。疑问标记负载的疑问信息量越大、越具体，越易衰变，比如疑问语段层（如特指疑问词、X不X疑问式等）就最易衰变，而疑问语气层（由疑问语气词构成）和疑问语调层只在反问句中才发生衰变。异层的多个疑问标记可共同传递一个疑问点，造成疑问信息的羡余和疑问标记的功能衰变，如“你到底去不去吗”中，“吗”的疑问衰变就起因于两层疑问标记的复用。李文等于告诉人们，一种语义范畴的表达式若置身于一个与之意义略有抵触的句式或其非典型用法，可促成该范畴的衰变，并且这些致衰句式是可被归纳的，从而提高了语法化的预测能力。

共时分析可给语法化研究以有益的启示，反过来，语法化成果又可指导、服务于我们的共时分析，沈家煊也说，实词虚化的过程能为共时语法现象提供一种重要的解释。

（2）词汇兴替的宏观观察

刘丹青曾就尝试范畴的语法化引发一段论述，认为非典型用法的势力增大，有一个量的变异过程，他说：语法化似乎可以分为三种不同的程度，即不足、充分和过度语法化。过度语法化的结果是语法范畴弱化、消失或重开新一轮语法化过程。新一轮语法化往往也是以新的不足语法化为起点的，形成一种语法化的循环。刘丹青进一步从理论上提出并分析了“更新”、“强化”等词汇手段跟语法化的关系，词汇更替因素的掺入，使语法化进程变得更加复杂。新老词汇形式交替叫“更新”，如汉语用当时还比较实在的“在、对、向、被、比”等取代上古很虚化的介词“于/於”，新老词汇形式并存归“强化”，如“于（介词）”因强化需要出现“在于（复合介词）”，“在于（复合介词）”又因弱化或虚化为“在”。刘文说，更新和强化属于语法化的逆向产物。为了维持语言的交际功能，语言常在语法化的一定阶段加以更新或强化。更新和强化的产物本身也会因语法化而走向弱化，形成长江后浪推前浪的永恒动态。李宗江在具体的历时研究中，把功能词及其每种功能义项的语法化过程放在一系列相关词的竞争角逐、角色分担的大舞台上来观察，体现了索绪尔式的系统精神和价值精神。

（3）语言普遍性的研究

语法化可以纳入到语言普遍性领域来研究，在专门研究时对它表示特别关注的以马清华和石毓智、李讷等为代表。马清华在《文化语义学》“理据”一章分析了具有强普遍性的词据、概念理据、义类理据，认为起点词本身的义类特征可作为语法化的某种激励因素，即以义类诱因引发语法化现象，而且其语义条件往往具有语言的普遍性。越到高层抽象的意义层次，概念理据就越表现出趋同性，抽象的实义词（如喜悦概念词）是这样，抽象性更高的语法意义更是这样，如在许多语言里，强级程度义往往是数量多、吓人、死、坏、好等意义的词发展而来。义类特征往往是语法化活动的先决条件。马清华通过广泛的语言比较，揭示出并列连词由表示并列关系发展到表示转折关系的普遍性语法化轨迹。

石毓智、李讷指出，语义范畴最终决定哪些动词最容易演化成介词，不同语言表达同一语义范畴的词往往属于同一词类，比如英语中跟汉语介词“被、给、为、用、通过、从、在”等的语义范畴分别对应的是 by、to、for、with、through、from、at 等，也都是介词，而且英语介词的句法特征跟汉语的一样，只具有与指示时间信息无关的带宾语、被否定等动词句法特征，而失去了与指示时间信息有关的时、体、态、人称等动词句法特征。他们从像义词的语法化研究中得出启示，“只有具备某种语义特征的词语才适宜演化成某种语法范畴”，认为概念相同的一组词，由于语法化时间不同，句法环境也有了变化，最终的功能也会因此而各具特色。

在相反的方面，诸如“桌子”这样的词无论如何也不能发展出假设等关联义。这就验证了“语义先决性原则”。孙朝奋说，“虚化的先决条件是一个实词的词义本身”。沈家煊曾提示人们：“为什么有的实词经常虚化，有的实词几乎从不虚化，为什么有些实词朝这方面虚化，有些实词朝那方面虚化？这方面我们知道很少。”语法化中的语义先决性原则可以作为这一问题的部分答案。

语法化研究将得益于普遍性研究，因为单一语言的古代证据有时是不充分的，凭古代书面资料中当事义项的有无、出现频率的大小、拟古音声系统等构拟出来的虚化序列并不一定是事实上的序列，只能说是以一种不确定的、可能几率接近于事实序列，横向、共时的比较语言学证据可作为对历时研究的必要补充，以加强说服力，正因如此，索绪尔也将“由古及今”的正视法（prospective method）和“借今溯古”的回顾法（retrospective method）看作历史比较语言学两种不可缺一的方法。另一方面，语法化研究也可服务于普遍性研究，它能引导我们发现人类语言更为深刻的共同认知本性，成为语法认知功能研究必不可少的一部分。从这些意义上来说，对语法化的普遍性问题的研究具有不低于语法化其他任何课题的重要性。如果说汉语语法化研究主要归功于近代汉语学者，那么语法化的普遍性研究将特别寄希望于民族语言学者和有古汉语素养的外语学者，普遍性研究在实证性、细节性上不可避免地逊色于具体母语的研究，但普遍性研究的不足也反过来提高了对其解释性、普适性和方法论的要求。总之，普遍性研究跟对某一时期某一语言的细致研究是不能互相取代的。

语法化问题的语言普遍性研究，大都是从语义范畴入手的。就是说，以语义范畴为纲的研究往往是普遍性研究的基础，两者互有联系。

（4）注意结构体系性变化对实词虚化的影响

虚词和结构是句法系统的两个有机组成部分，结合句法结构来看虚化，已是语法化研究的既定方向之一。“重新分析”、“次要句法位置的固化”等业已形成的语法化机制理论，就是在跟句法结构的关系中观察得出的。不过，这多针对具体某种结构而言，实际上，整个虚词手段的产生、兴盛及其虚化轨迹，都可放在句法类型或句法转型这种结构体系的背景下来考察（当然，虚词手段的变化也会影响结构的变化）。注意结构体系性变化对虚化的影响，是语法化研究的一个全新而颇具慧眼的视角。这方面研究以石毓智、李讷、徐杰、王珏等为代表。

石毓智、徐杰又反过来论证了语法化对结构变化的影响，认为判断词“是”的产生对旧的语序焦点表示法有两方面重要影响，第一，判断词“是”的低及物性限制了作宾语的疑问代词前移，创造了大量“V+疑问代词”用例，削弱了语序变换。第二，“是”又演化成一个新兴的焦点标记，如“今时有者，皆是先写”（《世说新语》），从功能上取代了旧的语序焦点表示法，使其失去存在的理由。语法化和结构变化的相互影响表明，它们的演变是成系统的、和谐的。

王珏为研究语言内部各要素在历时变化中的互动作了系统的理论准备，王文引用 O. Jespersen 的观点表明，英语虚词手段的产生和兴盛主要源于对词的形态损失的代偿。沈家煊便指出，从结构类型看，像汉语这样的分析型语言，实词虚化到一定程度后似乎不再继续下去，没有像屈折型语言那样虚化为屈折形态。语法化是否要受语言内部结构的制约，是值得研究的问题。

（5）用汉语语法学自产理论解释语法化问题

借助国产理论对语法化问题进行独到的研究，是新时期语法化研究的一种方向性突破。这方面的尝试以石毓智、李讷和姚振武等为代表。尽管“语义指向”理论至今仍是一个需要改造的笼统范畴，但石毓智、李讷借助这一汉语界自创的理论，成功分析了汉语时体标记“却、去、了、着、过”等的诞生机制。它按语义指向类型对补语作了分划，指出汉语动词后面的时体标记是由指动补语发展来的。

姚振武将朱德熙提出的“陈述”和“指称”范畴用于语法化问题的研究。认为被动义动词“为”、动词“以为”、连词“以”、第三人称“其”的产生，均源于指称与陈述的语义相通和语用兼容。姚文说指称与陈述本质上是相通的，因此语用上的兼容导致了“为”的语法化，由判断标记演化为被动标记。

3. 汉语语法化研究的当前课题

基于对当前国外语法化研究新进展的初步了解以及汉语语法化研究现状的观察，尝试提出当前和未来的汉语语法化研究中几个值得着力研究的课题。

最近 20 年来汉语的语义演变研究进入了一个新的发展时期。随着结构主义语义学理论和方法（比如语义场理论和义素分析方法）的引进，很多学者已不再满足文献词语的考释和词义演变方式的描写，而是致力于词义系统演变的考察和词义演变规律的探索，从而大大加深了我们对汉语语义演变的认识和了解。

近年来汉语学界已开始出现基于认知语义学和历时语用学的思路来探讨语义演变的新尝试。我们认为，这是一个值得大力加强的研究方向。全面开展汉语的语义演变研究，不仅能发现汉语语义演变的模式、机制及动因，加深对汉语语义演变规律的认识，而且还可以用汉语语义演变研究的成果来检验和修正国外现有的语义演变理论。比如，邢志群在考察动词“连”的语义演变路径时发现，汉语中包括动词“连”在内的很多语义演变的实例并不符合 Heine et a1. （1991）提出的语义演变的隐喻等级：“人>物>活动>空间>时间>性质”，因此她认为 Heine 的语义演变理论并不能充分说明汉语语义演变的规律。又如 Traugott & Dasher（2002）认为，凡是“自然的”语义演变都是“不过量准则”作用的结果，而“足量准则”阻遏语义演变；但沈家煊（2004a，2004b）的研究表明，在汉语的语义演变中“足量准则”也起一定的作用，尽管其作用是次要的。此外，吴福祥（2004）在考察汉语语义演变的过程中，也觉得 Traugott 把主观化看作语义演变的单向性过程过于武断，因为在汉语语义演变中有很多现象表明主观化并不是一个绝对的单向性机制。典型的例子是，汉语被字句在中古时期几乎无例外地表达一种“不幸或不愉快”的语用色彩，但在宋代以后的文献里，相当多的被字句并没有这种“不幸或不愉快”的语用色彩，而现代汉语里大量被字句没有这样的主观性几乎是人所共知的事实。又如魏晋六朝时期“奴”是带有爱称色彩的第二人称代词，但到了唐五代则变成没有任何语用色彩的中性第一人称代词（吕叔湘 1987，吴福祥 1996b）。显然，被字句和人称代词“奴”的语义演变显示的不是“语用强化”（主观性增强）而是“语用弱化”（主观性减弱）。

近年来，国外功能主义（Sweetser 1990、Dirven、VerSpoor 1998、Langacker 2000、Hopper、Traugott、Campbell、kiparsky、Harris 等）的语法研究逐渐和历史语法的研究结合起来，在语法化这个问题上找到了契合点，形成共时研究与历时研究相结合的新趋向，国内也呈现出这种局面。也就是说，无论国内、国外，语法化问题都是研究的热点之一。在语法化方面，以下几点已逐渐达成共识：

（1）语法化的主体内容是句法化、形态化，由于汉语形态不发达，句法化（尤其是实词虚化）就成了汉语语法化研究的中心内容。

（2）语法化大多是有理据的，有动因、有机制，语言的经济性、象似性、明晰性以及说话者的目的、语用推理等，都是影响语法化的重要因素。

（3）语法化是逐渐变化的过程。

（4）语法化是单向性为主的（从实到虚，从比较虚到更虚），但也有少数情况是从更虚到比较虚的，如从“N 所+名”到“N+所+名”的过程中，“所”通过重新分析从词缀变成了结构助词。（江蓝生，1999；Hopper & Traugott，1993）

三、语法化的特征规律

王寅、严辰松《语法化的特征、动因和机制》（2005）指出了语法化的三个特征，即共时和历时、有序性和单向性、抽象化和专门化。其中单向性是当前语法化研究中争论最激烈的问题。吴福祥《关于语法化的单向性问题》（2003）对这一问题做了详尽的分析。

1. 单向性

他指出所谓单向性，指的是语法化的演变过程是以“词汇成分>语法成分”或“较少语法化>较多语法化”这种特定方向进行的。比如在下面的演变序列中，其演变只能是按照由左向右的方向进行的，那么我们就说这个演变是单向性的，或者说是不可逆的，反之则是单向性的反例。

实义词>语法词>附着词>屈折词缀>(零形式)（Hopper、Traugott 1993）因为一个典型的语法化过程包括语用—语义、形态—句法和语音—音系三个子过程，所以单向性通常在以上三个层面都有相应的表现（Lehmann 1995，1982；Heine and Reh，1984：Traugott and Heine，1991；Hopper and Traugott，1993；Fischer and Roserlbach，2000）：

语用—语义：抽象性逐渐增加：具体义>较少抽象义>更多抽象义

主观性逐渐增加：客观性>较少主观性>更多主观性

形态—句法：黏着性逐渐增加：自由>较少黏着>更多黏着

强制性逐渐增加：可选性>较少强制性>强制性

范畴特征逐渐减少：多范畴特征>较少范畴特征>完全丧失范畴特征

语音—音系：音系形式的逐渐减少或弱化：完整的音系形式>弱化的音系形式

刘丹青（2001）也认为，“语法化”在单向的道路上是永不休止的，一个实词一旦开始“语法化”，那么它就踏上了语义虚化、句法泛化、语用淡化、语音弱化的不归路，由不足“语法化”、到充分“语法化”、到过度“语法化”、直到表意功能趋向于零、句法功能似有似无、语音形式走向消失。

2. 渐进性

“语法化”是一个长期的历史过程，只有渐变，没有突变。也就是说，“语法化”是个连续的渐变的过程。这个原则意味着一个词由A义转变为B义，一般总是可以找出一个中间阶段既有A义又有B义，整个虚化过程一环接一环，相邻的两环是具有相交关系的两个集合，其交集部分即重合部分体现了虚化过程的连续性，从而呈现为一个所谓的虚化。

3. 历时和共时

语法化研究包括对语言共时的描述和历时的追溯，目的是推导出语言形式的演变和形成过程。语法化研究属于语言的历时研究，是历时语言学中最重要的内容之一。大部分语法化过程是渐进的，有些语法化过程可能需要好几个世纪。如汉语中的“过”这一词，在现代汉语中已经衍生出用于语篇连贯的“不过”（意为“但是”），其中的“过”字与原先表示“空间跨越”意义的“过”已相去甚远，这种词义和用法演变的过程不做历时的研究是无法发现的。同时，共时的变异是历时演变的结果，语法化的结果是，有的实词虚化后还能保持原来实词的用法和意义；此外，有的语法功能可能会同时用几种语法形式来表示，它们可能经过了不同的途径而且虚化自不同的实词。这些变化的过程都应该从历时和共时两个角度来考察才能得到较为满意的答案。

4. 抽象化和专门化

一般来说，语法化是对具体的语言形式、语义内容和语用现象的抽象过程。对这种变化，学界有诸多的说法：空化、淡化、弱化、减化、缩化等。一个语法项目的抽象化程度越高，其语法化程度也就越高。不同语言中的相同、相似或相关的语法范畴会表现出不同的语法化程度。在语法化过程中，有的词项或表达式演变成了虚词。传统语法认为这些虚词是没有实在的意义的。而认知语法认为，只要是语法形式就都表示了一定的意义，如汉语实词“在”的部分意义依旧保留在虚词中，这就是“滞留”特征。储泽祥（2001）用“语义俯瞰”“虚词的涵盖义”“细节义”的关系说明虚词也有语义内容，体现为涵盖义。实词虚化的过程，就是细节义损失的过程。源词的意义之所以能俯瞰新词，是因为源词的涵盖义仍然保留到新词的缘故。虚词的涵盖义直接影响着虚词与实词的匹配情况。

另外一种情形是，在历史上的某一时期某一功能会用多种语法形式来表示，但随着语法化的进展，人们会有选择地运用某一或某些形式，这就是“专门化”。

5. “语法化”过程中除了渐变性和单向性等规律外，还伴随许多一些原则。Hopper（1991）曾列出语法化的5条原则，吴福祥参考其他文献进行了补充归纳，总结出以下9条原则

（1）并存原则：一种语法功能可以同时有几种语法形式来表示。一

种新形式出现后，旧形式并不立即消失，新旧形式并存。例如古汉语里表示假设的连词有“如、若、苟、为、假、设、诚、使”等10多个，都由不同的渠道虚化而来（解惠全，1987）。现代汉语里表示被动的“被”字产生于战国末期（王力，1958），至今仍和后起的“叫、让、给”等字并存。并存原则造成汉语历史上虚词繁复和分歧的现象。

（2）歧变原则：一个实词朝一个方向变为一种语法成分后，仍然可以朝另一方向变为另一种语法成分，结果是不同的语法成分可以从同一个实词歧变而来。

（3）择一原则：这条原则与并存原则成互补关系。能表达同一语法功能的多种并存形式经过筛选和淘汰。最后缩减到一二种。举例来说，表示最小量的词语常跟否定词连用，表示全量否定，如“一步不动”“一点不吃”“一字不识”。古汉语中许多并存的同义虚词到现代汉语也所剩无几了。

（4）保持原则：实词虚化为语法成分以后，多少还保持原来实词的一些特点，虚词的来源往往就是以这些残留的特点为线索考求出来的，残存的特点也对虚词的具体用法施加一定的限制。例如，古汉语表示假设的“使”只能用在句首，如“使武安侯在者”，不能说成“武安侯使在者”。原因在于连词“使”来自动词，而动词“使”后面一般是要带名词宾语的（解惠全，1987）。

（5）降类原则：如果把名词、动词看作主要词类，介词、连词、助词等其他词类看作次要词类，那么实词词义的虚化总是伴随着词性的降格，即由主要词类变为次要词类，或由开放的词类变为封闭的词类。其实这也算不上一条原则，因为“虚化”的含义就是如此。

（6）滞后原则：这条原则 Sapir 早已提及。虚化表现在语义和语形两方面，语义的虚化包括泛化、简化、抽象化等，语形的变化是由大变小，由繁变简，由自由变为黏着。这条原则就是说，语形的变化总是滞后于语义变化。其结果是语言中普遍存在的一词多义，即同一个词（形）既表实义又表虚义。

（7）频率原则：实词的使用频率越高，就越容易虚化，虚化的结果又提高了使用频率。从分布上讲，虚化的程度高，分布的范围也就越广。有人做过统计，斯瓦希里语里已经虚化的词全部属于最常用词中使用频率最高的278个词。但这并不等于说凡是使用频率高的词都会虚化，这种非洲语言中“看”“去”“说”等最常用的词都没有虚化，这说明使用频率不是语法化的唯一原因。

（8）渐变原则：语法化是个连续的渐变的过程，Millet 早就指出过这一点。上文讲到 since 由时间原因转移，也说明了这一点。再举个更明显的例子，英语“be going to”由空间向时间转移：

（a）Are yon going to the library?（空间）

（b）No，I am going to eat.（意图时间）（空间）

（c）I am going to do my best to make you happy.（意图时间）

（d）The rain is going to come.（时间）

如果光看（a）和（d），这是空间和时间之间的转移，好像是顿变，但是插入的（b）表明这种转移是逐渐发生的。只要有足够的上下文，还可以在（a）和（d）之间插入更多的意思稍许不同的“be going to”，也就是说，我们总是可以在一种新的语境里引申出一种新的意思来。Schlesinget（1979）做过一项实验，发现英语的“with”由表示伴随（go with me）到表示工具（strike with a hammer）至少经历了 10 个连续的阶段，相邻两个阶段的意思只有细微的差别。这条原则意味着，一个词由 A 义转变为 B 义，一般总是可以找出一个中间阶段既有 A 义又有 B 义，如上例中的（b）既有空间义又有时间义。

（9）循环原则：单向原则已包含在“实词虚化”的定义中，相反的方向，虚词实化，又叫 degrammaticalization，不能说没有，但极为罕见，如英语的 bus 一词来自拉丁语 om—nibus 的词尾·bus（与格复数）。问题是单向演化的结果会造成语言中的虚化成分越来越多，语言成分无限制地变得越来越虚。于是又有人提出语法化的循环性，一个成分虚化到极限后就跟实词融合在一起，自身变成了零形式。具体的循环模式如下：

自由的词黏→附于词干的词缀与→词干融合的词缀自由→的词。

这使人联想起语言类型学上的循环说，即分析型转化为综合型，又转化为屈折型，最后又向分析型转化。Givon（1979）根据他的“章法成分句法化”和“句法成分词法化”的思想又提出一个循环模式：

章法成分→句法成分→词法成分→形态音位成分→零形式（＊章法成分）

由词缀向零形式转变，在印欧语中不乏其例，汉语的例子有名词词尾“儿”，这个词尾大多已跟它所依附的词根合并为一个儿化音节。例如，“女儿”中的“儿”还是复合词的一个语素，“孩儿”中的“儿”已变成一个音节的韵尾。Delancey（1985）指出，循环演变在藏缅语族中相当普遍。如在拉祜语里，La 是个独立的动词，相当汉语“他跑着来了”中的“来”。先变为半独立的动词，相当“跑来跑去”中的“来”，然后又变为轻声词缀 La，相当“看来”中的“来”，最后又缩略为前一音节的韵尾·l，如 Newari 语的 wal（来）来自＊wa—｝—la（走+来）。

四、语法化的机制

“语法化”机制是当今“语法化”学界关注的焦点，但在使用上却比较混乱。不同的人有不同的理解，洪波理解为“语法化”的诱因；沈家煊理解为“语法化”方式；马清华对“语法化”机制的理解有广义、狭义之分，狭义上指“语法化”方式，广义上还包括“语法化”的诱因，他认为诱因和方式常有大致对应的关系，所以可以统称为“语法化”机制。可见，“语法化”机制是什么，大家还未达成共识。我们认为，语法化的机制和诱因是两个方面，下面就综合各家的观点，对语法化的机制加以详细说明。

沈家煊（1998）《实词虚化的机制》中认为，实词虚化的机制有5种，即隐喻、推理、泛化、和谐、吸收。隐喻就是用一个具体概念来理解一个抽象概念的认知方式，现在常说成是从一个认知域到另一个认知域的投射。推理是指语用推理，说话人（S）和听话人（H）之间有一种紧张关系：S 不想说得太详细，而 H 又想要 S 尽量说得详细。解决的办法就是 H 依靠语境从 S 有限的话语中推导出没有说出而实际要表达的意思（或叫“隐含义”）。如果一种话语形式经常传递某种隐含义，这种隐含义就逐渐“固化”，最后成为那种形式固有的意义，这种后起的意义甚至可能取代原有的意义。泛化是一个实词的语义成素部分消失，从而造成自身适用的范围扩大。关于和谐机制，以英语的 should 为例，说明了最初引发它的虚化过程的动因是为了保持从句和主句的和谐一致，所以叫做虚化的和谐机制。

它们在虚化的过程中所起作用的阶段不同。隐喻机制只在虚化的早期阶段起作用，也就是发生在实词变为较虚实词的阶段；推理机制贯穿虚化的全过程；泛化基本上也贯穿始终，但是语素变得越虚就越不易再继续泛化；和谐和吸收两种机制只在虚化的晚期起作用，也就是发生在虚词变为更虚成分的阶段。

孙锡信《语法化机制探赜》认为语法化有认同、弱化、移位、泛化、类推、诱化、借喻7种机制。

范晓、张豫峰《语法理论纲要》认为语法化的机制总的来说有隐喻、类推和重新分析，并且认为隐喻机制是在语法化的早期起作用，类推在语法化的全过程中起作用，而重新分析则是在语法化的晚期起作用。但是语法化不同于实词虚化，综合各家的观点，语法化的主要机制是：

1. 重新分析

范晓、张豫峰《语法理论纲要》对重新分析的界定也是建立在Langacker的理论的基础上的，认为严格意义上来讲，重新分析并不是语法化的内在机制，而是当语法化完成时人们从认知的角度把语法化的过程以结果的形式表现和确立出来。

重新分析的重要特征有二，一是表层结构不变，二是边界的变化，表示为：（AB）C →A（BC）。重新分析发生在语言横组合层面，指的是表层相同的结构，其内部构造因语用或其他原因被重新划分边界，从而从底层上改变了音位、词法、句法的结合方式。重新分析的重要作用是创立新的语法手段和语法结构，如近代汉语中，汉语体标记、动补结构、介词结构、连字结构的产生过程。

2. 类推（泛化）

类推则发生在语言纵聚合层面，指的是原有结构没有发生变化，但因套用某个法则，类推出不同于原来的新结构，新结构表层不同于旧结构，但两者的底层意义不变。

Kiparsky认为类推是语法结构优化过程，它发展的步骤和范围受制于该语言的整体结构特性。

Hopper和Traugott类推是句法组织的范式化，会引起表层搭配的变化。

Harris和Campbell类推是一个语法格式的表层形式的变化，不会马上带来深层结构的变化，它是对业已形成的句法规则的推广和应用。（李讷、石毓智《汉语语法化历程》2004）

类推的重要性不可低估，其作用表现在两个方面：一是诱发一个重新分析的过程；二是使得重新分析而产生的新语法格式扩展到整个语言中去。简而言之，类推是一个句法规则的扩展，如近代汉语中“是”由指代词到判断词，再到话题标记的发展演变过程。

重新分析和类推有时各自单独发挥作用，有时共同发挥作用，但有学者认为，重新分析虽是发生语法化的最重要机制，但它不一定非导致语法化不可，语法化只是重新分析的结果之一。一般说来，重新分析只有在衍生新的语法词缀或结构时才发生语法化。

但是重新分析和类推不是随时随地发生的，而是有很强的条件限制。重新分析发生的具体方式不仅会随着语言的不同而变化，而且同一语言的不用时期也会很不一样。类推的作用贯穿于一个语法化过程的始终，但是在不同的时期类推的原动力和表现方式很不一样。语法化初期，类推的原动力一般来自于业已存在的语法规律，它的作用主要表现在诱发一个语法化过程，或者制约语法化。在语法化的后期，类推主要表现为新语法形式对不规则现象的规整。

3. 隐喻和转喻

隐喻和转喻是语法化的重要机制。一般认为，语法化主要通过隐喻和转喻方式形成。由于重新分析是基于部分和整体、部分和部分等邻近关系的重新组合，因而与转喻有关；而类推是基于事物之间的相似关系，因此它与隐喻有关。有学者认为，在语法化过程中这两种演变方式是互补的，也有人认为转喻比隐喻更为重要。

4. 主观性和主观化

语言不仅表达命题意义，而且还透露出说话人的情感和态度。说话人会在话语中留下“自我”的印记，这就是语言的“主观性”（参见沈家煊，2001）。如果这种含有说话人主观信念和态度的形式和结构逐渐衍生出可识别的语法成分，这就是主观化。在会话过程中，说话人总是不断把说话的目的、动机、态度和感情传递给对方。一些常用的包含主观性的词语经过反复运用，最终凝固下来形成主观化的表达成分。

五、语法化的诱因

综合各家的观点，诱发语法化的因素主要有：

1. 句法位置的改变

词汇的“语法化”首先是某一实词句法位置改变而致，汉语的虚词多数由动词形容词虚化而来，动词通常的句法位置是在“主—谓—宾”

格式中充当谓语。在这种组合形式中，充当谓语的动词的一般只有一个，它是句子的核心成分，它所表达的动作或状态是实实在在的，如果某个动词不用于“主—谓—宾”组合格式，不是句子中唯一的动词，并且不是句子的中心动词（主要动词）时，该动词的动词性就会减弱。当一个动词经常在句子中充当次要动词，它的这种句法位置被固定下来之后，其词义就会慢慢抽象化、虚化，再发展下去，其语法功能就会发生变化，不再作为谓语的构成部分，而变成了谓语动词的修饰成分或补充成分，词义进一步虚化的结果便导致该动词的“语法化”，由词汇单位变成语法单位。近代汉语动态助词“将”“着”“取”“得”等均由动词演变而来。它们从动词到助词的演变是从进入连动结构开始的，经常出现在次要位置进而固化在那个位置，导致最终的演变。（刘坚等《论诱发汉语词语词汇语法化的若干因素》，1995）

2. 词义的改变

德国语言学家 Heine 认为，虚化的先决条件是一个实词的词义本身。某种涉及基本概念范畴的语言，在特定的语境下，其非焦点义成了主要意思，久而久之，通过约定俗成，经过比喻引申，导致词性发生类变。解惠全指出，实词的虚化，要以意义为根据，以句法地位为途径。比如“却”由动词“返回”义虚化为转折副词“反而”义即是如此。

3. 语境影响

沈家煊在分析实词虚化机制时，吸收机制吸收的是虚词所处的上下文的语境义，推理机制则吸收的是广义的语境义，即语言使用者所处的环境。词的意义和功能总是在一定的语境中得以体现，所以在词汇“语法化”的过程中，语境是值得考虑的一个因素。如近代汉语“敢”由助动词虚化为反诘副词是在反诘句这一语境中实现的，这是狭义的句法环境，语言使用者所处的环境都会对“语法化”产生重要影响。

4. 现作用力

由客观情境而起的常规含义在语言中发生固化，可导致语法化的产生。以情景语境为动因的语法化方式可叫“入境”。J. Bybee 等人把入境方式最终归因于推理原则，即说听双方在传信和理解上的紧张矛盾关系，认为说者不想说得太详细，听者又想要说者尽量说得详细，最后通过听者对情境的依赖，从说者有限话语中推导出没有说出而实际要表达的意思来解决，推定意义固化后成为新义项。

5. 心理力量

（1）隐喻。《虚化论》一书指出，虚化的研究不能脱离人类大脑认知上的适应性变化，不能单纯地在语言结构里寻找答案。人们认识总是遵循从具体到抽象的规律，由于人类认知能力的局限和认知的需要决定了人类在表达抽象概念时选用暗示方法，表现为隐喻的盛行。Heine 认为，广义隐喻是虚化最主要的驱动力。隐喻是用具体概念表达抽象概念的方式，与“语法化”的演化倾向“具体到抽象或从不太抽象到更加抽象”的路径是一致的。人们只能借助较为具体的空间来把握更为抽象的时间，例如，“她在厨房”和“她在做饭”，“在”由表处所的动词变为表时间的副词。许多虚化现象都与隐喻有关。

（2）典型确认。出于语言经济性需要，人们以形式标记性的有无，将已确认的典型范畴跟同一聚合中的非典型范畴区别开来，这就构成零形式的语法化事实，其先决条件是基于对客观世界体验的“典型确认”。凡典型范畴常用无标记形式，反之用有标记形式，如英语现在时通常就是默认时，只要没有使用其他时的标记，就等于表示现在时。

6. 语言接触

外来虚词是民族语言中缺乏的抽象词，由于精神惰性，语言乐意接受它们，以弥补本语言概念体系及表达能力的不足。有三种方式：（1）借词。（2）借义。（3）仿制，如现代汉语“然后”一词就语法化为话题标记，不仅仅表示“承接”义，就是受西方英语中“and”“then”的影响。（王伟、周卫红《“然后”一词在现代汉语口语中使用范围的扩大及其机制》，2005）

7. 频率条件和重复机制

20 世纪 90 年代以来，从事语法化研究的学者普遍将频率看作语法化的一个重要条件或因素（Traugott、Heine 1991；Hopper、Traugott 1996 等）。Haspelmath（2001）从语言演变的共性角度将语法化的频率条件概括为：一个语法化的候选者相对于其他参与竞争的候选者使用频率越高，那么它发生语法化的可能性就越大。

语言项频率的高低是由重复的频度造成的。Bybee（2001）强调语法化的最基本机制是重复。鉴于此，Bybee（2001）从突显重复在语法化过程中的决定性作用这个角度，将语法化重新定义为：一个频繁使用的词汇序列或语素序列自动化为一个单一的加工单位。由此可见重复机制和

使用频率的重要性。（吴福祥《近年来语法化研究的进展》，2004）

六、如何判定“语法化”的程度

要在共时平面上判定一个成分语法化或虚化的程度是高是低，一个重要的依据是看它在历时上形成的时间先后，因为按单向原则，语法化总是由实变虚，由虚变得更虚。比如，我们知道英语历史上先有表时间的 since，后有表原因的 since，我们就可以判定后者的虚化程度高于前者。在缺乏历时证据的情形下也能判定语法成分虚化的程度。已有不少研究者从不同的角度、在不同的范围内建立起一些语法化程度的等级。biehl（1975）将广义的空间关系分出 4 个等级，其中“社会空间”的语法化程度最低，最高的是“逻辑空间”。4 种空间关系都是以“自我”为参照点：

社会空间（我）>物质空间（这里）>时间空间（现在）>逻辑空间（在这种情形下）

Lehnann（1983）将各种语法格排列成一个虚化等级（自左向右由低到高）：

工具/伴随/方位>处所>与格>宾格/作格/领格>主格/通格

比如说，工具格的虚化程度低于与格，与格又低于宾格，可拿汉语介词为证：表工具的“用”动词性最强，表与格的“给”次之，表宾格的“把”动词性最弱。语法格的各种表现形式也可以排列成一个等级，语法化的程度越高就越倾向于采用形尾和零形式：

词汇形式（>副词）>介词>词缀/形尾>零形式）

例如在乌拉尔语族中，表“伴随”格的各种形式同源，在有的语言（如芬兰语）中是后置介词，在有的语言中已虚化为名词后缀，在有的语言中则已变为高度虚化的形尾。如果我们将以上两个与语法化相关的等级结合起来考察，就可以作出如下推断：如果一种语言有一种语法格是零形式，那么这种格是主格或通格；如果还有一种语法格是零形式，那么这种格是宾格、作格或领格，依次类推。这样的推断似已得到广泛语言的验证。

在共时平面上判定语法化程度，可依据的标准大体可归纳为：①与人有关的低于与人无关的，②表空间的语法成分是语法成分中虚化程度最低的，③三维（空间）低于一维（时间），一维低于零维（原因、方式等)，④特殊低于一般，如“工具”（特殊）低于“方式”（一般)，⑤与名词有关的低于与小句有关的，如介词低于连词。这 5 条也只能说个大概，还有哪些标准，标准是否处处灵验，都还有待深入研究。

七、“语法化”和结构层次变化

语言结构的层次就是结构内部“直接成分”（IC）的切分方式。语法化往往引起结构的变化分为三类：①取消分界（boundary loss)，②改变分界（boundary shift)，③增加分界（boundary creation)。头两类变化跟语法化关系密切。例如英语指示代词 that 虚化为连词的过程就伴随着分界的改变：

(a) I say that: he comes.

(b) I say that he comes.

举一些汉语的例子。取消分界的情形最多，例如现代汉语的双音副词“好像”来自“状语+动词”的结构“好像”：他们两个长得好像，刚走的那个人好像我哥哥，他好像有个哥哥在东北。表示程度的副词“好”意义虚化，最后消失，“好”和“像”之间的分界也随之消失。又例如助动词“情愿”原先是个主谓结构：“情愿，替娘娘受苦”这里的“情愿”是主谓结构，“替娘娘受苦”是个追加语。这种句式用得多了就变成“情愿替娘娘受苦”，“情愿”变成了一个双音助动词，在句法平面上“情”和“愿”的分界消失。

改变分界的情形也不少。例如“上”由动作动词虚化为趋向动词：遂跳上船～遂跳上船；野鸭飞上天～野鸭飞上天。又如“所”原是表示“地方”的名词，“无所不知”是没有什么地方不知道，后来虚化为助词，加动词构成名词性短语：无所不知，无所不知所不知。

在研究中，我们可以从虚化着眼，考察由此引起的层次结构的变化，也可以反过来从层次结构的变化中探寻出虚化的作用。

第五节　汉语语法分析思想史

选择、运用最佳的分析方法和对语法事实的充分挖掘合理解释，是推动语法研究深入发展的两条最有力的杠杆。同时，方法和事实互相依存，事实是检验方法正确与否的客观依据，正确的方法又是合理描写和合理解释事实的保证。新时期的汉语语法学一方面在务实学风指导下加强对语法事实的调查，另一方面又不断探索更好、更新、更合适汉语语法研究的分析方法，语法分析方法的不断嬗变，贯穿于新时期汉语语法学繁荣发展的全过程。

一、句子成分分析法

句子成分分析法也叫中心词分析法，是在传统语法理论指导下分析语言单位的方法，它是形象地表现传统语法理论的重要手段。这派学说的核心是以词为中心，句子由一个一个的词组成，小于词的单位叫词素，大于词的单位叫词组。在理论上他们坚持只有词才能充当句子成分，大于词的单位是不能充当句子成分的；并且在词与句子成分之间似乎还存在着一种全面的对当关系，析句要求先一举找出句子的两个中心即主要成分——主语、谓语，然后找出主要成分的连带成分——宾语，附加成分——定语、状语、补语，句子就由主、谓、宾、定、状、补 6 大成分构成，找出这 6 大成分，析句也就完成了。

黎锦熙的《新著国语文法》、张拱贵、廖序东的《文章的语法分析》和“暂拟汉语教学语法系统”是句子成分分析法的代表。

句子成分分析法的优点主要有：

①句子成分分析法是在结构语法理论指导下用以切分语言单位的方法，是建立在以句法为中心的学说之上的，这种既重视句法而又不轻视词法的观点是对欧洲传统语法学重视词法而轻视句法的观点的批判，以句子成分下控词法、词类，上控句子内部关系和句型，对词本位来说，是一大进步，这在语法学史上是有一定进步意义的，有利于对句子的理解。

②句子成分分析法是我国语法学史上第一个用图解和符号标记分析汉语语法的方法，句子划分为 6 大成分，简明、清晰，它较之于任何文字说明都要简捷，这在汉语语法学史上是一大创造。

③句子成分分析法在作业时把一个句子的成分分成若干种，并用分号标记标明句子成分的功能类目，主语、谓语、宾语、补语、定语和状语。它试图把抽象的语法形象化，使之符合直观教学的原理，尤其是加线法，比图解法简化、易学、好用。它分析程序简单，6 大成分在一个

平面一次标出，便于初学者掌握和接受。

④着重分析句子的格局，确定句子类型。它注重分析句子的格局，注重揭示句子成分和成分之间的关系，在一定程度上揭示了句子的本质属性，找中心的方法在一定范围内便抓住句子的主要意思和句子的主干，对理解文意、纠正语病大有帮助。

⑤便于检查句子的语法错误。

句子成分分析法在理论上和实践上存在的问题主要有：①句子成分分析法在理论上的根本缺陷在于这一方法的引进者跟西方传统语法学家一样，用原子的观点看待语言单位，认为一个语言单位是由一个一个的孤立的语言要素简单相加而成的，并且认定只有词才能充当句子成分。②句子成分分析法在作业中的致命弱点是不讲层次或颠倒层次。在作业中常常自相矛盾，不能自圆其说。③句子成分分析法以找出句子成分为满足，达不到语法分析的目的。

句子成分分析法作为认识语言本质属性的一定历史阶段所运用的方法，随着对“暂拟系统”在教学实践中的经验总结，随着语言研究的深入和国外语言学理论的引进，汉语语法学界逐渐认识到它的缺点。于是在20世纪80年代初期开展了主要针对句子成分分析和层次分析法的讨论，几乎同时又召开了“全国语法和语法教学问题学术讨论会”，析句方法讨论和讨论会相互促进、研究，使传统语法在中国的地位产生了根本性的动摇。

二、层次分析法

句子成分分析法适用范围是极窄的。首先，它只运用于句法，不运用于词法。其次，它虽能用于句法，但也只适用于对单句的分析，不适用于对复句的分析。致命的弱点是严重忽视句法构造的层次。例如：“这张照片放大了一点”这句子是有歧义的。

1. 线性、层次和语法递归

A. 相当于“这张照片只放大了一点儿”（放得不太大）

B. 相当于“这张照片放得大了一点儿。”（放得太大了）。

用层次分析可知上述歧义的原因是内部构造层次不同造成的。

按A，句子可分析为：这张照片 放大了一点儿　1—2 主谓

1　2

3—4 述补

按 B 句子可分析为：这张照片放大了一点儿 1—2 主谓

1 2

3—4 述补

3 4

如果用句子成分分析法，无法分化这种歧义现象，不管表示 A 义或 B 义都分析为

（这张）照片放大了一点儿

< >< >

事实告诉我们，语言的语法构造都是有层次性的，因此，在汉语语法研究中放弃句子成分分析法，引进层次分析，是理所当然的。层次性是语言结构的基本属性之一，层次分析是语法分析不可缺少的一部分。

线性特征是语言的表面特征，它只是表明词语在出现上的先后次序，不能反映出语言在构造上的特点，没有表明词语之间的结构机理。线性特征是显性的，而层次性是隐性的，是隐含在线性序列后的组合次序。一个词的序列不管多么复杂，就其内部构造来说，总是在各个层次上对基本的句法规则和句法关系的重复使用，这就是句法结构的递归性。

2. 层次分析的来源与发展

层次分析源于 20 世纪 30 年代美国描写语言学派。层次分析，美国描写语言学称之为直接组成成分分析，最早是由布龙菲尔德提出来的，认为句子不是一个简单的线性序列，它是由若干个直接组成成分的层级构成的，而每一个较低层级的成分是较高层级的成分的部分。威尔斯进一步对直接组成成分分析进行研究，指出直接组成成分分析的正确性要放在整个语言系统中去鉴定。由于层次分析符合语言的构造特点，在语法研究中运用此法可以把研究引向深入，帮助我们不断揭示新的语法规律。

例如《新著国语文法》中说“动词都能做谓语”。然而，语言事实告诉我们，现代汉语中动词做句子的谓语并不自由，要受到很大的限制。如“避免”，我们不说“这种错误避免”，必须在动词“避免”前后加上些别的东西，如“这种错误可以避免”。故得出结论，有相当一部分动词（约占 50%）根本就不能单独作句子的谓语。另有 50% 的动词，如

"喝、去、知道"等，虽然可以单独作句子的谓语，但也要受到语义的限制。只有在表示意愿、对比或祈使的句子中，这些动词才能单独作句子的谓语。这正是通过层次分析获得的一条重要的语法规律。(详细内容参看陆俭明《现代汉语里动词作谓语问题浅议》，载《语文论集（二）》，外语教学与研究出版社，1986年，北京)

中国最早用层次分析来分析、解释汉语语法单位之间层次关系的是丁声树等20世纪50年代的论著《现代汉语语法讲话》。60年代起，朱德熙在一系列论文中成功地运用层次分析法分析了汉语的一些语法现象。80年代析句方法大讨论后，层次分析逐步取代了句子成分分析法，成为汉语语法研究的主要分析方法之一。汉语的层次分析既划分结构层次，又标明结构关系，是结合汉语特点对层次分析法作的改良。

1980年范晓发表《谈谈析句问题》一文，分析了句子成分分析法和直接成分分析法的优缺点，提出了"成分层次分析法"，并提出三条原则："要把分析句子和分析短语区别开来""要把句子成分和短语成分区分开来""要把成分的对等关系和层次关系结合起来"。后由《中国语文》编辑部主持，自1981年第2期至1982年第3期，进行一年多析句方法讨论。史存直《句子结构和结构主义句子分析》、华萍（邢福义）《评"暂拟汉语教学语法系统"》、沈开木《对"暂拟汉语教学语法系统"的一些意见》拉开了讨论序幕。讨论主要涉及对以"暂拟系统"为代表的句子成分分析法（中心词分析法）和来源于描写语言学的层次分析法（直接成分分析法）的性质、针对汉语语法分析的优缺点的评价以及两者能否结合、如何结合等问题，还提出了新的方法或介绍几部教材的语法体系及析句方法。

句子成分分析法的缺点是讨论的重点，华萍着重从科学性、一贯性、实用性三个角度来分析，认为"暂拟系统"的句子成分分析法不能正确反映语言事实的本来面目，尤其是不能反映句子结构的层次性，割裂了向心结构的整体性，句子格局的确定也忽视了丰富多彩的语言事实，在实用性上不能尽如人意。最后指出：在"暂拟系统工程"分析法的基础上用"打补丁"的办法是很难建立起一套真正科学的汉语分析系统工程的。彻底动摇"暂拟系统"赖以支撑的语法分析方法。沈开木则指出句子成分分析法忽略了句子的本质——层次性。这就使得它有关句法的基本观念不能自圆其说，找中心词的析句方法不科学。陆俭明认为评价句子分析法优劣应以“对语言事实的解释能力如何，即对语言事实解释的广度和深度如何”出发，认为句子成分分析法严重忽视了语言的语法结构的层次性，而6大成分的层次性与语言结构的层次性有质的区别。此外卞觉非、李子云、仲夏、杨荟等在文中也都品评了句子成分分析法的缺点，公认其抹杀了句子结构的层次性。

对于句子层次分析法，卞觉非提出4个优点：一、直接成分分析法可以层次分明地揭示出语言结构的内部层次；二、直接成分分析法可以适用于各级语言单位的切分作业其应用范围甚广；三、某些有歧义的语言片段，可以用层次分析来说明；四、有助于语言的理解。陆俭明、巴南（范继淹）还论述了层次分析法的性质、原则，陆俭明认为，判断一种句法分析法是否具有层次性观念，并且是否对句子的语法结构层次作了正确分析的重要依据有4条：一、在所分析的每一个结构层次上必定能明确说出层次的直接组成成分；二、每一结构层次上所分析得到的每一个直接组成成分必定是该语言中所存在的有意义的语法形式；三、每一层次上所分析得到的若干直接组成成分的组合所遵循的规律在该语言中必定有普遍性；四、每一结构层次上所分析得到的每一个直接组成成分从意义上来说必定能成为整个句子内容的有机组成部分。巴南则认为层次分析的目的在于“揭示内在的层次结构”是先进的，但层次分析并不等于语法分析的全部。

有学者如史存直彻底否认层次分析法，坚持句子成分分析法，他认为层次分析法“无法看清句子的自然结构”，而“句子成分分析法不但有层次，而且也有保持住句子的格局”；也有人如李子云认为两析句法各有优缺点，可以结合；也有人提出新的析句方法如卞觉非的“树形图解法”、陆丙甫的“核心层次分析法”、史有为的“层—核分析法”等。这次讨论中朱德熙和胡附、文炼的文章很值得注意。朱德熙认为层次分析法与句子成分分析法不能比较，因为“层次性是语言的本质属性之一”，无论什么分析方法都应讲层次，“都必须建立在层次分析的基础上”。这就从根本上确立了层次分析法的地位。但层次分析法不是语法分析的全部，因而层次分析不必代替结构关系和句型分析，某些复杂的句式不便做层次分析也只是研究不够，不是层次分析的不足。朱文还论述了另一个带根本性的问题：“由于汉语的句子构造原则中词组的构造原则基本一致，我们就可能在词组的基础上来描述句法。”胡附、文炼则认为析句包括句子分析和句法分析，认为后者是句子分析的基础，包括词组的层次分析和结构关系的分析，析句不仅要确定句型，而且要进一步了解句子的语义关系。要达到这一目的，一方面“必须认识到造句手段（如语序、虚词等）所表达的内容有语义的，有句法的，还有语用的”；另一方面必须加强动词、名词等词类的再分类（次范畴）及词语的选择性研究。三个平面理论在这里已经萌芽。

析句讨论的意义在于进一步确定了结构主义层次分析法在汉语语法分析中的地位，改变传统语法为主的汉语语法研究面貌，打破束缚，深化了语法研究的目的，使人们看到语法分析的方法是必须不断更新和不断探索的。此后如范继淹在《汉语语法的结构层次分析问题》中结合汉语实际来评价层次分析，并探索新的标准，对层次分析的研究和运用很有启发。吴竞存、侯学超的《现代汉语句法分析》对廓清对层次分析的误解、全面了解层次分析及如何运用于汉语句法分析有积极意义。在此基础上两人又出版《现代汉语句法结构与分析》，把层次分析全面运用于汉语语法分析实践并进行深入的探索。

层次分析法在汉语语法研究中的运用经历了一个不断发展、深化的过程，胡明扬《从传统语法和直接成分分析法到句子成分分析法和层次分析法》认为层次分析法可以说是中国化了的直接成分分析法，带有明显的句子成分分析法的印记。它不是语法分析的全部，也从来不是自足的、完备的，它也只是语法学发展到一定历史阶段的产物，它在揭示语法规律及解释语法事实上也有明显不足。巴南认为存在着“根据什么标准来切分层次”的问题；卞觉非认为排斥意义不可取，不讲关系无助于了解句子格局，具体作业时对诸如主动句与被动句的语义差别、对兼语式、对同音结构、对层次相同而结构性质不同者的分析都有困难；廖序东则认为层次分析法对复杂句子的分析不利于掌握句子的格局——句型，而有些语言片段不知如何切分，有些语言片段又可有不止一种的切分方法。这些局限性就要求语法工作者去探索新的分析手段，以解释新的语法现象，揭示更多的语法规律。

层次分析法又称直接成分分析法、二分法。是美国描写语言学所采用的析句方法。特点是：①严格按照语言结构的层次进行切分，顺次逐层分析出它的直接成分，直到分析到语素为止。②尽量让词组充当句子成分，一层层切分下去。总之，层次分析法是根据句法结构的词语之间构造的层次性，顺次找出直接成分的分析方法。

3. 层次分析的原则

（1）功能原则：对一个句法结构进行切分，切分出来的直接成分要能够按照一定的语法规则进行组合。

（2）意义原则：①切分出来的直接成分要有意义。②切分出来的直接成分的意义要符合被切分结构的原意。

（3）结构原则：对一个句法结构进行切分得到的直接成分，应该是语言中允许有，并且被切分的句法结构中也允许有的结构体。

4. 层次分析的优、缺点

（1）优点

①适用范围比中心词分析法大得多。

②分析句子时，层次关系和结构关系都明确而清楚。

③可以揭示结构形式相同而层次构造不同的句法结构的特点。

④可以分化因内部层次构造不同形成的歧义结构。

（2）缺点

①只能揭示句法结构的构造层次和直接成分之间的语法结构关系，但不能揭示句法结构内部的语义联系和间接成分之间的语义关系。

②不能分化由语义关系不同而造成的狭义同构的歧义结构以及由此而造成的其他歧义结构。

③只是切分，不定性，不适用于汉语的语法分析。

④分不清句子的主干，不利于了解句子的含义，不利于发现病句。特别是长句，分析起来更加困难。

三、变换分析法

20 世纪 80 年代以来，我国语法学界盛行变换分析法，此法在刘复《中国文法通论》的《四版附言》（1923）中研究“在”的用法，吕叔湘《中国文法要略》中《句子和词组的转换》都曾使用过。

在我国大陆最早运用变换分析法研究汉语并在理论上加以阐述的是朱德熙《说“的”》（《中国语文》，1961 年第 12 期）和《句法结构》（1962）。

“转换”是指从深层结构到表层结构的映现过程。“变换”是指同一层面上不同句法结构之间结构上的依存关系。

例：（1）台上坐着主席团。表示存在，表静态（A）记为“NP［L］+V+着+NP”［A］如运用层次分析，例（1）（2）分析所得结构相同：

（1）台上 坐着主席团　1—2 主谓
　　1　　2
　　　——　——　3—4 述宾
　　　3　　4

（2）台上 演着梆子戏　1—2 主谓
　　1　　2
　　　——　——　3—4 述宾
　　　3　　4

用变换分析法则分析为：［A］可以跟“NP+V+在+$NP_{[L]}$”句式［C］式相联系。

［A］台上坐着主席团→［C］主席团坐在台上

而［B］式可以跟“$NP_{[L]}$+正在+V+NP”句式［D］式相联系。

［B］台上演着梆子戏→［D］台上正在演梆子戏

山上架着炮→［C］炮架在山上

　　　　→［D］山上正在架炮

这表明“山上架着炮”有歧义，通过变换分化成（A）（B）两种意思。

变换分析着眼于句法结构的外部分析，着眼于考察所分析的句法结构跟与之有内在结构关系的句法结构之间的联系，通过分析达到分化歧义句式或给原句式定性、分类的目的。

关于变换的思想，早在20世纪40年代出版的吕叔湘的《中国文法要略》一书里就有了，可惜没有宣传、引发。目前所运用的变换是来源于海里斯的，我们根据汉语的语法研究加以改造，形成一套有关变换分析的理论。详细内容参见朱德熙《变换分析中的平行性原则》（载《中国语文》1986年2期）、《语法讲义》、陆俭明《双宾结构补议》（载《烟台大学学报》1988年第2期）等。

1. 变换和变换分析的定义

变换是存在于两种结构不同的句法结构之间的依存关系。方经民的《变换关系的理论基础》、袁毓林的《论变换分析法》变换分析的方法论基础、语言学基础或理论基础，此两文及朱德熙《变换分析的平行性原则》均指出变换有“变换关系”与“变换方法”。袁文还进一步提出：

变换关系是句法结构之间的基本联系，变换分析方法正是对这些性质的自觉运用和合理推广。方经民也说，变换关系是语言中客观存在的语法现象，变换方法是研究者利用这种现象进行语法分析的方法。陆俭明《变换分析在汉语语法研究中的运用》从语言事实出发来论述变换分析根据的客观依据，即语言中客观存在着同义格式、歧义格式，陆俭明把变换类型分为同类变换，即从一个陈述形态变换为另一个陈述形态，或者从一个指称形态变换为另一个指称形态；另一是异类变换，即成一个陈述形态变换为一个指称形态，或者相反。傅雨贤《谈谈汉语几种句式的转换》则分为同级转换和异级转换、单式转换和多式转换两个系列。

为保证变换分析的科学性、有效性，变换分析设立了必须遵循的若干原则。继朱德熙提出变换分析的平行性原则之后，方经民又提出变换分析必须遵循的4个原则：同一性原则、约束性原则、平行性原则、类推性原则，并认为：前两条原则是基本原则，后两条是附加原则。陆俭明在《八十年代中国语法研究变换分析的运用》中也予以了总结。李子云《句中的变换分析》和《汉语变换法研究》更是对变换分析的来源、理论基础、发展变化、汉语语法变换分析的运用和创新进行了详细的研究。

对于变换分析的作用，陆俭明指出其不只在分化歧义句式，还可以用来给某种句式分类定性，可以揭示更多的语法规律，扩大了我们的研究视野。龚千炎在《析句法》中也认为变换分析方法把静态分析发展到动态分析，从更高的平面、更广阔的背景上去观察句子现象，是一种极有生命活力的分析手段。所以变换分析作为一种语法分析手段，人们不仅理论、方法、原则上对其进行探索，而且将其广泛运用于汉语语法研究，加速语法研究精密化和科学化。朱德熙、陆俭明、邢福义、李临定、范晓、龚千炎、傅雨贤、马庆株、邵敬敏等语法学者都在自己的研究实践中运用变换分析方法来研究汉语语法问题。

2. 变换分析的依据

（1）由于表达的需要，一个意义可以用不同的形式来表达，即语言中存在着大量的同义格式。

（2）由于表达的需要，一个句法格式可以表达不同的意义，即语言中存在着大量的同形格式。

（3）同义格式之间存在一定的联系，即它们具有相同的语义结构和语义内容；又存在一定的区别，即它们具有各自的形式特点和表义特点。同形格式之间也存在一定的联系，即它们具有相同的词类、层次构造和结构关系等；又有一定的区别，即各自表达不同的意义。同义格式和同形格式是联系语法形式和语法意义对应关系的桥梁。

3. 变换的类型

（1）同类变换：从一个体词性（谓词性、饰词性）结构变换为另一个体词性（谓词性、饰词性）结构。变换过程中，原式和变换式在功能上保持不变。

（2）异类变换：在变换过程中，原式和变换式在功能上变化为相对立的另外一类。

4. 变换手段

（1）移位。

（2）添加。

（3）删除。

（4）替换。

5. 变换分析的原则

最重要的原则是平行性原则：

（1）原式的句法结构都狭义同构；变换式的句法结构也都狭义同构，表示的语法意义也都一致。

（2）横行的句法结构之间是变换关系，横行的句法结构不是狭义同构关系。

（3）每一横行箭头左右两侧的句法结构中，其共现成分之间在低层次语义上一致。

（4）竖行的句法结构（即原式和变换式）在高层次的语义关系上一致；所有横行箭头左右两侧的句法结构在高层次的语义关系上的差别一致。

6. 变换分析的作用

（1）给句法结构分类定性。具有变换平行性的句法结构语法性质相同。

（2）使语法规则精密化。

（3）可以揭示间接成分之间的语义关系。

（4）可以分化狭义同构的歧义结构。

（5）可以分化语义因素形成的同形句式。

（6）运用此法可以将语法研究引向深入。

变换分析也有局限性，它多为探索不同句法结构之间的依存关系——变换关系而设立。仅能通过变换式来显示某些句法结构的特征，测试和区别不同句法结构中有些关键词语的同异和由此造成的句法结构的同异，而关键实词本身的性质及其与所在句法结构的共存关系、互相制约作用却得不到必要的解释。所以，变换方法所追求的是显示和区别，属于描写范畴。没有涉及对语法形式与语法意义之间对应关系的解释，即不能用变换式来证明原式的语法结构关系，也不能解释造成歧义的原因。为了对语法事实、现象及语法形式和语法意义的对应关系作出解释，为了证明与变换式有变换关系的原式的语法结构关系，解释造成歧义的深层原因，就必须探索和应用更新的语法分析方法。

四、语义特征分析法

自20世纪70年代末以来，汉语语法研究中用新的分析方法，使汉语语法研究走上了形式描写与语义解释相结合的道路，在语法教学中也受到越来越多的重视。其作用表现在4个方面：①解释歧义现象。②解释词语的搭配。③解释词语的分布。④解释句法格式的分化。

变换分析可以用来分化歧义句式，但不能用来解释造成歧义句式的更深一层的原因。“NP［L］+V+着+NP”之所以会分化为［A］［B］两个格式，关键在动词V。［A］式里的动词具有共同的语义特征［+附着］“坐站趴”等。［B］式里的动词不具有［+附着］的语义特征。我们把［A］式里的动词记为Va，把［B］式里的动词记为Vb，这两小类动词的差别在于：

Va［+附着］

Vb［-附着］因Va具有［+附着］的语义特征，所以［A］式可以变换为［C］式；或Vb不具有［+附着］的语义特征，所以［B］式不能变换为［C］式。

现代汉语里有一个比较常用“V来了”（即“动词+趋向动词‘来’+了”）格式：例如：A. 以为来了；B. 走来了；C. 休息来了。A. 述宾关系；B. 述补关系；C. 连谓关系。

从内部构造层次看，可以有两种不同的构造层次：

Ⅰ. “V 来/了”，如“走来/了”。

Ⅱ. “V/来了”，如“以为/来了”。“休息/来了”。

事实告诉我们，“V 来了”内部呈现的上述复杂情况都与出现在这一格式里的动词所具备的复杂的语义特征有关。把 A 式的 V 记为 Va，B 式的 V 记为 Vb，C 式的 V 记为 Vc，则 Va，Vb，Vc 所具备的不同的语义特征可表示如下：

	[+心理]	[+位移]	[+目的性行为]
Va	+	-	-
Vb	-	+	-
Vc	-	-	+

（详细分析见陆俭明《“V 来了”分析》，载《中国语文》1989. 3）

语义特征分析法是借鉴语义学上语义特征分析（义素分析）的方法而形成的语法分析方法。语法上的语义特征分析根据语言单位的句法特征（即分布特征、组合能力）和语义特征的同现性、一致性或互相制约性来解释词语搭配能力，解释造成歧义的原因或区别同形同构而具有不同语法意义的句式。利用语义特征进行汉语语法研究，可以追溯到朱德熙的《现代汉语形容词研究》一文，该文把形容词分做“性质形容词”和“状态形容词”两大类，两类形容词在 4 种分布环境中呈现明显对立，可见“性质”和“状态”就是形容词内部的两个语义特征。虽然朱文并未命名为语义特征，新时期朱德熙对这一研究思路继续探索，在《“黑板上写字”及相关句式》《与动词“给”相关的句法问题》《汉语句法中的歧义现象》等文中利用语义特征来分化歧义句，解释造成歧义的原因。此后陆俭明、邢福义、马庆株、邵敬敏、袁毓林等都在不同领域为不同研究目的使用了语义特征分析法。

语义特征分析法首先被运用于解释造成歧义句式的原因，许多抽象的句式都包含不同语法意义的下位句式，这种句式是歧义句式，而造成歧义的原因是不同下位句式处于关键位置上的词的小类的不同语义特征造成的，主要是动词小类的语义特征。如朱德熙的论文以及陆俭明的《“V 来了”试析》、马庆株《时量宾语和动词的类》等论文即利用语义特征给动词次范畴分类，以此来解释造成歧义的原因。语义特征分析正是在动词及其他词类的次范畴划分上显示了相当大的潜力，如马庆株

《自主动词和非自主动词》关于自主动词和非自主动词的分类空间，《数词、量词的语义成分和数量结构的语法功能》关于量词的次第和范畴的分类，《顺序义对体词语法的影响》关于体词的顺序和非顺序的分类；石毓智《现代汉语的肯定性形容词》关于形容词的定量和非定量的分类；黄国营和石毓智《汉语形容词的有标记和无标记现象》关于形容词的量性特征分类和积极、消极的分类等等。而动词之分小类不是目的，研究分类应该同句型研究紧密结合起来，分小类的目的要服务于句型研究的需要，语义特征分析给词分小类就是为了研究某些词与句法结构之间的相互制约性，如袁毓林《祈使句和动词类》、邢福义《说“NP了”句式》、马庆株《含程度补语的述补结构》和《动词后面的时量成分与各名词和先后词序》等。从语法上析取语义特征也有助于探讨词语的搭配关系，关于词语搭配如果不认为是个体搭配而是类的搭配，那么词语搭配就受语义特征的制约，因为词语语义特征总是和词语的组合能力结合在一起。语义特征分析法的另一重大作用是探索汉语语法形式和语法意义之间的对应关系，由于语法上的语义特征分析所析取的语义特征总是和词语的组合能力（即分布特征）结合起来在一起的，因而这种语义特征已经不再仅仅是词义素了，而成了与词的义素有关的语法意义，这样语义特征和分布特征相结合就形成了语法范畴，胡明扬把这种语法范畴叫“语义语法范畴”，马庆株所建立的持续范畴、自主范畴、数量范畴、顺序范畴等等都是“语义语法范畴”，它是建立在语义特征分析科学化基础上，为探讨汉语语法范畴提供了极有效的方法，胡明扬和马庆株所提倡的“语义语法范畴”是汉语语法形式和语法意义之间对应关系的民族性的表现。实际上，“语义语法范畴”也就是语义平面的语法范畴。

语义特征分析法的研究对语法分析上的语义特征的性质、如何提取语义特征、与词语组合能力的对应关系等等，都需深入研究。陆俭明在《语义特征分析法在汉语语法研究中的运用》、陈昌来《语法范畴和汉语语法研究》等作了一定的讨论。它使得人们对汉语句法格式的研究进一步深化了，语义特征分析法不仅对歧义句式进行了更严格的分化，而且也使人们认识到为什么不同意义的词在同一句式里出现能保证该句式表示一致的语法意义，又为什么在同一句式出现的词属同一个词类但还能表示不同的语法意义。可见，语义特征分析法的运用深化了人们对语法形式和语法意义相结合起来原则的理解。

1. 语义特征和语义特征分析的依据

（1）语义特征：一组或一类词共有的、同特定的句法结构的语义具有语义兼容关系的语义成分叫做语义特征。

（2）可从三个方面理解语义特征：

①语义特征包含在词语的词汇意义中，为一组词或一类词所共有，是共同的词汇意义的概括和抽象。

②语义特征不仅具有范畴意义，而且具有关系意义。

③语义特征同特定的句法结构的语义相一致，是句法结构的语义结构的一个组成部分。

（3）语义特征分析

根据词语的语义和句法结构的语义，通过变换、设置句法框架等手段，概括出对句法结构的语义具有关键作用的一类或一组词的共有的语义成分，借此来确定该语义成分同句法结构的语义兼容关系，并以此来解释同构歧义、同构异义等现象，或对成立的变换关系给出语义上的解释。这种分析叫做语义特征分析。

（4）语义特征分析的依据

①词类的层级性和词类中“同中有异”的事实。

②句法结构同句法成分之间的语义兼容关系。

2. 提取语义特征的方法

提取语义特征的方法论基础有两点：一是句法结构的语法意义对成分语义的选择性，二是句法结构的交叉定位功能。目前最常用的提取语义特征的方法是变换法和设框法。

（1）变换法：对一类狭义同构的句法结构进行变换，分化其语义结构，并对句法结构中的某一位置的句法成分进行分类，然后对分化出的句法成分小类进行语义分析，概括其语义特征。

（2）设框法：根据某一假设，设置一定的句法框架，也叫替换框架、句法槽，根据句法结构的语义对句法成分的语义的选择性，对相关的成分依次进行测试，然后根据测试的结果对句法成分进行分类，再对分出的类别进行语义分析，概括其语义特征。

3. 语义特征的特点和类型

（1）语义特征的特点

①词类的每一个小类共有的语义特征是多样的，它们分别在不同的组合、构句和表义中起着主要的作用。

②语义特征具有层级性。比较具体的语义特征蕴含着比较抽象的语义特征。

③语义特征具有一致性。一个语义特征可能制约着多种组合。

④语义特征具有交叉性。

（2）语义特征的类型

目前语法学界从不同角度对动词的语义特点进行概括，概括出了一些语义特征。

①从动词和时间的关系概括出来的语义特征："持续/非持续""完成/非完成"等。

②从动词和空间的关系概括出来的语义特征："位移/非位移""附着/非附着"等。

③从动词同主、客体关系概括出来的语义特征："及物/不及物""自主/非自主"等。

④从动词同工具、材料等相关的凭借成分角度概括出来的语义特征："工具/非工具""加工/非加工"等。

⑤从动词所表示的动作行为自身的特点概括出来的语义特征："状态/非状态""目的性/非目的性"等。

4. 语义特征分析的作用

（1）解释狭义同构的句法结构可以表达不同的语义的原因，解释因原因关系不同而造成的狭义同构的歧义结构。

（2）语义特征分析使我们对句法格式的研究进一步深化。

不仅对歧义句式进行更严格的分化，而且也使我们认识到为什么不同意义的词在同一句式里出现能保证该句式表示一致的语法意义，又为什么在同一个句式里出现的词属同一个词类但还能表示不同的语法意义。因此，语义特征分析使我们的语法研究进一步实现了形式和意义的结合。

五、语义格分析法

菲尔墨在1966年发表了《关于现代的格理论》，1968年发表了《"格"辨》，1971年发表了《格语法的一些问题》，1977年又发表了《再论"格"辨》，创立了系统的格语法理论。他说的"格"是指名词

（包括代名词）跟动词（包括形容词）之间的及物性关系，其形式标志是介词或语序。菲尔墨先后提出过16种语义格。“格”语法理论介绍中名词和动词之间的语义格。如孟琮在他的论著中把名词与动词的格关系细分为14类。鲁川、林杏光根据汉语的特点，把“格语法”的说法改为“格关系”的说法，认为格关系具有层级性。在他们设想的“格系统”里，先分6种体，每一种体下分3个格，每一个格再分若干个“格标类”，共分出46个格标类。他们的“格关系”的论述比菲尔墨又进了一步。

一个语法结构体内部并存着句法结构关系和语义结构关系，但语义结构关系如何体现？张斌和胡裕树认为：“句子中的语义关系，主要表现在动词和名词之间的选择关系上边”，“句子的基本语义结构是由动词以及与其相联系的名词性成分构成的，所以研究动词和名词的搭配关系占着十分重要的地位”。新时期对动词和名词之间语义关系及选择搭配关系的研究主要体现在“语义格”和“配价”（向）研究上。“格”指的是语义格、深层格，指的是句中动词（包括形容词）与各类体词之间的及物性语义关系，它是潜存于深层结构里的名词（包括代词，即体词）与谓语动词（包括形容词）之间的一种固定的语义结构关系，格语法研究重点就在于对动、名搭配的语义关系的系统的归类。格语法认为格关系在深层结构里是固定的，是选择已定的，但在句法表层却有不同的变化，但格关系依旧，这样动词及其格关系的确定就有利于探求句子的语义结构和句法结构之间的对应关系，也有利于第二语言教学和自然语言信息处理。

这种框定动词周围体词性成分的语义类型的研究可以上溯至20世纪80年代以前，大多数学者追求的是体词性成分的语义类型和句子成分的对应关系，如以施事、受事来定主语、宾语。20世纪40年代吕叔湘在《中国文法要略》中开始建立以动词为中心的以分析语义关系为目的的析句法体系：①叙事句的“中心是一个动词”，名词“都是跟着动词来的”；②围绕动词的名词“都是补充这个动词把句子意思说明白”，都是补词，共12个补词，其中重要的有施事补词、受事补词。这些补词相当于1968年菲尔墨提出来的“格”，只是此法未在汉语语法界引起重视。20世纪70年代后海外华人学者及台湾学者如李英哲的《汉语语法中格的调查研究》（1971年）、邓守信的《汉语及物性关系的语认研究》

（1975 年）、汤廷池的《国语变语法》（1972 年）等论著都运用格语法理论研究汉语，取得了可喜的成就。

新时期运用格语法理论来研究汉语语法也取得了很多成果。新时期利用格理论来进行汉语语法研究可分为两类，一是利用格理论来探讨动、名间的深层语义关系，以对汉语语法本身的研究为目的。这方面的研究当首推李临定，他着重考察了由于语义关系不同划分出的不同的“格”类在语法上的种种表现，把“格”的类与句法分析结合起来，把“格”在句子中的作用与句型结合起来，并能从变换的角度考虑各种“格”关系到以分化同形格式，李临定在《名、动词变换分析》《宾语使用情况考察》《施事、受事与句法分析》《“工具”格和“目的”格》《汉语比较变换语法》《现代汉语句型》《现代汉语动词》等论著中都涉及这方面的研究，他对“格”的分布变换来描写、发掘语言事实，取得众多成果。龚千炎《现代汉语里的受事主语句》、徐杰《工具范畴和容纳工具范畴的句法结构》等论文也是探讨“格”在句法结构的各种表现的力作。大多数“格”语法的研究更注意着眼于动名词之间的选择性，既重视动词性成分对名词性成分的制约，又不忽略名词框架对动词的选择，动词和名词互重，或依据宾语的语义类别来给动词分类，或依据动词的类别来考察宾语的语义类型，如马庆株《汉语动词和动词性结构》中把动词的分类和宾语的语义分类（“格”类）结合起来，李临定《现代汉语动词大词典》等也都是如此。范晓在他的一系列论著中把格语法和配价语法结合起来，以建立汉语句子语义结构模式——句模——为目的，探讨句子的生成。黄锦章《汉语格系统研究》从功能主义出发建立了一个汉语格语法系统。

汉语格语法探讨的第二个目的是为汉语信息处理服务，属应用型研究。计算机对自然语言的理解或解释来说，述动词和形容词是句子法结构和语义理解中心。因此，如果机器词典能对句子中的述语动词与其周围的名词性成分所发生的语义组合关系（作者注：这种语义组合关系以前称格关系，现在国际上定名为论旨属性，相对应的深层格叫论旨角色）作出具体详尽的描写，就可以大大提高自然语言理解系统或机器翻译系统的性能。（鲁川《动词大词典计算机专家黄昌宁教授的题词》）所以汉语计算机语言学工作者都重视汉语格关系的研究，如李家治等人的《机器理解汉语——实验》、范继淹等人《RJD——80 型汉语人机对话系统的语法分析》和《自然语言理解和现代语言学研究》、董振东的《逻辑语义及其在机译中的作用》等，这些学者都是利用格语法理论来建立健全汉语自然语言理解的模型或系统，属于理论应用型。真正称得上从计算机语言学角度来研究汉语格语法的当推林杏光、鲁川、王玲玲共同承担的“七五”科研项目——《信息处理用规则汉语》的语言理论研究，包括现代汉语格关系理论研究，格关系成为这一项目的重要子项目之一，鲁川、林杏光合作发表了大量有关汉语格关系研究的论著，从这些论著中可以看出他们对汉语格语法的主要观点：①有关概念的界定：“格”、语义格、格语法、格范畴等；②格系统，现代汉语格关系组成一个 4 个层次的格系统；③格框架和格位：按与动词搭配时的关系，把格分做 3 类：必须（需）格、可选格、禁用格。④格的确定：用形式和意义相结合的办法，为此提出了 3 种可以互相验证的方法主体客体办法、加“的”转指法、最小自足主谓结构法。⑤汉语的格罐子在人、机两方面都有实用价值；对格理论的有力支持；语言研究的方法论价值；利于对动词、名词进行深入的研究。

上述对菲尔墨“格”语法的发展，也是“格”语法汉语化的表现。吕叔湘《汉语格系统研究》就指出：“动词谓语句里出现一个或几个名词，它们跟动词的语义联系是多种多样的，这种语义联系决定它们在句子里的活动方式。仅仅把这个标为宾语，把那个标为补语，是不够的。要考查这样的名词同时可以出现几个，各自跟动词发生什么样的语义关系，什么关系的名词和什么关系的名词可以发生什么样的语义关系，什么关系的名词和什么关系的名词可以同时出现，各自在什么位置上出现，什么关系的名词和什么关系的名词不能同时出现，如此等等。”可见，语义格及格关系的研究是汉语语法走向深入的必然，是把语法的形式分析结合起来的体现，也是人、机两用语法研究的重要组成部分。当然，汉语格关系的研究还很薄弱，突出表现在语义格的归类上，到底有多少格，如何分布，与句型、句式及语境有什么制约关系等等，研究得还远远不够；所得结论是否可供人、机两用尚待检验。实际上格关系中的必须格的确定及相关动词的分类与配价语法理论关系密切，必须格也就是动词的价语或向。

1. 格和格语法

传统语言学中的格指的是某些屈折语中的名词和代词的形态变化，

表示这些词在句子中同其他词之间的关系。格语法理论中的格与传统语言学中的格的含义不同，指的是句子中的名词（包括代名词）同谓语动词之间的及物性关系，这种及物性关系是以谓词为中心确定的，各种格关系的形式标志是介词或语序。

格语法的基本观点是谓词中心论。包括两方面的意思：从构成上说，句子是以谓语动词为中心构成的；对句子的语义构成进行分析时，也是以句子中的谓语动词为中心，根据句子中的其他成分同谓语动词的关系来确定它们的语义性质。

2. 汉语语义分析的格系统

目前比较通行的格系统主要是由鲁川、林杏光研制的。这个格系统有 3 个层次：

第一个层次是角色和情景。

第二个层次是围绕着述语动词的 7 个要素：主体、客体、邻体、系体、凭借、环境、根由。

第三个层次是 7 要素的再分类：

主体分 3 个格：施事、当事、领事。

客体分 3 个格：受事、客事、结果。

邻体分 3 个格：与事、同事、基准。

系体分 3 个格：系事、分事、数量。

凭借分 3 个格：工具、材料、方式。

环境分 4 个格：范围、处所、时间、原因。

根由分 3 个格：依据、原因、目的。

3. 格的分析和例释

主体的三个格：施事、当事、领事。

A. 施事：事件中自发动作行为或状态的主体。

①与人、动作有关的施事。生命度最高，是最典型的施事。

②与自然力、动力、机器有关的施事。生命度较低，但具有自动性。

③与有影响力的事件或消息有关的施事。生命度最低，是最不典型的施事。

在汉语中，主语同施事有较大的一致性。当施事处于主语位置上的时候，往往不带格标；出现在其他位置时，常常带格标。

B. 当事：事件中非自发动作行为和状态的主体。

①与非自发动作行为动词和形容词相联系的人或事物。这种当事同客事相对应。

②与系属动词“是、姓、叫、等于”相联系的人或事物。这种当事同系事相对应。

C. 领事：事件中有领属关系的主体。

①事物的领有者、拥有者。

②人或事物的整体。

4. 格系统和格分析的价值和意义

（1）格语法系统对句子中的述语动词与周围的名词性成分所发生的语义组合关系作出了具体详尽的描写，并吸收了结构主义语法的变换、扩展、项目和配列的思想，吸收了配价语法的必有、可有思想，一方面确定了动词的价和格框架，另一方面又描述了动词的基本句式及其变换式和扩展式，这对于人们学习语言，提高自然语言理解系统和机器翻译系统的性能，都是很有帮助的。

（2）对计算机的使用价值可以从语言分析和语言生成两方面来看：

①有助于句子中多义动词的词义辨析和判定，有助于解决句子的句法结构歧义，在述语动词的义项已经确定的条件下，获取正确的基于格框架的句意表达。

②根据给定的句意表达和语用信息，可以提供相应的格框架和格角色，以及对应的基本式和变换式、扩展式，进而生成出表层的不同句式。

（3）使句法结构的语义分析有了非常便利的工具，语法描写和语法分析突破了形式层面，进入到更深层的语义层面。

5. 格语法的缺陷

（1）一个格系统需要多少个格才算完备，不容易确定。

（2）“格”是语义层面的概念，而现有的格系统中的必需格和可选格却是根据句法形式来确定的，这是一个很大的矛盾。

（3）语义分析不完备。

六、语义属性分析法

1. 语义属性分析的产生

由于语义格系统是以动词为中心建立起来的，而定中结构是以名词为核心的句法结构，因此，语义格系统不适用于定中结构的语义分析。

在句子中，定中结构相对封闭，定语一般只同中心语发生语义联系，较少同其他句子成分发生语义联系。因此，定中结构中的语义关系不但在性质上不同于以动词为核心而确定的格关系，而且在句子的语义结构中也有相对的独立性。定中结构的语义分析应当相对独立地进行研究。

在定中结构中，定语都是表示中心语属性的，我们把定语所表示的语义称为语义属性，把定语所表示的语义系统称为语义属性系统。由于修饰定中结构中心语的成分并不限于动词性成分，因此，对于定中结构的语义分析，用“属性”来代替“格”、用语义属性分析代替语义格分析，不仅可以明确地把语义属性和语义格区分开来，而且也更符合语言实际，更符合人们的话语表达和理解的机制。

2. 定中结构中心语和定语的语义属性

现代汉语的语义属性系统可以概括为 5 类主体和 11 类语义属性。

（1）主体的类别

①表人类定中结构：中心语为表示人或人组成的集体、团体的主体成分等。

②表物类定中结构：中心语为表示物品或符号的主体成分。

③表事类定中结构：中心语为表示事情、事件、理论、方法的主体成分。

④表处所类定中结构：中心语为表示地点、场所、单位、建筑物的主体成分。

⑤表时间类定中结构：中心语为表示时间的主体成分。

（2）语义属性的类别

①何质——质料属性

②何形何态——形态属性

③何量——数量属性

④何能——功能属性

⑤何属——领属属性

⑥何来——来源属性

⑦何去——去向属性

⑧何域——范围属性

⑨何时——时间属性

⑩何干——关系属性

语义属性有单纯和复合之分，单纯属性和复合属性基本对应于简单定语和复杂定语。

七、配价分析法

所谓配价分析法是从化学中借鉴过来的一种分析方法，化学中的“价”，也叫“原子价”或“化合价”，说的是在分子结构中各元素原子数目间的比例关系。

最早把化学中的“价”明确引入语法研究中的，是法国著名语言学家特思尼耶尔（也翻译成特尼耶尔、泰尼耶尔、特斯尼埃）。他在他1959年出版的《结构句法基础》中提出了“配价语法理论”。他的配价语法理论在20世纪80年代初期被介绍到国内，引起了国内语法学界的广泛兴趣。语法学中引进“价”这个概念，主要是为了说明一个动词能支配多少个属于不同语义角色的名词性词语。配价语法理论的基本精神有以下几点：

1. 句法旨在研究句子，对于句子不仅要注意它所包含的词，更要注意它所隐含的词与词之间的句法关联。这种句法关联在句子表面是看不见的，但实际上是存在的。

2. 动词是句子的核心，我们所要注意的句法关联就是动词与由名词性词语形成的行动元之间的关联。

3. 动词所关联的行动元的多少决定动词的配价数目。

4. 与动词所关联并能决定动词配价数目的行动元，是指在句子里位于动词前后的主语、宾语的名词性成分。

5. 按配价关系来给动词分类，一般分类如下：如果一个动词只能支配一个行动元，也就是说这个动词后面不能带宾语，那么它就是一价动词，一般记为V_1；如果一个动词能支配两个行动元，而且也只能支配两个行动元，也就是说它能带一个宾语，而且也只能带一个宾语，那么它就是二价动词，一般记为V_2；如果一个动词能支配三个行动元，也就是它后面能带两个宾语，那么它就是三价动词，一般记为V_3。

利用动词与不同性质的名词性词语之间的配价关系来研究解释某些语法现象的研究、分析手段或方法，就是“配价分析法”，或简称为“配价分析”，由此而形成的语法理论也就叫做“配价语法理论”，或简称“配价理论”。配价分析在研究解释某些语法现象上有它的优势。比如“喝啤酒的学生”和“喝啤酒的方式”在词类序列、内部构造层次和语法功能上都是一样的，似乎没有什么区别。但是“喝啤酒的学生”的中心语“学生”有时可以省略，如说成：“喝啤酒的请举手”，而“喝啤酒的方式”的中心语“方式”却不能省略，如说成：“喝啤酒的多种多样”就不可以了，这是为什么呢？用以前的层次分析法、变换分析法、语义特征分析法都不能有力地解释这种现象，但用配价分析法就能做出比较合理的解释。原来“喝”是一个二价动词，它的配价成分应分别是“喝”的施事和受事，“学生”可以成为“喝”的施事，“啤酒”可以成为“喝”的受事。但是“方式”不能成为“喝”的施事或受事。换句话说，“学生”可以成为“喝”的配价成分，但是“方式”不能成为“喝”的配价成分。“喝啤酒的学生”和“喝啤酒的方式”的区别就在于，前者的中心语“学生”可以成为动词“喝”的配价成分，所以可以省略；后者的中心语“方式”不可能成为动词“喝”的配价成分，所以不能省略。

总之，配价分析原来只是用来研究动词的，现在的研究范围已从动词扩展到了形容词和名词，分析的范围在逐渐扩大，我们对动词、形容词、名词的认识也越来越深入全面。

八、空语类分析法

1. 定义和内容

空语类是乔姆斯基于20世纪80年代提出的一种新的语言理论，是生成语法研究者过去十多年一直研究的中心课题之一。当代语言学界提出空语类的理论概念和对语法结构进行空语类分析，与形式语言学理论关于如何建立语法模型以及在语法模型中如何解决语义问题的讨论，有密切的关系。最初阶段语法模型的基本倾向是“在语法研究中不考虑意义”；接下来一个阶段，语法模型进行了重大修改，那就是“在深层结构进行语意解释”；再后又改成“在深层结构和表层结构共同进行语意解释”；最后又修改为“由逻辑式处理必要的语义问题，放弃处理其余语义问题”，从而突出了“空语类”的语义解释作用。

“空语类”又叫“语迹”，是相对于“实语类”或“语类”而言的，指在语句的某些句法成分位置上没有出现的名词成分，换句话说就是这些名词成分的位置是“空”的。它是一种具有强制性和系统性的特殊句法成分。像英语这样的语言中，空语类主要包括两大类，一类是移位造成的“语迹 t”（又可以分为“WH 语迹”和“NP 语迹”两类），一类是由隐含造成的“隐含 P”（又可分为“受控制 P”和“不受控制 P”即任指两类）。这种理论引入中国以后，许多学者结合汉语自身的特点，对这一理论做了创造性地发展，比如，根据汉语的特点，把汉语的空语类分为省略型空语类、移位型空语类和隐含型空语类三大类，并出现了许多研究成果，如沈阳的《现代汉语空语类研究》（山东教育出版社，1994）一书和《动词的句位和句位变体中的空语类》（《中国语文》第 2 期，1994），徐烈炯《与空语类有关的一些汉语语法现象》（《中国语文》1994 年第 5 期），袁毓林的《句法空位和成分提取》（《语法研究入门》，吕叔湘等著，商务印书馆，1999）等。

2. 作用

乔姆斯基认为，空语类的研究有助于探讨句法和语义表达式的决定因素以及它们的形成规则。那么采用空语类分析法则可以帮助我们细致地分析汉语中由各种动词所形成的结构的句法特点和语义关系。比如，面对“语法同构”的问题，以往的分析方法都显得无能为力，而采用空语类分析，则可以顺利地解决语法研究中所遇到的这一问题。例如按照结构语法的层次分析，下面 A 中的各例应该是同构的，因为动词相同，而且都是“主谓结构”；而 B 中的各例应该是“异构”的，因为虽然动词相同，但至少看上去有的是“主谓”，有的是“动宾”，还有的是“主主谓”，还有的是“动动宾”。比较：

A　a1. 小李去过了。
　　a2. 去年去过了。
　　a3. 北京去过了。

B　b1. 客人来了。
　　b2. 来客人了。
　　b3. 客人来家里了。
　　b4. 家里来客人了。
　　b5. 家里客人来了。
　　b6. 来家里位客人。

其实说上面的句子是“同构”或“异构”就只是一种基于“层次同

构”层面的分析，并不是一种严格的同构或异构分析。严格说来 A 中的结构并不相同，而且在基本意义（即论元语义关系）上的差别也很大；B 中的结构有密切关系，而且在基本意义（即论元语义关系）上又没有多大差别。如果要在同构分析中把这种相异和相同之处都体现出来，就必须引入“空语类”的概念。比如我们可以借助空语类建立“扩展同构”和“变换同构”的分析，这样就可以解决上述矛盾。采用空语类分析，也可以解决“成分提取”中所遇到的一些问题。比如汉语中的“的”字结构的问题等。当然，也应该看到，由于汉语自身的特点，这种理论在中国发展得还不够成熟，还有许多问题亟待解决，还有很大的发展空间。

九、认知分析法

1. 定义和内容

认知分析法是近些年兴起的一种新的语法分析方法，它是通过认知心理特点来解释语法的结构特征，或者透过语法的结构特征去挖掘制约其形成的认知基础。从认知或认知心理来解释语法现象，既涉及语用，也涉及语义。由于强调从语言的外部进行解释，所以人们把认知语法归属于功能主义。近年来认知语法在国外语言研究中非常活跃，国内也有很多学者对国外认知语法的研究现状进行评价，或者以认知语法的基本框架来研究汉语语法。主要成果有崔希亮《语言的理解和认知》（北京语言文化大学出版社，2001）和《认知语言学：研究范围和研究方法》（《语言教学与研究》，2002 年第 5 期），沈家煊《认知心理和语法研究》（《语法研究入门》吕叔湘等著，商务印书馆，1999）和《汉语认知语法研究》（第 1 届中国语言学暑期高级讲习班讲稿，北京大学），石毓智《语法的认知语义基础》（江西教育出版社，2000），袁毓林的《语言的认知研究和计算分析》（北京大学出版社，1998），张敏《认知语言学与汉语名词短语》（中国社会科学出版社，1998）和《第二次认知革命与认知语法》（《面临新世纪挑战的现代汉语语法研究》，陆俭明主编，山东教育出版社，2000），赵艳芳《认知语言学概论》（上海外语教育出版社，2001），文旭的《认知语言学的研究目标、原则和方法》（《外语教学与研究》，2002 年第 2 期），洪艳青、张辉的《认知语言学与意识形态研究》（《外语与外语教学》，2002 年第 2 期），彭建武的《认知语法及其语用学价值》（《山东科技大学学报社科版》，2001 年第 5 期）等。

2. 作用

认知分析法有其重大的理论意义和实践价值。一方面人们可以通过语言观察人类的心智活动，另一方面也可以从人类的心智活动出发，通过人类对世界的经验、概念结构等来解释语言现象，探索语言现象背后更深刻的制约动因。在某些情况下，认知分析法从语言外部解释语法现象是相当深刻的，利用认知语言学“顺序原则”“包容原则”“相邻原则”“数量原则”等可以对不同词类、句式的平行或不平行现象做出合理的解释，也可以解释许多形式语言学无法解释的语言现象。比如关于“差一点”和“大星期天”的意义和用法的问题，近几年语言学界讨论得比较多，但语言学家利用传统的分析方法都没能对此类现象给出一个合理的解释，认知分析法的介入使这个问题的研究获得了一个突破。例如对“差一点”这个问题，人们采用认知分析法发现“差一点怎么样”和“差一点没怎么样”两个格式到底表达什么意思，主要是要看所说的事情是不是说话人所企望的：凡是人们不企望发生的事情，两种说法意思就一样；凡是人们企望发生的事情，两种说法意思就不同。又如“大+时间名词（怎么样/别怎么样）”的用法也反映了一种社会心理，即大致上可以认为是跟中国传统上对劳作时间和休息时间的认识联系在一起的。所有这些成果表明，把国外语言学的新观点与汉语实际结合起来，将汉语置于世界语言的大背景下来考察，不仅有利于发现汉语固有的事实和规律，而且对普通语言学的建设也大有裨益。

当然，由于人们的企望不企望、心理认识等可能会因具体条件和环境的不同而有所不同，所以，这种分析方法的价值也是有限的。总的说来，认知分析法的局限性主要有两点：一是，认知是人脑或心智的科学，而人脑目前还是个无法打开的“黑匣子”，因此心智科学研究的局限必然导致认知心理研究的局限；二是，语言尽管是心智的产物，但它自身又是一个具有自我调节功能的系统，也就是说句法有一定的自主性。

总之，认知分析法不过是近 20 年内逐渐兴起的一个语言学流派，其分析模式不像层次分析法和变换分析法那样整齐严整，它的理论和方法仍处在渐趋成熟的发展当中。

十、范畴分析法

1. 定义和内容

范畴语法（categorial grammar）是由著名数理逻辑专家巴尔—希列尔（Y. Bar-Hillel，1915—1975）提出的。1976 年蒙塔鸠（R. Montague）将范畴语法应用于自然语言的句法研究，提出了泛语法（universal grammar）的理论，他把句法范畴和语义范畴结合起来，通过范畴语法建立自然语言到某个逻辑体系语义解释的对应关系，从而进一步建立句法描述与语义描述之间的同构关系。范畴语法还成为类型逻辑语义学（type-logical semantics）的主要部分。最初主要用于综合性语言的研究。数十年来，范畴语法一直是计算语言学研究关注的一个热点，始终保持着其勃勃的生命力。早在 1975 年，冯志伟就在《计算机应用与应用数学》杂志上介绍过这种语法，可惜当时正值“文革”动乱，没有引起我国语言学界和计算机界足够的重视，由于近年来语言学中词汇主义日益盛行，我国一些计算语言学学者又开始关注到范畴语法，并试图应用范畴语法来建立汉语语义范畴的演算系统。随着汉语语法研究的深入，上个世纪 90 年代这种分析方法被广泛地应用于汉语语法的分析中，取得了丰硕的成果，比较有代表性的如胡明扬《语义语法范畴》（《汉语学习》1994 年第 1 期）、刘叔新《谈汉语语法范畴的研究》（《语法学探微》，南开大学出版社，1996）、马庆株《汉语语义语法范畴问题》（北京语言文化大学出版社，1998）和《自主动词和非自主动词》（《中国语言学报》，1998 年第 3 期）、石毓智《肯定和否定的对称与不对称》（北京语言文化大学出版社，2001）、齐沪扬《现代汉语空间问题研究》（学林出版社，1998）、沈阳《领属范畴及领属性名词短语的句法作用》（《北京大学学报》，1995 年第 5 期）、文贞惠《表述性范畴的“N_1+（的）+N_2”的结构的语义分析》（《世界汉语教学》，1998 年第 1 期）、陈昌来《语法范畴和汉语语法研究》（《青海师范大学学报》，1997 年第 4 期）、秦坚《对汉语语法范畴的再认识》（《新疆教育学院学报》，2004 年第 3 期）等。

语法范畴有广义和狭义之分。广义语法范畴是各种语法形式表示的语法意义的概括。广义语法范畴，从语法形式上看，包括所有显性语法形式和隐性语法形式，从语法意义上看，包括所有结构意义、功能意义和表述意义。如结构范畴：主谓结构、动宾结构等等；功能范畴：名词、动词等词类范畴；表述范畴：如陈述、疑问等语气范畴。狭义语法范畴是词的形态变化表示的语法意义的概括，又称形态语法范畴。词的形态变化是用附加词缀、内部屈折、重叠、重音等方式构成同一个词的不同语法变体，简称词形变化。一般来说，确定一种语言中是否有某种狭义语法范畴，就是看这种语言是否用词形变化表示这种语法意义。而一旦通过词形变化确定了某种狭义语法范畴，有时不用词形变化，而用别的形式如前置词、后置词、冠词等虚词或助动词表示，这些非词形变化形式也被看做狭义语法范畴的语法形式。但如果某种语言完全不用词形变化表示某种语法意义，只用辅助词等其他形式表示，就不是狭义语法范畴。一般所说的语法范畴，多是狭义语法范畴。常见的语法范畴有性、数、格、时、体、态、人称、级等。

2. 作用

范畴语法认为：语言单位在组合关系中所形成的类聚与类聚性语义，决定与制约着句法结构的组合形式；句法结构的组合形式可以从范畴性类别与范畴性语义中得到解释。因此，范畴分析法具有强烈的解释性。如动词“看”与“塌”，能单说“看”、“我看”、“看报”，不能单说“塌”、“房子塌”、“塌房子”，而非要说“塌了”、“房子塌了”、“塌了一间房子”不可，能说“马上看”，“马上塌”、“马上塌了”却不能说。这些能说与不能说的语法形式，其实都取决于这些动词是自主动词还是非自主动词，是含有自主义还是非自主义的因素（参见马庆株《自主动词与非自主动词》一文）。又如“相对义绝对义”的句法语义模型，可以概括解释像“今天星期六”这样通常以主谓结构来解释的句子的构成样式。这于汉语语法研究而言，是一种对传统研究的继承；由于这种系统所具有的语义方面的解释功能，又使这种语法研究体现出了语义绝对性与语义决定性的、从语义方面解释语法形式的当代语法学色彩，从而区别于传统的范畴与范畴系统构建的研究。范畴的研究与范畴系统的构建，也使得这种以语义语法范畴为中心的语义功能语法研究本身显得更为系统化。

总之，这种分析方法很好地处理了语言研究中的个性与共性关系、组合与聚合的辩证关系、描写与解释的辩证的关系。但随着语法手段外延的扩大，人们所认识的语法意义日益丰富，也出现许多新问题。一是语法范畴呈散化状态。大量的研究集中在语言现象和个别范畴上，缺乏整体性和体系性。二是语法范畴概念的泛化，随着语法形式外延的扩大，语法范畴的外延和所指日益模糊。三特别是汉语语法范畴还未能建立起应有的术语体系，目前使用的术语或来自综合语的语法范畴；或借用句法结构、语用、语义的术语。

十一、语义指向分析法

在一个句法结构中总是同时并存着两种结构关系：句法结构关系和语义结构关系。二者既对应又不一一对应。其不对应的表现除存在同形句式（歧义句式）和同义句式外，还表现在直接成分之间不一定有直接的语义联系，非直接成分之间也不一定没有直接的语义联系。句法成分间的这种语义上的联系，表现之一就是语义指向。如动补格中，动和补是语法上的直接成分，但从语义上看，补语却未必在语义上都指向动作本身，它既能指向动作本身，也可能指向施事、受事、工具，有时孤立地看，因语义指向的不确定就可能产生歧义。可见，语义指向是句法结构中的某一成分在语义上的指向，语法分析中运用语义指向分析法就是探讨语义结构关系的一种方法，它能有效地揭示出句法上有或没有直接联系的成分间深层的语义关系，从而探寻表层句法关系和深层语义关系之间既相应又不相应的复杂关系。陆俭明在《关于语义指向分析》中对汉语语法研究是运用语义指向分析的性质、来源、背景、发展、如何运用、原则等进行了分析，沈开木、卢英顺、周刚等对语义指向分析的有关问题进行了探索。

新时期语义指向分析主要集中在对补语和状语的语义指向分析上。补语语义指向研究的代表作或者说有开拓性价值的论著是吕叔湘的《汉语句法的灵活性》。该文第三部分“动补结构的多义性”中认为：“尽管含有动补结构的句式基本上相同，可是主、动、宾、补这几个成分之间的语义关系是多种多样的。”文中按语义关系的不同把动补结构分为16类，并看出了补语从语义上可与主语、宾语构成主谓、述宾等关系。该文虽无运用“语义指向”概念，但却通过事实说明同一句法成分可有不同的语义指向。随后张国宪、李子云、余志鸿等开始用语义指向来分析补语语义关系的复杂性。陆俭明《“VA了”述补结构语义分析》则利用语义指向来分化和解释歧义格式。状语的语义指向研究主要集中在副词的语义指向上，沈开木《表示“异中有同”的“也”字独用的探索》、《“不”字否定范围和否定中心的探索》均涉及对副词“也”或“不”的语义指向的探索，以揭示句法结构和语义结构既一致又不一致的矛盾。马希文《跟副词“再”有关的几个句式》也尝试运用了语义指向的分析。饶长溶《“不”偏指前项的现象》则着重考察否定词“不”，涉及“语义指向”的性质。其他学者如钱敏汝、刘宁生、张国宪等亦讨论了有关的问题。张力军《论“NP1+A+VP+NP2”格式中A的语义指向》（《烟台大学学报》1990年第3期）则把现在该格式中的状态形容词“A”的语义指向与A的小类联系起来。郑贵友《现代汉语状位形容词的“系”研究》则十分详细地描写了状语位置上的形容词与句中其他成分（主语、动词、宾语）的句法、语义联系，状位形容词的“系”实际上可以看作状位形容词的语义指向。邵敬敏的《副词在句法结构中的语义指向初探》是研究副词语义指向的总结性又带有开拓性的文章，提出了与语义指向有关的“指”“项”“联”三个重要概念。邵敬敏《关于语法研究三个平面的理论思考》则指出语义指向产生的两种情况，“一是由词语语义特征的相互制约，导致在相同的句法结构中语义指向的不同”，“二是由于语境（上下文）不同的语用因素影响，导致焦点的移动，语义指向也发生了变化”。

语义指向不是语义本身，它是一定句法结构中组成成分之间的语义联系的一种方式，语义指向不同制约着句法结构的意义，因而语义指向是属于句法的或属于语义句法的，它也可以认为是体现语法意义的一种语法形式。语义指向分析跳出了句法结构直接成分概念的束缚，认识到句法结构中的语义关系还应包括句内非直接成分之间的联系及句内与句外各语义对象之间的联系，它为探讨语法形式和语法意义之间的对应关系又提供了一种有效的方法。

1. 定义

在句法结构中，句法成分之间有一定方向性和一定目标的语义联系叫做语义指向。成分的语义联系的方向称为“指”，成分的语义所指向的目标叫做“项”。指有单指和双指的区别，项有单项和多项的区别。根据指和向的关系，句法结构中成分的语义指向共有以下几种情况：

（1）单指单项。

（2）单指多项。

（3）双指多项。

2. 从词类范畴观察语义指向

朱德熙首先指出副词具有语义指向这一现象。邵敬敏对现代汉语的副词的语义指向进行了比较深入的研究。

3. 从句子成分的角度观察语义指向

对状语、定语、补语的语义指向进行了深入的研究。认识到：定语、状语、补语的语义指向基本上是由充当它们的词语的词汇意义决定的，它们的所指成分包含在它们的词汇意义之中，可以通过词汇语义的方向得出。词语的词汇语义是词语充当的句法成分的语义指向的基础。确定句法成分的语义指向的有效方法是语义分解法，通过对句子语义的分解，可以清晰地看出句法成分的语义指向。

4. 语义指向分析的意义和价值

（1）弥补了语义格分析的不完备之处，使句法结构的语义分析更为完善。

（2）对句法结构的二重性看得更为清晰。

（3）对句子的陈述有了更深刻的认识。

语言学家根据汉语的特点和汉语语法研究的需要引出了“语义指向”的说法。例如：①老李顺顺当当地通过了考试。②几千只眼睛亮晶晶地仰望着他。③她脆脆地炸了盘花生米。④剩下的那块肉随随便便地炒了个肉丝。

这些句子格式相同，可概括为：$NP_1+A+VP+NP_2$。但 A 的语义指向代表 4 种不同情况。

a. 例①里的 A“顺顺当当地”在语义上指向 VP“通过”；

b. 例②里的 A“亮晶晶地”在语义上指向 NP_1“几十只眼睛”；

c. 例③里的 A“脆脆地”在语义上指向 NP_2“花生米”；

d. 例④里的 A“随随便便地”在语义上指向 NP_3“未出现的炒的施事，空位”。

事实告诉我们，出现在此格式里的状态形容词 A 可以作如下分类：

A
- A_V　A_V 指进入格式后在语义上只能指向 VP 的状态形容词。
- A_N　A_N 指进入格式后在语义上只能指向 NP 的状态形容词。
- A_{Na}　A_{Na} 指进入格式后在语义上可指向 NP_1 也可指向 NP_2。
- A_{Nb}　A_{Nb} 指进入格式后在语义上只能指向 NP_1 不可指向 NP_2。

20 世纪 80 年代以来，随着语义分析在汉语语法研究中逐渐受到重视、句法结构层次性观念的普及，语义指向分析方法在汉语语法研究中出现，取得一定成果。

①研究了句子中的哪些词语是某个句法成分的语义指向及其中的规律。如：刘月华对状语的语义指向的研究，马真、徐杰对“都”、沈开木对“不”、刘宁生、钱玉莲对“最”等副词语义指向的研究等。

②研究了语义指向在句法中的作用。如：刘月华的状语的语义指向对多项状语排列顺序的影响的研究、李小荣的结果补语的语义指向对动结式中补语结构带宾语的影响的研究等。这些研究把句法结构的意义与形式结合起来加以分析，力图显示两者之间错综复杂的对应关系。因此，语义指向分析的出现，使汉语语法研究在形式与意义的结合上又前进了一步。

现代汉语语法研究中，除原先美国描写语言学中的一些理论、观点、方法继续使用外，还从转换生成语法、系统功能语法、生成语义学、格式法、语用学中吸取了不少有用的观点与方法。现在，功能、分布、替换、层次、扩展、变换等观点及相关方法正广为使用，动词“价”，语义格、预设、提取、移位、空位等观点及相关方法亦已引入语法研究之中。这些分析手段的运用一方面固然是受到国外现代语言学理论、方法的影响，另一方面也是我们根据汉语语法研究的需要有选择地逐步吸取的，同时在实践中结合汉语语法研究的实际加以适当变通活用。

第六节　汉语语法学史思想史

汉语语法学史，很早就引起人们的重视。1930 年，杨树达发表了《我国古代之文法学》（刊于《积微居小学述林》），论述了《马氏文通》以前汉语语法研究的情况，认为中国语法研究处于酝酿阶段，可以说是汉语语法学史研究之肇端。1937 年，何容写成《中国文法论》，第二章“论中国文法的研究”，回顾了汉语语法研究的历史，可以说是早期汉语语法学史的专论。1938 年，陈望道在《语文周刊》上发表《“一提议”和“炒冷饭”读后感》，也论述了中国语法研究的历史，认为文法研究在中国早在春秋时期就有萌芽，而中国文法体系的建立，实际是在中国文法和西方的文法的体系发生了交涉以后。一个相当完密的中国文法体系是在这一部书（指《马氏文通》——引者注）出版的时候方才建成的。这是《马氏文通》出版以后中国文法革新派极衰修正派全盛的时期。这时期的最后界限是1934年。1934年以后，形势就有了相当的变化。许多革新的活动都渐渐抬起头来。先有了对于修正派的消极反抗，随后又有了许多对于革新的积极的主张。1943年，他在为《中国文法革新论丛》作序时又谈及汉语语法学史。他认为：中国文法思想的进展，大体可以分作三个时期：从往古直到中国文法和西洋文法学术思想接触之前为第一个时期。这个时期的文法思想大体是自发的，虽然有过久离合释等少数文法思想输入，大体无甚影响。自发的言论多散杂在评论注释之中，只有一部分解释词（就是虚字）的，曾经辑集成书，如《经传释词》等等。从中国文法和西洋文法学术接触之后到最近十年前（即1934年以前）为第二时期，在这个时期中虽然也有过自立的研究的主张，大多以模仿西洋文法教科书的体制为能事，可以称为模仿时期；模仿时期的著作特别多，多以《马氏文通》为代表。最近十年（即1934—1943年）来则因中国文法的特殊事实渐渐地发现了，模仿体制已有难以应付裕如之苦，文法的新潮又从语言学界涌现了，模仿体制的根本已经不能不动摇，还有中国文法的成语成说如今还可采取承用的也陆续发现了，已不能再像从前那样弃如敝履，于是报章杂志或是会谈讲演之间也就逐渐出现了根据中国文法事实，借鉴外来新知，参照前人成说，以科学的方法谨严的态度缔造中国文法的体系的动议。这个时期我们可以称之为缔造时期。看来，陈望道把语法学史分为自发、模仿、缔造三个时期。邢庆兰的《中国文法研究之进展》也谈到了汉语语法研究的发展的历史经验和教训。中华人民共和国建立后，这方面工作大大加强。有胡附、文炼《汉语语法学简史》（载《现代汉语语法探索》，东方出版社，1955年）、陆仁《十年来汉语语法学的成就》（载《中国语文》1959年第10期）、吴席儒《十年语言学若干问题》、刘冕群《十年来汉语语法理论的发展》（《华南师范学院学报》1960年第二期）、高名凯《语法学简史》（载《语法讨论简介》，《学术月刊》1959年第12期，商务，1960年）、刘景农《“马氏文通”以前的语法研究》（《山东大学学报》1962年第2期）、郭锡良、祝敏彻《解放前汉语语法研究》（载《语言学研究与批评》第二辑）。其中最有影响的是胡附、文炼的《汉语语法简史》，他把汉语语法研究分为：第一阶段为《马氏文通》以前，第二阶段是《马氏文通》出版到斯大林《马克思主义与语言学问题》发表前，第三阶段为斯大林《马克思主义与语言学问题》发表之后。这是一篇奠定汉语语法学史学科地位的重要论文。

新时期以来，对汉语语法学史研究更为兴盛。主要成果有徐通锵、叶蜚声的《“五四”以来汉语语法研究述评》（载《中国语文》1979 年第 3 期）、李临定《我国三十年来的语法研究》（《语言教学与研究》1980 年第 4 期）、吕必松《现代汉语语法学简史》（安徽教育出版社，1983 年 5 月版）、林玉山《汉语语法学史》（湖南教育出版社，1983 年 11 月版，1986、1991 修订版）、马松亭《汉语语法学史》（安徽教育出版社 1986 年 8 月版）、龚千炎《中国语法学史稿》、（语文出版社 1987 年版、1997 年修订再版时改名为《中国语法学史》）、董杰锋《汉语语法学史概要》（辽宁大学出版社，1988 年）、邵敬敏《汉语语法学史稿》（上海教育出版社，1990 年，2000 年修订再版更名为《汉语语法学史》，商务印书馆，2006 年）、朱林清《汉语语法研究史》（江苏教育出版社 1991 年）、陈昌来《二十世纪的汉语语法学》（书海出版社，2000 年）等。

现在就有关问题，谈谈各家的看法。

一、语法学史分期问题

孙玄常分为三个时期：1. 古代到晚清，2. 20 世纪初到解放前，3. 解放以后。

林玉山分为三个时期：1. 古代的汉语语法研究时期，可以称为语法学的萌芽时期（往古—1897 年），2. 近、现代的汉语语法研究时期，又细分为汉语语法学的模仿期和革新期（以 1936 年为界）（1898—1949），3. 当代汉语语法研究时期，是汉语语法学的发展时期（1950—当今）。

马松亭分为三个时期：1. 战国时期至《马氏文通》出版前，2.《马氏文通》出版至新中国成立前，3. 新中国成立后。

龚千炎在 1987 年《中国语法学史稿》中分为四个时期：1. 酝酿、萌芽时期（公元前 475—1897），2. 草创、模仿时期（1898—1937），3. 探索、革新时期（1938—1949），4. 发展、繁荣时期（1949—1966），5. 深入、开拓时期（1978—）。

董杰锋在《汉语语法学史概要》中分为三个时期：1. 创建时期（1898—1936），2. 革新时期（1937—1949），3. 发展时期（1950—1987）。

邵敬敏在《汉语语法学史稿》中分为四个时期：1. 前汉语语法学的酝酿时期（西周—1898），2. 汉语语法学的草创时期（1898—1936），3. 汉语语法学的探索时期（1936—1949），4. 汉语语法学的描写时期（1949—1976），5. 汉语语法学的创新时期（1976—）。

朱林清在《汉语语法研究史》中分三个时期六个阶段：1. 酝酿萌芽时期（往古—1898），2. 草创缔造时期（1898—1949）：①模仿阶段（1898—1938）②革新阶段（1938—1949）3. 蓬勃发展时期（1949—当今）：①兴旺发展阶段（1949—1966）②停止萧条阶段（1966—1976）③新的发展阶段（1976—当今）。

陈昌来在《二十世纪的汉语语法学》中分为自觉建立、革新探索、语法知识大普及、繁荣发展四个时期。

在汉语语法学史分期上，人们的认识逐步加深，分期从没有统一标准到统一标准；用统一标准来分期方面，从历史年代分期到按语法学史内容发展规律分期，并且越来越细致越科学。而林玉山则把历史年代分期和语法学史内部发展规律分期有机结合起来，更有其独特之处。

二、语法学产生迟缓的原因

对汉语语法学产生迟缓的原因，林玉山提出他的和当时社会的需要有关的原因，并且批评了胡适的不曾有和他种高等语言文字相比较的机会的原因和何容的汉语文法容易、一直不感到有建立语法的需要的原因。（详见《汉语语法学史》修订本 P48—53）龚千炎则认为这是由于中国所处的长期的封建社会，尤其是汉语本身的结构特点所决定的。（详见《中国语法学史稿》，p14）董杰锋认为有三个原因：第一，从社会原因上看，"读经致用"的文化制度阻碍了语言学的产生。第二，从汉语语言学原因上看，以汉字为研究对象，不以汉语为研究对象，影响了语法学的产生。第三，从汉语本身上看，汉语特点本身增加了语法的难度，这难度推迟了汉语语法学的产生。（详见《汉语语法史概要》，P8—16）邵敬敏认为：①汉语本身缺乏形态变化的特点，决定了汉语语法比较难于被发现。②长期封建专制制度的统治压制，束缚了语法学的发展。③

传统语文学有限的狭隘的实用目的限制，妨碍了汉语语法学的正常发展。（详见《汉语语法学史稿》，P8—9）

对汉语语法学产生迟缓的原因，人们的认识也是逐渐深入发展的。胡适、何容的说法并没有触及问题的症结，离开了社会需要、社会发展对语言研究的影响，离开了语言本身的特点来探讨这一问题必然会误入歧途。林玉山首先从语言和社会关系方面来探讨这个问题，详细论述了社会需要与否是语法学产生的最重要的原因，把这一问题的研究引向正确的道路。龚千炎、董杰峰、邵敬敏则一方面重视社会因素外，又着重从语言特点方面来探讨这一问题，使这一问题探讨得更为科学全面。

三、汉语语法学的发展及其原因

这个问题，只有林玉山和邵敬敏有过探讨。林玉山在《汉语语法学史》绪论中论述了汉语语法学的发展及其原因。“语言是社会现象，作为揭示语言结构规律的语法学，它的社会方面的因素是汉语语法学发展的外部因素，是外因；语言方面的因素是汉语语法学发展的内部因素，是内因。”他分析汉语语法学发展的外部因素有：①社会大变革促进语法学的发展；②学校教学的需要促进了语法学的发展；③社会的进步为语法学的发展提供了更为广阔的天地；④外来影响也是汉语语法学发展的一个重要因素。他分析汉语语法学发展的内部因素有：①从汉语的语言特点出发进行研究，是汉语语法学发展的重要原因。②汉语的发展推动着汉语语法学的发展。③语法学内部的继承和发展也是语法学发展的一个原因。他还论述了内因和外因的相互关系及综合作用。他指出：“在语法学发展的过程中，语言因素起着决定作用的。比如，汉语缺乏形态的特点，决定了汉语语法研究从重视句法到重视词法又重视句法的整个运动过程，使各个时期的语法研究有其独自的特点和内容。语言结构规律的变化、发展，势必引起语法学的内容的变化和发展。又如，社会需要语法学，但语法学的建立，却要通过对汉语语法结构的充分描写来实现；外国语言理论对汉语语法研究的影响，也离不开汉语语言的结构规律性的描写，特别是对汉语特点的说明，否则就不是汉语语法学。但是我们也并不否认社会方面的因素对语言因素的巨大影响，比如汉语语法学的诞生，这是社会需要作用的结果。当时，作为语法学产生的各种语言因素，都是客观存在着的，但是，这些内因都没有导致汉语语法学的诞生，只是到了社会进步需要汉语语法学时，汉语语法学才应运而生。”（该书P25—26）。邵敬敏也探讨了汉语语法学发展的原因。他认为主要原因有6个，前4个为内因，后两个为外因。其原因是：①汉语语法特点的揭示，如何揭示出汉语语法的特点，长期以来一直是汉语语法学家奋斗的目标，汉语语法学正是在这种奋斗中得以发展。②语法研究理论的更新。一些新的理论和研究方法，不断被介绍进来，而且经过改造、消化、融合，开始尝试用来分析、解释汉语语法，并取得了积极的成果。③语法研究对象的变化。他认为从古汉语到白话文、从重视书面语言研究转向重视口语的研究都极大地影响了汉语语法学的发展。④语言学其他分支学科的发展对语法学的影响。⑤社会变革的影响，社会的重大变革必然会对汉语语法学的发展产生重大的影响。⑥社会发展的需要。社会发展，包括文化、教育、科技乃至于经济、军事等各方面的发展，必然对汉语语法研究提出新的要求。研究领域的扩大，必然为汉语语法研究开拓新的课题，并推动其发展。

汉语语法学的发展原因，是语法学史必须探讨解决的问题。林玉山和邵敬敏都能从外因和内因两个方面进行探讨，方向是正确的。但两人对内因外因探讨各有不同的内容，各有其特点，两者结合起来，或者说，邵敬敏补充了林玉山的不足之处，使对语法学史发展原因，有了较为正确而全面的认识。

四、汉语语法学发展的趋势

这个问题，林玉山和邵敬敏在他们的专著中有所探讨。林玉山指出：汉语语法学总的发展趋势是越来越严密、精细和概括。人们要求语法学要严密、精细、概括地描写汉语语法现象，更好地发挥语法学的作用；语法学家也总是希望自己的理论能更加严密，更加精细，更加概括地说明汉语语法现象本身，尽量接近或者适合汉语语法本身的实际情况；语法本身也是朝着严密、精细和概括的方向发展，以利于发挥语言的交际作用，使语言更好地充当社会发展的工具。（该书，P27）接着，以词的定义日趋严密，词的分类更加精细，析句的方法改进得更加概括来说明汉语语法学的严密、精细、概括的发展趋势。最后指出：社会和汉语的发展决定了汉语语法学的严密、精细、概括的发展趋势，因为严密、精细、概括的语法学总是为社会所欢迎的，语言的发展也要求语法学的日益严密、精细、概括。《汉语语法学史》的任务，就是探索汉语语法学的发展趋势，目的是要使汉语语法学进一步严密、精细、概括，从而汉语语法学提高到一个新的更高的水平上来。（该书，P31）。

邵敬敏从另一个角度论述了汉语语法学的发展历史趋势。他认为，从历史发展的角度来看，汉语语法学的研究有六大突破：①在研究对象上，从以古汉语语法研究为主逐步重心移到以现代汉语语法为主，近期又从书面语法为主开始移到以口语语法为主。②在研究层次上，早期偏重于以语义研究代替句法研究，中期转向侧重结构形式研究而又忽视了语义研究，近期则出现强调结构形式与语义关系结合起来研究。③在研究的性质上，早期注重规范性语言研究，中期转向以描写性语法研究为主，近期则在此基础上开始倾向于追求解释性语法研究。④在研究的理论上，早期是传统语法理论一统天下，中期结构主义语法理论成为主流派，近期则表现为多种语法理论，包括转换生成语法理论并存、互补、结合研究。⑤在研究的领域上，已不仅只局限于对语法本身做孤立的研究，人们的视野开阔了，对边缘学科发生了浓厚的兴趣，从而形成语法学与修辞学、逻辑学、计算机科学乃至心理学、社会学、文化学的结合研究。⑥在研究的深度上，早期重视语法体系的构拟，中期由于体文之争趋于缓和，转向加强语法专题研究，近期则试图从具体专题研究中总结出具有汉语特色的新的研究理论和方法来。（该书，P352—353）接着，邵敬敏又从语法学发展的角度来看，要注意：①描写研究与解释研究相结合。②语法形式与语法意义相结合。③静态研究与动态研究相结合。④微观研究与宏观研究相结合。⑤事实研究与理论研究相结合。（该书，P353—357）邵敬敏还指出，为促进汉语语法学的繁荣与发展，要注意解决如下带有战略意义的三个问题：①解放思想，建立起具有中国特色的各种语法流派。②注意人才的培养，尤其是加强对青年语法研究人才的培养。③加强汉语语法学本体的研究。（详见该书 P357—359）林玉山和邵敬敏对语法学发展的趋势探讨的角度不一样。林玉山探讨的是语法学发展的总的趋势，则越来越严密、精细和概括。在理论论述之后，以词的定义日趋严密、词的分类更加精细、析句的方法改进得更加概括来说明汉语语法学的严密、精细、概括的发展趋势。邵敬敏则从语法研究的具体内容来说明语法学发展趋势，则从语法研究对象、研究层次、研究性质、研究理论、研究领域、研究深度 6 个方面来论述汉语语法学发展趋势。各有千秋，综合起来，则比较全面完善。

五、各个时期的特点

只有林玉山对汉语语法学史各个时期的特点在各编的小结里作过明确的专门的论述。他认为汉语语法学史的萌芽时期（古代汉语语法研究）有如下特点：①不是系统的有意识的，往往是为了读通古籍而附带连及语法的研究。②与文字学、训诂学、修辞学紧密结合，而且处于从属地位，还不是以语法为主的或独立的研究。③对个别字词的用法研究多，特别是对于虚词的研究深入系统些，而对于词法的其他方面以及句法的绝大部分，则基本上没有太多的涉及。（详见该书 P54）。汉语语法学的模仿时期和草创时期（近现代汉语语法研究）有如下特点：①重视句法研究。②语法研究具有较多的模仿性和依赖性。从《马氏文通》出版到文法革新前的四十年间，是我国语法学的模仿时期，这一时期语法研究具有较多的模仿性，许多语法体系是以西方语法体系为框架，以西方语法著作为蓝本而建立起来的。从文法革新讨论开始后到新中国成立前的汉语语法研究，虽然摆脱了模仿性，但不少语法体系的建立却要依赖于西方语言理论的指导。在建立自己语法体系时对于西方语言理论的依赖性，是这时期语法研究的特征。（详见该书 P182—191）中华人民共和国建立以来，是我国语法学的发展时期，其特点：①语法学习和语法研究得到极大的普及和发展。②社会主义革命和建设的发展，促进了我国自己的统一的汉语语法体系的诞生。③语法学史的语法研究是在马列主义、毛泽东思想指导下进行的，他们越来越自觉，越来越成熟地运用辩证唯物主义来指导自己的语法研究。④重视词法和句法的研究。（详见该书 P354—364）。

对汉语各个时期的特点，只有林玉山有过探讨。这说明这个问题没有引起语法学史专家的重视，不像汉语语法学发展迟缓的原因那样引起语法学史专家广泛的兴趣，很多人都对这个问题作了论述。实际上，各个时期的特点是很值得重视和探讨的，这牵涉到对汉语语法学发展历史的本质认识。现在只有一家之言，显然是不很全面和不到位的。希望这个问题能引起语法学史专家浓厚的兴趣，在这个问题上做更全面更深入的探讨，以求对汉语语法学史各个时期的特点有更加科学的认识。

六、对重要著作的评价

林玉山首先对《马氏文通》《新著国文语法》《比较文法》《中国文法要略》《中国语法纲要》《中国现代语法》《中国语法理论》《中国文法论》《汉语语法论》《语法修辞讲话》《语法学习》暂拟汉语语法体系《现代汉语语法探索》《汉语的构词法》《现代汉语语法研究》《语法讲义》、胡裕树、黄伯荣、张静分别主编的《现代汉语》《文法简论》《汉语语法分析问题》《国语变形语法研究·第一集：移位变形》《主题在国语中的功能研究》进行了专章或专节的评论。指出了它们在汉语语法学史上的重要地位及其积极影响，也指出了某些不足，如指出"《马氏文通》具有划时代的意义，他的开创之功是难以磨灭的"（该书，P81），又指出形而上学的语法观、意义标准、旁证过于繁杂，矛盾之处很多等不足，指出王力著作"运用现代语言学理论，细致描写了汉语语言结构的规律，揭示了汉语语法特点，建立了汉语语法哲学"（该书，P163），同时又指出"并没有完全按照结构特征给句子分类，实词的分类也是以概念为标准"（该书，P166）等不足。其他几本语法学史著作也都对上述语法著作加以评述，并且增加些专著。马松亭增加了管燮初的《殷墟甲骨刻辞的语法研究》和《西周金文语法研究》、史存直的《语法三论》、高华年的《广州方言研究》、倪志僩的《论孟虚字集释》。龚千炎增加了陆志韦的《国语单音词词汇》、赵元任的《国语入门》、朱德熙的《语法答问》等。董杰锋增加了《中国文法学初探》《简明实用汉语语法》等。邵敬敏增加了《语法初步》《汉语语法教材》《现代汉语语法》《现代汉语语法讲义》《北京话单音词词汇》《现代汉语语法知识》《现代汉语虚词散论》等。各家对上述书的评论大多大同小异，没有什么特别的说法。对重要语法著作的选取和评价大同小异，说明各语法学史专家对这个问题较有共识。当然，林玉山起了奠基的作用。他所提出探讨的重要语法著作占了各家语法著作的百分之八十以上。以后各家对语法著作的增补也反映了各家对汉语语法学史研究内容的重点有不同的认识。马松亭重视断代汉语语法和方言语法的评价，龚千炎重视结构主义语法的评价，邵敬敏注意第二流第三流语法学家著作和虚词著作的评价。这些都补充了林玉山的不足，使汉语语法学史上的重要著作不至遗漏，能有更为广阔的视野。

七、关于中国古代语法学的问题

绝大多数学者认为中国古代没有语法学，但也有人认为这种看法片面。孙良明在《中国古代语法学探究（增订本）》（商务印书馆，2005）的“后记”中说：“现在语法学界有学者否认中国古代有语法学。……有的称《马氏文通》以前为中国语法学的‘前科学时期’，也有的称《马氏文通》以前为中国语法学的‘萌芽阶段’。……我不同意中国古代没有语法学的观点；我也不将自己的观点加给中国古代没有语法学的主张者。”孙良明将中国古代语法学分为萌芽期（先秦至汉初）、产生期（汉魏晋南北朝）、发展期（隋唐宋元明）、大成时期（清代）。以多达38万字的篇幅来论证中国古代有语法学，立一家之言，“促进中国古代语法学的研究与发展”（该书，P557）。

中国古代到底有没有语法学，将由学者的持续深入的研究和历史来作出结论。孙良明对学术探讨的精神是可佩可敬的。但我详细拜读了他的大作，仍不能同意他的古代有语法学之说。当然，从先秦到清代，都曾有对语法的研究，但那是零星的、不成系统的，附属于训诂文字音韵的研究，从未作为一个学科，进行独立的系统的全面的研究，这种研究还是属于“前科学时期”的研究。不过，我们也不必将孙良明的一家之说，一棍子打死。

第七节　汉语语法史思想史

对汉语语法发展的历史，很多学者也都给予极大的关注，出现了许多汉语语法史的专著和论文。仅专著就有：王力《汉语语法史》（商务印书馆，1989）、潘允中《汉语语法史概要》（中州书画社，1982）、史存直《汉语语法史纲要》（华东师大出版社，1986）、孙锡信《汉语历史语法概要》（复旦大学出版社，1992）。还有日本学者的研究成果：太田辰夫《中国语历史文法》（北京大学出版社，1987）、志村良治《中国中世语法史研究》（中华书局，1995）。国内还有对断代、专书的语法研究，主要成果有：易孟醇《先秦语法》（湖南教育出版社，1989）、管燮初《殷墟甲骨刻辞的语法研究》（中国科学院印，1953）、

《西周金文语法研究》（商务印书馆，1981）、《左传句法研究》（安徽教育出版社，1994）、廖序东《楚辞语法研究》（语文出版社，1995）；吴福祥《敦煌变文语法研究》（岳麓书社，1996）、殷国尧《吕氏春秋词类研究》（华夏出版社，1997）、章一鸣《〈金瓶梅词话〉与明代口语词汇语法研究》（上海古籍出版社，1997）、张玉英《甲骨卜辞语法研究》（广东高等教育出版社，2002）、白兆麟《盐铁论句法研究》（商务印书馆，2003）、张美兰《祖堂集语法研究》（商务印书馆，2003）、李佐丰《上古汉语语法研究》（北京广播学院，2003）、张玉金《西周汉语语法研究》（商务印书馆，2004）、钱崇武《今文尚书语法研究》（商务印书馆，2004）、何乐士《史记语法特点研究》（商务印书馆，2005），等等。

一、古代汉语语法特点

王力认为，汉语语法具有很大的稳定性，词序的固定是汉语语法稳定性的最突出的一种表现，汉语的虚词也有相当大的稳定性。汉语双音词的发展，是汉语语法发展的一大特点。汉语动词的情貌（aspect）的产生，是汉语语法的一大发展，补语的发展，也是汉语语法的一大发展，汉语处置式的产生，也是汉语语法的一大发展。量词的发展，名词、代词的词尾的产生，也都表现了汉语语法的严密化。汉语语法的发展，是朝着严密、充实、完全方面发展的。（详见《汉语语法史》，第一章概述）

二、名　词

接着，王力从词法、句法两大方面详细地论述了汉语语法的发展。在名词的发展方面，王力认为上古名词的前面往往有类似词头的前附成分，如“有、於”等；到了汉代，产生了新的词头“阿”。“老”字，到了宋代以后，才变成词头。而动物的名称上加词头“老”字，唐代也已经有了。王力还论述了名词词尾“子”、“儿”、“头”的产生及其发展，如认为词尾“头”字的产生，应该是在南北朝，宋元以后，词尾“头”字用得更普遍了。而“五四”以后，由于西洋语言的影响，现代汉语有了一些新兴的名词词尾，如“者”“家”“品”“性”“度”等。

三、数词、量词

在数词、量词方面，王力认为汉语称数法是十进制，还论述了“两”“参”“什”“佰”“再”“有”的用法，说明了度量衡单位有“见”“寸”“升”“斗”“斤”“两”，天然单位有“个”“只”“张”“枚”等，名量词“枚”“箇”“隻”“头”“口”“匹”等，动量词“过”“回”“次”“度”“遍”“番”“场”“阵”“顿”“发”“下”、“遭”等。王力还认为，用工具（包括手、眼、口、声等）的名称来作为单位词的语法结构，大约是南北朝以后才有的。

史存直认为，分数在甲骨文中还没有发现，就古籍考查，分数的表现法似乎到了春秋战国以后，才逐渐形成。在甲骨文中有少数名量词。到了西周金文时代，量词仍不甚发达，所以用名词代替量词的办法仍常见。到了春秋战国时代，量词就有了很大的发展，不仅度量衡单位发达了，而真正的个体量词也增加了不少。到了汉代以后，量词就有了更大的发展。特别是个体量词，在周秦时代虽然有了一些，但不很多，而到了西汉魏晋时代，则增加了很多，度量衡制度也愈来愈完备而系统化了，别的量词也有发展。个体量词到南北朝时期已相当完备。唐宋以后，名量词仍陆续有所增加。动量词的产生比较名量词晚得多，不但在甲骨文中还没有发现动量词，就是在周秦时代的典籍中，也还没有动量词。在上古，表示行动的数量，除了一个专用的副词“再”字之外，一般都只用数词。到了魏晋南北朝时期，就开始出现了一些动量词。到了唐宋以后，动量词就有了进一步的发展。（详见史本，P87—98）

四、代　词

王力认为，上古人称代词，第一人称有“吾、我、卬、余、予、台、朕”等；第二人称有“汝（女）、若、乃、而、戎”等；第三人称有“其、之、厥”等。（详见王本 P41）在中古时期，人称代词的发展，有两件重要的事实。第一，人称代词有了新的形式，如“侬、俺、咱、你、伊、渠、他”；第二，人称代词有了复数，如“我们、你们、他们”。（详见王本，P51）现代汉语受西洋语言的影响，人称代词发生了两种重要的变化。第一种变化是“他”字分为“他”“她”“它”；第二种变化是“它们”的应用。（详见王本，P57）

史存直认为，上古人称代词，第一人称还有“鱼”“虞”（详见史本，P101—102），第二人称还有“迺”（详见史本，P107）。在甲骨文中，还只发现近指代词“兹”“之”，还没有发现远指代词。可是在周秦时代的典籍里指示代词就近指、远指都有了。近指有“兹、此、斯、是、寔、时、之”等字，远指有“彼、夫、匪、其、若、尔”等字。（详见史本，P115—116）在甲骨文里，还没有发现疑问代词。周秦典籍中的疑问代词常用的有“谁、孰、何、曷、奚、胡、盍、恶（乌）、安、焉”等。东汉以后的书面语中又出现了几个比较常见的疑问代词“那、底、什么”。“怎”字在唐代多写作“争”，到宋代才写作“怎”，同时也写作“怎生”“怎么”等。（详见史本，P121—125）

潘允中论述了第三人称代词的演变过程：先秦没有专用作第三人称的代词，习惯上常用名词复数说法以表达他称。遇有需要第三人称代词的时候，则借用指示代词“彼”或“夫”。上古时期还用指示代词“其”和“之”来作第三人称，汉以后沿用。“渠”作第三人称，最早见于《三国吴志·赵达传》。在先秦诸子中，常以“之”代“其”。战国时代，可以用“他”来指称第三人称“他们”，后来在晋代小说民歌里渐渐用“他”作第三人称代词了，南北朝以后的作品，“他”用得更普遍了。“五四”以后，受外语有性别的影响，产生了一个代表女性的“她”。（详见潘本，P82—86）

潘允中还论述了疑问代词的发展。古汉语的疑问代词有三种：①指人有“谁”“孰”；②指事物（或处所）有“何”“曷”“奚”“胡”；③指处所有“乌”“安”“焉”（或作“爰”）。（详见潘本，P99）

五、动　词

王力认为，上古汉语动词有类似词头的前加成分，最常见的有“爰、曰、言、聿”等字。上古汉语动词还有类似词尾的后加成分，就是“思”“止”等字。（详见王本，P86—87）在历史发展中，确实有些不及物动词变成了及物动词，还有些及物动词变成了不及物动词。如“去”“往”“至”“问”等字。（详见王本，P103—121）

史存直认为，“了、着、过”本来都是独立的动词，在使用过程中，意义逐渐虚化，就变成了助动词。“来、去”本来也是独立的动词，但放在其他动词之后，帮助其他动词表示动作的趋向，使用久了，逐渐弱

化，就变成了助动词。（详见史本，P65—71）

潘允中认为，到了中古时期的南北朝，“了”作为表示完成了的形尾，已逐渐明显，它经常紧接在动词后面了。唐代以后，在文学语言中，“了”用作动词后缀即形尾，已经很广泛。在中古时期，“着”已经开始分化，一面仍保留本义，一面虚化为形尾，不单独使用，而是紧紧接在动词后面，表示动作，正在某种状态中。唐代以后，“着”虚化为动词形尾已经完成。“五四”以后，产生了一个新兴的动词词尾“化”，不论名词或形容词，都可以接上“化”使它动词化。（详见潘本，P47—50）

六、形容词和副词

王力认为，上古汉语的形容词也像动词一样，有些类似词头的附加成分，如“其”“有”。有一类字必须认为是形容词或副词的词尾，那就是“如”“若”“然”“而”“尔”“身”等，它们是同一个词的变形。（详见王本，P122）王力还论述了否定副词“弗”“勿”的用法。“弗”和“勿”后面的及物动词不带宾语，及物动词前面没有“弗”“勿”时则带宾语。直到汉代，一般地说，还保留着上古“弗”“勿”的用法。有时候，“毋”（无）和“勿”当“不”讲，往往是指一些不应该做的事情，或者不希望出现的事情。“莫”在口语里代替了“毋”和“勿”，在唐诗中最为常见。（详见王本，P133—136）

潘允中论述了词尾“的”“地”的产生和发展（详见潘本，P62—63）和否定副词“弗”“勿”的演变（详见潘本，P64—68）。

七、介词和连词

王力论述了上古的主要介词“之”“於”的用法（详见王本，P138—141），论述了连词兼介词“與”“而”的用法（详见王本，P142—143），还论述了上古的主要连词：提起连词（夫、且夫、若夫）、承接连词（则、而）、转捩连词（然）、推拓连词（虽）、假设连词（若、苟、如）、选择连词（若）等的用法。（详见王本，P146—148）王力还论述了这些介词和连词大多是动词、形容词虚化而来的。如连词“和”字应是由形容词“和”字虚化而来的。最初虚化为介词。大约在唐代，“和”字就被用作介词了。这种“和”字，一般解作“连”，其实它是介词。由介词发展为连词，是很自然的事。宋代已经有了连词

“和”字。（详见王本，P149—156）

八、语气词

王力认为，在原始时代，汉语可能没有语气词。直到西周时代，语气词还用得很少。在整部《尚书》里，没有一个“也”字，只有一个“乎”字，七个“矣”字，一百十六个“哉”字。春秋时代以后，语气词逐渐产生和发展了。（详见王本，P295—296）王力还论述了语气词“也”“矣”“耳”“焉”“乎”等字的用法（详见王本，P296—312）。王力还论述了“呢”字的来源及应用的范围（详见王本，P317—320）王力认为，汉语语气词的发展有一个特色，就是上古的语气词全部都没有在口语里面留传下来，“也、矣、焉、耳、乎、哉、與、耶”之类，连痕迹都没有了。代替它们的是来自各方面的新语气词。比如说，有来自词尾的“的”，有来自词尾的“了”，有来自否定词的“无”“磨”，有来自夸张语气的“那、哩”。近代汉语还有一些新兴的语气词，如祈使语气用“罢”（吧）和用途越来越大的“啊”及其变音“呀、哇、哪”。（详见王本，P321）

九、构词法

王力认为，汉语词复音化的原因，第一是语言的简化，第二是外语的吸收。古代汉语是单音词为主的语言，现代汉语是双音词占优势的语言。从史料看来，秦汉以后，汉语的双音词越来越多。“五四”以后，由于受西洋文化的影响，双音词增长的速度远远超过前代。（详见王本，P165—166）王力还论述了历代新兴的连绵字，连绵字是汉语构词法之一种，历代新词的产生，也有许多连绵字。另有一种双音词，既非双声，也非叠韵，也不像是由词组变来，也可以认为是一种连绵字。（详见王本，P178—179）

十、词　序

王力认为，主—动—宾的词序，是从上古汉语到现代汉语的词序。但是，在上古汉语里，有一些特殊的情况，就是宾语可以放在动词的前面。这种结构是有条件的。总的条件是：这个前置的宾语必须是个代词。（详见王本，P198）

史存直认为，汉语的基本词序是：（1）主语在前，谓语在后；（2）动词、象词在前，动词、象词所需要的宾语、补语在后；（3）定语在被限定语之前；（4）状语一般在被疏状语之前，但也有时在后。这样的基本词序在甲骨文时期就大致上确定了。（详见史本，P178）

潘允中认为，上古汉语在一定条件下，语序就会发生变化。所谓一定条件，大约有以下 5 种情况，这些情况，有的在殷商卜辞时期已经如此：第一，在感叹句或疑问词里，主语——谓语的词序，往往因强调而倒置，变为谓语——主语。第二，指示代词复指宾语时，动宾倒置。第三，代词作宾语的句子，动词也倒置。第四，疑问句（包括反诘词）以代词作宾语时，那个他动词也必然后置于宾语。第五，说话时因语气急促，也往往会影响词序。（详见潘本，P155—158）

十一、能愿式的发展

王力认为，能愿式分为两类：（1）可能式；（2）意愿式。可能式又分为可能性、必要性两种。意愿式在上古时代，一般用“欲”字。“欲”本是动词，它可以带直接宾语。但是它又经常用作助动词，成为能愿式。到了中古时代，“欲”字作为助动词，又可以表示将来时，有“快要”的意思。唐宋以后，这种“欲”字的意义也可以说成“要”。“要”字作动词用，带直接宾语。“要”字作助动词用，成为能愿式。又可以表示将来时。（详见王本，P242—252）

十二、连动式的发展

王力认为，连动式是两个以上的动词连用，中间没有停顿的一种语法结构形式。在《尚书》《诗经》里，就有不少连动式的例子。大约在晋代以后，有一种新的连动式出现。连用两个动词，并不是先后的两件事（如“来朝”“往见”），也不是平行的两件事（如“往来”“出没”），而是后面的动词补充前面的动词的意义，有人把这种词组叫做“补充词组”。（详见王本，P255—256）

十三、使成式的产生及其发展

王力认为，使成式在上古汉语是比较少见的。上古汉语的动词有一种使动用法。由使动用法发展为使成式，是汉语语法的一大进步。大约在汉代，使成式已经产生了，及物动词带形容词的使成式和及物动词带不及物动词的使成式都大量出现了。到了魏晋南北朝以后，使成式的应用就更为普遍了。（详见王本，P262—263）

十四、处置式的产生及其发展

王力认为，处置式就是“把”字句。处置式在较早时代，更常见的结构是“将”字句。处置式确是在唐代就产生了。“将”“把”两字多用于处置式，但有时也还用于工具状语。到了《红楼梦》时代，工具状语和处置式才有了明确的分工：工具状语用“拿”字，处置式用“把”字。在处置式产生的初期，宾语后面可以只有一个单音节动词，到了后代，一般不能再用单音节动词放在宾语后面，而是用使成式或连动式。这种结构形式，至少在宋代就已经产生了。特别是在元明以后，它可以用来表示不幸或不愉快的结果。在这种情况下，它可以是不及物动词或不表示处置的及物动词。到了近代后期，发现了一种新兴的处置式：宾语提前了，动词后面还有宾语。例如：把从前的话作了交代。到了现代汉语里，这种处置式才普遍应用起来。（详见王本，P266—271）

潘允中认为，上古没有处置式，直到中古时代南北朝时，用“将”“把”组成的初期处置式已经陆续有所出现。到了唐代已经流行起来。唐代的处置式，由于产生的时间还短，结构比较简单，到了近代时期的宋元以后，朝着复杂多样而完备的方向前进。（详见潘本，P262—266）

十五、被动式的产生及其发展

王力认为，在原始汉语里，被动式是不存在的。在先秦的古书中，被动式还是少见的。汉代以后，被动式逐渐多起来；在唐宋以后，被动式不但更多，而且更多样化；“五四”以后，由于受西洋语法的影响，被动式又达到一个新的发展阶段。（详见王本，P273）但易孟醇认为先秦时期被动句已很发达了。（详见易本，P122）

王力还认为，真正的被动式是“为”字句和“见”字句。“为”和“见”作为助动词放在动词前面，表示被动。“为”字句的施事者放在助动词和动词的中间。这种被动式大约在春秋时代就产生了。一直沿用到汉代。到了汉代，被动式有了新的发展。主要表现为两种形式：第一种是“为……所”式；第二种是“被”字句。“为……所”是由先秦的被动式“为”字句发展出来的。“被”字句大约萌芽于战国末期，到了汉代，“被”字句就普遍应用起来了。大约在汉末以后，被字句有了施事者出现。到了唐代，被动式又有新的发展，“被”字的前面有主语，动词的后面还有宾语，而宾语所代表的事物又是主语所代表的人所领有的。汉语被动式的作用是表示不幸或不愉快的事情。宋元两代“被”字句的用途虽然扩大了，却显然没有定型。（详见王本，P275—287）

潘允中认为，用“于”表示被动句的施动者这种句式出现于西周初期，后来的发展，先后产生了四种被动句式：①用他动词+“于”，最早产生于西周金文，以后就用开了。②用“为”+他动词，中间也可以插入施动者。这种结构，春秋以前用的还少，战国以后较多。③用“见”+他动词。从西周至春秋战国时代，都经常使用。④用“被”+他动词。起源于战国时代，到了汉代，就逐渐使用起来了。南北朝以后，被动式有了新的发展，即在“被”后面出现施事者。从近代汉语到现代汉语，被动式继续有了新的发展：第一，沿用两种“被”字句，但结构比从前更复杂了。比方，过去施事者绝大多数是单词，宋以后就常常出现带有附加语的施事者；第二，过去动词后很少带补语，近代以来，这种补语可多起来了；第三，施动者后面还可以带修饰语，这也是宋以前所未见的；第四，近代文学语言里，还出现了另一个表被动的“吃”（喫），后来又有一个“叫”。（详见潘本，P247—258）

史存直认为，用“被”字表现被动的用法，大约是战国末期。用“被”表示被动，在初期多半不带施事；要带施事，也用“于”字介出。但是南北朝以后就产生了把施事插在“被”字和动词之间的形式。（详见史本，P211—212）

十六、递系式的发展

王力认为，远在上古时代，递系式就产生了。“有”字的宾语，常常兼作主语。在先秦时代，“命”“使”“遣”“令”一类动词往往用于递系式，一直沿用到汉代。汉代以后，还使用其他的动词构成递系式，于是递系式的应用范围更加扩大了，一是用“呼”“唤”等表示命令或祈使。二是使用“留”“邀”等表示邀请。三是使用“拜”“立”等与“为”字呼应表示封拜、册立。宋代以后，又有“教”“叫”等字用于递系式。“五四”以后，递系式的应用范围比任何时期都更加扩大，动词更加多样化了，如“选他当总统”“派他当代表”“让他回去”“批准他请假”等，它的结构形式仍然是和三千年前是一样的。（详见王本，P289—294）

十七、省略法的演变

王力认为，在上古汉语里，某些结构可以省略：①主语的省略，主要是“则”字后面主语的省略。②宾语的省略，主要是介词“以”和“为”后面的宾语的省略。在先秦对话里，“曰”字的主语往往承前而被省略。（详见王本，P322—323）

十八、“五四”以后新兴的句法

王力认为，“五四”以后，产生了新兴的句法：①无定冠词的产生及其受到限制，这种起冠词作用的“一个”“一种”等在“五四”以前的汉语里是没有的。这种无定冠词的“一个”和“一种”，对汉语语法的发展起了很大的作用。它不但能凭造句的力量使动词、形容词在句中的职务（主语、宾语）更为明确，而且在很长的修饰语前面放一个“一个”或“一种”，使对话人或读者预感到后面跟着的是一个名词性词组，这样就大大地增加了语言的明确性。②新兴的使成式，即外动词带形容词的使成式大量增加，还增加些外动词加内动词的使成式，如“改进”“增进”等。③新兴的被动式，“五四”以后，被动式的范围扩大了，不再限于不幸或不愉快的事情，且在口语里，被动式一般不用“被”字表示，而是用“叫”“让”“给”等字表示，它们仍旧表示不幸或不愉快的事情。④新兴的联结法，即渐渐地把连词限定在最后两个人或两件事物的中间。⑤新兴的平行式——共动和共宾，即平行的能愿动词共带一个动词（共动），以及平行的不同时间的同一动词共同支配一个宾语（共宾）的情况。⑥新兴的插语法。⑦新兴的复句—分句位置的变化，即从属分句有了后置的可能，且在表述对话时，在中间指出说话人是谁。（详见王本，P330—335）

十九、句法的严密化

王力认为，在《尚书》里，复句中的分句与分句之间的关系是用意合法来表现的，而在《周易》、《论语》里，这种关系用“故”“况”

"则"等语法成分（连词）表示出来的，这样，句子的结构当然就比较复杂而严密了。到了唐代，又是汉语句法严密化的另一个新阶段，一是把要说的话尽可能概括起来，成为一个完整的结构，另一是使许多零星的小句结合成为一个大句，使以前那种藕断丝连的语句变为一个有机联系的整体。从唐代到鸦片战争以前，汉语句子结构的严密性没有显著的变化。"五四"以后，汉语的句子结构，在严密化这一点上起了很大的变化：①较长的定语；②行为名词的应用可以产生简洁的效果；③范围和程度的明确；④时间的表示；⑤某些状语结构的产生，以表示事物的关系；⑥特指也是语言的一种细致的表现方法。（详见王本，P340—346）

二十、汉语语法发展的趋向

王力指出，今后汉语语法发展的基本趋向主要是两个方面：①在构词法上，今后创造的新词绝大多数将是双音词，双音词对单音词的比重将逐年增加；②在句法上，将来的句子结构会更加严密化，逻辑和语法将要结合得更紧，使句子经得起分析。（详见王本，P348）

二十一、汉语历史语法的特点

潘允中总结了汉语历史语法的特点，分为上古、中古、近代、现代四个时期。上古（殷商到西汉）汉语语法特点是：①词类还没有互相区别开来的语法标志；②语气词在殷商时代比较少见，而西周以后才逐渐出现；③词序成为上古语法的重要手段；④判断句基本上不用系词；⑤句子的主动与被动，最初基本上没有区别，但是在西周金文里，新兴的被动式开始产生，句子的主动与被动已由没有区别到有区别了。中古（两晋到隋唐五代）汉语语法的特点是：①词类开始有自己的语法特征，汉语词类特征的产生，主要来源于实词的虚化（着），其次是方言的吸收（地），再就是古语词的转化（阿）；②以声调构词；③疑问句和否定句的代词宾语，在上古必先置于动词，战国时出现例外，东汉以后，变为先动后宾了；④被动式进一步完善，除了沿用"为……所"式以外，"被"字句新形式产生了。⑤处置式是在本期产生和完成的。⑥产生了一个表示复数的代词和名词形尾"们"。⑦产生了一些新的句法，如"如是我闻"之类。近代汉语语法特点：①近代提宾句增加了用介词和副词联结成一个特殊的结构“连……也”式；②复句有繁复而精密的结构；③动补结构有新的发展，在结构助词“得”后面可以带上一连几个句子。现代汉语语法的新发展：①新兴词尾的产生，如“者”“家”“式”“型”“性”“化”等。②词尾“的”、“地”的结构日趋复杂化。③动宾式的动化，在后面能带上宾语了。④新兴句法：a. 同时表示复杂时的新句法；b. 两个助动词同时使用的新句法；c. 新兴的并列谓语句；d. 复杂的连动结构；e. 复杂的修饰语。此外，“五四”以后，汉语还从外语中吸收了一些新的语法成分来丰富自己，如“主要的是因为……”“有……必要”“基本上”等等，就都是从外语翻译吸收过来的。

孙锡信的《汉语历史语法要略》着重论述了名词谓语句和系词句、动词谓语句、主谓谓语句，这是该书的特色，为其他书所少提及或没有提及的（详见孙本，P295—338）。史存直在《汉语语法史纲要》中还论述了汉语语法体系问题，探讨了汉语语法特点和汉语究竟有没有形态问题（详见史本，P1—23），限于篇幅，不再评述。

语法思想、语法观索引

参考书目

［丹］奥托·叶斯柏森 《叶斯柏森语言学选集》 湖南教育出版社 2006 年
［美］鲍尔·丁·霍伯尔、伊丽莎白·克劳丝·特拉格特 《语法化学说》 复旦大学出版社 2008 年
［美］布龙菲尔德（L. Bloomfield） 《语言论》 袁家骅译 商务印书馆 1980 年
蔡文兰、董琨主编 《中国语言学年鉴 》 （1999—2003）商务印书馆 2006 年
程工、刘丹青主编 《汉语的形式与功能研究》 商务印书馆 2009 年
陈保亚 《20 世纪中国语言学方法论》 山东教育出版社 1999 年
陈昌来 《现代汉语动词的句法语义属性研究》 学林出版社 2002 年
陈前瑞 《汉语体貌研究的类型学视野》 商务印书馆 2008 年
陈望道等 《中国文法革新论丛》 商务印书馆 1987 年
陈亚川 郑懿德 《吕叔湘著〈汉语语法分析问题〉助读》 语文出版社 2000 年
陈忠华等 《知识与语篇理解》 外语教学与研究出版社 2005 年
刁晏斌 《新时期新语法现象研究》 中国文联出版社 2001 年
董秀芳 《汉语的词库与词法》 北京大学出版社 2004 年
杜道流 《现代汉语感叹句研究》 安徽大学出版社 2005 年
冯胜利 《汉语的韵律、词法与句法》 北京大学出版社 1997 年
冯胜利 《汉语韵律句法学》 上海教育出版社 2000 年
傅雨贤 《现代汉语语法学》 广东高等教育出版社 2003 年
［瑞典］高本汉 《汉语的本质和历史》 商务印书馆 2010 年
郭锐 《现代汉语词类研究》 商务印书馆 2002 年
郭绍虞 《汉语语法修辞新探》 商务印书馆 1979 年
［英］韩礼德 《韩礼德语言学文集》 湖南教育出版社 2006 年
何杰 《现代汉语语量词研究》 民族出版社 2000 年
胡树鲜 《现代汉语语法理论初探》 中国人民大学出版社 1990 年
胡壮麟 《功能主义纵横谈》 外语教学与研究出版社 2000 年
胡壮麟 《语篇的衔接与连贯》 上海外语教育出版社 1994 年
黄国文 《语篇分析概要》 湖南教育出版社 1988 年
贾彦德 《语义学导论》 北京大学出版社 1986 年
靳光瑾 《现代汉语动词语义计算理论》 北京大学出版社 2001 年
兰宾汉 《汉语语法分析的理论与实践》 中国社会科学出版社 2002 年
李葆嘉 《中国转型语法学》 南京师范大学出版社 2008 年
李芳杰 《汉语语义结构研究》 武汉大学出版社 2003 年
李镜儿 《现代汉语拟声词研究》 学林出版社 2007 年

李子云 《汉语句法规则》 安徽教育出版社 1991 年
林焘主编 《20 世纪中国学术大典·语言学》 福建教育出版社 2000 年
林玉山 《世界语言学史》 湖南人民出版社 2009 年
刘坚、侯精一主编 《中国语文研究四十年纪念文集》 北京语言学院出版社 1993 年
刘月华、潘文娱、古文铧 《实用现代汉语语法》 商务印书馆 2001 年
[丹] 路易斯·叶姆斯列夫 《叶姆斯列夫语符学文集》 湖南教育出版社 2006 年
鲁忠义、彭聃龄 《语篇理解研究》 北京语言大学出版社 2003 年
陆志韦 《汉语的构词法》 商务印书馆 1957 年
吕文华 《对外汉语教学语法探索》 语文出版社 1994 年
缪锦安 《汉语的语义结构和补语形式》 上海外语教育出版社 1990 年
[美] 伦纳德·布龙菲尔德 《布龙菲尔德语言学文集》 湖南教育出版社 2006 年
马庆株主编 《二十世纪现代汉语语法论文精选》 商务印书馆 2005 年
马庆株主编 《二十世纪现代汉语语法论著指要》 商务印书馆 2006 年
孟宗、郑怀德 《动词用法词典》 上海辞书出版社 1987 年
[美] 诺姆·乔姆斯基 《乔姆斯基语言学文集》 湖南教育出版社 2006 年
潘文国 《字本位与汉语研究》 华东师范大学出版社 2002 年
戚雨村等 《语言学百科词典》 上海辞书出版社 1993 年
钱敏汝 《篇章语用学概论》 外语教学与研究出版社 2001 年
钱军 《结构功能语言学》 吉林教育出版社 1998 年
沈家煊等 《语法化与语法研究》（二） 商务印书馆 2005 年
沈家煊等 《语法化与语法研究》（三） 商务印书馆 2007 年
沈阳、冯胜利主编 《当代语言学理论和汉语研究》 商务印书馆 2008 年
沈阳、郑定欧主编 《现代汉语配价语法研究》 北京大学出版社 1995 年
石毓智 《汉语语法》 商务印书馆 2010 年
石毓智 《现代汉语语法系统的建立》 北京语言大学出版社 2003 年
石毓智 《语法的形式和理据》 江西教育出版社 2001 年
石毓智 李讷 《汉语语法化的历程》 北京大学出版社 2001 年
史存直 《句本位语法论集》 上海教育出版社 1986 年
史锡尧 《名词短语》 人民教育出版社 1990 年
宋宣 《结构主义语言学思想发微》 巴蜀书社 2004 年
[西] 瓦罗 《华语官话语法》 外语教学与研究出版社 2003 年
王建军 《汉语存在句的历时研究》 天津古籍出版社 2003 年
王珏 《现代汉语名词研究》 华东师范大学出版社 2001 年
王树瑛、翁玉莲、林玉山 《理论语言学纲要》 安徽大学出版社 2010 年

温锁林 《现代汉语语用平面研究》 北京图书馆出版社 2001 年
吴福祥、洪波主编 《语法化与语法研究》（一） 商务印书馆 2003 年
吴继光 《现代汉语的用事成分与工具范畴》 华中师范大学出版社 2003 年
吴启主 《汉语构件语法篇章学》 岳麓书社 2002 年
吴贻冀 《现代俄语语篇语法学》 商务印书馆 2003 年
吴中伟 《现代汉语句子的主题研究》 北京大学出版社 2004 年
邢欣 《现代汉语兼语式》 北京广播学院出版社 2004 年
肖国政 《汉语语法研究论》 华中师范大学出版社 2001 年
肖奚强 《汉语中介语语法问题研究》 商务印书馆 2008 年
许国璋 《许国璋论语言》 外语教学与研究出版社 1991 年
许宗华 《意向性理论与语言过程说》 商务印书馆 2007 年
徐杰 《普遍语法原则和汉语语法现象》 北京大学出版社 2001 年
徐烈炯、潘海华 主编 《焦点结构和意义的研究》 外语教学与研究出版社 2005 年
徐颂列 《现代汉语总括表达式研究》 浙江教育出版社 1998 年
徐通锵 《语言论》 东北师范大学出版社 1998 年
［美］雅柯布森 《雅柯布森语言学文集》 湖南教育出版社 2001 年
杨海明、周静 《汉语语法的动态研究》 北京大学出版社 2006 年
杨锡彭 《汉语语素论》 南京大学出版社 2003 年
叶军 《汉语语句韵律的语法功能》 华东师范大学出版社 2001 年
尹世超 《标题语法》 商务印书馆 2001 年
易孟醇 《先秦语法》 湖南教育出版社 1989 年，湖南大学出版社 2005 年新版
俞敏 《名词、动词、形容词》 上海教育出版社 1984 年
袁毓林、郭锐 《现代汉语配价语法研究》（第二辑） 北京大学出版社 1998 年
张涤华等 《汉语语法修辞词典》 安徽教育出版社 1988 年
张国宪 《现代汉语形容词功能与认知研究》 商务印书馆 2006 年
张亚军 《副词与限定描状功能》 安徽大学出版社 2002 年
张谊生 《现代汉语副词研究》 学林出版社 2000 年
张谊生 《现代汉语虚词研究》 华南师范大学出版社 2000 年
郑奠、麦梅翘 《古汉语语法学资料汇编》 中华书局 1964 年
周国光、张林林 《现代汉语语法理论与方法》 广东高等教育出版社 2003 年
周丽颖 《现代汉语语序研究》 上海辞书出版社 2008 年
朱景松 《语法理论研究》 百家出版社 2001 年
朱晓亚 《现代汉语句模研究》 北京大学出版社 2001 年
朱永生 《语境动态研究》 北京大学出版社 2005 年
《中国大百科全书·语言文字》 中国大百科全书出版社 1988 年

汪奠基 《中国逻辑思想史》 上海人民出版社 1979 年
张国华主编 《中国法律思想史》 法律出版社 1982 年
叶立煊主编 《西方政治思想史》 福建人民出版社 1992 年
郭朋 《中国佛教思想史》 福建人民出版社 1994 年
俞祖华、王国洪主编 《中国现代政治思想史》 山东大学出版社 1999 年
李中华主编 《中国人学思想史》 北京出版社 2005 年
顾行超 《中国共产党统一战线思想史》 上海人民出版社 2005 年
李秀云 《中国现代新闻思想史》 中国社会科学出版社 2007 年
舒新域 《近代中国教育思想史》 福建教育出版社 2007 年

后　记

1981 年我研究生毕业后到福建人民出版社工作，福建师范大学即聘请我当兼职教师，给本科生上课。1986 年，福建师大建立汉语言文字学硕士点，我就专门给硕士生上课。2000 年，福建师大建立汉语言文字学博士点，我又被聘请为博士生导师。先后给硕士生、博士生上“汉语语法学史”“现代语言学”“世界语言学史”“语言理论”“汉语语法学”“汉语语法史”“中国语法思想史”等课程。

“中国语法思想史”是我给我自己带的硕士生、博士生开的一门专业课。这是语言学界没有人过问的一门学问。我的硕士生赵红玲在撰写《朱德熙语法思想研究》、博士生吴晓芳在撰写《张斌语法思想研究》时，搜索参考文献过程中，除了我写的几篇论文外，竟然没找到任何一篇有关中国语法思想研究的文章。

我喜欢在荒漠上垦殖学术之树。为了“中国语法思想史”的教学和写作，我看过 1036 本书，论文不计其数。我首先看收集到的其他学科思想史的书，作为我写作“中国语法思想史”的借鉴，然后看了我国出版的从古到今各种各样的语法著作、外国语言学、语法学的论著以及中外语言学史论著，从中汲取不少营养。于 2006 年，形成“中国语法思想史”写作大纲，分别寄张斌、邢福义、陆俭明、江蓝生、沈家煊、姚小平、李开等先生征求意见。他们都给我很大鼓励，支持我写这本书以“嘉惠学界”（江蓝生先生语）。2008 年年底，我写成初稿，达 70 万字。我原先与出版社联系，只打算写 30 万字。所以我大加删削，仍有 50 万字。2009 年 7 月我将初稿交与语文出版社并签出版合同，约定书稿 40 万字，于 2009 年 10 月定稿，于 2010 年 3 月出版。同时，我将全部书稿交与张斌先生，并且将部分章节分别寄邢福义、陆俭明、江蓝生、沈家煊、马庆株、邵敬敏、范晓等先生审阅，这样，我的书稿就同时有两位专家审阅。由于各位先生工作繁忙，直到 2010 年 4 月底，我才全部收齐各位专家对书稿的审阅意见。我于 5 月全部修改好书稿交出版社，比原定出版时间都延迟了两个月。

非常感谢各位专家对我的支持，他们不但审阅了我评论他们语法思想的部分，还审阅我请他们审阅的其他部分，如邢福义先生审“汉语教学语法思想的发展”等，陆俭明先生审“汉语语法分析思想史”等，江蓝生先生审“汉语语法史思想史”等，沈家煊先生审“汉语语法化思想史”“认知语法思想的肇端与发展”等，马庆株先生审“语义语法思想的肇端与发展”“邢公畹等语法观”等，邵敬敏先生审“汉语语法学史思想史”，范晓先生审“三个平面语法思想的产生与发展”“邢公畹等语法观”等。特别要感谢张斌先生和邢福义先生，他们为拙作写序，并因讨论稿件，而书信来往频繁。张先生给我来信 13 封，邢先生给我来信 7 封，其他先生也多次来信，还寄来书籍、资料等，使我能很好地写好这本书。

特别要感谢我的导师张斌先生。他既对我严格要求，又精心指导。他于 2009 年 7 月 20 日来信说：“《思想史》我尚未通读，先粗略地翻了一下，又选读了其中的几节，总的印象是资料丰富，涉及面广，是费了不少精力的创作。作为一般专著，马上可以拿出交出版社。不过，你现在的情况不比二十多年前，已经有了一定的知名度，又是博士生导师，学术界对你的著作一定会有较高的期望。况且，你已经有不少著作了，如今再出一本，既不为名，也不为利，图的是在学术界有所贡献。既然如此，必须精益求精。”

导师的精益求精的教诲我牢记在心。一方面，我不断地看书，不断地思考，另一方面，我尽可能地征求学术界名家的意见，将 3 个月的征求意见与修改期延至 11 个月。导师要求我“精益求精”，导师自己也为我书稿的“精益求精”付出了巨大的劳动。我看到九十高龄的导师为我如此操劳，都心痛不已。他不但提出具体的修改意见，甚至查证引文，修改错别字。这是多么深厚的师生感情呀！这是多么执著的对学术的追求呀！这是多么无私的对社会的贡献呀！

我还要感谢中外语言学界的各位学者，是他们的著作滋养了我，给我资料，给我论点，给我灵感，给我思想，给我成功。但由于字数的限制，我不能再多列参考文献了，50 万字的书稿，虽然大加删削，但根据专家的意见，又增写了不少，估计字数都大大超过了 40 万字。千来本的参考著作，除了书中提及的外，我只能在没提及的书中选百来本列为参考书目了，这是要请各位学者原谅的。

由于字数的限制，书中对各语法学家语法思想的论述非常简单，难免挂一漏万，而且还有部分学者的语法思想只字未提，还有少数民族语言语法、方言语法、对外汉语教学语法、中外语言语法比较等方面的语法思想也无法论及，这都要请各位学者和读者谅解。

我还要感谢福建师范大学为我出版专著提供了资助。我还要感谢语文出版社在有限的资助下也支持出版拙作。《中国语法思想史》能有几个读者？他们出版该书是要亏大本的。我还要感谢语文出版社张万彬、李守业、傅雪梅先生为提高书稿质量所花费的巨大劳动。我还要感谢语文出版社原社长李行健先生对拙作的推荐。没有上述单位和先生的支持和帮助，我这本书是无法与读者见面的。我真诚地感谢他们！

虽然我对本书用力最勤，虽然也得到许多名家的指点，但由于我水平不高，能力有限，书中存在不少问题，再加上字数大大超过合同的约定，不少内容只好割爱，不但所收列的语法学家无法充分论述，而且不少语法学家还无法收列，显得不十分完备，敬请方家和读者指教和原谅。

林玉山

2010.5

于福州炳仙斋